쇼에게 세상을 묻다
모르면 당하는 정치적인 모든 것

G.버나드 쇼 지음   김일기, 김지연 옮김

Everybody's Political What's What?
G. Bernard Shaw

Tendedero

| 차례 |

> "현명함은 경험에 비례하는 것이 아니라
> 경험을 받아들이는 능력에 비례한다."

1장	인간은 구제불능인가?	1
2장	문제는 토지다!	11
3장	정당제도의 기원: 불편한 진실	37
4장	가난한 사람들의 의회	63
5장	민주주의: 정치는 아무나 하나?	67
6장	각자의 자리 알기: 둥근 구멍에는 둥근 말뚝을	77
7장	어디까지 평등할 것인가?	89
8장	계층을 없애겠다고?	95
9장	국가와 아이: 아이들은 누가 키울 것인가?	111
10장	학교가 만든 괴물들	125

"도둑질은 도둑이 하면 죄가 되지만 금융가들이 하면 능력이 된다."

11장	금융 미스터리: 은행제도의 문제점	139
12장	금융시장을 둘러싼 착각과 오해	153
13장	토지 수용에 대해 '보상'을 한다?	177
14장	도박과 보험: 사회보장의 두 얼굴	187
15장	전쟁자금에 대한 착각	201
16장	전쟁 그리고 전쟁영웅들	213
17장	군인의 탄생	229
18장	인간은 과연 경제적으로 행동하는가?	243

"의지와 지식이 있는 한 사람이
의지도 지식도 없는 열 사람을 항상 이기기 마련이다."

19장	교육 문제 1: 무엇을 어떻게 가르칠 것인가?	259
20장	교육 문제 2: 무엇을 얼마만큼 가르칠 것인가?	280
21장	교육 문제 3: 잘못된 교육	297
22장	미학적 인간: 예술에 대한 욕구는 식욕만큼이나 강하다	317
23장	과학자: 파블로프는 누구를 위하여 종을 울렸나?	355
24장	의사: 재주는 하늘이 부리고 돈은 의사가 챙긴다	375
25장	건축: 통치자의 가장 강력한 무기	397
26장	과연 종교와 정치가 분리될 수 있을까?	405
27장	생물학: 국가의 최우선 관심사	413
28장	어설픈 통계를 경계하라!	431
29장	국가와 유전학: 다양성이 답이다	439

"세상에 황금률 따위는 없다는 것이 바로 황금률이다."

30장	국가의 비리: 큰 정부는 어떻게 부패하는가?	445
31장	지방자치체의 비리	469
32장	강제와 처벌	493
33장	법과 전제정치	511
34장	배심제와 사면권	523
	: 배심원과 각료는 은혜의 대리인이 되어 우리를 변호하라!	
35장	양심적 병역거부 vs. 총파업	533
36장	개인의 능력과 가치를 평가하는 문제	543
37장	정치인의 신념과 행동을 판단하는 문제	565
38장	집단의 이름으로 드러나는 악당 근성	585
39장	이른바 '영웅'에 의한 정치	593

"우리 사회는 낙관론자와 비관론자를 모두 필요로 한다.
낙관론자가 비행기를 발명하면 비관론자는 낙하산을 발명한다."

40장	비평가들에게	609
41장	경제편 요약	613
42장	정치편 요약	622
43장	종교편 요약	631
44장	글을 마치며	642

저자 소개	648
저자 연보	650
옮긴이의 말	651
찾아보기	656

일러두기
본문의 각주는 옮긴이 주입니다.

1장 인간은 구제불능인가?

1

이 책을 읽는 것이 시간낭비가 될 것 같으면 차라리 각자 취향에 따라 추리소설이나 재미있는 고전을 찾아 읽기 바란다. 이 책도 어떻게 보면 추리소설 같은 면이 있다. 대체 우리가 무슨 잘못을 저질렀기에, 지난 25년간 세계대전을 두 번이나 치렀으며 소득불평등이 이토록 심해졌는지를 추적하기 때문이다. 그러나 우리에게 그 잘못을 바로잡을 정치적 역량과 의지가 부족하다면, 굳이 이 책을 읽으며 자책하고 괴로워한들 무슨 소용이 있겠는가. 악행과 어리석은 짓거리를 일삼다 파멸하는 그날까지 괜찮다고 착각하면서 희망과 자존심을 붙들고 사는 편이 나을지도 모른다.

지금 국가들이 끔찍한 대학살과 파괴적인 행위를 저지르고 있는 것을 보면 인간 본성에는 확실히 문제가 있다. <걸리버 여행기>의 거인국 편에서 적나라하게 풍자된 영국 역사만 봐도 인간이 고질적으로 야비하다는 결론을 내릴 수 있을 것이다. 스위프트는 왕의 가면을 벗겨 버리고, 말이 지배하는 유토피아를 묘사했다. 거기서 인간은 사회의 해충이며 짐승만도 못한 '야후'라 불린다. 그러나 스위프트가 인류의 상황을 총체적으로 파악한 것은 아니었다. 올리버 골드스미스도 <황폐한 마을>에서 "오랫동안 상업이 지배한 곳에서는 명예가 사라진다"고 했으나 그 역시 인류의 상황을 제대로 파악한 것이라고 할 수 없다.

19세기가 되자 칼 마르크스는 은폐된 의회 문서에서 공장 조사관의 보고를 발췌하여 자본주의의 잔혹함을 세상에 알렸다. 이로써 인간 본성에 관한 비관주의와 염세주의가 가장 어두운 심연에 도달했다. 마르크스는 잉여가치를 추구하는 자본주의가 얼마나 무자비해질 수 있는지를 보여줬다. 자본의 논리에 따라 사람들은 사회복지수당보다 한 푼이라도 더 벌 수 있다면 신체상해, 대량학살, 노예제, 마약거래, 주류판매 등도 마다하지 않을 것이라고 했다. 비관주의는 마르크스 이전에도 있었다. 전도서는 물론이고 셰익스피어의 작품 <리어왕>, <아테네의 타이먼>, <코리올라누스> 등이 비관주의로 가득했고, 스위프트와 골드스미스 작품 역시 그러했다. 그러나 어느 누구도 마르크스처럼 공식 자료를 바탕으로 현실 문제를 다루지는 않았다. 마르크스는 "새로운 세계"에 대한 요구를 만들어 냈으며, 근대 공산주의자와 사회주의자들에게 큰 영감을 주었다. 1941년에는 열정적인 보수주의자와 성직자들조차 "새로운 세계"를 선전문구로 내세웠을 정도다.

그들 모두 사람이 바뀌지 않으면 세상도 바뀌지 않는다는 생각에 동의했다. 즉 '인간성'이 바뀌어야 한다는 것이었다. 그러나 성경에 나타나는 인간성은 더없이 기만적이고 사악하다. 게다가 성경의 절망적인 인간관은 역사를 통해 입증되고 있는 것 같다. 고대 그리스와 로마뿐만 아니라 근대 문명처럼 인상적인 발전을 이루었던 고대 문명들은 하나같이 멸망했다. 멸망하지 않으려면 변화해야 했지만 결코 바뀌지 않는 인간성은 변화를 거부했다. 따라서 염세주의자들은 말도 안 되는 전쟁을 벌이고 살육에 몰두하는 우리 '야후' 세대가 새로운 세계를 이룩할 가능성은 거의 없다고 확신했다. 짐승보다 못한 야후들은 무의미한 전쟁을 벌이고 광적으로 살상에 매달리느라 "새로운 세계"를 이룰 작은 기회마저도 놓치고 있는 것이다.

그러나 인간성이 그렇게 구제불능이라면 이 책을 쓰고 읽을 이유가 없을 것이다. 모든 염세주의와 비관주의는 인류의 현 상황을 제대로 파악하지 못하고 잘못된 결론을 내린 데서 생겨난 망상으로 봐야 한다. 자본주의의 잔혹함이 전적으로 인간의 사악한 본성에서 비롯되었다고는 볼 수 없다. 자본주의 해악은 오히려 국민윤리, 애국심, 자선활동, 기업, 진보와 같은 온갖 사회적 가치가 야기한 부작용이다. 자본주의 사회에서도 부도덕한 구두쇠와 욕심꾸러기를 편드는 여론은 없다. 하지만 결과적으로 자본주의 사회는 지상 지옥이 될 기미를 보이고 있다. 선한 의도에서 비롯된 지옥이라고나 할까? 자본주의는 인간의 악행으로 가득한 난장(亂場)이 아니라 모두를 현혹하고 착각하게 만드는 유토피아다. 튀르고와 애덤 스미스로부터 코브던과 존 브라이트에 이르기까지 존경할만하고 공공심이 투철한 사람들조차 자본주의에 현혹되었다. 자본주의 지지자들은 악한 의도로 선을 행하는 메피스토펠레스라기보다는 가장 선한 의도로 악을 행하는 몽상가이자 환상주의자들이다. 선한 사람이 선한 의도를 실현하기 위해서는 현실에 대해 바로 알고 현실을 바탕으로 추론해야 한다. 우리가 현실 문제를 다루는 정치과학을 통해 인간에 대한 진실과 교훈을 배운다면 얼마든지 새로운 세계를 만들 수 있을 것이다.

2

참으로 이상적인 이야기이다. 실제로 우리가 할 수 있는 일이란 가능한 한 많은 정보를 얻고 그 정보를 바탕으로 최선을 다해 판단하고 행동하는 것뿐이다. 그러나 우리가 수집한 정보는 잘못된 것일 수 있다. 또한 정확한 정보일지라도 시의적절하지 않은 경우가 있다. 예컨대, 1066년 정복왕 윌리엄에게는 매우 중요했을 정보가 20세기 수상에게는 적절하지 않을 수도 있다. 현실은 변화하는데 교육이 그러한 변화를 제대로 전달하지 못한다면 수상은 구시대의 유물이 될지도 모른다. 사실 지금의 수상들 대부분이 그러하다. 상업이 성행했던 1500년경으로 거슬러 올라가 보면 당시 귀족들은 왕위를 차지하기 위해 살육을 서슴지 않았다. 헨리7세는 리처드3세를 죽이고 왕위를 차지했다. 그 시절의 학교들은 상업과 중산층에 우호적이고 반봉건적이거나 전복적인 가치를 지향했을 것이다. 거기서 교육받은 장관들은 자유당의 지도자가 되어 보수 진영의 수장에게 도전하고, 중세 농노제와 보수주의에 맞서 개인의 자유와 진보를 대변하는 전통을 세웠을 것이다. 그런데 산업혁명을 거치며 상황이 많이 변했다. 산업혁명 초기에는 사업을 시작하는데 드는 비용이 수백 파운드면 충분했지만, 산업혁명이 진행되면서 그 비용이 백만 파운드 이상으로 늘어났다. 산업혁명 초기만 해도 고용주였던 사람들이 자본가에게 예속되어 월급을 받는 피고용인의 처지가 되었다. 중산층이 프롤레타리아로 전락했다. 그래서 그들의 후손은 자유주의를 사악하고 파괴적인 것이라고 비난하게 되었다. 이제 러스킨 대학[1] 등에서 교육받은 노동당 지도자들은 상대가 봉건적인 보수당원이든 상업을 옹호하는 자유당원이든 상관없이 모두의 귀에 대고 마르크스주의를 외치고 있다.

문제는 인간의 습관과 생각이 현실의 변화를 따라가지 못한다는 것이다. 11세기 영국은 노르만 왕국에 의해 봉건화되었다. 왕이 모든 토지를 소유하고, 영주는 왕이 하사한 토지를 열심히 수호했다. 이 제도는 19세기에 이르러 3계급제도로 진화했다(또는 퇴행했다고 할 수 있다). 유산상속자와 토지매입자가 토지를 소유하고, 토지를 경작하는 것은 프롤레타리아의 몫이 되었다. 노동시장에 프롤레타리아의 노동력이 과잉공급되면서 프롤레타리아는 생계를 유지하기 힘들 정도로 형편없는 임금을 받게 되었다. 중산층은 자신들의 경영 능력을 지주에게 제공하고 상당한 대가를 챙겼다. 소유자, 경작자, 경영자 3계급이 정치적으로는 "자유롭지만" 경제적으로는 서로 완벽하게 예속되는 상태가 되었다. 그런데 오늘날 영국에는 14-15세기의 봉건주의와 교회의 신조를 계속해서 가르치는 학교들이 있다. 주요 성직자들이나 봉건군주들이 세운 사립학교들은 물론이고 후에 그것을 본떠 부유한 상인들이 설립한 수많은 학교들까지도 여전히 봉건적 가치와 교회의 신앙을 답습한다. 심지어 라틴어는 이미 1500년 전에 사어가 됐음에도 불구하고 문학, 종교, 외교, 법학에는 반드시 라틴어를 써야 한다고 고집스럽게 우기는 학교도 있다.

그러한 인습이 여전히 우리 교육제도를 지배하고 있다. 예전에 나는 윈체스터 귀족의 면전에 대고 교육제도를 비판한 적이 있다. 그 귀족은

[1] 노동자 계급에 교육 기회를 제공하기 위해 1899년에 설립된 대학.

거만하게 뻐기면서 자기 학교가 근대적이라는 증거를 댔지만, 그가 소개한 수학선생은 이천 년 전 아르키메데스만큼도 모르고 있었다.

상업이 발달하면서 대학은 커리큘럼에 정치경제학을 도입해야 했다. 대학은 이를 수용했고 심지어 환영하기까지 했다. 철저하게 이기적인 경영, 좋게 말해 개인주의적인 경영을 통해 최저임금만을 지급해도 지속적으로 고용이 창출된다는 것을 정치경제학이 입증했기 때문이다. 자본을 축적하고 문화를 주도하는 부유한 상류층이 그와 같은 경제학적 사고의 주축이었다. 이러한 정치경제학적 사고는 2세기 전 프랑스 중농주의자들이 처음 고안해냈을 때와 마찬가지로 대학에서 하나의 전통으로 가르치고 있다. 하지만 그러한 생각은 옳지 않다. 마르크스가 밝혔듯이, 이기적인 경영이 지속적으로 창출하는 것은 가난에 대한 공포다. 결국 인도주의적인 정치인들은 공장법을 주장하게 되었고, 노동조합은 급속도로 성장해 무시할 수 없는 세력이 되었다.

3

이처럼 시대에 맞지 않는 교육이 이루어지는 경우는 굉장히 많으며, 현실에 백 년 정도 뒤쳐지는 경우도 있고 이천 년 이상 차이가 벌어지는 경우도 있다. 그 결과 괴이하게도 '사립명문출신들의 학연'이 형성됐고, 이들이 근대 국가의 정부를 장악하면서 노아와 사무엘, 정복왕 윌리엄과 헨리7세, 크롬웰과 톰 페인, 애덤 스미스와 로버트 오웬, 예수와 찰스 다윈의 세계관이 서로 뒤엉키는 꼴이 되었다. 사립명문출신들이 갑자기 등장한 외국 독재자들에 대해 갖고 있는 오해들은 비극적이면서도 우스꽝스럽고 어떤 면에서 보면 끔찍할 정도다. 벼락부자처럼 등장한 외국의 독재자들은 개인적으로 프롤레타리아의 가난과 박해를 고통스럽게 경험한 덕분에 세상의 가장 비참한 현실을 잘 알고 있고, 그런 시각에서 마르크스를 읽었던 자들이다. 사립명문출신들에게는 이 독재자들이 무지하고 교육받지 못한 무뢰한이다. 하지만 독재자들에게는 사립명문출신들이 가난한 사람들을 강탈하고 올가미를 씌우고 계속 사기를 쳐서 먹고사는 탐욕스러운 착취자들이다.

그리고 양쪽 모두 자신들은 악을 물리치고 선을 행하기 위해 최선을 다한다고 믿는다.

정당들은 서로 대립할 때보다 합의를 선언할 때가 더 위험할 수 있다. H.G. 웰스가 입안한 새로운 권리장전을 총회에 회부했을 때, 나는 그 안에 전적으로 동의했다. 그건 그럴 만하다. 그런데 어떻게 된 일인지 나는 총회에 참석한 다른 모든 정당들, 심지어 나의 정치 성향을 전복적이고 사악하다고 여기는 사람들의 의견에도 똑같이 동조할 수가 있었다.

이렇게 천년만년 지속될 것 같은 화합에 대한 환상을 깬 사람은 다름 아닌 윈스턴 처칠 수상이었다. 참전하는 이유를 보다 분명하게 밝히라고 요구하는 전쟁 회의론자들에게 처칠은 이렇게 답했다. "위선적이고 상투적인 말은 집어치우고 사태가 정확히 어떻게 돌아가고 있는지 일일이 설명하려 든다면, 바로 열띤 논란에 휘말려 아무일도 할 수 없을 거요."

처칠은 촌철살인의 그 한마디로 모든 잡음을 잠재웠다. 여전히 모든 것이 모호했지만 우리는 일치단결한 것처럼 보였다. 생존을 위해 좋든 싫든 싸워야 하는 전시에는 그러한 만장일치가 유용하다. 하지만 전쟁

이후 국가를 재건하고 정비해야 하는 시기가 되어도 만장일치가 계속되어야 한다고 여기는 사람은 뭔가 착각하는 것이다. 숫자는 수를 알려줄 뿐 무엇의 수치인지를 알려주지 않는다. 입법부의 존재 이유를 생각하면 만장일치는 무의미한 숫자에 불과하다.

미덕이나 악덕이나 모두 피상적으로 다루다 보면, 공자와 모세, 예수, 마호메트, 교황, 세속주의자 모두가 만장일치를 이룰 것이다. 그러나 일단 구체적으로 따지고 들어가 어떤 행동의 시비를 가리고 적법성을 논해야 하는 순간 모든 합의는 깨지고 피비린내 나는 싸움에 돌입하게 된다. 우리 모두는 결혼의 신성함을 인정한다. 하지만 우리 중에는 호주 원주민 출신 다혼주의자, 네 명의 아내를 허용하는 이슬람교도, 이혼을 자주하는 헐리우드의 배우들, 절대불변의 단혼제에 매여 있는 아일랜드 부부들이 있다. 결혼제도는 이렇게 다양하기 때문에 서로를 억압하지 않으려면 다양성을 인정하는 수밖에 없다. 그러나 이것조차 항상 가능한 것은 아니다. 한 객차에 흡연자와 비흡연자가 함께 있으면 그들이 똑같이 자유로울 수는 없기 때문이다.

관습법체제가 가능해지려면 충분한 합의를 도출해야 하며, 충분한 합의를 위해서는 심리적인 동질성을 갖는 것도 중요하지만 그 동질성의 내용 또한 과학적이어야 한다. 웰스 말대로, 관습법은 공통의 지식을 바탕으로 한다. 그러한 관습법을 법제화하려면 공통의 지식에서 이끌어낸 공통의 결론을 바탕으로 해야 한다. 핏케언 섬 사람들은 영국 본토 사람들과 알고 있는 것들이 비슷하다. 그러나 그들은 고등 문명에 연연하지 않는다. 왜냐하면 그들은 가까운 미래에 예수가 재림하여 지상천국을 세울 거라고 믿기 때문이다. 나는 우두접종이 무지한 망상에서 비롯되었고 그러한 예방접종을 강제하는 것은 폭압행위라고 확신했다. 그런데 예방접종에 대해 나만큼 알 기회가 많았던 작가들마저 예방접종이 엄격하게 시행되지 않으면 천연두로 국가가 완전히 멸망할 거라는 의견에 설득당하고 있다. 러시아 국민은 이상적인 헌법을 가진 공산주의자들이다. 그렇지만 러시아의 기관 경제학자들은 더 많은 공장과 발전소 그리고 철로를 건설하는 것이 가장 시급하다고 보고 좀 더 잘 먹고 잘 살기를 바라는 민중을 억압하고 있다. 하루에 열여섯 시간씩 일하고 40세에 은퇴해서 60세에 죽기를 바라는 과민한 사람이 있는가 하면, 하루에 네시간씩 일하면서 60세에 은퇴하고 90세에 죽기를 바라는 느긋한 사람도 있다. 하지만 소득불평등이 심화되고 사회가 불안정해져도 전혀 개의치 않고 발전만을 추구하는 정부 앞에서 그 둘의 차이가 무슨 의미가 있겠는가?

합의에 도달하는 데 있어 또 다른 문제는 우리가 무엇을 해야 하는지를 안다고 해서, 그것을 하는 방법까지 아는 것은 아니라는 것이다. 디킨스는 지배 계층이 해야 할 일을 회피하는 데 도사라고 했다. 하지만 지배 계층은 스스로도 자신들의 처지가 다른 사람들보다 낫다고 생각하기 때문에 해야 할 일을 하지 않으려는 것이다. 반면 진심을 다해 열정적으로 뭔가를 해보려고 하는 통치자들은 정작 그 일을 어떻게 해야 하는지 방법을 모르기 때문에 일을 엉망진창으로 만든다. 마호메트는 좋은 의도로 음력을 만들었다. 낡은 이론이 아니라 눈으로 확인가능한 천체물리학적 사실에 입각해 달력을 만든 방식은 어느 정도 괜찮았다. 그러나 그 정도로는 충분하지 않았다. 새로 만든 음력 때문에 계절에 따라 이동하는 상인들은 낭패를 당했다.

예를 들기 위해 17세기로 돌아갈 것까지도 없다. 1917년 러시아 볼셰비키 혁명 이후 10년 동안 공산주의 정부는 첨단 사회이론과 지식을 갖추고 있음에도 불구하고 입법과 행정에서 너무 많은 실수를 저질렀다. 러시아가 공산주의체제를 유지하고 국민이 살아있다는 것이 기적처럼 느껴질 정도다. 볼셰비키는 무엇을 원하는지 알지만 얻는 방법을 모르는 자들이다. 만약 영국의 사립명문출신들의 머리에서 그 동안 학교나 집에서 배운 정치적인 모든 것들을 비워버리고, 레닌주의를 주입한다 해도 영국의 지배 계층 역시 레닌의 실수를 모두 반복하고, 나라를 기아와 폐허 상태로 몰고 갈 것이다.

따라서 우리는 위험을 막아주는 울타리와 바른 길을 알려주는 이정표를 최대한 많이 세우는 수밖에 없다.

우선 토지 문제부터 출발하자. 토지 문제는 가장 기본이기 때문에 여기서부터 잘못되면 모든 것이 잘못된다.

2장 문제는 토지다!

1

도시에서 나고 자란 사람들은 농지에 대해 어떻게 생각할까? 땅을 갈아 농사를 짓는 사람이 농지를 소유해야 마땅하다고 여길 것이다. 농민이 경작지의 소유주가 아니라서 무단침입자도 쫓아낼 수 없다면, 수확물에 대한 권리인들 주장할 수 있겠는가? 그러므로 땅은 다른 누구도 아닌 그 땅의 경작자가 소유해야 한다. 그렇게 되면, 근면, 절제, 정직과 같은 자질을 갖춘 농민은 풍족하게 살 수 있다. 농민이 경작지를 소유하고 농사에 필요한 자질을 갖췄는데도 불구하고 살림살이가 나아지지 않는다면 천직이 아닌 것이다. 그런 사람은 도시로 가는 편이 낫다. 개중에는 가난과 실패를 부르는 문제적 성격을 가진 경우도 있다. 개척 농민들의 단순한 토지관은 그렇다. 그런데 이는 모든 사람이 똑같이 비옥한 땅을 소유하고 지주에게 지대를 지불할 필요가 없는 곳에서나 통할 생각이다.

이제 그런 곳은 존재하지 않는다. 그럼에도 농민들에게 근면, 절제, 정직과 같은 원초적인 도덕만을 강요하는 데서 문제가 발생한다. 지금의 농민들은 개척자가 아니다. 공짜로 가질 수 있는 비옥한 땅은 전혀 없다. 사실 어떤 땅도 그냥 가질 수는 없다. 오늘날 농민들은 지대와 세금, 이자를 지불하기 위해 하루 16시간씩 일해야 하는데도, 자기들이 독립적이고 주체적이며 굉장한 정치적 자유를 누리고 있다고 얘기한다. 게다가 토지사유제도를 철폐한 외국 정부를 괴물처럼 여기면서 피에 굶주린 독재정권이라 비난한다. 독재자들과 그들의 불온한 사상을 뿌리뽑기 위해서는 전쟁도 불사해야 하고, 그래야 문명을 지킬 수 있다고 주장한다. 농민들이 그렇게 말하는 이유는 가정과 학교에서 그렇게 배우기도 했고, 신문과 라디오, 의회, 법정, 선거연설에서 그런 얘기를 귀가 아프도록 들었기 때문이다.

농민들 딴에는 잘 해보려고 그러는 것이다. 그들은 자기들이 모든 사회적 가치와 명예를 옹호한다고 진심으로 믿고 있다. 그러나 실제 투표장에서는 게으름, 낭비, 사치, 비굴함, 가난, 노동착취 등 이기적인 자본이 만들어낸 모든 악덕에 표를 보탠다. 그렇다고 정치적 회의주의에 빠져서 농민들이 처한 현실이 자업자득이라고 체념하지는 말자. 농민들이 공공재에 대해 세금을 내는 것과 마찬가지로 집단영농을 통해 지주가 아닌 국가에 지대를 지불하게 해보라. 이 고집 센 보수주의자들은 사회적 가치와 명예를 옹호하려는 바로 그 윤리적 충동 때문에 토지국유화에 앞장서는 볼셰비키로 변할 것이다. 러시아가 그 증거다.

이 문제를 이해하려면 우선 **토지는 양적으로 한정되어 있고 모든 토지의 가치가 균일하지 않다**는 사실을 알아야 한다. 사람이 살지 못하는 사하라 사막과 단위면적당 가격을 따지는 런던의 땅은 완전히 다르다. 영국에는 썰물 때면 여기저기 널린 석탄을 손수레에 주워 담아 공짜로 집에 가져갈 수 있는 지역이 있는가 하면, 20년간 막대한 돈을 들여 갱도를 파고 힘들게 석탄을 캐내서 수 마일 떨어진 곳까지 실어 날라야 하는 광산도 있다. 우유와 꿀이 풍부한 지역, 석유가 나오는 지역, 다이아몬드와 금덩이가 잔뜩 매장된 지역 등 온갖 종류의 엘도라도가 있는가 하면, 물이 없는 모래사막, 말라리아가 창궐하는 늪지대, 독사가 득실대고 식인 표범이 우글거리는 정글도 있다. 서아일랜드와 스코틀랜드에서 경관이 가장 빼어난 지역은 온통 돌밭이라서 아무리 열심히 경작해도 먹고살기 힘들다. 교외 주택의 임대료는 시장이나 시내 중심지까지 대중교통(버스, 트램, 기차) 요금이 얼마인지에 따라 달라진다. 임대료 편차가 연간 수백 실링에 달하는 이유는 토지의 비옥함이나 접근성 등에서 차이가 있기 때문이다. 이는 나의 견해나 주장이 아닌 사실이다. 주당 2파운드(40실링)의 전시수당으로 아이를 기르는 여성이 그중 14실링을 임대료로 지불하는 것 역시 사실이다.

    토지를 여러 구획으로 나누어 각자에게 주어진 토지를 사용하게 하면, 개인의 부는 개인의 근면성실함이나 능력과는 상관없는 것이 된다. 어떤 이들은 엄청난 부자로 오래 살고, 어떤 이들은 궁핍한 부랑자가 되어 기아와 열병에 시달리며, 나머지는 그 양극단 사이의 어디쯤에서 살아간다. 그도 그럴 것이, 운이 없는 이들은 곧바로 자신의 척박한 모래땅이나 습지를 포기하고 운 좋은 이들의 비옥한 땅을 경작해서 호구지책을 마련해야 한다. 그렇게 해서 근근이 생계를 해결하고 남은 수확물은 전부 지대로 지불하게 된다. 운 좋은 이들은 부유해질 뿐만 아니라 원한다면 일하지 않고 살 수도 있다. 그들은 귀족 계층(부유층)을 형성하고, 생계를 위해 일하거나 길거리에서 짐을 옮기는 것조차 수치로 여기는 전통을 만든다. 말이나 마차를 타지 않고 걸어다니는 것이 계층 하락을 의미하게 된다.

또한 모든 토지가 사유화되면 그 다음에 태어난 사람들은 더 이상 토지를 소유하지 못하고 프롤레타리아라고 불리는 신농노 계층이 된다. 그들은 경작자에게 노동력을 제공하거나 소작농 혹은 기능공이 되어 생계를 유지하고 지주에게 지대를 지불한다. 그러다 프롤레타리아 인구가 늘어 노동시장에 수요보다 공급이 많아지면 임금이 하락하여 빈곤 때문에 가뜩이나 줄어든 수명을 유지하기도 힘들어진다.

이러한 상황에서는 오로지 지주들만이 필요 이상으로 많은 돈을 갖게 된다. 실제로 그들은 국가의 여윳돈을 전부 차지한다. 이러한 여윳돈을 자본이라고 한다. "땅을 소유한 덕에 먹고사는" 지주들은 이제 자본가가 되어 사업가들에게 자본을 빌려주고 지대를 받듯 이자를 받는다. **가을이 가면 겨울이 오듯, 토지에 대한 계급 독점이 이루어지고 나면 반드시 자본에 대한 계급 독점이 뒤따른다.**

2

잠시 이 문제와 관련된 역사를 살펴보자. 이미 800년 전 이야기지만 정복왕 윌리엄은 계층외혼(서로 다른 계층 간 혼인)의 장점을 보여주는 사례로서 여전히 흥미롭다. 그는 완벽한 귀족 혈통이 아니었다. 공작의 사생아이자 천한 무두장이의 손자였다. 그러나 노르만 군대를 결집해 영국을 정복할 정도로 능력 있는 인물이었다. 봉건제 옹호자이자 왕정주의자였던 윌리엄은 정복한 땅을 분할하여 프랑스 전우들에게 사유지로 나눠주고 주변에 높은 성벽을 쌓아 올리게 했다. 자신에게 대적

정복왕 윌리엄에게 충성서약을 하는 잉글랜드 해롤드 왕. 윌리엄은 대대적인 토지조사와 충성서약을 통해 봉건제도를 정착시켰다. 바이외 태피스트리, 11세기 후반.

하지 않는 색슨족 지주들의 토지는 그대로 두었다. 단, 왕에 대한 충성서약을 바탕으로 지주들이 국방, 영지 내 사법업무, 왕실 경비조달 등을 책임지게 했다. 그리고 지주가 죽은 뒤에는 남자 후계자 한 명에게 영지와 함께 그러한 책임을 고스란히 물려주도록 했다. 정복왕 윌리엄은 가톨릭교도이기도 해서 교회와 사원을 성곽만큼이나 많이 세웠고 백성들의 영적 복지를 책임지는 조건으로 성직자들에게 교회나 사원 영지를 하사했다.

당시 상황을 고려하면 상당히 합리적인 처사였다. 국가는 귀족, 성직자, 농민, 농노로 구성된 농경사회를 기반으로 한동안 안정적인 체제를 유지했다. 그러나 그것도 잠시였다. 봉건제도는 곧 흔들리기 시작했다.

현실은 계획과 달리 자꾸 변하기 때문이다. 아무리 유능한 왕이나 귀족도 영원히 살 수는 없고 아버지의 재능이 항상 아들에게 이어지지도 않는다. 능력은 종종 그 주인과 함께 사라져버린다. 그러나 봉건제도는 왕과 귀족을 유능한 인물들 중에서 선택하게 하지 않고 오직 남자만이 그 자리를 계승할 수 있다고 정해 놓았다. "어떤 남자?"냐고 물으면 "죽은 자의 큰 아들"이라는 답이 돌아왔다. 이로써 상속을 둘러싼 분쟁은 피할 수 있었지만, 새로운 통치자가 영지를 다스리고 군대를 이끌 능력이 있는지는 알 수 없었다. 정복왕 윌리엄의 장자는 프랑스에서 아버지를 상대로 전쟁을 벌이고 승리하기까지 했지만 왕위 계승에는 실패했다. 세습귀족들 가운데는 상황을 엉망으로 만들어버리거나 다른 귀족들처럼 아무런 생각 없이 지내는 실패자들이 무수히 많았다. 실패자나 멍청이가 아닌 경우에는 그야말로 지방군주가 되어 나랏일을 좌지우지했고 왕좌를 노리며 중앙의 왕에 맞서기도 했다. 이와 같이 봉건제도 안에는 처음부터 내분의 씨앗이 존재하고 있었다.

한편 봉건제도는 '작은 아들 계층'을 만들어냈다. 봉건귀족의 후손이라 해도, 장자를 제외한 작은 아들들은 재산을 물려받지 못하고 수입도 별로 없으면서 귀족 수준의 씀씀이에 길들여진 평민이나 다름없었다. 그들은 장자에게 기대어 살거나 장교나 외교관 같은 공직자가 되거나 주교 같은 성직자로 살았다. 그들의 자손은 생계를 위해 직업을 가져야 했기 때문에 위신이 많이 실추됐다고 느꼈다. 지금도 기억 나는데, 예전에 의사들은 치료비 받는 것을 수치스럽게 여겼다. 치료비를 지불하려면 집사에게 팁을 주듯 의사의 호주머니에 슬쩍 찔러줘야 할 정도였다. 변호사복에는 여전히 작은 주머니가 달려있다. 변호사 비용을 등

뒤의 주머니에 살짝 찔러주던 시절의 흔적이다. 결국 '작은 아들들'의 후손은 도매업자에서 소매업자로, 사무직 종사자로, 수공업자로, 그러다 마침내는 단순 노동자로 전락하기에 이르렀다. 그래서인지 영국 노동자들 중에는 자기가 잠시 왕의 눈 밖에 난 귀족이라고 착각하는 속물들을 흔히 볼 수 있다. 상원에서 귀족들이 노동당을 지지할 때조차 그들은 보수당 편을 든다.

봉건제도에 반기를 든 세력은 상속권을 박탈당한 작은 아들 계층만이 아니었다. 타고난 정치적·상업적 역량을 바탕으로 고위성직자나 거상의 지위에 오른 5퍼센트의 평민 역시 봉건제도와 대립하게 되었다. 가톨릭 추기경들은 청빈과 겸손을 맹세했으나 거기에 만족하지 않고 세속 권력을 탐했다. 때로는 제후의 편에 서기도 하고 때로는 왕의 편에 서기도 하면서 정권 다툼에 동참했다. 그러나 봉건제도에서 허용하지 않는 이단자들 그러니까 지식인의 편을 든 적은 한 번도 없었다.

거상들은 도시를 건설했다. 이 도시들이 나중에는 작은 국가가 되어 왕과 교회 양쪽과 세력을 다투게 되었다. 샤를 마르텔은 8세기 프랑스 봉건군대의 총사령관으로서 사실상 왕이나 다름없었다. 그는 도적 소굴을 소탕하듯 도시들을 쓸어버렸다. 그러나 후대의 왕들은 도시를 용인할 수밖에 없었다. 도시는 돈줄이었다. 거상들은 땅을 사고 도시를 세웠으며 왕과 교회, 귀족에 대항하기 위해 프롤레타리아 용병을 고용했다. 그들은 영지에 부과된 모든 봉건적 조건을 폐지하고 토지를 공산품처럼 사고팔 수 있는 상품으로 만들기 위해 지속적인 노력을 기울였다. 사실 그들에게는 토지 거래보다 노동력 거래가 절실했다. 노동력이 토지나 다른 재화와 마찬가지로 자유롭게 거래될 수 있어야 도시

거상들도 사업에 필요한 노동력을 확충할 수 있기 때문이다. 그러나 당시 농노들은 거주지를 자유롭게 옮기지도 못하고 영지에 꼼짝없이 붙잡혀 있었다. 그래서 상인 계층은 개인의 자유를 위해 싸우는 투사가 되어 정계에 진출하게 되었다.

그러나 그 자유는 피상적인 것일 뿐이었다. 자유의 몸이 된 농노들이 영지와 교회 소유 경작지를 떠나 도시로 몰려가자 노동시장에 공급 과잉이 일어나면서 임금이 하락했다. 그들은 가난과 과로에 시달리고 독점자본가에게 비굴하게 복종하면서 자신들이 속한 계급을 뼈저리게 인식하게 되었다. 봉건체제에서나 자본주의체제에서나 프롤레타리아 계급에게 희망은 없었다. 그들은 서서히 자신들을 조직화하기 시작했다. 초기 노동조합은 지주와 자본가, 교회로부터 심한 핍박을 받았지만 나중에는 교조적인 사회주의자와 연합해 "프롤레타리아 독재"를 목표로 나아갔다. 사회주의자는 그러한 조직에 사상적 토대를 제공했고 노동조합은 자금을 댔다.

그 결과, 부르주아와 지주 계급이 손을 잡고 프롤레타리아 혁명에 금권주의로 맞서는 진풍경이 벌어졌다. 이에 마르크스는 1861년 "만국의 노동자여, 단결하라"는 슬로건을 내걸고 계급투쟁을 선포했으며 불로소득을 유발하는 사유재산을 폐지하고 노동자협동조합과 같은 정치조직을 건설할 것을 제안했다.

1871년 금권정치 세력은 파리코뮌을 유혈진압하면서 프롤레타리아 세력과 처음으로 충돌했다. 프롤레타리아는 그때 패했지만 50년 후인 1920년에는 러시아에서 승리를 거두었고, 1939년 스페인 내란에서는 다시 패했다. 그런데 그 사이 금권정치 세력의 입장에 변화가 생겼다. 금권정치 세력은 자신들의 돈벌이에 정부가 개입하는 것을 처음에는 격렬하게 반대했었다. 그러나 프롤레타리아 출신 경제학자들 덕분에 생산을 극대화하려면 민간기업 차원이 아닌 국가 차원의 권력과 재원이 필요하다는 것을 알게 되었다. 금권정치 세력은 국가권력을 차지해서 자신들의 배를 불리는 데 사용할 수만 있다면, 다시 말해 사회주의적 생산과 금권정치적 분배를 결합시킬 수만 있다면, 선조들은 꿈도 꾸지 못했던 엄청난 부를 이룰 수 있을 것이라고 내다봤다. 국가권력을 노리는 금권정치 세력은 점점 커졌고 나중에는 사회주의자들의 성공을 가로채서 사적자본주의를 국가자본주의로 대체했다. 자신들의 모든 특권과 사유재산은 그대로 유지하면서 임금인상과 실업수당을 미끼로 프롤레타리아 계급을 매수했다. 이러한 움직임을 이탈리아에서는 파시즘, 독일에서는 국가사회주의 혹은 나치즘이라고 부른다. 두 나라 모두 자본가의 지원을 받은 프롤레타리아 출신 지도자들이 정부 수장이 됐다. 베니토 무솔리니와 아돌프 히틀러 얘기다. 영국과 미국에서는 그러한 움직임이 독일이나 이탈리아에서만큼 분명하게 나타나진 않았지만, '신질서'와 '뉴딜'이라는 이름을 달고 민주주의 진영과 금권주의 진영 모두에 안착했다. 독일과 이탈리아의 파시스트 독재자들은 서구 국가들에게 프롤레타리아가 장악한 러시아를 함께 덮치자고 제안했다. 그러나 영국과 미국이 보기에 그 두 독재자들 역시 위험하고 전복적이기는 마찬가지라 그들의 제안에 퇴짜를 놓았고, 결국 유럽의 패권을 놓고 독일-이탈리아와 한 판 전쟁을 벌일 수밖에 없었다. 독일-이탈리아의 두 파시스트 독재자들은 서로 연대하여 러시아는 물론 호락호락하지 않은 영국과 미국을 정복하기 위해 총력을 다했다. 그러나 그들이 얻은 유일한 동맹국은 일본뿐이었으며, 공산주의 세력과 금권정치 세력이라는 상호 모순적인 두 세력이 가공할만한 연합을 이루는 바람에 그들 모두와 싸워야 하는 입장이 됐다.

지금의 역사적 상황이 대략 이렇다. 이제 우리의 출발점으로 돌아가자.

3

나는 이론적으로는 공산주의자이고 직업은 극작가지만, 실제 신분은 지주다. 좀 더 구체적으로 말하면 나는 부재 지주라고 할 수 있다. 내 사유지가 아일랜드에 있기 때문이다. 토지를 상속받았을 때 나는 성인 기혼 남성이었다. 만일 내가 정복왕 윌리엄 치하에 살고 있다면, 이슬람 재판관 카디처럼 영토 내 소작인들의 재판을 집행하고, 생산물을 통제하거나 감독하고, 왕이 벌인 전쟁에 소작인들을 동원하고, 여러 가지 경로를 통해 왕에게 자금을 대야 했을 것이다. 나는 아마 다른 귀족들이 하는 것만큼은 했을 것이다. 하지만 내가 토지를 물려받았을 때 제일 먼저 알게 된 사실은 내 토지가 전혀 내 것이 아니라는 점이었다. 내 명의로 된 토지인데도 어떤 통제나 간섭도 할 수가 없었다. 나는 부동산권리증서 대신 담보대출증서와 전당포증서 한 보따리를 넘겨받았다.

크게 놀라지는 않았다. 토지를 물려준 나의 삼촌이 누더기를 걸치고 궁핍하게 돌아가셨기 때문이다. 한때는 의사로서 지방의 대지주들을 보필하며 풍족하게 살았으나, 지주들의 저택과 공원이 헐리고 그 자리에 주당 15실링을 버는 도시 사무원의 작은 집들이 빽빽하게 들어서면서 삼촌은 경제적으로 큰 타격을 입게 되었다. 충직한 하인에게 17년 동안 임금을 주지 못했고, 금시계는 전당포에 맡겨야 했다. 나는 삼촌이 그 금시계를 구입했을 때 옆에 있었기 때문에 금시계 가격이 30파운드였던 것을 기억하고 있다. 삼촌은 금시계를 저당잡히고 3파운드 10실링을 받았고 그 시계를 되찾을 권리를 지키기 위해 수년간 내 어머니에게 돈을 빌려 이자를 갚았다.

나는 그 시계에 대한 권리도 물려받았기 때문에 전당포로 가서 시계를 되찾았다. 그리고는 런던으로 와서 경매에 부쳤다. 시계는 팔렸지만 예상대로 낮은 가격에 팔렸기 때문에 이득은커녕 경매수수료를 제하고 나니 오히려 손해였다. 나는 결과를 받아들였다. 그리고 남은 증서들을 모두 쓰레기통에 던져버렸다. 서류상으로는 이미 내 재산으로 되어 있는 땅이었지만 삼촌의 대출금을 모조리 갚고 나서야 비로소 내 것으로 소유할 수 있었다. 내가 그때 그 땅 말고 다른 재산이 없었으면 그냥 포기했을지도 모른다.

어쨌든 그게 다가 아니다. 나는 그 동안 사유지가 왜 "작고 좋은 자산"으로 불렸는지 알게 되었다. 토지는 더 이상 농업을 위해 존재하지 않았다. 주거와 상업을 위해 존재했다. 한마디로, 토지는 도시의 일부가 되었다. 임차인들은 자기들이 빌린 토지를 전대했다. 그러니까 다른 사람들에게 다시 빌려준 것이다. 그리고 임차인들이 빌린 토지를 다시 빌린 사람들, 즉 전차인들 역시 또 다른 사람들에게 토지를 전대했다. 그래서 나는 어느 집부터 어느 집까지가 "내 사유지에" 있다고 말할 수 있을 뿐 그 집들에 대해 어떠한 영향력도 행사할 수 없었다. 다만 내 사유지를 사용하는 임차인과 전차인들에게서 선불이든 후불이든 가차없이 지대를 거둘 수 있었다. 내가 통제할 수 있는 집은 딱 세 채였다.

그 집들은 상태가 너무 안 좋아서 나는 그 가운데 한 집을 그저 사람이 살 수 있을 정도로만 수리해주려고 했다. 그런데 그 집이 일꾼들이 손을 대자마자 무너져버리는 것이 아닌가. 그 집의 세입자는 집을 담보로 집값만큼 융자를 받은 상황이었다. 나의 삼촌이나 세입자는 집을 수리할 여력이 없었고, 채권자 입장에서는 이자만 받으면 그만이지 수리는 전혀 상관할 바가 아니었던 것이다.

요컨대, 지주 입장에서는 임차인들로부터 지대만 잘 받으면 되고, 봉건시대처럼 영토에 대한 권리와 책임을 지지 않아도 되므로 사유지가 "작고 좋은 자산"이기는 했다. 나는 내 사유지에서 재판관, 통치자, 관리인, 군인, 공무원, 감독관 노릇을 할 필요가 없었다. 이제 나는 헨리2세가 봉건영주들에게 부여했던 것 같은 생살여탈권을 휘두를 수 없지만, 더 이상 영토에 대해 책임질 필요도 없다. 토지는 이제 "작고 좋은 자산"일 뿐이다. 나는 그 토지를 팔아버릴 수도 있고 생판 모르는 외국인에게 임대할 수도 있다.

'봉토'가 '작고 좋은 자산'으로, '책임을 지닌 공직자'가 '무책임한 무위도식자'로 바뀐 것은 농업과 기사도를 기반으로 한 봉건시대가 가고 상업과 경쟁의 시대가 도래하면서 나타난 필연적 결과였다.

몇몇 대영지들은 여전히 남아 있다. 영지의 지주들은 이제 대도시의 부자가 됐다. 그들은 생살여탈권이라 할만한 권력을 여전히 행사한다. 소작농과 일꾼들을 내쫓고 양목장을 세우거나 상점을 내거나 사슴 사냥에 빠진 부자들이 돌아다니게 할 수도 있다. 그게 아니라도 소작농보다 지대를 많이 내겠다고 하면 누구에게나 땅을 임대할 수 있다. 따라서 이제는 "작고 좋은 자산"을 가진 지주는 물론 "크고 좋은 자산"

을 가진 지주들도 있다. 그리고 그들은 하나같이 무책임하다. 개중에는 물론 독지가들도 있다. 하지만 지주들이 사치스럽고 탐욕스러워지는 것을 막을 사회적 장치는 전혀 없다. 오히려 그들의 사치와 탐욕을 부추기는 상황이다. 엄청난 지대를 챙기면서 이자가 가장 높은 곳에 잉여자본을 투자하는 것이 지주들의 개인적 관심사이자 사회적 의무가 되었다.

이렇듯 토지는 도덕적인 제재로부터 자유롭다는 점에서 일반 자산과 구분되며, 변호사들은 그 두 자산을 각각 부동산과 동산이라는 용어로 부르고 있다. 그러한 차이는 1925년 봉건제도의 잔재인 장자상속제가 폐지되었을 때 함께 없어졌어야 했다. 그러나 토지 자산은 여전히 일반 자산과 다르게 취급되고 있다. 동산은 제약을 받는다. 예컨대, 총기 소지자는 정해진 계절에 정해진 짐승과 새만을 쏠 수 있고 사람을 쏴서는 안 된다. 반면, 지주는 자기 땅에서 사업을 하거나 거주하는 사람들을 임대기간만 끝나면 그들의 사정과 관계없이 마음대로 내쫓을 수 있다.

상황이 이런데 지주 대학살이 일어나지 않는 것이 놀라울 정도다. 가끔 그 비슷한 일들이 벌어지긴 했다. 토지개혁법안이 발효되기 전 아일랜드에서는 소작농들이 지주들을 저격하기 위한 비밀결사를 조직했다. 프랑스 혁명은 농민들이 대지주의 시골 저택과 성을 불태우면서 절정에 달했다. 아일랜드자유국이 수립될 때도 아일랜드 소작인들이 영국인 지주를 공격했다. 러시아에서는 1917년에 수립된 볼셰비키 정부가 토지사유화를 금지했고 이를 어길 경우 형벌에 처했다.

그러나 토지사유화가 사람들을 항상 견딜 수 없는 지경으로 몰아가는 것은 아니다. 땅이 없어서 지대를 내야하는 사람도 어느 정도 먹고

살만해지면 그 상황에 길들여진다. 우산을 살 때 값을 지불하듯 땅을 빌리면 지대를 내는 것이 당연하다고 여기고 자발적으로 그렇게 하려고 한다. 그런 사람들은 토지 문제를 전혀 이해하지 못할 뿐더러 언젠가는 자신도 지주가 될 것이라고 기대한다. 그도 그럴 것이 돈만 있으면 언제나 살 수 있는 땅이 널렸기 때문이다. 심지어 돈이 충분하지 않은 사람도 땅을 담보로 대출을 받아서 땅을 살 수 있다.

4

정치경제학자들은 우산을 만든 사람에게서 우산을 사는 것과 땅을 상품으로 여기는 사람에게서 땅을 빌리는 것이 다르다는 것을 이미 알고 있었다. 봉기한 농민들은 "아담이 밭을 갈고 이브가 실을 잣던 시절에는 누가 귀족이었겠는가?"라는 노래만 불러댔다. 하지만 프랑스 중농주의 지식인들은 그 문제에 과학적으로 접근했다. 혁명 이전의 프랑스 개혁가들, 특히 중농주의 경제학자 미라보는 단일토지세¹를 도입하여 상품에 대한 세금을 폐지하고 오직 토지에만 세금을 부과함으로써 지대를 국유화하자고 제안했다. 볼테르는 미라보의 제안에서 자본의 지대 즉, 이자에 관한 언급이 빠졌다고 지적하며, 그렇게 하면 지주는 가난해지고 은행가는 점점 더 부유해질 것이라고 비웃었다. 하지만 단일토지세를 통한 지대국유화 제안은 100년 후 미국인 헨리 조지의 비범한 웅변과 함께 부활한다. 그의 저서 <진보와 가난>은 내가 토지 문제에

1   단일토지세: 정부는 토지 사용이나 거래, 상속, 증여, 양도에 개입하지 않으며, 지대 중에서 토지 소유에 따른 비용과 토지 개량에 투입된 비용을 제외한 나머지를 세금으로 환수한다. 이렇게 '불로소득'인 지대에만 세금을 부과하고 '인간의 노력에 부과하는 세금'인 근로소득세를 없애면 생산활동이 활발해지고 계층 간 불평등이 완화되는 효과를 기대할 수 있다.

관심을 갖는 계기가 되었다. 그럼에도 불구하고 당시 토지 문제는 이미 자본 문제로 발전한 상태라서 볼테르의 비판이 그 어느 때보다 힘을 얻고 있었다. 국가가 지대를 자본으로 활용할 준비가 되지 않은 상태에서 지대를 몰수하면, 생산이 중단되고 나라가 궁핍해질 것은 분명하기 때문이다. 그때 사회주의가 등장해 국가가 모두에게 이익이 되는 사업을 해야 한다고 주장하기 시작했다. 이렇게 자본주의의 대안으로 사회주의가 등장하자 어용 경제학자들은 지대 문제에 대해 솔직하지 못한 입장을 취했다.

한 프랑스인은 "재산이란 무엇인가? 재산은 훔친 것이다"라는 글을 썼다. 태평스러운 사람들은 "어리석긴!"이라며 무시했고, 진지한 사람들은 "너무 악랄한 거짓말이다!"라는 반응을 보였다. 그러나 프루동이라

헨리 조지 초상이 그려진 담뱃갑, 1886.
당시 헨리 조지의 인기가 얼마나 대단했는지를 보여준다.

문제는 토지다! 25

는 그 프랑스인은 어리석지도 사악하지도 않았다. 프루동은 현실을 면밀히 분석한 결과, 생산하지 않고 소비하는 지주와 자본가는 사회에 해를 끼치며, 도둑이 공동체에 해를 끼치는 것과 다르지 않다는 사실을 발견했다. 위대한 영국인 존 러스킨도 사람이 먹고사는 방법은 노동, 구걸, 도둑질 딱 이 세 가지 뿐이라면서 프루동과 같은 얘기를 했다.

그렇다면 지주는 다 도둑놈들인가? 영국의 위대한 사상가 윌리엄 모리스는 냉정하게 "그렇다! 빌어먹을 도둑들이다. 가난한 사람들을 강탈해서 먹고사는 놈들이다"라고 답했다. 그러나 훌륭한 토리당원이었던 드퀸시는 지주들을 지방귀족이라고 부르며 "그만한 사람들이 또 어디 있겠는가?"라고 추켜세웠다. 마르크스는 그들을 부르주아라고 불렀다. 부르주아도 이제는 옛말이다. 부르주아 중에서도 상대적으로 가난했던 사람들은 대기업이 등장하면서 프롤레타리아로 전락했고, 상대적으로 부유했던 사람들은 금권정치체제에 흡수되었다. 경제학자 케인스는 지주들을 "벌집 안의 수벌들" 즉, 무위도식하는 인간들로 간주했다. 나 역시 지주지만 내가 도둑이라고는 생각하지 않는다. 불순한 의도에서 지주가 된 것은 아니기 때문이다. 내 의지와 상관없이 나를 지주로 만든 그 법률체계는 내가 고안한 것도 아니고 혼자서 바꿀 수 있는 것도 아니다. 그러나 내가 소작인들에게 강도, 소매치기, 좀도둑에 맞먹는 경제적 해를 끼친다는 사실을 사람들에게 알리는 데 나의 정치 인생 전부를 바쳤다. 나는 대단한 부자가 아니므로 악덕 자본가라고까지는 할 수 없지만 도둑인건 사실이다. 소작인들이 힘들게 일해서 번 돈의 일부를 나는 아무런 수고 없이 받아 챙기기 때문이다. 그게 내 잘못이 아니고 내가 운이 별로 안 좋았기 때문이라고 해봤자 소작인들에게는 아무 소용이 없다. 지대 받을 권리를 사기 위해 내가 삼촌 대신 대출금까지 갚았다고 말하는 것도 도움이 되지 않는다. 강도도 강도질을 하려면 '연장'부터 사야 하는 법이니까.

그렇다면 국가는 나와 같은 지주들을 어떻게 없앨 것인가? 만일 소작인들이 리트림 공작한테 했듯 지주를 총으로 쏴버린다 해도, 유족만 지주로 만들어 줄 뿐이다. 국가나 지자체가 지주들의 토지를 단번에 몰수하려면, 몰수를 합법화할 볼셰비키 혁명이 일어나야 할 것이다. 하지만 그 전에 국유화한 토지를 순탄하게 관리할 공공기관이 반드시 준비되어야 한다. **따라서 사유재산을 공공재산으로 전환할 때 첫 번째 규칙은 땅이든 자본이든 계속해서 생산적으로 사용할 준비가 되어 있지 않으면 어떤 종류의 재산도 국유화해서는 안 된다는 것이다.** 토지는 지속적으로 경작되지 않으면 엉겅퀴로 뒤덮이고 인접한 경작지에까지 피해를 준다.

내 땅만 국유화하는 문제라면 해결책은 간단하다. 예를 들어 시당국이 발전소나 학교, 터미널, 경찰서, 소방서, 시민회관, 우체국 등을 건설하려는 데 내 땅이 필요해졌다고 치자. 그러면 시당국은 일단 과세평가액 다시 말해 공시지가로 내 땅을 사들이고, 내 땅을 사는 데 든 비용은 내 땅을 포함해 이 도시의 모든 토지에 지방세를 부과하여 충당하면 된다. 이렇게 내 땅을 국유화하는 비용을 모든 지주가 공동부담하도록 하면, 다른 지주들은 무사한데 나만 땅을 빼앗기고 파산하는 게 아닌가 하는 걱정을 할 필요가 없다. 이런 식의 거래는 문제될 것이 없다. 사람들은 이미 토지를 매매하는 데 익숙하고 매년 지방세가 조금씩 오르는 것에 대해서도 그러려니 한다. 나는 국가에 땅을 팔아 생긴 여윗돈으로 새로운 투자처를 찾아볼 것이고, 내 땅에 세 들어 살고 있던 사람들은 이사갈 집을 알아보면 된다. 어쨌든 사람들은 그런 것들을 별로 문제삼지 않는다. 매일 누군가가 겪는 일이기 때문이다.

이런 식의 거래를 관례적으로 되풀이하다 보면 도시의 모든 사유지가 공유지로 바뀌고 지방 지주들은 군소리 없이 사라질 것이다. 중앙 정부 역시 대지주들을 그런 식으로 없앨 수 있다. 한 민간기업은 우리 집 근처의 토지를 매입해 '전원도시'를 건설했다. 국민의 세금이 아닌 개인투자자들의 돈으로 토지를 매입한 것이다. 나도 그 개인투자자들 중 한 명이었다. 이로써 나는 아일랜드에 이어 영국에서도 지주가 되었다. 그러나 만에 하나 정부가 국가 복지를 위해 그 전원도시가 필요하다고 판단하고 자기들이 지주들보다 더 잘 활용할 수 있다고 한다면, 지주에게서 토지를 사들이고 그 비용은 전국의 지주들을 대상으로 세금을 걷어 충당하면 될 것이다. 거듭 말하지만, 토지국유화를 완수하려면 이런 거래를 충분히 되풀이하기만 하면 된다. 그렇게 하면 일반적인 거래 방식을 깨거나 혁명적인 입법을 단행할 필요도 없고, 교조적 국유화론자들이 끔찍하게 싫어하는 '국유화'나 '보상'과 같은 말들을 입에 올리지 않아도 된다.

이것 말고 유일한 합법적 대안은 이제는 흔적만 남아 있는 봉건법에 의거해 왕이 토지를 몰수하는 것이다. 마지막으로 그 방법을 실행에 옮긴 왕은 500년 전 헨리5세였다. 250년 전 윌리엄3세 역시 그 방법을 어느 정도 활용했다. 하지만 그런 방법은 1649년 청교도 혁명 이전의 봉건시대 왕들이나 쓸 수 있었다. 오늘날 대부분의 유럽 국가들과 북남미에는 왕이 존재하지 않는다.

토지국유화를 실현하기 위한 혁명적 대안은 토지가 공공자산이라고 선포하는 것이다. 그리고 18세기 프랑스 혁명 때 그랬던 것처럼 즉시 땅을 떠나지 않는 지주들을 참수하거나, 적극적으로 반항하는 몇 명을 본보기로 삼아 총살하거나, 1917년 러시아에서처럼 집을 빼앗고 돈줄을 막아 지주들이 알아서 떠나게 만든다. 하지만 프랑스와 러시아의 두 혁명 정부가 토지를 몰수해서 기껏 한 일이라고는 농민들에게 나눠준 것이 전부였다. 그 농민들 가운데 토지를 잘 활용할 수 있는 농민은 별로 없었다. 러시아에는 자기 땅에 말과 일꾼들을 동원해 농사를 짓고 수익을 남기던 '쿨라크kulak'라는 부농층이 있는데 이들은 착취자 혹은 부당이득자라는 이유로 비난받고 추방당했다. 그 결과 그들의 땅은 폐허가 되었다. 소비에트 정부는 떠돌아다니는 쿨라크를 찾아내 쫓아냈을 때처럼 강제로 원상복귀시키려 했다. 하지만 찾아낸 쿨라크는 얼마 되지 않았다. 그래서 경작지의 90퍼센트는 황폐한 상태로 남았고 황폐한 토지의 주인은 진흙바닥에 형편없는 침대와 난로뿐인 오두막에서 비참하게 살았다. 남은 10퍼센트의 경작지 주인은 쿨라크 수준으로 농사를 지었지만 여전히 토지를 충분히 활용하지 못했다. 소비에트 정부가 예전 지주들과 다름없이 농민의 이익을 세금으로 걷어가자, 일반 농민이든 쿨라크든 정부에게 세금을 뜯기느니 차라리 말과 소를 죽이고 씨앗을 없애버리는 편이 낫다고 생각했다. 실제로 카자흐스탄 지역 사람들은 그런 식으로 인위적인 기근을 유발했다.

결국 소련 정부는 자작농을 무조건 없애고 집단농장과 전원도시를 건설했고 즉각적인 성공을 거두었다. 이런 사례를 보면, 농업을 교육 받지 못한 농민과 어설프게 배운 지방귀족에게 맡겨도 된다는 우리의 낡은 사고방식은 뜯어고칠 필요가 있다. 서로 협력해야 할 농민과 귀족은 경쟁하고 있다. 더구나 혼자서 농화학자, 동물학자, 금융가, 통계학자, 경영가, 회계사의 역할을 다 해야 하는 줄 안다. 어떤 공상가도 그렇게 다 재다능한 인물을 상상할 수는 없을 것이다. 농사는 개인이 혼자 할 수 있는 일이 아니라 여럿이 함께 해야 하는 일이다. 농민이 지방귀족이나 자작농이나 소작농 신분으로 나뉘어져 있는 한 다함께 협력하는 것은 불가능하다. 하지만 집단농장에서는 당연히 서로 협력할 수밖에 없다.

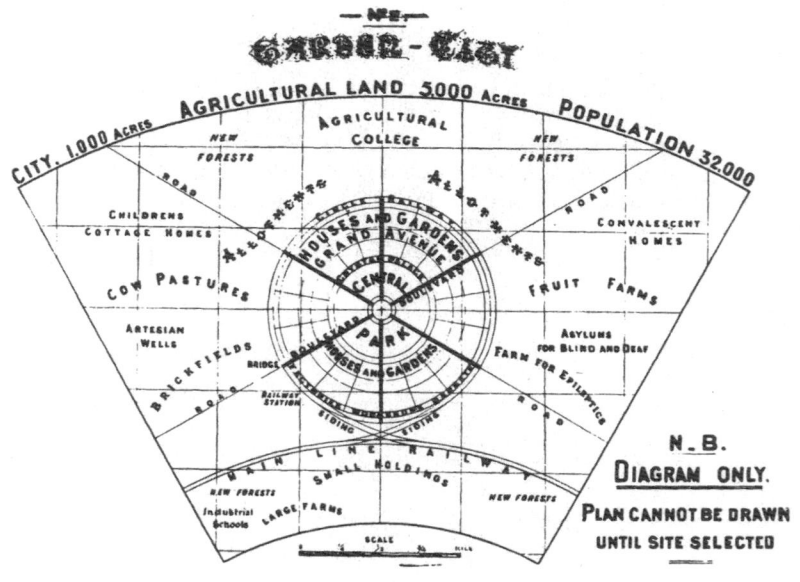

전원도시운동의 창시자 에버니저 하워드 <내일의 전원도시> 중에서, 1902.

5

토지의 경제적 가능성은 집단농장과 전원도시에서 찾을 수 있다. 모든 농지를 소규모 자작농들에게 맡기고 도시를 그대로 내버려두는 것을 토지개혁이라고 생각하는 사람은 절대로 정치를 해서는 안 된다. 집단농장과 전원도시에서는 토지의 생산성을 고려하는 것도 중요하지만, 정서적 측면에서 집집마다 아이들이 뛰어 놀거나 꽃과 식물을 키우거나 가축을 기를 수 있는 사적인 공간을 갖추도록 하는 것이 바람직하다.

소련에서는 집단농장이 성공을 거두었지만 여전히 사생활 보장 문제가 남아 있다. 사생활을 보장한다는 것은 농업과 별개로 가정생활이 가능해야 한다는 뜻이다. 사실 지금의 농가는 주택이라고 하기에는 끔찍한 수준이다. 노동자들이 방앗간, 제철소, 가게, 심지어 공장에서 먹고 자는 것을 아무렇지도 않게 받아들여서는 곤란하다. **토지 문제는 생산과 관련된 경제적 사안이기도 하지만 사생활의 문제이기도 하다.** 사생활이 있어야 출산이 이루어지며, 아이를 낳는 것은 곡식이나 상품을 생산하는 것보다 훨씬 중요하다. 가사노동 역시 필수불가결한 산업이다. 집단의 생활방식이 개개인의 생활방식보다 편리하다고 여겨지면 가정의 풍경은 확연히 달라질 것이다. 농부가 농가에서, 방앗간 주인이 방앗간에서, 공장 노동자가 공장에서 온종일 일하는 것이 바람직하지 않은 것처럼 요리사가 주방에서, 부엌데기가 부엌 곁방에서 하루 종일 생활하는 것에도 반대해야 한다. 화덕과 싱크대는 물레나 베틀처럼 사라질 것이다. 그리고 클럽과 레스토랑, 호텔과 호스텔, 병원과 학교와 같은 집단시설이 증가하면 그만큼 진정한 의미의 사생활도 증가할 것이다.

양육은 매우 번거로운 산업으로 이미 상당 부분이 부모에게서 교사들 소관으로 넘어갔다. 다시 말해, 아마추어에서 전문가로 담당자가 바뀌고 있다.

사회주의자들은 집단생활을 확대하는 데 집중한 나머지 사생활 보장 문제를 간과하는 경향이 있다.

산업혁명이라고 하면, 수력과 증기력이 수공업을 없애고 프롤레타리아를 오두막에서 공장으로 이끈 것만 생각한다. 그런데 노동분업화가 진행되면서 노동자들은 원료의 수집과 가공, 판매로 이어지는 긴 생산과정에서 극히 일부분만을 담당하게 되었다. 결국 노동자들의 상황이 몹시 나빠졌다. 공장에서 그들은 인간의 감정을 지닌 로봇이 되었다. 역병이 창궐하는 빈민가에서 살았고 아이들은 한낱 파리 목숨에 불과했다. 반면 지주와 자본가의 재산은 재무장관인 글래드스턴이 표현한 것처럼 "급속도로" 불어났다. 방직기와 증기 해머를 가동하는 권력은 자본가들이 독점했기 때문에 사람들은 언제까지나 공장이나 광산에서 일해야 할 것처럼 보였다.

그런데 이제 수력과 증기력은 전력으로 전환되어 각 가정에 물과 가스처럼 전기가 공급된다. 그래서 아이가 밤에 혼자서 침대로 갈 수 있게 되었고, 직공이 기계장치를 사용해 일할 수 있게 되었다. 예전에는 밤에 침대로 가려면 가위로 심지를 잘라야만 불을 끌 수 있는 수지양초를 켰고 책을 읽으려면 기름 냄새 나는 버너를 사용해야 했는데 말이다. 내가 어렸을 때는 충치가 생기면 이를 뽑아야 했지만 이제는 전기로 충치 치료도 하고 머리도 깎고 방에 불도 켜고 청소도 한다.

이러한 전기의 영향을 일시적인 화젯거리 이상으로 여긴 최초의 정치인은 러시아의 레닌이었다. 그는 러시아를 변혁하려면 러시아에 전기를 보급하는 방법밖에 없다고 생각했다. 전기가 보급되자 러시아의 스텝지대와 아시아의 사막지대가 빈민가 없는 풍요로운 문명도시로 탈바꿈했으며 원주민들은 기술자가 되었다.

서양세계는 드네프르 댐, 새로운 운하, 강철과 유리로 된 공장 같은 소련의 거대한 전력산업에만 주목했다. 이 모두는 다양한 노동자 집단이 명령과 규율에 따라 일사불란하게 움직인 결과물이었다. 우리는 사회주의가 장인과 대장장이, 가구공, 도공, 방직공과 같은 자영업자들을 사라지게 할 줄 알았다. 그런데 시드니 웹의 연구결과를 보니 러시아에서 다 죽은 줄 알았던 다양한 직업의 장인들이 되살아나고 있었다. 그제야 우리는 가사노동이 감소함에 따라 가정생활과 사회생활의 비중이 달라졌다는 사실에 주목하게 되었다. 신식 주방과 진공청소기가 등장하면서 "여자가 할 일은 끝이 없다"는 옛말도 거짓이 된 것이다. 그러나 가정생활에 대한 고려가 없었던 자본주의체제 하에서는 사회생활이 증가하면서 사생활을 크게 위협하고 있다.

따라서 오늘날 정치인이 토지 문제의 집단적 측면에만 집착한다면 크나큰 실수를 저지르는 것이다. "자기 이익을 위해" 일하고 세금 낼 때 말고는 국가의 간섭을 받지 않는 개인은 집단과 마찬가지로 중요한 존재다. 아마도 전체주의 국가의 공장 관리보다는 정치적으로 훨씬 중요한 존재일 것이다. 철저한 개인주의자인 영국인들은 그러한 공장 관리의 획일적인 지배를 받게 될까 봐 굉장히 불안해 한다.

사실 내 경우에는 정반대의 상황이 걱정된다. 나는 섬에 고립되더라도 글을 쓸 수 있다. 그래서인지 나와 같은 작가들은 본인을 위한 일이라고 해도 잘 모이지를 않는다. 글만 보면 작가들이 모든 덕목의 표본 같지만, 그들은 상습적인 무정부주의자이며, 논쟁을 좋아하고, 감상적이고, 잘 흥분하고, 누군가 자신과 다른 견해를 말하면 개인적인 모욕으로 받아들인다. 언론을 통해 활동하는 작가들은 그나마 사회성이 있다. 하지만 소설가들은 홀로 앉아서 세상만사를 머리로만 해결하려 들고 작품에 만죽 거는 사람도 없기 때문에 탁월한 유머 감각이 없으면 정치적인 사회에서 어떻게 살아야 하는지 모른다. 그래서 정치인들은 소설가들을 외계인 취급한다. 일반적으로 사람들은 경제적 압박에서 자유로워지면 개인주의적 성향이 지나치게 강해진다. 심지어 군인처럼 스스로 생각하지 않도록 훈련받은 사람도 마찬가지다. 작가들은 경제적 압박을 받는 것처럼 보이지만 실제로 금전적인 이해를 신경쓰는 사람이면 작가를 직업으로 택하지도 않는다. 어떤 수도회는 개인적으로 번 돈을 모두 수도회에 귀속시킨다. 옷조차 마음대로 못 입는 경우가 많다. 그러나 그들은 어느 수도원을 가든 사흘은 환대받기 때문에 먹고 자는 문제에 대해서는 걱정이 없다. 나는 그 수도회에 속한 친구에게 수도회가 신도들에게 나쁜 영향을 미치지는 않는지 물었다. 그는 잠시 생각하더니, "글쎄, 수도회에 있다 보면 개인적 성향이 무서울 정도로 발달해서 나이 마흔 정도가 되면 모두들 괴짜가 돼 있어" 라고 대답했다. 그러고 보면, 공산주의가 러시아인들을 로봇으로 만들지 괴짜로 만들지 지켜보는 것도 흥미로울 것이다.

6

마지막으로, 토지 문제의 핵심은 고전적인 경제지대이론이다. 이를 페르디난트 라살레는 임금철칙론으로 설명했다. 불행히도 경제지대는 지구가 둥근 것처럼 명쾌하지가 않다. 경제지대이론은 상식적으로 쉽게 받아들여지지도 않고 수학적으로도 너무 어려워서 토지 문제를 지대 원리의 시각에서 바라보는 정치인 5명을 찾느니 미적분학 전문가 50명을 찾기가 더 쉬울 정도다. 경제지대는 경제수학 초보들에게는 어려운 문제다. 셰익스피어가 기린과 도롱뇽을 소재로 희곡을 쓸 수 없었듯 우리 정치인들도 경제지대로 결론을 낼 수 있을 것 같지 않다. <자본론>에서 경제지대를 이상하게 언급한 것을 보면 마르크스도 그 문제를 잘 이해하지 못한 것 같다. 러스킨은 교환가치와 인간의 가치를 대비시키며 경제학자로서 화려하게 시작하는가 싶더니 그걸로 끝이었다. 하지만 마르크스와 러스킨의 사회 문제에 대한 인식은 적어도 현 각료 너댓 명과 유권자 수백만 명 보다는 훨씬 정확하고 날카로웠다. 그들의 사상은 자유시장과 자유무역주의를 물리치고, 금권정치체제와 민주주의가 다투고 있는 한복판에 사회주의를 세우는 토대가 되었다. 현재 우리는 끝을 알 수 없는 투쟁 중이다. 이쯤에서 내가 쓴 글을 광고하는 것이 내 직업이기도 하니까 한마디 덧붙일까 한다. 우울한 이 나라에서 <사회주의 경제학 기초>라는 내 글을 읽지 않은 사람은 쓰기와 말하기, 투표와 선동을 포함해 어떤 식의 정치 행위도 하지 못하게 해야 한다.

임금철칙이 사회주의를 고양하기 위해 내가 만든 것은 아닐까 하는 의심하는 사람은 제대로 공부할 준비가 됐다고 할 수 있다. 먼저 지대이론에 통달하려면 영국에서 사회주의라는 말이 생기기도 전에 나온 리카도의 <정치경제학 및 과세의 원리>를 읽어야 하고, 그와 비슷한 교환가치이론을 알고 싶다면 스탠리 제번스의 <정치경제학이론>을 읽어야 한다. 스탠리 제번스는 그 책에서 지대 문제와 관련해 애덤 스미스와 리카도, 마르크스가 저지른 실수를 바로 잡았다.

3장 정당제도의 기원: 불편한 진실

1

이 나라에서 정당제도를 제대로 이해하고 있는 사람은 사실상 아무도 없다. 영국인들은 정당제도의 역사에 대해 잘 모른다. 정당제도는 인간 본성에 기인한 것이라서 없앨 수도 없고 없어지지도 않을 것이라 믿고 있다. 내가 지방자치체에는 정당제도가 없지 않냐고 지적하면, 사람들은 나더러 무식하거나 미쳤다고 한다. 그러면서 지방의회나 자치단체에도 중앙의회와 "똑같이" 보수정당과 진보정당이 존재하며 인간의 정치적 본성은 변하지 않기 때문에 앞으로도 그럴 것이라고 장담한다.

그렇다면 과연 사실은 무엇인가? 내가 짤막한 사극 한 편을 통해 설명해 보겠다. 그게 나도 편하고 독자들도 이해하기 쉬울 것이다.

배경: 선덜랜드 백작(스펜서가)의 거주지 올소프. 때는 1695년. 영예롭고 성실한 왕으로 기억되는 네덜란드 출신의 **윌리엄3세**와 이전 왕들(찰스2세와 제임스2세) 때부터 철면피적 기질과 뛰어난 정치 감각으로 유명했던 **로버트 스펜서**(선덜랜드 백작 2세)가 등장한다.

영국의 하원, 작자 미상, 1834.

로버트: 전하, 이 누추한 곳을 다 행차하시고 제가 전하께 무슨 도움될 만한 일이라도 있습니까?

윌리엄: 그렇네. 하도 답답해서 조언을 좀 구하러 왔네. 사람들은 나더러 '주홍색 음녀'(로마가톨릭교회)로부터 신교도들을 보호해달라고 하네. 또, 자네 나라(영국)와 내 나라(네덜란드)를 부르봉 왕조(프랑스)로부터 지켜달라고도 하지. 다들 내가 전부 알아서 해주길 바란다네. 그것도 돈도 안 쓰고 군대도 일으키지 않으면서 말이야. 나는 1년치 군사 계획도 세울 수가 없네. 왜 그런 줄 아나? 이게 다 빌어먹을 영국 의회 때문일세. 영국을 다스리라고 뽑아 놓은 의회 말일세. 그들은 영국 국민 모두가 원하는 것만 하겠다고 한다네. 한마디로, 누구의 지배도 안 받겠다는 얘기지. 그 때문에 나는 언제라도 돈 한 푼 없고, 병사 한 명 없는 처지가 되게 생겼어. 이제 전쟁에 나갔다 하면 승리하던 프랑스 장군도 죽었으니 루이 왕의 목숨은 내 손에 달려 있는데, 지금 이 절호의 기회 앞에서 자네 나라 의회는 나를 평화로 위협하려 한다네. 참으로 미칠 노릇이지. 망할 의회 같으니! 차라리 암스테르담으로 돌아가고 말겠네. 허수아비 왕노릇을 하느니 네덜란드로 돌아가 총독이나 하고 말지. 꽉 막힌 지주들과 지자체 의원들은 자유를 달라고 하는데, 어디 실컷 가져 보라고 하게. 그 자유란 게 뭔가. 자유를 누린다고 해봤자 교황의 비위나 맞추다가 금세 짓밟히거나 프랑스 속국으로 전락하겠지. 그들이 말하는 자유란 왕과 의회의 제재 없이 악이 멋대로 횡행하게 놔두자는 얘기 아닌가! 그러니 이제 의회를 내 뜻대로 움직일 수 있는 방법에 대해 알려주게. 그렇지 않으면 이 왕관을 던져 버리고 영국을 뜨겠네.

로버트: 전하, 그것은 제 능력 밖의 일입니다. 하지만 의회가 선거 예산 외에

는 손도 못 대게 하고, 다음 선거를 최대한 지연시킬 방법은 알려드
릴 수 있습니다.

윌리엄: 그래? 나는 탐욕스런 부르봉 놈들한테서 북쪽 신교도(네덜란드인)
들을 구해낼 돈과 병력만 확보되면 그만일세. 그 정도 지원도 못 받
을 거라면 내가 이 영국 왕관을 쓸 이유가 없지. 그땐 제임스2세나
다시 불러들이게. 자네는 그자가 어디 있는지 알지? 루이14세 호주
머니 속에 있다는 걸 알거야. 물론 그자와 연락도 하고 있겠지. 자네
는 두 얼굴의 책략가가 아닌가.

로버트: 시대가 저를 이렇게 만든 것뿐입니다. 그리고 저는 모두와 연락하고
지냅니다. 누가 어떻게 될지는 아무도 모르는 것 아니겠습니까. 하지
만 전하께서 북쪽 신교도와 군대 걱정은 잠시 접어두셨으면 하는 게
저의 바람입니다. 이곳에서 전하의 적은 루이14세가 아니라 영국 의
회라는 것을 아셔야 합니다.

윌리엄: 누가 그걸 모르나? 아까 내가 한 얘기 아닌가?

로버트: 바로 그 점을 잊어선 안된다는 겁니다, 전하. 아무튼 제가 책략가라
는 데 동의하시는 겁니까?

윌리엄: 물론일세.

로버트: 그럼 상당히 유능한 책략가라는 데도 동의하십니까?

윌리엄: 지독히도 영리한 책략가라고 해두지. 자, 이제 됐는가?

로버트: 의회를 다룰 방법에 대해 저는 진작부터 알고 있었습니다만, 그걸
이해할 정도로 영리한 왕은 본 적이 없었습니다.

윌리엄: 그래? 그럼 나한테 얘기해 보게.

로버트: 전하, 전하야말로 제일 늦게 이해하실 분입니다. 허나 그냥 말씀드리
겠습니다. 지금 전하께서는 장관을 기용하실 때 장관 후보자의 소속

정당은 따지지 않고 자격과 능력만 보십니다. 이 자리에는 휘그당 출신, 저 자리에는 토리당 출신, 이런 식으로 소위 '전하의 내각'을 구성하신 것 아닙니까.

윌리엄: 그렇지. 거기 무슨 문제라도 있나?

로버트: 전하, 앞으로 내각은 전부 같은 당 출신들로 구성하셔야 합니다. 그리고 그 당은 반드시 하원에서 다수를 차지한 당이어야 합니다.

윌리엄: 자네 제 정신인가? 그런 말을 누가 듣겠나?

로버트: 모든 일에는 처음이란 게 있는 법입니다, 전하. 숙려해주시옵소서.

윌리엄: 생각 중일세. 그런데 자네가 한 가지 잊은 게 있어.

로버트: 그게 무엇입니까?

윌리엄: 현재 하원의 다수당은 휘그당이 아닌가.

로버트: 전하, 그 점은 저도 잘 알고 있습니다. 전하께서는 토리당 출신 장관들을 당장 해임하시고 그 자리를 휘그당 출신들로 채우셔야 합니다.

윌리엄: 이보게, 내가 토리당원일세. 자네 지금 생각이 있는 건가?

로버트: 언젠가는 토리당이 휘그당 정부를 끌어내릴 수 있는 날이 올 것입니다. 그때쯤 전하께서 의회를 해산시키면 총선에서 토리당이 다수당이 될 테고 토리당 출신들을 장관 자리에 앉힐 수 있을 것입니다.

윌리엄: 대체 뭣 때문에 그 짓을 하라는 건가? 자네가 하도 침착하게 얘기해서 그냥 넘어갈 뻔 했군. 그게 무슨 허튼 소리인가?

로버트: 전하께서 제가 조언 드린 대로만 하시면, 맹세컨대…

윌리엄: (의심스럽다는듯) 흠!

로버트: 송구하옵니다. 책략가로서 저의 명성을 걸고 맹세했어야 하는데. 아무튼 전하, 전하께서 **이 제안을 받아들이시는 그 순간부터, 하원의 원들 중에 자신의 신념이나 확신, 판단, 종교, 꿈, 뭐 그딴 걸 따르는**

자는 아무도 없을 것입니다. 하원의원들이 종교의 자유를 허용할 것인지 말 것인지, 전쟁을 할 것인지 말 것인지, 이번 왕실의 대가 끊기면 왕위를 하노버 왕가 쪽으로 넘겨주어야 할 것인지 말 것인지, 창문세[1]를 부과해야 할 것인지 말 것인지, 뭐 이런 문제들을 놓고 표결에 부친다고 사람들은 생각하겠지만, **실제로 하원의원들은 자기가 속한 정당이 계속 집권할 것인지에만 관심을 갖고 자기 당에 유리한 쪽으로 투표할 것입니다.** 그렇지 않으면 다음 선거에서 재산의 절반을 쓰고도 자기보다 몇 천 파운드 더 쓴 상대 후보에게 의석을 뺏길 수도 있기 때문입니다.

윌리엄: 웃기는 소리 말게. 자네 말대로 하면 하원의원들이 어떤 결정을 내리든 나는 다수당의 노예로 전락하게 될 걸세. 그리고 자네 말대로 하는 것이 돈이나 군대와 무슨 상관이 있나?

로버트: 그렇게 되면 전쟁이든 뭐든 모든 사안을 표결로 정할 테니 전하께서는 무조건 안심하셔도 됩니다. 휘그당이나 토리당 중 다수당이 누가 되어도 우리의 숙적이라 할 수 있는 프랑스나 교황에게 굴복하는 일은 절대로 없을 것이기 때문입니다.

윌리엄: 그렇지만 교황은 내 편인데?

로버트: 다행히도 우리 중 그런 이상한 사실을 아는 사람은 별로 없습니다. 어쨌든 영국에서는 교황 권력이 약할수록 전하에게도 유리합니다.

윌리엄: 이게 혹시 함정은 아니겠지? 하원의 다수당을 실세로 만들고 왕은 꼭두각시로 전락시키려는 수작이 아니냔 말일세. 다수당은 항상 자네처럼 야심차고 언변이 탁월한 책략가가 끌고 갈 텐데 그러다 나까지 좌지우지하면 어쩌겠는가?

---

[1] 창문 수가 7개 이상인 가옥에 부과된 누진세.

로버트: 전하께서 살아계시는 동안 제가 독재자가 될 일은 절대로 없습니다. 전하께서 누구의 지배를 받으실 분이 아니지 않습니까? 하지만 한 가지 더 약속 드리지요. 전하께서 제 조언대로만 하시면 크롬웰이든 존 릴번이든 아무리 대담하고 유능한 인물이 나타나도 걱정하실 필요가 전혀 없을 것입니다. 그런 인물들도 의회에 입성하기 위해 온갖 수단을 다 동원하고 그러면서 일생의 반을 흘려 보낼 테니까요. 또, 의회에 입성한다고 해도 어떻게든 전하의 내각에 들어가는 것 말고 다른 생각은 할 수도 없을 것입니다. 정상에 서려는 욕심을 부려봤자 정당 싸움에서 이기는 게 다겠지요. 결국 전하의 손바닥 안에서 놀게 될 것입니다. 그리고 일반 대중은 자기들을 대표하는 하원이 있으니까 자기들은 자유롭다고 생각할 것입니다. 그러니까 전하께서는 언제든 전 유럽을 상대로 성에 찰 때까지 전쟁을 벌이셔도 되는 겁니다.

윌리엄: 무슨 말인지도 모르겠고 믿을 수도 없구먼. 하지만 불확실한 지금 상황을 이대로 놔두느니 자네 계획을 한 번 시도해 보도록 하지. 루이14세 놈을 돼지우리에 가둘 때까지 말일세. 만일 이 계획이 실패하면 자네 목부터 칠 테니 그리 알게.

로버트: 여부가 있겠습니까. 이제 그 계획이 미천한 제 머릿속을 떠날 때도 된 것 같습니다.

25년 후. 윌리엄3세와 로버트 스펜서가 같은 해 사망해서 관속에 들어간 지도 18년이나 지났다. 앤 여왕의 시대를 거쳐 지금은 조지1세의 시대다. 로버트 스펜서의 아들 찰스 스펜서는 45세로 휘그당 내각의 장관이다. 44세의 **로버트 월폴**은 유명한 휘그당 하원의원으로 **귀족법안** 반대파를 주도하고 있다. 어느 날 아침, 그 둘은 성 제임스 공원에 바람 쐬러 나갔다가 우연히 마주친다. 월폴은 손만 흔들고 지나가려 한다. 하지만 어떻게든 그와 말을 섞으려고 하는 찰스. 일상적인 얘기를 몇 마디 건넨 뒤 바로 본론으로 들어간다.

찰스: 내가 발의한 귀족법안을 자네가 좀 지지해주었으면 하네. 솔직히 자네 반대로 이 법안이 무산될까 걱정이야. 좀 도와주면 안 되는가? 우리 둘 다 휘그당 소속 아닌가. 이 문제는 우리 모두의 관심사이기도 하고.

월폴: 왜 그렇게 생각하십니까?

찰스: 그야 뭐 당연한 것 아닌가? 우리 휘그당이 의회를 꽉 잡고 있으니, 우리에게는 의회의 자유가 곧 영국의 자유 아닌가. 의회가 경계해야 할 세력은 두 가질세. 하나는 왕이고 다른 하나는 투표하는 군중이지. 우리 의회가 막무가내 군중한테 휘둘리지 않도록 내 아버지께서 정당제도로 막아주셨다는 것은 잘 알고 있겠지. 뭐 나는 아버지의 그 천재적인 정치 능력을 아주 조금밖에 물려받지 못했네. 하지만 오늘날 자네가 있게 된 건 다 그 분 덕분일세. 자네가 그렇게 훌륭한 당대표가 될 수 있었던 것도 다 내 아버지께서 고안하신 정당제도 덕분이란 말일세.

월폴: 그래서 돈이 많이 들게 됐죠. 돈으로 매수되지 않는 사람은 없으니까요.

찰스: 그러니까 우리를 위한 돈을 확보하자는 얘기야. 군중한테 가게 놔두지 말고. 그런데 우리에게는 왕이라는 경쟁 상대가 또 있다는 말씀이지.

월폴: 그건 71년 전에 이미 끝난 문제 아닙니까.

찰스: 아니. 그렇지 않다네, 월폴. 왕이 사는 화이트홀을 도끼로 한 번 내

려찍는다고 왕권이 그렇게 쉽게 사라질 것 같나? 왕정복고와 함께 상원도 다시 열리고 왕권도 부활했지. 즉, 왕이 자기 마음에 드는 사람을 귀족으로 만들어서 상원에 꽂을 수 있게 된 거야. 귀족법안의 유일한 목적은 바로 왕이 상원에 그런 권력을 행사하지 못하도록 하는 것일세. 이 법안만 통과되면 왕은 귀족 수를 더 이상 늘리지 못한다네. 그러니 자네도 당연히 동의해야지.

월폴: 제가요? 제가 왜 그래야 합니까? 의원님 선친께서는 윌리엄 전하를 설득하면서 정당제도가 자리잡으면 왕이 의회를 통제할 수 있을 거라고 하셨겠지요. 하지만 실제로는 의회의 다수당이 왕을 통제할 수 있게 된 거 아닙니까. 의원님은 이 제도가 잘 맞겠지요. 현재 다수당의 실세니까요. 하지만 의원님께서 발의한 귀족법안을 좌절시키고 제가 실세가 되면 얘기가 달라질 겁니다.

찰스: 아니 왜 이 법안을 반대 못해 안달인가? 자네에게나 나에게나 유리한 법안인데. 좀 다른 걸 갖고 싸우게.

월폴: 저한테는 그렇게 유리한 법이 아닙니다. 의원님은 귀족이시잖아요. 저는 평민입니다. 의원님은 상원이 왕 위에 있기를 바라시는 거죠. 저는 지금처럼 왕이 상원 위에 있기를 바랍니다. 그래야 계속해서 하원이 왕 위에 있게 될 테니까요. 의원님의 속셈은 훤히 들여다보입니다. 저는 영국인의 머리를 가졌거든요. 윌리엄3세처럼 네덜란드인의 머리가 아니라.

찰스: 자네는 내가 상대하기에 너무 영리하구먼. 알겠네. 하지만 생각해 보게. 자네는 평민이지만 언제까지나 평민이진 않을걸세. 자네도 곧 우리 중 하나가 되지 않겠는가? 백작 지위가 자네를 기다리고 있다는 거, 자네도 잘 알지 않나.

월폴: 네, 전하께서 저를 백작에 봉하실 수 있는 한 그렇게 되겠죠. 의원님의 귀족법안은 그러한 전하의 권력을 없애자는 것이고요.

찰스: 나원참! 공석은 항상 생길걸세.

월폴: 백작이 된다 해도 저는 좋을 것이 없습니다. 저는 위로 올라가고 싶지 않아요. 의원님한테는 상원이 스물 한 살 때 정치에 뛰어들 수 있게 해준 발판이나 다름없겠지만, 저한테는 한 칠십 살 쯤 됐을 때 간신히 몸을 뉘일 수 있는 선반 정도에 불과하거든요.

찰스: 개인적으로는 그런 생각이 들 수도 있겠지만, 시야를 좀 더 넓혀보게. 국익을 생각해 보란 말일세. 상원은, 뭐 문제가 없진 않지만, 국가와 국가를 이용해 돈을 벌고 싶어하는 신흥부자층 사이에 서있는 입장이라네. 갑자기 출세한 자들은 오로지 돈만 밝히는 법이지. 자네는 그런 벼락 출세자가 아니질 않은가. 그래도 나름 지방귀족 출신 아닌가.

월폴: 맞습니다. 하지만 사우스시[2] 광풍은 의원님을 궁지로 몰아넣을 것입니다. 그러니까, 의원님의 정치 생명이 끝날 날도 얼마 남지 않았다는 얘기죠.

찰스: 자네 정말 구제불능이군. [퉁명스럽게] 잘 가게.

[그리고는 잰 걸음으로 가버린다. 월폴은 혼자 남아 산책을 마저 한다.]

만일 찰스(선덜랜드 백작 3세)가 자기 아버지 로버트(선덜랜드 백작 2세)가 네덜란드 출신의 윌리엄3세를 속였던 것처럼 영국인 월폴을 속

---

2   남해포말사건이라고도 한다. 사우스시는 정부고위관료를 매수해 해외무역권을 독점한 회사로, 대대적인 주식투기 열풍을 불러 일으켰다. 하지만 실적을 내지 못하자 버블이 붕괴되면서 주가가 폭락하고 파산자가 속출했다. 과학자 뉴턴도 막대한 손해를 입었다고 전해진다.

사우스시 버블을 상징적으로 표현한 판화 <사우스시의 사기>, 윌리엄 호가스, 1721.

이는 데 성공했더라면, 즉 귀족법안을 통과시켜 귀족 수를 제한하고 상원의 독점적 지위를 확보했더라면, 1832년 선거법 개정안이 통과될 때 영국은 한바탕 내전을 치러야 했을 것이다. 또, 그로부터 100년 뒤 노동당이 정권을 잡았을 때 상원에 노동당 소속 의원이 한 명도 없었을 것이다. 상원은 새로운 위협 앞에서 항상 그렇게 무릎을 꿇었다. 상원에 결정타를 날린 것은 하원이었다. 아니 실은 금권정치 세력이었다. 그리고 그 상황은 지금까지 이어지고 있다.

요즘 정당제도가 어떻게 돌아가는지 알고 싶다면 기자 시절 하원 방청석과 선거 유세장에서 거의 살다시피했던 찰스 디킨스의 소설 <황폐한 집>과 <리틀 도릿>을 참조하길 바란다. 그 다음으로는 존 스튜어트 밀이나 시드니 웹 같은 저술가들의 의회 경험을 살펴보고, 찰스 브래들로[3]와 키어 하디[4], 램지 맥도널드[5] 같이 의회에 진출해 그 안에서 평생을 보낸 비타협주의자들의 경력을 연구해 보면 좋을 것이다. 그러면 의회는 식후 연설을 제외한 모든 부분에서 조금도 변한 게 없는 반면, 지자체는 **도시사회주의**[6]를 확산시켰다는 것을 알게 될 것이고, 둘의 차이를 선명하게 느낄 수 있을 것이다 지자체에는 왕도 없고, 왕이 내각을 선택할 일도 없으며, 의회가 해산될 일도 없기 때문에 정해진 날에만 선거를 실시한다. 다시 말해, 정당제도가 끼어들 여지가 없다.

정당제도를 정착시킨 로버트 스펜서(선덜랜드 백작)의 속임수를 꿰뚫어보지 못하고 그 이후의 역사에 대해 이해하지 못하는 자는 국회의원이 될 자격이 없으며, 국민 앞에서 민주주의의 '민'자도 꺼내지 못하게 해야 한다.

따라서 우리는 전혀 예상치 못한 결론에 도달하고 말았다. 영국식 정당제도에 기반한 의회와 정부가 자유와 진보를 보장하기는커녕 가로막는 것은 아닌지 의심하게 된 것이다. 크롬웰, 디킨스, 러스킨, 칼라일, 히틀러, 필수드스키, 무솔리니, 스탈린은 물론이고 정당제도를 통해 효

---

3 찰스 브래들로 Charles Bradlaugh(1833-1891): 자유주의적 정치운동가, 공화주의자.
4 키어 하디 Keir Hardie(1856-1915): 노동당 설립자.
5 램지 맥도널드 Ramsay MacDonald(1866-1937): 최초의 노동당 내각 수상.
6 도시사회주의: 페이비언협회가 주장한 사상과 운동으로 자본주의체제에서 '기업 시영화'를 실현하려고 했음. 수도와 가스부터 공기업으로 전환했기 때문에 '수도와 가스의 사회주의'라고도 함.

율적이고 깨끗한 정치를 추구했던 이들과 정당제도의 역사 및 산업혁명을 연구했던 이들도 그와 같은 의심을 품었다. 영국 정부가 지난 2세기 동안 한 일을 생각해 보라. 만일 그 기간 동안 효율적이고 공공의식이 투철한 정부가 들어섰더라면 무엇을 했을지도 생각해 보라. 아니면 지난 20년간 영국 정부가 한 일과 러시아의 소비에트 정부가 한 일을 비교해 보라. 그러면 식민지에 우리의 정당제도를 전파해야 한다고 주장하는 자들은 바로 꼬리를 내려야 할 것이다.

2

그러나 의회의 발전을 대중이 주도하는 것도 바람직하지 않다. 이 점만큼은 스탈린과 히틀러도 크롬웰이나 디킨스와 생각이 같았다. 그들은 사회를 변화시키려면 정부가 장기적인 선전을 통해 정부의 원칙과 비전을 대중에게 지속적으로 주입해야 하며, 대중이 정부의 깃발과 선전문구를 이해하지 못하더라도 따라오게끔 만들어야 한다고 확신했다. 어떤 정치단체도 책과 팸플릿, (혹은 히틀러 주장대로) 연설을 통해 대중과 접촉하는 기간을 몇 년 정도 갖지 않으면 정권을 잡을 수 없다. 마르크스주의 정당에서 출발한 볼셰비키도 그와 같은 과정을 거치면서 농민과 군인의 지지를 얻었고 공산주의 정부를 세우는 데 성공했다. 볼셰비키를 지지한 농민이나 군인은 공산주의가 무엇인지도 몰랐지만 연설이나 팸플릿에서 자꾸 듣고 보게 되면서 볼셰비키가 자기들에게 토지와 평화를 가져다 줄 것이라고 믿게 됐다. 히틀러도 그런 식으로 수백만 독일인의 지지를 얻었고 독재자가 되었다. 히틀러를 구세주처럼 여기게 만드는 메시지가 독일인들에게 말과 글로 끊임없이 주입된 결과다. 효율적인 정부가 되려면 국민에게 인기가 있어야 하고 인정을 받아야 한다. 한마디로 일종의 바람을 일으켜야 한다. 그 바람이라는 것은 물론 우둔하고 무식하고 맹목적일 수 있다. 하지만 바람은 반드시 있어야 하고 바람을 일으키기 위해 여론을 조성하고 선동하려는 노력이 필요하다.

그렇다고 누구에게나 투표권을 부여하고 아무나 뽑자는 얘기가 아니다. 물론 민주주의를 외치는 이 나라 정치인들은 누구나 투표하고 아무나 정치인이 될 수 있어야 한다고 생각한다. 사실 이제 여성도 투표권을 갖게 되었으니 그러한 계획은 거의 실현된 셈이다. 하지만 누구나 투표권을 갖게 되자 우리 사회는 정체된 보수성을 띠게 되었고 오로지 금권정치가들의 상식을 따르려는 퇴행마저 보이게 되었다. 어쨌든 의회는 반드시 있어야 한다. 의회는 억울하고 분한 누군가를 대표하는 사람들이 마음껏 성토하고, 비판하고, 고발하고, 요구하고, 제안하고, 직접적인 정보를 제공하거나 논의하고, 결의안을 제출하거나 표결하는 자리가 되어야 한다. 한마디로, 의회는 정부가 여론을 지속적으로 수렴하게 만드는 역할을 해야 한다.

현재 의회와 각종 정치단체는 그 비슷한 역할을 하고 있다. 영국 하원의 경우, 전쟁이 나서 정당들이 서로 뭉쳐야 하는 분위기가 되면 정당제도가 작동을 멈추고 비로소 양당의 평의원(간부나 각료가 아닌 의원)들이 제 목소리를 낸다. 의회 밖에서는 누구나 민족주의자 모임과 같은 온갖 종류의 시위를 소집하고 조직할 수 있다. 이때, 의사표현을 할 수 있는 권리, 집회나 시위를 위해 도로와 공공장소를 사용할 수 있는 권리는 무조건 보장되어야 한다. 시민들이 불만과 요구를 떠들썩하게 표출하지 않으면 정부가 그러한 문제를 검토하거나 해결하리라 기대할 수 없기 때문이다. 시민운동가는 눈에 띄지 않는 다수의 시민을 대표해서 그들을 화나게 만드는 사안에 대한 여론을 제공한다. 현명한 지도자라고 언제나 혁신적이지는 않다. 현명한 지도자는 대개 충분히 나이 들어서 새로운 시도에 목숨 걸지 않으며 혁신에 대한 흥미를 잃은 자들이다. 따라서 젊은이들이 제 목소리를 낼 수 있는 기회를 가져야 한다. 정부는 젊은 칼뱅이나 나폴레옹, 히틀러, 아타튀르크가 무슨 생각을 하는지, 또 그들에 대한 대중의 반응은 어떤지 알아야 한다. 대중과 접촉하지 않으면 아무리 슬기로운 지도자라도 시대정신과 동떨어질 위험이 있다.

그러나 선동가나 청원자가 입법자가 되어서는 안 된다. 국민발안이나 국민투표와 같이 누구에게나 직접적이고 즉각적인 권력을 부여하는 유사민주주의적 장치들은 얼핏 들으면 그럴싸하더라도 배제해야 한다. 자기가 무엇을 원하는지 정확히 안다고 해서 그것을 얻는 방법까지 아는 것은 아니기 때문이다. 일반인들이 자동차를 갖고 싶어할 수는 있어도 자동차의 설계도를 만드는 것은 엔지니어다. **그러니까 법은 군중이 아닌 '적임자'가 만들어야 한다.**

편의상 '적임자'와 '군중'이라는 용어를 써서 구분했지만 서로 완전히 다른 두 부류를 지칭한다고 생각해선 안 된다. 둘 다 같은 사람을 가리킬 수 있다. 예컨대, 나는 문학과 연극 분야에서는 적임자지만, 수학과 체육, 기계 분야에서는 군중에 속한다. 나는 내가 잘 모르는 분야에서는 나보다 더 잘 아는 사람들의 권위를 인정하고 존중하며, 우호적 관계에서 그들의 설명을 들을 권리도 있다고 주장한다. 우리 중 최고라는 사람도 99퍼센트는 군중에 속하고 1퍼센트만이 적임자에 속한다. 그래서 자기가 아는 몇 가지가 다인 줄 알고 자기가 모르는 수많은 것은 받아들일 여유가 전혀 없는 사람들이 '자만'이라는 천박한 질병에 시달린다. 나는 몇 가지는 매우 잘한다. 하지만 그 밖의 분야에서 구제불능의 얼간이나 다름없는 내 모습을 보며 나의 자부심은 산산조각나고 만다. **결국 군중의 권리를 옹호하는 것은 나 자신의 권리를 옹호하는 셈이다.**

3

그렇다면 그 '적임자'는 누가 선택하는가? 우리는 왕 다음에는 왕이, 대통령 다음에는 대통령이 들어설 것이라고 기대한다. 하지만 이탈리아 왕이 무솔리니를 선택했을 때, 실질적으로 왕에게 다른 대안이 있다고 생각한 사람은 아무도 없었다. 육군 원수 힌덴부르크가 상병 출신 히틀러를 선택했을 때도, 빅토리아 여왕이 파머스턴과 글래드스턴을 선택했을 때도 마찬가지였다. 미국 대통령은 국민투표로 선출되기 때문에 그 어떤 왕보다 자유롭게 후임을 선택할 수 있을 것 같지만, 그 역시 아무나 선택할 수 없다. 후임은 명망 있는 인물들 중에서 선택해야 한다. 대개 그러한 명망은 자기 확신이 있어서 자기에게 유리한 상황을 놓치지 않고 일련의 사건들을 잘 활용하는 사람만이 얻을 수 있다. 따라서 우리의 통치자들은 자의적 선택의 결과이기도 하지만, 어느 정도는 다윈이 말하는 자연선택, 다시 말해 순수하게 운이 작용한 결과다. 이런 식으로 우리는 링컨, 브리검 영, 페르디난트 라살레, 케말 아타튀르크와 같이 자기 확신이 있는 훌륭한 지도자들을 종종 만날 수 있었다. 추종자들은 그들의 지혜보다는 성격을 봤다. 정력적이고 야심찬 사람들은 지혜가 부족해도 명성과 권력을 거머쥐는 경우가 많다.

한편 집권기간은 어느 정도가 적합할까? 적임자가 오랫동안 나타나지 않아도 나라가 유지될 수 있을까? 봉건제도 하에서는 그런 일이 얼마든지 벌어질 수 있다. 권력 세습이 합법적이기 때문이다. 권력이 상당 부분 세습되는 금권정치체제 하에서도 마찬가지다. 봉건체제에서나 금권정치체제에서나 멍청이들이 권력에서 배제되기는커녕 최고통치자의 자리에 오르는 경우가 종종 있다. 헌법만 제대로 갖추어지면 멍청이들도 국가를 꽤 오랫동안 그럭저럭 꾸려갈 수가 있다. 하지만 보다 근본적으로 생각해 보면, 필요한 자질을 타고난 사람들은 언제나 충분히 존재한다. 자연의 섭리가 그렇다. 따라서 문제는 적임자를 어떻게 찾아낼 것인가다. 찾아보면 적임자는 항상 있다. 고대 로마제국의 안토니누스 시대 황제들을 보면, 후계자를 직접 선택했을 때가 친자에게 세습했을 때보다 결과가 좋았다. 하지만 시험과 경쟁을 치르지 않으면 가장 유능한 후계자가 누구인지 알아보기가 쉽지 않다. 크롬웰처럼 유능한 통치자도 호국경 자리를 물려주기에 자기 아들보다 적합한 사람이 없다고 판단했다. 결과는 즉각적이고 완연한 실패였다. 보나파르트 왕조를 세우려던 나폴레옹의 노력도 어이없는 실패로 끝났다. 왕조는 또 다른 왕조에 권력을 계승할 수도 있다. 웨일스의 튜더 왕조가 스코틀랜드의 스튜어트 왕조를 선택했듯이 말이다. 하지만 스튜어트 왕조의 네 번째 왕은 얼간이였고 결국에는 네덜란드인 사위(윌리엄3세)한테 쫓겨나는 신세가 되었다.

따라서 제대로 된 적임자를 찾으려면 권력을 세습하는 전통을 없애야 한다. '위인'의 부모와 형제, 자식들의 삶을 연구하고 내릴 수 있는 결론은 하나다. 정치적 재능은 다음 세대에 극히 일부분만 전해지거나 너무 불규칙하게 전해져서, 뛰어난 부모 밑에서 지극히 평범한 아이가 나오기도 하고 아주 평범한 부모 밑에서 천재가 나오기도 한다는 것이다. 민주주의 국가에서는 부모나 친척이 누구든 관계없이 모두가 같은 선에서 출발해야 한다. 현재 이 부분에 대한 우리의 생각은 아직 정리되지 않은 상태라 일관성이 없다. 미국인들은 대통령직을 세습하자고 하면 깜짝 놀랄 것이다. 하지만 아버지가 아들에게 회사 경영권을 물려주는 것은 당연하게 여긴다. 우리는 왕의 권력이 사후에도 유지되는 것을 상상조차 할 수 없지만, 일반 시민이 유언장을 통해 사후에 자기 재산을 아무렇게나 쓰는 것은 허용한다. 유언에 따라 그 재산은 좋은 데 쓰일 수도 있고 나쁜 데 쓰일 수도 있는데, 어떻게 쓰든 그 권리를 법적으로 보장하고 있다. 그러나 우리는 아버지가 판사라고 아들도 판사로 만들지 않으며, 아버지가 의사 자격증이 있다고 아들에게도 똑같은 자격증을 주지 않는다. 아버지가 총사령관이라는 이유만으로 아들에게 군대를 맡기는 일은 더더욱 없다. 100년 전 육군 장교들(예컨대, 버고인과 웰링턴 장군 같은)은 돈을 내고 진급하는 것을 귀족의 당연한 특권으로 여겼다. 그때는 성공적인 복무 실적을 근거로 진급시켜달라고 주장하는 사람이 뻔뻔한 인간 취급을 당했을 것이다. 그러나 오늘날에는 실적 외의 다른 이유로 진급을 주장하면 속물이라고 조롱받는다. 이러한 불일치와 모순은 불완전한 조직 사회에서 흔히 나타나는 현상이다. 그런 사회는 사유재산에 대해 이렇다 할 제재를 가하지 않으며 사람들이 자기 재산을 가지고 마음대로 하도록 내버려둔다. 사회조직이 진보하고 발전해서 지금은 개인적인 문제로 여겨지는 것들이 점차 사회 문제시되면, 우리의 행동과 자유에 미처 생각지도 못한 제재가 가해질 것이다. 우리는 그러한 제약에 곧 익숙해질 것이며, 그때까지는 마음에 들지 않더라도 그냥 받아들여야 한다.

권력은 권력을 다룰 수 있는 사람에게 맡겨야 한다는 점을 감안할 때, 우리는 다수당 의원들로 내각을 구성하는 우리의 유사민주주의적 전통을 보며 불편한 진실과 맞닥뜨리게 된다. 즉, 다수결의 원칙은 부자연스러운 제도라는 것을 깨닫는다. 자연의 섭리에 따라 세상에는 정치적 자질을 타고난 사람들이 언제나 충분하기 마련인데, 정치판을 보면 유능한 정치인은 항상 소수에 불과하기 때문이다. 게다가 다수결의 원칙은 책임 소재를 불분명하게 만든다. 국무장관이 공직자로서 직분을 다하지 않으면 탄핵되거나 누군가의 총에 맞을 수 있고 적어도 면직되거나 불명예를 얻을 수 있다고 생각한다면, 책임의식을 가질 수밖에 없다. 하지만 의회나 각료회의에서 다수가 동의하는 일만 하는 국무장관은 책임의식을 갖지 않는다. 사실 그 경우에는 누구도 책임지지 않는다. 다수가 자신들에게 총을 겨눌 리도 없고, 강등당할 서열이나 지위도 없기 때문이다.

히틀러의 자서전 <나의 투쟁>에는 그게 얼마나 갑갑한 상황인지를 보여주는 대목이 나온다. 1919년 서른 살 청년 히틀러가 독일에서 국가사회주의당을 조직하기 시작했을 때, 그는 그저 무일푼의 별 볼 일 없는 6인 중 한 명에 불과했다. 그 여섯 명은 책임의식이 전혀 없는 상태로 이따금씩 모여서 자기들끼리 떠드는 것 말고는 할 수 있는 일이 없었다. 하지만 히틀러는 6년 동안 군 생활을 하며 깨달은 바가 있었다. **책임을 동반한 권위가 없으면 인간의 몸을 효과적으로 단련시킬 수 없**

으며, 다수결이 지배하는 곳에서는 책임이나 권위가 있을 수 없다는 것이었다. 우리는 이런 사실을 알면서도 모르는 척하고 있다. 우리는 정부가 무책임하다는 것을 알면서도 정부에 책임이 있다고 얘기함으로써 아주 간단하고 편리하게 스스로를 기만한다. 히틀러는 그런 사기에 속지 않았다. 그는 혹독한 시련을 겪으며 경험을 통해 배웠다. 그는 어떤 위원회의 위원장이 되자 회의에는 참석하지 않고 다른 사람들이 얘기하는 동안 행동했다. 그리고 자신의 장점(혹은 결점)을 십분 발휘하여 마침내 정상의 자리에 오르자, 군 지휘권을 부하들에게 맡기고 군대를 알아서 책임지도록 했다. 이런 식으로 그는 불과 14년 만에, 말단 군인에서 출발하여 별 볼 일 없는 6인 중 한 명을 거쳐, 6천만 명을 이끄는 지도자이자 독일의 종신 수상으로 우뚝 서게 되었다. 그러는 동안 그는 제국의회에서 종종 마이크를 잡고 6천만 국민을 상대로 연설하며 목소리를 통한 선전을 계속해왔다. 제국의회는 아무런 힘이 없었다. 권위와 책임은 오로지 총통에게 있었다. 히틀러의 손과 머리에 진짜 권위와 책임이 있었다는 얘기다. 그렇게 5년이 지났지만 6천만 독일인들은 여전히 그를 좋아했고 군의 총사령관으로 만들었다.

히틀러는 현실에서 권한과 책임이 어디까지 커질 수 있는지를 보여주는 극단적인 예다. 그 반대편 극단에는 평화시의 영국 의회가 있다. 평화시 영국 의회는 권한과 책임, 실천을 최소화하여 2주면 될 일을 30년이 걸리게 만든다. 그러다 전쟁이 나면 정당제도를 포기하고 30년 걸릴 일을 2주 안에 처리하려고 필사적으로 노력한다. 우리의 문제는 이와 같은 양극단 사이에서 어디쯤 서는 것이 가장 좋을지를 파악하는 것이다.

우리는 히틀러와 같은 계획을 세워서는 안 된다. 그런 계획은 군대에서는 효과적일지 몰라도, 한 사람에게 혼자서는 감당할 수 없는 너무 많은 권한과 책임을 부여한다. 그 경우, 약한 사람은 권력 때문에 부패하고, 강한 사람은 권력 때문에 이성을 잃고 알렉산더 대왕이나 히틀러, 나폴레옹처럼 전세계를 자기 발아래 두려고 한다. 그래서 최악의 경우 끔찍한 독재자가 되고, 아무리 잘 돼도 줄리어스 시저나 정복왕 윌리엄 같은 모험가가 될 수 있을 뿐이다. 통치자는 더 많이 정복하고 더 많은 모험을 펼칠수록 자신이 다스리는 영역을 전부 다 둘러보기 어려워지기 때문에 누군가에게 권력을 위임하고 분배할 수밖에 없다. 그렇게 권력을 분배받은 자들은 또 그 나름대로 부패하거나 이성을 잃는다. 결국 그러한 체제는 참을 수 없는 지경으로 치달아 혁명이나 무정부주의적 움직임을 부추긴다. 크롬웰이든 루이14세든 카이저든 히틀러든 낡고 더러운 빗자루로는 바닥을 깨끗하게 쓸 수 없다. 새 빗자루가 필요해진다.

이러한 사태를 방지하기 위한 안전장치로는 어떤 것들이 있을까? 먼저 통치자들의 운명이 국민의 동의에 달려있다는 사실을 지속적으로 환기하기 위해 주기적으로 선거를 실시하는 방법이 있다. 미국 대통령을 보라! 미국 정부는 조지3세와 영국 정부의 독재에 저항하다 성공한 사례지만, 미국 대통령은 히틀러와 마찬가지로 절대권력을 쥐고 있다. 그런 권력은 왕인 조지3세조차 한 번도 누려보지 못한 것이다. 의회도 각료도 대통령을 파면할 수 없다. 하지만 대통령이 권력을 휘두를 수 있는 기간은 딱 4년뿐이다. 바이런은 조지3세를 "불쌍한 미치광이 장님이자 괄시받는 늙은 왕"이라고 묘사했는데 대통령은 그런 말을 들을 일이 없다. 만일 대통령령이 헌법에 위배될 경우에는 대법원에 항소할 수 있다. 몇몇 사안에 대해서는 대통령이 단독으로 결정을 내릴 수 없고 상원의원 3분의 2 이상의 동의를 얻어야 한다. 이를테면 장관들을 임명할 때가 그렇다. 각 주에는 권력의 범위와 한계, 책임 면에서 대통령과 유사한 주지사가 있으며, 주지사가 되는 데 나이, 국적, 거주지, 거주기간의 제약은 있지만 종교나 성별, 인종에 따른 제약은 없다. 이 모두는 독재정치를 막고, 법과 질서를 보호하기 위한 조치들로 교묘하게 혼합되어 있다.

또 다른 안전장치로는 입법 과정에 우수한 인재가 보다 많이 참여하도록 하는 방법이 있다. 의회를 맹신하는 태도는 영국과 미국의 자유에 대한 찬양이나 "영국민은 결코 노예로 살지 않으리"[7] 따위의 구호와 함께 쓰레기통에 던져버려야 한다. 우리는 곧 알게 될 것이다. 낡은 의회를 개혁하는 것도 중요하지만 새로운 의회를 몇 개 더 만들 필요도 있다는 것을 말이다. 정치적 결정은 네로 황제나 파벨 황제처럼(후대의 인물들은 말할 것도 없고) 절대권력에 취해 이성을 잃고 호위무사나 신하에 의해 암살되기 전에는 답이 없는 인간들의 기분이나 공포심에 좌우되어서는 안 된다. 정치적 결정은 의회에서 역량 있는 정치인들이 최고의 조언과 폭넓은 정보를 기반으로 합의를 통해 도출해야 한다. 우리는 의회는 물론 지역위원회, 직업위원회, 산업위원회, 소비자위원회, 재정위원회, 교육위원회, 기획조정위원회, 국제업무위원회를 지속적으로 유지해야 하며, 이를 통해 국민의 고충을 해소하고 정책을 제안해야 한다.

---

7 제임스 톰슨의 시 <Rule, Britannia!>의 후렴구. 18세기 영국의 제국주의를 칭송하는 내용으로 영국의 비공식 국가이기도 하다.

이는 인간 본성과 환경에 대한 불가피한 요구에 따라 극단적인 민주주의 사회가 된 러시아에서 이미 벌어진 현상이다.

사실 알고 보면 러시아 체제는 우리 체제와 크게 다르지 않다. 우리도 의회보다는 노동조합, 협동조합, 의사협회, 변호사협회, 판사들, 추밀원(국왕의 정치자문기관), 관료 집단을 비롯해 온갖 위원회의 영향을 더 많이 받고 있다. 재무부가 휘두르는 권력은 하원보다 훨씬 지속적이고 막강하다. 외무부는 의회와 상의도 없이 전쟁을 선포하고 힘없는 우리를 전쟁터로 내보낸다. 의회에는 1차세계대전 때처럼 전쟁이 터진 다음 날 혹은 이번 전쟁에서처럼 몇 시간 뒤에 일방적으로 통보해버리고 만다. 에드워드8세의 퇴위는 하원이나 유권자들에게 일언반구도 없이 결정되었으나 아무 잡음 없이 마무리됐다. 교도관협회는 일반인들의 교도소 출입을 통제하고 교도소를 다트무어 같은 강제수용소보다 더 잔인한 곳으로 만들 수도 있다.

이렇게 정치단체가 다양하다는 점만 놓고 보면 우리와 러시아는 별로 다를 게 없다. 그러한 정치단체들이 없어져서는 안 된다. 공공복지를 위해 반드시 있어야 하며 목적에 걸맞게 조직되고 운영되어야 한다. 또한 당연히 능력 있고 책임감 있는 인재들이 이끌어야 한다. 현재 정치단체들은 두서없이 뒤섞여 있으며, 그 중 몇몇은 너무 구식이라 관심을 끌지 못하고 있다. 인기 없는 단체의 대부분은 정당 정치인이나 째째한 독재자, 무식한 얼간이, 구제불능의 고집쟁이가 이끌고 있다. 그런 정치단체는 없어도 된다. 러시아에서는 불필요한 정치단체를 제거하고 태만한 자는 발견되는 즉시 처단한다.

자질과 책임, 의견 조율은 국가는 물론이고 민간단체나 기업을 운영하는 데 있어서도 반드시 필요하다. 이는 자본주의 국가든 파시스트 국가든 공산주의 국가든 모두 마찬가지다. 하지만 어떤 국가가 됐든 자질과 책임, 조율을 추구한답시고 국가기관을 대대적으로 뒤엎어야 할 필요는 없다. 경제적으로 여유로운 시민들은 대개 국가기관이 이미 완벽하다고 믿기 때문에 좀처럼 변화를 받아들이려 하지 않는다. 기껏해야 그들은 "바꿔봤자 그대로다"라는 프랑스 속담을 들먹일 것이다. "새로운 세상"을 꿈꾸는 자들은 이 점을 잊어선 안 된다. 그렇지 않으면 언젠가 엄청난 환멸을 경험할 것이다.

4

자질과 책임, 조율의 필요성은 어느 날 갑자기 등장한 것이 아니며, 교육제도와 시험제도가 괜히 있는 것이 아니다. 그런데 자유주의자들은 왜 전통적으로 모든 종류의 시험에 반대하고, 지난 세기 내내 시험을 폐지하는 데 주력해온 것일까? 그 이유는 지금까지의 시험이 민주주의의 핵심 조건이라고 할 수 있는 "기회의 평등"과 "재능에 따라 출세할 수 있는 길"을 열어주는 데 실패했기 때문이다.

어떤 시험은 어이없을 정도로 자질과 무관하다. 예컨대, 내과의사협회의 회원이 되려면 영국국교도여야 한다. 영국의 왕은 반드시 신교도여야 하며, 대관식에서 로마가톨릭은 분명하게, 다른 모든 종교는 암묵적으로 부인해야 한다. 영국 국민의 대부분이 유태인이나 이슬람교도, 힌두교도, 불교도, 자이나교도, 로마가톨릭교도, 무신론자, 불가지론자인데도 말이다. 그런가 하면 그들 각 집단은 다른 집단에게 이교도, 야만인, 우상숭배자, 혹은 그와 비슷한 이름을 붙여 폄하한다. 과거 영국 의회는 유태인과 무신론자를 배척했고 하원은 영국국교회 성직자를 받아들이지 않았다. 반면 상원에는 고위성직자의 자리가 있었다. 이렇게 불합리한 조건투성이니, 차라리 시험을 폐지하고 조폭과 부두교도만 아니면 유태인이든 무신론자든 누구에게나 모든 직업과 공직을 개방하자는 생각이 자유주의자들의 머릿속에 깊이 자리하게 되었다.

신앙시험에 대해서는 반(反)교권주의 운동과 같은 반작용이 나타나기도 했다. 하지만 안타깝게도 반교권주의 운동은 신앙시험만큼이나 불합리와 부조리에 빠지고 말았다. 러시아에서는 전투적 무신론자들만이 러시아 공산당(유일하게 허용된 정당)에 가입할 수 있다고 정해 놓았다. 이런 식의 배타적 태도는 전혀 낯설지 않다. 가톨릭교회를 비롯한 모든 교회체제에서 많이 본 태도였다. 러시아 공산당은 사제의 세속적 지배력을 없애버리겠다고 나섰다가 스스로 사제가 되고 말았다. 종교를 없애려다 스스로 세계에서 가장 편협한 종교가 되어버린 것이다. 러시아는 수도회를 없애기 위해 '무신론자 연맹'을 설립하고 성모칠고회나 성심회의 메달과 비슷한 메달도 만들었다. 러시아에서 이 메달을 보기란 아일랜드에서 가톨릭 펜던트를 보기보다 더 쉽다. 신앙의 시대에서 과학적 회의주의와 인문주의의 시대로 넘어온 유럽은 이제 민주주의에 대한 믿음만이 유럽 문명을 구할 수 있다고 여기는 것 같다. 이 새로운 신념은 경쟁 관계에 있는 다른 신념은 물론 다른 정당조차 인정하지 않는다. 보수적이었던 영국은 토머스 매콜리의 공로로 유태인에게 참정권을 부여하고 유태인 수상까지 배출했다. 하지만 프롤레타리아 출신 지도자를 따라 자유주의에서 국가사회주의로 넘어간 독일은 유태인을 박해하는 것도 모자라 아예 말살하려 하고 있다.

언제나 그런 식이다. 대중이 말하는 자유주의는 실제로는 감시당하는 무정부주의에 불과하다. 정부를 문 밖으로 내던져봤자 창문으로 다시 들어오는 것만 보게 될 것이다. 전제군주와 황제의 목을 쳐도 더욱 강력한 호국경으로, 대통령과 수상으로, 총리로, 영도자로, 총통으로 대체되지 않았던가? 그래서 '자유주의'와 '자유사상'은 '사회주의'를 최종 목표로 하지 않으면 '프롤레타리아 독재'와의 싸움에서 처음부터 밀릴 것이다. 그래도 자유주의가 완전히 사라지지는 않을 것이다. 얼마간 그로기 상태에 빠질 수는 있다. 하지만 사회주의를 통해 진정한 자유의 필수 조건인 여가가 창출되면, 즉 사람들이 하루 5시간씩 주 5일만 일해도 충분히 먹고살 수 있게 되고 여가에 직업의 자유와 사상의 자유를 요구하게 되면, 자유주의와 자유사상은 힘차게 부활할 것이다.

이제 민주주의 얘기는 잠시 접어두고 오늘날 영국 의회에 관한 얘기로 돌아가야겠다.

4장 가난한 사람들의 의회

하원의 문제가 정당제도에 있다면, 지자체의 장점은 정당제도로부터 자유롭다는 것이다. 그렇다면 의회의 정당제도는 폐지하고 지자체는 그대로 내버려두면 되지 않을까?

하지만 불행히도 지자체는 정당제도보다 더 저급한 전제정치로 마비되어 있다. 정확히 말하면 지자체 의원들을 선출하는 지방 유권자 대다수가 가난하다는 것이 문제다. **가난은 그들에게 투표권을 부여한 민주주의를 무색하게 만든다.** 내가 경험한 전형적인 상황을 들어 설명해 보겠다.

내가 25만 시민의 삶을 책임지는 런던교구회의 일원이 되어 가장 먼저 했던 일은 당해의 지방세를 결정하는 것이었다. 시의 재정을 담당하는 재정위원회는 공공서비스 내역과 그 비용을 충당하기 위해 걷어야 할 지방세액을 우리에게 제시했다. 나는 당연히 재정위원회가 적정 세액을 산출했을 것이라고 생각했다. 그러나 그렇지 않았다. 공공비용을 충당하려면 소득 1파운드 당 14펜스의 세금을 걷어야 하는데 재정위원회가 산정한 금액은 12펜스였다. 이런 식으로 지방세 인하가 계속되면 재정이 파탄날 것이 분명했으므로, 나는 14펜스로 조정하자는 수정안을 제시했다.

결과는 끔찍했다. 내 옆에 있던 턱수염이 난 나이 지긋한 교구위원 하나는 아이처럼 눈물을 뚝뚝 흘리면서 내가 가난한 사람들에게 동정심이 없다고 비난했다. 형편이 좀 나은 교구위원들은 우울하게 침묵하고 있었다. 그들은 내가 합리적으로 행동했음을 알고 있었다. 하지만 만장일치로 나에게 반대표를 던져서 내가 지방세 문제에 더 이상 간섭하지 못하도록 했다. 물론 그렇다고 재정 파탄을 피할 수 있는 것은 아니었다.

파멸의 순간은 금세 다가왔다. 지방자치법이 통과되어 교구가 자치구로 바뀌었고, 자치구의 은행계좌는 지방행정청으로부터 회계감사를 받게 되었다. 지방행정청은 우리 자치구가 은행에 70,000파운드의 빚을 지고 있다는 사실을 발견했다. 새로 온 회계감사관은 "눈물이 남아 있다면 지금 우시오"[1] 라는 경고도 없이 즉시 빚을 갚으라고 명령했다. 그 빚을 세금으로 충당할 경우 다음 선거 때 우리가 낙선할 것은 자명했다. 나는 당시 그 자리에 없었기 때문에 그 상황을 어떻게 넘어갔는지 잊어버렸다. 아마도 의원들은 그 빚을 몇 년에 걸쳐 청산할 수 있게 해달라고 애절하게 간청했던 것 같다. 지방세는 파운드당 6펜스씩 더 올랐다. 그리고 지방세 인상을 결정했던 의원들은 다음 선거에서 우수수 낙마했다.

지방세 산정은 결코 어려운 문제가 아니다. 따라서 나와 동료의 태도가 달랐던 이유를 정치적 지성의 높고 낮음에서 찾을 수는 없을 것이

1 셰익스피어의 <줄리어스 시저> 중 안토니의 대사.

다. 나의 동료는 희곡과 책을 쓸 줄은 몰라도 12펜스로는 14펜스짜리 물건을 살 수 없다는 것을 나만큼 잘 알고 있었다. 하지만 그는 재정적으로 위태로운 가난뱅이고 나는 안정적인 부자라는 차이가 있었다. 실제로 나는 세금에 대해 신경쓰는 일이 거의 없다. 세금 낼 때 1파운드당 세금이 얼마인지 굳이 확인하지도 않는다. 내가 나의 동료처럼 가난했다면 틀림없이 그가 울 때 같이 울고, 그가 제시한 예산안에도 동의했을 것이다. 만일 지방의원과 유권자의 자격을 연소득 1,000파운드 이상으로 제한했다면, 지방의회는 지불능력이 있고 효율적인 조직이 되었을 것이다. 또한 지방의회를 무시하고 회의를 일 년에 두 번 이하로 축소하려는 행정관리들에게 휘둘리지도 않았을 것이다. 당시 나의 동료 지방의원들은 20,000파운드씩이나 하는 전자기계를 구입하는 안은 멍하니 승인하면서, 먹을거리를 3실링 6펜스로 결정하는 조항에는 밤을 새워가며 반대한 위인들이었다.

현대의 공적인 일들을 처리하는데 요구되는 상상력과 대범함을 위해서 의회는 경제적으로 여유로운 인물들로 구성되어야 하고 또 그러한 의원들을 선출하는 유권자들 역시 경제적으로 여유로워야 한다.

하지만 대다수 의원들이 일반 납세자들보다 더 쉽게 돈을 번다고 해서 의회가 가난의 문제에서 자유로운 것은 아니다. 자본주의체제에서 경제적 여유란 프롤레타리아의 가난의 산물이다. **현재 신문을 보면 한 가구당 소득은 주당 40실링인데 그 중 14실링이 임대료로 나간다. 그런데도 사람들은 땅주인이 너무 많은 몫을 가져간다고가 아니라 자기들 수입이 너무 적다고 불평한다.** 그도 그럴 것이 지주의 권리는 집행관과 브로커, 경찰, 심지어 모든 육해공군의 비호를 받기 때문이다. 임대료를 내고 남은 돈으로 사람들이 소비를 할 수 있어야 노점 상인들도 임대료를 낼 수 있게 된다. 부자 의원들의 재산은 노동자들에게 임대료를 받고 그들을 저임금으로 고용한 결과다. 부자 입법자들이 노동생산성을 두 배로 증대시킬 수 있는 경영 능력을 가지고 있지 않는 한, 가난한 유권자의 형편이 나아지게 하려면 입법자들 스스로 손해 보는 것을 감수해야만 한다. 입법자들이 그렇게 할 가능성이 전혀 없다면 프롤레타리아는 알량한 실업수당이나 받으며 노예상태를 근근이 견뎌내든지, 프롤레타리아의 지배를 이루기 위해 정치적 전복을 꾀하는 수밖에 없다.

부자들은 가난에 익숙한 빈자들보다 더 가난을 두려워한다. 심지어 백만장자들도 가난뱅이가 되어 죽을까 봐 걱정한다. 그들이 가진 모든 증권이 우량상태일 때조차도 파산, 발견과 발명, 막대한 세금, 혹은 전쟁으로 인한 인플레이션으로 그들의 재산이 모두 없어질지도 모른다고 생각한다. 이러한 두려움으로 인해 그들은 악착같이 기득권을 선점하려 하고 공적인 청렴함을 지키면 망한다고 여긴다. 부자와 빈자 모두 가난을 걱정하지만 그 입장은 완전히 상반된다.

이는 금권정치의 결과이며 그 치료약은 민주주의이다. 우리는 중앙의회는 금권정치에, 지방의회는 가난(수학자들은 '마이너스 금권정치'라고 부른다)에 지배당하는 것을 목격했다. 그렇게 되면 민주주의는 실패할 수밖에 없다. 그 문제를 좀 더 조사해 보자.

5장　민주주의: 정치는 아무나 하나?

1

민주주의는 특권층의 이익을 위한 사회체제가 아니라 모두의 이익을 위해 모두가 공평하게 희생하는 사회체제다.

　그러나 모든 사람에게 참정권을 부여함으로써 민주주의를 실현하겠다는 착각이야말로 민주주의를 가로막는 가장 큰 장애물이다. **누구나 정치에 참여할 수 있게 하는 성인참정권은 오히려 민주주의의 숨통을 끊어놓을 가장 확실한 방법이다.** 학식이 풍부하고 고매한 성품을 지닌 사람들은 참정권을 바랄 것이다. 그러나 그들은 유권자들 중 극히 소수에 불과하다. 대부분의 보통사람들은 민주주의가 수반하는 정부와 공공기관의 확대 발전을 바라지 않는다. 보통사람들은 정부의 통치를 받는 것을 극도로 두려워하고, 세금 내는 것을 끔찍히 싫어하며, 관리의 명령을 강하게 거부한다. 그 결과 자기처럼 권한도 책임도 없는 사람들에게 노예처럼 착취당하며 살게 된다 하더라도 말이다. 보통사람들의 머릿속은 개인사, 가족사, 사업에 대한 생각을 제외하면, 전쟁과 기사도에 대한 낭만적인 환상이나 좋아하는 웅변가나 유명한 장군에 대한 동경으로 가득 차 있다. 그들은 국가권력을 제한하는 법에 무조건 찬성한다. 이를테면 대헌장, 인신보호법, 배심 재판, 표현의 자유, 집회의 자유와 같은 것들이다. 하지만 국가권력을 적극적으로 행사하는 법을 추진하려는 징후가 조금이라도 보이면 엄청나게 많은 사람이 몰려가 반대표를 던진다. 따라서 보통사람들을 통제하려면 그들을 내버려 두는 척하면서 적당히 속이는 수밖에 없다. 정도의 차는 있었지만 그러한 정치적 속임수는 항상 필요했다. 그러나 보통사람들이 투표권을 부여받아 의회가 정말로 보통사람들을 대표하게 되면서 민주주의는 더욱 요원해졌다. 보통사람들은 편견과 미신, 낭만적인 환상에 사로잡혀 정작 본인들을 위한 투표를 할 수 없다. 하지만 투표권을 빼앗긴다면 분개할 것이다. 따라서 몇 안 되는 진짜 민주주의자들이 대중이 스스로의 해방을 위해 투표하도록 대중을 얼마나 구슬릴 수 있을지 두고 봐야 할 것이다.

시드니 웹과 베아트리스 웹은 해결책을 모색하는 데 앞장서왔다. 그들은 1920년 <사회주의 영연방을 위한 헌법>에서, 정당제도의 문제점이 사라진다고 해도 단일의회로는 지금 우리의 복잡한 문명을 다스릴 수 없다고 단언했다. 모든 일을 다 잘 하는 사람이 특별히 잘하는 것이 없는 것과 마찬가지다. 웹 부부는 정치적인 의회와 사회적인 의회, 이렇게 두 개의 의회를 세우자고 제안했다. 그들이 내세운 논점과 논거에는 반박의 여지가 없었다. 오히려 그들의 제안을 거부할 명분을 찾는 것이 문제가 될 정도였다. 그러나 사람들은 늘 그래왔듯 그 제안도 간단히 무시해 버렸다. 책이나 저자를 무시하기는 쉽다. 웹 부부의 책도 있는 그대로의 현실을 기반으로 하지 않았다면 상황은 그것으로 종료됐을 것이다. 하지만 현실 문제가 너무 오래 외면당하면 곪아터지기 시작한다. **정치, 사회, 문화, 경제, 법 전반에 걸친 온갖 문제들이 단일의회에서 결정되고, 5년마다 한 번씩 치러지는 보통선거를 통해 의회의 모든 것이 결정되는 바람에 보통사람들은 오히려 불리해졌다.** 선거에서 보통사람이 느낄 당혹감들을 상상해 보라! 그는 외친다. "방금 노동당 후보의 말을 들으니 탄광이 국유화되면 석탄을 반 값에 살 수 있다고 한다. 하지만 노동당 후보가 옆집 사람에게는 기도서의 개정을 위해 노력할 거라고 약속했다. 나는 그런 무신론을 도저히 참아줄 수가 없다. 보수당 후보는 기도서를 수호하기 위해서라면 끝까지 싸우다가 죽겠다고 한다. 하지만 그는 더햄 지역에 탄광을 소유하고 있으므로 석탄 값을 내리지 않을 것이다. 그리고 사람들은 그가 영국국교회라고 하는데 개신교인 내 눈에는 가톨릭과 다를 바 없어 보인다. 나는 자유당 후보가 자유를 언급하며 각종 정부규제와 통제를 없애겠다고 한 발언에 동의한다. 하지만 그는 뻔뻔한 공화주의자고 나는 왕정 지지자다. 나로서는 무소속 후보가 가장 마음에 든다. 그러나 그는 평화를 위해 협상하겠다면서 우리를 히틀러의 노예로 만들려고 한다. 더구나 의회에 들어가면 정당에 소속된 의원들에게 기도 못 펼 텐데, 내 표를 낭비하고 싶지는 않다. 지난 번에는 공산주의자가 나온 적이 있다. 그는 완패하여 공탁금을 모두 잃었다. 내 친구 녀석 하나는 그에게 투표했다. 정말이지 바보 같았다. 다행히 여기는 자유국가다. 내가 원하지 않으면 투표하지 않아도 된다. 나는 투표하지 않을 것이다. 동네 사람들은 내가 자기들이 지지하는 후보에 투표할 것이라고 생각한다. 하지만 이 선거판은 모두 썩었다. 정치인들은 유권자들 얘기를 들어 줄 것처럼 하다가도 당선되고 나면 태도가 돌변한다. 금본위제도를 보라. 뮌헨 평화강화조약을 보라. 쳇!"

결국 웹 부부의 제안대로 기도서 개정과 탄광 문제는 상원과 하원의 문제로 분리되었고 다른 많은 의제도 그런 식으로 분리되어 처리되었다. 러시아에서 성공한 새로운 소비에트 시스템은 권력기관을 양원으로 분리하는 것 이상의 해결책을 보여준다. 러시아의 권력기관은 수십 개로 분리되어 있어서 사람들은 그만큼 많은 투표 기회를 갖는다. 유권자와 후보자는 상호 혼인가능한 같은 계층의 사람들이다. 영국의 보통 사람들은 자신들이 상원과 하원, 이 두 개의 권력기관에 의해서만 통치된다고 생각한다. 그들은 하원의원을 투표로 뽑고 상원은 없어지기를 바라지만, 한편으로는 상원이 자신을 더 잘 대변하고 원래부터 그 자리에 있던 것이라 없앨 수 없다고 생각한다. 그러나 사실 러시아처럼 영국에도 여러 권력집단이 존재한다. 노동조합, 전문가협회, 협동조합, 경영자협회, 교회, 은행, 지주들이 보통사람들을 지배하고 있다. 이들 권력집단 대부분은 실질적인 권력을 무책임하게 행사하고 있는데, 정작 국민을 책임져야 할 국가는 그 권력을 감히 주장하지 못하고 있다. 일반인들은 이유도 듣지 못한 채 직장에서 해고되고 어떠한 대안도 없이 거리로 내몰려 굶어 죽거나 실업수당으로 근근이 살아가게 될 수도 있다. 의사가 면허를 정지당하고, 변호사가 자격을 잃고, 성직자가 성직을 박탈당하고, 증권거래인이나 딜러는 거래소에서 쫓겨날 수 있다. 자신들이 동의하지도 않은 규칙를 어겼다는 이유로 말이다. 도제과정을 거치거나 시험을 보지 않으면 전문 기술자나 상인으로 인정받지 못할 수도 있다. 이런 식으로 상업과 직업의 세계를 지배하는 다양한 권력집단은 보통사람들을 쥐어짜고 모든 면을 통제하면서 그들의 자유에 대한 갈망을 간단히 짓밟는다. 그러나 국가가 나서서 그러한 권력집단을 제압하려고 들면 보통사람들은 자유가 파괴되고 있다고 악을 써대고 자신은 절대로 노예가 되지 않겠다고 목청을 높인다. 이는 진정한 자유를 경험해 본 적이 없고 무엇이 자유인지 모르기 때문에 그러는 것이다.

2
사실 권력집단이 다양하다는 것은 문제가 되지 않는다. 오히려 분리되어 있고 전문화된 권력집단이 많을수록 말도 안 되는 1인1투표제 정당제도에서 벗어나 1안1투표제(정책투표)라는 민주주의 이상을 더 잘 실현할 수 있다. 그러나 권력집단은 공동체의 안녕을 위해 반드시 공권력의 통제를 받아야 한다. 통제되지 않는 권력집단은 추악한 전제군주가 되어버리고 만다. 민주주의가 중심 원리가 되려면 중심 기관이 있어야 한다. 오르간에는 음역을 조절하거나 변화시킬 때 쓰는 백 개의 스톱이 존재하고, 각 스톱마다 열을 이룬 파이프가 존재하며, 소리를 내려면 반드시 누군가가 연주를 해야 한다. 보통사람들은 오르간을 칠 줄 모르지만 오르간 연주자는 반드시 보통사람들이 좋아하는 음악을 연주해야 한다. 그렇지 않으면 보통사람들이 오르간을 박살내고, 오르간 연주자를 끌어내린 다음 새로운 오르간과 오르간 연주자가 나타나기만을 기다릴 것이다. 하지만 새로운 오르간이나 연주자는 이전만 못할 수도 있다. 그리고 만약 보통사람들이 직접 오르간을 만들고 음악을 연주하려고 한다면 틀림없이 상황은 더욱 나빠질 것이다. **보통사람들이 전문가의 조언을 듣지 않는다면 민주적이라기보다는 오히려 자신들의**

이익에 반하는 결과를 가져올 것이다. 그렇게 해서 만들어진 음악이 또 맘에 들지 않으면 새로운 오르간도 결국 옛 것과 같은 운명이 될 것이다. 이렇게 반복적으로 되풀이되는 교착상태를 피할 방법이 있을까?

제대로 된 기관을 마련할 방법은 있다. 하지만 보통사람들에게 그러한 얘기를 하기 전에 일단 그들 머릿속에 자리한 쓰레기 같은 생각부터 좀 정리해야 할 것 같다. 먼저 자신들이 신사숙녀라고 생각하는 보통사람들 머릿속부터 들여다 보겠다. H.G. 웰스의 최근작에 등장하는 앨버트 에드워드 털러와 나의 최근작에 등장하는 베고니아 브라운 양은 보통사람을 대표한다: 둘 다 가난한 중산층이다. 털러는 자신이 살고 있는 켄티쉬 타운이 엄청나게 넓은 세상인 줄 아는 무지하고 속좁은 바보다. 베고니아는 지방공립학교에서 상을 타기도 하고 상당한 자존감을 지닌 여성이다. 그러나 그녀는 이웃마을 페컴에 대항해 그녀의 고향인 캠버웰을 지키기 위해서라면 기꺼이 죽을 수 있다고 할 정도로 열렬한 애향심을 갖고 있다.

런던 거주자들 중에 털러나 베고니아와 같은 보통사람들만 있는 것은 아니다. H.G. 웰스의 정신세계는 털러보다 고매하며, 버나드 쇼의 정신세계는 베고니아보다 세계적이다. 웰스와 쇼는 책을 향유하고 적어도 평가할 수 있을 정도로 지적인 계층에 속해 있다. 그들은 현재 지식인일 뿐이지만 거기에 물질까지 갖추게 되면 진정한 귀족층이라고 할 수 있다. 하지만 수적으로 몇 안 되는 그들은 털러나 베고니아와 같은 보통사람들로부터 오해, 불신, 두려움, 미움을 살 뿐만 아니라 부유한 지식인이라고 경멸받는다. 상류층은 그들을 상급하인 취급하고 정치권 밖에 존재하는 웃기는 천재들(사회의 광대들)이라고 생각한다. 그래서 지식인이 고위공직자로 선출되기란 불가능하다.

또한, 지식인들은 생계를 유지할 능력도 있고 웬만한 지위도 누리고 있기 때문에 어떻게든 저속한 정치판에 끼지 않으려고 한다. 그들은 홀로 귀족생활을 즐기면서 고통받는 프롤레타리아나 금권주의적 정치 상황에는 개의치 않는다. 18세기 프랑스 인텔리겐차와 19세기 중국의 만다린은 가장 세련되고 우아한 문명을 향유했다. 그러는 동안 파리와 북경의 범죄자들은 형거에 매달려 능지처참을 당하고 갈기갈기 조각난 시신은 저잣거리에 내걸렸다. 오늘날에는 기소된 사람이 답변을 거부한다고 해서 자백을 받을 때까지 기소된 사람의 몸 위에 돌을 올리거나 하지 않는다. 태형 90대를 선고하면 꼬리 9개 달린 채찍으로 10대를 치고 만다. 그래도 우리 형법은 여전히 끔찍할 정도로 잔인하고 배려심이 없으며 야만적이고 원시적이기까지 하다. 다트무어 감옥이나 마운트조이 교도소는 짐승같은 야만인들의 형벌기관이라고 해도 손색이 없다. 13년 형을 받고 다트무어 감옥에 가는 것은 형거에 매달려 사지가 찢기는 것보다 훨씬 더 잔인하다. 그러나 그 문제는 지식인의 시야 밖에 있기 때문에 지식인 계층은 그 문제를 그냥 지나치게 된다. 지식인들이 그러한 문제에 신경쓰도록 만드는 제도가 하나 있긴 하다. 바로 배심원제도다. 나는 지식인으로서 배심원이 될 자격이 있었다. 나는 결코 그것을 권리로 요구하지 않았으며 배심원단 명부에서 내 이름을 빼려고 안간힘을 썼다. 내가 한 행동은 지식인 계층의 속성을 잘 보여준다. 지식인의 정치 참여는 금지되어 있지 않다. 지식인은 사회의식도 상당해서 사회 문제를 아예 외면하지도 못한다. 간혹 그들은 악명 높은 사형집행에 반대하기 위해 움직이는 경우가 있다. 그러나 내무장관이 살인자에게 집행유예를 내리고 살인자가 다트무어 감옥과 같이 끔찍한 곳에서 벗어나게 되면, 지식인들은 매우 만족해 하면서 더 이상 신경쓰지 않는다.

3

정치적 자질은 성인참정권과 무관하다. 시, 미술, 음악, 법률, 의학, 종교, 전쟁, 스포츠, 범죄에 능하도록 타고난 사람들이 있듯이 지식인 중에는 정치적 자질을 타고난 사람들이 있다.

공자와 노자, 소크라테스와 플라톤, 예수, 부처, 마호메트, 루터, 녹스, 칼뱅부터 로버트 오웬, 라살레, 마르크스, 엥겔스, 벤담, 러스킨, 모리스, 스튜어트 밀, 페이비언 사회주의자들, 레닌, 트로츠키, 스탈린 등등 혁명가들은 끊임없이 나타났다. 그들은 사람들을 개종시키지는 못했는데도 기독교와 이슬람과 같은 문명의 창시자로 여겨졌으며 칼뱅처럼 잠시나마 도시를 다스리기도 했다. 하지만 실질적인 변화는 일어나지 않았다. 새로운 정부는 이전 정부만큼이나 야만적이었다. 기독교인들은 스페인 종교재판소를 세우고 예수의 이름으로 30년 전쟁을 벌였다. 그리고 독일의 나치군은 자기들은 착한 니체주의자로서 바그너의 원칙에 따라 움직이고 있다고 착각한다. 바그너가 세상에 남긴 마지막 말은 "연민을 통해 지혜를 얻을지니"였는데 말이다. 내가 어디선가 말했던 것처럼, **야만인을 기독교인으로 개종하는 것이야말로 기독교를 야만적으로 만드는 것이다.**

민주주의자들이 보통사람들을 다재다능한 존재로 과대평가해서, 현실과 상식에 비추어 참정권을 재고하지 않는다면 이 어려움에서 벗어날 방법이 없다. 보통사람이 전제정치로부터 자신을 보호하려면 정부에 대해 어느 정도의 통제력을 가져야 할까? 자기 자신도 지키고 문명도 보호하려면 어느 정도의 통제력을 행사해야 할까? 이러한 질문에는 정말 답이 없을까? 나는 아니라고 생각한다.

보통사람이 도저히 참기 힘든 전제정치로부터 자신을 보호하기 위해 통치자를 선택할 수 있는 권리를 갖는 것은 당연하다. 하지만 그 선택의 범위는 어느 정도가 되어야 할까? 시나이 사막에서 금송아지를, 이집트에서 고양이를, 혹은 오늘날 히틀러나 무솔리니를 선택했듯이 그냥 아무나 선택하게 놔둬도 되는 것일까? 분명 그래서는 안 된다. 그것은 유치원 아이들이 독약병을 마음대로 만지게 놔두거나 동물원의 빗장을 열어젖혀 모든 동물을 풀어주는 것과 같은 것이다. **정치인으로서 자질을 갖춘 사람들은 충분히 있기 때문에 그 중에서 통치자를 선택하도록 보통사람들의 권력을 제한하는 것이 보통사람들에게는 가장 유리한 방법일 것이다.**

이는 너무 당연한 얘기이기 때문에 의회민주주의 초창기부터 우리는 의원 후보의 자격을 일정 수준 이상의 재산을 소유한 사람으로 제한했다. 이때만 해도 입법자들이 최소한의 초등교육을 받은 자들이라는 보장은 있었다. 그러나 입법자들이 자기들의 계급적 이익을 위해 권력을 엄청나게 남용하면서 의원 후보의 자격조건은 완전히 폐기되기에 이르렀다. 그것은 프라이팬에서 내려와 불길로 뛰어든 것이나 마찬가지였다.

사람마다 정치적인 자질이 다른 것은 지극히 자연스럽고 당연하다. 정치적인 자질은 개인들 간에도 다를 뿐 아니라, 같은 사람이라도 나이에 따라서 달라진다. 이런 뻔한 사실을 직면하고도 대중의 목소리를 곧

신의 목소리라고 주장하는 것은 어리석은 일이다. 볼테르는 "개인보다는 다수가 더 현명하다"고 했는데 성인참정권이 어떤 결과를 가져왔는지 제대로 보지 못해서 그런 것이다. 세상은 각양각색의 사람들로 이루어져 있으며 문명이 유지되려면 그들 중 몇몇은 미친 개마냥 죽임을 당해야 하고 나머지는 국가의 지배를 받아야 한다. 과학적인 검증을 통해 사람들에 대한 분류가 이루어지고 난 뒤에야 참정권이 제대로 행사될 수 있다. 과학적 검증을 거치지 않고 아무에게나 참정권을 부여함으로써 민주주의를 이루려는 모든 시도는 늘 그랬던 것처럼 스스로 좌절하고 말 것이다.

그러므로 자질에 따라 사람들을 분류하는 것은 진정한 민주주의로 향하는 첫 번째 단계다.

다음 장에서 이 주제를 다루겠다.

6장 각자의 자리 알기: 둥근 구멍에는 둥근 말뚝을

1

자질에 따라 사람들을 분류하는 문제에 대해 나는 수년 전부터 연구해왔다. 리빙스턴을 구조하기 위해 아프리카를 탐험했던 H.M. 스탠리에게 그가 자리를 비우면 그를 대신해 원정대를 이끌 만한 자가 몇이나 되겠느냐고 물어봤던 게 시작이었다. 스탠리는 망설임 없이 "5퍼센트"라고 대답했다. 나는 그게 단순한 추측인지 아니면 정확한 수치인지 거듭 물었다. 그는 정확한 수치라고 했다. 물론 더 나은 추산 방법도 있겠으나 스탠리의 말을 그대로 받아들일 경우, 인구 사천만 명 중에 이백만 명은 정치적 역량을 어느 정도 갖고 있다고 가정할 수 있다.

그러면 "어느 정도"의 정치적 역량을 말하는 것인가 하는 의문이 생길 것이다. 스탠리는 부하 스무 명 중 한 명은 그의 아프리카 원정대를 이끌 만한 능력이 있다고 봤다. 그러나 만일 줄리어스 시저 같은 지도자가 필요한 일이라면 분명 스무 명 중 한 명은 고사하고 천 명 아니, 전세계에서 단 한 명도 없다고 대답했을 것이다. 다시 말해 아예 뽑을 사람이 없다는 얘기다. 교황 율리우스2세는 시스티나 성당을 장식하는 임무를 수많은 화가 중 오직 미켈란젤로 한 사람에게만 맡겼다. 제임스 1세의 수하에는 수십 명의 극작가가 있었지만 셰익스피어는 한 명뿐이었다. 그리고 셰익스피어가 세상을 떠나자 그 정도 역량을 지닌 극작가는 더 이상 나오지 않았다. 제임스2세의 경우 연극을 워낙 좋아해서 많은 돈을 쏟아부었는데도 셰익스피어 같은 극작가를 만나지는 못했다.

이렇게 천 년에 한 번 나올까 말까 한 초인적인 천재들과 스탠리가 말한 5퍼센트의 사람들 사이에는 적성과 능력 면에서 다양한 정도의 차이가 존재한다. 나는 감히 내가 영어권 최고의 극작가라고 할 수는 없지만 적어도 열 손가락 안에는 든다고 본다. 그러니까 전세계적으로도 상위 100명 안에는 들 것이다.

하지만 아무리 위대한 천재라도 자신이 타고난 분야 밖에서는 바보일 수 있다. 극장에서 나는 아주 유능한 사람이다. 그러나 만일 내가 천문대에서 일하게 된다면, 일주일도 못가 해고를 당하거나 아니면 고작 현미경이나 닦고 있을 것이다. 분명 그 일조차 웬만한 주부들이 하는 만큼도 못할 것이다. 어떤 일이든 타고난 적성을 지닌 사람들이 해야 잘 할 수 있다. 음치가 음악대학을, 색맹이 미술학교를 제대로 운영할 수 없다는 것은 이미 여러 실험을 통해 입증되었다. 그렇다면 세상에서 가장 거창하고 어려운 일은 무엇일까? 바로 현대 민주주의 국가를 조직하고 운영하는 일이다. 국가는 모든 시민이 각자의 자질을 최대한 발휘할 수 있는 일자리를 찾아줘야지 실업수당이나 주며 의욕을 꺾어서는 안 된다. 그런데 만일 나랏일을 하는 사람이 사람은 제대로인데 자리가 잘못됐거나 자리는 제대로인데 사람이 잘못됐다면 나라는 엉망이 되고 나폴레옹 같은 인물이 나타나 그 상황을 강제로 정리해

주기만을 기다려야 할 것이다. 무솔리니의 표현대로, 나폴레옹은 지나친 야망을 품을 정도로 어리석었지만 혼란스러운 문제들을 정리할 능력은 있었기 때문이다.

2
이쯤해서 사람들을 좀 더 세분해서 볼 필요가 있다. 60년 전 어느 일요일 나는 하이드 파크를 산책하고 있었다. 하이드 파크에서는 사회개혁가나 종교인이 허공에 대고 연설을 시작하면 지나가던 사람들이 그 주위로 모여들곤 했다. 거기서 나는 캡틴 윌슨이라는 자를 만났다. 그는 '포괄주의'에 대해 강연하면서 청중에게 포괄적으로 이해하는 사람이 되라고 주문했다. 그러나 세상이 포괄주의자들로만 가득하다면 아마 뭐 하나 제대로 되는 일이 없을 것이다. **이해력과 실행력은 별개의 문제이기 때문이다. 현장에서 일을 능숙하게 잘 하는 사람들 중에 이해력까지 갖추고 있는 경우는 드물다.** 세상에는 법을 이해하지 못하면서 나서길 좋아하는 변호사, 생물학을 무의미하게 만드는 의사, 종교적 광채가 없는 성직자, 아무 생각 없이 판에 박힌 문구를 반복하는 언론인, 전에 하던 일만 하려고 하는 경영자, 자기가 다루는 기계 말고는 자기 일에 대해 아는 것이 별로 없는 기술자들이 넘쳐난다. 수출을 많이 할수록 국가가 더 부유해진다고 믿는 재무부장관도 마찬가지다. 내수는 전혀 고려하지 않고 오직 해외무역만을 위해서 생산이 이루어지는 단계를 국가 번영의 이상적인 단계라고 착각한다. 그래서 우리의 외무부장관 파머스턴은 이렇게 얘기했다. "어떤 나라에 대해 잘못된 정보를 얻고 싶으면 그 나라에 30년 동안 살면서 그 나라말을 모국어로 쓰는 사람에게 물어보면 된다."

 하지만 어떤 일을 포괄적으로 이해하지 못한다고 해서 그 일을 하지 말아야 한다는 얘기는 아니다. 일을 이해하지 못하면 그 일을 해서도 안 된다고 하는 것은 지극히 이상주의적인 발상이다. 이를테면, 아기가 신진대사를 이해하지 못한다고 해서 엄마 젖도 먹지 말라는 것과 같다. 세상일의 상당 부분은 자기가 하는 일을 제대로 이해하지는 못해도 '할 수는 있는' 사람들에 의해 이루어지고 있다. 그리고 그 결과는 최선일 수도 있고 아닐 수도 있다. 어쨌든 누군가 반드시 해야 하는 일이 있기 마련이다. 그 일들은 어떤 식으로든 하는 것이 전혀 안 하는 것보다 낫다. 예컨대, 부모는 가족이 먹는 것에 신경을 써야 한다. 그래서 일부 애정 넘치는 엄마들은 아이에게 진과 훈제청어를 먹이고 남편에게 고기와 온갖 술을 잔뜩 권하면서 자기 가족이 기운을 내려면 그런 음식을 먹어야 한다고 생각한다. 초등교육을 제대로 받지 못한 탓이다. 하지만 어떤 식으로든 아이와 남편을 먹이기는 해야 한다. 훈제청어와 진, 소고기와 맥주가 곡물과 야채, 무알콜 음료보다 몸에 나쁠 수는 있지만 그래도 아무것도 안 먹는 것보다는 낫다.

 이런 문제는 교육을 통해 해결될 수 있을 것 같지만, 교육은 교육 받는 사람의 학습역량과 시기, 의욕에 따른 제약을 받는다. 아무리 재능이 뛰어난 천재라도 모든 분야를 공부할 수는 없다. 나는 뛰어난 극작가지만 어떤 교육을 받더라도 뛰어난 수학자가 될 수는 없을 것이다. 계산기는 사용할 수 있다. 어쩌면 로그표 보는 법까지는 배울 수 있을지도 모른다. 하지만 내 시간은 희곡이나 책을 쓰는 일에 투자하는 편이 더 낫다. 그 외의 일들은 모두 다른 사람에게 맡기거나 그냥 놔둬야 한다. 그런 일들을 내가 직접 하면 주먹구구식이 되어버리기 때문이다. 나는 문학과 희곡 분야에서는 유명 인사지만 비행기 공장에 가면 틀림없이 모자란 놈이 될 것이다. 내가 알고 있는 것과 해온 일들을 생각하면 내 자신이 대단하게 느껴지지만, 내가 모르는 것과 (종종 강요당해도) 하지 못하는 것들을 떠올리면 내가 넓디넓은 세상에 기생하는 한 마리 벌레처럼 느껴진다.

그러나 내가 수학과 물리학에 무지하다고 해서 그 학문의 사회적 의미와 중요성도 이해하지 못할 것이라고 생각하면 오산이다. 암산의 명수들과 위대한 발명가들을 보면 오히려 그런 부분에 대한 이해력이 떨어진다. 뉴턴은 위대한 수학자였으나 자신의 연구가 역사적으로 어떤 의미를 갖는가에 대해서는 놀이방 어린이만큼도 이해하지 못했다. 그는 라이프니츠보다 먼저 미적분학을 창시해 놓고도 전문가답지 못한 잔기술이라고 생각해 비밀에 부쳤다. 나중에 라이프니츠가 미적분학을 들고 나와 엄청난 찬사를 받을 때까지 말이다. 그런데 영국인들은 그런 전문가들을 포괄주의자와 혼동해서 전문가는 믿을만한 안내자라고 여기고 철학자와 형이상학자는 바보로 보는 경향이 있다. **확실히 전문가들은 자신들이 어디에 있는지 안다. 그러나 어디로 가고 있는지는 잘 모른다. 반면 사상가들은 우리가 어디로 가고 있는지는 알아도 우리가 어디에 있는지는 잘 모른다.**

3

민주주의는 적성의 차이뿐만 아니라 동일한 적성을 가진 사람들 내에서의 능력의 차이도 고려해야 한다. 아동복지에 관한 체계적인 연구가 이루어지자, "그 누구도 어머니를 대신할 수 없다네"라는 노래를 만든 사람은 정작 엄마와 아이들에 대해 아무것도 모르는 사람이라는 것이 드러났다. 윌리엄 모리스는 아이들을 책임지기에 가장 부적합한 사람은 부모임에 틀림없다고 했다. 그는 자신의 사례를 과장한 것이었지만, 사람들이 귀 기울이게 하고 반응하게 하려면 사례를 깜짝 놀랄 정도로 과장할 필요가 있다. 나도 습관적으로, 또 일부러 그렇게 하곤 한다.

아동복지에 관심을 갖고 연구한 사람들은 어머니들을 능력에 따라 다음 세 부류로 나누었다. a. 자기 자녀든 남의 자녀든 아이들을 그 누구보다 잘 키울 수 있는 부류, b. 어느 정도 교육하고 지도하면 엄마 역할을 충분히 잘 할 수 있는 부류, c. 아이들을 기를 능력이 전혀 없는 부류. 이 마지막 부류는 자식을 도둑이나 매춘부로 키우는 어머니와 폭력적이고 잔인한 어머니뿐만 아니라 자식에 대한 애정이 무모할 정도로 지나쳐서 자식을 망치는 어머니까지도 포함한다. 너무 가난한 나머지 아이들이 적절한 교육을 받게 하는 대신 얼마 안 되는 돈을 벌어 오도록 장시간 노동을 시키는 부모들도 마찬가지다. 하지만 이 경우는 노동법이나 교육법 혹은 분배제도의 개선을 통해 해결해야 한다. 이렇게 사람들을 '평균이상', '평균', '평균이하'의 세 부류로 나누는 것은 자연스러운 방식이며 이런 식의 분류법은 공장법이나 사회주의가 아무리 발전한다 해도 지속될 것이다.

제도에 대한 비판이 개인적인 불만에 그치지 않고 사회조직 차원으로 점점 확대됨에 따라 사람들을 멍청이, 일반인, 천재로 단순하게 나누는 방식이 사회 전반에 걸쳐 나타나게 되었다. 의료 분야의 경우, 개업의가 50년 전에 받은 낡은 학위 증서를 걸어두고 최첨단 수술을 하거나 의대에서 진작에 폐기한 치료법을 적용하기도 한다. 그래서 우리는 의사들도 어머니와 마찬가지로 분류할 수 있다는 것을 깨닫는다. 대부분의 의사들은 의사 집단 내에서 귀족층을 형성하고 있는 최고전문의들의 조언을 받으며 어려운 일을 헤쳐나간다. 그러한 보통의사들과 최고전문의를 제외한 나머지 1퍼센트는 등장만으로도 환자의 회복가능성을 확 떨어뜨릴 수 있기 때문에 병실 출입이 금지된다. 중앙형사법원에는 고객들이 줄줄이 사형선고를 받는 것으로 유명한 법정변호사들이 있다. 그들의 고객은 아무리 결백해도 사형선고를 받는다. 설교가 아무리 짧아도 도저히 견딜 수 없게 만드는 목사들이 있고, 지휘봉을 잡는 순간 백전백패가 될 게 뻔한 장군들도 있으며, 결국 망할 수밖에 없는 상인들도 있다. 뛰어난 사람들과 평균치의 사람들이 있다면 뒤처지는 사람들도 있기 마련이다. 세상 그 무엇도 인간의 특정 능력에 있어 타고난 정도의 차이를 바꿀 수는 없다.

4

지금의 우리 사회처럼 생산수단이 사유화되고 소득분배가 제대로 이루어지지 않는 사회는 계급사회로 가기 마련이다. 계급사회에서는 사회구성원들이 자신의 소득수준을 넘어서는 직업을 선택할 가능성을 철저히 차단당한다. **이런 사회에서 우리를 괴롭히는 무능력과 실패는 대부분 자연스러운 결과가 아니다. 둥근 구멍에 네모난 말뚝을 끼우려는 사회적 압력을 지속적으로 받다보니 나타난 결과다.** 나의 조부는 손재주가 좋았다. 그의 서재는 오히려 목수의 작업실 같았다. 작은 배도 직접 만들 정도로 솜씨가 좋았기 때문에 재능에 맞는 직업을 가졌더라면 장인으로서 중요한 사회구성원이 될 수 있었을 것이다. 하지만 불행히도 조부의 신분은 손재주로 돈을 버는 것이 금지된 지방귀족이었다. 게다가 영지 관리는 조부의 적성과 전혀 맞지 않았다. 심지어 조부는 자기 영지에 살지도 않았다. 조부의 영지는 스포츠에 적합하지 않은 곳이어서, 그는 사냥과 사격을 할 수 있고 직접 만든 배로 낚시도 즐길 수 있는 시골로 이주했다. 조부는 아무리 다루기 힘든 말도 잘 다뤘고 어떤 총을 잡아도 명사수였다. 그러나 지주로서 한 일이라고는 영지를 대리인에게 맡기고 그 영지를 담보로 완전히 파산할 때까지 돈을 빌려다 쓴 것뿐이었다. 그렇다고 무능하거나 게으르지는 않았다. 오히려 그 반대였다. 그는 그저 둥근 구멍에 끼워진 네모난 말뚝이었을 뿐이다. 만일 나의 조부가 분별력 있게 조직된 사회에 살았더라면 장인으로서 눈부신 경력을 쌓았을 것이다. 하지만 지주로서는 그저 그런 사람이었다.

나의 증조부는 신분을 위장하는 남다른 방법을 통해 훨씬 순탄한 삶을 살았다. 외모는 어느 모로 보나 아일랜드 최고의 혈통과 혼인한 지방귀족이었으나, 사실 그는 더블린의 가장 가난한 지역에서 비밀리에 전당포를 운영하며 평생 부를 축적했다. 사무엘 스마일스는 <자조론(自助論)>에서 "스스로 돕는" 사람의 예로 내 증조부의 일대기를 기록했어야 했다. 그런 증조부에게서 나 같은 증손자가 어떻게 나올 수 있었는가는 생물학적 미스터리다. 나는 증조부의 자질을 하나도 물려받지 못했다. 그러나 전당포 수익은 물려받았는데, 그 돈이 없었더라면 출판업자들에게 거절당하던 초반의 어려운 시절을 뚫고 나가지 못했을지도 모른다.

사회가 분별력 있게 조직되면, 위와 같은 사례는 사라지고 네모난 말뚝은 네모난 구멍을 찾게 될 것이다. 뿐만 아니라 네모난 말뚝은 둥근 구멍이 아닌 네모난 구멍에 끼워질 수 있도록 사회적 압력이 작용할 것이다. **하지만 어떤 분야, 어떤 직종이 됐든 결코 양보할 수 없는 최소한의 자질은 여전히 존재한다.** 이는 새로운 얘기가 아니다. 민주주의 국가든 금권주의 국가든 모든 국가가 그와 같은 가정을 기초로 하고 있다. 실제로 기술자, 의사, 변호사, 회계사, 목사, 건축가 등은 여러 해 동안의 공부와 수련을 거쳐 그 자격을 입증한 사람만이 할 수 있도록 도제, 시험, 논문, 학위, 규칙, 서품식 등 여러 가지 제도적 장치가 시행되고 있다.

그러나 이와 같이 특정 직업을 둘러싼 진입장벽에는 위험한 허점들이 있다. 예를 들어 수천 명의 노동자를 고용할 정도로 능력 있는 사업가가 경영 능력이 평균에도 못 미치는 아들에게 사업체를 물려줄 수도 있다. 그러면 그 사업체는 기존의 흐름이라는 것이 있기 때문에 얼마 동안은 안정적으로 유지되겠지만, 새로운 방식이나 사회환경의 변화에 적응하지 못하다가 결국에는 도태될 것이다. 또한 이제는 어느 누구도 군에서 지위를 세습할 수 있다고 생각하지 않는다. 하지만 왕위는 예외다. 왕위가 누구에게 계승될지 불분명하거나 경쟁을 통해 계승된다면 왕이 죽을 때마다 내전이 일어날 것이기 때문이다. 그래서 왕위는 하룻밤 사이에 이 손에서 저 손으로 넘어가거나 기업 소유권처럼 친척이나 친한 지인에게 양도될 수 없다.

직업의 진입장벽에 생긴 최악의 허점은 포괄적인 이해력을 전문가의 자질에서 누락시킨 것이다. 누구나 올바른 수상을 뽑을 수 있다고 믿는 것처럼 누구나 사업을 운영할 수 있다고 여기는 것이 일반의 인식이다. 그래서 사업을 포괄적으로 이해하는 사업가나 포괄적인 정책을 펴는 수상은 매우 드물다. 사실 보통사람은 포괄적인 이해력까지 갖추기가 쉽지 않다. 어떤 일을 해내는 능력과 그 일에 대한 포괄적 이해력을 모두 갖추려면 전력을 다해야 한다.

5
그런데 민주주의 사회에서 보통사람들은 자신들의 정치적 행동을 제한하려는 어떠한 시도에도 맹렬히 저항한다. 특히 법이 억압의 기제로 작용할 때, 보통사람들은 그 법이 잘못됐다는 것을 실생활에서 피부로 느끼기 때문에 법 개정을 요구하게 된다. 그래서 보통사람들에게는 '보통사람들의 의회'가 필요하다. 보통사람들은 그 의회를 통해 불만을 표출하고, 자기들 마음에 드는 해결책을 주장하고, 결의안을 상정해 찬반 투표를 하고, 개별 법안을 상정하고, 정부에 법안 채택을 요구하고, 면책특권 하에서 정부를 최대한 비판할 수 있어야 한다. 통치자들은 '보통사람들의 의회'에 참석해 보통사람들의 "고충"을 들어야 하지만 그 기간이 너무 길어지거나 너무 자주 돌아온다면 국정 업무를 제대로 수행할 수 없기 때문에 보통사람들의 일상적인 요구와 주장은 언론을 통해 표출되어야 한다. 따라서 우리가 의회의 자유, 언론의 자유, 집회의 자유, 표현의 자유라고 부르는 것들은 민주사회에 반드시 필요하다. '보통사람들의 의회'는 보통사람을 대표해야 한다. 그리고 보통사람을 대표할 수 있도록 의회를 구성해야 한다. 그러기 위해서는 '보통사람들의 의회' 구성원을 배심원처럼 무작위로 선출하거나, 다른 방법으로 뽑더라도 정당의 입김이 미치지 못하게 해야 한다. 반면에 입법자들과 통치자들은 인도적인 입장을 유지하되, 전형적인 보통사람들을 대표하지 않도록 해야 한다.

보통사람들의 의회는 기존 의회와 마찬가지로 우리를 위해 바람직한 일들을 수행할 것이다. 또한 기존 의회가 한 번도 가지지 못했고 앞으로도 가질 리 없는 권력을 보통사람들의 의회도 가지지 못한다고 해서 우리가 손해 볼 것은 없다. 어쨌든 최고권력기구는 내각이다. 현재 문제는 의회가 정치적 역량을 전혀 검증받지 않은 사람들로 내각을 구성할 수 있다는 사실이다. 그래서 우리 내각과 수상을 보면, 아무것도 하지 않는 수다쟁이, 고집쟁이 종교인, 부유한 금권정치가, 완고한 보수주의자, 반동정치가, 위험한 전과자, 무식한 반(反)지성주의자 등 우스꽝스러운 부적격자들 천지다. **그러므로 보통사람들이 정치 역량이 우수한 사람들에게만 투표할 수 있도록 선택의 범위를 제한하려면 어떻게 할 것인가가 진짜 문제로 남는다.** 다시 말해, 정치 역량이 우수하다고 분류된 사람들로 의원 후보자군을 구성하려면 어떻게 해야 할까? 그러려면 먼저 역량 있는 정치인이 누가 있는지 알아야 할 것이다. 그리고 교구 위원, 지방의회 의원, 시장, 내무부장관, 외무부장관, 재무부장관 등의 직책을 맡겼을 때 일을 잘 할 수 있는 사람들을 중심으로 후보자 명단을 만들어야 한다. 그 후보자들은 패널(전문가 집단)이라고 부르는 것이 좋겠다. 요즘 전국민이 의사 패널이라는 말에 익숙해졌으므로 수상 패널이라는 말도 무리없이 사용될 것이다.

그러나 패널을 구성할 때에도 역시 자질에 대한 측정과 검증이 이뤄져야 한다. 현재 우리는 어떤 정치인이 입법 활동을 하기에 적합한가 여부를 지역 투표에서 다수결로 결정하고 있다. 이러한 방식으로는 정치인의 자질 검증을 위한 공통적인 기준을 절대로 도출할 수가 없다. 지역마다 인구나 성격이 다 다르기 때문이다. 고위각료들은 수상이 왕에게 천거한 인물들로 결정된다. 하지만 수상이나 왕은 그러한 자리에 적합한 인물들을 모두 알지는 못하기 때문에 자기가 아는 사람들 중에서 선택할 수밖에 없다. 그들은 전체 적임자들 중에서 극히 일부에 불과하다. 따라서 그와 같은 방식은 공공서비스에 필요한 인원을 선발하는 경우에 적합하지 않다. 다우닝가[1]나 버킹엄궁에서 일하게 될 수많은 사람을 모두 다 그런 식으로 뽑을 수는 없다. 위에서는 직권남용이 벌어지고 아래서는 강제징집이 반복되는 것을 오랫동안 경험하고 나서야, 우리는 중국식 필기시험에 건강검진과 면접을 추가한 제도를 통해 공무원을 선발하고 있다. 최근에는 단순한 지능검사가 유행하고 있다. 하지만 그러한 지능검사 역시 현 시험제도가 확장된 것일 뿐 시험제도는 그대로 유지되고 있다.

이제 우리는 정치 역량에 관한 인구조사를 실시하고 그러한 조사를 바탕으로 패널을 구성해야 할 민주주의적 요구에 직면해 있다. 지금까지 정치 역량을 검증하는 방법으로써 시험제도 말고 다른 대안이 또 있었던가? 이 문제에 대해서는 뒤에 나오는 다른 장에서 살펴보기로 하자.

---

1   런던의 관청가.

7장 어디까지 평등할 것인가?

민주주의란 결국 평등을 의미한다. 평등이란 무엇인가? 우리의 정치적 능력이 모두 같다는 뜻은 분명 아닐 것이다. 실제로 우리가 가진 능력은 모두 다르다. 자연은 한 사람 한 사람에게 각기 다른 능력과 자질을 부여하며, 그 중 몇몇은 천재로 몇몇은 바보로 만든다. 하지만 우리의 신체적 욕구는 모두 똑같다. 그러므로 살아가는 데 필요한 의식주는 골고루 분배되어야 한다. 젊은 선원이나 나이든 해군제독이나 함대에 똑같이 필요한 존재라는 점에서 보자면, 둘은 같은 급료를 받아도 될 것 같다. 물론 젊은 선원이 나이든 해군제독보다 먹기도 더 먹을 테고 옷도 빨리 해지기는 할 테지만 말이다. 그런데 그들이 속한 계급사회의 속성은 국가 아니 전세계적으로도 공통적이다. 빙 제독처럼 무능하든 넬슨 제독처럼 위대하든 관계없이 같은 계급의 해군제독이라면 같은 돈을 받는 것이다. 민첩하든 느려 터지든, 영리하든 멍청하든 상관없이 초급선원은 초급선원끼리 같은 돈을 받는다. 거의 모든 문명화된 공동체는 계급으로 구성되어 있고, 같은 계급이면 같은 임금을 받는다. 계급마다 관습적인 생활수준이 있고 그에 따라 임금의 차이가 발생하는 것이지, 계급 내에서는 개인의 자질과 재능이 서로 다를지라도 임금에 차이가 없다. **자질이나 재능의 차이는 돈으로 평가될 수 없다.** 예를 들어, 복싱 헤비급 챔피언 조셉 루이스가 3분씩 15라운드를 뛰고서 벌어들인 돈이 아인슈타인이 15년 동안 번 돈보다 많았다고 해서 조셉 루이스가 아인슈타인보다 몇십만 배 더 값진 노력을 한 것이라고 생각하는 사람은 아무도 없다. 어느 누구도 그 둘의 가치를 비교해 수입을 조율하려는 시도를 하지 않았고 그렇게 할 수도 없을 것이다. 그것은 프라이팬과 성경의 상대적 가치 차이를 돈으로 환산하려는 것과 같다.

프라이팬과 성경의 가격은 그 물건이 가지는 가치에 따라 정해지는 게 아니라 한계생산비용에 따라 정해진다. 성경은 브랜디보다 싸고 옷은 다이아몬드 반지보다 싸다. 성경이나 옷의 가치가 훨씬 더 크더라도 그렇다. 이 문제에 대한 해결책은 사회적으로 유익한 정도를 고려해 정부가 생산을 통제하는 것이다. 그렇게 된다면 아이들이 헐벗고 누더기를 입고 다니는데 다이아몬드 반지를 사는 사람은 없을 것이고, 시민들이 재화를 구매할 때에는 평균생산비용만 지불하면 될 것이다. 사회주의든, 문명이든, 과학적 인도주의든, 아니 뭐라고 부르든 간에 그 정도 수준에 도달하기 전까지는, 정부가 나라에 필요한 초급선원과 해군제독을 공급해야 하고 그들의 임금도 결정해야 한다. 민주주의 정치가라면 서로의 능력이 얼마나 다른지 고려하지도 않고 의식주에 드는 비용이 같으니까 우리 모두 국민소득을 균등하게 나눠 가지면 되겠거니 속단하기 쉽다. 그러나 그게 다가 아니다. 인간으로서의 기본적인 욕구는 해군제독이나 초급선원이 똑같을지 몰라도, 해군제독을 양성하기 위해서는 초급선원을 배출하는 데 드는 것보다 훨씬 많은 비용이 든다. 우리가 그들의 공통분모만을 근거로 해서 일률적으로 소득을 정한다면, 초급선원은 남아돌고 해군제독은 씨가 마를 것이다. 일꾼 한 명을 만드는 데 드는 비용은 사회가 필요로 하는 일꾼의 종류에 따라 달라진다. 면방직공의 인건비가 일본에서는 시간당 1페니지만, 랭카스터에서는 20페니다. 제정 러시아에서 일반 노동자의 인건비는 한 달에 24실링이다. 영연방 내의 백인 정착자들은 아프리카 노동자들이 초라한 오두막과 한 뼘도 안되는 땅, 영국 국민이 되는 특권, 선교사들의 기독교 교육, 한달에 8실링이라는 푼돈만 받고도 감지덕지할 것이라고 생각한다.

그러한 노동조건 하에서 입법자와 행정가, 경영자와 학자, 변호사와 의사와 성직자, 예술가와 철학자는 나올 수가 없다. 그들에게는 양질의 교육과 문화, 사생활, 품위, 어느 정도의 여가가 필요하다. 소비에트 정부는 처음에 모든 노동자에게 국민소득을 똑같이 나눠주고자 했다. 그러자 노동자들은 제정 러시아 시절 최저임금 수준의 노동밖에 하지 않았다. 소련 정부는 직종에 맞는 임금을 지불할 수 있을 정도로 국민소득을 늘려야만 했다. 그러나 국민소득을 단기간 내에 늘리는 것은 불가능했다. 아니면 수준 높은 공공서비스를 포기해야 했는데, 그것은 공산주의라는 수레의 바퀴가 빠져버리는 것과 다름없어서 끔찍한 파국으로 치달을 것이 뻔했다. 따라서 국민분배분(생산국민소득)이 전문직 수준에 도달할 때까지 소득평등화를 미뤄야만 했다. 머지않아 얼마든지 달성할 수 있는 목표였다. 그러나 그 사이 러시아는 관료주의에 빠졌고, 전문직 계층이 형성되어 장작 패고 물 긷는 육체 노동자보다 열 배나 많은 소득을 취했다.

공평한 소득분배를 목표로 하는 통치자라면 누구나 재능과 자질을 키우는 데 부족함이 없도록 임금을 책정해야 한다는 것을 알게 된다. 처음에는 그 금액이 1인당 국민소득을 초과할 것이다. 일단 관료와 전문가들의 소득을 고정하고 국민소득에서 그들의 몫을 가장 먼저 정산해야 한다. 그리고 나머지는 최대한 공평하게 분배해야 한다. 소득평등화를 위해서는 모든 수단을 동원해 국민소득을 늘려야 하고, 증가된 소득으로 최저임금을 그 위의 소득구간으로 끌어올려야 한다. 그런 식으로 모든 소득구간이 상향조정되고, 마침내 관료와 전문가들의 소득수준에 도달하면 수학적 평등은 아니더라도 실질적인 소득평등화를 이룰 수 있다.

소득평등화의 목표가 수학적 평등은 아니다. 스탈린이 '평등 상인'이라 조롱했던 정치인들은 여건도 안 되는 상황에서 무턱대고 수학적 평등을 외쳐댔으며, 어느 정도 진보된 사회에서는 수학적 평등이 무의미해질 수도 있다는 것을 미처 예견하지 못했다. 자본주의 사회라도 일정 단계에 이르면 수학적 평등이 무의미해진다. 일 년에 수백 파운드도 못 버는 계층과 수천 파운드 이상을 버는 계층의 차이는 끔찍하다. 연소득이 수백 파운드밖에 되지 않는 계층은 신체 건강하고 부지런해도 가난 때문에 리더십이나 재능을 계발할 기회를 갖지 못한다. 한편 연소득이 수천 파운드에 달하는 계층은 기생충처럼 게으르고 나약하다. 둘 사이의 계층 간 결혼은 철저히 차단되어 있다. 그러나 연소득이 오천인 계층과 오만 이상인 계층 사이에서는 우생학적 선택이 제한되지 않는다. 연소득 오천 계층이나 오만 이상 계층이나 교육수준과 직업선택의 기회는 비슷하다. 그들은 평등하게 교류하고, 같은 클럽에 다니고, 비슷한 음식을 먹고, 비슷한 옷을 입으며, 가장 살기 좋은 동네에서 이웃하며 산다. 그들 중 누구는 집 다섯 채를 가지고 누구는 두 채만 가지고 있을지도 모른다. 하지만 그들이 거주하는 데 필요한 집은 결국 단 한 채다. 그들은 같은 변호사와 의사를 고용하고 같은 가게에서 쇼핑을 한다. 요컨대 그들은 같은 족속이다. 이웃보다 열 배 이상 더 번다고 해서 딱히 더 좋을 것도 없다. 그래서 카네기와 피어포인트 모건, 포드와 모리스 같은 백만장자들은 남는 돈을 출연하여 록펠러 재단이나 필그림 트러스트 같은 자선단체를 창설함으로써 그들에게 불필요한 돈을 써버리고 "선을 행한다". 이만 파운드의 유산이 가난한 이들에게는 황금빛 꿈이겠지만, 부자들에게는 투자하거나 처리해야 할 귀찮은 일거리를 제공할 뿐이다. 결국 인구 전체가 오천 파운드를 받는 수준이 되면, 소득평등화의 주요 목적은 달성된다. 정부는 그보다 가난한 계층이 생기지 않도록 늘 신경을 써야 하겠지만, 능력과 의지가 있는 개인이 그보다 더 부자가 되는 것을 막을 필요는 없다.

더욱 부유해지고자 하는 욕망이 생산을 증대시키는 동기가 된다면, 사회적으로 권장해도 좋다. 소비에트 연방의 경우 생산을 늘리기는 고사하고 현상유지도 힘들어지자 평등을 외치던 정치인들조차 작업량과 성과에 따라 임금을 차등지급하는 도급계약과 성과급을 법률로 제정했다. 민주적 사회주의는 모든 국민이 충분한 소득과 평등한 기회를 누리며 누구나 계층에 관계없이 결혼할 수 있는 사회를 지향한다. 필수품과 사치품이 우선순위에 따라 생산되고, 돈에 매수된 변호사들이 사법정의를 흔들지 못하게 될 때 비로소 그러한 사회가 가능해질 것이다. 소득평등 같은 추상적인 개념이 아니라 바로 이런 것들이 민주적 사회주의의 진짜 목표다. 현재의 사회계층이 전체적으로 상향조정되면,

인간이 타고난 잠재력을 최대한 발휘할 수 있을 것이다. 그런데 진취성과 야망, 경쟁심을 최대한 잘 발휘하고자 하는 것이 인간의 본성이지만, 모두가 잘 먹고 최대한 교육을 잘 받고 계층과 관계없이 결혼할 수 있게 된 상태가 되어도 '진보적이고 우월한 부류'와 '보수적이고 평균적인 부류' 그리고 '상대적으로 뒤쳐지는 부류'로 나뉘는 것 역시 어쩔 수 없는 인간의 천성이다. 그것마저 평등하게 만들 수는 없다.

8장 계층을 없애겠다고?

1

문명사회는 분업을 전제로 한다. 혼자 사는 사람은 모든 일을 혼자 힘으로 해야 할 것이다. 로빈슨 크루소에게 "당신 직업이 뭐요?"라고 묻는 것은 무의미하다. 그는 "그냥 사람이오"라고 대답할 것이다. 그러나 사회에서는 그가 하는 일에 따라 땜장이, 재단사, 항해사, 부자, 빈자, 약제상, 혹은 도둑이 된다. 근대 사회에는 직업을 가리키는 훨씬 더 다양한 명칭들이 있는데, **직업에 따라 수입이 달라지면 직업명이 계층까지 지칭하게 된다.** 사람들은 보통 저소득자를 무시하고 고소득자를 동경하는 경향이 있기 때문에 상대적으로 가난한 사람을 대할 때는 속물이 되고, 상대적으로 부자인 사람을 대할 때는 아첨꾼이 된다. 이 천박한 이중성은 프롤레타리아와 금권정치가 사이에 위치하는 중산층의 특징으로 여겨진다. 하지만 그러한 특징은 사람들의 소득수준과 상관없이 사회 전체에 무섭게 퍼져 있다. 솜씨 좋은 기술자는 기술이 없는 노동자를 멸시하는 반면 고용주에게는 경의를 표하고 따른다. 금권정치가는 상인에게 무례하게 굴지만 귀족에게는 집사보다 더 비굴한 태도로 순종한다. 어느 계층에나 태생적인 공화주의자와 공산주의자들이 있기 마련이다. 그들은 상대가 어느 계층에 속하든 똑같이 예의 바르게 대한다. 하지만 그들도 자신보다 더 가난한 사람 혹은 더 부유한 사람을 구분할 수밖에 없다. 습관이나 소비수준에서 어쩔 수 없이 차이가 나기 때문이다.

사람들의 소득이 서로 비슷하거나 충분히 많다면, 완전히 다른 직업을 가진 사람들도 스스럼없이 어울릴 수 있을 것이다. 여우사냥꾼과 제물낚시꾼이 천문학자나 철학자와 시골저택에 마주앉아 저녁 식사를 즐길 수 있다. 내가 어렸을 때는 귀족이 직접 상점에 가는 것은 있을 수 없는 일이었다. 그러나 이제는 대단한 집안의 딸들이 거상이 주최한 파티에서 춤을 추고 거기서 신랑감까지 찾고 있다. 결국 돈은 우리를 어디든 데려다 주고 가장 오만한 귀족도 길들일 것이다.

소득격차가 계층분화를 일으켰다. 그러나 계층분화의 양상은 소득격차와 무관하거나 심지어 상반되기도 했다. 아버지의 재단사는 가난할 때 체득한 기술로 아버지보다 훨씬 많은 돈을 벌었지만 아버지를 자신보다 지위가 높은 사람으로 대했다. 아버지나 재단사나 가게 주인이 사업가보다 사회적 지위가 더 낮다고 여겼다. 내가 어렸을 때 옷이 떨어지면 아버지는 옷감을 사서 가난한 재단사에게 가져갔다. 그 재단사는 비좁은 가게 안에서 책상다리를 하고 앉아 있었다. 결코 좋은 신분처럼 보이지 않았다. 재단사 하면 떠오르는 그 모습 때문에 귀족은 자신의 코트와 바지를 재단하는 사람과 개인적으로 어울릴 수 없다는 인식을 갖게 됐다. 런던의 새빌 로우[1]와 더블린 도슨 가의 유명한 재단사들

1 런던의 고급 맞춤양복점 거리.

이 상업왕이 되고 가장 세련된 사람들 입에 오르내리게 되어서도 그러한 인식은 계속됐다. 공작의 증손자가 가난한 평민이 되어 치즈값도 지불하지 못했다 치자. 그러나 치즈 장수는 아무리 부유해도 몰락한 귀족의 사회적 위치에 대해 왈가왈부하지 못했다.

런던에서 사무원이 주당 15실링을 벌 때 숙련된 기술자는 2파운드의 수입을 올리던 시절이 있었다. 하지만 사람들은 자식을 석공, 목수, 설비기술자 대신에 사무원으로 키우려고 했다. 검은 코트, 풀 먹인 옷깃과 펜이 두껍고 질긴 작업복, 코듀로이 바지, 끌, 톱, 해머보다 더 좋아 보였기 때문이다. 사무원은 기술자보다는 가난했지만 주당 13실링을 받는 농업노동자나 8실링으로 아이 두서넛을 키우는 옥스퍼드주의 농장 일꾼보다는 부자였다. 지금은 믿기 어려운 과거 영국에 대한 기억을 여기서 굳이 끄집어내는 이유는, 인간 본성이 결코 변하지 않는다는 통념에 근거해 인류가 이룩한 모든 변화를 묵살하는 사람들에게 가르침을 주기 위해서다.

예전에는 이상한 계층 관습이 있었다. 60년 전만 해도 집집마다 대문에 문을 두드리는 고리쇠가 달려 있었고, 혈기왕성한 청년들은 밤에 장난으로 남의 집 고리쇠를 떼어내기도 했다. 당시 나는 신사를 자처하며 내 방식대로 문을 여러 번 두드렸다. 나의 노크 소리는 기관총 소리처럼 요란했다. 그러나 우체부가 아닌 일반인은 문을 딱 한 번만 노크하도록 되어 있었다. 우체부는 직권상 매우 고압적이고 난폭하게 문을 두 번 노크했다. 초인종은 그런 식으로 조절할 수 없었기 때문에 귀족의 집에는 두 개의 초인종을 설치했다. 하나는 방문객을 위한 것이고 하나는 배달판매원을 위한 것이었다. 계층에 어울리지 않는 방식으로 노크를 하거나 종을 울리는 것은 생각할 수조차 없었다. 문을 한 번만 두드리는 것이 쓸데없이 여러 번 시끄럽게 두드리는 것보다 합리적인 행동이라고 할 수 있다. 그런데 우리는 요란하게 여러 번 문을 두들겨대는 사람은 존경한 반면, 문을 한 번만 두드리는 사람은 가난해서 그런 것이라며 경멸했다. 그 둘 중 후자가 더 부자일 때도 그랬다.

이처럼 관습화된 '조건반사'는 소득격차에 따른 계층구분보다 더 없애기 힘들다. 순전히 **소득격차 때문에 생기는 계층 간 생활방식의 차이는 국민소득의 최소분배분인 최저임금이 일정 수준에 도달하면 사라질 것이다.** 그러한 수준에 도달하게 되면, 기본적인 의식주와 교육 문제를 해결하는 데 전혀 아쉬움이 없게 된다. 또한 어느 누구도 노동의 의무에서 면제되지 않을 것이다. 현재 누구나 군 복무 의무를 지는 것처럼 말이다.

소득격차에 따른 계층구분이 존재하고 당분간 지속될 것이 분명한데 소득격차를 무시하고 계층 문제를 해결하려 한다면 어리석고 끔찍한 일이 될 것이다. 가난한 사람들을 교육할 목적으로 설립된 주요 사립학교들은 부자들의 전유물이 되었다. 몰지각한 개혁가들은 그러한 잘못을 바로잡는답시고 가난하지만 학업성적이 우수한 아이들을 사립학교에 장학생으로 집어넣으려 한다. 그러면 이튿과 해로 학생의 10~15퍼센트는 부모가 주당 2 내지 4파운드를 버는 가난한 집안의 아이들이고, 나머지 85~90퍼센트는 주당 30 내지 1,000파운드의 수입을 올리는 부유한 집안의 아이들이 될 것이다. 이보다 더 나쁜 조합은 좀처럼 상상하기 힘들다. 2파운드밖에 못 버는 가정의 아이와 30파운드 이상 버는 가정의 아이는 어떤 의미로든 상당히 다른 동물들이다. 그 둘을 함께 두면 최악의 상황이 되므로 무조건 동등하게 만들어야 한다. 그 둘을 어설프게 섞는 것은 효과적인 방법이 아니다. 현재 이튼식 학교의 장점은 지나친 속물근성을 관용하지 않는다는 것이다. 주당 1,000파운드를 버는 집안의 소년은 주당 30파운드를 버는 집안의 소년을 무시하지 못한다. 또한 사립학교를 최고로 여기는 집안 분위기 속에서 자라 장학금을 받고 사립학교에 입학한 가난한 목사 아들 앞에서도 잘난 체하거나 거드름을 피우지 못한다. 문학박사 아버지를 둔 소년은 후작 아들과 같은 대접을 받는다. 주당 소득이 1,000파운드인 집 아이에게나 30파운드인 집 아이에게나 학교 생활은 똑같다. 그들은 같은 음식을 먹고, 같은 잠자리에 들며, 식사습관을 공유하고, 같은 옷을 입고, 같은 말투와 태도를 갖는다. 정치, 종교, 선입관, 경제관념 역시 같다. 그 소년들은 어린 신사들이다. 한편 주당 2파운드밖에 못 버는 가정의 아이들은 초등학교 때부터 꼬마 건달들이다. 꼬마 건달들은 어린 신사들을 **도련님**이라고 부른다. 꼬마 건달이 운 나쁘게도 '도련님들'의 사회에 들어가게 되면, 어울리는 말투나 습관도 배우지 못한 채 스스로를 신사로 개조해야 한다. 그렇지 않으면 슬럼가의 초등학교에 들어간 도련님처럼 불행하고 어색해질 것이다.

그러므로 문제를 해결하려면 '꼬마 건달'과 '도련님'을 강압적으로 같은 학교에 넣을 것이 아니라 국민소득의 분배 구조를 바꿔서 슬럼 거주자들이 이튼 수준의 생활과 문화를 누릴 수 있게 해야 한다. 그러면 슬럼 거주자들도 이튼의 학부모들과 마찬가지로 자녀 교육에 많은 돈을 들일 것이고, 이튼은 수천 파운드를 버는 집안의 아이들에 맞춰 온 기존의 교육방식을 고수하려 할 것이다. 그러나 결국 이튼은 수많은 건달을 부리고 착취하게 될 부잣집 도련님이나 귀족 자제들의 전유물이 되기는 어려울 것이다. 건달이 사라지고 비생산적인 부자들의 기생적인 생활방식이 수치스럽게 여겨지는 세상이 오면, 이튼은 학생들이 시민으로서 노동을 통해 밥벌이를 하도록 가르치는 평범한 학교가 될 수밖에 없다. 그러면 이튼은 다른 학교들과 발맞추어 나가든지 아니면 소외된 학문을 특화시켜 학교의 차별성을 유지해야 할 것이다. 하지만 그렇게 되기 전까지는 부잣집 아이들을 위한 학교와 가난한 집 아이들을 위한 학교를 차라리 분리하는 편이 낫다. 건달들은 자신들이 속한 슬럼과 가난을 부끄러워하되 노동자로서의 자긍심을 갖고 기생적인 부자를 경멸하도록 배워야 한다. 도련님들은 받아들이고 싶지 않겠지만 자신들이 언제든 비참한 가난과 사회적 소외를 맛볼 수 있다고 배워야 한다. 또한 그들의 학교가 미래 지도자들을 양성하는 요람이라는 착각에서 벗어나도록 장려되어야 한다. 이튼의 도련님들과 직업학교의 건달들이 서로 만나려면, 길거리싸움이 운동경기처럼 합법적으로 치러지거나 아니면 시험장이나 실험실에서 그들의 능력을 공정하게 겨룰 수 있어야 한다.

2

그렇지만 소득격차로 생긴 계층구분이 사라진다고 해서 "서로 사랑하라"는 예수의 가르침을 곧이곧대로 따르고 모두가 하나 되는 세상이 오는 것은 아니다. 불가촉천민이 사라지고 누구나 계층에 구애받지 않고 결혼할 수 있게 된다면 사회가 더 나아지긴 할 것이다. 그러나 더 조용해지거나 다툼이 줄어들지는 않을 것이다. 현재는 업종, 직업, 지위, 계급에 따라 다양한 수준이 존재하며 같은 수준의 사람들은 소득이 비슷하고 함께 어울려 지내거나 결혼할 수 있다. 그렇지만 그 와중에도 종교적인 신념과 정치 성향, 관심사, 파벌, 취향, 능력은 천차만별이라 자기들끼리도 지독하게 싸운다. 사실 프롤레타리아는 생존경쟁과 장시간 노동에 치여 정치나 종교에는 신경쓸 겨를이 없다. 그런가 하면 상류층은 경제적인 걱정을 할 필요가 없고 하는 일 없이 하루에 일곱 끼의 식사를 하다 보니 머리가 굳어져서 정치나 종교적인 논쟁을 할 수 없는 지경에 이르렀다. **여가의 결핍이나 과잉은 머리를 굳게 만든다.** 여가 문제를 해결한다면 논쟁을 할 수 있는 사람들이 크게 늘어나고 모든 사회구성원이 각자의 입장과 의견을 가지게 될 것이다. 사자와 양은 평화롭게 지낼 수 있다. 아니 적어도 사자가 양을 잡아먹지 않게 될 수 있다. 그러나 왕정주의자가 공화주의자와 어떻게 평화롭게 지내겠는가? 퀘이커교도와 의례주의자, 이신론자와 무신론자, 가톨릭교도와 개신교도, 베르그송주의자와 다윈주의자, 공산주의자와 무정부주의자, 자이나교도와 브라만교도, 이슬람교도와 힌두교도, 신도교도와 불교도가 그럴 수 있겠는가? 그들 사이의 논쟁은 끝나지 않는다. 지금은 자본과 노동, 사유재산과 공공재산 사이에서 일어나는 마르크스주의의 계급투쟁에 밀려 잠시 잊혀진 것뿐이다. 계급투쟁에 결론이 나면 수많은 새로운 논쟁거리가 요란하게 수면 위로 떠오르게 된다.

 상상력이 부족한 사람들은 사회주의로 인해 모두가 천편일률적으로 살게 될까 봐 두려워한다. 정말이지 말도 안 되는 소리다. 먹고살 걱정이 사라지고 토론할 시간적 여유가 충분해지면, 잘난척하기 좋아하는 수백만의 시민이 잠시도 지루할 틈이 없도록 흥미진진한 재미를 만들어낼 것이다. 영국인의 못 말리는 논쟁 본능이 어느 정도든 간에, 그 안에서 우리는 여전히 당파와 신념에 따라 갈릴 것이다. 마치 한 집안의 아이들처럼 지위와 수입의 차이가 사라지면, 기질과 능력의 차이로 사람들이 구분될 것이다. 가족 안에서도 사춘기가 되면 서로 독립된 세계를 갖는다. 내 지인들 중 남자 형제가 있는 저명인사에게 그의 형제에 대해 물어보았다. 그는 대답했다. "아, 우린 정말 친구처럼 지내. 물론 이틀 내리 형과 함께 지내는 건 견딜 수 없지. 하지만 우리는 서로 전혀 만나지 않기 때문에 아주 잘 지내고 있어." 오로지 자기 집안만 챙기는 사람들조차 집안 사람들을 얼마나 멀리하는지 눈여겨봐야 한다. 아들이나 딸이 속한 집단에서는 부모를 반갑지 않은 침입자 정도로 여긴다. 어떤 아이들은 부모가 속한 집단에 절망스러울 정도로 적응을 못한다. 그 아이들은 부모의 집단에서 완전히 빠져나오는 데 인생의 성공이 달려 있다. 아브라함 멘델스존은 자신이 유명한 작곡가의 아버지이자 유명한 철학자의 아들인 것을 불행하게 여겼다. 디킨스의 아버지는 매클라이즈와 스탠필드, 매크리디, 그리고 그의 아들 디킨스가 중심인 유명인사들의 무리와 좀처럼 편하게 지낼 수 없었다. 디킨스의 딸이 나에게 말하기를, 완전히 평범한 집에서는 가족 중에 천재가 있는 것보다 더 끔찍한 것은 없다고 했다. 아버지의 이름과 직업을 물려받은 자녀들은 대개 부모의 천재성도 물려받았을 것으로 여겨진다(모차르트와 바그너의 아들을 생각해 보라). 천재의 아들들이 실패자로 낙인 찍히는 것을 피하고 그저 꽤 뛰어난 범인으로 존경받으며 살고 싶다면, 이름을 바꾸고 가족관계를 비밀로 하는 편이 현명하다.

가족 간에는 서로의 차이를 순순히 인정하기만 하면 최악의 상황

은 벌어지지 않는다. 가족 간의 의견충돌이 내전 수준으로 번지지는 않는다. 그러나 자본주의체제나 사회주의체제 하에서는 가까운 친지들이 서로 반대편에서 싸우는 내전이 얼마든지 일어날 수 있다. 예를 들어 에너지가 넘치는 사람들과 상대적으로 게으른 사람들을 생각해 보자. 침대에서 아침식사를 하고 11시가 넘어 일어나는 사람들이 있는가 하면 6시에 이미 일하러 가는 사람들이 있다. 하루에 10시간씩 일하고 40세에 은퇴하려는 사람들이 있는가 하면, 하루에 4시간씩 일하고 60세에 은퇴하고 싶어 하는 사람들이 있다. 후자에 속하는 사람들은 또 나뉜다. 일주일에 3일은 전일 근무를 하고 나머지 3일은 쉬고 싶어하는 사람들이 있는가 하면, 반일 근무를 하면서 6일 동안 출근하기를 원하는 사람들도 있다. 틀에 박힌 업무나 공장 작업을 꺼리는 나와 같은 예술적인 사람들은 근무일수를 최대한 줄여서 생각없이 기계적으로 하는 일은 가능한 빨리 해치우고 여가시간을 최대한 확보해서 그동안 책을 쓰고, 작곡하고, 그림을 그리거나 조각을 할 것이다. 그러다가 성공하면 예술활동을 전문적으로 하면서 사무실이나 공장, 광산, 농장에서 영원히 벗어날 수 있게 된다. 또 다른 사람들은 기계적으로 일하는 것이 싫어서 신나게 일할 수 있는 직업을 소리높여 요구할 것이다.

그때 소득 문제가 제기된다. 모두가 소득평등화의 필요성과 기준소득에 대해 이해할 수 있도록 충분히 교육을 받는다 해도 기준소득이 얼마가 되어야 하는가의 문제는 해결되지 않을 것이다. 오히려 시끄러운 논쟁이 벌어질 것이다. 누군가는 "우리 모두 일 년에 20,000파운드 정도는 벌어야 한다" 말하고, 다른 이들은 "일 년에 1,000파운드만 벌면서 검소하고 고상하게 살자"고 주장할 것이다.

3

아무리 사회주의화된 정부라 하더라도 중구난방인 시민들의 손에 문제를 맡겨둘 수는 없다. 정부는 국민소득이 얼마가 되어야 하는지, 근로시간은 어느 정도로 해야 하고 정년은 언제가 되어야 하는지를 정해야 한다. 수많은 시민이 정부의 결정에 격노할 것이다. 누군가는 행복했던 19세기로 돌아가야 한다고 무식하게 주장하면서 19세기가 심어놓은 자유의 허상을 그리워할 것이다. 정부는 노동조합과 합의하여 국민소득에서 얼마를 노동자에게 가용자금으로 주고 얼마를 공공의 필요를 충족시키는 데 들일 것인지 정해야 한다. 물과 가로등이 공공재인 것처럼, 모든 사람이 소비하는 빵과 우유를 공유하기는 쉽다. 하지만 현미경과 트롬본, 사이클로트론, 천체망원경을 모두에게 똑같이 공급하는 것은 어리석은 짓이다. 국가에서 식량생산을 전담하려 해도 육식주의자와 채식주의자 사이의 의견충돌을 피할 수 없을 것이다. 우린 참 활기 넘치는 시대를 향해 가고 있는 듯하다.

어떤 문제들은 유혈사태 없이 저절로 혹은 누군가에 의해 해결될 것이다. 그러나 다른 심각한 문제들도 있다. 에너지가 넘쳐서 도저히 가만있지 못하는 사람과 천하태평으로 게으른 사람의 간극은 그들의 근무조건을 다양하게 함으로써 조정할 수 있다. 그렇지만 아이의 종교교육 문제를 둘러싼 부모와 교사의 갈등은 어떻게 할 것인가? 부모는 가톨릭교도이고 교사는 개신교도일 수 있다. 개신교에는 장로교, 감독교회, 신플라톤주의, 높은 교회, 낮은 교회, 넓은 교회와 함께 글래사이트, 플리머스형제단, 여호와의 증인, 불기둥교회도 포함된다. 한편 가톨릭에는 초국가적인 로마가톨릭과 영국국교회, 동방정교회 등 모든 국가의 가톨릭이 포함된다. 오늘날 초등교육처럼 모든 교육이 의무화되어 공통적으로 실시되고 어린 야만인들을 좋은 시민으로 길러내는 것이 교육의 목적이 된다면, 정부는 부모 마음대로 종파성에 치우친 교육을 하도록 내버려두지 않을 것이다. 정부는 아이들에게 특정 종교를 강요하지 못하게 하고, 일반기도서에 나오는 야훼 숭배나 피의 희생에 의한 속죄이론을 주입하지 못하도록 막아야 한다. 영국의 세속주의협회와 불가지론자들이 주장했던 세속교육은 미국의 아동심리학과 학생들에 힘입어 급부상했다. 아동의 정신을 연구해온 미국 심리학자들은 아이들이 처음 하는 다섯 가지 질문이 '무엇?' '어디?' '언제?' '어떻게?' '왜?'라고 했다. 과학은 처음 세 질문에는 답을 할 수 있다. 네 번째 질문에는 부분적으로 대답할 수 있거나 적어도 대답하려 애쓴다. 그러나 '왜?'라는 다섯 번째 질문은 과학자들을 궁지에 모는 외통수다. 내가 어렸을 때 다윈주의가 처음으로 유행했는데, 당시 과학자들은 영국 박물관 도서실의 모든 책이 인간의식의 개입 없이 자연선택에 의해 저술될 수도 있으며 그것도 글자 하나 틀리지 않고 똑같을 수 있다고 말하곤 했다. 세속주의자와 과학자들이 지껄였던 이러한 터무니없는 얘기들은 지금에 와서는 웃기지도 않는다. 아이들은 착한 아이가 되어야 한다고 배워야 한다. 그런데 아이가 "왜 착한 아이가 되어야 하나요?"라고 물을 때 교사가 "모르겠다"는 대답밖에 할 말이 없다면, 아이는 교사를 존경하지 않게 될 것이고 윈스턴 처칠이 예비학교에서 들었던 것처럼 "무례한 질문을 하면 매질을 당할 것"이라는 말이나 듣게 될 것이다. 나는 어렸을 때 나쁜 아이는 죽으면 유황지옥에 가서 목마름에 허덕이고 꺼지지 않는 지옥불에서 영원히 고통받을 것이라고 들었다. 내가 그런

지어낸 이야기들을 곧이곧대로 믿을 만큼 어렸을 때는 그 이야기들이 효과적이었다. 하지만 그것을 비웃을 정도로 컸을 때는 바르게 행동해야 할 납득할만한 이유를 찾지 못했다. 나는 모든 종교적 가르침을 기만적이고 터무니없는 이야기이며 바보나 사기꾼이 내세우는 미신이라고 조롱하는 습관이 생겼다. 다행히 그즈음 나는 나쁜 충동을 억누르고 좋은 충동을 따르는 도의심을 기르게 되었고, 소년 무신론자가 되어 (성경에서 전혀 언급하지 않는) 자연발생적인 도의심이야말로 도의적인 행동의 진정한 원천이고 종교적인 가르침과는 무관하다는 것을 지적하곤 했다. 도의심은 순수한 열정에서 나온다고 생각했다. 그 생각은 지금도 변함 없다.

그렇지만 내가 충분한 도의심을 기르기 전에는 뭐든지 의심하는 시기가 있었다. 그 시절 나는 학교 수업을 빼먹고 숙제를 하지 않은 것에 대해 뻔뻔한 거짓말로 변명했다. 사실 학교를 빼먹은 진짜 이유는 재미있는 책(교과서는 끔찍히도 지루했다)을 읽고, 음악을 듣고, 그림을 감상하고, 달키힐을 산책하기에도 너무 바빴기 때문이다. 즉 이러한 것들이 나를 진짜로 교육시켰고, 학교라는 감옥을 싫어하게 만들었다. 학교는 예술과 아름다움이라곤 없는 곳이었다. 교사들은 라틴어와 그리스어에 능통하고 설교에도 능했지만 상대적으로 문화적인 측면에는 무지했다. 아이들에게 우화나 전설의 형태로 거짓말을 하거나 어른을 놀리면 숲에서 곰이 나와 잡아먹는다는 식의 얘기를 그만하자고 할 수는 있다. 하지만 그렇게 주장하는 것만이 능사가 아니다. 우리는 왜 세무서에 소득세 환급신청을 할 때처럼 모든 지식과 정보를 동원하여 아이들에게 아는 대로 얘기해주지 않나? 다섯 살 난 아이들은 과학적 진실에 전혀 영향을 받지 않기 때문이다. 아이들이 곰이 나와서 잡아먹는다는 얘기를 믿지 않으면 어른을 놀리는 행동을 할 것이다. 아이들은 말하는 뱀이나 당나귀, 겨우 운하 바지선 만한 노아의 방주에 모든 생물을 한 쌍씩 실었다는 얘기, 큰 물고기의 뱃속에서 예언자들이 사흘 동안 살아있었다는 얘기는 믿는다. 하지만 <기독교 강요>, <창조적 진화론>, <공산당 선언>은 아이들에게 아무 의미도 없고 따라서 아이들의 행동에 아무런 영향도 미치지 못할 것이다. 다섯 살 때 나는 <천로역정>을 아주 흥미롭게 읽을 수 있었지만 마르크스의 변증법은 외계어처럼 여겼을 것이 분명하다.

자, 교육위원회는 두 살에서 다섯 살 사이의 아이들을 다뤄야 한다. 그 시기 아이들에게 요한복음의 첫 구절들은 도무지 무슨 소리인지 알 수 없지만 창세기 1장은 충분히 알아들을 수 있고 재미있으며 완전히 믿을 수 있는 이야기다. 그 시기 아이들은 우화, 전설, 빗댄 이야기, 민담으로 교육해야 한다. 그렇지 않으면 신발짝, 몽둥이, 회초리로 때려서 가르쳐야 하는데, 그러한 체벌로는 아이들에게 들키는 것에 대한 두려움만 심어줄 뿐이다. 또한 아이들이 교사를 지도자, 철학자, 친구, 또 다른 부모로 여기는 대신에 적대적이고 혐오스러운 교도관으로 여기게 된다.

아이가 열 살이 되면 상황이 달라진다. 아이들은 더 이상 아담과 이브를 꾀는 뱀이나, 항의하는 당나귀, 아이들을 잡으러 오는 곰 같은 것들을 믿지 않는다. 여전히 그런 기괴한 얘기들이 사실이라고 믿는 아이들이 있다면, 곰 이야기는 어디까지나 유아용이며 열 살이 된 지금은 그런 얘기를 잊어버리고 자연사와 천문학을 배워야 한다고 솔직하게 말해야 한다. 그렇게 해야 아이들이 정직하고 진지하게 사고하도록 가르칠 수 있다.

청소년기로 진입하는 단계에서는 일종의 성인식과 환상을 깨는 의식이 필요하다. 그러한 통과의례가 다소 원시적이라 할지라도 사회적으로는 반드시 필요한 것이다.

그러한 절차를 규정하는 교육법규를 제정하려면 첨예한 의견대립이 나타날 것이다. **어른들 중에는 일과 기술적인 면에서 지천명(知天命)의 나이더라도, 종교적인 문제에서는 다섯 살 수준인 사람들이 있다. 뉴턴과 크롬웰이 그랬다.** 뉴턴은 그의 굉장한 수학적 재능을 이용해 기원전 4004년부터 시작되는 세계연대기를 작성하려고 했다. 크롬웰은 위대한 통치자이자 전사였지만 아브라함과 야훼 사이의 약속이라는 상상의 문제를 고민했다. 통치자도 전사도 아닌 나에게 아브라함과 야훼는 유치한 신화일 뿐 아무런 감흥도 받을 수 없다.

4

과학적으로 문명화된 사회라면 경제적인 계층구분이 사라지고, 아무런 제약 없이 누구와도 결혼할 수 있고, 탐험가처럼 모험하며 살기를 열망하는 니체주의 단체의 소년들에게 용기를 북돋워주고 불안을 없애주는 사회가 될 것이라고들 전망한다. 그러한 전망은 사회주의체제를 천년왕국쯤으로 기대하는 사람들에게 실망만 안겨줄 것임을 나는 잘 알고 있다. 60년 전쯤에 나는 (갓 시집을 출간한) 매우 똑똑한 청년에게 어떤 직업을 가지고 싶냐고 물어봤다. 그는 매우 진지하게 직업은 곧 사라질 것이라고 대답했다. 사회주의 운동가 헨리 메이어 하인드먼이 프랑스 혁명 100주기인 1889년에는 영국에서도 혁명이 일어난다고 연설한 것을 굳게 믿었던 것이다. 나는 그에게 가장 완벽한 사회주의 국가에서도 사람들은 종종 뼈가 부러지고 그걸 고쳐줄 외과의사가 필요하며, 기술자나 건축가 없이 집을 지을 수 없고, 산파 없이 아이를 받을 수 없다는 것을 상기시켜 주었다. 한마디로 사회주의체제 하에서도 기술, 직업, 소명이 더 많아지면 많아졌지 줄어들지는 않을 것이다.

이는 하늘에 태양이 있는 것처럼 명백한 사실이지만 그 청년은 받아들이지 않았다. 그는 사회주의에서는 아무도 배고프거나 춥거나 아프거나 무지하지도 않고 어떤 문제도 없을 것이라고 생각했다. 그는 천당과 지옥이 있다고 배웠고 그 믿음을 검증하고 허구로 거부하는 대신, 천당과 지옥을 단순히 사회주의와 자본주의로 대체해 버렸다. 그는 모두가 일해야 하는 국가가 아닌 모두가 일하지 않는 돈 없는 국가를 상상한 것이다.

그 청년은 특이한 경우가 아니다. 현재 전후에 수립될 '신질서'에 대해 말들이 많다. 새로운 체제가 수립될 수는 있다. 하지만 신체제 역시 구체제와 마찬가지로 영원히 자연의 지배에서 자유로울 수 없다. 자연에 대한 예속은 사회가 아무리 민주적이 되고 노동의 의무가 공평하게 분배될지라도 결코 피하거나 없앨 수 있는 것이 아니다. 사회주의가 해결하기를 바라는 기본적인 문제들은 봉건주의와 자본주의가 해결하려고 했으나 실패했던 바로 그 문제들이다. 그리고 많은 미래의 시민이 여전히 좋았던 옛 시절을 그리워할 것이다. 그들은 현재 자신에게 고통과 괴로움을 주는 자본주의를 이해하지 못하는 것처럼 사회주의도 이해하지 못할 것이기 때문이다. 그들은 죽을 때까지 정치적으로는 다섯 살에 머물러 있을 것이다. 그래서 나는 그런 사람들은 정치를 해서는 안되며, 현실을 잘 알고 이해하는 사람들의 통치를 받아야 한다고 생각한다. 이 책을 한 페이지도 못 넘기고 잠드는 인간은 통치자가 될 자격이 없다.

사회주의체제에도 계층이 존재할까? 정당, 종교, 노동조합, 전문가협회, 클럽, 정파, 파벌에 더해서 새로운 전문가 집단까지 존재해야 할까? 물론이다. 아마도 서로 대립하는 관계에 있겠지만 항상 대화하고 서로 혼인도 할 수 있는 조건, 그러니까 평등한 관계를 맺으며 엄청나게 많은 계층이 존재하게 될 것이다.

9장   국가와 아이: 아이들은 누가 키울 것인가?

1

정치인은 국가의 아동 문제를 자기 자식 문제처럼 생각해서는 안 된다. 자기 자식은 정신 못 차릴 정도로 빨리 자란다. 다섯 살이 된 아이를 어떻게 다뤄야 할지 몰라 우왕좌왕 하다 보면 어느새 열 살이 되어 있다. 그래서 이번에는 또 어떻게 다뤄야 하나 고민하다 보면 아이는 열세 살의 사춘기 청소년이 되어 있다. 사춘기인가 싶던 아이는 금세 자라 독립적인 성인이 되고 부모보다는 친구와 가까워진다. 그래서 부모는 아동기를 그저 과도기로 보고, 아이가 성인기에 도달해 부모 그늘을 벗어날 때까지 잘 해야 그럭저럭 보내는 시기라고 생각한다.

반면, 집합체로서의 아이들은 전혀 자라지 않는다. 국가의 관점에서, 아동기는 그냥 지나가는 시기가 아니며 영원히 존재하는 단계다. 유아기와 성인기, 다시 아이가 되는 노년기도 마찬가지다. 단지 각 시기를 구성하는 무리가 그 단계에서 다음 단계로 넘어가는 것뿐이다. 따라서 각 시기는 전과 마찬가지로 계속해서 수백만의 사람으로 채워진다. 각 시기는 마치 대학처럼 구성원들을 위해 풍요롭게 설계되고 조직된 세계여야 한다. 다섯 살의 세계에 속했던 아이가 자라면 열 살의 세계가 기다리고 있고, 이후에는 전기 청소년기와 후기 청소년기의 세계가 기다리고 있어야 한다.

한 가지 분명한 것은, 우리가 '학교'라고 부르지만 윌리엄 모리스가 '소년농장'이라고 부른 감옥 같은 학교가 아이들 세계의 전부가 되어서는 안 된다는 것이다. **학교라는 지옥은 교육에 대한 필요성 때문에 생긴 것이 아니다. 아이와 놀아주는 것은 헤비급 권투선수조차 기진맥진하게 만든다는 당연하고도 변하지 않는 사실 때문에 생긴 것이다.** 아무리 건장한 어른이라도 아이가 성가시게 조르고 소리를 지르며 격렬하게 노는 것을 받아주다 보면 아이보다 훨씬 먼저 나가떨어질 것이다. 이는 그나마 집에서 지내는 시간이 많지 않은 아버지들이 겪는 일이다. 그러니 아이들과 놀아주고, 아이들을 여러모로 돌봐주고, 아이들이 집을 부수지 못하도록 늘 신경써야 하는 어머니들의 중압감은 어떻겠는가? "그 누구도 어머니를 대신할 수 없네" 혹은 "나의 집, 즐거운 나의 집"이라고 노래하기는 쉽다. 이런 감상적인 노래들이 부모와 자식 간에 자연스럽게 오가는 사랑을 확인시켜줄지도 모르겠다. 하지만 건강하고 활발한 아이들이 어른들에게 참을 수 없는 골칫거리라는 사실을 바꾸지는 못한다. 아이들은 집에서는 엄하게 다루고 거리에서는 제멋대로 뛰어다니게 놔둘 수밖에 없다. 그래서 자기 자식을 노예처럼 착취하는 엄마가 아니라면 누구나 자식을 학교에 보내도록 강제하는 법이나 사회 분위기를 반긴다. 결국 학교는 아이들이 부모를 지치게 하고 성가시게 하는 것을 막기 위해 아이들을 가둬 둔 감옥이다. 이 감옥의 교도관과 간수들은 죄수들에게 괴롭힘을 당해 미쳐버리는 일이 없도록 교사라는 탈을 쓰고 자기들 명령 없이는 아이들이 교실에서 떠들거나 움직이지 못하게 한다. 감옥에서 죄수들이 교도관에 대항하고자 끊임없이 작당하는 것처럼 학교에서도 아이들은 교사에게 대항하려고 끊임없이 작당한다. 학교에서 아이들은 시민의식에 대해 배우지만 사실상 경찰에 대한 적대감을 먼저 배운다. 아이들의 유일한 무기는 거짓말이고 주요 오락거리는 사보타주[1]다.

학교 현실을 아주 단순하게 말하면 그렇다. 하지만 실제 학교가 그 정도로 극단적이지는 않다. <니콜라스 니클비>의 가혹한 교장 '스퀴어스'가 있다면 '몬테소리'도 있다. 그리고 그 사이에는 여러 종류의 교사들이 존재한다. 어떤 학교는 아이들이 집에 있을 때보다 더 자유롭고 행복하다고 느끼게 만든다. 하지만 괴테의 <빌헬름 마이스터>에 나오는 이상적인 학교는 존재하지 않는다. 만일 그런 학교가 있다면, 그 학교는 보통사람들을 위한 학교가 아니라 장차 괴테가 될만한 아이들을 위한 학교일 것이다. 아이들에게는 학교도 필요하고 어른이 있는 가정도 필요하지만, 아이들 눈높이에 맞는 법과 권리, 의무, 여가가 있고 어린 시민으로서 살아가는 아이들만의 세계가 필요하다. 아이들 세계에서는 옛날이야기를 종교적 진실처럼 전달할 필요도 있다. <이솝우화>나 <창세기>, <천로역정>보다 어려운 얘기는 소화하지 못하는 아이들 손에 쇼펜하우어의 의지에 대한 논문이나 베르그송의 <창조적 진화>를 쥐어줘 봐야 소용없기 때문이다. 아이가 다섯 살의 세계를 지나 열 살의 세계로 접어들면 옛날이야기를 들어도 예전처럼 상상의 나래를 펼치기보다 좀 더 과학적으로 생각하게 된다. 그렇다고 옛날이야기 책들을 버릴

---

[1] 고의적 파괴행위.

것까지는 없다. 하지만 아이는 변하기 마련이라 자라면서 책에 더 가까워지기도 하고 책에서 더 멀어지기도 할 것이다. 아이들 때문에 예술이나 문학작품의 일부를 삭제할 필요는 없다. 여섯 살짜리 아이도 외설적인 구절에 사로잡히지 않고 아라비안나이트 무삭제판을 읽을 수 있다.

교육은 아이들에게만 한정된 것이 아니다. 사실 교양교육(자유교육)은 대개 성인교육이며, 남을 통해서가 아니라 본인 스스로 능동적으로 사고하려는 사람에게는 평생에 걸쳐 일어난다. 그러나 성인교육은 자발적으로 이루어지기 때문에 국가는 그러한 교육을 위한 재료, 즉 도서관, 미술관, 오케스트라, 광장 등의 편의시설을 마련해주기만 하면 된다. 그리고 성인에게는 토론과 비판의 자유가 주어져야 한다. **교조적인 가르침은 교양교육 수단으로 차라리 없느니만 못하다. 어떤 문제를 논쟁적으로 이해하지 못한 시민은 그 문제에 정치적으로 참견하지 말아야 한다. 우리네 정치인 중에서 가장 위험하고 무식한 인간들은 사립명문학교에서 교조적인 교육을 받고 거기서 배운 대로 믿고 따르는 자들이다.** 지구가 평평하다고 믿는 미개인은 지구가 둥글다고 배운 학자보다 실생활에서 훨씬 믿을만한 안내자다. 지구가 둥글다는 것을 '배운 대로 믿어 온' 학자는 지구가 네모나다고 주장하는 전문가가 쟁점이 되는 사안을 조목조목 따지고 들면 몹시 당황해서 어쩔 줄 몰라 한다.

그러나 아이들은 논쟁에 시달리지 않아야 한다. 아이는 적어도 열두 살이 될 때까지는 반드시 옷을 입어야 한다고 배워야 한다. 나체주의자의 장광설은 그 후에 들어도 된다. 또한 일상적인 대화에서 사용하지 말아야 할 단어들, 부모가 아닌 다른 사람에게 돈을 구걸하지 말 것, 식사하기 전에는 복장과 손을 깨끗이 할 것, 십계명 중 아홉 개와 몇몇

부수적인 규칙은 무조건 지킬 것 등을 배워야 한다. 아이는 연산을 이해하기 전에 셈을 할 줄 알아야 하고 언어에 흥미를 갖기 전에 어형변화표와 문법을 암기해야 한다. 아이에게 해야 할 것과 하지 말아야 할 것을 가르치면, 아이가 이유를 묻는다. 만일 그 이유가 아이의 이해 범위를 넘어서는 것이라면, 동화를 통해 설명하거나 꾸며낸 이유를 댈 필요가 있다. 예컨대, 시키는 대로 하지 않으면 죽어서 지옥에 간다든지, 매를 맞는다든지, 용돈을 안 준다든지, 천사가 사랑하지 않는다든지, 엄마가 화낸다고 말하는 것이다. 이 시기의 아이들은 최고의 아동심리학자보다는 믿을만한 유모나 가장 완고한 가정교사들이 훨씬 잘 다룬다. 그러나 공포의 왕국에서 아이들을 키우는 것이 아무리 효과적이라도 그렇게 자란 아이들은 평생 신경쇠약자나 겁쟁이가 될 수 있다. 따라서 **아이들이 소화할 수 있는 범위를 고려해 최대한 일찍, 능숙하게 이치를 설명해주는 것이 바람직하다. 그리고 진짜 이유가 아닌 거짓 이유를 대야 한다면 유쾌하고 설득력 있으면서 용기를 주는 시적인 이야기를 해야지 빌어먹을 소리를 해서는 안 된다.** 나는 어릴 때 언제, 어디서, 무엇을, 어떻게, 왜라는 질문으로 어른들을 끊임없이 괴롭혔는데, 그때마다 나의 유모들은 "아무 질문도 하지 마라. 그래야 거짓말을 안 듣는다"고 했다. 그 말은 사실이었지만 별로 도움은 안 됐다. 내 질문으로 가장 많이 피해를 본 사람은 아버지였다. 당시 나에게 아버지는 절대적이고 오류가 없는 존재였다. 지금 생각해 보면 그때 아버지가 그 많은 질문에 어떻게 그렇게 설명을 잘 해줄 수 있었는지 신기하기만 하다. 아버지도 그 문제들에 대해 나만큼이나 잘 몰랐던 게 분명하기 때문이다. 아이들의 질문은 항상 "왜?"로 끝난다. 우리는 그 질문에 결코 답을 할 수가 없으며 어쩌면 "아무도 몰라"라고 항상 솔직하게 대답해야 하는지도 모른다. 어리석은 과학자들은 '왜'를 '어떻게'와 혼동하여 자기 얼굴에 먹칠하는 일이 비일비재하지만 말이다.

2
우리는 스물한 살을 기준으로 청소년기와 성인기 사이에 선을 긋는다. 하지만 원래 이런 선은 존재하지 않는다. 달리기 선수는 19세면 나이든 편에 속하지만, 정치인은 70세라도 너무 젊다고 볼 수 있다. 정부는 투표권 행사, 은퇴, 연금수령과 관련해 기준연령을 정해야 한다. 어느 정도에서 선을 긋는 일은 반드시 필요하다. 인생에는 기차를 갈아타야 할 지점들이 있는 것이 분명하지만 우리는 그 지점들이 어딘지는 알지 못한다. 우리는 끊임없이 성장하고 노화한다. 정신적 성장과 육체적 상실을 동시에 겪으면서 혼돈 혹은 통찰의 시기, 성공 혹은 실패의 시기, 행운 혹은 불운의 시기, 둥근 구멍에 네모난 말뚝을 끼운 것처럼 불편하고도 비효율적인 시기 혹은 적성에 맞는 자리에서 편안하고 행복한 활동을 하는 시기 등을 거친다. 따라서 국가 입장에서는 성인기 국민들을 분류하는 것이 불가능하다. (물론 사람들은 계층, 계급, 파벌, 분파, 종파, 당파, 취향, 신념 등 모든 측면에서 스스로를 구분짓고 있다.) 하지만 국가는 적어도 미성년자와 성인은 구분해야 하며, 미성년자들은 두 살부터 청소년기에 이르기까지 단계별 교육을 받아야 한다. 그래야 그들이 다 자랐을 때 시민으로서의 역할을 충분히 수행할 수 있다. 그러나 모든 일반화된 용어와 마찬가지로 '구분짓기'도 그 경계가 구체화되기 전까지는 뜬구름 잡는 소리에 불과하다. 얼마만큼의 구분짓기가 가능하고 또 바람직하겠는가? 너무 심하게 구분할 경우 정치인은 생각치도 못했던 어려움에 부딪힐 수 있다. 별나지만 재미 있는 예를 하나 들어보자.

상점주인으로 큰 성공을 거둔 한 남자가 서리 주에 땅을 사서 나이든 퇴직 여성들을 위해 기부했다. 그 여성들은 가정교사 등으로 일하며 넉넉치는 않지만 어느 정도나마 노후자금을 모아둔 사람들이었다. (어느 정도의 저축은 최소한의 인격을 보장 받기 위해 반드시 필요한 법이다.) 그 땅은 은퇴한 여성들에게 천국이나 다름없었다. 하지만 그들은 행복하게 잘 살지 못하고 점점 미쳐갔다. 정신병원이 환자들로 꽉 찼고 주 당국은 그제야 원인 규명에 나섰다. 그러고 보니 그곳의 나이든 여인들은 자기들끼리 말고는 다른 누군가를 사귈 수가 없었다. 주 당국은 잔디테니스장과 크로켓 경기장을 지어 서리 주의 젊은이들이 그곳에서 운동하거나 놀도록 유인해야 했다. 그렇게 젊은이들이 찾아와 나이든 여인들과 차도 마시고 담소도 나누게 되자, 나이든 여인들은 즉시 회복해 정상적인 상태로 돌아왔다. 이러한 세대 간 교류는 나이든 사람의 정신 건강은 물론 젊은 사람의 교육을 위해서도 필요하다. 아이들이 어른들과 접촉하는 것이 노인들이 젊은이들과 접촉하는 것보다 훨씬 더 중요하기 때문이다. 노망난 늙은이라고 항상 노망을 부리는 것이 아니듯 아이들이라고 내내 유치한 것은 아니다. 내가 한때는 아이였고 지금은 노망난 늙은이라서 안다. 아이는 따로 배우지 않아도 음식을 소화시키고, 치아를 갈고, 모유에서 이유식으로 옮겨간다. 이러한 능력들도 굉장하지만 아이의 타고난 정신적 능력 역시 그 못지않게 굉장하다. 어떤 면에서 보면, 소화능력과 같은 젖먹이들의 지식이 그들이 자라 내각의 각료가 되었을 때 갖고 있을 지식보다 훨씬 더 신뢰할만한 것인지도 모른다. 인류의 진화가 계속된다면, 나이가 아주 많은 사람도 인류의 새로운 능력이 시작되는 단계에 있는 아주 어린 사람일 수 있는 것이다. 어떤 아이들은 정신적으로 부모보다 더 성숙하고 어떤 노인들은 손자보다 더 젊다.

우리는 학교생활과 가정생활을 병행시킴으로써 어느 정도는 세대간 교류를 하고 있다. 통학하는 아이들은 24시간을 둘로 나누어 생활하고, 기숙학교에 다니는 아이들은 휴일에 집에 간다. 하지만 두 경우 다 만족스럽지 못하기는 매한가지다. 아이들의 일과시간을 조직하는 것만으로는 충분하지가 않다. 우리는 아이들의 여가시간도 조직해야 한다. 명문사립학교들은 아이들을 강압적인 경쟁에 몰아넣음으로써 아이들의 여가시간을 비인간적이고 혹독한 일과들로 조직한다. 이 부분에 있어서는 보이스카우트와 걸가이드(걸스카우트)를 만든 바덴 파웰 장군이 훨씬 훌륭했다. 보이스카우트와 걸가이드는 어른들이 아닌 아이들의 여가시간을 조직하려는 최초의 진지한 시도였다. 자연주의자, 시인, 화가, 음악가, 수학자로서의 취향을 타고난 아이에게 크리켓이나 축구를 하라고 강요하는 것은 형벌만큼이나 잔인하고 악랄한 처사다. 그런 아이들은 여가시간에 산책을 하거나 스케치를 하거나 책을 읽거나 악기 연주를 하거나 오케스트라 연주를 들어야 한다.

그래서 사생활의 문제가 대두된다. 어떤 사람들은 혼자 있는 것을 참지 못한다. 혼자 있는 것이 두려워서 그러는 경우도 있지만 친구들과 함께 지내는 것이 유일한 낙이어서 그러는 경우가 더 많다. 어떤 사람들은 다른 사람들과 어울리기를 싫어한다. 그들은 "내 마음이 곧 왕국이라네"[2]라고 말하며 고독을 즐기고 교제를 최대한 줄인다. 이 극단적인 두 부류 사이에 사회성의 모든 단계가 존재하며, 대부분의 사람들은 하루 중 일정 시간은 혼자 있을 수 있는 장소나 공간을 필요로 한다.

어찌됐든 아이들의 생활을 조직하는 일을 민주주의자를 자처하는 교조주의자들에게 맡겨서는 안 된다. 그들은 보통선거를 통한 자치를 주장한다는 이유만으로 자신들이 민주주의자라고 우기고 있다. 아이들이 어른들의 감독을 받지 않고 국가를 장악한다면, 네로 황제나 파벨 황제를 능가하는 잔혹함을 보이며 마오리족처럼 재미로 전쟁을 벌일 것이다. 어른들이 국민투표를 발판 삼아 잔학행위를 벌이는 것을 보면 끔찍하기 짝이 없지만, 아이들 스스로 알아서 하도록 내버려 두면 어떤 일이 벌어질 것인지는 아예 상상하기조차 싫다. 아이들은 어른들에게 순종해야 한다. 어른들이 더 힘이 세서가 아니라 더 지혜롭기 때문이다. **어른들은 아이들을 물리력을 통해 강압적으로 지배하기보다는 지혜와 경외심을 불러일으키는 권위, 확신에 찬 용기로 지배하는 것이 바람직하다.**

우월한 지식과 품성에 경의를 표하는 것은 민주주의와 평등을 지향하는 성인으로서 버려야 하는 비굴한 태도와는 다르다. 아이들은 게임과 수업을 통해 개인마다 능력이 다 다르고 모든 분야에 뛰어난 사람은 없다는 것을 알게 된다. 어린 뉴턴은 미적분학을 발명할 수 있었지만 크리켓에는 꽝이었을 수 있다. 또 크리켓에는 귀신 같은 재주를 지닌 투수라도 조정에는 소질이 없을 수 있다. 하지만 뉴턴은 최고의 크리

---

2 에드워드 다이어(Edward Dyer)의 시.

켓 투수보다 크리켓 규칙을 잘 짤 수 있을지 모르며, 최고의 크리켓 투수는 노를 잘 젓지 못해도 조정팀을 지도하는 데 있어서는 웬만한 조정선수보다 나을지도 모른다. 이해력과 판단력, 즉 지혜는 좋은 지도자가 갖추어야 할 자질이다. 자연은 아낌없이 베풀지만 그러한 재능은 아무에게나 베풀지 않는다. 사회가 어머니와 아버지, 산파와 유모, 목수, 광부, 제빵사, 재단사와 같은 기능공과 기술자는 많은 수를 필요로 하는 반면 지도자는 아주 소수만을 필요로 하기 때문이다. 가난과 무지, 태만이 그 누구의 기회도 가로막지 않는다면, 타고난 지도자는 충분히 많이 나타나 민주국가에 필요한 선택의 기회를 제공할 것이다. **민주주의는 국민이 그렇게 주어진 선택의 범위 내에서 통치자를 선택하는 것을 의미한다. 아이들에게 이러한 원리를 가르치지 않으면, 대부분의 아이들은 지금과 마찬가지로 커서도 나쁜 시민이 될 것이다.**

3

방금 나는 어머니와 아버지를 인간사회에서 필요한 기술자에 포함시켰다. 부모는 심지어 부부보다 우선한다. 결혼이 제도화되기 전에도 부모는 존재했기 때문이다. 부모가 되는 것은 매우 중요한 일이다. 그러나 부모로서 적합한지를 알아보는 시험이 실시된 적은 없다. 원시부족 사회에서는 족내혼이나 족외혼의 규정이 부모 자격을 제한한다. 문명국가에서는 혼인법, 근친혼계수표, 계층이나 수입 같은 사적인 관습, 아동학대법 등이 부모 자격을 제한한다. 드물긴 하지만, 시인 셸리와 애니 베전트의 경우에서처럼 국가는 아이들이 무신론자로 자라지 않도록 부모 손에서 아이들을 빼내어 법원의 보호 하에 두기도 한다. 이렇게 부모의 자격을 박탈하는 것은 의사나 변호사, 성직자의 자격을 박탈하는 것에 비견될 만하다. 중국에서는 공동체의 관점에서 부적절하다고 여겨지는 결혼에 대해, 결혼 당사자들이 동의를 하든 안하든 국가가 개입해 무효로 만들어 버릴 수 있다. 그러나 이런 경우는 예외적인 응급조치에 해당할 뿐, 우리의 본성은 가능하면 어떤 식으로든 남녀의 결합을 유지하고자 한다. 혼인법은 스코틀랜드에서 일본에 이르기까지 세부적으로 보면 다 다르다. 한쪽 끝에는 단혼제가, 반대편 끝에는 이슬람의 다혼제가 있고 그 사이에는 다양한 혼인법이 존재하지만, 신랑신부가 자식을 낳아서 시민으로 길러내기에 적합한지를 문제삼는 법은 어디에도 없다. 이러한 관점에서 보면, 혼인법은 지역에 따라 다르더라도 세상에는 오직 한 종류의 결혼만 있을 뿐이다.

평생을 함께 사는 결혼부터 두 남녀의 일시적인 성적 결합에 이르기까지, 남녀 간의 결합에는 여러 종류가 있을 수 있다. 다른 사람과 함께 살지 못하는 사람이라고 해서 성격이 나쁘거나 극도로 이기적이거나 광적이거나 알콜중독자인 것은 아니다. 다시 말해, 비호감인 사람만 혼자 사는 것은 아니다. 뉴턴은 결혼하지 않았다. 칸트도 결혼하지 않았다. 엘리자베스 여왕과 성 클레어도 노처녀로 죽었다. 하지만 우생학적 관점에서 볼 때 그런 사람들은 확실히 무시하지 못할만한 부모로서의 자질을 갖고 있었다. 사실 그런 부류야말로 타고난 귀족이라고 할 수 있으며 법이나 관습으로 산아제한을 해야 한다면 가장 마지막까지 건드리지 말아야 할 사람들이다. 따라서 사회는 그런 사람들이 아이를 낳을 경우를 대비해 가정 없는 아이들을 위한 합법적인 공간을 마련해야 한다.

그리고 서로 다른 민족이나 인종 간의 결합에 대해서도 생각해 보자. 이 문제가 출생률에는 크게 지장을 주는 것 같지 않다. 중국 남자와 결혼한 여자는 자신의 국적이나 피부색에 관계없이 남편을 절대로 떠나지 않으려고 하고, 중국인 세탁부와 아일랜드 처녀가 결혼해서 낳은 아이들이 세계에서 가장 우수하다는 식의 얘기들이 있기 때문이다. 그러한 얘기들은 과학적으로 입증되기 어렵다. 하지만 까무잡잡한 피부의 사람들이 주로 태어나는 열대나 아열대 지방에서 혼혈들은 잘 견디지만 백인들은 멸종할 것이라는 믿음에는 명백한 근거가 있다. 하와이에서는 순수 혈통의 샌드위치 섬 원주민을 찾기가 어려워졌다. 이제 샌드위치 섬의 주민은 자기들끼리 결혼하는 일본인을 제외하면 대부분 혼혈이다. 뉴질랜드에 정착한 영국인의 자손은 100년이 지난 지금에도 겨우 150만 명에 불과하다. 적어도 수천만 명은 돼야 하는데 말이다. 남아프리카의 케이프 정부는 영국인 비율을 일정하게 유지하기 위해 백인의 이주를 요청해야 했다. 하지만 이 문제가 산아제한에서 비롯됐다는 얘기는 하지 않았다.

현재 이종결혼의 기회는 이종교배가 필요한 만큼 제도적으로 열려있지 않다. 하와이와 자메이카, 뉴질랜드와 같이 인간의 강한 성욕이 인종차별의 벽을 상당 정도 허물어버린 곳에서조차, 함께 살지 못하는 부모 밑에서 태어난 혼혈 아이들은 아무리 장래가 촉망돼도 합법적으로 살아갈 공간이 없다. 미래 국가는 혼혈 아이들을 서출이라는 오명에서 구하고 그들을 법적으로 보호해야 할 것이다. 우리가 사회주의를 통해 빈곤 문제를 해결하고 나면 이종결혼도 크게 문제되지 않을 것이다. 예를 들어 엘리자베스 여왕과 폭군 이반 사이에 혼담이 오간 것만 봐도 그렇다. 둘은 적어도 계급이나 수입 때문에 고민할 필요가 없었다. 결혼해서 훌륭한 아이를 낳을 수도 있었다. 물론 그렇다 해도 얼마 안 가서 갈라섰겠지만 말이다. 그게 아니라면 이반은 '폭군 이반'이 아닌 '겁먹은 이반'으로 알려지게 됐을 것이다.

  미래 국가들이 자유연애라고 하는 것을 용인해야 한다거나 용인할 것이라는 얘기가 아니다. 국가는 국민 복지를 우선시하려는 경향이 있기 때문에 '자유 어쩌구' 하는 것들을 좀처럼 허용하지 않는다. 내가 말하고 싶은 요점은 이렇다. 우리가 아동기를 개인의 삶에서는 일시적인 과도기이지만 집단의 관점에서는 늘 존재하는 단계로 인식한다면, 또한 아동기를 법으로 규정하고 단계를 나누어 공동의 책임과 비용으로 교육한다면, 현재 부모가 안고 있는 부담스러운 조건들은 상당 부분 부적절하고 불필요해질 것이다. 우리는 아이를 낳고 평생을 같이 살 수도 있고 아주 잠깐 살다 말 수도 있다. 나 자신이 부적당한 결혼의 산물이다. 나의 부모는 둘 다 정감 어린 사람들이었으나 한 집에 살면서 서로 취향이나 활동, 관심사를 공유하는 법이 없었고 그렇게 몇 년을 보낸 후에는 마침내 갈라서서 더 이상 보지 않게 되었다. 나의 부모는 세 자녀와 전혀 싸우지 않았다. 우리는 정이 넘치는 가족은 아니었지만 그렇다고 무정한 가족도 아니었다. 좋은 음악이 흐르고 자유롭게 사고하는 건전한 집안이었다. 하지만 나의 부모는 아이를 지도하고 가르치고 양육하는 능력에 있어서는 어이가 없을 정도였다. 그래서 나는 그러한 부족함을 만회하기 위해 부단히 노력해왔다.

"그러니까, 결혼하고 싶다고?", 윌리엄 홀브룩 비어드, 연도 미상.

10장 학교가 만든 괴물들

1

일정 연령 이전의 아이들은 예민하고 겁이 많아서 어둠과 귀신, 개와 소를 무서워하고 강도에서 방울뱀까지 온갖 종류의 위험을 상상하며 두려워한다. 이 시기의 아이들을 가정에서 공포로 다스리면 그 아이들은 평생 잘못될 수 있다. 그것이 육체적 학대로 인한 공포든 초자연적 존재에 대한 공포든 관계없이 말이다.

공포 분위기에서 자란 아이는 돌이킬 수 없을 정도로 잘못되지는 않더라도, 호전적이고 나약함을 견디지 못하며 순전히 허세로 잔인하고 못된 행동을 하는 사람이 될 수 있다. 그런 아이들은 권위 자체를 사랑한다. 자신들이 두려워했던 체벌을 남에게 스스럼없이 가하거나 체벌행위를 지켜보기를 좋아하고, 옷차림과 몸가짐에 관한 어리석은 규칙을 만들어 다른 사람들에게 폭력적으로 강요한다. 하급생일 때는 노예처럼 굴다가 상급생이 되면 군림하려 든다. 그래서 기숙학교의 사감 선생은 자기 업무 중 가장 성가신 일을 몇몇 상급생에게 일임한다. 그러면 파괴적인 무정부 상태가 아니라 무자비한 통제가 이루어질 것이라고 확신하기 때문이다.

유년기와 청소년기는 정치적으로 중요하다. 이 시기에 받은 체계적인 양육과 훈육은 평생 영향을 미친다. 영국의 비싼 사립학교들과 독일의 호엔촐레른 왕조는 체계적인 양육과 훈육을 강도 높게 실시해 놀라운 성공을 거두었다. 나치는 한 술 더 떴다. 일단 부유한 가정에서 자란 소년을 뽑는다. 그 소년에게 상업이나 육체노동은 격이 낮은 일이라는 인식을 주입한다. 신사에 걸맞은 직업은 군 장교와 외교관이고, 신사에 걸맞은 여가활동은 사냥과 승마라고 가르친다. 종교교육을 통해 일요일마다 가장 좋은 옷을 입고 교회에 가서, 정적들과 적의 못된 계략을 무찔러달라고 신에게 주문하고, 우상화된 군주나 국가 지도자에게 충성하라고 가르친다. 그 결과 유치하기 짝이 없는 생각들로 나라를 다스리려는 금권정치가와 더불어 제국주의적 성향이 짙고 사립학교가 최고라는 편견에 사로잡힌 국가적 우상이 생겨난다. 이러한 지배체제 하에서 진실, 정직, 정의는 즉흥적이고 조건반사적인 개념으로 전락하고, 상대적으로 미개한 외국인들을 그냥 놔두기보다는 우리가 지배하는 것이 더 낫다고 여기게 된다. 이것이 바로 이튼과 해로 같은 사립학교에서 금권정치가의 자녀들을 가르치는 방식이다. 모든 금권정치 국가가 저마다 이런 식의 교육을 하고 있기 때문에 수많은 애국심이 충돌하는 일이 벌어진다. 이러니 우리 시대에 평화를 바라는 것은 무리일 수밖에 없다.

그러한 현상은 계층구분이 도덕적 근간이었던 봉건제도가 일부 퇴행적으로 살아남은 것이다. 계층구분은 봉건제도가 발달한 곳이라면 어디에나 존재한다. 봉건제도 하에서 상류층은 사유재산과 특권, 부와 명예를 차지하고 성가신 정치 업무는 중산층에게 기꺼이 떠넘겼다. 그러나 흔히 알려진 것처럼 지금의 상황이 신앙과 기사도의 시대에서 물려받은 유서 깊은 전통이라는 일반의 인식은 잘못된 것이다. 19세기가 되자 봉건귀족들은 산업혁명으로 부를 축적해 돈자랑이나 일삼는 속물 장사꾼들에게 통치권을 넘겨주었고 함께 어울리거나 결혼하기 시작했다. 부유한 장사꾼의 자녀들이 학위나 교양, 지식을 위해서가 아니라 오로지 상류층의 일원이라는 간판을 따기 위해 사립명문에 진학하는 전통도 바로 이때부터 시작되었다. '사립명문출신'으로 알려진 이상한 괴물들은 1832년 선거법 개정 이후 50년 동안 만들어졌다. 그 괴물들은 크리켓과 테니스, 골프에 뛰어나며, 계층 특유의 매너와 억양을 갖고 있고, 세상에 대해 아무것도 모르거나 완전히 엉터리로 알고 있다. 그들은 정신적으로 17세기 대지주와 다를 바 없다.

2

나는 사립명문출신들을 '19세기 괴물'로 묘사했다. 그들은 말 그대로 괴물이다. 하지만 그렇다고 해서 산업혁명의 또 다른 산물인 프롤레타리아가 괴물이 아니라는 뜻은 아니다. 프롤레타리아 역시 타락하고 비뚤어진 창조물이다. 프롤레타리아는 생계를 위해 일하므로 약탈적이고 기생적인 괴물이 아니라 생산적이고 유용한 괴물일 뿐이다. 무식한 사람들은 나같은 사회주의자가 가난한 이들의 친구이자 부자의 적이라고 생각한다. 천만의 말씀이다. 어린 시절, 유모가 개를 산책시키듯 나를 데리고 나가곤 했다. 그런데 나를 데려 간 곳은 근사하고 유익한 장소가 아니라 하필이면 자기 친구들이 사는 빈민가였다. 나는 당연히 빈민가와 그곳의 빈민들을 싫어했다. 빈민가가 사라지기를 바라는 마음은 여전해서 제 2의 아동기를 맞은 지금도 그런 목표를 품고 이 책을 쓰고 있다. 한번은 그런 마음을 표현해서 빈민가의 청중으로부터 우레와 같은 박수갈채를 이끌어낸 적도 있다. 아무튼 유모의 보살핌에서 벗어나 신사숙녀들과 어울려 지내는 시간이 많아지자 신사숙녀라고 해서 도덕적으로 딱히 나을 것도 없다는 것을 알게 되었다. 그들은 따분한 속물근성에 사로잡혀 있었고, 빈민들 덕분에 호의호식하면서도 빈민 세계와는 철저히 담을 쌓고 그들만의 세상에 살았다. 내가 우연히 알게 된 빈민의 삶을 그들은 전혀 알지 못했다. 그들에게는 어떠한 동료애도 찾아볼 수 없었다. 결국 나는 그들 역시 사라져야 할 존재라고 결론짓게 되었다. 오직 예술 속 허구세계만이 나를 만족시켰다. 그래서 나는 허구세계에 생명을 불어넣는 일을 직업으로 택했고, 작품을 통해 보헤미안으로, 반동분자로, 산업혁명과 사유재산제가 만들어낸 타락한 인류의 적으로 살았다. 도저히 사랑할 수 없는 가증스러운 계층들로 나뉜 인간사회에서 "서로 사랑하라"는 계명은 실현불가능했다. 이해하기 쉽지 않겠지만, 사회주의는 자선이나 친절, 빈민에 대한 동정, 또는 아무 일도 안하고 구걸하는 자에게 무언가를 해주는 자선사업이 아니다. 사회주의는 낭비와 무질서에 대한 경제학자의 혐오, 추함과 더러움에 대한 심미가의 혐오, 불의에 대한 법조인의 혐오, 일곱 가지 죄악에 대한 성인의 혐오다. 요컨대, 낭비적이고 무질서한 자본주의를 옹호하는 경제학자, 상업성과 외설을 추구하는 예술가, 불의를 일삼는 변호사, 질병을 조장하는 의사, 일곱가지 죄악을 범하거나 묵인하는 성직자가 막대한 금전적 이익을 누리는 체제에 대한 강한 혐오가 뭉쳐서 나타난 결과가 바로 사회주의다.

이를 이해했다면, 네스 호수의 괴물과 맞먹는 사립명문출신에 대한 얘기로 돌아가 보자. 예전의 기독교 정신을 망각하고 이튼 학교를 종교처럼 받드는 사립명문출신들이 유럽을 불경스럽고 상업적인 무법지대로 바꿔버렸다.

봉건주의가 한창일 때, 서유럽인들은 초국가적인 유일신 아래 천국도 하나 지옥도 하나라고 믿었다. 그리고 빈부귀천에 관계없이 악하게 사는 사람은 누구나 죽으면 단테가 말한 지옥에 떨어질 것이라고 생각했다. 오늘날 영국 신사들은 편협한 영국국교회의 신을 믿고, 독일 귀족들은 북유럽 신화에 등장하는 보탄을 믿으며, 프랑스인들은 물질적이지만 철저하게 프랑스적인 무신론에 빠져 있다. 하지만 이들 중 누구도 지옥은 믿지 않는다. 그래서 수백만 명의 군인과 엄청난 돈, 다양한 파괴와 학살 수단이 동원된 광신적인 성전(聖戰)이 벌어지게 되었다. 과거 장미전쟁으로는 구시대의 봉건귀족이 몰락하고 스스로 귀족이 된 새로운 금권정치 세력이 대두됐을 뿐이다. 그러나 현대 전쟁은 여성을 징병할 정도로 무도하고 인류 문명을 파괴할 정도로 자멸적이다. 그래서 지각 있는 사람들은 극한의 절망에 빠져 있다.

이 모든 폐단은 교육제도에서 비롯되었다. 교육제도는 아이에서 어른으로의 자연스러운 성장을 이끄는 대신 가장 말썽 많은 청소년기에서 더 발전하지 못하게 가로막는다. 그래서 노련한 정치가들은 국가를 고아원으로 여기고, 국민을 14세 미만의 정신적 결함이 있는 고아들처럼 다루게 된 것이다.

물론 교육제도 역시 다른 낡은 제도들과 마찬가지로 온전히 실행되고 있는 것은 아니다. 현실의 변화가 너무 거세기 때문이다. 성공한 사업가와 전문가들이 학교에 개입하면서, 학교는 마지못해 과학과 경영 분야를 차례로 다루게 됐다. 이 새로운 분야들이 기존 학문영역을 잠식해 나가면 고전적인 분야들은 한쪽으로 밀려나고 그 위세를 잃게 될 것이다. 이미 럭비는 100년 전의 럭비가 아니다. 온들 학교는 사립명문 출신이 아닌 샌더슨 교장에 의해 180도 달라졌다. 하지만 낡은 교육 관행은 여전해서, 세계전쟁 중 육해공군 장교직을 제외하면 의원직, 고위공무원직, 외교관직과 같은 주요 관직은 대부분 부유한 계층에게 돌아가고 있다.

낡은 교육제도로 인한 최악의 폐단은, 누구나 18세까지는 학교에 다녀야 하고 원한다면 대학에도 갈 수 있어야 한다는 주장에 대해 웬만한 교육학자들이 만장일치로 동의한다는 것이다. 자기 자녀가 계층에 걸맞은 매너와 화술, 고정관념을 가진 신사숙녀가 되기를 바라는 부모들은 그러한 교육제도에 만족한다. 그러나 **정상적인 국가의 교육 목표는 아이들을 훌륭한 시민으로 키우는 것이다. 다시 말해, 아이들을 생산적이고 쓸모있는 공동체의 구성원으로 길러 내는 것이다.** 이러한 교육 목표는 앞서 말한 부모들의 교육 목표와 서로 상반되며 양립할 수 없다. 노동과 군 복무를 통해 사회의 짐을 나눠 지고자 한다면 굳이 명문사립학교 출신일 필요가 없기 때문이다. 만일 가난한 자들의 학교와 부자들의 학교만 있고 다른 학교는 전혀 없다면, 속단일지는 몰라도 어떻게 해서든 아이들을 학교로부터 격리시키고 이튼 같은 학교들을 근절시켜야 한다. 가난한 자들의 학교는 노예근성이나 주입하고, 부자들의 학교는 여가와 사치, 특권 그리고 말이 좋아 리더십이지 기껏해야 상업, 정치, 전문 분야에서 기회를 독점하는 것을 가르치고 있기 때문이다.

그러나 교육하지 않고 무지한 상태로 내버려두는 것 역시 좋은 시민을 양성하는 데 도움이 안 된다. 교육 혹은 양성제도는 아예 없는 것보다는 뭐라도 있는 것이 낫다. 더 나은 제도가 나오기 전까지는 현행 제도를 유지해야 한다. 그렇지만 이튼식 교육을 가난한 중산층과 다수의 저소득층에게까지 확대하여 실시하는 것은 바람직하지 않다. 의무교육을 18세까지로 한다든가 장학금제도를 통해 비싼 학교에 다닐 수 있는 '자격'을 부여하고 '대학으로 가는 사다리'를 제공하는 것으로는 지금의 잘못된 시민의식을 바로잡는 해결책이 될 수 없다. 새뮤얼 버틀러의 <에레혼>에서 기계를 없애고 주머니에서 시계가 나온 탐험가들은 모조리 투옥시킨 것처럼 학교를 다 없애버리고 교육을 범죄시한다면, 교육이 지하로 내몰리고 제정 러시아와 같은 상황이 벌어질 것이다. 제정 러시아에서는 농민들에게 글을 가르친 여자들을 20년간 감옥에 가두기도 했다. 글을 아는 농민이 다른 농민들을 부추겨 시골 영주의 저택을 불질렀기 때문이다. 이튼식 학교는 자연스럽게 사라져야 하며 그러기 위해서는 현재 그와 같은 학교들을 후원하고 있는 금권정치가들의 재산을 압류하고 그에 필적할만한 새로운 교육제도를 내놓아야 한다.

3

새로운 교육제도를 계획하는 것은 내 능력을 넘어서는 일이다. 다만 상상해 보건대, 새로운 교육제도는 학생들 대부분이 집에서 통학하는 중산층 학교에서 발전된 형태가 될 것이다. 나는 통학생과 기숙생이 모두

있던 학교에 통학생으로 다녔다. 통학생은 기숙생을 말라깽이라 부르며 경멸했고 기숙생들도 무례하고 상스럽기는 마찬가지였다.

당시 아일랜드에서 통학생은 사실상 반나절만 학교에 있고 오후에는 하교했다. 학교는 교육당국의 통제를 받거나 정해진 기준을 따를 필요가 없었다. 사실 지켜야 할 기준이라는 것 자체가 없었다. 수업 시간에는 말을 안 들으면 벌 받을 각오를 해야 했지만 벌이 그렇게 무섭지 않아서 별로 효과는 없었다. 그래서 나 같은 아이들은 눈에 들어오지도 않는 책과 씨름할 필요없이 집에서 보다 흥미로운 일에 몰두할 수 있었다. 학교에서는 매너나 충성심, 복장 규정, 주변사람들을 배려하는 법을 가르치지 않았다. 조용히 하고 가만히 있으라는 것 정도가 학교에서 강제한 규율이었다. 그렇다고 옆에 앉은 친구와 잡담을 나누거나 싸울 수 없었던 것은 아니다. 나는 학교를 싫어했고 학교에서 가르치겠다고 내세운 것들을 하나도 배우지 못했다. 15세에 학교에서 도망쳐 사무실이라는 또 다른 종류의 감옥에서 5년 동안 매여있었으며, 그 생활이 끝날 무렵에는 이튼-옥스포드 출신 혹은 해로-캠브리지 출신보다 세상을 훨씬 많이 아는 사람이 되어 있었다. 그러나 나는 사회구성원이나 시민으로서의 교육은 제대로 받지 못했다. 식탁예절과 사교예절조차 <상류층의 예절과 말씨>라는 최근까지도 통용되는 매우 유용한 책을 통해 배웠다. 어쨌거나 나는 얼마 되지 않았던 부모님의 소득수준을 금방 따라잡을 수 있었다. 그러나 어렸을 때 받았어야 했던 교육이나 훈련은 성인이 된 후에 나 스스로 해야 했다. 음악을 했던 어머니 덕분에 미학교육을 접했고 운 좋게도 셰익스피어와 같은 재능을 타고나서 부모님이 돌아가시기 전에 큰 돈을 벌 수 있었다. 그렇지 않았다면 나는 아마 부랑아 신세를 면치 못했을 것이다.

문학적 재능과 음악적 가정환경을 제외하고 내가 받은 교육은 '프롤레타리아 출신으로 출세한 자들'이나 '상류층 출신이지만 몰락해가는 작은 아들들'이 받은 교육과 다르지 않다. 그들 중산층은 적어도 글은 읽을 줄 안다는 이유로 사업과 정치 분야에 종사하면서, 나라를 엉망진창으로 만들고 우리를 무분별한 살인경기의 한복판에 서게 했다. 전쟁은 중산층의 절반을 의기소침하게 만들고 다른 절반은 가장 엄격하고 호전적인 공산주의자로 훈련시키고 있다. 이 와중에도 여전히 그들이 통제할 문명이 남아 있다는 게 신기할 따름이다.

그럼에도 불구하고 통학식 교육제도는 이튼식 교육제도와 달리 변화와 개선의 여지가 있다. 학교와 가정으로 양분된 아이들의 생활은 달라질 수 있다. 앞으로 아이들이 가정보다 학교에서 더 많은 시간을 보내게 되면, 학교가 가정을 대신하고 교사가 부모를 대신하는 단계로 차츰 나아갈 것이다. 처음에는 학교에서 아이들의 이를 잡아주고 치아상태나 돌봐줄 것이다. 그러다가 배고픈 아이에게 우유를 주고 나중에는 밥도 주게 된다. 발이 젖은 아이에게는 장화를 줄 것이다. 장화도 주는데 양말이나 유니폼을 주지 못할 이유가 어디 있는가? 아이들의 여가를 좀먹는 끝없는 숙제는 제한적이고 강제적인 자율학습으로 대체할 것이다. 아이들이 규율과 감독 하에서 장비를 갖추고 놀이를 하게 되면 더 이상 거리에서 벌이는 위험한 장난질은 하지 않게 될 것이다. 학교는 가난과 착취, 가정폭력, 무관심 등으로부터 아이들을 보호해야 한다. 아이들에게 그저 읽기, 쓰기, 셈하기나 주입하는 전염병의 온상에서 탈피해 부모와 아이가 충분한 시간을 함께 보내면서 가족관계를 유지하게 해주는 작은 공동체가 될 때까지 학교가 복지사업을 계속하고 아동기를 조직해야 한다. 아동기를 조직하려는 시도가 아직은 보이스카웃, 걸가이드, 소년소녀클럽, 유소년연맹과 같은 단체들에서만 나타나고 있다. 이러한 단체들을 학교와 연계해 일반적인 교육제도로 통합하는 동시에 정부에서 교육위원회를 두어 관리하고 아동헌법을 제정한다면, 지금처럼 물리력에 의해 되는 대로 움직이는 노예상태에서 벗어나 시민문명을 이룩할 수 있을 것이다.

그러한 문명사회에서 자란 아이들이 나중에 커서 가정을 이루면 학교와 협력하고 지금의 부모들은 불가피하게 보류하고 있는 자녀에 대한 자연스러운 애정을 드러낼 수 있을 것이다. 우리는 이 점을 잊어서는 안 된다. 나의 부모는 매우 다정했고 나는 그들에게 대든 적도 없지만 나의 부모가 자녀 교육에 영 자질이 없는 사람들이었다는 것은 부인할 수 없다. 부디 나와 같은 얘기를 하는 사람이 더 이상 나오지 않기를 바라며 그렇게 되리라고 본다.

그러한 문명사회에서는 자유가 늘어나는 동시에 줄어들 것이다. 국가는 현재 부모들이 하는 것보다 더 무자비하고 강력하게 아이들을 개종할 것이다. 모든 종류의 단체생활이 그러하듯, 시민의식 역시 공통의 종교를 기반으로 하지 않으면 불가능하다. 그 공통의 종교를 아이들에게 가르치는 일은 수많은 종파로 나뉜 각각의 부모들보다는 자유사상과 관용을 중요하게 여기는 민주국가가 담당하는 편이 낫다. 각각의 종파는 저마다 자기들만 세상을 구원할 수 있고 교리에 대한 비판은 불경스러운 이단이라고 규정한다. **그런 종교적 편견 속에서 자란 아이들은 성체성사 문제 하나만 놓고도 30년 전쟁을 일으킬 소지가 있다.** 자기들은 신에게 선택받은 민족이므로 다른 민족을 지배해도 된다고 여기는 국가에서 자란 아이들이 세계대전을 일으킨 것처럼 말이다.

그들은 종교적 편견이 신앙심과 애국심이라고 우긴다. 그러나 그들 역시 '도둑질하지 말라'는 데 동의해야 하고 그에 반하는 가르침은 용인될 수 없다는 사실을 인정해야 한다. 국가보다 가족을 우선시하는 자라고 해도 자식들이 조직폭력배나 도둑으로 자라는 것을 두고 볼 사람은 없다. 전체주의 국가를 옹호하는 자라고 해도 로마제국에서 그랬던 것처럼 사상의 자유와 언론의 자유를 억누르자고 제안하지는 않는다. 왜냐하면 극단적인 것은 실행가능하지도 않고 바람직하지도 않기 때문이다. 분명한 것은 정치와 종교에 대해 어느 정도 규정하지 않고는 아동기를 조직할 수 없다는 사실이다. 그런데 규정은 최소한으로 이뤄져야 한다. 경찰을 두려워하는 아이들이나 국가를 두려워하는 사람들조차 그 규정이 미미하다고 여길 정도면 된다. 아무리 생각해도, 완벽한 자유가 사회적으로 불가능한 상황에서 개인의 자유만을 강조하는 허튼소리는 더 이상 들을 필요가 없다. 문명을 유지하기 위해서는 권위가 반드시 필요하다. 그러한 권위는 대중의 심판을 받는 공공기관이 행사해야 한다. 특정 가문 출신의 무책임한 전제군주라든가, 설립취지가 무색하게도 금권정치를 떠받치며 교육제도를 좌우하는 비싼 사립학교가 그러한 권위를 행사한다면 전제정치로 치달을 것이다. 아이들의 삶이 진지하게 조직되면, 교사들은 학생들이 정부의 명령과 다르게 생각하는 것을 막느라 고군분투할 필요없이 학생들이 스스로 생각하도록 돕게 될 것이다.

버나드 쇼와 인도 초대 총리 자와할랄 네루, 1949.
해로-캠브리지 출신인 네루는 1907년 캠브리지에서 버나드 쇼의 강의를 듣고 사회주의에 처음 관심을 갖게 됐다고 한다.

"혁명이 일어나도 버나드 쇼는 귀족의 피를 마시지 않을 것."
버나드 쇼의 오랜 벗이자 라이벌로 유명한 G.K.체스터턴이 직접 그린 삽화.
<다채로운 땅 The Coloured Lands> 중에서, 1938.

롬바르드스트리트 입구. 좌측에 런던 증권거래소와 영란은행이 보인다. 2011.

11장 금융 미스터리: 은행제도의 문제점

1

오늘날 산업이 발달하면서 상업자본의 규모가 점점 더 커지고 있다. 그러다 보니 직접 기업을 운영하지 않고 상거래에 필요한 자본 조달을 전문으로 하는 금융가의 시대가 도래했다. 이러한 시대 변화에 적응하지 못한 부르주아는 고용인에서 피고용인으로 전락하면서, 민간기업의 관리보다는 공무원이 되는 것을 선호하게 됐다. 공무원이 민간기업의 관리직보다 안정적이고 처우가 좋으며 일에 대한 보람도 훨씬 크기 때문이다. 실제로 민간기업 봉급의 절반 또는 삼분의 일에도 못 미치는 임금을 받더라도 기꺼이 국가나 지자체의 업무를 맡으려는 유능한 인재들을 쉽게 볼 수 있다. 민간기업의 일자리는 국가공무원이나 지자체공무원보다 불안정할 뿐만 아니라 사회적으로 지나친 허세까지 부려야 한다. 게다가 복장이나 정치종교적 관습에서 공무원보다 딱히 자유롭지도 않다.

   예전에는 부르주아 계급이 읽기와 쓰기, 산술 등을 독점하고 프롤레타리아 계급은 문맹이었지만, 이제는 우수장학금과 의무교육의 혜택을 받으며 성장한 프롤레타리아 출신 관리들이 대거 등장했다. 그러나 프롤레타리아가 교육을 받고 출세한 것이 금융업자가 득세한 배경을 완전히 설명해 주지는 않는다. 소규모 자기자본으로 손수 기업을 운영하면서 폭리를 취하는 게 전부인 일반 상거래와 비교하면, 금융과 돈의 세계는 도무지 풀기 힘든 수수께끼다. 금융업자들은 아무런 대가 없이 엄청난 돈을 벌게 해주겠다고 약속한다. 탐욕에 눈이 먼 보통사람들은 금융업자들의 말도 안 되는 소리에도 귀가 솔깃할 수밖에 없다. 통화량을 늘리면 부가 증가한다고 착각하는 사람들이 있다. 이러한 '통화만능주의'는 모든 사회개혁 운동을 방해하는 골칫거리다. 실제로 캐나다 앨버타 주에서는 사회신용당의 주장대로 가상의 부에 근거하여 예산을 세우는 어이없는 일이 벌어지기도 했다. 통화만능주의에 힘을 실어 준 것은 금융 미스터리와 지폐의 존재다. 금융은 무(無)에서 수백만 파운드를 창출하는 것처럼 보이는 미스터리다. 또한 우리는 수천 파운드의 금에 해당하는 채무를 한낱 종이조각으로 변제하는 경험을 일상적으로 하고 있다. 이러한 현상에 비추어 보면, 마치 중세 연금술사들이 그렇게 찾아 헤맸던 '현자의 돌'이라도 발견한 것처럼 보인다. 그러나 우리는 '현자의 돌'이 존재한다는 믿음을 버려야 한다. 앨버타 주정부 국고에 벌어진 일을 보면 사회신용설은 뭔가 단단히 잘못된 것임에 분명하다. 그러나 **금융이 민간영역에 맡겨져 있고 부유한 사람들이 손 하나 까딱 않고도 막대한 불로소득을 누리는 한, 매번 다른 가면을 쓰고 사람들을 현혹하는 터무니없는 계략들이 창궐하게 될 것이다.** 그러면 평범한 사람들은 '사우스시 거품'을 좇았던 것과 마찬가지로 또다시 계략에 휘말리게 될 것이다.

2

도대체 금융 미스터리란 무엇인가?

수백 년 전 롬바르드 금세공업자들의 발견이 오늘날 런던에서 '롬바르드 스트리트'¹라는 이름으로 기념되고 있다. 당시 사람들은 **여윳돈**이 생기면 집안에 숨겨놓고 강도의 위험으로부터 직접 지켜내야 하는 형편이었다. 그래서 부자들은 남아도는 금화를 금세공업자에게 가져가 특수 제작한 금고에 보관해달라고 요청했다. 당연히 보관비용은 지불했다. 금화를 맡겨놓은 부자들은 그때그때 필요한 돈만 찾아가고 계좌에 늘 "잔고"를 남겨두었다. 금세공업자들은 이내 깨달았다. 금화의 주인들에게 그때그때 지급해야 할 금액을 따로 떼어놓고도 훨씬 더 많은 돈이 늘상 금세공업자의 수중에 남아 있는 게 아닌가. 금세공업자는 남는 돈을 이자를 받고 빌려줌으로써, 금세공업으로 버는 돈보다 더 많은 이윤을 창출하게 됐다. 그렇게 해서 금세공업자는 본업을 그만 두고 대부업자가 됐다.

얼마 지나서, 이 대부업자는 또 다른 발상을 했다. 각각 100파운드, 10파운드, 5파운드, 1파운드의 금에 대한 지불을 약속하는 어음(금장어음)을 다량 발행하면, 고객들이 거액을 거래할 때 금은을 가득 채운 가방을 들고 다니는 것보다 훨씬 더 편리할 것이라고 생각한 것이다. 고객들은 그 금장어음이 틀림없이 금고에 보관된 금을 대신하는 것이라고 확신했다. 금장어음은 이 사람 저 사람을 거치면서 유통되다가 한참 후에나 액면가에 해당하는 금으로 교환되기 위해 대부업자들의 수중으로 돌아왔다. 이 약속어음은 결코 한날한시에 회수될 리 없기 때

---

1 은행이 밀집된 런던의 금융가. 미국의 월스트리트와 함께 세계 금융의 중심지이다.

문에 언제나 엄청난 양의 약속어음이 시중에 돌아다니게 마련이었다. 여기서 대부업자는, 유통되고 있는 약속어음의 일부에 해당하는 금만 금고에 보유하고 있으면 나머지는 이자를 받고 또 빌려줄 수 있다는 사실을 깨달았다. 이것이 대부업자가 발견한 두 번째 노다지다. **대부업자는 금융 미스터리를 발견했을 뿐만 아니라 지폐를 고안해냈다. 드디어 현자의 돌을 찾은 것이다.**

신앙이 지배했던 중세에는 현자의 돌을 찾았거나 혹은 찾으려고 했던 연금술사들이 마법사로 몰려 화형에 처해졌다. 교회는 돈 빌려주는 일을 업으로 삼은 사업가들을 고리대금업자라 부르며 처참하게 욕하고 저주했다. 따라서 금세공업자들은 잔고를 이용해 자기들이 무슨 일을 하고 있는지 절대 밝히지 않았고, 고객이 맡긴 돈은 난공불락의 금고 안에 고스란히 안전하게 보관되고 있다며 고객들을 안심시켰다. 그리고 **금세공업자들은 스스로 연금술사나 고리대금업자가 아니라 은행가라고 여겼다. 은행가라는 미명 하에서 대부업자들은 사회적으로 용인되었을 뿐만 아니라 높은 존경을 받기에 이르렀다.** 돈놀이 외에 다른 직업을 가질 수 없었던 유태인들은 은행업으로 우뚝 서게 되었다. 유태인이 다른 민족보다 더 탐욕스러웠던 것이 아니다. 오히려 그 반대라고 할 수 있다. 다만, 유태인은 돈을 다루는 일에 훨씬 더 훈련이 돼 있었던 것이다.

은행가들은 돈이 필요한 사람들도 돈이 남아도는 사람들만큼이나 돈벌이가 되는 고객이라는 것을 금방 알아챘다. 사업자금이 달려서 돈이 필요했던 고객들은 자신의 계좌에 들어있는 금액보다 더 많은 돈을 대출해 달라고 은행에 간청하는 형편이었다. 한편 잔고가 넉넉한 고객들은 돈을 인출해서 채권이나 주식 또는 부동산에 투자하고 싶은 유혹에 흔들리고 있었다. 따라서 은행가들은 잔고가 넉넉한 고객에게 무료로 돈을 보관해 주겠다고 하면서, 고객들이 예고 없이 인출하지 않겠다고 약속한 금액에 대해서는 소정의 예금이자까지 지급하겠다고 제안했다. 그러나 대출이자는 예금이자보다 훨씬 비싸다. 예금에 대해 약 1퍼센트의 이자를 준다면, 담보대출에는 4.5퍼센트의 이자를 받아가는 식이다. 은행가들은 신중한 피터의 돈을 가져다가 열정적인 폴에게 이자를 붙여 빌려준다. 만약 피터가 일시적으로 자금난을 겪게 되면, 은행은 피터의 돈을 다시 피터에게 빌려주면서 대출이자를 받아낸다.

오늘날 금융이 대단히 보편화되는 바람에, 근대 은행가들은 수백만 명에 달하는 고객을 확보하게 됐다. 따라서 고객들의 일상적인 자금인출에 대비하여 예금 1파운드 당 3실링 정도만 보유하고 있으면 은행은 별 문제 없이 굴러간다. 은행가들은 나머지 돈으로 한창 세계대전을 치르고 있는 제국에 돈줄을 대기도 하고, 닭 모이를 사야 하는 가축업자에게 대출을 해주기도 한다. 은행가는 큰 물고기든 작은 물고기든 가리지 않고 모든 고객에게 촘촘한 그물을 던진다.

3
금융은 수익성이 좋고 몹시 유용한 사업이지만, 그 안에는 함정이 있다. 고객들은 그 함정을 미처 알아채지 못한다. 고객들은 그저, 자기 돈이 튼튼한 은행금고 안에 안전하게 보관되어 있다고 믿는다. 어쩌다 한 번씩 돈이 잘 있는지 확인하려고 은행에 가서 전액인출을 해보는 고객도 있다. 그러면 담당직원은 금화가 든 자루를 내민다. 자루에는 고객의 이름표가 붙어있다. 고객은 금화의 개수가 맞는지 확인하고는, 전과 마찬가지로 도로 은행에 맡긴다. 어떤 고객도 은행이 속임수를 쓴다고 의심하지 않는다. 사실 은행은 예금을 확인하러 오는 여러 순진한 고객들에게 매번 똑같은 자루를 건네준다. 계좌의 금액에 따라 금화의 개수를 살짝 조정하고 고객의 이름표만 바꿔 달 뿐이다. 은행의 보관방식은 고객을 철저하게 기만하는 것이다. 이 거짓절차에 놀아나는 것은 대체로 걱정이 많은 농부나 매사에 조심하는 가난한 여인들이다. 이들은 수많은 예금주를 대표한다. 사실 대부분의 예금주들은 은행을 너무도 신임한 나머지 돈이 잘 있는지 확인할 생각조차 하지 않고 무조건 돈이 은행 안에 고스란히 보관되어 있을 것이라고 확신한다.

고객들의 이러한 착각이 평소에는 은행가에게도 나쁠 게 없다. 그러나 은행의 지급능력에 문제가 있다는 소문이 한 번 돌면, 마냥 잘 속고 있던 사람들이 갑자기 돈을 찾겠다고 은행으로 달려간다. 우리가 "뱅크런"이라고 부르는 대규모 예금인출사태가 벌어지는 것이다. 패닉에 빠진 고객들은 저마다 전액인출을 요구한다. 은행은 고작 몇 실링만을 보유하고 있는데 말이다. 은행이 보유하고 있는 잔고로는 일상적인 지급요구나 해결할 수 있을 뿐, 모든 계좌의 동시인출을 감당하기에는 역부족이다. 먼저 온 사람만 돈을 찾을 수 있다. 은행은 필사적으로 사방에서 돈을 그러모은다. 다른 은행가가 아주 팍팍한 조건을 제시하며 구원의 손길이라도 내밀지 않는 한, 그 은행은 결국 문을 닫고 더 이상 지급할 돈이 없다고 이실직고해야 하는 상황에 처하고 만다. 이른바 은행이 파산하는 것이다. 그리고 운이 없는 고객은 저축한 금액을 날리게 된다.

이 모든 상황을 "자업자득"이라고 말하고픈 사람도 있을 것이다. 은행고객들은 잔액을 인출하러 달려가지 말고, 있는 대로 돈을 모아서 은행에 예치하고 계좌인출을 최소한으로 자제했어야 한다. 또한 은행의 모라토리엄(지급유예) 선언을 받아들이고, 잔고인출권을 배급받는 데 동의했어야 한다. 간단히 말하자면, 은행고객들이 실제로 했던 행동과는 정반대로 행동했어야 한다. **만약 은행고객들이 금융이 무엇인지, 그리고 은행은 어떻게 해서 호화로운 건물을 사용하면서 고객들에게 그렇게나 많은 서비스를 공짜로 제공할 수 있는 것인지에 대해 제대로 배웠다면, 아마 다르게 행동할 수 있었을 것이다. 학교에서 반드시 가르쳐야 할 것은 다름 아닌 시민으로서의 자질이다.** 그러나 학창시절에 기껏 배우는 것이라고는 사어가 된 라틴어로 유베날리스의 외설스러운 풍자시를 읽는 것뿐이다.

그렇다면 어째서 은행은 계좌를 개설하려는 고객에게, 말로 하든 팸플릿을 사용하든, 은행의 그 수많은 서비스가 공짜로 제공될 수 있는지 설명하지 않는 것일까? 은행이 어떤 메커니즘을 갖고 있길래, 호주머니에 돈이 넘쳐나는 시민들은 누구나 튼튼한 건물의 철통 같은 금고에 돈을 무료로 보관할 수 있으며 믿을만한 직원들이 제공하는 갖은 서비스를 공짜로 받을 수 있는지 말이다. 은행직원들은 고객들에게 완전히 공짜로 혹은 거의 공짜나 다름없이 청구서를 수납하고, 돈을 빌려주고, 주식중개를 하고, 피신탁인이나 유언집행인의 역할을 하고, 그 밖의 다른 서비스도 정중하게 제공한다. 그런데도 은행은 늘 주주들에게 후한 배당금을 지불할 수 있다. 아마도 이 모든 배경에 대한 설명을 듣는다면 세상에 다시 없는 얼간이라도 은행이 자기 돈을 가지고 장난질을 치게 놔두지는 않을 것이며, 차라리 돈을 도로 집으로 가져와서 낡은 양말 속에 보관하는 편을 택할 것이다. 그런 일이 벌어지면, 은행이 돌아가는 원리를 설명해준 은행원은 영업비밀을 유출했다는 이유로 해고당할 것이다.

은행의 작동 원리에 대한 설명을 들을 수 없는 또 다른 이유는 은행원이라고 해서 반드시 은행업을 완전히 이해하고 있는 것은 아니기 때문이다. 은행원들은 이론가가 아니고, 기계적으로 업무를 수행하는 사람들이다. 은행가라고 해도 은행원보다 금융이론을 더 잘 아는 것도 아니고, 실제 업무에 대해서는 더 모르는 경우가 많다. 은행업을 정확하게 이해하고 있는 은행가라면, 아일랜드에서 토지취득법이 발효되면서 지주들이 일거에 소탕된 것과 마찬가지로 은행취득법을 통해 은행이 얼마나 손쉽게 국유화될 수 있는지도 알 것이다. 만약 국책은행에 뱅크런 사태가 발생한다면, 정부는 즉시 국가비상상태를 선포하고 전시에 달걀을 배급하듯이 잔고인출권을 배급할 수 있을 것이다. 그러면 얼간이들도 무지로 인한 공황상태에 빠져 자기 신세와 은행을 동시에 말아먹는 대신에 분별 있게 행동할 수밖에 없다. 정부는 은행고객들의 잔고 전액을 보장할 것이고, 고객들은 합리적인 이자를 지불하고 사업확장을 위한 돈을 대출할 수 있을 것이다. 대출 이자율이 지금보다 20퍼센트는 더 할인될 수 있다. 그러나 그렇게 되면 현재 은행이 취하고 있는 막대한 이윤이 사라지고 이자로 벌어들인 은행수익도 국유화될 것이기 때문에, 은행가들은 금융이 미스터리로 남아 있게 하기 위해서 온 신경을 곤두세우고 있다.

4

은행예금을 정부가 보장해준다면 상당히 마음이 놓일 것이다. 그러나 은행국유화가 어떤 결과를 가져올 것인가는 정부가 얼마나 정직하고 똑똑한가에 달려있다. **선을 행하는 정부의 힘이 그 어떤 민간기업보다 강력한 것처럼, 악을 행하는 정부의 힘도 그 어떤 민간기업보다 강력하다.** 얼간이들이 국책은행의 업무를 맡고, 역시 얼간이들로 구성된 의회가 국책은행을 뒷받침한다면, 은행국유화는 가장 이기적인 민간금융보다 훨씬 더 큰 재앙을 초래할 것이다. 평등한 참정권을 주장하는 '1인1표주의'에 의해 의회에 들어간 수많은 얼간이들이 일을 엉망으로 만들어버린 사례만 봐도 충분히 짐작할 수 있다. 그런 얼간이들은 아무것도 모르면서 지폐에 길들여질 것이다. 담배를 사기 위해 1실링이나 지불하면서도, 그 중 담뱃값은 겨우 1.5펜스밖에 안되고 10.5펜스가 세금이라는 것을 알 턱이 없다. 얼간이들은 화폐가 본래 재화에 대한 권리증서임을 완전히 망각하고 있다. 화폐의 액면가에 상응하는 재화가 존재하지 않는다면, 화폐란 그저 인쇄된 종이조각에 지나지 않는데 말이다. 멍청한 의회는 재화가 아니라 화폐의 관점에서 경제적 판단을 내릴 것이다. 재무부에서 돈이 필요하다고 하면, 얼간이들은 그처럼 해결하기 쉬운 일이 또 없다고 생각할 것이다. 그까짓거, 한 뭉치의 돈을 인쇄해서 발행하면 모든 국채를 다 갚아버릴 수도 있다고 착각한다. 1차세계대전에서 패한 독일이 연합국에게 마지막 한 푼까지 깡그리 수탈당했을 때, 독일의 사회민주주의 정부는 정말로 그런 얼간이 짓을 했다. 그 결과 2.5페니짜리 우표 가격이 40억 파운드까지 치솟았다. 모든 물건이 엄청나게 비싸졌고, 물가는 시시각각 상승했다. 연금생활자나 고정수입으로 생계를 유지하는 사람들은 거지신세로 전락했다. 채무자들은 빵 한 조각 가격도 안 되는 돈으로 빚을 모조리 상환할 수 있었다. 노동자들이 백만장자가 되고, 백만장자들은 버스 차장이 되었다. 너무나도 파괴적인 사회적 혼란이 야기되었다. 독일이 적국에 제 나라를 넘기고 "당신들이 우리를 정복했소. 그러니 우리가 패배를 극복하고 일어설 때까지 우리를 잘 좀 통치해주시오"하고 말하는 편이 차라리 덜 고통스럽지 않았을까 싶은 정도였다.

우리 영국 바보들은 독일에서 빼앗아 온 돈을 그런 식으로 모조리 잃고 난 다음에야, "인플레이션"이 무슨 수를 쓰든 피해야 할 악이라는 것을 알게 되었다. 그러나 불행히도 인플레이션이 정작 무슨 뜻인지는 여전히 알지 못한다. 인플레이션이란 말은 이 사람 저 사람 입에 오르내리면서 그저 모든 물건 값이 비싸지는 것이라고 알려지게 되었다. 인플레이션의 진짜 의미는 무엇일까? 어떻게 해서 인플레이션은 전쟁을 능가하는 대재앙을 가져오는 것일까?

금세공업자에서 환골탈태한 은행가가 고객에게 금화가 든 자루를 건네는 대신 약속어음을 발행했을 때, 그 어음(은행권)의 가치는 종이 조각 위에 적힌 만큼의 금화가 은행에 보관되어 있는지에 달려있다. 적어도, 어음이 되돌아왔을 때에는 은행이 확실히 그만큼의 금화를 보유하고 있어야 한다. 그리고 이 약속어음의 가치는 금이 누구에게나 높은 가치를 가진다는 사실에 기반하고 있다. 금화를 내면 빵과 버터, 벽돌과 회반죽, 울과 린넨, 석탄과 땔감, 그 밖에 필요한 것이나 원하는 모든 것을 살 수 있었다. 그리고 또, 이 약속어음의 가치는 가용 재화의 수량에 따라 달라진다. 현대 도시에 사는 사람이라면 수돗물 한 잔을 위해 단

돈 1페니도 지불하지 않겠지만, 만약 사막에서 갈증으로 죽어가고 있다면 한 모금의 물을 위해 (할 수만 있으면) 세상의 모든 금화라도 지불하려고 할 것이다. 한겨울에는 딸기가 몇 기니씩 하지만, 7월에는 단돈 2펜스면 딸기 한 바구니를 살 수 있다. 그러나 문명이 모든 기근을 없애고 인간생존에 필요한 모든 것을 합당하고 안정적인 가격에 지속적으로 공급하기 전까지는 금의 실질적인 가치를 정확하게 계산할 수 없다.

은행가가 악당이나 도박꾼이라면, 혹은 뭣도 모르면서 은행업무를 지속하는 상황이라면, 현재 보유하고 있거나 지불 시점에 보유하고 있을 법한 금보다 훨씬 더 많은 양의 약속어음을 발행함으로써 부를 축적하려고 할 수 있다. 그것이 바로 인플레이션이다. 은행가 개인은 인플레이션에 대한 죗값을 치른대 봤자 겨우 사기성 파산을 할 뿐이다. 그러나 실제로 금도 물자도 없는 나라에서 정부가 그런 식으로 온 나라에 약속어음(지폐)을 남발한다면, 5파운드짜리 지폐를 잔뜩 가지고 있는 손님이 레스토랑에서 6펜스를 내고 빵과 버터를 주문하려고 할 때 웨이터가 고개를 저으며 "그 돈으로는 어림없습니다"라고 말하는 상황이 벌어질 것이다. 손님은 너무 배가 고픈 나머지 1실링을 내밀겠지만, 결과는 마찬가지다. 반(半)크라운, 10실링, 1파운드, 5파운드, … 이렇게 해서 결국 40억 파운드를 지불해도 버터는 언감생심이고 겨우 빵 한 조각을 사먹을 수 있을 것이다. 1차세계대전 이후 독일이 어마어마한 인플레이션을 겪을 때, 정말로 독일의 물가는 천문학적으로 치솟았다. 나에게 약 20만 마르크를 빌려갔던 독일은 후하게도 100만 마르크짜리 화폐로 빚을 갚았는데, 당시 100만 마르크 화폐의 값어치는 실제로 몇 펜스도 되지 않는 것이었다. 로이드 조지는 이를 두고 "드디어 독일이 돈을 지불했다"고 말했지만, 사실은 인플레이션이 가져온 혼란 때문에 내가 독일 정부에게 돈을 지불한 셈이다.

하지만 지불능력이 있는 세계에서는 인플레이션이 저절로 치유된다. 인플레이션이 독일의 통화를 무용지물로 만들어서 아무도 독일 돈으로 거래하려고 하지 않자, 사람들은 마르크가 아니라 미국 달러를 놓고 거래했다. 미국 달러야말로 질 좋은 양화(良貨)였다. 독일 정부는 잔뜩 통화팽창이 된 지폐를 찢어버리고, 화폐 뒤에 재화가 존재하는(태환이 가능한) 새로운 통화로 대체할 수밖에 없었다. 그러나 통화를 교체해도 상황은 전혀 나아지지 않았다. 인플레이션으로 파산했던 사람들은 인플레이션이 초래한 재앙이 너무 심각한 데다 미국만 지불능력이 있다는 사실 때문에 여전히 무사하지 못했다.

독일 정치인들이 특별히 멍청하거나 정직하지 못했기 때문에 이러한 재난을 초래한 것처럼 보일지도 모른다. 그러나 우리 시대의 가장 유능한 통치자라고들 하는 레닌과 스탈린의 영도 하에서 유달리 똑똑하고 정치적으로 잘 교육 받았으며 공익을 부르짖는 볼셰비키가 통치하는 러시아에서도 같은 일이 벌어졌다. 그리 오래 지속되지는 않았지만 영국에서도 인플레이션은 일어났다. 프랑스는 전쟁 기간 동안 사방에서 1프랑에 10펜스의 환율로 돈을 빌렸는데, 참으로 뻔뻔하고 천연덕스럽게 1프랑의 가치를 2펜스로 떨어뜨렸다. 채권자들에게 빌린 돈에서 5분의 4의 가치를 없애는 사기를 친 것이다. 그렇지만 아무도 분개하지 않았다. 동일한 금액의 파운드나 달러로 전보다 다섯 배나 많은 프랑을 살 수 있게 되었으므로, 싸게 휴가를 보내려는 영국과 미국의 관광객들이 신나서 프랑스로 몰려갔을 뿐이다.

5

계층을 막론하고 모든 사람이 재정 문제에 대해 심각하게 무지하다는 것은, 윈스턴 처칠이 재무부장관을 지낼 당시 우편저금국에 예치된 돈을 사용하면 어쩌나 하고 겁을 집어먹은 사람들이 벌인 사건만 봐도 알 수가 있다. 우편저금국 계좌를 가지고 있던 사람들은 자기들이 맡긴 바로 그 동전들이 이름표가 달린 자루에 담겨 금고에 안전하게 보관되고 있다가 언제라도 고스란히 인출될 수 있다고 굳게 믿고 있었다. 바로 그렇게 믿었기 때문에 뱅크런 사태가 일어난 것이다. 더 심각한 문제도 있다. 우리의 원로 정치인들이 그 딱한 사람들을 안심시키겠다고 나섰지만, 보아하니 원로 정치인들도 공황상태에 빠진 일반인들보다 나을 게 하나 없었다. 후에 금본위제를 폐지하자는 주장이 제기되면서, 영국중앙은행은 시중에 유통되는 은행권만큼의 금을 확보해야 하는 상황에 처했다. 그러자 바로 다음 선거에서 영국 정부는 영국의 지불능력을 지키려면 금본위제를 유지해야 한다고 대중을 규합하고 나섰다. 이는 지극히 분별력 있는 대응처럼 보였다. 그러나 선거를 치르기도 전에 전세계를 통틀어 금이란 금은 거의 모두 미국 금고 안에 묶여있음이 알려졌다. 정부는 바로 입장을 바꾸고 유권자들을 안심시켜야 했다. 유통되는 지폐의 액면가에 해당하는 충분한 재화가 있고 정부가 정직하다면, 지폐는 금화만큼 안전하다는 것을 유권자가 믿도록 해야 했다. 그러나 우리네 원로 정치인들은 문제 자체를 파악하지 못했기 때문에 이번에도 해명할 수 없었고, 영국은행총재마저 자기가 화폐에 대해 잘 알지 못한다고 고백했다. 놀랄 일도 아니다. 화폐를 재화와 분리시켜서 별개의 문제로 취급하는 것은 말도 안 되는 일이며, 그렇게 한다면 어느 누구라도 화폐를 이해할 수 없을 것이다.

이런 문제는 정치인이 머리가 나쁘다거나 정직하지 못해서 생긴 일이 아니다. 정치인에게 돈과 금융에 대한 기초 지식이 부족한 것이다. 기초적인 금융지식을 익히는 것은 마권을 사서 경마에 참여하거나 카드놀이를 하는 것보다 훨씬 쉬운 일이다. 아인슈타인의 일반상대성이론을 이해하는 최고의 엘리트라 하더라도, 그 사람이 금융의 역사와 지폐의 속성에 대해 이해하고 있다는 것을 입증하지 못한다면, 국고의 수장을 맡겨서는 안 된다.

정치적 무지 때문에 벌어지는 오해와 착각에 대한 이야기를 마치려면 아직도 갈 길이 멀다.

12장 금융시장을 둘러싼 착각과 오해

1

은행은 정직하고 전도유망하며 상환능력이 있다고 판단되는 사람에게 돈을 빌려준다. 대출금을 감당할 능력에 대한 은행의 평가를 '신용'이라 한다. 은행가와 대출자 모두 '신용'을 마치 실재하는 재화처럼 취급하는 데 금세 익숙해진다. '신용'이 마치 벽돌과 회반죽, 빵과 버터, 옷깃과 소매라도 되는 양 여기는 것이다. 그러나 돈이란 실재하는 재화에 대한 권리증서일 뿐이다. 그러니까 사고팔 수 있는 재화가 실제로 존재하지 않는다면, 그러한 권리증서는 아무런 가치도 없다(나는 이 점을 거듭해서 강조하고 싶다). 신용으로 생계를 꾸리고 집을 짓는 사람들이 있다는 이야기를 심심찮게 듣는데, 정말이지 말도 안 되는 일이다. 또한 은행이 신용을 창출하고 심지어 돈을 만들어낸다는 이야기도 들리는데, 역시 위험천만한 헛소리다. 만약 그에 상응하는 재화가 실제로 존재하고 은행가의 판단이 건전하다면야 신용이라는 것이 제대로 작동할 수도 있겠다. 그러나 현실은 그렇지 못하다. 재무부장관이 이러한 착각에 빠져 있다면, 국가적 재앙을 일으킬 상시적인 위험이 도사리고 있는 것이다.

그런데 신용대출보다 더 위험한 착각이 만연하고 있다. 은행 말고도 증권거래소라는 금융시장이 존재하니까 말이다. 증권거래란 누군가의 현금과 다른 누군가의 연간소득을 교환하는 것이다. 이 특수한 거래는 연간소득을 사들이는 증권브로커와 연간소득을 파는 딜러들을 매개로 이뤄진다. 증권브로커는 딜러에게 이렇게 말한다. "내 고객은 자신이 소비하는 데 필요한 것보다 훨씬 많은 돈을 가지고 있습니다. 지난해부터 올해까지의 수확으로 천 파운드를 벌어들였거든요. 바로 쓸 수 있는 현금을 그만큼 갖고 있어요. 그래서 내 고객은 미래 수입을 위해 그 돈을 투자하고 싶어합니다. 당신은 연간소득을 판매하려는 사람들을 대리하잖아요. 당신이 내 고객에게 할 수 있는 최선의 제안은 무엇입니까?" 그러면 딜러는 고객이 확실한 보장을(즉, 정부가 보증하는 국채를) 원하는지, 아니면 엄청나게 성장할 수도 있지만 완전히 망할 수도 있는 회사채를 선호하는지 물어볼 것이다. 안전한 증권의 가격이 위험한 증권의 가격과 같지 않기 때문이다. 예컨대, 딜러는 브로커에게 이렇게 말할 것이다. "국채(정부공채)로 일 년에 1천 파운드의 보장수익을 원한다면, 3만3천 파운드를 지불해야 합니다. 하지만 회사채로 모험을 해보시겠다면, 2만 파운드를 내시면 됩니다. 혹은 위험이 배가 되는 대신 1만 파운드만 내셔도 됩니다." 이것을 다르게 말하면, 같은 금액을 벌어들이는 데 안전하게 33년이 걸릴 수도 있고, 위험이 증가하는 대신 20년 또는 10년이 채 안 걸릴 수도 있다는 뜻이다. 일반적인 방식으로 다시 말하자면, 현금의 투자수익률이 3퍼센트, 5퍼센트, 10퍼센트 이런 식으로 상황에 따라서 얼마든지 달라질 수 있다는 말이다.

상업시대 내내 금융시장에서는 안전한 금융상품이 5퍼센트의 이율을 보장하는 경우가 많았기 때문에, 일 년에 1천 파운드의 수익이 주식브로커를 거치면 언제든지 2만 파운드로 바뀐다는 착각이 생겨났다. 일년에 1천 파운드를 버는 사람은 2만 파운드의 "가치"가 있다고 받아들여진다. 5만 파운드를 버는 사람은 백만장자로 여겨지는 것이다. 정신이 멀쩡한 통계학자들이 국민소득을 20배 불린 수치로 국부를 측정하는 일이 실제로 벌어졌다.

여기서 어떤 증권브로커는 내가 뭐라고 말하든지 간에 내 말을 가로막고 나설 것이다. 그는 실제로 내 연간소득에서 1천 파운드를 가져다가 보름 안에 2만 파운드를 만들 수 있으며, 자신의 수수료만 제하고 바로 나에게 그 돈을 갖다 줄 수 있다고 장담할 것이다. 결과적으로 증권브로커의 입장에서 보면 20배 뻥튀기는 아무 문제 없다. 그러나 그러한 증권거래는 금융시장에 국한된 것이다. 무슨 말이냐 하면, 판매할 고정수입이 있거나 그것을 사들일 여윳돈을 가진 10퍼센트 정도의 인구에만 한정된 이야기란 말이다. **증권브로커의 20배 뻥튀기 기술을 전체 인구에 적용해 보자. 그러면 뻥튀기 기술이 말도 안 되는 것임을 금방 알 수 있다. 그 어떤 금융마법이나 속임수를 쓰더라도 국민총생산의 20배를 소비하도록 만들 수는 없다. 그런 마법은 결코 없다.** 그러나 자본세를 도입하라는 프롤레타리아의 아우성이 커지면, 우리 자본주의 정치인들과 저널리스트들은 자본소득에 대해 세금을 부과하지 않는 이유를 수십 개씩 갖다 대느라 바쁘다. 모두 자본이 여전히 존재한다는 가정 하에서만 성립하는 이유들이다. 실제로는, 이미 오래 전에 자본을 다 써버려서 과세할만한 자본 자체가 남아있지 않으므로, 자본소득에 대한 과세는 무의미하다고 간단명료하게 대답하면 되는데 말이다. 이로 보건대, 정치인들과 저널리스트들은 자본세 도입을 주장하는 사람들만큼이나 자본의 속성에 무지하고 주식시장의 환상에 지배되고 있다.

2

자본이란 무엇이고, 자본이 어떻게 작용하며, 재무부장관이 5파운드 지폐가 바로 100파운드의 가치를 가질 수 있다고 믿으면서 예산을 세우면 대체 어떤 일이 벌어질지 알아보자.

자본이란 남아도는 돈, 또는 "저축된" 돈이다. 우리의 산업이 번창한 것은 정부 힘만으로 된 일이 아니다. 인구의 10퍼센트를 부유하게 만들어 그들이 필요한 것보다 훨씬 많은 돈을 갖게 하고, 나머지 90퍼센트 인구는 가난하게 만들어 단돈 1실링도 저축할 수 없을 뿐만 아니라 성인의 수명이 단축됨은 물론 끔찍한 수준의 영아사망률을 겪게 함으로써 우리의 산업이 일어설 수 있었다. 가난한 이들이 불평이라도 할라치면, 자본주의자인 우리네 주교들이 고작 한다는 소리는 절약을 실천하지 않아서 그렇게 되었다는 것이다. 이때 주교들이 말하는 절약이란 아이들이 배고파 울어도 빵을 사는 대신 돈을 "저축"하라는 말과 같다. 당연히 사람들은 그 주교들이 끔찍하게 무정한 위선자라고 하겠지만, 그것은 완전히 잘못된 생각이다. 그 주교들은 충분히 인정 많고 진실한 사람들이다. 단지 그들은 자신이 무슨 말을 하는지 알지 못할 따름이다. 그리고 그들이 대학에서 배운 대로라면, 모든 사람이 가장 싼 가격에 사서 가장 비싼 가격에 팔기만 하면 자본주의란 반드시, 그리고 자동적으로 완벽한 풍요와 사회적인 조화를 만들어내야 하는 것이다.

오늘날 주교들은 백 명 중 열 명이 지나치게 부유해지기 위해 아흔 명이 극단적인 가난을 겪어야 하는 이 세상이 풍요롭지도 않고, 조화롭지도 않으며, 그리스도교답지도 않다는 것을 안다. 주교들뿐만 아니라 대주교와 주임사제들도 이제 설교대 위에서 공산주의자 그리스도의 복음을 선언한다. 그러나 그들은 자본주의의 속성이나 체계에 대해 명확하게 이해하지 못하고 있다(그리스도는 자본주의라는 단어를 알지 못했다). 따라서 내가 나서서 이해를 돕고자 한다.

나라에서 밭을 임대한 어느 노동자의 예를 들어 보자. 이 노동자는 밭을 일구지 않으면, 아무것도 얻을 수 없다는 것을 알고 있다. 그런데 삽이 없으면 밭을 일굴 수 없다. 따라서 그는 자신의 임금을 저축해서 삽을 살 돈을 모아야 한다. 그는 일주일에 얼마씩 모아서 간신히 6실링을 마련하고 그 돈으로 삽 한 자루를 산다. 그리고 삽으로 밭을 일구고 씨앗을 심고 채소를 수확한다. 수확한 채소를 가족의 저녁상에 올리기도 하고, 좀 더 많이 수확하면 내다 팔기도 한다. 밭에서 난 채소가 바로 노동자가 자본에서 도출한 수입이다. 여기서 자본이란 삽 한 자루를 사기 위해 노동자가 저축한 총액 6실링이다. 여기까지는 모든 것이 완전히 정직하고, 합리적이며, 사회적으로 이로운 과정이다. 게으름의 여지라고는 없다. 삽 한 자루가 있다고 해도 그 자체만으로는 아무것도 생산할 수 없다. 밭을 일구는 사람이 삽을 사용해서 노동을 해야만 감자 한 알이라도 생산할 수 있다. 게다가 밭을 일군다는 것은 상당히 힘든 일이다. 밭을 경작하는 노동자는 삽을 갖게 됐지만, 삽 가격으로 지불한 6실링은 더 이상 그의 수중에 없다. 6실링은 삽 제조업자와 철물상이 완전히 먹어 치워 버린 것이다. 그러면 이제, 자본에 대해 세금을 부과하는 세금징수원을 상상해 보자.

세금징수원: 당신은 6실링(삽 한 자루의 가격)의 자본을 가지고 일하는군요. 우리는 전쟁을 치르는 중이잖아요. 그래서 자본에 대해서 1파운드당 10실링을 과세합니다. 훈족(독일 군인)이 문 앞까지 쳐들어왔어요. 전쟁 비용을 대기 위해 3실링을 내셔야 합니다.

밭 경작자: 하지만 나는 6실링을 갖고 있지 않단 말이오. 삽을 사느라고 모두 써버렸다오.

세금징수원: 그렇다면, 삽의 절반을 내놓으셔야 합니다.

밭 경작자: 말도 안 되는 소리! 반쪽짜리 삽으로는 아무것도 못하잖소.

세금징수원: 맞는 말이네요. 그렇다면, 온전한 삽 전부를 가져 가겠습니다. 적당한 시기에 소득세 특별위원회에 3실링에 대한 환급을 신청하세요.

밭 경작자: 아니, 젠장. 이봐요. 당신이 그 삽으로 밭을 일구지 않는 한, 그 삽만 가지고는 3실링을 만들 도리가 없다니까. 게다가 나는 그 삽이 없으면 내 경작지를 일구지 못해서 땅이 못 쓰게 되고 말 거요.

세금징수원: 재무부장관이나 하원의원들은 세출예산법안을 가결시켰으므로 그런 걱정을 하지 않는답니다. 그러니 당신이 3실링을 더 저축해 놓는 수밖에 없어요. 한 달 말미를 드리지요. 그때 다시 세금을 걷으러 오겠습니다.

밭 경작자: 그딴 일은 일어나지 않을 거요! 당신네 어리석은 작자들은 고관들의 어리석은 짓거리를 이해 못하는군. 그자들이 아는 것

이라곤 가난한 사람들을 등쳐먹는 것밖에 없다니까. 다음 선거 때 그자들에게 반대 투표를 하겠어.

세금징수원: 좋을 대로 투표하세요. 자유국가니까요. 하지만 어쨌거나 세금은 똑같이 내야 합니다. 그럼, 잘 지내시고 내달 오늘 날짜에 다시 봅시다.

나는 나라에서 밭을 임대한 경작자의 말을 옹호할 생각이 없다. 세금을 부과하는 정부나 과세를 요구하는 선동자들의 무지와 어리석음을 옹호할 생각은 더더욱 없다.

이것으로 상황이 종료된 게 아니다. 재무부장관이 진짜로 삽을 가져가는 경우를 생각해 보자. 재무부장관이 삽을 가졌다고 해도 밭까지 가져가지 않는 한, 그가 삽으로 할 수 있는 일은 아무것도 없다. 재무부장관이 삽과 밭을 모두 가져온다면, 밭 경작자가 할 수 있는 것보다 훨씬 더 큰 이득을 취할 수도 있다. 밭 경작자에게서 뺏어온 땅을 재무부장관이 소유한 다른 경작지에서 하는 것처럼 비싼 기계를 사용하고 농학자와 회계사, 통계학자들의 힘을 빌려 과학적으로 관리할 수도 있기 때문이다. 게다가 밭 경작자는 원래 밭을 소유하고 있을 때보다 더 적은 시간을 일하고 높은 임금을 받는 조건으로 고용될 수도 있다. 한마디로 재무부장관은 농업을 사회화하고 땅을 국유화할 수도 있다. 물론, 그저 세출예산법안에 서명이나 한다고 산업과 토지의 국유화가 가능해지는 것은 아니다. 그런데 그 이야기를 하기에 앞서, 또 하나의 매우 위험한 가능성에 대해 다루고 넘어가야겠다.

노동을 하지 않으면 밭 경작자의 삽만 가지고는 아무것도 생산할 수 없다. 그러나 밭에 투입될 노동력을 반드시 밭 경작자가 제공할 필요는 없다. 땅이 몹시 비옥해서 여러 사람이 나눠 먹을 수 있을 만큼 채소가 풍성하게 수확된다고 가정해 보자! 그러면 자기 소유의 경작지가 없는 다른 노동자들은 기꺼이 자신의 노동력을 제공하고, 밭에서 생산된 채소를 나눠 가지려 할 것이다. 그렇게 되면 원래의 밭 경작자는 근면한 노동자에서 땅에 기생하는 게으른 존재로 전락하게 된다.

밭을 경작하는 노동자가 밭에서 "석유를 찾아냈다"고 가정해 보자. 혹은, 당근을 캐다가 금이나 다이아몬드라도 발견했다면! 실제로 남아프리카에서 그런 일이 일어나고 있다. 영국에서는 어떤 일들이 벌어지는고 하니, 도시가 성장하고 도로가 건설되고 주변에 새로운 공원이 들어서면서 양배추 밭 한 마지기가 어마어마한 가치를 갖는다. 그럴 경우 밭을 임대해서 양배추 농사를 짓던 노동자는 원래 밭 주인(이제는 지주라 불린다)에게 내야 하는 지대보다 훨씬 더 많은 돈을 받고 그 땅을 재임대할 수 있으며, 빈둥거리면서도 훨씬 더 호화로운 생활을 할 수 있다는 생각을 하게 된다. 만약 그 땅의 가치가 계속해서 올라간다면, 양배추 농사를 짓던 노동자에게 땅을 빌린 임차인도 같은 방식으로 다른 사람에게 땅을 재임대할 수 있다. 그리하여 땅의 가치가 다할 때까지 새로운 임차인들에게 계속해서 땅을 재임대하게 된다. 재임대가 발생할 때마다 불로소득에 기생하는 가족들이 늘어난다. 예전에는 양배추 밭이었으나 오늘날 대도시의 업무지구로 개발된 땅에는 수십 가구가 기생하고 있다. 그들은 수백 년 전 양배추 밭을 경작하면서 삽과 곡괭이를 구매하는 데 쓴 단돈 몇 실링 덕분에 업무지구로 개발된 땅에서 얻는 소득을 주야장천 누리고 있다.

3

나는 지금으로부터 60년 전에 사회주의자가 되었다. 어떤 사람들은 아무것도 하지 않으면서 돈을 버는데, 어떤 사람들은 일주일에 13실링도 안 되는 돈을 벌기 위해 어렸을 때부터 힘들게 일하다가 결국은 구빈원에서 쓰러져 죽는다. 대체 어떻게 이런 일이 벌어질 수 있는지 밝히고 싶었다. 양배추 밭 한 마지기가 맨 처음 소유자에 의해 경작되든 아니면 은행, 보험회사, 기업합동(트러스트), 체인점 따위의 부지가 되든 간에, 사람들이 그 땅에서 일주일에 6일을 일하지 않는다면 반 푼어치의 당근이나 한 푼의 지대도 생산해낼 수 없다는 것이 불가피한 진실인데 말이다.

인간사회가 기생충과 생산자, 게으름뱅이와 노동자, 주인과 노예로 갈라지게 된 것은 정복왕 윌리엄이 제후들에게 봉토를 나눠준 것처럼 토지를 전용(轉用)하거나 개척자들이 대목장을 선취했기 때문이다. 토지소유자가 6실링을 들여 삽 한 자루를 사든 6백만 실링을 들여 거대한 산업시설이나 대서양을 가로지르는 정기선을 구축하든 간에, 투입한 자본은 모두 사라져버린다. 일단 산업시설이나 선박이 건설되고 나면, 건설노동자들을 부양하기 위해 사용된 6백만 실링은 회수불가능한 것이다. 대차대조표상에 숫자로 표기된 6백만 실링은 사실상 실체가 없는 한낱 기록일 뿐이다. 바로 그러한 점에서 자본은 순전히 환상에 지나지 않는다. 자본가들이 공기만 마시고 있는데 공기에 과세할 수 있다는 생각은 정말 정신 나간 짓이다. 우리 모두는 재산이 아니라 노동으로 먹고 산다. 러스킨의 저술에서 진정한 경제학 복음의 정수를 발견할 수 있다. 사회적 양심이 있는 지주로서 러스킨은 자신을 위해 쓰는 돈

한 푼 한 푼이 모두 그의 노동을 통해 번 것이라는 점을 보여주기 위해 개인 계좌를 공개했다. 그리고 나머지 재산은 국가에 기탁했다. 세실 로즈는 유언장을 통해 게으름뱅이가 이득을 보지 못하도록 했다.

세상사람들은 조상이 물려준 해묵은 빵에 의존하지 않고 그날그날 벌어서 먹고 산다. 조상들이 노동생산성을 높이기 위해 고안해낸 발명품들은 여전히 사용되고 있다. 도로, 다리, 운하, 철도, 수로, 항구, 등대, 탄광, 풍차, 물레방아, 공장건물, 그리고 물레와 베틀부터 천체망원경에 이르기까지 여러 기계장치들은 우리의 삶을 보다 편리하게 만들어준다. 그러나 날마다 반복되는 노동을 하지 않는다면, 그 모든 것들은 무용지물이 되어 버리고 결국에는 고철더미와 폐허로 전락할 것이다. 이 모든 발명품 덕분에 사람들은 하루에 더 적은 시간을 일하고 같은 노동력으로 더 많은 것을 얻을 수 있다. 다시 말하면, 물질적인 재화뿐만 아니라 여가도 더 많이 만들어낼 수 있게 된 것이다. 현명하게 다스려지는 사회에서는 모든 사람이 재화와 여가를 공평하게 누릴 수 있다. 그러나 금권정치가 판을 치는 사회에서는 모든 여가와 재화가 소수의 특권층에게 집중되는 반면, 나머지 사람들은 전보다 더 많은 시간을 더 힘들게 일하면서도 그들이 뼈빠지게 일해서 생산한 결과물에서 점점 더 적은 몫을 차지하게 될 뿐이다.

우리는 후자의 상황에 해당된다. 그렇다면 우리는 바보들에게 통치되고 악당들에게 약탈당하고 있단 말인가? 그리고 노예가 된 대중은 그 악랄한 바보들에게 복종하는 비겁한 머저리들인가? 절대 그렇지 않다. 대중은 단지 정치과학에 무지할 뿐이다. 정부가 수의계약을 강제하고 평화를 유지하는 일 외에는 어떤 일도 하지 않으면(자유방임주의),

자동적으로 해악이 발생할 수밖에 없다. 밭 소유주는 "나는 게으름을 피우고, 다른 사람이 내 일을 자기 일처럼 해줬으면 좋겠다"고 말할 필요가 없다. 다른 생계수단이 없는 누군가가 와서 그 일을 하겠다고 나설 것이다. 톨스토이가 말하기를, 부자들은 가난한 이들을 위해 무엇이든 할 수 있지만 결코 가난한 이들 등에서 내려오지는 않을 것이라고 했다. 그러나 부자들은 가난한 이들의 등에서 내려 오고 싶어도 도무지 내려올 수가 없다. 톨스토이는 개인적으로라도 그렇게 하려고 했지만, 결국 자전적인 희곡을 집필하는 것에 그치고 말았다. 희곡에서 톨스토이는 자신이 참아주기 힘든 골칫덩이이며 성가신 존재라고 고백했다. 그리고 희곡의 마지막 장은 미완성으로 남았다. 이야기가 끝나려면 주인공이 자결하는 수밖에 없기 때문이다. 톨스토이가 개인적으로 도모했던 일은 오직 국가만이 할 수 있는 것이다.

4

이제 우리는 어렴풋하게나마 토지를 국유화해야 한다는 것을 깨달았다. 그러면 발명가와 작가의 경우를 생각해 보자. 밭 경작자가 노동함으로써 메마른 땅이 채소밭으로 변한 것처럼, 발명가는 아무것도 없는 백지를 계산기나 터빈을 만들 수 있는 설계도로 변화시킨다. 그런가 하면 작가 역시 텅 빈 백지를 시나 희곡, 소설, 논문으로 탈바꿈시킨다. 그런데 누군가 계속해서 땅을 일구지 않는다면 경작지에서 채소를 생산할 수 없는 것과 마찬가지로, 누군가가 계산기나 터빈을 작동시키지 않는다면 아무것도 생산하지 못한다. 시나 희곡이나 소설이나 논문도 계속해서 인쇄되고 유통되고 상연되지 않는다면 아무런 오락이나 계몽이나 교훈이나 즐거움도 만들어내지 못한다. 그러나 발명가나 작가들은 이러한 일상적인 노동을 하지 않기 때문에 창작물의 이윤에서 일부를 가져야 한다. 발명가와 작가들은 문명과 문화에 없어서는 안 될 존재니까 말이다. 발명가와 작가들이 계속해서 존재해야 한다고 생각한다면, 그들의 창조적인 작업에 대해서 보상을 해줘야 한다. 설령 그들이 대가를 바라고 한 일이 아니더라도 말이다.

처음에는 설계도를 발명가의 재산으로, 책을 작가의 재산으로, 악보를 작곡가의 재산으로 여기는 것이 밭을 경작자의 재산으로 간주하는 것과 마찬가지로 간단해 보였다. 그러나 이것은 새로운 형태의 재산이었고, 너무나 특이한 나머지 우리네 판사들이 오랫동안 저작권의 존재 자체를 인정하지 않았다. 밭은 간단했다. 밭 경작자가 감자 한 알을 생산하면, 그 감자는 한 명의 소비자에 의해 단 한 번 소비될 뿐이다. 감자를 먹어 치우면 그것으로 끝이다. 새로운 감자를 생산하기 위해서는 새로운 노동이 다시 필요하다. 그러나 기계를 만드는 경우에는 하나의 설계도에서 백만 개의 기계를 생산할 수도 있다. 백만 개의 기계를 생산한 뒤에도 설계도는 여전히 유효하며 닳아 없어지는 것도 아니다. 악보나 책도 마찬가지다. 더 자주 읽히거나 선전되거나 상연되거나 인쇄될수록, 더욱 유명해진다. 악보와 책이 유통될수록 악보나 책을 향한 사람들의 욕구도 점점 더 자라난다. 책이나 악보는 수백만 명의 사람들이 읽고 본 이후에도 갓 완성되어 잉크가 채 마르지 않았을 때와 다름없는 상태다.

또한 밭의 경우에는 들어가서 땅을 일궈도 좋다는 주인의 허락을 받지 않으면 아무도 밭에서 감자를 생산할 수 없지만, 설계도와 악보와 책은 발명가나 작곡가나 작가에게 한 푼도 지불하지 않고 누구나 마음껏 사용할 수 있다.

분명히 어떤 조치를 취해야 했고, 저작권에 대해서는 토지소유권 문제보다 더 신중하게 생각할 필요가 있었다. 가장 간단한 해결책은, 사전에 작가의 허락을 받지 않으면 아무도 책을 복제하고 판매할 수 없도록 금지하는 것이었다. 이때 작가는 자신의 저작물에 대한 가격을 책정할 수 있으므로, 저작권이 경작지와 같은 재산으로서의 가치를 가지게 된다. 개인적으로 소용되는 재산이 아니라, 빌려주고 이윤을 얻을 수 있는 "진짜" 재산이 되는 것이다. 저작권은 땅에 대한 소유권보다 합리적으로 보였다. 땅 주인은 땅을 만들지 않았다. 땅은 자연의 선물이다. 작가의 천재성 역시 자연의 선물이라 할지라도, 작가는 책을 쓰기 위해 수개월 동안 고군분투한다. 성경은 신의 말씀을 이렇게 전하고 있다. "땅을 아주 팔지는 못한다. 땅은 나의 것이다. 너희는 내 곁에 머무르는 이방인이고 거류민일 따름이다." 레위기 25장 23절의 말씀은 다분히 사회주의적이다.

공사판의 인부나 대장장이는 작가들이 펜이나 끄적거리는 것이 곡괭이나 대형망치를 휘두르는 것처럼 진이 빠지고 허기가 지는 노동이라는 것을 믿기 어려웠다. 그래서 오랫동안 작가들은 출판사나 극단에 자신의 원고를 팔아서 먹고살아야 했다. 그러나 책은 출판 형식으로 누구나 복제할 수 있었고, 희곡의 경우에는 무대에서 상연될 때 배우들이 말하는 대사 한마디 한마디를 받아 적기 위해 속기전문가가 등장했다. 속기사가 만든 사본으로 공연을 하는 극단은 작가에게 한 푼도 지불하지 않았다. 이러한 상황에 대해 출판사와 극단 매니저들은 매우 강하게 반발했다. 그들은 작가에게 돈을 지불하고 출판권과 상연권을 사왔으므로, 그 권리를 배타적으로 행사하고 싶었다. 그렇지만 작가가 배타적인 권리를 팔 수는 없었다. 작가에게 배타적인 권리가 보장되지 않았기 때문이다. 작가들은 몇 명 되지도 않고, 가난하고, 사업이나 정치에 대해서는 무능한 터라 의회에서 자신들의 권리를 주장할 길이 없었다. 그러자 사업 수완이 좋은 출판업자들이 나서서 작가들에게 배타적인 권리를 확보해줬고, 그 다음에 작가에게 돈을 지불하고 그 권리를 다시 사들였다. 그럼에도 대부분의 작가들은 여전히 "뼈빠지는 고생, 시기심, 결핍, 후원자, 감옥" 등으로 고통받아야 했다. 그러다 마침내 작가들은 작가협회(노동조합을 좀 더 고상하게 표현한 것이다)를 결성하고 새로운 종류의 재산권을 보다 현명하게 행사하기 시작했다.

그러나 저작권을 만들어낸 입법자들은 어떻게 해서 저작권을 제한해야 한다는 생각을 하게 되었을까? 어쩌면 그들에게 이런 생각이 떠올랐던 것 같다. 이 새로운 재산권이 땅에 대한 소유권처럼 영원하고 상속할 수 있는 것이라면, (이를 테면) 내가 <피그말리온>에 대한 저작권으로 내 일생을 풍족하게 보낼 수 있을 뿐만 아니라, 그 권리가 영원히 상속되어 지금으로부터 500년 후에 종이에 펜 한 번 갖다 댄 적 없는 내 후손들도 동일한 권리를 누리게 된다는 말인가? 인쇄업자와 출판업자, 배우와 매니저, 서적상의 노동에 전적으로 기생하면서 말이다. 하긴, 내 후손들이 버나드 쇼라는 위대한 선각자의 후예라고 주장할 기회나 있을지 모르겠다. 우리 집안은 다소 경솔하고 선견지명이 없는 편이라, 진작에 다른 사람에게 저작권을 팔아 넘겼을 공산이 크다.

우리의 입법자들이 저작권을 제한한 것은 터무니없는 해악을 미연에 방지한 것임이 분명하다. 저작권의 보호기간은 작가의 생애기간과 미망인의 생존기간, 그리고 미성년인 자녀가 있다면 그들이 교육을 마치는 데 충분한 기간 정도로 제한되었다. 대부분의 유럽 국가들은 국제협정을 통해 현재 저작권의 보호기간을 사후 50년으로 하고 있으며, 지역에 따라 조정되는 경우가 있지만 여기서 그것까지 다룰 필요는 없을 것 같다. 미국에서는 저작권의 보호기간이 28년이다. 그러나 28년을 다시 갱신할 수 있기 때문에 실질적으로는 56년 동안 보호되는 것이다. 유럽과 거의 비슷한 기간이다.

여기서 놀라운 점은, 문학작품에 대한 재산권의 적용기간과 상속을 제한한 것처럼 토지와 산업시설에 대한 재산권도 제한해야 한다는 생각이 여태 입법자들의 머릿속에 떠오르지 않았다는 것이다. 오히려 저작권을 영구히 보호하자는 움직임이 일어나고 있다. 그들의 근거는 이렇다. 증조할아버지가 시카고에서 양배추 밭을 선점한 덕분에 백만장자가 된 사람도 있는데, 디킨스의 증손주가 흥부네 자식처럼 가난해질 수 있다는 것은 아무래도 불공평하다는 것이다. 그러나 이처럼 이상한 상황을 없애기 위해서, 작가의 후손들이 무식한 개척자의 자손들과 마찬가지로 뻔뻔한 기생충이 되게 하는 것보다는 시카고의 부지를 국유화하고 임대기간을 제한하는 편이 더 바람직하다.

해결해야 할 이상한 상황이 또 하나 있다. 발명가들의 경우는 어떠한가? 발명가의 경우는 작가의 경우와 마찬가지로 다뤄져야 한다. 아니 그보다 더 시급한 현안이다. 문명화된 삶을 선풍적으로 변화시킨 것은 책보다는 발명이다. 내가 어렸을 때만 해도 절대로 갈 수 없다고 생각했던 먼 거리가 발명 덕분에 별 것 아닌 게 됐다. 사실상 전선과 전화의 발명은 거리를 아예 없애버렸다. 굳이 비교해서 말하면, 셰익스피어도 아무런 사회적 변화를 만들어내지 못했지만, 와트나 스티븐슨은 산업혁명을 이끌어냈다. 발명가와 작가 사이에 차등을 두어야 한다면, 누구나 발명가들에게 좀 더 좋은 조건을 부여해야 한다고 생각할 것이다. 그러나 작가의 저작권은 그의 생애기간 및 사후 50년 동안 보장되는데 반해, 발명가의 특허권은 겨우 16년 동안 보호된다. 근대 특허법의 선구로 여겨지는 1624년의 전매조례와 1911년의 저작권법 사이에 존재하는 시대적 차이다. 그 차이는 부당하다.

그러한 이상한 상황들을 보면, 우리의 입법자들이 아무런 선견지명이나 기준이나 현실을 이해하는 비전도 없이 어둠 속에서 길을 더듬어 나가며 잘못을 되풀이 하고 있음을 알 수 있다. 3500년 전에 이미, 모세는 50년마다 돌아오는 희년(禧年)을 선포함으로써 공식적으로 재산권을 제한하려 했다. 50년이 지날 때마다 재산권이 공동의 것으로 돌아가는 것이다. 그러나 그러한 변화를 이끌어낼 수 있는 사회적 장치가 마련되지 않았기 때문에 희년은 도래하지 못했다. 사회적으로 준비가 되지 않은 상태에서는, 설령 희년이 도래한다 하더라도, 문명을 파괴하는 결과를 초래하고 말 것이다. 어쨌든 모세는 현명하게도 희년과 같은 어떤 제도가 필요하다는 것을 알았다. 이는 마치 철도법이 제정될 때 글래드스턴이 보여준 선견지명과 같다. 글래드스턴은 철도 주주와 그 후손들이 철도를 영원히 소유하게 하면 안 된다고 생각했고, 일정 기간이 지나면 마치 쇳조각을 팔듯이 철도를 다시 사회에 매각할 것을 조건으로 내걸었다. 그러나 약속된 시점이 되었을 때는 반(反)사회주의를 표방하는 정부가 들어서 있었고, 철도를 국유화하여 운영할 준비가 되어있지 않았다. 때문에 우리네 판사들은 글래드스턴 조항을 모세가 선포했던 희년과 마찬가지로 완전히 유보시켜 버렸다.

5

지금까지 살펴본 바, "부동산"의 해악은 영구세습에서 비롯되었음이 분명하다. 19세기에 이르러 국민소득의 분배가 지나치게 악화되었기 때문에, 더 이상 부동산의 영구세습을 옹호하거나 모른 척 할 수는 없다. 어떤 아기들은 처음부터 백만장자로 태어나는 반면, 일평생 고된 노동에 시달린 노동자들은 계속해서 가난뱅이로 남는다. 양고기를 배불리 먹고 응접실 러그에 배를 깔고 엎드려 벽난로 불을 쬐는 애완견이 있는가 하면, 충분한 음식과 연료가 부족해서 굶주리고 발육이 제대로 되지 않는 어린이들도 있다. 국민은 양질의 의식주와 교육의 확대를 시급히 필요로 하는데, 국민에게 의식주와 교육을 제공해야 할 노동력이 "장신구"(대개 불필요한 쓰레기)를 생산하는 데 고용되어 있다. 기생 계층에게 기생하고 있는 것이나 마찬가지인 상황이다. 사람들은 무엇이 어떻게 잘못된 것인지 제대로 파악하지 못했다. 그러나 해악이 너무 심각해지자 부동산의 영구세습을 막무가내로 공격하기 시작했다.

저작권과 특허권의 선례에도 불구하고, 최초의 공격대상은 재산권의 지속기간이 아니었다. 정부는 이윤창출이 어려워 민간자본에 맡길 수 없는 공공사업을 수행하기 위해서 부자들의 수입을 철저히 몰수하기 시작했다. 내가 십대였을 때 소득세는 파운드당 2펜스였다. 지금은 2만 파운드를 초과하는 수입에 대해서는 파운드당 19실링 6펜스의 소득세를 부과하고 있다. 이는 소득의 국유화일 뿐만 아니라 그 소득에 기

생하는 수많은 인생들이 궁핍해지고 소득주인이 파산에 이르는 것을
의미한다. 이제 일정 수준 이상의 돈은 공공연하게 불로소득으로 받
아들여지고 있다. 정리하자면, **경제학자들이 "벌집의 게으름뱅이 수벌"**
과 같은 부당이득자들이 도적떼와 마찬가지로 사회에 유해하다는 것
을 더 이상 부인하지 않게 되자, 우리는 도둑질을 제지하는 대신에 마
치 <니벨룽의 반지>에서 보탄이 그랬던 것처럼 "도둑이 훔친 것을 다
시 훔치자"는 주의를 우리의 경제정책으로 삼았다.

사람들은 여전히 무엇이 문제인지 제대로 파악하지 못하고 있다. 결
국 (토지에 대한) "상속세"를 도입하고 증권거래소에서나 통하는 순전
히 허구적인 자본 가치에 의거해 과세함으로써 재산상속을 공격한 것
이다.

하루에 1,200만 파운드까지 치솟는 전쟁비용의 압박 때문에 이 모
든 것들이 전격적으로 시행되고 있다. 이처럼 무분별한 공격으로는 우
리 문명이 여전히 많은 부분을 기대고 있는 자본주의제도를 파괴하고
말 것이다. 백만장자들의 목덜미를 잡고 그들을 파멸시키는 것은 간단
한 일처럼 보인다. 그러나 그들을 파멸시키면 화려한 상점이 즐비한 본
드 스트리트와 휴양도시 본머스도 함께 망가뜨려야 한다. 뿐만 아니라,
백만장자들을 위해 일하던 집사와 관리인, 요리사, 가정부들을 위한 일
자리도 마련해줘야 한다. 따라서 우리는 지상낙원을 맛보기는커녕 엄청
난 곤경에 처하게 될 것이다. 나의 경우를 예로 들어보자. 30년 전쯤 몇
달을 투자해서 <피그말리온>이라는 희곡을 썼다. 나는 저작권법 덕분
에 배우나 무대미술담당이나 온갖 일을 도맡았던 관련 스태프들에 비
해 엄청나게 많은 돈을 받았다. 영화가 발명되면서는(사족이지만, 내가

영화를 발명한 것은 아니다), 영화판권 덕분에 2만 9천 파운드에 달하는 추가적인 횡재를 얻게 되었다. 그 결과 2년 안에 5만 파운드의 세금을 재무부장관에게 내야만 했다. 나는 그러한 불행을 겪고 나서 내 작품을 영화로 상영함으로써 고용을 창출하고 시민들에게 기쁨을 주기보다는, 저작권을 사용하지 않고 오히려 저작권의 사용을 금지함으로써 겨우 먹고살만한 수준으로 내 소득을 감소시키려 하고 있다. 우리는 전쟁 중이고, 독일 나치에 패배하지 않기 위해 최대한으로 열심히 일할 것을 요구받고 있음에도 불구하고, 모든 분야의 노동자들이 소득세 과세 대상이 되지 않으려고 초과 근무를 거부하고 있다.

최근에 세상을 뜬 내 친구 하나는 생전에 몹시 윤택한 생활을 누리다가, 막대한 토지와 후작 작위를 물려받는 불행을 겪었다. 그 친구는 유산을 상속받자마자 재무부에 빚을 지게 되었다. 물려받은 토지에서 13년은 걸려야 겨우 얻을 수 있는 소득의 총액이 상속세로 부과된 것이다. 특별히 수확량이 늘어날 가망도 없었다. 내 친구는 재무부장관에게 말했다. "상속세를 지금 현찰로 지불하는 것은 불가능합니다. 그 대신에 물려받은 땅을 내놓을 수 있는데요." 재무부장관은 원칙적으로 토지국유화주의자이지만, 노동부장관과 마찬가지로 그 제안을 거절해야만 했다. 그들은 단 1에이커의 국유지도 경작하거나 관리할 위치에 있지 않았기 때문이다. 그들이 이 문제를 해결했다손 치더라도 어떻게 했는지는 모르겠다. 내가 아는 것이라고는, 내가 소득세로 5만 파운드를 지불해야 했을 때 돈을 내는 대신 저작권의 일부를 국가에 양도하거나 하지는 않았다는 것이다. 국가가 운영하는 극장이나 영화관 또는 영화 촬영소가 없기 때문에, 재무부장관이 내 저작권을 가져간다고 해도 그

것만 가지고는 아무것도 할 수 없었을 것이다.

 자, 이쯤 해서 의문이 들어야 한다. 자본에 대한 과세가 애당초 불가능한 것이라면, 어떻게 자본세는 상속세라는 형식을 빌어 실제로 그렇게 오랫동안 지속될 수 있었는가 말이다. 그에 대한 답을 하자면, 상속세는 사실상 한 번도 존재하지 않았다. 상속세가 어쩌다가 개개의 경우에 부과되는 것이 아니라 매년 자본가들에게 과세되었다면(자본가가 고용한 변호사들은 그런 상황을 바랄 게다), 상속세는 단번에 붕괴되었을 것이다. 재무부장관이 어떤 토지에 대한 상속세로 해당토지의 13년치 예상소득을 일 년 안에 납부하라고 요구한다고 치자. 이러한 상속세 부과가 33년마다 한 번씩 그러니까 한 세대에 한 번씩 일어나는 일이라면, 토지소유자는 저축이나 보험을 통해 얼마든지 세금을 충당할 수 있을 것이다. 실제로 사람들은 그렇게 했고, 1914년 1차세계대전이 발발하기 전까지는 모든 것이 잘 굴러갔다. 그러나 전쟁이 발발하고 플랑드르 지역에서 너무나 치명적인 대량학살이 자행되자, 출정 중인 위관급 장교의 남은 수명은 33년이 아니라 6주 정도로 예상되었다. 한 집안의 후계자 세 명이 6개월 안에 모조리 죽을 수도 있다는 말이다. 그럴 경우 가상의 자본 가치에 근거하여 그 가족의 소유지에 일 년 안에 세 번이나 상속세가 부과된다면, 유족들은 토지를 완전히 몰수당하고도 여전히 나라에 빚을 지게 된다. 전쟁을 치르느라 목숨까지 바친 애국심에 대한 보답이 참으로 형편없다. 이러한 경우 상속세는 면제되어야 한다. 과세대상토지의 예상소득이 실현될 수 있는 충분한 간격을 두고 상속이 일어나는 경우를 제외하면, 상속세는 실행 가능했던 적도 없고 실행될 수도 없다.

6

불로소득을 몰수하려면, 불로소득에 기생하던 사람들에게 사회주의적인 기업이 일자리를 마련해 주거나 국가연금을 제공해야 한다. 전쟁은 상황을 그렇게 만들었다. 사람들은 파괴적인 업무를 담당하는 병사나 군수품을 제조하는 생산적인 노동자가 되었다. 정부는 세계대전을 치르면서 국영공장을 건설하고 민간공장을 통제했다. 정부는 민간공장에 생산품목을 지시하고, 생산비용을 확인하고, 이윤을 대폭 제한했다. 그러나 전쟁이 끝나자 이 모든 고용도 끝이 났다. 국영공장들은 폐쇄되고, 민간공장에 대한 통제도 중단되었다. 제대 군인들을 실업수당으로 매수하지 않았다면, 폭동이 일어났을 것이다. 제대 군인들이 남부럽지 않은 생활비를 벌 수 있도록 사회주의적으로 그들을 준비시키

"어제는 참전용사, 오늘은 실업자", 영국 노동당 포스터, 1923.

고 일하게 해줘야 한다. 토지가 없는 사람들에게 정부가 아무런 지침도 주지 않는다면, 그들이 일해서 남부럽지 않은 생계를 유지하는 것은 불가능하다. 우리는 실업수당으로 비참한 가난 속에 살아가는 한 무리의 기생자들을 새로 떠맡게 되었다. 기생하는 가난뱅이들은 기생하는 부자들보다 더 끔찍하다. 가난한 기생자들은 돈을 저축할 수도 없고, 고용을 창출하지도 못하고, 부자들처럼 멋진 삶의 본보기를 보여주지도 못한다.

1939년 전쟁이 재발하면서 다시 불로소득을 몰수할 수 있는 상황이 되었다. 그러나 과세를 통해 무조건 불로소득을 몰수하는 것이 능사가 아니며, 상속세로 유산상속을 없애는 것만으로는 충분치 않다. 이것을 이해하는 통치자를 양성하지 않는다면, 상황은 언제든지 다시 나빠질 것이고 우리는 결국 파멸할 것이다. 토지나 산업은 하루 한 순간도 놀리면 안되고, 쉼 없이 경작하고 관리하고 노동을 투입해야 한다. 그렇지 않으면, 재무부장관이 증권과 지폐가 가득 든 상자를 깔고 앉아있다 할지라도, 국민들은 굶주리게 될 것이다. 1917년 새로 들어선 러시아의 볼셰비키 정부는 시행착오를 거치며 이를 깨달았다. 그들은 국민소득을 20배 뻥튀기하는 방식으로 자기들의 국가재원을 측정할 만큼 정신 나간 사람들이 아니었다. 사회주의 원칙에 입각하여 단순하고 강력한 재산징발을 실행함으로써 러시아의 자본주의자들과 지주와 부당이득자들을 가난뱅이로 만들었다. 그 직후의 결과는 너무나 처참해서 볼셰비즘이 그러한 재앙으로 망하지 않았다는 것이 여전히 놀랍다. 소비에트 지도자들은 오직 칼 마르크스의 가르침만 배웠을 뿐 그 이후의 다른 사회주의 교의를 전혀 읽지 않았다. 그래서 그들은 알지 못했다.

제대로 된 사회주의 정치가라면, 자본이나 토지를 단 하루도 놀리지 않고 바로 사용할 수 있도록 행정적인 준비를 하지 못한 상태에서는 단 돈 한 푼이나 땅 한 마지기도 국유화하지 않을 것이다. 레닌은 기업이 계속해서 돌아가게 할 정치적 장치가 마련되기도 전에 민간기업이 그저 "원칙적으로" 파괴되면 어떤 일이 벌어지는지 목격했다. 그제서야 레닌은 신경제정책을 통해 정부가 산업과 토지를 넘겨받을 준비가 될 때까지 버틸 수 있도록 민간영역의 상거래와 농업을 충분히 복구시켜야 했다(이것은 차라리 구경제정책이라고 불러야 마땅하다).

기독교 원칙이나 마르크스주의나 은행가와 증권브로커의 사업경험으로는 근대 국가를 진정한 민주주의로 인도할 수 없다는 것이 이제 철저히 입증된 사실로 받아들여지는 것 같다. 우리가 굳이 자본가치나 토지가치, 사회신용, 저축, 절약 그 밖에도 결국 아무것도 아닌 것을 그럴싸하게 포장한 이러저러한 도깨비불에 현혹되어 늪지에 빠지는 위험을 겪을 필요는 없다. 그러한 위험을 겪지 않고도 조사와 대화를 통해 재무부장관이 자리에 걸맞게 재정경제학을 근본적으로 이해하고 있는지 알아내는 것은 불가능한 일이 아니다. 재무부 관리들은 자유, 평등, 형제애에 목을 맬 입장이 아니다. 정작 그들에게 필요한 능력은 무가치한 것은 무가치하게 다루고, 하찮은 것은 하찮게 평가할 줄 아는 것이다.

<희년>, 헨리 르 젠, 1905년 이전.
"땅을 아주 팔지는 못한다. 땅은 나의 것이다. 너희는 내 곁에 머무르는 이방인이고 거류민일 따름이다." (레위기 25:23)

13장 토지 수용에 대해 '보상'을 한다?

1

우리가 착각에서 벗어나 상황을 제대로 파악하기 시작하면서 다음과 같은 사실을 분명히 깨닫게 되었다. 사유재산과 민간기업을 기반으로 문명이 발달하던 시대는 지나갔다. 이제 문명은 사유재산과 민간기업을 와해시켜야 할 단계에 와있다. 이는 당파를 초월하여 모든 시민이 당면한 현실이다. "사회주의에 반대한다"며 이러한 현실에 대처할 수 있다고 생각하는 사람이나, 사유재산을 폐지하면 자동으로 모든 것이 바로잡힐 것이라고 착각하는 사회주의자나 도움이 되지 않기는 매한가지다. 위기상황에 처할 때마다, 양측 모두 사유재산과 재산상속을 폐지하라는 크고 작은 압박을 지속적으로 받아왔다. 그러나 아무도 무엇을 어떻게 해야 할지 전혀 감을 잡지 못하고 있다.

사회주의에 찬성하는 사람과 사회주의에 반대하는 사람이 첨예하게 대립하는 지점은 다름 아닌 재산징발에 대한 보상 문제다. 사회주의에 반대하는 사람은 재산을 징발당하면 소위 보상이라는 것을 받아야 한다고 주장한다. 이 말은 몰수된 재산을 다른 형태로 되찾겠다는 의미다. 반면에 사회주의에 찬성하는 쪽에서는 재산을 몰수당한 사람에게 아무런 보상도 해주지 말아야 한다고 주장하며, 누구나 굶어죽지 않으려면 당연히 노동을 해야 한다는 강경한 입장을 고수한다. 따지고 보면 땅을 사사로이 소유하는 것은 자연으로부터 땅을 훔친 것이나 다름없으므로, 사유재산(토지)으로 이득을 본 사람은 보상이 아니라 벌을 받아야 한다는 주장이다. 다른 곳에서도 마찬가지겠지만, 특히 영국인들은 이처럼 의분을 터뜨리는 방종에 곧잘 휩쓸린다. 하지만 무자비하게 길바닥에 내쫓겨 당장 굶어죽게 생긴 귀족이라면 노동 외에는 달리 할 수 있는 일이 없을 것이다. 그런데 귀족은 일하는 법을 모를 뿐더러 일을 해본 적도 없다. 귀족들 중에는 너무 늙거나 아직 어려서 노동에 적합하지 않은 사람도 있을 것이다. 게다가 귀족에게는 많은 부양가족이 딸려 있다. 돈 많은 친척에게 의탁하고 있던 가난한 귀족 역시 속수무책이다. 귀족을 위해 일하던 노동자들은 자기 직장이 하루아침에 날아가버렸다고 생각할지도 모른다. 귀부인의 시중을 들던 하녀가 넝마주이를 하겠다고 나서면 "이 일에 적합한 부류가 아니"라며 거절당할 것이다. 전에 그 하녀를 부리던 몰락한 귀부인이 넝마주이 일에 지원해도 거절당할 게 뻔하듯 말이다. 재산징발이 광범위하게 진행되면, 하녀를 부릴 수 있는 귀부인의 수는 점점 더 줄어들 것이다. 게다가 국가는 민간기업처럼 기존 인력을 손쉽게 해고하지 못하므로, 재산을 몰수당한 귀족을 갑자기 공무원으로 채용할 수도 없다. 결국 귀족들은 가난뱅이, 조금 정중하게 표현하자면 "극빈층"이 되어 돌아올 것이다. 가난뱅이로 전락한 귀족들은 나랏님에게 가난 구제를 요청할 권리가 있다. 어쨌거나 이 모든 상황을 그저 귀족들의 탓으로 돌리는 것은 무식하고 멍청한 생각이다. 프롤레타리아가 프롤레타리아일 수밖에 없는 것처럼, 지주도 지주일 수밖에 없다. 바로잡아야 할 잘못이 있다면, 프롤레타리아가 가난 때문에 벌을 받는 상황이다. 지주가 부유하기 때문에 벌을 받을 이유는 없다. 따라서 '보상을 하지 않는 것'은 고의적인 동물학대나 다름없는 잔인한 짓이다. 오늘날에는 보상이 거의 이뤄지지 않는다. 손으로 베를 짜던 직공들은 기계직기에 밀려 공장에서 쫓겨나면서 보상을 받지 못했다. 따라서 그들은 러다이트Luddite 운동에 가담할 수밖에 없었다. 실직한 직공들에게 보상을 해줬더라면, 사회적 비용이 더 적게 들었을 것이다.

2
분별력이 있고 자비로운 사람이라면 적절한 보상의 필요성을 인정할 것이다. 그러나 지주가 보상을 받는다면, 그러니까 지주가 계속해서 부유함을 누리게 된다면, 징발과 그에 따른 보상이 대체 무슨 소용인가 하는 의문이 들 것이다. 보상이라는 용어가 잘못되었음을 보여주는 아주 적절한 질문이라 하겠다. 지주 계층은 보상을 받는 것이 아니다. 사실상 보상을 받을 수는 없다. 재산징발은 다만 '조정'될 수 있을 뿐이다. 사유재산이 공공소유로 전환될 때 재산소유자가 마땅히 부담해야 할 몫보다 더 많이 떠맡는 일이 생기지 않도록 조정이 이뤄져야 한다. 간단한 작업이다. 해당 토지를 시장가격으로 사들이되, 토지매입비용은 전체 지주 계층으로부터 세금을 걷어서 마련하면 된다. 실제로 이 방식은 지속적으로 시행되고 있다. 그러므로 이 작업은 보상이 아니라 조정이라고 불러야 한다.

나 자신도 지주의 한 사람이다. 더군다나 나는 부재 지주다. 내 땅은 한 삼십 년쯤 전에 물려받은 것인데, 그때 나는 그 인근에 몇 시간 머물렀을 뿐 물려받은 땅에는 들어가보지도 않았고 그 땅에 세워진 집 한 채도 확인하지 않았다. 하지만 나는 그 땅으로부터 적당한 수익을 챙기고 있다. 그 수익은, 나와 한 번 만난 적도 없고 나에게서 아무런 서비스도 제공받지 않은 그곳 주민들이 노동을 해서 벌어들인 것이다. 이보다 더 심각한 부당행위를 생각하기도 쉽지 않다. 내게는 다른 대안이 없다. 나는 내 조그마한 땅이 국유화되길 강력하게 바라지만, 그럴 경우 내가 개인에게 땅을 팔았을 때 취할 수 있는 만큼의 돈을 받아야 한다고 생각한다. 내 이웃의 지주들은 전과 마찬가지로 지대를 챙길 뿐만 아니라, 궁극적으로는 내 땅을 국유화함으로써 전반적인 토지가치가 올라간 덕분에 지대를 올려 받을 수 있을 텐데, 어째서 나만 조정되지 않은 토지징발로 땅을 빼앗기고 곤궁에 빠져야 하는가?

올바른 절차가 되려면, 일단 국가가 나에게 합당한 토지가격을 지불한 다음에 국가가 지불한 토지매입비용에서 내가 지주 계층의 일원으로서 분담해야 할 몫을 세금으로 걷어가면 된다. 물론 다른 지주들도 각자 분담할 몫을 내야 한다. 매번 그러한 방식을 거치면서 토지는 조금씩 사유지에서 국유지가 된다. 정부당국은 늘어나는 국유지를 직접 사용하거나 지대를 받음으로써 점점 더 부유해진다. 지주 계층은 토지국유화 비용을 대느라 부가 감소하는 반면, (국유지 사용으로 부유해진 정부당국이 세금을 덜 걷게 될 것이므로) 납세자들은 그만큼 부유해진다. 고전주의 정치경제학자들은 세금이 결국 지대에 영향을 미친다는 것을 증명했다. 세금이 내려가면 지대가 오를 수 있다는 것이다. 임차인이자 납세자가 엄청나게 비싼 지대에 시달리고 있어서 지대가 단돈 1실링만 올라도 임차인이 더 이상 버티지 못할 정도로 극단적인 상황만이라면, 지대 인상이 문제가 된다. 그러니까 극빈층 임차인의 경우에는 그럴 수도 있다. 그러나 대부분의 임차인들에게는 지대 부담이 그 정도로 극심하지 않으므로, 임차인은 자기 몫의 경제지대를 누리게 될 것이다. 세입자나 임차인이 이웃의 지대를 올릴 수는 없겠지만, 만약 지대가 상당히 낮아진다면 차익을 남기고 전대할 수는 있을 것이다. 그러나 이러한 방식의 탈세는 이론적으로나 가능할 뿐이고, 실제로는 무시해도 좋을 수준이다. 그리고 지주들은 한편으로는 소득세를 내야하고 다른 한편으로는 국유화 비용을 감당해야 하기 때문에 경제적으로 점점 어려워질 것이다. 따라서 국가는 매입과 조정을 거치면서 토지국유화를 끝까지 진행하기만 하면 된다. 그러면 결국에는 모든 도시 토지가 공유재산이 되고, 땅이 없어진 지주 계층은 소멸할 것이며, 지주 계층의 후손들은 다른 사람들과 마찬가지로 생계를 위해 노동하도록 키워질 것이다.

간단해 보일지라도 기초적인 정치경제 논리를 알아야 이러한 절차를 이해할 수 있다. 이 절차를 완전히 이해하지 못한 사람이 국유화 계획에 참여하는 것은 절대 신뢰할 수 없다. 중요한 사안을 다루는 만큼 주요 자질에 대한 검증이 필요하다.

3

이 방법이 도시 토지의 소유권과 상업지구내 영업권을 국유화하는 데 효과적일 수 있음에도 불구하고, 지주들에게 자비롭지 못하게 진행되는 경우가 있다. 거대한 사유지가 도시 전체를 장악한 경우도 있고, 대도시의 여러 구역이 수많은 지방 소도시보다 훨씬 크게 확장되고 엄청나게 높은 지대를 형성한 경우도 있다. 우리 동네 영주 한 사람에게 가서 "당신의 소유지에 있는 이러저러한 건물을 국유화하려 합니다. 그렇다고 해서 상실감을 느낄 필요는 없습니다. 우리가 시장가격대로 쳐드릴 테니까요. 그리고 그 비용은 당신은 물론 이 지역의 다른 모든 지주들에게 과세함으로써 충당할 것입니다"라고 말해 보자. 그 영주가 "난 하나도 고맙지 않소. 내가 이 지역 전체를 소유하고 있으니, 그 비용은 모두 내가 떠맡게 생겼구려"하고 대답한다면, 이 방식은 그저 웃음거리가 될 것이다. 만약 우리가 그 영주에게 혼자서도 얼마든지 토지국유화 비용을 감당할 수 있지 않느냐고 반박할 수만 있다면, 가차없이 일을 추진할 수도 있을 것이다. 그러나 언젠가는 그 영주가 자신의 생활을 망가뜨리지 않고서는 도무지 토지국유화 비용을 충당할 수 없는 순간이 올 것이다. 그러니까 그 영주는 아무런 잘못도 저지르지 않았는데, 한 번도 배우거나 경험해 보지 않은 방식으로 살아가야 하게 된다. 게다가 그는 부양하고 있던 나이든 친척을 내쳐야 하고, 수년 동안 자신을 위해 충직하게 봉사한 하인들을 잘라야 한다. 개인적인 박탈감은 그나마 무시해도 좋다. 귀족이라고 해서 정원사보다 많이 먹거나 옷이 더 빨리 해지지는 않으니까 말이다. 이따금 여행을 할 때 겪는 온갖 불편도 그저 참아내면 된다. 하지만 귀족은 온갖 종류의 복잡한 관계와 약속에 매여 있다. 갑작스레 귀족의 재산을 완전히 몰수한다면, 다른 수많은 사람에게도 재앙을 안기는 결과가 될 것이다. 작가들에게 일정기간 저작권을 인정해 주는 것처럼, 지주 계층도 본인과 그 배우자가 편안하게 여생을 살 수 있으며 자녀들이 뻔히 내다 보이는 미래에 대비하여 교육을 받을 수 있을 만큼의 기간을 유예받을 권리가 있다. 이는 귀족의 식솔들에게 기한부 연금을 주는 방식으로 무리없이 실행될 수 있다. 귀족의 어린 자녀들을 땡전 한 푼 없이 내치는 바람에 장차 그들이 우리에게 들러붙게 되는 것은 결코 바람직하지 못하다. 가난하게 사는 방법을 모르는 사람들이 겪는 가난은 날품팔이 노동자가 겪는 가난보다 훨씬 더 고통스럽다. 적어도 가난한 노동자들은 버는 것 이상의 씀씀이로 애써 그릇된 사회적 위신을 세우지 않아도 되지 않는가.

4

장차 사회주의 세상이 된다면, 불로소득으로 살아가는 사람들도 누구나 노동을 해야 한다는 사실을 점점 더 실감하게 될 것이다. 대부분의 사람들은 언제나 노동을 해야 했다. 프롤레타리아는 굶지 않기 위해 반드시 일해야만 했고, 봉건귀족들도 군사·외교·성직과 같은 도덕적 의무에 봉사해야 했다. 그런데 유독 중산층만은, 일하지 않아도 먹고살 수 있는 경제적 여유가 생기면, 노동에 대한 사회적 의무감을 전혀 느끼지 않는다. 게다가 (사실상 타인의 노동에 전적으로 의존하는 것을 의미하는) "경제적 자립"이 마치 상류층의 특징이라도 되는 양 여기는 강력한 인습이 존재한다. 지체 있는 양반들이 어찌 짐을 나르겠냐고 생각하는 것이다.

그러나 많은 돈을 소유했다고 해서 절대로 노동에 대한 사회적 의무가 면제되지 않는다. 지금까지 노동에 대한 사회적 의무가 법제화된 것은 오직 국방의 의무뿐이었다. 일 년에 2만 파운드의 불로소득을 취하는 사람이나, 그저 끼니 걱정을 덜기 위해 입대한 가난뱅이나 군대에 가야 하는 것은 마찬가지다. 전쟁을 염두에 둔 국방의 의무에는 모든 종류의 노동이 포함되며, 전쟁의 압박 때문에 모든 사람은 똑같이 노동에 대한 의무감을 갖게 된다. 노동에 대한 의무감은 전시와 마찬가지로 평시에도 바람직한 것이다. 부자들이 프롤레타리아 이웃과 마찬가지로 평일에는 노동을 해야 하는 시대가 머지않았는지도 모른다. 그럴 경우 부자들은 지금처럼 여가를 누리지 못할 텐데, 부자들의 불로소득이 무슨 소용일까? 오늘날 군대에서 다 함께 복무하는 것처럼 장차 들이나 공장, 광산, 선박, 사무실 등에서 동료시민들과 함께 일해야 하는 백만장자들에게 우리는 이렇게 말할 수 있다. "당신을 비롯해서 여러 백만장자가 누리던 불로소득을 사회에 환원한다면, 당신을 포함하여 다른 모든 이들의 노동시간을 몇 시간씩 줄일 수 있습니다."

사회조직이 진보하면 지주 계층이 기생적인 삶에서 벗어나 보다 나은 삶을 누리게 될 것이다. 지금도 빈둥거리는 인생은 행복하지 못하다. 그들은 서로를 지루하게 괴롭히며 무의미한 상류사회의 일상에 매여 있다. 부자들이 스스로 그러한 생활방식을 고안해낸 것이 아니다. 결국에는 그들의 삶을 송두리째 삼켜버리고 말 사치품 산업이 주입시킨 삶의 모습일 뿐이다. 상류사회의 지루한 일상 중에 그나마 최선의 선택은 교외에서 허구한 날 짐승이나 새를 사냥하며 보내는 것이다. 그러나 이것이 초여름 런던의 사교생활보다는 건전한 삶이라고 해도 문명화된 인간보다는 차라리 개에게 어울리는 삶이라 하겠다. 노동조합이 결성되고 노동법이 제정되면서 빈곤 계층의 가난과 예속상태는 개선되고 있지만, 아무도 부자들의 비참한 삶을 고려하지 않는다. 부자들

<나이트클럽>, 리처드 테일러, 1950.

은 그렇게 지루한 향락을 지속하면서 살아가는 것으로 간주될 뿐이다. 딱한 인생들 같으니라고!

"사회보장제도만으로 괜찮을까?" 뮤추얼 생명보험, 1944.

14장 도박과 보험: 사회보장의 두 얼굴

1

보험은 다소 석연치 않은 사실들과 보험계리인이라는 전문 수학자가 산출하는 위험에 근거한다. 그러나 보험은 금융이나 자본과 같은 단순한 주제보다 흥미로운 연구 대상이다. 영국에는 매주 경마장 마권업자에게 돈을 거는 노름꾼들이 넘쳐나고, 유능한 정치인이라면 저마다 최소 수십만 명에 달하는 노름꾼들을 책임져야 하기 때문이다. 마권업자는 다른 사람들이 이길 것이라고 예상하고 돈을 건 경주마가 진다는 데에 돈을 건다. 경주에서 우승하는 말은 오직 한 마리뿐이고 나머지 말들은 모두 지는 것이기 때문에, 반반의 확률로 돈을 거는 내기라면 이 사업은 어마어마하게 이문이 많이 남을 것이다. 그러나 마권업자들끼리 경쟁이 치열하기 때문에 마권업자는 우승할 것 같지 않은 말에 구미가 확 당기는 "높은 배당률"을 제시함으로써 고객을 끌게 된다. 반면에 가장 인기 있는 '우승예상마'의 경우에는 배당률이 전혀 없다. 초보자들이 도무지 이해하지 못하는 유명한 구호 "한 마리만 빼고, 2 대 1"은 마권업자가 우승예상마 한 마리를 제외하고 경주에 참가한 다른 모든 말이 진다는 데에 2 대 1(두 배)로 건다는 뜻이다. 그러나 대개 마권업자는 "승산 없는 말"이 진다는 데에는 열 배, 스무 배를 건다. 가끔은 승산 없는 말이 우승하는 경우가 있다. 승산 없는 말이 우승하면, 승산 없는 말이 진다는 데 돈을 건 마권업자는 우승예상마가 진다는 데 걸어서 딴 돈을 모두 잃게 될 것이다. 경주에 참가한 말의 숫자와 각각의 말에 걸린 판돈, 그리고 배당률을 산정한 판단의 정확성에 따라 마권업자는 돈을 왕창 따거나 몽땅 잃는 양극단 사이의 어딘가에 위치하게 될 것이다. 보통은 승산 없는 말이 이겨도 마권업자가 돈을 딴다. 왜냐하면 대개 승산 없는 말보다는 우승예상마에 많은 돈이 걸리기 때문이다. 그러나 반대의 경우도 가능하다. 우승예상마가 여럿 있는 것처럼 승산 없는 말도 여럿 있다. 승산 없어 보였던 말들이 우승하는 경우가 꽤 자주 있기 때문에, 고객을 끈답시고 승산 없는 말에 지나치게 높은 배당률을 제시하는 것은 말 그대로 도박이다. 마권업자가 비록 도박으로 먹고 산다고는 해도, 스스로 도박을 해서는 안 된다. 게임에는 마권업자의 재정능력을 고갈시켜 버릴 수 있는 수많은 변수가 거의 언제나 존재한다. 마권업자는 최악의 경우에도 배당금 지불이 가능하도록 예산을 짜야 한다. 스스로 도박을 벌이는 마권업자는 늘 술을 마시는 주류판매업자(선술집 주인)나 좋은 그림은 차마 팔아 치우지 못하는 미술상처럼 자기 인생을 망쳐버릴 게 뻔하다.

당장 다음과 같은 의문이 떠오른다. 우연의 문제를 다루면서 어떻게 지불가능성에 대한 계획을 세울 수 있을까? **충분히 많은 수를 다루면 우연의 문제는 확실성의 문제가 된다.** 따라서 수백만 명의 사람들이 모여 있는 국가는 개개인이 감히 엄두도 못 내는 일을 할 수 있는

것이다. 그러나 이 사실을 깨닫게 된 것은 평범한 일상생활 속에서였다.

먼 옛날, 여행은 위험천만한 일이었다. 사람들은 해외여행을 떠나기 전에 마치 죽으러 가는 사람처럼 유언장을 작성하고 엄숙하게 기도를 올렸다. 그 시절 외국과의 교역은 위험을 무릅쓰는 일이었다. 특히, 외국회사에 위탁하지 않고 직접 목적지까지 따라가서 상품을 판매하려는 상인은 더더욱 큰 위험을 감수해야 했다. 상인은 외국에 가서 물건을 팔기 위해 선주 또는 선장과 모종의 협상을 해야만 했다.

이번에는 선장의 입장을 생각해 보자. 선장은 바다 위에서 산다. 육지 사람들과 달리 바다를 전혀 두려워하지 않는다. 오히려 바다가 육지보다 안전하다고 생각한다. 배가 난파 당하는 일은 육지에서 재앙을 겪거나 질병에 걸리는 것만큼 자주 일어나는 일이 아니기 때문이다. 선장은 화물과 승객을 운송함으로써 돈을 번다. 그러면 이제 외국과 교역을 하고 싶지만 혹여 배가 난파되거나 야만인들에게 잡아먹히기라도 할까봐 겁을 내는 상인이 승객과 화물을 운송하고 싶어하는 선장과 나눌 법한 사업상의 대화를 상상해 보자. 선장은 상인을 안심시킨다. 물건을 틀림없이 안전하게 수송할 수 있으며, 상인이 물건을 따라 나설 생각이라면 그 역시 안전할 것이라고 말이다. 그러나 상인의 머릿속은 온통 요나와 성 바오로와 오디세우스와 로빈슨 크루소의 이야기로 가득 차있어 차마 모험을 할 엄두가 나지 않는다. 그들의 대화는 이런 식으로 전개될 것이다

선장: 어서요! 나와 함께 항해를 떠난다면, 여행에서 무사히 돌아와서 내년에도 잘 먹고 잘 살고 있을 거요. 내 말에 수백 파운드라도 걸겠소.

상인: 하지만 내가 그 제안을 받아들인다면, 나는 내가 일 년 안에 죽는다는 데에 똑같은 돈을 걸 겁니다.
선장: 그럽시다. 어차피 당신이 내기에서 질 텐데, 안 될 게 뭐 있겠소?
상인: 하지만 내가 만약 바다에서 죽는 일이 생긴다면, 당신도 마찬가지로 죽은 목숨이겠지요. 그러면 우리의 내기는 어떻게 됩니까?
선장: 그건 그렇군. 그러면 당신 가족들과 내기를 할 육지 사람을 찾아보겠소.
상인: 그럼 얘기가 달라지지요. 하지만 내 화물에 대해서는 어떻게 할 겁니까?
선장: 쳇, 화물도 마찬가지로 내기에 포함시키면 되지 않겠소. 아니면 내기를 두 개 걸든가. 하나는 당신의 생명에 걸고, 다른 하나는 화물에 거는 걸로 말이요. 내 다시 말하지만, 둘 다 안전할 겁니다. 아무 일도 일어나지 않는다니까요. 당신은 그저 해외에서 볼 수 있는 온갖 경이로움을 목격하게 될 거란 말이오.
상인: 하지만 나와 내 물건들이 안전하게 수송되면 나는 당신에게 내 목숨 값과 물건들에 대한 비용을 지불해야겠군요. 비록 물에 빠져 죽지는 않더라도 난 파산하고 말 겁니다.
선장: 맞는 말이오. 하지만 당신이 생각하는 것처럼 나도 그렇게 남는 장사는 아니란 말이오. 당신이 난파를 당하게 되면, 당신보다 내가 먼저 죽지 않겠소? 침몰하는 배에 마지막까지 남을 사람은 바로 나요. 그렇지만 나는 당신에게 모험을 해보라고 권하겠소. 내가 당신의 열 배를 내기에 거는 걸로 합시다. 그러면 되겠소?
상인: 아, 그렇다면야.

금세공업자가 금융을 발견한 것과 마찬가지로, 이 선장은 보험을 발견했다.

2

보험은 이문이 많이 남는 장사다. 보험업자가 정확한 정보를 토대로 올바른 판단을 내린다면, 안전하기까지 하다. 하지만 보험이 경마장의 마권판매업처럼 간단하지는 않다. 경마의 경우에는 단 한 마리의 우승마를 제외하고 나머지 말들은 모두 지기 때문에 마권업자가 돈을 벌 수 있다. 그러나 배가 난파되면, 승객들 쪽에서 죄다 돈을 받아가고 보험업자는 망할 수밖에 없다. 따라서 단 한 척만 가지고는 승산이 없다. 가라앉는 배보다 안전하게 항구에 도착하는 배가 많게 하려면 여러 척의 배를 가지고 장사를 해야 한다. 한 척에서 본 손실을 예닐곱 척에서 본 이득으로 만회하는 것이다. 그러나 해상보험업자가 굳이 선주여야 할 필요는 없다. 보험업자는 배를 소유하기는커녕 거룻배 한 척 본 적 없어도 다른 사람이 보유하고 있는 천 척의 선박에 실린 화물과 생명을 보장할 수 있다. 더 많은 선박을 보험에 가입시킬수록 보험업자의 이윤도 보장된다. 태풍이 한 차례 몰아치거나 해일이 몰려오면 선박 예닐곱 척쯤은 한꺼번에 침몰할 수도 있다. 그러나 선박의 수가 수백 척, 수천 척으로 늘어나면 대부분의 선박은 무사히 항해를 마치게 된다. 전쟁이 발발해서 위험이 증가하면, 내기에서의 승산이 적어질 수는 있겠지만 말이다.

외국과의 교역이 활발해져서 해상보험업자들이 개인 도박꾼들이 조달할 수 있는 것보다 훨씬 많은 자본을 끌어 모을 정도가 되자, 보험 수요를 충족시키기 위해 영국로이즈보험조합과 같은 기구들이 결성됐다. 이러한 보험조합들은 난파 외에도 세상에는 수많은 위험이 도사리고 있다는 것을 금세 알아챘다. 여행도 다니지 않고 심지어 해외로 소포 한 개 보낸 적 없는 사람도 사고로 목숨을 잃거나 불구가 될 수 있다. 집에 불이 나거나 도둑이 들 수도 있다. 보험회사들은 우후죽순처럼 생겨나서, 보험이 보장하지 않는 위험이 없을 정도로 확장되었다. 로이즈보험조합은 보험이 보장하는 위험들 즉, 난파사고뿐만 아니라 약관에서 두루뭉술하게 규정하고 있는 그 모든 위험이 발생하지 않는다는 쪽에 돈을 걸었다. 다시 말해, **보험이 보장하는 위험이란 안전한 위험이다.**

안전한 위험이란 말은 이율배반적이다. 위험을 수반한 거래가 어떻게 안전할 수 있으며, 위험을 어떻게 안전하게 관리할 수 있다는 말인가?

그에 대한 답을 하자면, 지금까지 밝혀진 어떤 추론 방법으로도 해결할 수 없는 수수께끼의 영역에 발을 담가야 한다. 가장 단순한 형태의 도박은, 동전을 던져서 바닥에 떨어지면 동전의 어느 면이 나오는지에 대해 내기를 거는 것이다. 동전을 던질 때마다, 동전의 앞면이 나올 확률은 뒷면이 나올 확률과 같다. 한 번 던져서 앞면이 나온다면, 두 번 세 번 그렇게 계속 던져서 천 번을 던져도 앞면이 나올 확률은 같다. 따라서 앞면이 연달아 천 번 나오는 것이 논리적으로는 가능하다. 마찬가지로 뒷면이 연달아 천 번 나올 수도 있다. 언제든, 앞면이 나왔고 다음 번에는 뒷면이 나올 거라고 생각할 이유가 없다. 그러나 현실에서는 이러한 추론이 깨진다. 주머니에 있는 동전을 꺼내서 동전 던지기를 백 번 해본다면, 같은 면이 연달아 몇 번 정도는 나올 수 있다는 것을 알게 된다. 그러나 최종 결과는 50 대 50 또는 그에 준하는 수준이 될 것이다. 나는 주머니에서 열 개의 동전을 꺼내서 열 번을 반복해서 던져봤다. 그 결과 앞면이 49번, 뒷면이 51번 나왔다. 열 번 던진 중에 딱 두 번만 앞·뒷면이 5 대 5로 나왔고, 처음 세 번은 연달아 앞면이 더 많이 나왔다. 한두 번 던졌을 때는 결과가 아주 불확실하지만, 열 번 정도 던지면 6 대 4 혹은 7 대 3으로 도박을 하기 딱 좋을 정도의 결과가 나올 것이다. 그러나 백 번을 던져본다면 결과는 틀림없이 50 대 50에 수렴한다. 따라서 매번 앞면만 외치는 도박꾼과 계속 뒷면만 외치는 도박꾼이 있다면, 두 도박꾼은 백 번 게임을 하고 난 다음에도 처음 시작할 때와 다름없이 따지도 잃지도 않았을 것이다. 판돈이 너무 커져서 제정신을 잃은 나머지 다른 면을 외치는 모험만 하지 않는다면 말이다.

보험회사는 분별력있게 행동하므로 수천 번의 내기를 하면 당연히 돈을 딴다. 그러니까 절대 도박을 한다고 볼 수 없다. 보험회사는 고객이 몇 살쯤 죽을지, 화재가 발생하는 집은 매년 몇 채나 되는지, 고객의 집에 얼마나 자주 강도가 들지, 고객 회사의 직원들이 얼마만큼 회사 돈을 횡령할지, 고객 회사가 직원들에게 산재보상으로 얼마를 지불해야 할지, 고객들이 몇 번이나 교통사고 혹은 신체상해를 당할지, 질병이나 고용 문제로 얼마나 고통을 받을지, 고객들에게 삶과 죽음의 비용이 얼마나 될지를 충분히 정확하게 알고 있다. 다시 말해, **보험회사는 고객 개개인에게 무슨 일이 일어날지는 알 수 없어도 수천, 수만, 수백만 명의 고객들에게 무슨 일이 일어날지는 정확하게 알고 있다.**

어렸을 때 나는 휘스트나 배우면서 한가하고 게으른 삶을 누렸다. 딱히 할 일이 없는 부자들은 (당시 '권태'라고 불렀던) 지루함의 저주를 피하기 위해 날마다 카드놀이를 했다. 후에 그들은 베지크로 옮겨갔고, 요즘에는 브리지를 한다. 신사들의 사교클럽이라면 어느 곳이나 카드놀이 하는 방을 마련하고 있다. 카드놀이는 우연에 기반한 게임이다. 플레이어가 어떤 기술을 쓸지 어떤 카드를 고를지 판단을 내리는 것처럼 보이지만, 실제로는 룰이 있기 때문에 가장 멍청한 플레이어라도 어떤 카드를 골라야 하는지 알 수 있다. 다시 말하면, 카드를 고르는 것이 아니라 룰에 따르는 것이다. 따라서 날마다 몇 실링씩 들고 카드놀이를 하는 사람들은 연말이 됐을 때 그 동안 크게 잃거나 따지 않았음을 알게 될 것이다. 죽도록 지루해 하는 대신에 단지 즐겁게 시간을 때웠을 뿐이다. 이들도 결코 도박을 했다고 할 수 없다.

지금까지 밝힌 바와 같이, 보험사업을 위해 굳이 보험업자가 자기 선박이나 말이나 집이나 그 어떤 물건을 보유할 필요는 없다. 사실 보험업자들이 존재할 필요도 없다. 보험업자는 기계로 대체될 수 있다. 경마장에서 번드르르하게 차려 입고 뻔뻔하게 고상을 떠는 마권업자들의 역할을 판돈의 총액을 보여주는 기계(이하 '판돈관리기')가 대신할 수 있다. 도박꾼들은 좋아하는 말에 걸려고 준비한 돈을 판돈관리기에 예치한다. 경주가 끝나면 내기에서 이긴 사람들이 이 판돈관리기에서 돈을 받아가고, 남은 돈은 판돈관리기의 운영비용과 이윤이 된다. 유람선을 타면 돈 많은 젊은 숙녀들은 이따금 열 배 혹은 스무 배의 돈을 뱉어내도록 설계된 도박기계에 실링을 집어넣는다. 이 기계들은 룰렛테이블이나 주사위던지기, 그 밖에도 거저 돈을 딸 수 있는 가능성을 파는 다른 모든 고안품들의 최신판이다. 그러나 판돈관리기나 마권업자와 마찬가지로 그 기계들은 도박을 하는 게 아니다. 도박기계는 정말이지 아무런 위험도 감수하지 않는다. 오직 고객들에게만 모든 것이 불확실하고 고객들은 전반적으로 돈을 잃게 되어 있다. 톰과 잭이 딴 돈은 피터와 폴이 잃은 돈이다.

3

이 모든 것이 정치인과 무슨 관련이 있을까? 생각해 보자. 도박을 하는 것, 혹은 불로소득을 취하려 하는 것은 경제적으로(그러니까 근본적으로) 파멸을 초래하는 악이다. 극단적으로 말하자면, 가장 머리 좋은 인간들이 거부하기 힘든 미친 짓이다. 그들은 우연이 자기 편이 아니라는 것을 알면서도 가지고 있는 모든 것을 건다. 30분 아니 30초 만에 빈털터리가 되고 나서야, 같은 짓을 하고 있는 사람들의 어리석음과 자기가 저지른 어리석음에 경악하며 털썩 주저앉고 만다.

그렇다면 이제 국가로 눈을 돌려 보자. 국가는 개인이 하나를 걸 때 백만을 걸 수 있다. 국가는 사람들에게 도박을 하라고 부추기지만, 정작 국가는 조금도 금전적 손해를 보지 않는다. 앞서 말했다시피, 특정인에게 무슨 일이 벌어지는지는 알 수 없지만, 백만 명의 사람들에게 어떤 일들이 벌어질지는 뻔하기 때문이다. 따라서 막대한 지출의 압박과 과세에 대한 반감 사이에서 늘 자금난을 겪는 정부는 국민들에게 정부와 도박을 벌이라고 부추김으로써 국고를 보충하고자 한다.

이보다 더 극악무도한 반사회적 범죄는 없다. 도박에 반대하는 강력한 공공심을 형성하는 일이 급선무다. 시민의 정직성이란 벌지 않으면 쓰지 않고, 생산하지 않으면 소비하지 않는 것이다. 쓰는 것보다 더 벌고, 소비하는 것보다 더 생산하는 것이야말로 시민으로서 명예를 높이는 일이다. 그렇게만 한다면, 세상은 우리가 알고 있는 것보다 훨씬 풍요로운 곳이 될 것이다. 오늘날 상류층의 자격이란 바로 그런 것이다.

불행히도 우리는 제도적으로 토지와 자본의 사유화를 인정하고 있기 때문에, 국가나 교회가 이 근본적인 공공수칙을 주입할 수 없을 뿐만 아니라 오히려 그 정반대를 설교하고 있다. 자본주의제도 하에서 활력 넘치는 고용주들은 열심히 일하고 사업을 최대한 번창시킬 동기를 부여받을지도 모른다. 그러나 자본주의자들의 최종 목표는 지주 내지는 귀족 계층에 편입되어 타인의 노동으로 살게 되는 것, 나아가 자기 자식들도 전혀 노동하지 않고 자기와 똑같이 살 수 있도록 해주는 것이다. 성공에 대한 보상이라는 게 고작 식객이 되어 새로운 기생 인류를 창시하는 것이다. 자본주의라는 사과수레에서 '식객 노릇'은 없어서는 안될 부분이다. 자본주의가 굴러가게 하는 데 가장 중요한 동기부여인 것이다. '식객 노릇'이라는 동기부여가 없다면 인간사회가 더 이상 굴러가지 않을 것처럼 말한다. 가장 대담한 대주교나, 가장 민주적인 재무부장관이라도 귀족이든 도박꾼이든 식객 노릇을 하는 자들이야말로 문명을 타락시킬 수 있는 바이러스라고 감히 비난하지 못한다. 따라서 식객 노릇에 반대하는 정책은 사악한 것이 되고 만다. 이기심을 문명의 동력으로 만드는 것에 반대하는 몹시 솔직하고 중요한 설교를 하는 걸출한 성직자들이 있긴 하다. 그러나 그들 역시, 재화를 생산하지 않거나 용역을 제공하지 않는 시민은 거지가 아니면 도둑이라고 단언하는 러스킨이나 프루동을 따르는 위험을 무릅쓰지는 않는다. 지금까지 영국이 도달한 최고점은 국가가 복권을 발행하지 못하게 하고 아일랜드식 판쓸기 내기를 불법으로 규정한 것뿐이다.

그러나 식객 노릇은 사회주의 이상을 옹호하는 사람들이 대충 다루고 넘어가도 될 만큼 간단한 문제가 아니다. 긴 인생을 살다 보면 누구나 생산하지 않고 소비만 해야 하는 시기가 있다. 모든 아기는 게걸스레 먹어대는 뻔뻔한 식객이다. 그러한 아기를 고도로 훈련된 생산자나 공무원 혹은 가치 있는 어른으로 키우려면 아기의 식객 노릇을 십대까지 연장시켜야 한다. 또한 노쇠한 사람들도 생산하지 못한다. 맨체스터 학파의 자유주의 경제학을 지나치게 신봉하는 어떤 부족은 나이든 부모를 죽이거나 굶어죽게 방치함으로써 이 문제를 간단하게 극복한다. 그러나 근대 문명사회에서 그럴 수는 없다. 심신이 건강한 사람들은 현재 자립하는 데 필요한 비용뿐만 아니라 자신들이 20년간 받은 교육과 훈련에 들어간 비용을 갚을 수 있을 정도로 충분히 많이 생산할 수 있다. 노동에 적합한 인구가 지난 20년간의 식객 생활에 보답하기 위해 더 많이 생산하는 것은 사회를 위한 최고의 투자이며, 자기들의 기나긴 노후를 대비할 방법이기도 하다. 이것이 가능하도록 만드는 것이 근대 정치인의 가장 중요한 임무 중 하나다.

유년기와 노년기는 그렇다 치고, 사고나 질병 때문에 생산에 참여하지 못하는 경우는 어떻게 할까? 개인에게 사고나 질병은 우연의 성격이 강하지만, 이미 앞서 본 바와 같이 국가의 입장에서는 확실성의 영역에 들어간다. 시민 개개인은 그 확실성을 공유하기 위해 국가와 도박을 해야만 한다. 질병이나 사고로부터 나 자신을 보호하기 위해서는, 그러한 불상사가 나에게 일어난다는 데 대해 국가와 내기를 해야 하고 국가는 그 내기를 받아들여야 한다. 배당률은 국가의 보험계리인들에 의해 이미 수학적으로 정해져 있다. 이쯤에서 왜 하필 국가와 내기를 하느냐고 질문을 할 법하다. 어째서 민간보험회사가 아니고 국가일까? 국가는 어떤 민간기업도 할 수 없는 것을 할 수 있기 때문이다. 국가는 개인이 경솔한 성격이든 자신의 운을 지나치게 확신하는 경우든 할 것 없이 모든 시민이 보험에 가입하도록 강제할 수 있다. 엄청나게 많은 수가 내기

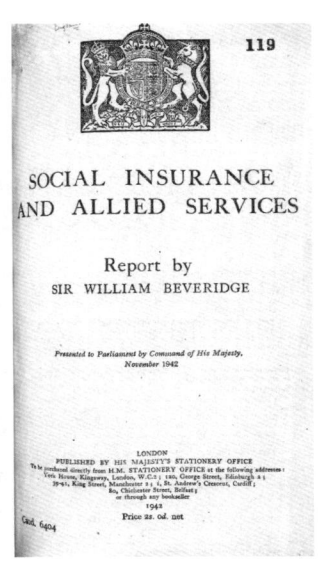

윌리엄 베버리지(좌)와 베버리지 보고서(우), 1942.

에 참여하게 함으로써 가장 확실하게 가장 많은 이윤을 남길 수 있다. 그리고 그 이윤은 국고에 귀속되어 공익에 쓰일 것이다. 국가는 하나의 보험회사를 수십 개의 경쟁기관들로 대체함으로써 노동을 절감할 수도 있다. 결론적으로 국가는 언제든지 모든 사고와 질병을 원가에 보장해 줄 수 있다. 그 비용을 일반세에 포함시키면 특별보험료를 징구하지 않아도 되고, 한 번도 사고나 질병을 당하지 않은 수많은 사람을 처리하느라 엄청난 서류작업을 할 필요도 없다.

희한한 상황이다. 보험을 확실하게 하고 도박적 성격을 없애기 위해서는, 국가가 전체 인구의 판돈을 관리하는 초대형 판돈관리기가 되어 모든 사람이 도박을 하도록 강제해야 하는 것이다.

4

선박보험이 생명보험이 된 것처럼, 생명보험은 화재보험을 낳았고, 고용주의 책임에 대비한 보험, 상속세에 대비한 보험, 실업에 대비한 보험들이 생겨났다. 보험으로 보장할 수 있는 위험은 계속해서 늘어날 것이다. 그리고 정상적인 사람들이 걱정하는 모든 위험이 다 보장될 때까지 보험은 시간이 지날수록 더욱 포괄적이 될 것이다. 국가에서 보험사업을 맡아 일반과세계정에 통합하여 일괄적으로 다루면, 모든 시민은 태어나면서부터 모든 일반적인 위험에 대비한 보험정책을 자연스럽게 누리게 되고, 만약을 대비한 절약이나 절제와 같은 고통스러운 덕목을 지키느라 억눌린 삶을 살지 않아도 될 것이다. 따라서 중산층의 도덕적 부담이 훨씬 경감될 것이다. 개중에는 자녀가 없는 사람도 있고 집이 없는 사람도 있지만, 어쨌거나 국가는 아이들을 교육시키고 집을 지켜주는 일을 한다. 마찬가지로, 시민들이 원하든 원하지 않든, 국가는 시민을 보호할 것이다. 잡스러운 걱정거리로부터 해방됨으로써 얻을 수 있는 것은 어마어마하다. 더 이상 우리는 식구들이 다음주에 끼니를 거르지 않을까, 내가 죽으면 장례비는 누가 내나, 그 따위 걱정을 하느라 시간을 쓰고 머릿속을 복잡하게 만드는 일이 없을 것이다.

이 모든 것을 해결하는 것은 불가능하지도 않고 말도 안되게 어려운 일도 아니다. 그러나 정치경제학의 권위자인 윌리엄 베버리지가 적절하게 잘 만들어놓은 국가사회보장계획이 반대에 부딪히고 있다. 국가사회보장계획으로 인해 사라져버릴 민간보험회사가 반대하는 것은 그렇다 쳐도, 이득을 보게 될 사람들까지 격렬하게 반대하는 형편이다. 게다가 국가사회보장제도의 옹호자들조차 대부분 국가사회보장의 내용을 이해하지 못해서 어떻게 옹호해야 할지 모르고 있다. 우리의 입법자들이 기초적인 보험 원리만 알아도, 베버리지의 계획안을 일사천리로 법제화하고 한 달 안에 시행할 것이다. 수년에 걸쳐 무지한 승강이를 벌인 끝에 베버리지 계획안의 일부라도 살아남는다면 우리로서는 행운이라고 할 수 있다. 전쟁의 공포 같은 것 때문에 토론이나 수정작업도 거치지 않고 몇 시간 안에 국회를 통과해버리지만 않는다면 말이다. 그렇다 하더라도, 보험을 제대로 이해하지 못하고 있거나 보험의 엄청난 가능성을 일부만 파악한 사람들은 절대로 국정에 간섭하지 못하도록 해야 한다. 확률에 대한 지식이 없는 사람이 국가사회보장제도에 관여하게 해서는 안 된다. 확률 문제를 계산하고 시험지에 기본적인 방정식을 적어 넣는 수준이 아니라, 어떤 것이 신뢰할 수 있는 것이고 어떤 것이 조작된 것인지를 알아낼 수 있는 정도는 되어야 한다. 동전의 앞면이나 뒷면처럼 불변하는 정확한 수량을 가지고 확률을 계산할 때는 범위가 정해져 있기 때문에 별 문제가 발생하지 않는다. 동전의 '앞이냐 뒤냐' 게임에서는 우리에게 한 개의 확실성과 단 두 개의 가능성만 주어진다. 그나마 그 두 개의 가능성도 한 시간만 실험해 보면 실질적인 확실성으로 귀결될 수 있다(즉, 한 개의 상수와 사실상 변하지 않는 한 개의 변수가 있는 경우다). 그러나 상수는 없고 몹시 급변하는 여러 개의 변수가 존재하는 계산을 해야 한다면, 막연한 추측이나 개인적인 편견, 금전적 이해 등이 강하게 개입하게 된다. 그러면 멍청하게도 통계는 거짓말을 하지 않는다고 생각하며 일을 시작한 사람들은 결국 역시나 멍청하게도 아무것도 할 수 없다고 생각하며 손을 떼게 될 것이다.

15장 전쟁자금에 대한 착각

1

돈이 떨어져서 전쟁을 멈췄다는 얘기는 들어본 적이 없다. 전쟁이 자금 부족 때문에 멈출 일은 없다. 문명화로 노동이 체계적으로 조직되고 분업이 이뤄진 이상 전쟁은 끝없이 계속될 수도 있다. 아담과 이브가 에덴동산에서 쫓겨나 자력갱생해야 했을 때 자기들은 물론 아이들을 위한 의식주도 마련해야 했다. 그렇지 않았다면 인류는 아담과 이브에서 끝났을 것이다. 그러니까 모든 인간커플은 자신 외에도 최소한 셋이나 되는 비생산적이고 탐욕스럽고 성가신 '애새끼'들을 부양할 수 있어야 한다는 것이 인류생존의 기본조건이다. 자식을 열 명, 열 다섯 명씩 낳아서 길러낸 부부들도 수없이 많다. 정부는 이들의 애국적인 행동을 치하했다. 그러한 위업을 달성하기 위해서 아마도 여러 해에 걸친 고된 노동이 필요했을 것이다. 그러나 문명화되고 조직화된 사회에서는 노동분업과 기계의 도움으로 천 쌍의 커플만 있어도 그들의 가족뿐만 아니라 경찰과 군대, 심지어 빈둥거리면서 사치를 일삼는 게으름뱅이들까지도 큰 어려움 없이 부양할 수 있다. 수십억 쌍의 커플들이 있다면, 완전 무장한 수백만 명의 군대를 수백만 년 동안 유지할 수도 있을 것이다. 그러니까 돈이 떨어져서 전쟁을 멈추는 일은 결코 일어날 리 없다.

전쟁이 무한히 지속될 수 있다는 것을 알았다면, 전쟁에 자금을 대는 데 신중해야 한다. 한 사회가 전쟁터와 군수산업에 투입할 수 있는 인력은 제한되어 있기 때문이다. 식료품과 의복, 연료, 주택 등이 원활하게 공급되지 않는다면, 근대 국가는 존속할 수 없다. 의식주와 관련된 생필품 산업에서 모든 인력을 빼가서 전쟁을 치른다면, 결국에는 전쟁뿐만 아니라 인간의 삶 자체가 불가능해진다. 군대와 군수공장에 무턱대고 많은 인력을 할애한다면 아마도 기아 때문에 패배하게 될 것이다. 이론상으로는 몹시 간단한 얘기다. 그러나 자본이 지배하는 곳에서 실질적인 계산은 복잡해진다. 마르크스가 보여준 바와 같이 자본은 끝없이 값싼 노동력을 탐한다. 다른 조건이 모두 같다면, 노동력이 쌀수록 돌아오는 이익이 커지니까 말이다. 국내에서는 하루 품삯으로 10실링을 줘야 하는데 해외 어느 곳에서는 일주일치 품삯이 10실링이라면, 자본은 해외로 흘러갈 것이다. 똑똑하고 강력한 정부가 자본을 국내에 묶어두고 가장 필요한 곳에 사용되도록 지켜보지 않는다면 말이다. 그런데 자본주의 정부는 자본을 국내에 묶어두고 적재적소에 사용하려고 하지 않는다. 오히려 정반대다. 국가는 광적인 자유무역주의자들에게 손쉽게 설득당했다. 자유무역주의자들은 해외무역을 해야 가장 큰 수익을 얻을 수 있으며 자유무역이야말로 세계평화의 수호자라고 요란하게 떠들어댔다. 모든 국가가 해외무역에 의존하고 있으면, 전쟁을 벌이는 것이 서로를 굶어죽게 만드는 일이 될 것이라는 이유를 대면서 말이다. 1851년 영국 정부는 국제자유무역을 촉진하기 위해 최초로 대규모 만국박람회를 개최하고 각국에서 생산한 온갖 상품의 견본을 전시했다. 자유무역에 대한 확고한 신념을 여실히 드러낸 것이다.

그 결과 완전히 새로운 세상이 도래했다. 영국이 당면한 가장 시급한 과제가 사람들이 썩어나가는 슬럼을 타파하고 아이들에게 충분한 영양을 공급해서 끔찍한 영아사망률을 낮추는 것이었을 때에도, 정작 그 일을 하는 데 필요한 자본은 남미, 말레이반도, 이집트, 콩고, 인도 등 영국보다 노동력이 싼 어딘가로 흘러가버렸다. 그렇지만 영국이나 거기나 사람들이 가난하기는 마찬가지다. 60년 전 런던의 항만노동자들은 "항만노동자에게 (시간당) 6펜스를!" 외치며 파업했다. 또한 런던의 성냥제조공장 여공들은 5실링 이상의 주급과 인산괴사에 대한 예방조치를 촉구하며 파업했다. 요즘 내가 쓰는 성냥은 인도에서 만들어진 것이다. 한때 크게 번창했던 랭커셔의 면직업은 시간당 1페니밖에 하지 않는 일본 노동력과 경쟁하느라 고군분투하고 있다. 석탄과 철광석 같은 천연자원에 힘입어 우리는 아직 수출용으로 기계를 만든다. 여전히 우리는 수출을 많이 할수록 그리고 수출에 대한 대가로서 수입은 적게 할수록, 더 잘 살게 될 것이라는 웃기는 모순에 집착한다. 그러나 결국에 우리는 먹는 빵조차 다른 나라에 의존하게 될 것이고 행여라도 교역을 차단하면 굶어죽게 될 것이다. 아무리 석탄과 철광석이 많이 난다 한들 석탄과 철광석을 먹고살 수는 없지 않은가? 이것이 바로 광적인 자유무역자들이 간과한 냉정한 현실이다. 근대 전쟁전략은 어디서나 봉쇄를 목표로 삼는다. 이제 인간 대 인간이 총검을 들고 벌이는 전쟁은 흔치 않다. 창기병, 경기병, 용기병들은 탱크를 몰게 되었고, 말은 더비 경마장에서나 볼 수 있는 것으로 인식되고 있다. 바다 깊은 곳에서는 잠수함이, 창공에서는 전투기가 운송선을 공격한다. 운송선이 가라앉으면, 전장 여러 곳에서 교착상태가 발생하게 된다.

이때 돈 문제가 발생한다. 동맹국들이 봉쇄정책을 써서 우리를 도와준 대가로 우리는 보유하고 있는 "해외유가증권"을 동맹국에 넘겨줘야 한다. 해외유가증권이란 우리가 노동하지 않고 식민지에서 취하는 이득에 대한 권리증서다. 이렇게 해서 전시에는 채권국이 며칠 새 채무국이 되어버린다. 정치인들이 재정적으로 유능하지 않으면, 무슨 일이 벌어지는지도 모르는 채 국가가 빚을 지게 된다. 영국에서 실제로 그런 일이 벌어졌다. 영국인들 스스로 외국과 식민지에 식량을 의존하는 길을 택함으로써 해외무역을 생사의 문제로 만들었고, 세계대전에 참가함으로써 해외무역이라는 화약고에 불을 붙였다. 1차세계대전 당시 독일 잠수함이 영국을 봉쇄하는 바람에 우리는 하마터면 굶어죽을 뻔했다. 그런데 또다시 같은 곤경에 처하게 된 것이다. 이번에도 독일 잠수함이 우리의 구축함과 전투함을 이길지도 모른다는 충분히 근거 있는 공포 속에서 고통받으면서 허리띠를 졸라매고 배급되는 식량으로 근근이 버티고 있다.

그러나 영국이 과학적인 집단영농을 실시하고 정부가 나서서 해외무역과 자본의 수출을 통제한다면, 재정적으로 자립할 수 있을 뿐만 아니라 세상의 종말이 올 때까지 여기저기서 끊임없이 전쟁을 벌일 수도 있다. 고도로 사회주의화된 국가는 전쟁을 일으킬 가능성이 거의 없지만, 사회주의화되지 않은 국가보다 훨씬 더 효과적으로 전쟁을 감당할 수 있다. 사회주의 국가라도 다른 나라가 먼저 일으킨 전쟁이나 야만적인 범죄, 그 중에서도 특히 근대 국가의 야만성을 응징하기 위해 전쟁을 치를 수 있다. 따라서 지금 치르고 있는 전쟁은 마지막 전쟁이 아니다. (양쪽 모두 서로 자기가 승리한다고 우기고 있는 상황인데) 이 전쟁에서 승리한다고 해서 전쟁을 완전히 종식시키는 새로운 질서가 확립되지는 않는다. 그러한 착각에 빠져서 전쟁재원에 대한 문제를 미루면 안 된다. 사회주의 국가가 다른 모든 것을 할 수 있다 하더라도, 전쟁을 완전히 종식시키는 일은 없을 것이다.

2
전쟁에 돈을 댈 수밖에 없는 상황이라면, 정치인은 몇 가지 근본적인 사실을 염두에 둬야 한다. 금융시장에서 공채를 모집해서 전쟁에 필요한 자금을 지원할 수야 있겠지만, 그렇다고 전쟁을 외상으로 치를 수는 없다. 병사들이 약속어음을 받고 싸울 수는 없는 것이다. 병사들은 소고기 통조림과 탄약을 그때그때 지급받아야 한다. 정부가 채권을 발행하고 명령을 내릴 수 있을지는 모른다. 그러나 날마다 전투병들에게 군수품을 지급해야 하기 때문에 날마다 군수품을 생산해야 한다. 그렇지 않으면 전쟁을 수행할 수 없다. 전쟁은 현금과 현물의 문제다. 금융시장에서 거래되는 '소비의 유보'나 '생산에 대한 전망'은 병사들에게는 통하지 않는다. 병사들은 언제나 무서운 속도로 소비한다.
  그러면, (국가부채에 추가하여) 대체로 언제나 현재진행형인 전쟁비용을 어떻게 "조달"할 수 있을까? 금융시장에서 취급하는 '소비의 유보'와 '생산에 대한 전망'은 결코 일어날 리 없는 절대 불가능한 일이다. **'소비의 유보'와 '생산에 대한 전망'은 증권거래소가 만들어낸 허상일 뿐이다.** 개인들끼리만 보면, 그러한 허상이 충분히 잘 작동한다. 여기 스미스와 존스가 있다. 스미스는 생산에 대한 전망을 팔아서 거액의 현금을 마련하려 한다. 존스는 당장 필요에 의해 소비할 것보다 더 많은 재화를 가지고 있다. 존스는 당장 남아도는 재화를 스미스가 가진 생산에 대한 전망과 교환함으로써 미래의 수익을 보장받고 싶어 한다. 이렇게 해서 스미스와 존스의 거래가 성사된다. 이 거래를 가리켜, 존스가 소비를 유보하고 스미스가 생산을 전망한다고 표현할 수도 있다. 그러나 국가적 차원에서 보면, 유보도 전망도 일어나지 않았다. 국가의 관점으로는 그저 존스 대신에 스미스가 소비하고 스미스 대신에 존스가 절제하는 것일 뿐이다. 재화의 양과 효용에는 달라진 것이 없다. 존스가 생산을 전망하고 있는 재화는 현재 존재하지 않는다. 장차 생산적인 노동력이 투입되어 재화를 만들어내기 전까지는 아무것도 존재하지 않을 것이다. 스미스는 장차 생산적인 노동력이 투입될 것이라는 믿음으로 존스가 가지고 있던 여분의 재화를 획득한 것뿐이다.

그러나 병사의 노동력은 생산적이지 않다. 병사의 노동력은 파괴하고, 불지르고, 황폐화시키고, 살인을 저지르는 데 사용된다. 영광, 승리, 애국심, 자유, 후손, 영웅적 행동, 모두 좋은 말이지만, 제 아무리 번드르르한 말도 아무런 소용이 없다. 전시에 자행되는 막대한 소비에는 반드시 그에 상응하는 막대한 생산이 수반되어야 한다. 나중으로 미룰 수 있는 일이 아니다. 지금 당장, 소비가 이뤄지기 전에 생산해야 한다. 물건을 생산하지 않으면, 군대는 먹거나 입을 수 없고, 총을 쏠 수조차 없다. 부상병과 시체, 넝마와 파편과 폐허만이 남을 뿐이다. 전쟁 때문에 세계가 빚더미에 올라앉을 수는 없다. 한 시간도 지체하지 말고 상황에 따라 바로 지불해야 한다.

전세계가 빚더미에 올라앉는 것은 불가능하지만, 개별 국가들은 그럴 수 있다. 국가들은 서로서로 돈을 빌릴 뿐만 아니라, 전쟁저축이라는 이름으로 국민들에게도 돈을 빌린다. 전쟁저축이라니 정말이지 말도 안 되는 소리다. 전쟁을 치르느라 현재 하루에 1,500만 파운드의 저축액을 써 없애고 있다. 불가피한 사건들이 이어지면서, 외상으로 전쟁을 치를 수 있다는 망상이 얼마나 부조리한 것인지 금세 드러나고 말았다. 미국과의 렌드-리스협정으로 영국과 러시아는 미국으로부터 군수물자를 빌리고 있다. 1차세계대전 당시 연맹국 대부분은 영국에게 전쟁비용을 빌렸고, 영국은 다시 미국에서 돈을 빌려왔다. 그러나 차관을 갚거나 그에 대한 이자를 지불해야 할 시점이 되었을 때, 채무국들은 완전히 디폴트(채무불이행) 상태가 되었다. 프랑스는 자국통화를 평가절하함으로써 채무의 80퍼센트를 갚지 않겠다고 선언한 것이나 마찬가지다. 영국에서 돈을 빌려간 채무국들은 사과 한마디 없이 채무이행을 거절했다. 그들은 채무를 갚을 능력도 없었고, 결국 갚지 않았다. 차관에 대해 책임감 있는 척했던 영국 또한 디폴트를 선언해서 미국인들을 경악하게 만들었다. 미국인들은 상황을 좀 더 잘 파악했어야 했다. 렌드-리스협정에 의한 차관은 결코 현금으로 돌려받을 수 없으며, 완전히 형이상학적인 만족감을 느끼는 것 말고는 군자금을 위한 무상기여라 간주해야 함이 불을 보듯 뻔했다. 물론 국민들은 국가에 빌려준 돈에 대한 이자를 제때 지급받을 것이다. 그러나 국가가 국민들에게 지불한 이자는, 국민들이 노동해서 번 돈에 국가가 소득세를 부과하여 징수한 것이다. 승전국이 패전국을 약탈해서 얻을 수 있는 것은 아무것도 없다. 패전국이 겪는 지독한 가난과 파산상태는 완전 무장한 군대도 굴복시킬 정도다. 착한 사마리아 사람은 강도를 만나 길에 쓰러진 사람을 다시 털 리 만무하다. 쓰러져 있는 사람이 어디서 하룻밤 묵을 수 있도록 단돈 몇 푼이라도 쥐어줘야 한다. 연합국은 독일을 무찌르고 나면 바로 그렇게 할 것이다. 1차세계대전이 끝난 후 우리 영국은 독일에 배상책임을 지우려고 애를 썼다. 처음에는 금을 내놓으라고 했지만, 독일은 가지고 있는 금이 전혀 없었다. 그래서 우리는 배와 철강을 달라고 요구했다. 그런데 막상 독일이 배와 철강으로 배상을 하기 시작하자, 우리 영국의 조선회사와 철강제련회사들은 거의 망할 지경에 처했다. 우리는 부랴부랴 독일에게 다시는 배나 철강을 보내지 말라고 했다. 독일은 배와 철강 대신에 무엇을 보내면 되겠냐고 물었고, 우리는 얼간이처럼 칼륨을 보내라고 대답했다. 이 모든 바보짓이 만천하에 드러나자 영국은 비웃음거리가 되었다. 우리는 패전국인 독일이 사실상 승리한 것이나 마찬가지라고 불평하기 시작했다. 독일에게 배상금을 물리겠다고 호언장담한 것이 선거에서는 몹시 유용하게 작용했다. 그러나 그 후로 우리는 독일이 배상을 함으로써 영국 산업이 받게 될 타격을 걱정하며 공포에 떨었다. 1871년 독일이 프랑스에 이기고 나서 오히려 불경기와 실업을 겪은 것처럼, 우리 영국의 산업도 독일의 배상 때문에 파멸로 치닫는 위기를 맞을지도 모른다.

3
어리석은 짓은 끝도 없이 계속된다. 가장 영리한 금융업자들조차 은행과 금융시장에서나 통하는 관행을 냉엄한 삶의 현장으로 끌어들인다. 매콜리는 국가채무의 증가가 국부의 증가라고 주장하기까지 했다. 그러나 프롤레타리아 출신인 코베트는 냉엄한 현실에 근거하여, "국채조달법"이야말로 올리버 골드스미스의 시에서 예언적으로 묘사된 상황을 초래할 것이라고 봤다.

땅이 잘못되면, 불행을 재촉하고,
부가 축적되는 곳에서, 인간은 타락한다.

사실상 실업계에서 바라보는 것과 마찬가지로, 국가부채란 국가적인 망상에 다름 아니다. 1차세계대전 이후 국가부채에 대한 이자로 하루에 약 100만 파운드를 지불해야 했다. 매콜리가 살아서 그 상황을 겪었다면 국가채무의 증가가 곧 국부의 증가라는 믿음이 흔들렸을 것이다. 하지만 대중에게는 크게 달라질 것이 없었다. 국가의 채권자들은 국가의 자본가들이었다. 국가의 자본가들은 소득세와 누진세를 냈다. 국가가 국민에게 진 채무에 대한 이자는 소득세와 부가세를 징수하여 충당했다. 자본가들은 국가로부터 이자를 받고 있었지만, 그 이자를 댄 것은 결국 자본가들이었다. 단지 자본가들 사이에서 소득재분배가 일어나서 평등화가 진행된 것뿐이다. 소득재분배는 세율의 구간별 차이 때문에 발생한 결과였고, 바람직한 것이었다. 나도 전시공채증권을 보유하고 있었다. 또한 소득세도 납부했다. 나보다 소득이 적은 자본가들보다는 높은 구간의 세율을 적용받았고, 나보다 소득이 많은 자본가들보다는 낮은 구간의 세율을 적용받았다. 내가 한 쪽에서는 따고 다른 쪽에서는 잃어서 결국 제로섬zero-sum이 되었는지도 모른다. 굳이 수고스럽게 계산해 본 적은 없다. 그러나 그 와중에 소득세를 면제받은 대중은

낸 돈도 없고 받은 돈도 없었다. 정부는 징발권한이 있고 따라서 신용이 확실하므로 최저이율로 돈을 모금할 수 있었다. 만약 민간기업이 자금을 조달하려고 했다면, 최소한 두 배가 넘는 이율을 제시해야 했을 것이다. 그러니까 국가는 아주 싸게 전쟁을 치렀다. 실제로 라인란트의 도시들을 폭격하는 데 들어간 비용은 도시를 재건하는 데 들어간 비용보다 더 적었다. 이는 자본주의제도의 수많은 모순 중 하나인데, 우리는 이러한 모순을 잘도 참아낸다. 왜냐하면 우리는 비록 모순처럼 생각될지라도 확실한 정보를 바탕으로 논쟁을 벌이는 대신에, 다분히 허구적이고 그저 상업적인 관행들을 논의의 근거랍시고 순순히 받아들이기 때문이다.

"그들은 당근이 자기 머리에 달려있는 줄도 모르고 그저 눈 앞의 당근을 향해 뛰어가는 말과 같다."

1939년 세계대전이 재개된 이래, 주급을 받아 근근이 살아가는 프롤레타리아 계층이 전시공채에 깜짝 놀랄 만큼 많은 돈을 냈다. 프롤레타리아는 자신의 노동력으로 번 돈으로 전시공채를 사서 이자를 받을 생각을 하고 있다. 그러나 프롤레타리아가 전시공채에 투입한 자본은 완전히 사라져버렸다. 결국 프롤레타리아는 자기가 받을 전시공채의 이자 재원을 마련하기 위해 계속해서 노동을 투입하고 돈을 벌어서 소득세를 내야 할 것이다. 그들은 당근이 자기 머리에 달려있는 줄도 모르고 그저 눈 앞의 당근을 향해 뛰어가는 말과 같다. 마찬가지로, 누진세를 내는 자본가들도 자기들이 받는 전시공채 이자가 결국 자기 주머니에서 나온다는 사실을 알아채지 못할 것이다. 그러다 토지소유자들이 지대를 올리면 노동자와 자본가 모두 마지막 한푼까지 털리게 될 것이다. 임금노예들이 일주일 단위로 2 내지 3실링이나 5 내지 6실링의 지대를 지불했던 때가 있었다. 지금은 일주일치 지대가 14실링에서 22실링에 이른다. 나는 영국 땅에서 거주하고 일하기 위해서 토지소유자들이 제공하는 건물비용에 대한 이자 말고도 수만 파운드를 지대로 지불해왔다. 내가 낸 지대 중에서 아주 일부분은 나 역시 내가 보유한 토지의 임차인들로부터 거저 강탈한 지대로 충당하기도 했다. 그래도 나는 지대를 내는 것이 못마땅하다. 상세히 따져보자면, 우리는 서로가 서로에게 빚을 지고 있는 복잡한 관계다. 그러나 전체적인 관점에서는 빚이라는 것 자체가 존재할 수 없다. 우리는 자연계에 살고 있고, 자연계의 섭리는 하루 벌어 하루 먹고사는 것이기 때문이다. 제아무리 곡식을 저장하고 고기를 얼려둔다 하더라도, 자연계는 단 한 번도 전년도에 수확한 것(저축)이나 내년도에 수확할 것(투자)으로 먹고살지 않는다. 그런 주장을 하거나 그렇게 하는 것처럼 보이는 사람들이 나타난다면, 그 나라는 무언가 단단히 잘못된 것이다.

다른 것들과 마찬가지로 이 문제에 관해서도 마키아벨리적 정치인은 전쟁자금에 대한 착각을 조장함으로써 시민들에게 군 복무와 전쟁세라는 부담을 지우려 할 것이다. 그러나 정치인들이 전쟁자금에 대한 착각에 빠져있는 나라는 경제적 혼란과 대재앙만이 기다리고 있을 뿐이다!

16장 전쟁 그리고 전쟁영웅들

1

전쟁은 복잡한 경제·금융·사법제도와는 다르다. 경제·금융·사법제도가 엉망이 된 것은 아무것도 모르는 아마추어 정치인들이 잘못 관리했기 때문이다. 그러나 전쟁에 대해서라면 누구나 지나칠 정도로 잘 알고 있다. 전쟁은 인간의 호전성을 충족시키는 원초적인 유혈스포츠이기 때문이다. 전쟁에서 승리한 자들은 인간의 허황된 야욕을 채우기에 충분한 명성을 얻게 된다. 나도 민간인 중에서는 나름 유명인이다. 그런데 나는 한 번도 누굴 죽이려고 폭력을 행사한 적이 없기 때문에, 수백만 명을 무참히 살해하면서 명성을 쌓은 전사들에 가려 속절없이 빛을 못보고 있다. 나폴레옹은 칸트, 괴테, 모차르트, 베토벤과 동시대를 살았다. 그들의 무덤을 비교해 보면, 우리가 위대한 철학자나 시인이나 작곡가보다 위대한 군인을 얼마나 더 많이 흠모하는지 미학적으로 가늠해볼 수 있을 것이다. 아돌프 히틀러는 수많은 폴란드인을 죽이고 바르샤바의 절반을 파괴했으며, 프랑스에서 영국 군대를 바다로 내쫓고, 발트해 지역에서는 붉은 군대를 돈 강으로 몰아냄으로써 유럽의 절반을 호령하게 되었다. 반면에, 당시 망명자 신세였던 아인슈타인의 벌이는 야구선수보다 훨씬 적었다. 우리는 전쟁의 신을 이야기하지만, 수학의 신이라든가 시나 그림의 신 혹은 발명의 신에 대해서는 언급도 하지 않는다. 나를 신이라 부르는 사람은 없다. 나는 기껏해야 현자라고 불릴 뿐이다. 우리는 그 모든 정복자들을 숭배하지만, 평화의 왕은 오직 한 분뿐이다. 그는 끔찍하게 처형당했다. **만약 예수가 오늘날 영국에서 태어났다면, 양심적 병역거부자로서 군 복무를 면제받기 위해 애를 쓰고 있을 것이다. 설마하니 전쟁에 사로잡혀 자진 입대를 하지는 않을 테니 말이다.**

여기까지는 누구나 아는 사실이고 오해의 여지도 없다. 오늘날 전쟁은 너무나 극악무도해졌기 때문에, 현대 교전국들은 죄다 자기방어를 위해 싸우는 것이라고 우긴다. 또한 전쟁을 일으킬 때마다 문명을 수호하고 전쟁을 종식시키기 위한 전쟁이라고 주장한다. 그러나 우리는 계속해서 서로를 죽일 것이고 언제나처럼 승리한 사령관을 찬양할 것이다.

이처럼 악마적인 짓거리를 비장의 카드로 사용하는 염세주의자들도 있다. 그러나 그것은 원시시대에나 통했을 가치관과 교육이 오늘날까지 남아 있는 또 하나의 사례일 뿐이다. 모든 사정이 달라졌고 호전성이 해롭기만 하다는 것을 알고 난 후에도 구시대적 습성이 지속되고 있는 것이다. 나폴레옹과 알렉산더가 누리는 인기는 원시부족사회에서 기원을 찾을 수 있다. 원시부족사회에서는 일대일로 싸워서 적어도 네 명 이상의 적군을 죽였다는 것을 입증하는 전리품을 가져오는 사내만이 평판이 좋은 여자와 결혼할 수 있었다. 하지만 나폴레옹이나 알렉산더는 전쟁에서 적군을 죽였다는 것을 입증하기 위해 적군의 머리가죽이나 음낭을 가져오지 않았다. 가족을 먹이겠다고 매머드나 검치호, 아니 심지어 야생 곰 한 마리도 잡아온 적이 없다. 젊은 시절 이탈리아 전투에서 용맹함을 떨쳤던 나폴레옹도 엘바 섬으로 유배될 당시 여성용 모자까지 쓰고 변장했던 자신의 비겁함을 부끄러워했다. 게다가 정치적 위기를 맞았을 때는 너무나 불안에 떤 나머지 분별력을 잃고 허둥대기만 했다. 형제들이 침착하게 구해주지 않았다면, 나폴레옹은 아마도 단두대 신세를 면하지 못했을 것이다. 알렉산더 대왕은 술에 취해 가장 친한 친구에게 살해당했다. 우리가 이런 이유로 그들을 훌륭하다고 생각하는 것은 아니다. 이 두 사람은 막대한 수의 사람들에게 죽음을 언도함으로써 인류 역사상 최고의 명성을 얻었다. 이 위대한 군인-살해자들은 전제군주가 되었는데, 그들이 세상을 뜨자 전제정치를 이어간 것은 위대하기는커녕 확실히 정반대에 해당하는 사람들이었다. 그래서 문제가 생긴 것이다. 네로 황제나 파벨 황제의 경우처럼, 부적절한 전제군주가 최악의 행동을 하면 틀림없이 자신들의 심복에 의해 암살된다. 어쨌든 위대한 전사가 새로 출현하기 전까지 정복자의 전제정치는 금세 처참한 결과를 가져온다. 그러니까 위대한 통치자가 죽고 또 다른 위대한 통치자 나타나기까지 긴 공백기에는 어떤 대안을 찾아야만 한다. 세상을 다스릴만한 천재들이 있든 없든, 누군가는 세상을 다스려야 하니까 말이다. 적합한 인물을 찾지 못해서 바보들이 통치에 나설 수밖에 없다면, 이 바보들은 반드시 역사와 경험을 바탕으로 공공의 복지를 중시하는 일련의 규범에 따라야 한다. 그러한 규범을 헌법이라고 한다.

정복이 영광과 권력을 가져다 주는 길이 되면, 국가들은 공공복지

를 망각하고 세력균형이라는 명분을 내세워 군사적 헤게모니를 장악하려 할 것이다. 그러나 세력균형이란 자기에게 유리한 쪽으로 힘이 몰리는 것을 의미할 뿐이다. 모든 독립국가는 자신의 힘이 충분히 강하다고 생각되면 선택된 종족으로서 세계의 '사령탑' 역할을 하겠다고 주장한다. 다른 국가들이 자기네 나라의 통치를 받는 것이 더 낫다고 우기는 것이다. 독일은 이러한 생각을 노골적으로 논의하고, 규명하고, 선언하고, 전파하여 마침내 전쟁으로 시험해 보기에 이르렀다. 영국은 암묵적으로 그런 식의 생각을 당연시했고, 사리분별이 있는 사람들이 나서서 굳이 토론까지 벌일 필요도 없을 만큼 너무나 자명한 진리라고 여겼다. 위대한 통치자의 영도 하에서 세계의 중심을 자임하는 것이라면 문제가 없다. 그러나 어리석은 통치자를 만나면, 세상의 중심이 되겠다는 생각이 전쟁을 야기하게 되고 결국 초국가적 헌법이 필요해진다. 국제연맹은 초국가적 헌법을 구성하려는 최근의 시도다. 그러나 연맹규약 입안자들의 조심성이 지나쳤다. 모든 것을 만장일치로 결의하겠다는 불가능한 조건을 두는 바람에 아무것도 할 수 없었고, 나중에 국제연맹의 자문기구가 된 지적협력위원회에 자금지원이나 홍보를 허용하지 않아 세간의 무관심 속에 방치되게 만들었다. 열강들은 국제연맹과 산하 위원회가 존재하든 말든 아랑곳하지 않고 계속해서 전쟁을 벌였다. 처음에는 무솔리니가 그리스 코르푸 섬에서 방아쇠를 당겼고, 나중에는 영국이 독일에 대한 전쟁을 선포했다. 어느 누구도 자국의 사건을 국제연맹에 의뢰할 생각조차 하지 않았다. 국제연맹이 제대로 작동했다면 2차세계대전을 예방할 수도 있었을 텐데, 안타깝게도 국제연맹은 유명무실했다. 그러나 국제협의회로 개명하든 뭐라고 부르든 간에, 국제연맹을 분별 있고 실행가능한 규약으로 부활시켜야 할 것이다. 문명사회와 문명국가들은 **헌법**을 필요로 한다. 헌법이 없다면, 바보나 게으름뱅이, 무능한 세습군주, 야망에 찬 정복자, 인기에 영합하는 연설가나 방송인, 금융 및 실업계의 악당, 통치자가 될 수 없는 혁명가 또는 혁명과 거리가 먼 복지부동의 통치자에게 지배당하게 될 것이다. 한마디로, 온갖 얼뜨기 같은 작자들이 영악하게도 민주주의라는 미명 하에 정치적으로 무지한 폭도들의 우상으로 자리매김하게 될 것이다.

아무튼 국제연맹은 산하기구 중 가장 예외적이고 가장 유용한 (유일하게 제 기능을 하는) 국제노동사무소를 통해 최대한 자기 임무를 수행하고 있다.

2
군대식 규율은 유용하다. 50년도 더 된 이야기를 하자면, 언젠가 나는 족히 천 명은 되는 사람들과 가두행진을 하고 있었다. 그런데 겨우 곤봉으로 무장한 스무 명의 보잘것없는 경찰들이 진압을 시도하자 천 명의 군중이 혼비백산해서 흩어졌다. 천 명 중 단 한 사람도 무엇을 어떻게 해야 할지 혹은 다른 사람들이 어떻게 하도록 해야 하는지 알지 못했다. 그래서 경찰에 붙잡혀서 머리를 맞지 않으면 모두 줄행랑을 쳐버렸다. 나는 급히 달아나지 않았다. 현장으로부터 천천히 걸음을 옮기고 있었다. 나는 꽤 잘 차려 입고 있었고 그 상황과 무관해 보였기 때문에 나에게는 아무 일도 일어나지 않았다. 그런데, 한 중년 남자가 나를 알아봤다. 행진을 시작하기 전에 천 명의 군중에게 승리를 위해 나아가도록 간곡히 독려하던 연사 중 한 명이라는 것을 말이다. 그는 내 앞으로 달려들어 울부짖었다. "어떻게 해야 하는지 말씀해 주십시오. 우리를 이끌어달란 말입니다." 그 순간 나는 내가 수치스럽게도 말만 늘어놓는 인간이라는 것을 아프게 인식했다. 내가 그에게 할 수 있었던 말이라는 게 고작, 각자도생으로 약속장소까지 가는 수밖에 없다는 것이었다.

그런데 이 남자는 별로 겁에 질린 것처럼 보이지 않았다. 오히려 경찰 중 몇몇이 더 무서워하고 있는 것 같았다. 경찰들이 그 남자와 싸우려 하는 게 아니라 그 남자가 경찰들과 싸우려고 했다. 하지만 모든 경찰은 다른 열 아홉 명의 동료 경찰들이 어떻게 행동할지 예상할 수 있었고, 법이 그들 편이었다. 제복을 입고 헬멧을 쓰고 무기를 든 경찰은 다른 열 아홉 명의 제복을 입고 헬멧을 쓰고 무장을 한 동료 경찰들과 협동할 수 있었다. 예측가능한 행동양식이 불신과 혼란에 대해 거둔 승리였다. 그때부터 나는 "너희가 다수이며, 그들은 소수일 뿐"이라던 셸리의 시구에 냉소를 보내게 되었다. 그리고 다수의 조직화되지 않은 개인들이 세상을 지배한다거나, 아니면 언젠가는 그런 날이 온다고 믿는 민주주의의 망상에서 벗어나기로 했다. 심지어 다수의 "조직화된" 개인들도 소수인 "그들"의 명령을 받는다. 그들은 판단을 내릴 수 있고, 할 일을 알고 있으며, 그것을 실행할 수 있는 사람들이다. 그들은 선의를 가진 사람일 수도 있고 야망에 찬 악당들일 수도 있다. 진정한 민주주의를 이룩하려면, 악당과 선인을 구분할 방법을 찾아야 한다. 또한 악당을 흠모하거나 악당에게 지배당하고자 하는 무지한 시민들에게서 선거권을 박탈해야 한다. 모리스는 "어느 누구도 다른 사람의 주인이 될 만큼 대단하지는 않다"고 경고했다. (위대한 지성인 모리스는 자기가 무슨 얘기를 하는지 분명히 알고 있었다.) 모리스의 경고는 어느 누구라도 만인의 주인이 될 만큼 대단하다고 생각하는 민주주의의 망상과 결코 양립할 수 없다. 우리를 다스릴 통치자가 필요한 것은 사실이다. 다만, 우리가 '자유'라고 하는 것은 우리에게 통치자를 선택할 수 있는 능력과 그에 필요한 지식과 지혜가 있느냐에 달려 있다. (언제나 충분히 많은 통치자 후보가 존재하므로 우리는 적임자를 잘 고르기만 하면 된다.)

대체 무슨 근거로 '타고난 통치자들이 언제나 충분히 많이 존재하므로 우리에게 선택의 여지가 있다'고 하느냐고 묻는다면, 흔히 신의 섭리라고들 하는 자연의 힘이 존재하기 때문이라고 답할 수밖에 없다. 자연의 힘이 상황을 그렇게 조율한다. 아직까지는 그 자연의 힘을 과학적으로 설명할 수가 없다. 기독교적인 신의 섭리를 연상시키기 때문에 반신반의하는 사람이 있겠지만, 현실적인 정치인이라면 그러한 자연의 힘을 기정사실로 인정해야 한다.

전쟁에서처럼 산업에도 규율은 필요하고 또한 유용하다. 인간은 자연인으로 존재하기를 멈추고 공장노동자가 되어야만 비로소 뭐라도 생산할 수 있다. 전쟁 자체가 하나의 산업으로서, 명령에 따라 죽이고 침몰시키고 불태우고 파괴하는 기능을 수행한다. 그러한 기능을 수행하기 위해 현대적인 기계화가 광범위하게 일어났고 능률도 높아졌다. 그런데 그 기이하고 끔찍한 전쟁의 기능 때문에 우리는 아주 오래된 질문으로 다시 돌아가게 된다. **이웃을 살해하는 행위를 정당화해주는 것은 무엇인가?** 사사로운 목적을 위해 민간인 신분으로 저지른 살생이든, 배심원으로 사형을 언도하든, 육군원수로서 적을 죽이든 간에 말이다. 때로는 살해 행위가 언쟁을 벌일 것도 없는 간단한 문제일 수 있다. 예컨대, 농부가 농작물을 갉아먹는 토끼와 다람쥐를 죽이는 것은 자기가 살기 위해서다. 그러나 살해 행위는 몹시 복잡한 문제가 되기도 한다. 해충처럼 유해한 사람들을 처리하는 형법 이외에 이웃을 살해하는 가장 큰 이유는 당신에게는 반 크라운(2실링 6펜스)밖에 없는데 이웃이 3실링을 가지고 있다는 것이다. 자, 이 경우는 논쟁의 여지가 상당하다. 만약 당신이 이웃의 3실링을 전부 가져다 쓰기 위해 혹은 이웃이 더 가진 6펜스를 빼앗기 위해 이웃을 살해한다면, 당신은 저속한 범죄자이고 문명사회에서 살아가는 데 적합하지 않은 인물이다. 배심원은 즉각 당신을 반사회적 인물로 규정하고 공개 처형에 넘길 것이다. 그러나 만약 당신이 사회학자로서 깨달은 바, 소득의 평등이야말로 안정된 문명국가를 이룩하기 위한 첫째 조건이며, 정의와 적정생산과 좋은 교육과 우호적 관계와 예의범절을 갖추기 위한 첫째 조건이라면! 그래서 당신은 국가가 당신의 반 크라운과 이웃의 3실링을 모두 가져다가 다시 각각에게 2실링 9펜스씩 나눠주는 게 옳다고 믿는데, 3실링을 가진 이웃은 이러한 작업에 목숨을 걸고 반대하는 상황이라면? 당신이 상대를 무력화할 수 없을 경우에는 상대를 죽여도 된다는 강력한 논거를 갖게 될 것이다.

그대와 나의 목숨에 대한 이 최후의 논의는 선악에 관계없이 유효하다. 돈을 내놓지 않으면 목숨을 빼앗았던 딕 터핀이나 영토를 내놓지 않으면 인명을 살상하는 아돌프 히틀러는 도덕적인 충고를 들을 인물들이 아니다. 터핀에게 순순히 돈을 내주든지, 아니면 터핀보다 더 빨리 권총을 뽑는 수밖에 없다. 히틀러로부터 자기 나라를 지키려면, 히틀러보다 더 큰 군대나 더 좋은 무기를 가져야 한다. 터핀에 비하면 히틀러는 불리한 점이 있다. 히틀러의 경우에는 수백만 명의 사람들에게 양심을 저버리고 히틀러가 죽이라는 사람들을 몰살시키는 데 목숨을 걸라고 설득해야 한다. 터핀을 물리치기 위해 직접 권총을 가지고 다닐 필요는 없다. 터핀이 빠져나가지 못하도록, 언제 어디서나 효과적으로 작용할 수 있는 경찰력을 조직하면 된다. 그런데 이렇게 하기 위해서도 이웃 전체가 자기들의 생살여탈권을 공권력에 위임하도록 설득해야 한다.

3
대리살인은 살인을 쉽게 만든다. 히틀러는 일개 상병 시절부터 한 번도 누군가를 직접 죽인 적이 없다. 히틀러를 위해 다른 누군가가 대신 살인을 저질렀다. 토르케마다는 단 한 명의 유태인도 불태워 죽인 적이 없다. 크롬웰도 국왕 찰스1세의 목을 직접 치지 않았고, 국왕 제임스1세도 가이 포크스를 직접 처형하지 않았다. 그들은 다른 사람들이 자신들을 위해 살인을 저지르도록 유도했다.
  결국 양심적 병역거부가 전쟁에 제약을 가할 수 있다는 말이 된다. 가장 잘 훈련된 공무원이 어느 정도에서 선을 그어 구별을 할 것이다. 감옥 간수에게 반 크라운만 집어 주면, 사람에게 채찍질을 하게 할 수 있다. 적당한 보수를 제공하고 사형에 사용된 밧줄을 수집가에게 팔아넘길 수 있는 권리까지 준다고 하면, 기꺼이 형을 집행하겠다는 사형집행인을 얼마든지 찾을 수 있다. 하지만 간수가 반드시 돈 몇 푼에 혹은 그저 재미로 아무짓이나 하는 사악하고 잔인한 놈이라고 매도할 수는 없다. 매질을 하는 교사가 모두 사디스트는 아니다. 하지만 유감스럽게도, 우리네 신사적인 사립예비학교 출신들의 전기에서 알 수 있듯이

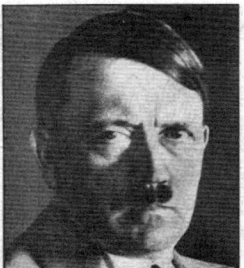

"생사불문! 무자비한 범죄자를 공개수배합니다", 『데일리 미러』, 1939.

매질하는 교사들 중 일부가 사디스트인 것은 틀림없는 사실이다. 하여튼 어느 누구도 다른 사람을 대신해서 살인을 저지르도록 강요되어서는 안 된다. 대리살인을 영광으로 여기는 작자가 아니라면 말이다. 다른 시민들의 관용을 지키려면 잔혹행위는 그 자체를 즐기는 불한당과 사디스트 일당에게 맡기는 수밖에 없다.

현대 전쟁이 기계화되면서 비양심적 행위를 억제하는 인간 양심의 힘을 상당히 감소시키고 있다. 평범하고 온순한 젊은이에게 아기 안은 여인이 폭탄으로 산산조각 나는 장면을 쭉 지켜보게 하기는 어려울 것이다. 그러나 같은 젊은이라 할지라도 전투기를 타고 수천 피트 상공을 비행하면서 조준의 정확성과 비행기 조종에만 몰두하고 있다면, 주택가 전체를 산산조각으로 만들고 수많은 엄마와 아기를 불태우고 눈멀게 하거나 불구로 만들어버릴 폭탄을 떨어뜨릴 수 있을 것이다. 그는 자기가 한 일을 아무것도 보지 못한다. 그에게는 불꽃놀이처럼 예쁜 화염만이 보일 뿐이다. 이 전투기 조종사가 저지른 참사는 병원 외과의가 보게 된다. 그러나 폭탄을 떨어뜨린 것은 조종사지 외과의가 아니다.

보병은 화염조차 보지 못한다. 나는 전쟁터에서 병사들이 전쟁을 치르는 것을 지켜본 적이 있는데, 병사들이 겪는 극도의 권태가 불쌍할 지경이었다. 그들은 위장한 대포에 포탄을 채우고 있었다. 한 사람이 포탄에 도화선을 끼워넣으면, 다른 사람이 그 포탄을 건네받아 포미에 밀어 넣는다. 그러면 또 다른 누군가가 줄을 당긴다. 포탄은 쾅-휘잉하는 굉음을 내며 공중으로 사라진다. 포탄이 어디로 날아갔는지, 포탄이 목표지점에 도달하면 어떤 일이 벌어지는지, 폭발이 일어났는지 불발되었는지, 이 딱한 사람들은 아무것도 알지 못한다. 이들은 계속해서 포탄을 집어서 도화선을 끼워넣고 포탄을 장전하고 포미를 덮고 줄을 당긴다. 이 단조로운 작업이 야기할 결과를 지켜보는 공포는 경험하지 않아도 된다. 첫 번째 포탄이 발사되자 마자, 나는 이 일에 눈곱만한 흥미도 느낄 수 없었다. 독일군에 징병된 사람들이 똑같이 무미건조한 과정을 거쳐 당장이라도 내 심장에 포탄을 박아버릴 수 있다는 생각을 하고 있을 때조차 지루함을 떨칠 수 없었다. 나는 소년시절 흥미진진하게 읽었던 호메로스의 전투장면들을 떠올려 봤다. 우리 종군기자들은 오늘날의 전투 장면을 마치 트로이 평원에서 벌어진 그리스 신들의 싸움처럼 전율이 일도록 각색하고 있다. 정작 호메로스가 내가 목격한 것과 같은 지루한 전투를 봤다면, 어떻게 표현했을지 참으로 궁금하다. 그보다 지루한 오락은 상상조차 할 수 없다. 전사들이 자신들이 제공하는 무감각한 노동의 결과와 완전히 분리됐다는 생각이 들었다. 그들은 자기가 하는 일을 보지도 못하고 알지도 못한다. 그저 포탄을 나르고 줄을 당길 뿐이다. 그러면 6마일 떨어진 곳에서 베토벤이든 어린 아이든 누군가가 포탄에 맞아 죽게 된다. 오늘날의 전사들은 어서 임무가 끝나기만을 소망하며, 머릿속에는 온통 배급되는 소고기 통조림에 대한 생각뿐이다. 나는 현대의 전투에서, 괴테가 발미 전투에서 경험한 공포나 바그너가 드레스덴에서 경험한 것과 같은 두려움, 심지어 킹스크로스에서 불시단속에 걸린 내 운전사마냥 눈 앞이 노래지는 경험도 하지 못했다. 몹시 권태로운 군인들에게서 영웅적이거나, 잔인하거나, 그도 아니면 조금이라도 낭만적이거나 선정적인 모습을 찾겠다는 생각 자체가 우스웠다.

현대 전쟁에서도 전투기들의 공중전만큼은 아이아스와 디오메데스,

헥토르와 아킬레스의 영웅적인 결투를 떠올리게 만든다. 그래도 역시 고대의 결투와 현대의 공중전에는 기이한 차이가 있다. 전투기는 싸움에서 승리해도 "자신의 지위를 강화"한다거나 항복을 받거나 하지 않는다. 그 어떤 종류의 군사적 결정도 하지 않은 채 그냥 날아가버린다. 예전에는 종일 전투를 벌이면 승리하든 패배하든 결판이 났다. 오늘날에는 결정적인 결과 없이 몇 달이고 전투가 지속된다. 전투 초기에는 놀랄만한 성공을 거두며 공격적인 양상을 보이지만, 차츰 용두사미가 되어간다. 그리고는 봉쇄, 고갈, 굶주림, 혁명, 또는 후방에서 벌어지는 다른 어떤 사건들 때문에 그 모든 피비린내 나는 싸움이 이내 수포로 돌아간다. 그 가운데 전쟁터에서 싸우던 군인들은 "서로 점령지라고 우기는 땅에 쓰러져 거름이 된다."

4

군인들은 모두 전쟁에 찬성하고 민간인들은 전쟁에 반대할 것이라고 단정하면 곤란하다. 그 반대가 진실에 더 가깝다. 군인들은 우리가 단 하루라도 전쟁을 본다면 결코 또다시 보고 싶어하지 않을 것이라고 말한다. 병영생활보다 나은 일이라면 무엇이든 할 수 있는 노련한 병사들은 파데레프스키[1]가 피아노를 싫어했던 것처럼 진심으로 전쟁을 혐오하게 된다. 말버러는 나폴레옹만큼이나 성공한 장군이었고, 웰링턴은 나폴레옹을 굴복시켰으며, 비스마르크는 프랑스와 오스트리아를 물리치고 "철혈" 정책을 펼쳐 독일 제국을 건설했다. 말버러, 웰링턴, 비스마르

---

[1] 이그나치 얀 파데레프스키 Ignacy Jan Paderewski(1860-1941): 폴란드의 피아니스트이자 정치가. 폴란드의 외상 겸 수상을 지냄.

크 이 세 사람 모두 결국에는 어떤 대가를 치르더라도 평화를 바랐다. 나폴레옹은 예외인 것처럼 보인다. 그러나 나폴레옹이 프랑스 국민들에게 계속해서 군사적 영광을 갖다 바쳐야 했던 이유는 프랑스 국민들이 나폴레옹이 다른 일을 할 수 있다고 생각하지 않았기 때문이다. 우리의 호국경 크롬웰은 자신이 마음만 먹으면 모든 장군을 굴복시킬 수 있다는 것을 알았을 때, 스스로 전제군주가 되어 세계적인 제국을 건설하려 하지 않았다. 크롬웰은 의회정치의 모든 가능성을 실험했다. 그러나 의회정치가 의사방해와 장광설로 얼룩지자 크롬웰도 하는 수 없이 계엄을 선포했다. 트라팔가르 해전의 열세를 전해 들은 나폴레옹처럼, 크롬웰은 "내가 모든 곳에 있을 수는 없다"며 다른 장군들을 자신의 권한대행으로 삼았다. 전쟁에 대해 낭만적인 생각을 갖고 있는 것은 민간인과 여자들이지, 결코 군인들이 아니다.

유감스럽지만, 세습권력이나 신수왕권이 아니라 국민들에 의해 선출된 국가원수라 할지라도 끔찍한 짓을 저질러서 유권자들에게 강한 인상을 심어줘야 하는 것은 여전히 마찬가지다. 저잣거리에 쌓인 한 무더기의 해골, 왕의 막사 기둥 아래 산채로 매장된 처녀들, 성직자들이 자신의 머리카락을 피로 물들이며 집행한 인신희생 등은 문명화된 신사 숙녀들에게 혐오스럽고 끔찍하게 여겨진다. 그러나 그처럼 세련된 신사 숙녀들도 예수는 경배하지만 소크라테스와 마호메트는 상대적으로 무시한다. 그들이 그러는 까닭은 아무래도, 예수가 끔찍한 고문을 당했던 것에 비해 소크라테스는 인도적으로 독배를 마셨고 심지어 마호메트는 자신의 침대에서 조용히 죽었다는 것밖에 없다. 공중위생을 소홀히 한 탓에 끔찍한 역병이 대도시에 창궐했을 때 연대기 작가들은 그것이 전지전능한 신의 위엄을 보여주는 것이라고 기록했다. 그리고 지금은 초현대적인 러시아에서조차 반종교박물관으로 사용해온 바로 그 성당에서 전쟁을 신성시하고 승리에 환호하는 테데움이 울려 퍼진다. 우리는 모든 자유를 전쟁에 갖다 바친다. 언론, 출판, 생명의 자유와 그 밖의 모든 자유권을 희생시키고 오로지 싸울 자유만을 남겨 두고 있다. 우리는 싸우지 않을 자유조차 없애버린 것이다. 전쟁이 너무나 파괴적인 해악이 된 나머지 열강이 연합하여 다른 나라들에게 평화를 강제한다면, 약소국들은 싸울 권리를 지키기 위해 열강에 맞서 싸울 것이다. 그리하여 '전쟁을 끝장내기 위한 전쟁'이 '평화를 끝장내기 위한 전쟁'으로 변질되고 말 것이다.

더 이상 예를 들지 않아도 다음과 같은 생각이 들 것이다. 전쟁을 없앨 수 없다면, 초국가적으로 통제하고 경찰력으로 전환시켜야 한다. 그렇게 함으로써 어떤 국가나 개인도 제국주의적이고 반사회적인 본능을 충족시키기 위해 전쟁을 일으키는 일이 발생하지 못하게 막아야 한다. 전쟁이 반드시 인간 악행의 정점일 필요는 없다. 오늘날에는 전쟁을 원시적인 야만성이나 잔혹함에서 비롯된 것으로 생각하지 않는다. 전쟁은 용기와 관대함, 한마디로 기사도에 뿌리를 두고 있는 낭만적인 미신으로 받아들여지고 있다. 용기와 관대함은 결코 진부한 자질이 아니다. 이러한 자질을 발휘할 일자리를 만들고 조직해야 한다. 젊은이의 끝없는 용기와 성숙하고 신중한 개척정신은 한낱 살인이나 파괴보다는 사업, 과학, 정치 그리고 모든 종류의 발굴과 조사 영역에서 훨씬 더 잘 발휘될 것이다. H.G. 웰스는 우리 젊은이들이 영웅적인 모험심을 가져야만 한다고 강력히 설득하면서 지혜의 길을 개척하고 있다. 그러한 기회가 없다면, 젊은이들은 정치적 잘못을 저지르거나 헛된 스포츠에 인생을 낭비할 것이다. '악마는 노동을 게을리 하는 자에게 해코지한다'는 격언은 '자질이나 재능을 썩히고 있는 자'에게도 마찬가지로 적용될 것이다.

그러나 젊은 영웅들이 전방위로 뻗어나가는 에너지를 병영생활에서 충족시키고자 큰 뜻을 품고 입대한다고 가정하는 것은 잘못이다. 군대를 구성하고 있는 대다수의 사람들은 육체적으로 단련된 사람들이지만, 그들의 정신은 너무나도 무력하여 오직 군대에서만 이뤄지는 지속적인 지도와 교육을 필요로 한다. 그들은 정복자들을 '영웅'으로 만들어주는 도구일 뿐이다. 그리고 그들보다 훌륭하게 양성되고 교육받은 장교들 역시 같은 처지다. 우리는 일반적인 의미에서의 전쟁과 우상화된 정복자 개념뿐만 아니라 실제 전쟁을 치르는 살아있는 인간을 하나의 인간 유형으로서 고찰해야 한다. 우리가 흑인, 유색인, 황인, 백인이라고 부르는 다양한 인종이 있는 것과 마찬가지로, 문명화된 사회에는 군인, 경제인, 종교인, 과학인 등이 존재하고 정치가는 이들 각각에 대한 지식과 연구가 필요하다. 어떤 이유로든 이들을 공통된 인간성으로 뭉뚱그려 생각하는 것은 문제를 일으킨다.

전쟁을 다루고 있으므로, 우선 군인을 살펴보자.

17장 군인의 탄생

1

군인은 격정에 따라 재능을 발휘한답시고 시민으로서 마땅히 지켜야 할 도덕률을 면제받으려 한다. "용자 중의 용자"라는 네이[1] 사령관도 전쟁터 밖에서는 별볼일 없는 사람이었다. 물고기가 물이 없으면 살 수 없듯이 네이에게는 전쟁이 반드시 필요했다. 네이는 나폴레옹이 군대를 장악하고 있는 동안에는 나폴레옹을 추종했고, 나폴레옹이 실각하자 바로 나폴레옹을 버렸다. 얼마 후 나폴레옹이 복위하자, 다시 나폴레옹 군대에 가담했다. 연합군은 네이의 두 번째 배반에 대해 썩 관대하지 않은 처분을 내렸다. 결국 네이는 총살당하는 것으로 호전적인 생애를 마감했다. 그러면 이번에는 나폴레옹을 살펴보자. 나폴레옹은 전쟁에서 승리하는 것이 누워서 떡 먹기나 마찬가지라서 스스로를 천하무적이라고 여겼다. 유럽 국가들이 강력하게 연합하여 나폴레옹을 축출할 때까지, 수백만 명이 나폴레옹의 재능과 야심을 충족시키기 위해

---

[1] 미셸 네이 Michel Ney(1769-1815): 18세기 말 프랑스 혁명시대부터 19세기 초까지 활동한 프랑스 군인. 나폴레옹은 그를 프랑스 사령관으로 임명하고 "용자 중의 용자"라 불렀다.

희생되었다. 나폴레옹과 같은 유형의 인간이 초래하는 일들은 놀랍기 짝이 없다. 내가 이미 말한 바와 같이, 아돌프 히틀러는 완전히 나폴레옹 같은 인물이다. 히틀러 때문에 수백만 명의 사람들이 죽어가고, 도시가 부서져 폐허로 변하고, 제국은 와해되고 있다. 히틀러 역시 나폴레옹처럼 우상화되고 있다. 프랑스인들이 갑자기 나타난 황제를 위해 죽어갔던 것과 마찬가지로, 우리와 동시대를 살아가는 사람들은 벼락 출현한 총통을 위해 목숨을 내놓고 있다. 알렉산더와 아틸라 시대부터 오늘날에 이르기까지 수많은 나폴레옹과 히틀러가 역사라는 한편의 드라마에서 악역이 아니라 영웅적인 주인공으로 분류되어 왔다. 나폴레옹이나 히틀러가 전쟁에서 승리를 거두는 한, 영웅을 숭배하는 시민들은 영웅들이 의회를 장악할 수 있도록 표를 몰아 준다. 그러면 의회는 신체 건강한 모든 시민에게 군 복무를 강제함으로써 나폴레옹과 히틀러에게 병사를 내준다.

의무군복무제도야말로 문명화된 인류가 알고 있는 가장 완벽한 노예제다. 도대체 왜, 인류는 스스로 군복무를 강제하고 그 안에서 자부심을 느끼는 것일까? 그보다도 어째서 전쟁은 근대적인 의무군복무제도가 등장하기 한참 전부터 존재했던 것일까? 마크 트웨인이 제대로 짚었다시피 "보통사람은 겁쟁이"일 뿐인데, 사람들에게는 본래 전사, 약탈자, 살해자의 성향이 얼만큼이나 있을까? 다시 말해, 자연인은 어느 정도까지 군인 기질을 타고 나는 것일까?

2
우리가 알고 있는 사실을 토대로 **군인의 탄생**에 대해 짐작해볼 수 있다. 사람이 백 명이 있다고 치면, 그 중 일부만이 미리 생각하고 계획할 줄 안다. 그들은 몇 년 후는 물론 자기가 죽은 뒤에나 도래할 세계의 장래까지도 도모할 수 있다. 그러나 다른 사람들은 오로지 하루 벌어 하루 먹고사는 일만을 생각하고 계획하고 기대할 뿐이다. 그들은 자기들의 미래가 어떻게 될지 알지 못하며 세계의 장래에 대해서는 더더욱 모른다. 그들은 가까이 있는 적밖에는 볼 수 없고 오늘 먹을 양식 외에는 관심이 없기 때문에 종종 무모할 정도로 용감하다. 그들은 코앞에 닥친 일 말고는 아무것도 모르기 때문에 위험을 걱정하지 않는다. 원시 시대에는 그러한 사람들이 생존을 위해 동물을 사냥해서 잡아먹고, 이방인을 약탈하고 노예로 삼거나 죽여야 했다. 그들은 사냥꾼, 사수, 병사, 투사로 전문화되었고 그러한 일에 적합한 두뇌와 기력과 감각을 가진 사람들이 전사집단으로 조직되기에 이르렀다. 이렇게 해서 군인이 탄생한 것이다. 그러나 지휘관 자리는 사냥, 사격, 낚시의 전리품 말고는 아무것도 생산하지 않는 지방귀족들이 차지한다. 귀족들은 군 복무나 군사외교에 가담하는 것만이 자신의 계급에 어울리는 일이며, 상업이나 육체노동은 자기보다 신분이 낮은 사람들이 하는 일이라 여긴다.

자, 인류가 생존하려면 여자에게는 남편이 있어야 하고 남자에게는 아내가 있어야 한다. 둘이서 하나의 구성단위가 되는 것이다. 여자는 분만의 고통을 견뎌내고, 태어난 아기를 양육하고, 아이가 성년이 될 때까지 기나긴 시간 동안 돌봐야 한다. 남자는 단순히 생명을 잉태시킬 때만 필요한 것이 아니다. 남자는 낯선 전사들로부터 자기 아내를 보호하고 어린 아이들을 강탈당하지 않도록 지켜내는 전사여야만 한다. 남자는 아내가 가족을 위해 요리할 수 있도록 동물을 사냥해야 하고, 가

죽 옷을 만들기 위해 짐승의 가죽을 벗겨야 한다. 따라서 여자는 남자를 자신의 짝으로 선택하기 전에 그에게 이방인을 죽일 수 있는 능력을 증명하라고 요구한다. 서양 남자들은 자기가 죽인 자의 머릿가죽을 벗겨 여자에게 전리품으로 보여줘야 했다. 동양에서는 강한 남자라는 것을 증명하는 데 머릿가죽으로 충분치 않았다. 머릿가죽은 남자의 것인지 여자의 것인지 알 수 없기 때문이다. 따라서 전사로서 남자의 능력을 증명하려면 성인 남자의 생식기를 전리품으로 가져와야 했다. 아비시니아² 다나킬 부족의 여자들은 그러한 전리품을 네 개 이상 요구했다고 알려져 있다. 그러나 잘라낸 지 얼마 되지 않아 아직 혈색이 남아 있다면 한 개만 가져와도 무방했다. 그러니까 이탈리아 병사들이 생각했던 것처럼 토착 원주민들이 단지 몰지각하고 잔인해서 적의 시신을 훼손한 게 아니다. 원시사회에서 적의 신체 일부를 전리품으로 가져오는 것은 오늘날 빅토리아 십자훈장이나 은성훈장과 마찬가지다. 가족과 조국의 안녕을 지켜낸 용감한 전사라는 상징인 것이다.

한편, 장기적인 안목에 따라 사고하고 계획하는 사람들은 무엇을 하고 있나? 그들은 기본적인 농업 기술을 발견함으로써 평화로운 문명을 가능하게 만든다. 일 년을 기다려 수확을 하고, 여러 해를 참고 기다려 과실수와 목재용 나무를 키우는 일이 결과적으로는 이롭다는 것을 안다. 황소를 잡아먹는 대신 쟁기를 끌도록 길들인다. 해충이나 해로운 짐승을 죽이는 것은 단지 박멸하기 위해서다. 잡아먹으려고 죽이는 게 아니다. 그리고 그들은 "내가 굶으면 너도 굶어야 한다"고 생각하는 인간들이야말로 가장 악질적인 해충임을 이내 알아챈다. 장기적인 안목을

---

2   아비시니아 Abyssinia: 에티오피아의 옛 이름.

가진 사람들은 "우리가 살인하고 약탈하고 서로를 잡아먹는 짓을 멈추지 않으면, 우리 모두 굶어죽게 된다"고 확신한다.

3

인간사회는 야만인과 문명인으로 자연스럽게 구분된다. 나폴레옹-히틀러가 있는가 하면 양심적 병역거부자가 있고, 셰익스피어의 헨리5세가 있다면 바그너의 파르시팔이 있으며, 식인종이 있는가 하면 채식주의자가 있다. 이처럼 자연적인 구분은 그들 상호 간의 결혼에 의해 경계가 모호해진다. 따라서 **야만인과 문명인 중 온전히 한쪽 성향만 가지고 있는 사람은 지극히 드물다. 그러나 각각의 성향은 여전히 구별가능할 정도로 남아있다. 멘델이 입증한 바와 같이, 흑인과 백인 사이에서 회색 아이가 태어나는 것이 아니다.** 유전적 형질은 그렇게 작용하지 않는다. 자식들은 흑인과 백인이 특정 비율로 섞여서 나온다. 흑인은 백인의 전통을 물려받고, 백인은 흑인의 전통을 물려받는다. 양쪽 모두 외부의 압력을 강하게 받는다. 여성은 평화적이고 알뜰하며 아이들 즉, 종족의 미래를 잘 돌봐야 한다는 환경의 압력을 받는다. 또한 여성은 보디가드가 되어줄 남성에게 찬사를 보내고 남성의 호전성을 북돋워줄 것을 강요받는다. 여성이 탐욕스럽고, 가족을 악착같이 보호하려고 하며, 양심을 품는 성격인 것은 장래를 대비하기 때문이다.

한편, 문명과 미개하고 막된 행동들이 충돌하는 과정에서 생겨난 전통은 결코 야만스럽지 않다. 전사들의 모험과 용맹함, 전투와 승리, 심지어 그들의 연애담까지 찬미하는 놀랍도록 훌륭하고 멋진 시문학과 기사이야기가 무궁무진하게 생겨났다. "아담이 밭을 갈고 이브가 실을 잣던 시절에는 누가 귀족이었겠나?"³ 하지만 동생을 죽인 카인 같은 이들이 나중에 전쟁을 일삼는 귀족이 된 것만은 분명하다. 그런 이들을 이야기꾼이나 음유시인들은 완벽하고 신사적인 기사로 묘사하고, 기사는 순수한 마음을 가졌기 때문에 열 명의 힘을 합친 것만큼 강하다고 이상화했다. 이러한 기사 이미지는 돈키호테를 혼란에 빠뜨렸다. 나 또한 마찬가지였다. 나는 어렸을 적 소문난 겁쟁이였지만, 스스로 천하무적의 전사라고 터무니없는 상상을 했다. 한번은 시대극을 보러 극장에 갔는데, 연극만큼이나 배우가 차고 나온 칼에 관심이 쏠렸다. 나중에 커서 돈을 많이 벌면 뭐부터 살까 상상해볼 때에도 여느 소년들처럼 회전식 연발권총부터 사야지 하고 마음을 먹었었다. 만약 당시 누군가가 내가 커서 많은 돈을 벌고 88세까지 살 텐데 단 한 번도 총기류를 구매하는 일은 없을 것이라고 예언했다면, 결코 믿을 수 없었을 것이다. 문학작품에서 우레와 같이 고함을 지르는 장군들과 병사들의 함성, <천로역정>에서 기독교도가 파괴자 아폴리온과 벌이는 전투나 그레이트하트와 거인들 사이의 전투 등이 내 피를 들끓게 했었다. 길버트 체스터턴이 레판토 전쟁을 노래한 시구에도 나는 동요했다. 길버트는 엄청난 거구의 어른이었지만 여전히 어린애처럼 총검에서 벗어나지 못했다. 내가 59세였던 1914년에 세계대전이 발발했을 때, 나는 전쟁이 주는 흥분에 대한 기억이 여전히 내 마음 속에서 소용돌이치고 있음을 알고 경악을 금치 못했다.

야만성이 기사도적 영웅주의로 위장하고 살아남는 바람에, 마치 영광의 12사도들이나 순교자의 고귀한 군대를 숭배하는 것처럼 유명한

3 1381년 농민반란 때 영국인 사제 존 볼이 설교하면서 한 말.

전사들을 광신적으로 우상숭배하게 되었다. 문학 애호가나 문학인이라면 잘 알고 있을 것이다. 가장 현명한 영국왕 찰스2세의 할아버지이자 프랑스의 가장 현명한 왕인 앙리4세는 모든 사람이 일요일에는 닭고기를 먹을 수 있도록 프랑스를 번영시키고자 했다. 그러나 정작 앙리4세를 유명하게 만든 것은 매콜리의 서사시다. 매콜리는 앙리4세가 승리를 거둔 이브리 전투를 노래했다. 거기서도 신은 '만군의 주'로 형상화된다. 군주나 정치인들이 민중의 움직임을 가로막고 싶다면, 전쟁만 일으키면 된다. 어느 개혁가가 제아무리 큰 소리로 예수는 평화의 왕이라 칭송한다 해도, 단 한 발의 대포알만 발사되면 찬송가는 "주 예수 우리 구하려 큰 싸움하시니"로 바뀐다. 사람들은 평화와 자유를 위해서(아니면 그에 반해서) 싸우는 것 말고는 아무런 노력도 하지 않는다. 심지어 그러한 투쟁 중에 평화와 자유를 희생시키기도 한다. 나폴레옹의 영광은 그가 스스로 만들어낸 것이 아니다. 온갖 음유시인과 기사 문학작가들이 나폴레옹을 위해 이미 마련해 둔 것이었다. 나폴레옹은 그저 준비된 영광을 후광으로 두르고 자신의 능력을 최대한 발휘하여 전쟁에서 승리를 거두었고, 다른 장군들이 나폴레옹에게 족족 패하는 기막힌 능력을 발휘하는 바람에 12년 동안 유럽 대부분의 지역에서 황제로 군림했다. 정복자는 그가 다른 정복자에게 패하기 전까지는 모든 헌법을 무효로 만들 수 있다. 정복자들은 통속적인 호전성과 우상화와 영광에 대한 숭배라는 난공불락의 성채를 쌓는다.

4

정복자라면 당연히 지니고 있을 장교들의 사고방식은 '영광에 대한 숭배'로 설명이 되겠지만, 총검을 휘두르고 탄환을 장전해야 하는 하사관 이하 "일반병사들"의 무식함은 전혀 성질이 다른 것이다. 보병대나 기병대가 가진 영광스러움에 대해서는 계관시인이라 할지라도 이렇게밖에는 표현할 수 없을 것이다. "그들의 몫은 이유를 따지는 것이 아니다. 그들의 몫은 오직 행하고 죽는 것뿐이다." 웰링턴 장군은 도대체가 저녁 8시 이후에는 명령을 내릴 수도 없고 술에 취하지 않은 하사관을 찾으려야 찾을 수가 없다고 불평했다. 그러나 이처럼 평범한 영웅들이 없었다면 블렌하임, 워털루, 발라클라바, 바그람, 그리고 아우스터리츠의 전투는 역사에 이름을 남기지 못했을 것이다. 일반병사들을 군대로 끌어들인 것은 대체 무엇이었을까?

아니, 그들은 군대에 가고 싶었다기보다는 가야만 했던 것이다. 인류는 문명의 혜택만 본 것이 아니다. 문명화된 인간은 저마다 수행능력이 다르더라도 반드시 해야 하는 활동과 노력이 있다. 그러나 우리 중 일부는 전혀 할 수 없는 일들이다. 계획을 세워서 일하고, 선택을 하고, 유혹을 이겨내고, 복잡한 과정을 이해해야만 한다. 이러한 문명사회의 요구사항을 충족시키는 능력은 사람마다 천차만별이다. 계층에 따라 교육이나 수입의 격차가 크면, 그러한 능력은 계층에 따라서도 달라진다. 조직화된 업무를 할 때 자기가 무슨 일을 해야 하는지 아는 사람은 얼마 없다. 더구나 자기가 해야 할 일을 어떻게 해야 할 수 있는지 아는 사람은 더더욱 없다. 무슨 일을 어떤 식으로 하라고 일일이 지시하고 시범을 보여주지 않으면 아무것도 할 줄 모르는 사람들이 프롤레타리아 계급에는 널렸다. 그들의 입장에서는 순순히 길들여지지 않으면 밥을 굶게 된다. 강인한 육체와 물불 안 가리는 용기로 고용주에게 꼭 필요한 존재가 되지 못한다면, 그들은 전적으로 계획하고 결정하는 사람들의 처분에 맡겨질 것이다.

이러한 무능함에 관련된 극단적인 사례들은 오늘날 도처에 널려있다. 무능한 사람들의 수를 5퍼센트 정도로 낮게 잡아보자. 그렇게만 해도 4천만 인구가 있다면 200만이 무능한 사람들이고, 그 중 절반을 차지하고 있을 여자들을 제외하고 100만 명의 형편없는 건달들이 정복자의 수족 노릇을 하도록 제공될 수 있다. 이 무능한 건달들에게 필요한 관리감독과 의식주, 자긍심, 지위 등은 군대가 아니면 다른 어느 곳에서도 제공되지 않는다. 그들은 제복을 입고 있을 때는 종종 모범적으로 행동하며 수두룩한 빅토리아 훈장이 증명하듯 굳세고 씩씩하다. 그러나 그들은 제대하자마자 말도 안 되는 유혹에 빠지거나, 어쩔 수 없는 가난에 몰려 부도수표를 남발하거나, 남의 돈을 갖다 쓰다가 재판에 회부되고 만다.

국가는 이 딱한 사람들을 관리감독 해줘야 한다. 이들 외에도 평범한 능력을 가진 수많은 개인이 있다. 그들은 자기들 마음대로 사회를 인식하며, 노동에 대한 보상만 주어진다면 무엇이든 합법적이고 그럴듯한 일을 하려 한다. 크롬웰의 철기군에 광적인 공화주의자와 수평파만 가담한 것은 아니었다. 점잖은 사람들은 크롬웰의 군대가 음주나 음담패설이 금지된 신성한 집단이라는 점과 만족스러운 급료 때문에 철기군에 합류했다. 우리의 현대식 철기군에는 그와 같은 약간의 품위마저 사라졌다. 사실상 어떠한 체면도 차리지 않으며, 서로에게 예의를 차리라고 떠넘길 뿐이다. 오늘날의 프롤레타리아는 그 정도로 불한당이다.

요컨대, 정복자라든가 오로지 영광만을 추구하는 사람들은 언제나 능수능란하게 일반병사들을 다뤄왔다. 가장 높은 계층 출신의 천재들까지도 손쉽게 입대시켰다. 콜레리지와 존 버니언은 여느 병사들처럼 자발적으로 군에 입대했다. 게다가 버니언은 자기편을 위해서도 아니고, 왕당파를 위해 복무했다. 훗날 왕당파는 버니언이 영국국교회 신자가 아니라는 이유로 12년 동안 감옥에 가뒀다.

5
결국 야만적 군인이 위세를 떨치고 천재적 군인이 권력을 손에 넣게 되었다. 문명화된 인간은 전쟁에 대한 전쟁을 치르면서 스스로 야만인이 되어 자신을 방어해야 할 상황이 된 것이다. 말버러나 웰링턴과 같은 노련한 정복자들은 전쟁을 증오한다. 그러나 낭만적인 선동가들은 전쟁을 상찬하면서 남자다움을 배우는 데 전쟁터만한 곳이 없으며 전쟁에서 일어난 일에 대해서는 잘잘못을 따질 수 없다고 한다. 끔찍한 전쟁을 치르지 않고는 고착화된 문명을 타개할 수 없다는 사실이 낭만적 선동가들의 견해에 힘을 실어준다. 그렇게 해서 양차 세계대전이 발발했고, 우리는 겨울, 봄, 여름의 변화에 따라 일사불란하게 노동시간과 수면시간을 조정하고 그에 따라 시계를 맞추게 되었다. 철자법과 수치들을 개정하면서는 짐작도 할 수 없을 만큼 많은 충돌이 있었다. 그렇지만, 한여름에는 한겨울보다 낮 시간이 두 시간 길다는 데 착안하여 서머타임을 실시하는 기상학적 문제보다는, 내 이름을 표기할 때 알파벳 네 개(S, H, A, W)가 아니라 두 개(し, o)만 써도 되게끔 간편하게 철자를 개혁하는 문제가 훨씬 중요하다고 본다.

  전쟁이 막대한 비용과 잔학성 때문에 저절로 종식되지 않는 한, 정

	The Shaw Alphabet for Writers
	Double lines ⁻ between pairs show the relative height of Talls, Deeps, and Shorts. Wherever possible, finish letters rightwards ; those starred * will be written upwards. Also see heading and footnotes overleaf.

Tall	Deep		Short	Short	
peep]⁼(	bib	ɪf	l ⁼ կ	eat
tot ↑⁼(	dead	egg	⌊ ⁼ ⌈	age
kick d⁼p	gag	ash*	⌋ ⁼ ⌉	ice
fee ⌋⁼⌈	vow	ado*	⌊ ⁼ ⌉	up
thigh δ⁼ρ	they	on	⌉ ⁼ ○	oak
so ʃ⁼ʒ	zoo	wool	V ⁼ Λ	ooze
sure ⌊⁼⌉	meaSure	out	⟨ ⁼ ⟩	oil
church ⌈⁼⌉	judge	ah*	⌇ ⁼ ⌇	awe
yea \⁼/	*woe	are	ɷ⁼ɷ	or
hung ℓ⁼ɣ	ha-ha	air	ʌ⁼ω	err
Short	Short		array	ʌ⁼ʋ	ear
loll ⌈⁼⌉	roar		Tall		
mime* ʃ⁼\	nun	Ian	r⁼Ⲙ	yew

<쇼 알파벳>, 1960.
버나드 쇼는 기존의 영어 철자법을 대체할 새로운 철자법 개발에 관심이 많았고 그와 관련해 막대한 유산을 남겼다. 그리하여 1960년 기존 철자법보다 경제적이고 보다 표음문자에 가까운 쇼 알파벳이 탄생했다. 그러나 그의 유언을 둘러싼 소송 때문에 쇼 알파벳을 사용한 책은 그의 희곡 <안드로클레스와 사자>(1962) 단 한 권으로 끝나고 말았다.

치인은 언제나 전쟁의 가능성에 철저하게 대비해야 한다. 현재로서는 전쟁으로부터 도망칠 수 있는 길이 없다. 톨스토이나 마하트마 간디의 제자들이 시키는 대로 "악에 저항하지 않는다면" 공격과 정복을 당할 뿐이다. 반대로, 완전무장을 시도하면 군비경쟁과 자위전쟁을 야기하게 될 것이다. 신중한 정치인이라면 어떤 경우든 군인의 존재가 반드시 필요하다는 것을 안다. 정치인은 인구의 일부를 군인, 그러니까 낭만적인 야만인으로 양성하기 위해 특별히 교육까지 시켜야 한다. 그러나 정치인은 자기가 무슨 일을 하고 있는지 잘 알고 있어야 하며, 군인들을 정치적으로 통제하는 데 주의를 기울여야 한다. 물론 정치인이 군인보다 유능하고 현명해야 가능한 일이다. 가장 뛰어난 외과의야말로 수술이 필요한지 아닌지를 결정할 때는 가장 나쁜 판단을 할 수 있다. 마찬가지로, 가장 유능한 정복자야말로 전쟁이 필요한지 아닌지를 판단하는 데에는 가장 부적합한 사람일지도 모른다. 어쨌거나 그는 편향된 판단을 내릴 게 틀림없다.

　때로는 타고난 군인이 정치인보다 유능하고 현명하다. 타고난 군인의 통치가 기존의 그 어떤 민정보다 나을 수도 있다. 민정은 힘이 부쳐 제거하지 못한 불합리한 미신들을 타파하는 데 군인의 힘이 필요할지도 모른다. 나폴레옹이 쫓아낸 지도자가 똑똑하고 유능하고 정직했다면, 나폴레옹은 결코 황제가 될 수 없었을 것이다. 1918년 이후 연합국이 승리에 도취되어 독일에게 혹독하게 굴지 않았다면, 부상당한 독일 포로를 돌보듯 독일이 건강하고 멀쩡한 나라로 복구될 수 있도록 도왔다면, 아돌프 히틀러가 권력자로 부상하는 일은 일어나지 않았을 것이다. 어느 나라에서 군인이 구세주로 등장하는 것은, 형편없는 내정 때문이든 무엇 때문이든, 누군가가 나서지 않으면 나라가 망할 지경에 이르렀기 때문이다. 우리 연합국들은 멍청하고 비겁하게도 독일을 그 지경으로 내몰았고 결국 아돌프 히틀러에게 기회를 준 셈이다. 히틀러가 그 기회를 거머쥔 것에 대해서는 그의 조국이 감사를 보낼 만했다. 그러나 히틀러는 승리감에 자만한 나머지 자기가 (나폴레옹과 같은) 천하무적 '운명의 지배자'라고 믿었다. 그가 믿은 운명이란 정복을 통해 세계를 구원하는 것이었다.

　세계를 정복하는 것만으로는 충분하지 않다. 사람들이 정복된 이후의 삶이 더 나아졌다고 믿게 만들어야 한다. 현명한 줄리어스 시저는 그러한 사실을 잘 알고 있었다. 시저는 나폴레옹처럼 전투에서 승리하는 것은 아이들의 놀이와 별반 다를 것도 없다고 생각했으며, 자신이 정복한 지역의 사람들을 그들이 자치할 때보다 훨씬 더 잘 다스릴 수 있다고 생각했다. 그래서 시저는 최선을 다해서 정복당한 사람들이 시저가 정복한 사실에 기뻐하고 예전의 통치자들이 다시 돌아오는 것을 몹시 꺼리도록 만드는 데 심혈을 기울였다. 스탈린도 이것을 알고 있었다. 나폴레옹조차 이것을 알고 있었기에 언제나 자신을 해방자라고 선언했다. 그래서 베토벤도 잠시나마 나폴레옹을 영웅으로 받아들였을 정도다. 사실상 한 나라의 정치가 엉망이라서 국민들이 새로운 변화와 새로운 인물을 갈망하고 있다면, 정부가 민주주의, 자유, 왕과 국가, 그리고 그 외에도 애국심을 그러모으는 장황한 구호들을 내세워 정복자에 맞서 싸우자고 하는 것은 헛된 일이다. 프랑스의 부르봉 왕가가 마리 앙투아네트의 도박 빚을 해결하는 대신 병사들에게 급료만 제때 지불했더라도, 프랑스 혁명의 도화선이 되었던 폭동이 일어났을 때 프랑스 군대가 진압했을 것이다. 루이16세 치하에서 프랑스 군대의 근본적인 개혁이 일어났더라면, 나폴레옹의 삶이 어떻게 달라졌을지 모를 일이다. 어쩌면 허락된 날짜보다 휴가를 더 많이 썼다고 군에서 방출되었을지도 모르고, 어디까지나 나폴레옹 자신의 생각이겠지만 육군원수로 나이를 먹었을 수도 있다. 이제 그런 것은 중요하지 않다. 다만, 나폴레옹의 생애와 그를 따라 하는 20세기 군인들로부터 교훈을 얻어야 한다. **진부한 이데올로기에 사로잡힌 무능한 정부는, 제아무리 민주적인 형식을 갖추고 있다 하더라도, 현대적인 정복자에게 굴복하게 된다.** 그리고 이 정복자가 승리에 도취되는 바람에 정치가 병적인 상태로 치달으면 **바로 뒤탈이 난다**(이러한 추이는 지극히 자연스러운 과정으로 간주될 수 있다. 무제한적인 정치권력이 부패하는 것은 청산가리가 독이라는 것만큼이나 분명하다). 바로 지금 (1944년) 우리가 그 뒤탈을 감당하느라 엄청난 대가를 치르고 있지 않은가.

18장 인간은 과연 경제적으로 행동할까?

1

모든 사람은 태어나면서부터 죽을 때까지 경제 원리에 따라 합리적으로 행동하는 '경제인'이다. 그렇지 않은 부류는 정말 얼마 되지 않는다.

식량, 음료, 지붕이 있는 숙소, 최소한의 옷가지 등은 우리가 살아가는 데 필수불가결한 것들이다. 어느 누구도 기본적인 의식주를 해결하는 문제에서 자유로울 수 없으므로, 정치인들은 우리 모두를 경제적 사안으로 인식한다. 그러나 우리 중 열에 아홉은 일주일에 2파운드밖에 되지 않는 가구소득으로 살아가고 있다. 가장 이기적인 자본주의라 하더라도 그 정도는 감당할 수밖에 없다. 더 젊고 생산성이 좋은 거위가 나타나기 전까지는 기존의 황금알을 낳는 거위를 죽일 수 없기 때문이다. 인간은 굶주리고 춥고 헐벗었을 때 가장 경제적으로 행동한다. 아무리 형편없는 지경이라 해도 밥을 먹이고 옷을 입히고 잠자리를 제공해주면, 완전히 경제적으로 행동하는 인간이기 멈추고 야망과 도덕관념, 양심의 가책, "세계관", 열정과 편견 따위를 지닌 피조물이 되려 한다. 모두 비물질적이고 비합리적인 것들이다. 한마디로, 형이상학적인 것에 관심을 갖게 된다.

독립노동당을 창당한 키어 하디는 어느 추운 겨울 이른 아침에 런던 부둣가에서 날품팔이 일을 구하려고 줄을 서서 기다리는 한 무리의 비참한 남자들에게 연설을 한 적이 있다. 그 남자들은 런던에서 가장 적은 품삯을 받는 육체노동자들이었고, 세찬 빗줄기가 퍼붓는 바람에 그들에게 흐르는 궁기는 더욱 지독해 보였다. 그래서 키어 하디는 빈곤한 노동자들에게 가장 시급한 정치 현안으로서 사회주의 경제학에 대해 이야기했다. 당시 하디는 지역의원 후보였기에 자신에게 물어볼 것이 있으면 얼마든지 질문을 하라고 청중을 유도했다. 그러자 쏟아지는 폭우를 얼마간이라도 피하기 위해 부두 벽 쪽에 붙어 서있던 남자가 앞으로 나서며, 좋은 말씀을 잘 듣기는 했는데 어떻게 정치 이야기는 한마디도 없냐고 물었다. 자기는 다른 무엇보다도 웨일스 성공회 폐지에 대해 하디가 어떻게 생각하는지 알고 싶다고 했다.

런던병원의 기록에 따르면 매 20분마다 한 건씩 안전사고가 발생한다고 하는데, 겨우 시급 6펜스짜리 하역작업을 하겠다고 그 위험을 무릅쓴 사람이 경제적으로 행동하기는커녕 형이상학적 인간이 되어버린 것이다. 그는 웨일스 사람도 아니었고, 웨일스 교회가 폐지되든 말든 그에게는 하등 상관이 없었다. 그는 전형적인 유권자의 행태를 보여줬다. **진짜 굶어죽을 지경만 아니라면 시민들은 미련할 정도로 형이상학적이다.** "어처구니 없을 정도로 바라는 게 없는" 시민 유권자 때문에 페르디난트 라살레는 절망했다. 우리는 '경제인'이 훨씬 더 경제적으로 사고하고 행동하도록 만들어야 한다. 시민들이 단지 자본주의 경제학자들이 만들어낸 허구의 산물인 척하는 것을 그만두게 해야만 한다. 시민들은 이미 주당 최고임금을 2파운드에서 4파운드로 올렸다. 그러나 게으름뱅이나 불한당에게 아무것도 주지 않는다면, 시민들은 국민노동총생산에서 가장 큰 몫을 차지할 수 있다. 신규 투자를 위한 자본을 따로 떼어놓고도 말이다. 그것이 바로 공산주의의 이상이다. 공산주의에서 말하는 이상적인 분배와 가난 사이에는 수많은 단계가 존재한다. 여전히 사유재산제도를 신봉하고 인센티브 보너스면 충분하다고 생각하는 노동조합원들은 자선사업가라도 되는 양 그 중간 단계에서 순순히 만족하고 만다.

생물학적 인간이 '경제인'이 되기 위해, 또한 자본주의체제가 백 년 전에 이론적으로는 완벽했던 것처럼 실제로도 잘 돌아가게 하기 위해, 인류에게 필요한 자질은 바로 경제적 탐욕이다. 돈을 버는 데 전력을 다하는 사람은 아주 약간의 능력만 있어도 부자가 될 수 있다는 점을 떠올려보면, 경제적 탐욕을 가진 인간이 얼마나 드문지 알 수 있다. 보통사람들은 전력을 다해 돈을 벌려고 하지 않는다. 거리의 행상들은 싸구려 여인숙에 몸을 뉘고 한두 끼니를 해결하기 위해 필요한 1실링을 벌 때까지 계속해서 소리치며 손님을 불러모아야 한다. 그 정도는 벌어야 하고 그렇지 않으면 굶주리게 된다. 만약 그가 아침 나절에 2실링을 손에 쥐게 된다면, 평소처럼 어두워질 때까지 호객행위를 해서 하루 수입을 네 곱절로 만드는 대신, 당장 장사를 접고 바구니를 챙겨 자리를 뜰 것이다. 남은 하루는 물론 그 다음날도 일 없이 한가하게 지내려 할 것이다.

공장에서 시간제로 일하는 숙련공이 새로운 작업방식을 터득했다고 치자. 마음만 먹으면 기존에 받던 주급의 두 배를 벌 수도 있다. 그러나 그는 생활수준을 100퍼센트 향상시키려고 하기보다는, 일주일에 사흘을 쉬는 쪽을 택한다. 그가 욕심을 부리는 것은 임금이나 일이 아니라, 여가와 자유다. 그러니 제아무리 관대한 고용주라 하더라도 노동자의 시간당 임금을 삭감함으로써 "잦은 결근"을 막으려고 할 수밖에 없다. 그러면 노동자들은 파업에 들어간다. 이렇게 해서 양쪽 모두에게 끝없는 분쟁과 손실이 발생한다. 노동자들이 생산성 향상에 대한 배당을 받되, 전과 다름없이 매일 공장에 나와 일해야 할 정도로 소액을 배당받는 데 합의하면 비로소 문제가 일단락된다.

2
이쯤에서 다음과 같이 추론하는 사람이 있을지도 모르겠다. 우리 중 10퍼센트에 해당하는 부유한 자산가들은 태어날 때부터 돈과 여가가 넘쳐나므로 정치인들에게 아무런 경제적 압박을 가하지 않을 것이라고 말이다. 그러나 정치인이 그렇게 생각하고 행동한다면, 금세 서글픈 사실을 깨닫게 될 것이다. **가난에는 질릴 수 있지만 풍요는 만족하는 법이 없다.** 런던 동쪽 지구에서 빈곤 때문에 일어나는 폭동은 기껏해야 주급 4파운드, 어쩌면 1파운드도 안 되는 돈으로 해결될 수 있는 문제다. 그러나 런던의 서쪽 지구에서는 평화가 그렇게 싼값에 얻어지지 않는다. 메이페어[1]에 사는 젊은 부부는 자녀가 없어도 집에는 최소한 9명의 하인이 필요하다고 생각하며, 아들을 낳으면 교육시키는 데 적어도 연간 300파운드가 소요되고 대학을 보내면 그 두 배가 들어간다고 생각한다. 치과검진이나 안과검사라도 할라치면 못해도 3기니는 들 것이

1　Mayfair: 런던의 고급주택가. 하이드파크 동쪽 지구로 각국 대사관 및 호텔이 밀집해 있음.

고, 그 밖의 모든 경우에도 그 정도 비용은 들어간다고 여긴다.

칼 마르크스는 잉여가치(불로소득)를 추구하는 자본은 철저하게 탐욕스럽고 전적으로 사악하다는 것을 입증했다. 그러나 자본가도 인간이고, 인간이라는 동물은 탐욕스럽지도 사악하지도 않다는 것 역시 명백한 사실이다. 그렇다면 이 두 가지 사실이 어떻게 조화될 수 있는가? 어째서 인간 1호는 슬럼가의 복작대는 단칸방에서 생활고를 감내해야 하는 반면에, 인간 2호는 런던 상류층이 거주하는 동네의 고급스러운 대저택에서 살면서, 스코틀랜드 산악지방에는 사냥용 오두막을 짓고, 저지대에는 성을 소유하고 있으며, 해변가와 지중해 연안에는 각각 피서와 피한을 목적으로 화려한 별장을 두고, 망망대해로 바람을 쐬러 나갈 때는 호화유람선 1등칸이 제공되는 삶을 누리는가? 인간 1호에게 왜 성과 별장을 짓지 않느냐고 물어본다면, 그는 그런 것들을 감당할 수 없다고 대답할 것이다. 인간 1호는 너무 가난하다. 다시 인간 1호에게 어째서 최저생활도 불가능할 정도의 박봉을 거부하지 않느냐고 물어보자. 그는 그렇게 했다가는 땡전 한 푼도 받지 못해서 굶주리게 될 것이라고 대답한다. 그렇다면 왜 반란을 일으키지 않느냐고 또 물어보자. 그는 경찰이 그렇게 하도록 놔두지 않을 것이며, 육해공군과 대포가 경찰 편이라고 대꾸할 것이다. 굳이 경찰이 막지 않아도, 인간 1호는 어떻게 폭동을 일으킬지 그리고 반란에 가담하는 동안 어떻게 먹고살아야 할지 전혀 알지 못한다.

    이러한 문답을 인간 2호에게 시도해 보라. 아마도 그는 주제넘은 질문 세례에 화를 내며, 하인을 시켜 당신을 내쫓고 다시는 집에 들이지 말라고 할 것이다. 그러나 만약 인간 2호가 자신이 왜 여기저기 저택을 사들이고 별장을 짓는지 자문해볼 정도로 충분히 철학적인 사람이라면, 기꺼이 자신의 행동에 대해 토론하고자 할 것이다. 심지어, 당신이 적당한 자격만 갖추고 있다면, 인간 2호의 행동을 해명하도록 추궁할 권리를 줄지도 모른다. 인간 2호에게 어차피 한 번에 한 곳에만 머물 수 있는데, 무엇 때문에 집을 네다섯 채씩이나 사들였느냐고 물어보자. 아마도 인간 2호는 이렇게 대답할 것이다. 사실 자신은 대개 호텔방이나 침대 칸에서 지내는데, (거의 자기들끼리 시중을 들고 있는) 골칫덩이 하인들 때문에 네다섯 채나 되는 집을 유지하고 있다고 말이다. 사회가 다 그런 식이라서 인간 2호도 "체면을 지키려면" 그렇게 할 수밖에 없으며, 과다 지출에 비례해서 자존심이 강해지고 자긍심이 높아지는 것을 느낀다고 할 것이다. 그리고 인간 2호는 이렇게 덧붙일 것이다. "나에게 의존하고 있는 그 모든 사람을 해고할 수는 없습니다. 굶주리게 될 게 뻔하니까요. 그 사람들은 부자들을 위해서 일하는 것밖에 모릅니다. 그렇게 길러졌지요. 그러니 그 사람들은 자기 일자리를 지키기 위해서라면 목숨을 걸고 싸울 거예요. 요즘 그 사람들이 투표하는 걸 보세요." 그런가 하면, 이렇게 말하는 인간 2호들도 있을 것이다. "나는 아주 소박한 사람이고, 돈으로는 충족되지 않는 취향을 가지고 있습니다. 상류사회의 이 거지 같은 행태에 아주 넌덜머리가 난다고요. 내가 러시아에서 태어났더라면 하고 바랄 정도지요. 그러니 더 이상 날 귀찮게 하지 말고 나가세요. 그런 문제에 대해서는 정부나 일반 대중과 이야기하란 말입니다. 이 모든 것을 바꿀 수 있는 것은 오직 그들뿐이잖아요."

여기서 물러서지 말고 좀 더 까다로운 질문을 던져보자. 인간 2호가 가진 돈을 다 써버려도 무방할 텐데, 굳이 주식과 채권에 지속적으로 투자해서 잉여소득을 증대시키는 이유가 무엇인지 물어보아라. 그러면 인간 2호는 그 밖에 무슨 일을 하기를 바라냐고 반문할 것이다. 인간 2호는 자기가 직접 돈을 빌려주고 이자를 받지 않는다 하더라도, 그의 은행이 그렇게 할 것이라고 말한다. 당신이 필사적으로 "너의 재산을 다 팔아 가난한 사람들에게 나누어주어라"[2]고 하면, 인간 2호는 이렇게 대답한다. 자기가 주식과 채권을 판다고 해도 다른 누군가가 그를 대신해서 주주가 될 뿐이며, 심지어 주식과 채권을 매각한 금액을 프롤레타리아 인구의 "극빈층"에게 줄 방법을 찾는다 하더라도 그 돈만 가지고는 빈곤층이 한 끼 식사도 해결하지 못할 것이라고 말이다. 그리고 그렇게 해봐야 자기 역시 빈곤층의 대열에 합류하는 결과만 가져올 뿐이라고 할 것이다. 자본주의체제에서 부자들에게 할 수 있는 가장 현명하고 실행가능한 경제적 조언이란 "안전하면서도 가장 높은 이율을 보장하는 곳에 모든 여윳돈을 투자하라"는 것이다. 결국 **인간은 본성적으로 탐욕스럽지 않지만, 부자들은 부득이하게 '경제인'일 수밖에 없다. 따라서 정치인은, 사실상 인간이 '경제인'으로 행동하지 않는다는 것을 알고 있음에도 불구하고, 전반적으로 부자들을 '경제인'으로 상대해야만 한다.**

3

그렇지만 아무래도 상거래에는 예기치 못한 장애물이 존재한다. 자본은 끝없이 돈을 탐하는데 인간은 그렇게 탐욕스럽지 않다면, 이 둘은 머지 않아 지독한 모순에 봉착하게 될 것이다. 인간은 욕구가 채워지면

---

[2] 마태오복음 19:21

쉽게 만족해버리므로, 재화의 공급량이 늘어나면 시장가격이 하락할 수밖에 없다. 자본(여윳돈)도 마찬가지다. 생선의 가격을 안정적으로 유지하기 위해서는 수많은 물고기를 다시 바다로 던져야 한다. 같은 이유로 수천 톤의 밀과 커피 수확물을 불태워 없애야 한다. **과잉생산은 자본주의의 저주이며 그 주요 원인은 경쟁적인 상거래다.** 상업적인 경쟁이 과잉생산을 불가피하게 만든다. 100명의 사람들이 100켤레의 새 부츠를 원하면, 그 시장을 독식하고 싶어하는 열 명의 가게주인들은 경쟁적으로 각각 100켤레의 부츠를 공장에 주문한다. 따라서 공장에서는 1,000켤레의 부츠를 생산할 테고, 결국 900켤레의 부츠는 팔리지 않고 상점 선반에서 먼지를 뒤집어쓰게 될 것이다. 900명의 소비자가 더 나타나서 상점에 남아도는 부츠를 몽땅 사버리지 않는 한, 상점주인들은 더 이상 공장에 주문을 넣지 않을 것이다. 그러면 공장 노동자들이 해고당해서 실직자 대열에 합류하게 된다. 따라서 실직과 경기침체, 호황과 불황, 위기와 회복으로 이어지는 과잉생산의 순환이 시작된다. 이것이 자본주의체제의 특성이고 염려하던 경제적 폐단이다.

불황이 닥쳐도 공장들은 단번에 모든 노동자를 해고하고 기계를 멈추고 사무실과 시설물을 폐쇄하고 엔진이 녹슬도록 방치하고 자본이 완전히 "잠식당하도록" 내버려둘 수는 없다. 공장주들은 공장이 돌아가도록 하기 위해 팔리지 않을 물건들을 계속해서 생산해야 한다. 이렇게 생산한 물건들이 국내에서는 팔리지 않으므로 공장주들은 해외에서 신규시장을 개척할 수밖에 없다. 각국이 해외 신규시장을 놓고 우격다짐으로 경쟁을 벌이다 보니, 조업을 중단하면 엄청난 손실을 보게 되는 거물 기업가들은 정복전쟁에 지대한 경제적 관심을 갖게 된다. 그리고 이러한 관심은 제조업자에서 시작해서 은행가와 자본가에게로 확장된다. 그들은 한 배를 탄 운명이다.

자본가들은 제조업자와 이해관계를 함께 하기는 하지만 그렇다고 생산품을 직접적으로 다루지는 않는다. 대부분의 자본가들은 일평생 단 한 번도 공장이나 작업실 혹은 갱도 안에 들어가본 적이 없다. 그들은 자본 즉, 여윳돈을 팔아 살아간다. 자본은 다른 여느 재화와 마찬가지로 금융시장에 풀린 수량에 따라 값이 비싸지기도 하고 싸지기도 한다. 가격을 안정시키기 위해 잡은 물고기를 다시 바다에 던져버려야 하고 커피와 밀을 불태워 없애야 하는 순간이 있는 것과 꼭 마찬가지로, 자본의 가치가 흔적도 없이 사라지거나 심지어 마이너스가 되는 것을 막기 위해 자본을 파괴해야 하는 지점이 있다. 자본의 가치가 마이너스가 되면 우리는 이자를 받고 돈을 빌려주는 것이 아니라 여윳돈을 맡기면서 은행이나 금고업자에게 되려 돈을 지불해야 한다.

이러한 과정을 설명하기 위해 먼저 토지와 자본의 중요한 차이점을 지적하고 넘어가야 한다.

4

토지의 시장가치는 산업발달과 인구증가에 정비례해서 증가한다. 자본은 그와 정반대다. 내가 젊었을 때는 여윳돈 20,000파운드를 굴리면, 연간 1,000파운드의 수익을 보장받을 수 있었다. 내가 일해서 벌 수 있는 돈은 일주일에 고작 5-6파운드였지만, 얼마 지나지 않아 나는 저작권자가 되었다. 저작권은 꽤 짭짤한 것이었으며, 저작권 덕분에 나는 다른 사람들의 노동의 결실을 20,000파운드까지 수확할 수 있었다. 내가 사는 데 필요한 수준보다 훨씬 더 많은 돈이었다. 그 정도 위치에 도달하는 사람은 거의 없었다. 나의 여윳돈 그러니까 내 자본은 연간 5퍼센트의 이자율에 해당하는 희소가치를 가지고 있었다. 그러나 기계의 발명과 보급 그리고 기업합병으로 그에 상응하는 노동비용의 상승 없이 소모적 경쟁이 제거되면서, 불로소득으로 얻은 여윳돈들이 점점 더 시장에 많이 풀리게 되었고 여윳돈의 가치는 결국 3퍼센트, 심지어 2.5퍼센트까지 떨어져버렸다. 내가 20,000파운드를 더 벌었을 때, 그 20,000파운드로 위험을 감수하지 않고 안전하게 벌 수 있는 돈은 일 년에 1,000파운드가 아니라 고작 500파운드밖에 되지 않았다. 정부는 2.5퍼센트 이율로 돈을 빌려서, 5퍼센트 이율로 발행했던 국채를 모두 회수할 수도 있었다. 사실 그렇게까지 할 필요도 없었다. 그렇게 될 수 있다는 가능성만으로도 5퍼센트짜리 채권을 보유한 대부분의 사람들은 반 토막이 난 이자율을 순순히 받아들일 수밖에 없었다.

  자본가들은 그런 상황이 전혀 마음에 들지 않았다. 나도 그 상황이 마음에 들지 않았다. 여윳돈의 축적을 막기 위해 늘 하던 조치가 취해졌다. 돈에 해당하는 재화를 파괴한 것이다. 프롤레타리아가 음식 값을 댈 수 없어 심각한 식량난을 겪는 동안, 다른 쪽에서는 밀을 불태웠고, 커피를 불태웠고, 그물에 걸린 고기를 도로 바다에 던졌다. 그러나 이렇게 유치하게 대응하는 것으로는 여윳돈 가치의 하향세를 막을 수 없었다. 겨우 커피 자루나 불태우는 것은 어리석은 짓이다. 수십억 파운드와 수백만 군사를 마음대로 동원하는 정부들만이 저지를 수 있는 대규모의 파괴가 필요했다. 남아프리카전쟁이 발발하자, 나는 다시 20,000파운드를 맡기고 연간 1,000파운드의 이자를 받을 수 있게 되었다. 그

것은 신의 섭리처럼 보였다.

그러나 국왕 에드워드7세는 그의 대관식을 위해 평화를 회복하기를 원했고, 남아프리카가 승리한 것이나 다름없는 조건으로 전쟁을 중단했다. 상관없다. 우리의 주인나리들, 금융업자들로서는 여윳돈의 가치가 다시 5퍼센트로 올라간 것이면 충분했다.

위대한 산업활동의 시기가 이어졌고, 그 결과 불가피하게 여윳돈이 다시 축적되었다. 나는 6퍼센트의 수익률을 담보로 어느 탄광에 돈을 빌려줬었는데, 그 탄광이 돈을 다 갚아버리는 바람에 상당한 여윳돈이 내 수중으로 되돌아 왔다. 나는 그 돈을 맡기고 5퍼센트 수익이라도 낼 수 있는 곳이 없나 찾아보았지만 헛수고였다. 또다시 신의 섭리가 작용해서 내 돈의 가치가 회복될 것이라고는 전혀 기대하지 않았다.

그런데 그렇게 되었다.

때마침 1차세계대전이 발발했다. 나는 수익률 5퍼센트로 20,000파운드를 정부에 빌려줬다. 전쟁 전에는 운이 좋아야 연간 3퍼센트를 받을 수 있었을 뿐이다. 언론에서는 나의 애국심에 박수갈채를 보냈다.

5

휴전 이후 20년이 지나고 나는 다시 난감한 상황을 맞았다. 공급 과잉으로 여윳돈이 팔리지 않게 되었다. 전례없는 엄청난 규모로 밀과 커피를 불태워 없앴다. 청어가 바다로 다시 던져지기가 수만 번이다. 내 예금에 대해 은행이 너무 보잘것없는 이자를 지급했기에, 마이너스 이자율의 조짐이 보이고 있었다. 그러자 휴전이 깨졌다. 독일과의 전쟁이 다시 시작되었고 이내 이탈리아와도 전쟁을 치르게 되었다. 금세 전쟁 비용이 하루에 1,500만 파운드까지 치솟았다. 정부는 나의 여윳돈을 2퍼센트 이자에 빌려달라고 요청했다. 나는 고개를 가로저었다. 5퍼센트, 어쩌면 10퍼센트의 수익률을 얻을 수도 있을 것이라고 기대했던 것이다. 그러자 정부는 1파운드(20실링)당 19실링 6펜스(19.5실링)의 세금을 매겨 내 재산을 몰수해갔다.

이러한 우연의 일치를 어쨌거나 숫자상으로는 가능한 일이라고 치부할 수 있을까? 내가 아는 저명한 수학자들은 룰렛 테이블에서 공을 굴려서 어떤 결과가 나올 확률이 천 년에 한 번 꼴이라는 것을 증명했다. 그러나 그들은 몬테카를로의 카지노에서 겨우 7주 동안에 세 번이나 그 결과가 나오는 것을 보게 되었다. 하지만, 우량증권의 수익률이 2.5퍼센트로 떨어지면 전쟁이 발발하는 '우연의 일치'가 세 번이나 일어난 것은 도저히 그저 우연이라고 받아들여지지 않는다. 여기다 신의 섭리를 갖다 댈 수는 없다. 빈대를 잡으려고 초가삼간을 다 태워야 한다니, 그렇게 몰지각한 신의 섭리가 어디 있겠나. 동일한 조건에서 규칙적으로 기적적인 우연의 일치가 발생한다면, 의심을 가져볼 만하다. 그것은 기적이 아니다. 어디까지나 인과관계가 성립되는 일이며, 의도적으로 계획된 것이다. 누군가 물밑 작업을 하고 있다.

그게 누구인지 나는 알아내지 못했다. 나에게 전쟁은 재정적으로 유리하게 작용했다. 군 복무를 하기에는 내 나이가 너무 많았고, 전쟁으로 내가 잃은 것이라고는 나이가 지긋한 초로의 친척 한 명뿐이다. 다른 사람들은 전쟁으로 어마어마한 부를 축적했다. 전쟁이 일어나기 보다 10배나 되는 가격으로 오래된 배를 팔아 치우는가 하면, 손 하나 까딱 않고 다락같이 오른 지대와 배당금으로 재미를 보았다. 행여나 전쟁으로 이득을 보는 사람은 아무도 없다고 말하지 마시길. 나는 그 말을 믿을 바보가 아니다. 내가 오로지 돈만 바라는 인간이라면, 아돌프 히틀러나 베니토 무솔리니와 같은 군국주의자가 되어야 했을 것이다. 그랬다면, 나는 내 주식을 전쟁을 개시하는 데 사용하도록 했을 것이다. 그러나 나는 단 한 줄의 글도 전쟁을 일으키기 위해 쓴 적이 없다. 나는 결코 돈만 아는 사람이 아니다. 만약 내가 글쓰기와 사회현안에 기울인 시간과 관심과 노력의 100분의 1만큼만 내 사업에 투자했더라도, 나는 훨씬 더 부자가 되어 있을 것이다. 내가 전쟁으로 받는 고통은 강경파 주전론자가 전쟁으로 받는 고통보다 훨씬 더 크다. 영국인 한 명이 죽어서 두 명의 독일인이나 이탈리아인을 죽일 수 있다면, 주전론자들은 괜찮은 거래라고 여기는 것 같다. 하지만 나는 양쪽 모두의 죽음에 깊은 조의를 표한다. 학살된 사람이 존(영국인)이든 프리츠(독일인)든 베뽀(이탈리아인)든 관계없이 그들의 죽음은 유럽의 손실이고, 따라서 우리 모두의 손실이라는 점에서 다를 바 없다는 생각이 머리에서 떠나질 않는다. 영국인의 애국행위가 나에게는 위안이나 환희가 되지 않는다. 태생에 따라 애국심을 발동시키자면, 나는 어디까지나 영국의 패배에서 기쁨을 느껴야 하는 아일랜드 사람이다. **나는 전쟁을 중오한다. 런던을 공중폭격 하는 것이나, 나폴리나 쾰른을 공중폭격 하는 것이나 둘 다 잔학행위라는 점에서 다를 바 없다. 어느 쪽이든 구역질나기는 매한가지다.**

이러한 점에서 나는 전혀 남다른 사람이 아니다. 내가 아는 모든 자본주의자는 나만큼이나 전쟁을 혐오한다. 고작 이자율을 2-3퍼센트 올리기 위해 우리 중 누군가가 의도적으로 화약고에 불붙은 성냥을 던진다고 생각하는 것은 인간의 본성과 명백한 현실을 대놓고 무시하는 것이다. 다른 곳에서는 단 한 번도 군대에서만큼 잘 먹고 잘 입고 잘 지내 본 적이 없는 실직한 프롤레타리아는 말할 것도 없고, 모든 유태인과 모든 은행가와 군수품회사와 통조림회사와 모직물업자와 부츠회사와 조선업자 그리고 전쟁으로 이익을 보는 나머지 제조업의 주주들 모두가 극악무도한 악당일 것이라는 생각은 분명 잘못이다. 유권자들에게 전쟁이 마치 남성적인 국민성을 유지하는 건강음료나 필수성분이라도 되는 양 권하는 "가짜 니체처럼 구는 정부"에 대해서 말하자면, 그들은 어쩌면 가짜 기독교 정부보다는 정직한 것일지도 모른다. 영국 정부는 신이 자기 편이라며, 그들이 치르는 전쟁은 앞으로 전쟁이 일어나지 않게 하기 위한 것이라고 조심스럽게 그들의 기독교 신앙을 고백한다.

그러나 낮이 지나면 밤이 오는 것처럼, 자본의 수익률이 2.5퍼센트로 떨어지면 전쟁이 발발한다. 자본은 죽음과 파괴를 필요로 하므로 인간의 타고난 호전성을 작동시킨다. 인간의 호전적 본성을 직업화한 군인에 대해서는 앞장에서 이미 다룬 바 있다.

19장 교육 문제 1: 무엇을 어떻게 가르칠 것인가?

1

자연환경에 적응하지 못하거나 주위 변화에 따라 습성을 바꾸지 못하는 종은 결국 멸망한다고 한다. 하지만 반대로 주어진 환경을 습성과 신념, 소망에 맞게 변화시킬 수도 있을 것이다. 인간의 본성이나 기후 같은 것들은 변하지 않는다고 끊임없이 주장하는 사람들도 있는데, 실상은 그렇지 않다. 인간 본성과 자연은 가만히 내버려둬도 우리가 생각을 바꾸는 것보다 훨씬 더 빠른 속도로 변화한다. 때문에 계획성이라고는 없는 정부당국이 그러한 변화의 속도를 따라잡으며 관습과 제도를 최신식으로 유지하는 일은 절대 불가능하다.

사회현실이나 자연현상에서 일어나는 변화를 따라가지 못하고 가장 끔찍하게 뒤처져 있는 것이 바로 학교제도다. 오래 전 모든 책이 라틴어로 되어 있던 시절에는 라틴어를 모르면 아예 책을 읽을 수도 쓸 수도 없었다. 그 시절에 라틴어를 모른다면 문맹이었을 것이다. 오늘날에는 라틴어가 사어가 되었고, 라틴어로 된 책은 나오지도 않는다. 라틴어가 아닌 다른 언어를 모른다면 문맹이나 다름없으며 사실상 귀머거리이자 벙어리인 셈이다. 그러나 우리의 학교제도는 이러한 변화를 무시한 채 여전히 라틴어가 문학과 교양의 언어라는 가정 하에서 운영되고 있다. 그 결과 사립예비학교(초등학교), 사립중고등학교, 대학교를 나온 우리네 지배층은 오늘날 일반 계층과 다를 바 없는 무식한 존재가 되었고, 가장 무지한 사람들도 할 수 있을 정도의 지적·예술적·과학적 탐구마저 경멸하고 혐오하게 되었다. 여기서 우리는 알 수 있다. 모름지기 '교육을 많이 받은 사람'이 일자무식일 수는 없음에도 불구하고, 정치인들은 '가방 끈 긴' 사람들로 이뤄진 사회세력을 무학무식(無學無識)의 반문화적 집단으로 간주해야만 한다.

성바오로 대성당의 주임사제 잉 박사[1]는 이상적인 교육에 대해 몹시 현명하게 설명했다. 이상적인 교육이란 우리가 바라는 모든 것이 되기 위해서 알아야 할 모든 것들을 교육하는 것이라고 말이다. 잉 박사가 사립중고등학교를 거쳐 대학까지 나왔지만 자신이 알고 싶었던 것들을 아무것도 배우지 못했고, 따라서 바라는 것을 이루지 못하게 되었거나 적어도 그 시기가 심각하게 늦춰졌다는 것은 국가적 비극이다. 설마 잉 박사가 바랐던 것이 얼마 되지도 않는 신자 수에 비해 터무니없이 커다란 성당의 주임사제는 아니었을 게다.

모두가 정치적으로 박식하다는 가정 하에서 누구나 투표권을 갖는 보통선거가 확립되었으므로, 교육을 받지 못한 사람들의 무지가 몹시 위험해진 것은 사실이다. 그러나 **우리를 가장 위협하는 것은 못 배운 사람들의 무지가 아니다. 무식은 가르칠 수 있다.** 깨끗한 칠판에 쓰는

---

[1] 윌리엄 랄프 잉William Ralph Inge(1860-1954): 영국 성공회 신부로, 캠브리지 대학교 신학교수와 성바오로 성당의 주임사제를 지냈다.

것은 쉽다. 그러나 우리네 학교 칠판은 깨끗하지 않다. 그럴싸한 라틴어 시구뿐만 아니라 전설 같은 역사, 미개한 우상숭배, 시대에 뒤떨어진 규칙과 표어들, 그리고 수백 년간 축적된 헛소리와 쓰레기들이 온 칠판에 가득 휘갈겨져 있다. 아무도 이 칠판을 닦아낸 적이 없기 때문이다. 칠판을 지우려고 했던 사람들은 벌을 받았고, 처벌이 여의치 않은 경우에는 신과 인간의 적이라는 비난을 받았다. 우리의 통치자들은 이튼과 해로, 럭비와 윈체스터의 칠판에서 볼테르와 루소, 톰 페인은 극악무도한 무신론자이며 워싱턴과 브리검 영, 마르크스, 레닌은 전복적인 위험분자라고 배웠다. 또한 루이18세를 끌어내리고 나폴레옹을 프랑스에 보다 적합한 통치자로 세워준 트라팔가르해전과 워털루전쟁에 대해 문명이 거둔 승리이자 분별력 있는 영국민의 승리라고 배웠다. 이것들은 학교에 다니는 우리 아이들이 배우는 쓰레기 같은 내용 중에서 악명 높은 몇몇 사례에 지나지 않는다. 아주 드문 경우이긴 하지만, 볼테르와 같이 결연한 인물들이 격렬하게 저항하기도 했다. 그는 예수회로부터 교육을 받았지만, 지금은 인정사정 없이 프랑스 교회를 공격하는 것으로 세계적인 명성을 떨치고 있다. 프랑스 교회의 정치적 부패와 시대착오적 모순에 대해서는 수없이 많은 비판이 가해져서 문제점이 낱낱이 파헤쳐졌으므로 여기서 더 언급하지는 않겠다. 나는 간과될 위험이 더 큰 문제를 다루려고 한다. 다름 아니라, 사립명문출신들이 아직도 17세기 대지주 행세를 하고 있는 것 말이다.

2
교육은 유년기와 밀접한 관련이 있다. 나는 이미 정치인들에게, 부모가 자식을 다루는 것처럼 국가가 아이들을 대해서는 안 된다고 지적한 바 있다. 부모 입장에서 자식은 계속 성장하지만, 국가 입장에서 아동인구는 성장하지 않기 때문이다. 부모는 현재 낳으려고 하는 것보다 더 많은 아이를 낳지 않는 한 부모의 역할을 제대로 배울 수 없다. 첫째를 키우면서 지나치게 간섭하고 둘째를 키우면서 지나치게 방임하는 시행착오를 거치고 난 다음에야 비로소 아이를 어떻게 키워야 할지 알게 되는 것이다. 정치인은 부모보다 유리하다. 정치인은 특정 연령의 아이들을 대체로 어떻게 다뤄야 하는지에 대해 그와 관련된 인류의 모든 역사적 경험으로부터 배울 수 있다. 그러나 부모는 아무런 경험치 없이 아이를 양육하기 시작하고, 아이가 자라면서 해마다 새로운 문제로 골치를 앓아야 한다. 아이의 연령대에 따라 교육방식이 달라야 한다는 점에서, 학교선생 역시 유리한 위치에 있다. 예컨대, 이튼 교사들은 13세에서 18세 사이의 소년들을 다루는 데 있어 소년의 어머니보다 훨씬 더 과학적인 방법을 터득하고 있다.

켈름스콧 출판사를 설립한 윌리엄 모리스의 말(이 책 82쪽)이 이해가 될 것이다. 시인이자 공예가이자 사업가인 윌리엄 모리스는 빅토리아 시대에 살았던 가장 위대한 인물이다. 그는 당대의 흥청망청하는 분위기 속에서도 끝까지 타락하지 않은, 보기 드문 사람이었다. 그 역시 부모이자 공산주의자로서 다음과 같이 말했다. "아이들을 가장 잘 돌볼 수 있는 사람이 누구인가 하는 문제는 몹시 어렵다. 그러나 아이들을 돌보는 데 가장 적합하지 않은 사람들이 부모인 것만은 분명하다." 유복한 가정에서 자란 사람이라면 여기까지는 모리스에게 동의할 것이다. 유한 계층의 자녀들은 부모가 아니라 유모와 하인, 가정교사, 학교

선생에 의해 양육된다. 가난한 사람들의 경우, 학교교육이 의무화되기 전에는 자기 자식을 직접 양육해야 했다. 그들 중 몇몇은 자녀교육을 훌륭하게 해냈다. 그러나 전체적으로 봤을 때, 가난한 사람들은 다 자라지도 않은 자식을 형편없는 임금을 받고 일터로 내보냈으며, 아동착취를 금지하는 공장법에 격렬하게 저항했다. 국가가 의무교육을 실시하자, 가난한 사람들은 자식들이 자신의 손을 떠나 반나절 동안 초등학교 교사에게 맡겨진다는 사실에 기뻐했다. 어느 지방도시의 시장은 반짝이는 기지를 발휘해서 높은 영아사망률을 해결했다. 첫돌을 맞이한 아기를 데려오는 어머니에게는 1파운드씩을 지급하겠다고 했더니, 놀랍게도 영아사망률이 감소한 것이다.

이러한 사실을 마주하고 보면, 사회를 구성하는 신성불가침의 단위로서 가족 개념과 부모의 보살핌을 강조하는 감상적인 생각은 단지 우리가 아무것도 하지 않고 게으름을 피우는 데 대한 변명일 뿐이다. 십계명과 같은 도덕규범, 말하고 쓰고 셈하는 기술, 그리고 개인의 자유권과 자유의지를 정해진 테두리 안으로 완전히 제한하는 강제적인 법규범이 없다면 기본적인 문명도 불가능하다. 예측가능한 방식으로 행동하지 않는 사람들은 사회에서 살 수 없고, 따라서 교정되어야 한다. 영구제불능이라면, 제거되어야 할 것이다. 그들은 명령에 따라 제도화된 삶을 살아야 하고, 그들의 행동은 규정되고 예측가능한 것이어야 한다. 누군가는 아이들에게 그러한 규범을 가르쳐야 한다. 아이들이 규범을 이해할 수 있을 정도로 자라기 전까지는 독단적으로 강제해야 한다. 규범은 다양한 방식으로 강제될 수 있다. 보다 덜 야만적이고 덜 나쁜 방식을 쓸 수도 있고, 아이들을 무자비하게 매질하거나 어른들을 잔인하게 처벌할 수도 있다. 어쨌거나 규범은 강제되어야 한다. 그렇게 하지 않으면 인간 사회는 광란의 무법지대가 될 것이다. 규범 강제의 필연성은 근본적인 것이다. 자유, 평등, 형제애의 원칙이 모든 문제를 해결할 것이라고 생각하는 정치인이 있는가? 그가 경험을 통해 배울 수만 있다면, 자유는 평등에게 길을 내줘야만 하고, 형제애란 결국 카인과 아벨의 관계나 다윗과 요나단의 우정으로 귀결됨을 알게 될 것이다. 아이들이 시민으로 성장하려면, 아이들은 부모가 가르칠 수 없었던 것들을 배워야 한다. 부모는 자녀에게 시민의 자질을 가르칠 시간도 없고, 사실상 그럴 능력도 없다. 아이들에게 시민의 자질을 가르치는 것은 정치인의 몫이다. 그렇게 하지 않으면, 정치인은 시민이 아니라 야만인과 문명을 꾸려 나가야 하는 불가능한 과업에 맞닥뜨리게 될 것이다.

3

만약 모두가 다른 사람들이 하는 대로만 따라하면서도 문명이 유지될 수 있다면, 진보라든가 변화라든가 진전이라든가 발명이라든가 자유의지·자유사상·자유언론·인권 그리고 타성적으로 인습에 얽매여 있는 사람과 진짜 살아있는 사람을 구분해주는 그 모든 것들은 대체 어떻게 되는 것인가? 이는 나에게 절실한 문제다. 나는 여러 중대한 사안들에 대해 궁리할 때, 세상이 그저 남들이 하는 대로 따르지만 말고 무언가 다른 것을 하기를 바라는 사람이기 때문이다. 심지어 그것이 현재의 어떤 활동들을 범죄로 만들게 되더라도 말이다. 역사가 입증하듯이, 만약 아무도 변화를 일으키거나 주창할 수 없다면, 문명은 화석화되고 소멸할 것이다. 법과 질서, 관습, 예법이 문명을 지탱하는 것도 사실이다. 그러나 확립된 관습과 제도는 반란, 신성모독, 이단, 비정상, 혁신, 다양성과 변화에 대해 특권을 갖게 된다. 물론 그러한 특권이 없다면, 문명은 과학적 발견과 지적 성장에 적응하지 못해 또다시 좌초하게 될 것이다. 따라서 정부는 탄압하는 동시에 관용해야 한다. 정부는 언제 어떤 것을 탄압하고, 언제 어떤 것을 관용할지 끊임없이 결정을 내려야 한다. 절대로 탄압이나 관용 중 어느 하나를 원칙으로 삼아서는 안 된다. 영국인들이 절대적인 원칙이나 논리를 불신하는 것은 바로 이 현명한 법칙에 기인한 것이다.

여기서 중요한 점은 역사로부터 배우지 못하는 무식한 사람들이 문화적 사안에 간섭하지 못하도록 해야 한다는 것이다. 문화, 산업, 농업 그리고 그 밖의 다른 문제들에 대해 각각의 내각과 의회를 가진다 해도(아마도 장차 그렇게 되겠지만), 사람들은 여전히 탄압을 택할 가능성이 높다. 왜냐하면 탄압의 필요성은 언제나 존재할 뿐만 아니라, 그 합리성 역시 직접적이고 분명하기 때문이다. 탄압과 마찬가지로 관용 역시 필요하지만, 관용의 경우에는 그 불합리성과 위험성이 직접적이고 분명하게 느껴지기 마련이다. 언제 어떤 것을 관용할 것인지는 참으로 불가해한 문제라서 나를 비롯한 극소수의 사람들만이 천착하게 된다. 생리학자의 의학연구가 법의 규제를 받지 않는 것처럼 여러 분야의 작가, 기자, 사회학자, 선전가들의 문학적 활동은 영미법의 규제대상에서 제외되어야 한다고 앞장서서 요구하는 소수의 사람들만이 관용의 문제를 깊이 생각한다. 우리는 출판의 자유, 자유사상, 자유언론, 양심의 자유를 부르짖으며 반란, 신성모독, 외설을 이유로 의견에 대한 법적 제제를 가해서는 안 된다고 주장한다. 조롱이나 희화, 정치적 독설,

개인에 대한 저속한 모욕 등에 대해서는 실제로 광범위하게 형벌을 면제하고 있다. 광고는 영리목적으로 사실 문제에 대한 거짓말을 하면서도 면책특권을 누린다. 광고가 면책특권을 요청하는 것은 명백하게 괘씸한 일이지만, 유독 완전히 용인되는 것처럼 보인다. 선동적이고 신성모독적이며 저속한 명예훼손과 관련해서는 상당히 빈번하게 소송이 일어나고 있기 때문에 생각에 대한 탄압의 가능성이 있다고 우려되는데, 돈을 벌기 위해 허위광고를 한 것에 대해 고발하는 일은 아직까지 없었기 때문이다.

상업광고에 대해 이처럼 극단적인 관용을 베풀고 있는 것에는 분명 문제가 있다. 상업적인 금권정치가 판을 치고 있기에 가능한 일이다. 그러나 저술, 인쇄, 설교의 방식으로 생각을 표현하는 것에 관해서는 예외적으로 광범위한 자유를 허용해야 한다. **진보란 생각의 변화를 의미한다. 새로운 생각이 처음에는 농담이나 공상처럼 보이는 경우가 종종 있다. 그러다가 신성모독 내지는 반역적인 것으로 보이게 되고, 차츰 논쟁의 여지가 있는 문제로 여겨지다가, 결국에는 진실로 확립되는 것이다.** 예전에 영미권에서는 착실한 여성이라도 '그리스도 우인회'(퀘이커교)에 가입하면 공개적으로 매질을 당했다. 그러나 지금은 퀘이커교도라는 것이 높은 수준의 지성과 성실함을 말해주는 것으로 간주된다. 러시아의 볼셰비즘이 나치 독일에서 여전히 비난받고 있는 것처럼, 20년 전 영국에서도 문명국가라면 짓밟아 없애야 할 극악무도한 것이라고 비난받았다. 오늘날 볼셰비키 헌법은 선진사회의 모범으로 논의되고 있으며, 영국과 러시아는 향후 20년간 친선과 동맹을 약속했다. 내 희곡 중 일부는 외설과 신성모독을 이유로 검열에 걸려 공연 부적합 판정을 받았고 여러 해 동안 상연이 금지되었다. 그 작품들은 선동적이고 궤변적인 것으로 분류되었다. 그러나 지금은 극문학계의 젊은 작가들이 상연금지처분을 받았던 내 작품들을 보고 시대에 뒤떨어졌으며 고상한 척 점잖을 빼고 있다고 비난한다. 나는 약간의 금전적인 손해를 보고 다소 평판이 떨어지기도 했지만 사실상 내 작품들은 대체로 묵인되는 편이었고 비교적 자유롭게 창작활동을 했다. 그렇다면 내가 철저하게 입막음당하지 않았던 이유가 무엇일까? 그 동안 내가 목소리를 낼 수 있었던 것은 확실히 상업광고를 비호하는 금권적 무정부주의와 관련이 있다. (내 책과 희곡들은 상업적으로 상당한 성공을 거뒀기 때문이다). 하지만 수많은 개혁론자가 지금은 아무도 문제 삼지 않는 견해 때문에 화형이나 교수형에 처해지고 거세당하고 능지처참을 당했다. 그래서 우리 신문들은 생각에 대한 탄압이 위험하고 근시안적인 것이라고 경계한다. 그러나 실제로 생각을 전혀 탄압하지 않는다는 것은 불가능하다. **한 번 확립된 도덕은 사람들이 생각없이 조건반사적으로 행동하게 만든다.** 환경변화가 인류에게 치명적인 해를 끼쳐서 멸망의 위기가 눈앞에 닥쳐오지 않는 한, 사람들은 결코 도덕을 견해의 문제로 여기지 않을 것이다.

따라서 우리는 정부가 불가피하다고 주장하면서 모호한 지점까지 탄압하는 것에 대해 단호하게 대처해야 한다. 선진문명국은 덜 문명화된 국가를 통치하는 것을 서슴지 않는다. 영국 정부는 인도에서 아내가 남편을 따라 죽는 관습이나 암살단원의 행위나 크리슈나 신상을 실은 거대한 수레의 가두행진 등을 가차없이 박해하고, 아프리카와 서인도 제도에서는 부두교를 무자비하게 탄압한다. 인도의 자유주의자 동지들은 매콜리가 서술한 17세기 역사를 익히 알고 있으므로, 영국에게 인도에 대한 모든 박해를 중단하고 사상, 언론, 숭배, 교육의 자유를 확립하라고 주장한다. 어쨌거나 그러한 박해는 영국이 인도에 주둔하기 위해 내세우는 유일한 핑계거리일 뿐이다. 국내건 해외건 우리는 지나치게 박해하는 경향이 있다. 그러나 나태와 기생을 관용해서는 안 된다. 독일에서 벌어지는 유태인 탄압과 대영제국과 미국에서 현재 진행되고 있는 아프리카인, 중국인, 일본인에 대한 탄압은 악명을 떨치고 있다. 단지 조상이 시나고그에서 예배를 드렸다는 이유로 무고한 독일 시민을 약탈하고 살해하고 추방하는 것이나, 아프리카 흑인이 숙련된 기술을 갖지 못하게 하는 것(이는 우리가 저지른 가장 사악하고 멍청한 범죄다)은 명백히 잘못된 일이다. 그러나 박해와 도덕적 혼란을 법적으로 구분하는 것은 언제나 어렵다. 정치인은 이러저러한 행동이 관용되어야 하는가 아니면 흉악범죄로 선언되어야 하는가에 대해 곰곰이 생각하면서, 밀의 <자유론>이나 크로체의 <역사, 자유의 이야기>를 열 번 이상 반복해서 읽어볼 만하다.

4

자, 그러면 이 모든 것이 아동교육과 무슨 관계가 있을까? 거의 전부 상관 있다고 말해야 할 것 같다. 어린이들은 종교에 대해 배우는 것처럼 도덕도 배워야 한다. 그런데 학교선생의 도덕과 종교를 배울 것인지 아니면 부모의 도덕과 종교를 배울 것인지에 대한 의문이 제기된다. 만약 부모는 플리머스형제단이거나 여호와의 증인인데, 교사는 다윈을 신봉하는 불가지론자라면, 부모에게 교사 선택권을 부여하기 위해 국가가 개입해야 할지 고민하게 될 것이다. 19세기에 무신론자와 불가지론자, 다원주의자는 '세속교육'이라는 환상을 주창했다. 세속교육은 학교에서 도덕이나 종교에 대해 일절 가르치지 않는 것을 의미했다. 그러나 아이들이 학교에서 예의 바르게 행동하도록 가르치려면, 세속교육은 불가능했다. 그리고 세속교육의 실상은 신에 대한 두려움을 체벌에 대한 공포로 대체한 것뿐이었다. 다른 방편도 있었는데, 성경수업을 하되 아이들이 원하면 언제든지 부모가 아이를 수업에서 뺄 수 있도록 하는 것이었다. 그런 수업에서 교사들은 절대 종파적인 발언을 할 수 없다. 대부분의 부모들은 기꺼이 자녀교육에서 손을 떼려고 하기 때문에, 이러한 절충안이나 방편들은 무리없이 받아들여졌다. 성직권을 강하게 주장하는 사람들을 포함해서 많은 부모가 딸을 수녀원부속학교에 보냈다. 수녀들이 훌륭한 예절을 가르칠 수 있는 유일한 선생이었기 때문이다. 그러나 그 밖에 그들이 가르친 것은 거의 없다. 자본주의 국가는, 연간 30파운드나 하는 주택에서 사는 사람들은 원하는 대로 아이들을 키우게 내버려두고, 가난한 아이들은 그저 문서나 인쇄물에 적힌 지시사항과 시간표 등을 읽고 돈을 셀 수 있을 정도로 그러니까 근대 산업에 꼭 필요한 자질만을 교육시키려 한다. 자본주의 국가에서 가난한 아이들을 충분히 교양 있는 시민으로 길러내는 일은 꿈도 꿀 수 없다.

그러나 장차 보다 사회주의화된 국가에서는 더 이상 시간낭비를 하지 않아도 될 것이다. 국가가 나서서 소위 시민으로서 아동의 인격을 형성해야 한다고 주장할 것이다. 만약 부모들이 아이에게 어떤 전복적인 가르침을 심어준다면, 셸리나 애니 베전트의 아이들에게 했던 것처럼, 국가가 단호하게 부모의 손에서 아이들을 거두어갈 것이다. 국가가 아이들을 완전히 바꿔놓으려 한다는 것을 상당수의 부모들이 알게 된다면, 부모와 국가 사이의 갈등은 심각해질 것이다. 그러나 대부분의 부모들은 자녀가 좋은 옷을 차려 입고 가까운 교회나 예배당에 참석하는 것 그리고 가족이 믿는 종파를 따르게 되는 것에만 관심이 있다. 상황이 이렇기 때문에 초등교육은 아이들에게 오직 읽고 쓰고 계산하는 것만을 가르치게 된다. 그 밖의 다른 것은 아무것도 가르치지 않는다. 부모에게나 국가에게나 문제는 간단해지는 것이다. 그러나 시민의 자질을 가르치는 문제라면 얘기가 달라진다. 현재의 문명은 그저 폭력적인 조직과 다를 바 없이 작용하고 있지만, 문명이 제대로 구현되려면 학교에서 정치원칙, 예절, 도덕, 그리고 종교를 가르쳐야 한다. 종교의 필요성은 블레이크가 '하찮은 아버지old nobodaddy'라고 빈정댄 어느 종족의 신(야훼)이나 다른 어떤 신앙과도 완전히 별개의 문제다. 러시아의 '무신론자연맹'도 하나의 수도회다. 인도의 자이나교는 엄청나게 장엄한 사원을 짓지만, 그 사원들에서는 신을 모시지 않는다. 신은 우리가 감히 이름을 부를 수 없는, 인간의 이해력 너머에 존재하는 어떤 힘이므로 신상을 만들 수 없다는 교리를 따른 것이다. 신앙이 너무나 철저하고 논리적인 나머지 부모가 자녀와 종교에 대해 토론할 수 없는 영국 종파들도 있다. 이 부모들은 자녀들을 전적으로 신의 손에 맡겨야 한다. 유명인사인 내 친구는 확신에 찬 무신론자이며 공격적인 자유사상가인데, 그의 부모는 독실한 글래사이트(영국에서는 샌디먼파)였고 조부는 그 작은 종파의 지도자였다. 내 친구는 자기 아들을 교권반대적인 무신론자로 키우려고 했지만, 그의 시도는 아들이 사립학교에 들어갔을 때 완전히 실패하고 말았다. 내 친구의 아들은 사립학교라는 기존

제도와 관습의 틀 안에서 단연 두각을 나타냈다. 그 아이는 무신론자인 아버지나 글래사이트인 조부모와는 다른 자신만의 '내면의 빛'을 가지고 있었기 때문이다. 내 친구의 아버지가 내 친구에게 실망했던 것처럼 내 친구는 자기 아들에게 실망했다. 사람들이 저마다 다른 '내면의 빛'을 가지고 있다는 것을 고려해야 한다. 우리는 수많은 미운 오리새끼를 낳지만, 그 모두가 백조가 되는 것은 아니지 않은가.

그렇다면 '내면의 빛'이란 무엇인가?

과학적으로 여전히 미스터리지만 교육부의 관점에서 볼 때, 내면의 빛이란 시민이 알려진 사실을 받아들이는 개인적인 관점이라고 할 수 있다. 따라서 이미 세상에 알려져 있고 얼마든지 알 수 있는 사실들을 아는 것은 몹시 중요한 문제다. 부모, 개인, 선생, 그리고 모든 종류의 선전선동가들이 아이들에게 지식을 가르치지 않고 거짓말을 하는 일이 절대 없도록 해야 한다는 말이다.

그러나 권위를 가진 그 모든 어른들은 어린이들에게 거짓말을 하면서 가장 신성한 진실인 것처럼 가장한다. 내 아버지의 경우에는 성경의 가르침이 최고의 권위를 가지고 있으며 가장 훌륭하다는 점을 상세히 설명함으로써 부모의 의무를 다하고 난 다음에, 문득 이야기의 반전을 꾀하고 싶었는지 성경이 "지금까지 만들어진 것 중 가장 지독한 거짓말 보따리"라고 덧붙였다. 아버지는 불경스러운 거짓말을 한 것이 아니었다. 단지 낄낄거리고 웃자고 사실을 좀 과장했을 뿐이다. 성경에는 아이들에게 절대 들려주지 않아야 할 상당히 많은 거짓말이 실려있는데도, 모든 기독교 교회는 그것을 성스러운 진리로 가르친다. 아이들에게 아니 어른들에게라도, 세상에 마녀라는 것이 존재하며 심지어 마녀로 규정된 사람들을 죽이는 것이 우리의 의무라고 가르치는 것에 어떻게 찬성할 수 있겠는가? 우주를 만들고 지배하는 어느 종족의 신이 자신이 창조한 인류의 사악함에 충격을 받은 나머지 인류를 쓸어버리려고 홍수를 일으켰지만 어느 족장이 소고기 굽는 냄새를 피워 신을 기분 좋게 했기 때문에 그의 가족만은 살려두기로 했다고 가르치는 것을 대체 누가 옹호할 수 있겠는가? 또 있다. 좀 더 나중에 등장하는 신은, 그 역시 자신의 피조물에게 충격을 받아서, 자신의 죄 없는 아들을 세상에 내보내 우리의 죄를 속죄하게 하기 위해 끔찍한 고통과 죽임을 당하게 만들었다고 한다. 우리 중 이를 믿는 자는 무슨 죄를 지었든 천국에 가고, 믿지 않는 자는 제 아무리 고결하게 살았다 하더라도 영원히 지옥불에 떨어지게 된다는 것인가? 이처럼 보복적인 인격신과 피의 제물에 대한 야만적인 숭배를 바탕으로 무슨 문명이 세워지기를 기대할 수 있겠는가? 유년기에 그렇게 길러지지 않았다면, 누가 지금 그러한 미신에 사로잡혀 있겠는가? 러시아 정부, 독일 정부, 볼테르의 프랑스 정부가 자기 관할의 어린이들을 그러한 주입 교육으로부터 보호하며 보다 나은 정보를 제공하겠다고 선언한 것은 확실히 옳은 일이다. 세상이 이렇게 돌아가고 있는데도, 영국국교회는 39개 신앙신조 중 18조[2]에서 동맹국 러시아를 포함하여 인류의 대다수가 저주받을 것이라고 선언하고 있다. 그런 짓을 그만두지 않으면 영국국교회를 폐지하고 교회의 재산을 몰수하겠다고 영국정부가 나서서 경고해야 하지 않을까?

---

2   39개 신앙신조 중 제18조. 그리스도의 이름으로써만 영원한 구원을 얻는 것에 관하여.
모든 사람은 자신이 고백한 계명이나 종파에 따라 구원을 받으며 오직 그리스도의 이름으로써만 구원을 받을 수 있다는 내용.

5

거짓말로 권위를 세우는 일을 그만둬야 한다면, 말썽쟁이 아이들은 어떻게 다룰 수 있을까? 아이들은 이따금 전혀 말을 듣지 않는다. 신경이 예민해져서 그러기도 하지만, 때로는 보다 이성적인 이유로 말을 듣지 않기도 한다. 하고 싶은 대로 하면 안 되는 이유를 알지 못하기 때문에 말썽을 피우는 것이다. 부모나 교사나 보모가 아이들에게 거짓말을 하거나 체벌을 가하거나 약으로 마취시켜서는 안 된다고 교육부가 정하는 것은 쉽다. 그러나 아이들의 어머니가 "아이들의 심통을 해결할 제일 좋은 방법은 매질밖에 없다고요. 그보다 좋은 방법을 알려줄 수 있나요?"라고 말하는 경우를 생각해 보자. 또는 교사가 이렇게 주장하기도 한다. "어째서 자기가 하고 싶은 대로만 하면 안 되냐고 묻는 아이에게 홉스의 <리바이어던>이나 허버트 스펜서의 <윤리학 원리>를 읽어보라고 할 수는 없어요. 세상에는 지옥이라는 끔찍한 곳이 있는데, 말을 듣지 않는 아이들은 지옥에 가게 된다고 말하는 수밖에 없습니다. 물론 거짓말이지요. 하지만 아이가 그 말은 알아듣고 올바르게 행동합니다. 내가 만약 아이에게 그 거짓말을 하지 않는다면, 진실은 어린 아이의 이해력 너머에 존재한다는 점을 감안했을 때, 다른 어떤 거짓말을 하겠습니까?" 나를 키워준 보모는 내가 계속해서 말을 듣지 않자 "그러면 수탉이 굴뚝에서 내려온다!"고 겁을 주어 나를 고분고분하게 만들었다. 내게는 수탉이 보복적인 신이었던 것이다. 가장 개화된 교육부라 할지라도 내 보모보다 그 나이 또래의 아이를 더 잘 다룰 수는 없을 것이다. 최고의 현자인 마호메트도 이 문제에 몰두했었지만, 그 역시 무서울 뿐만 아니라 지긋지긋한 지옥을 만들어내지 않고는 아랍사람들을 지배할 수 없었다. 아랍사람들이 돌덩어리를 신성화하고 숭배하는 것도 막고자 했지만, 야훼와 다를 바 없는 알라를 내세워 아랍사람들이 숭배하던 돌덩어리를 대체했을 뿐이다. 그러나 우리는 더 이상 마호메트처럼 단순하게 신의 존재를 믿을 수 없다. 단테는 기독교 교회를 정교하게 형상화했다. 여전히 많은 사람이 지옥을 진지하게 믿는다. 다수의 유력 인사들이 지옥을 비웃었지만, 그 결과는 도움이 되지 않는다. 때로는 내세를 두려워하지 않는 사람들이 이승에서 심각하게 비양심적으로 구는 경우도 있다. 중세에는 죄를 지은 사람들이 속죄를 하기 위해 정말 엄청난 노력을 기울였다. 그러나 오늘날 법망에 걸리지 않은 죄인들은 그저 (그들에게도 그런 것이 있는지 모르겠으나) 그들의 양심에 맡겨질 뿐이다. 오늘날 죄인들도 자기들의 이기심 때문에 생겨난 가난과 질병을 경감시킨답시고 자선단체에 기부금을 낸다지만, 과거 정복왕 윌리엄과 같은 사람들이 성당을 짓고 막대한 구호금을 마련하고 학교를 설립한 것과 비교하면, 새 발의 피다.

국가는 시민들을 질서정연한 상태로 유지하기 위해 어떤 종류의 거짓말을 해야만 하는 것처럼 보인다. 그리고 그 거짓말들은 시민의 나이에 따라 달라질 것이다. 소년소녀가 자라면 더 이상 굴뚝에서 내려오는 수탉 따위를 무서워하지는 않게 되니까 말이다.

내 경우를 생각해 보면, 진실에 눈을 뜨는 일련의 사건들을 겪으면서 교육이 이뤄졌다. 진실을 알게 되면서 전에 내가 믿고 있던 것들 즉, 내가 모두 옳다는 생각은 말할 것도 없고 내 아버지 말씀은 무조건 옳다는 확신을 차츰 거부하게 된 것이다. 초등과정 몇 학년, 중등과정 몇 학년 하는 식으로 학교에서는 늘 유년기를 연령집단으로 나눈다. 그런데 어째서 기존 연령집단에서 나이가 더 많은 집단으로 올라가는 것을 뚜렷한 각성의식을 통해 기념하지 않는지 도무지 이해할 수가 없다. 그러한 의식을 통해 아이들은 기존에 받았던 종교교육에서 유치한 부분들이 상급단계에서는 더 이상 적합하지 않은 허튼 소리이므로 폐기해야 한다는 정보를 받아야 한다. 먼 옛날 서기 1세기에 사도 바오로는 "어릴 적의 것들을 그만두는" 것은 정상적인 성장의 과정이라고 썼다. 이러한 일은 어쨌거나 대체로 모든 아이들에게 일어나야만 하기 때문에, 기왕이면 솔직하게 체계적으로 행해져야 한다. 그래서 어른이 되어서도 여전히 유치한 미신에 사로잡혀 있는 사람들에게서 그들을 가로막고 있는 방해물을 제거해줘야 한다. 아이가 조건반사적으로 좋은 행동을 하게 만들려고 아이에게 일부러 거짓말을 했다면, 적어도 아이가 그 문제의 진실에 대해 우리가 아는 만큼을 이해할 나이가 되었을 때는 당연히 그 거짓말을 바로 잡아주어야만 한다. 그게 아니라면 아이의 행동을 일일이 지시하고 명령에 불복종하면 육체적인 고통을 주는 방법이 있는데, 이 방식은 때때로 정신을 파괴하기도 한다. 체벌이 가정에서는 광범위하게 그리고 사립학교에서는 공식적으로 행해지고 있음에도 불구하고, 그에 반대할만한 몇 가지 이유가 있다. **체벌로 아이의 영혼을 망가뜨리는 것이나 사지를 부러뜨리는 것이나 나쁘기는 마찬가지다.** 고의로 냉혹하게 이뤄지는 체벌은 부모 또는 교사와 아이들의 모든 친근한 관계를 파괴하는 잔인한 것이다. 아이들을 맡겨서는 안될 냉혈한, 얼간이, 성미 고약한 위인, 잔학행위를 일삼는 인간들은 너무나 손쉽게 체벌을 가하는 반면에, 친절하고 사려 깊은 사람들에게는 체벌이 도저히 있을 수 없는 일이다. 절대로 바람직하지 못한 상황이라 하겠다.

체벌은 단지 복종을 강요할 뿐이다. 복종은 자발적인 도덕성과는 전혀 다르다. 아이가 스무 살이 되어 중년에 이른 아버지나 교사보다 완력이 세지면, 더 이상 복종하지 않는다. 도덕적으로 교육을 받지 않았다면 위험해지는 것이다. 체벌은 단지 겁을 줘서 제지하는 것이기 때문에, 모든 나쁜 행동을 빠짐없이 적발할 수 있어야만 효과를 기대할 수 있다. 그건 어차피 불가능하다. 체벌은 체벌희생자의 타고난 자존감을 최대한 망가뜨린다. 어찌되었건 문명화된 삶은 바로 그 자존감에 달려 있는데 말이다. 자존감을 완전히 망가뜨릴 수 없어도, 희생자가 자존감을 부인할 정도로 만들 수는 있다. 그러니까 체벌이 사라지기 전까지 고도의 문명은 불가능하다.

체벌을 자제하고 형이상학적인 방식으로 속죄를 시킨다고 해서, 문명화된 사회정의가 끝장나지는 않는다. 문명사회는 계속해서 "동산에서 잡초를 솎아낼" 것이다. 관리감독을 받아야만 성실하게 살 수 있는 정신병자들은 구속하고 통제할 것이며, 구제불능인 골칫덩이들은 코브라나 식인 호랑이를 죽이는 것처럼 인정사정없이 제거할 것이다. 문명사회에서 살아가는 모든 구성원은 사회적으로 바른 행실을 보여줌으로써 자신의 존재 가치를 입증해야 한다.

6
문명화의 방편 중에서 명령과 체벌을 포기해야 한다면, 우화적인 이야기를 통해 교육하는 방법을 대안으로 삼을 수 있다. 그러나 제아무리 정교하게 지어낸 이야기라 해도 한시적인 가정에 기댈 뿐이다. 따라서 교육부장관은 다음과 같은 문제들을 고려해야 한다. 젖먹이가 어느 정도의 현실을 견딜 수 있고, 어린이는 얼마나 현실을 받아들일 수 있으며, 청소년은 얼마나 현실을 감내할 수 있는지, 청년과 중년 그리고 장년과 노년의 어른들은 또 얼마나 현실을 있는 그대로 직면할 수 있는지, 그리고 전쟁을 치르면서 다급한 전방의 소식이 들려올 때는 우리가 얼마나 현실을 견딜 수 있는지 말이다. 사람들이 전통이나 (조건반사적인) 관습에서 얼마나 벗어날 수 있을까? 서구문명이 1500년간 겪었던 일들 즉, **신앙의 시대와 성상파괴의 시대의 경험을 개인은 일생 동안 겪어야 한다. 산산조각이 난 희망과 깨진 믿음이 보다 낫고 보다 믿을 만한 희망과 견고한 신앙으로 대체되지 않는다면, 성상파괴와 각성은 혐오와 염세주의를 낳을 뿐이다.**

교육위원회가 해야 할 일이 엄청나긴 하다. 그러나 속수무책으로 그 일에 짓눌리지 않아도 된다. 우리는 사회주의에서 희망과 믿음을 충분히 찾을 수 있다. 성상파괴에 대한 반감을 떨쳐버릴 수 있으며, 프루동이 "재산(부동산)소유는 절도행위"라고 정의한 것이나 러스킨이 "유익한 일꾼이 아니라면 모두 도둑이나 거지"라고 말한 것이 옳았음을 받아들이게 될 것이다. 마르크스주의가 모든 미래 세대에게 절대적으로 옳은 복음은 아니지만, 러시아에서는 생각보다 잘 굴러가고 있고 당분간은 꽤 유효할 것이다. 다윈주의는 "우주에서 신을 없애버렸고" 신다윈주의는 우주에서 생명을 없애버렸다. 한술 더 떠서, 우주가 그저 정해진 대로 작동하는 거대한 기계실험실이라고 주장하며, 개의 뇌를 잘라내거나 개의 타액을 방울방울 측정하는 행위가 그 기계적인 구조를 알아내는 것이라고 우긴다. 그럼에도 불구하고 창조적 진화론이 압도적인 대세로 자리매김 하고 있다. 창조적 진화론의 무한한 가능성은 중세의 천국 이야기보다 더 큰 희망을 불러 일으킨다. 그 정도면 앞으로 몇 세대 동안은 충분하다. 그만하면 됐다.

단, 잊지 말아야 할 것이 있다. 우리 몇몇이 더 이상 옛날이야기를 믿지 않는다고 해서, 모든 사람에게 옛날이야기의 효력이 사라진 것은 아니다. 어느 날 저녁에 내가 경험했던 일을 떠올려본다. 구세군 창립자의 부인 부스 여사를 기념하는 구세군대회가 알버트 홀에서 열렸었다. 나는 구세군 아가씨를 주인공으로 한 희곡을 쓰기도 했고, 훌륭한 구세군 음악대의 명예를 훼손한 무식하고 상스러운 사람의 잘못을 바로잡는 편지를 출간했다는 이유로 그 행사에 초대되었다. 내 자리는 둥근 원형극장의 정중앙이었다. 나는 완전히 노래를 못하는 축은 아니었고, 합창 말고는 딱히 재미있는 일도 없었으며, 흔히 단조롭고 지루하다는 오명을 뒤집어 쓰고 있는 "성가"와 달리 구세군의 찬송가는 경쾌한 곡조였기에, 한껏 신이 나서 내가 앉아있던 귀빈석의 합창을 이끌어냈다. 어린 구세군 소녀가 내 공연에 찬사를 보냈다. 그녀는 눈물을 흘리며 내 두 손을 부여잡고 외쳤다. "아, 우린 알아요. 그렇죠?"

내가 무슨 말을 할 수 있었겠는가? 진실은 때를 가리지 않는다고 생각하는 사람들은 단호하게 내가 다음과 같이 말할 수 있었고 또 그래야만 했다고 주장할 것이다. "어여쁜 아가씨, 분명 잘못 생각했군요. 내가 방금 열정적으로 노래하긴 했어도, 천국으로 난 황금계단을 올라간다든지 하는 이야기들은 전부 쓰레기 같은 미신이랍니다. 천국이나 황금계단 같은 것들은 있지도 않아요. 찰스 브래들로 선생이나 잉거솔 대령의 글을 읽어보라고 권하고 싶네요. 나는 그들의 무신론에 공감한다고요. 그럼, 즐거운 저녁 보내길."

그러나 나는 그렇게 말할 수 없었다. 그러고 싶지도 않았다. 눈물이 차오르지는 않았지만 나를 꼭 붙드는 소녀의 손을 마주 잡았고, 그 소녀처럼 눈을 빛내며 무언가 말을 하기에는 벅찬 가슴으로 "우리는 알고 있다"는 것과 소녀가 믿는 모든 것을 내가 믿고 있으며 소녀가 바라는 모든 것을 나 역시 바란다는 것을 소녀가 확신하게 하기 위해 최선을 다했다.

나의 이러한 동정심 어린 위선을 비난한다면, 교육부장관이 되기에는 부적합하다.

20장 교육 문제 2: 무엇을 얼마만큼 가르칠 것인가?

1

앞장에서 대학졸업장을 딴 사람들을 '배운 사람들'로 간주했다. 그렇다면, 부모가 대학등록금을 대주지 못했거나 십대에 학업을 마치고 생활전선에 뛰어들어야 했던 말단직원과 가게점원들, 그리고 초등교육은 물론 중류층의 태도와 습관, 용모를 익혀야 하는 사무직 노동자들에게 붙여줄 다른 이름을 찾아야 한다. 이들을 '어중간하게 배운 사람들'이라고 하자. '어중간하게 배운 사람들'에는 크게 두 부류가 있다. 한 부류는 몰락귀족의 후손이고 다른 한 부류는 노동 계급 출신으로 출세한 사람들이다. 지주 계급의 작은 아들들은 좋은 집안에서 태어나 훌륭한 교육을 받고 컸지만, 정작 재산을 물려받지 못해서 차츰 몰락한 귀족이 되었다. 몰락귀족의 후손들은 '학비가 싼' 일반사립학교에 '통학'하며 교육을 받는 부류가 되었다. 한편, 노동 계급 출신 중에 육체노동보다는 문학이나 수학에 소질을 보였던 사람들이 있다. 그들은 자식이 커서 (제법) 잘 차려 입고 존경받기를 바라는 어머니를 둔 덕분에 신분상승에 성공했고 '어중간하게 배운 사람들'에 속하게 되었다. 나 역시 나로서는 도저히 유지할 도리가 없는 사회적 체면을 지닌 몰락귀족이었다. 하여 나는 몰락귀족의 속물근성과 궁핍함에 대해 날카롭게 인식하고 있다. 그러나 나는 돈이 되는 예술적 재능을 타고난 보기 드문 경우라서, 직업적 명성을 얻게 되었고 속물근성과 가난을 탈피할 수 있었다. 노동 계급 출신으로 신분상승에 성공한 사람들도 돈을 버는 재능, 특히 사업수완이 뛰어날 때 속물근성과 가난에서 벗어나게 된다. 그러나 '어중간하게 배운 사람들' 대부분은 부자가 될 만큼 비범한 돈벌이 재능을 가지고 있지 않다. 그들은 노동 계급에 속하지 않고 그렇다고 유한 계급에도 속하지 않기 때문에, 지금 모습 그대로 가난하고 과시적이며 조직되지 못한 상태로 남는다. 따라서 그들의 혼인 기회는 몹시 제한적일 수밖에 없다. 한마디로 배움도 어중간하고 혈통도 어중간한 사람들이다.

그러나 대부분의 국정을 이끌고 있는 것은 바로 '어중간하게 배운 사람들'이다. 게다가 셰익스피어와 디킨스, 버니언과 블레이크, 호가스와 터너, 퍼셀과 엘가, 그리고 버비지에서 배리 설리번에 이르기까지 뛰어난 배우들을 비롯하여, 명성을 날린 상인과 군인과 법조인과 성직자들이 모두 '어중간하게 배운 사람들'의 후손이다. 해외로 눈을 돌려보자. 스피노자와 루소가 있다. 그들은 서기나 교사나 그저 그런 작가가 되어 노예처럼 일하기보다 안경알을 깎고 악보를 옮기면서 보다 현명하게 생계를 유지했다.[1] 이쯤 되면, 어중간하게 교육을 받은 중류층의 경

---

1   스피노자는 안경알을 연마하는 일로 어렵게 생계를 유지하면서도, 철학의 자유를 지키기 위해 하이델베르크 대학의 교수직 제의를 거절했다. 열살 때 실질적으로 고아가 된 루소는 서기가 되기 위해 교육을 받았으나, 10대 후반부터 시작해서 20대 내내 음악에 몰두했고 30대 초에는 새로운 악보표기법을 정리하여 발표했다.

우에는 직업이나 경력이 재능에 따라 결정되는 것처럼 보인다. 아니, 어느 계층에서든 천재는 결국 드러나기 마련이라고 하는 것이 보다 정확할 것이다. 그러나 가난과 무지는 천재성을 가로막고 질식시킨다. 통학생으로 낮에만 학교에 다니는[2] 중류층 소년은, 셰익스피어나 영국왕립미술원 원장까지는 아니더라도, 존 길핀처럼 유명하고 칭송받는 시민이 되기를 꿈꾼다.[3] 존 길핀의 심부름을 하던 소년이 나중에 커서 존 길핀의 점원이나 집배원이 될지도 모르겠다. 중류층 아이들은 견딜 수 없을 정도로 북적대는 집에서 자라지는 않는다. 중류층의 집에는 책과 피아노가 있고 그림도 몇 점 있다. 몇몇 중류층 아이들은 읽기와 쓰기도 수월하게 익힌다. 이러한 아이들은 자기들이 배울 수 있고 배우고 싶어 하는 모든 지식을 선택해서 습득할 수 있다. 학교수업시간에 한정되지 않고 (학교수업은 종종 자발적인 배움을 방해한다) 평생 이런 과정이 지속된다면, 중류층 아이들은 평균적인 대학졸업자보다 훨씬 나은 교육을 받게 될 것이다. 그들의 교육이 반쪽짜리라고 해도 더 나은 반쪽인 것이다. 중류층이 가정교사의 수업료를 감당할 수 있다면, 그리고 소명의식과 예의범절을 갖춘 유능한 가정교사를 찾을 수만 있다면, 전문적인 가정교사를 고용할 것이다.

중류층 아이들을 이튼을 거쳐 옥스포드대학에 보내거나 해로를 거쳐 캠브리지대학에 보냄으로써, 존 길핀 대신에 레스터 데드록 경을 추앙하는 사립명문출신으로 만드는 것은 결코 교육 문제에 대한

2 이튼 학교나 해로 학교 같은 사립명문들은 모두 기숙학교다.
3 존 길핀 John Gilpin: 영국의 유명한 시인 윌리엄 쿠퍼가 실제 인물의 이야기를 바탕으로 쓴 <존 길핀의 야단법석 대소동>(1783)의 주인공. 런던에 살던 부유한 포목상 존 길핀이 말을 타고 가다 생긴 대소동을 익살스러운 필치로 담아냄. 이야기로 1783년 책으로 출간되어 널리 읽혔다.

해결책이 아니다.[4] 사실 존 길핀이나 레스터 데드록 경은 모두 훌륭하고 선한 인물들이지만, 둘 다 구시대의 유물이다. 구엘프(교황)당과 기벨린(황제)당이 맞섰던 것처럼 부유한 상인 존 길핀은 봉건귀족 레스터 경에게 반대 입장임에도 불구하고, 존 길핀이 다니는 통학학교는 지방귀족들의 기숙학교를 그대로 흉내내기 때문이다.

나야말로 '어중간하게 배운 사람들'의 확실한 견본이라고 할 수 있으니까, 이쯤에서 내가 받은 학교교육에 대해 한마디 거들어도 되지 싶다.

2

나의 학교교육은 여전히 라틴어를 아는 것이 제일 중요한 일이며 교육의 완성이라는 가정 하에서 수행되었다. 그러한 교육방침은 지극히 당연시되었다. 따라서 아무도 나에게 현재 통용되는 다른 언어 대신에 라틴어를 배워야 하는 까닭이 무엇인지 설명해 주지 않았다. 사실상 라틴어를 배울 필요는 전혀 없었다. 현재까지 읽힐 가치가 있는 모든 고전들에 대해서는 이미 수많은 번역본이 존재하기 때문이다. 라틴어 교수법은 야만스러웠다. 어형변화표를 줄줄 외지 못하면 회초리를 맞거나 방과후 "나머지 공부"를 해야 하는 상황이라, 나는 격변화와 동사의 활용형과 어휘를 기계적으로 암기할 수밖에 없었다. 아이들이란 손쉽게 새로운 단어를 배우고 암기하는 데 익숙해지는 편이다. 내가 이런 것들을 해내자, 그 다음에는 카이사르의 주해서와 베르길리우스의 유명한 서

---

[4] 레스터 데드록 경 Sir Leicester Dedlock: 찰스 디킨스의 소설 <황폐한 집>에 등장하는 부유하고 나이 많은 귀족으로 무뚝뚝하고 보수적이며 가문에 대한 자부심이 대단하고 예의 바르다.

사시가 내 손에 쥐어졌다. 오래된 고전 주해집이 나와 무슨 상관이 있는지, 또는 아이네이스라는 고대 트로이 사람을 내가 왜 힘들여 알아야 하는지에 대해서는 역시 아무런 설명도 듣지 못했다. 나는 계관시인 드라이든에게 도전이라도 하듯 이 작품들의 번역문을 줄줄 읊어야만 했다.[5] 그렇게 하지 못하면 전과 마찬가지로 회초리를 맞거나 나머지 공부를 해야 했다. 나는 학교에 있는 반나절 동안에 늘, 심지어 벌을 받고 있지 않을 때조차도, 갇혀 있는 기분이 들었다. 그것은 최악의 형벌이었다. 운동장에서 보내는 30분 동안의 휴식시간을 제외하고는 계속해서 얌전하게 입을 다물고 집중한 채 앉아있어야만 했다. 긴 시간 동안의 부자연스러운 구속에 대한 반발로, 나는 휴식시간 동안 미친놈처럼 소리지르고 뛰어다니기 바빴다. 이 일은 끝이 나지 않을 것처럼 보였다. 카이사르나 베르길리우스를 암송하다 더듬거나 실수를 하면, 그리스어 어형변화표를 외우고 호메로스의 <일리아드>를 번역해야 했다. 하지만 나는 이미 호메로스의 <일리아드>를 더비 경의 장엄한 영어 번역본으로 탐독한 뒤였다. 나로서는 더비 경의 번역본이 예쁘게 압운을 맞춘 포프의 것보다 좋았다.

꼭 사어를 배워야만 했다면, 문화적으로 열등한 로마의 언어 대신 그리스어부터 배우면 안 될 이유가 무엇인지 아무도 내게 설명을 해준 적이 없다. 아마도 너무나 바보 같은 이유였기 때문일 것이다. 학교는 아직도 노르만 정복이 일어난 11세기에 머물러 있었다.[6] 르네상스 시기까

---

5   존 드라이든 John Dryden(1631-1700): 영국의 시인이자 극작가, 비평가. 공식적으로 임명된 첫 계관시인(1670-1688)이다. 유베날리스의 <풍자시집>을 영어로 번역함.

6   노르만 정복: 1066년 정복왕 윌리엄이 왕위계승권을 주장하며 영국을 침공한 사건. 윌리엄은 앵글로색슨계 왕조를 끝내고 노르만왕조를 열었다.

지도 나아가지 못했다. 호메로스를 번역해야 할 위협이 닥쳐왔을 때 나는 곧바로 고전주의 학교에서 도망쳤다. 학교를 떠나기 전에 대수학도 배웠지만, 역시 내 흥미를 돋울만한 설명은 단 한마디도 듣지 못했다. 셰익스피어와 디킨스처럼 나도 학교를 떠났다. 내가 아는 것이라고는 약간의 라틴어와 그만도 못한 그리스어뿐이었다. 그마저도 학교에 들어가기 전에 성직자인 나의 삼촌이 가르쳐준 것이었다. 학교에서 배운 것은 단지 죄수가 동료 수감자들로부터 그리고 공포와 고통으로부터 배운 것에 지나지 않기 때문에 나로서는 차라리 배우지 않는 편이 나았다. 구속을 논외로 하면, 학교의 다른 특성들은 굳이 떠들어대야 할 만큼 중요한 사안들이 아니기는 하다.

나는 기숙학교에는 들어간 적이 없고 낮에만 학교에 다니는 통학생이었음을 꼭 밝히고 넘어가야겠다. 따라서 자유시간에는 다정하고 온화한 부모님으로부터 아무런 제지도 받지 않으며 지낼 수 있었다. 때로는 한 학교에서 다른 학교로 옮기는 사이에 긴 자유시간이 주어지기도 했다. 나와 또래 소년들의 관계는 마치 갱단과 흡사했다. 아니, 실은 더 나빴다. 갱단은 필시 약탈을 목적으로 활동하겠지만, 우리는 그저 장난 자체를 목적으로 무모한 행동을 일삼았으니 말이다. 학교선생들을 골탕 먹이려고 공모한 것과 마찬가지로, 경찰도 놀려주려고 작당을 했었다. 만약 내가 길거리를 배회하고 다녔다면 틀림없이 경찰의 손에 넘겨졌을 것이다. 그러나 대체로 나는 혼자서 아름다운 풍경 속을 거닐었고, 매혹적인 풍경의 마법에 곧잘 감동받곤 했다. 어쨌거나 1931년 러시아의 한 유형지를 방문했을 때 나는 한 무리의 (어린 좀도둑이 대부분인) 비행청소년들에게 도움이 될만한 얘기를 해달라는 요청을 받았다.

그때 나는 이렇게 말해줘야겠다고 생각했다. 나는 대단히 뛰어나고 "성공한" 사람이지만, 소년시절에는 경찰에 붙잡혔어야 마땅한 일들을 했었는데 그저 발각되지 않았을 뿐이라고.

언젠가 스코틀랜드 해안을 따라 걷고 있을 때였다. 그 당시에도 나는 유명했고 세간의 인정을 받았으며 심지어 존경을 받는 위치였다. 그때 나를 겨냥해서 여기저기서 돌팔매가 날아들었다. 머리에라도 맞는다면 크게 다칠 수 있을 만큼 무겁거나 날카로운 돌이었다. 어촌 혹은 탄광촌의 아이들이 놀고 있는 근처까지 온 것이었다. 이 아이들이 갖고 있는 놀이의 개념이란 턱수염을 기른 낯선 노신사에게 돌을 던지며 상스럽게 털보라고 고함을 지르고 싸움을 거는 것이었다.

내가 줄행랑이라도 쳤으면 나를 공격하는 무리는 더욱 기세 등등해지고 몹시 신이 났을 것이다. 그러나 나는 어지간히 놀란데다가, 재빨리 달아나기에는 나이가 너무 많았다. 그래서 내가 내린 결론은 아이들이 나를 놀라게 한 것보다 내가 아이들을 더 크게 놀려주는 수밖에 없다는 것이었다. 아이들이 두려워할 것은 세 가지였다. 경찰, 부모들이 아이들의 행실을 바로잡으려 할 때 사용하는 회초리, 그리고 내가 그들 중 누구라도 붙잡아서 볼기를 칠 가능성! 따라서 나는 결연한 복수심을 품고 쏟아지는 돌팔매를 견디며 성큼성큼 아이들에게 다가갔다. 아이들은 뿔뿔이 흩어져 달아났고, 다행히 나는 상처를 입지 않았다. 그때 나는 확신했다. 아이들이 제멋대로 놀도록 풀어놓는 것은 절대로 학교의 구속에 대한 대안이 될 수 없다. 다른 방법을 찾아야만 인류 문명이 존속할 수 있을 것이다.

그 아이들이 가난하고 거칠고 야만적이라서 그렇게 행동했다고 말하는 사람도 있을 것이다. 그러나 거의 같은 시각에 다른 곳에서도 불미스러운 사건이 발생했다. 그 아이들보다 훨씬 나이가 많고, 라틴어로 처방전을 쓸 정도로 교육을 받았으며, 세련된 도시 문화를 향유하고 있고, 특별한 선의를 바탕으로 한 과학적인 직업을 위해 훈련을 받는 런던의 의대생들이 그저 재미로 거리 한복판에서 미국의 금주개혁가를 공격해서 그의 한쪽 눈을 실명시키고 척추를 다치게 만든 것이다. 그는 얼마 못 가 죽었다. 중등교육은 그 의대생들을 문명화하지 못했고 다만 야만화했을 뿐이다.

3
자, 만약 나에게 돌팔매질을 했던 스코틀랜드의 소년들이 보이스카우트로 조직되었더라면, 이천 년 전에 성 스테파노에게 그랬던 것처럼 나에게 돌을 던질 생각은 꿈에도 하지 않았을 것이다. 보이스카우트와 걸가이드는 유년기의 삶을 조직하려는 최초의 시도들인데, 이러한 조직을 창단한 사람이 교육개혁가가 아니라 군인이라는 점에 주목해야 한다. 작은 천사라며 아이들을 숭배하는 박애주의자나, 아이들이란 의지를 꺾고 원죄에 대해 벌을 받아야 할 사악한 꼬마 녀석이라고 나쁘게 보는 학교선생이나, 성인참정권이 모든 현명한 정부의 토대인 것처럼 우상화하는 민주주의자만큼 해롭기는 마찬가지다.

어린아이든 성인이든 어디까지 지도와 강제를 필요로 하고, 얼마만큼 자유롭게 스스로 생각하고 행동하도록 놔둬야 하는지 판단하는 것은 언제나 어렵다. 아이가 해야 할 일과 하지 말아야 할 일, 즉 문명화된 삶에 적응하기 위해 배워야 할 것과 배우지 말아야 할 것을 혼자 힘으로 생각하도록 내버려 두는 것은 잔인한 일이다. 사냥꾼이나 양치기 혹은 동물조련사들이 개를 훈련하는 것처럼 아이들을 훈련한다면, 아이들은 현 상태 그대로의 문명을 효과적으로 대리하고 고집스럽게 방어하게 될지도 모른다. (한마디로, 일류 보수주의자가 된다.) 그러나 그렇게 되면 아이들이 발전을 주도하거나 옹호하지는 못할 것이다. '무엇이든 옳다'는 믿음에 길들여진 훌륭한 시민은 '무엇이든 잘못'으로 보는 파렴치한 보헤미안만큼이나 대단히 골치 아픈 존재다. 이 양극단 사이에서 적정선을 결정할 수 있는 절대적 행동규범은 존재하지 않는다. 발전이란 변화를 의미하는데, 변화는 법과 질서를 전복시킨다. 변화와 질서는 균형을 이뤄야 한다. 헨리크 입센은 이 정당이 아니면 저 정당에 가입하라는 압력을 받으면 언제나 이렇게 말했다. "나는 어느 정당 소속도 아닙니다. 내 안에는 우파와 좌파가 모두 존재합니다. 나의 새로운 견해가 자유주의자, 보수주의자, 사회주의자 그리고 특히 노동자와 여성에게 영향을 미치는 것을 기쁘게 생각합니다. 하지만 나 자신을 자유당이나 보수당이나 노동당이나 참정권 확대론자라고 하지는 않을 것입니다. 당규는 절대적 규범이 아닙니다. 절대적 규범 같은 것은 없습니다."

나는 입센과 같은 입장이라는 것을 깨달았다. 하나 이상의 정치적 사안에 대해 생각할 깜냥이 되는 사람들은 입센이 당적을 갖지 않으려 하는 것에 공감할 것이다. 이들은 자기들의 견해가 실제로 어떻게 작용할 것인지에 대해 심사숙고를 거듭한다. **내가 어떤 문제를 검토하는 방식은 다음과 같다. 우선 그 문제에서 양극단을 설정한다. 그리고 실행 불가능한 양극단 사이에 여러 단계를 설정한 다음, 그 단계 중 어느 지**

점이 실행에 옮겼을 때 최적인지를 결정하는 것이다. 아기의 목욕물 온도를 결정해야 하는 어머니라면 두 개의 정해진 한계점이 있다. 아기를 펄펄 끓는 물이나 얼음처럼 찬 물에 담글 수는 없다. 그 양극단 사이에서 어머니는 시행착오를 거치게 된다. 어머니는 팔꿈치를 물에 담가 보면서, 섭씨 21도 이하는 너무 차고 섭씨 38도 이상은 너무 뜨겁다는 것을 알아낼 것이다. 이처럼 제한된 범위 안에서는 아기를 효과적으로 목욕시킬 수 있다. 수백만 명의 아이들과 병사들의 목욕물을 준비해야 하는 정치인은 같은 문제에 맞닥뜨리게 된다.

그러나 정치인은 보다 복잡한 문제도 해결해야만 한다. 예를 들면, 자유무역이냐 보호무역이냐 하는 문제가 있다. 극단적인 보호무역주의 입장에서는, 국내생산이 해외생산보다 훨씬 더 많은 노동력이 들더라도, 국가가 모든 것을 자력으로 생산해야 하고 완전히 자급자족해야 하며 국제무역으로부터 독립해야 한다. 극단적인 자유무역주의자는, 해외에서 더 싸게 생산할 수 있는 것은 절대로 국내에서 생산하면 안 되고 국내생산이 다른 곳에서 만드는 것보다 훨씬 더 싼 재화에 특화해야 한다고 주장한다. 이렇게 극단적인 생각들은 실행불가능하다. 나 자신의 경우를 예로 들어보자. 나는 이 주제에 대해 권위를 가지고 이야기할만한 입장이 된다. 극단적인 자유무역주의자의 원칙에 따르면, 나는 하루 종일 희곡을 쓰거나 구술하는 일만 해야 한다. 내가 다른 방식으로 사용하는 매 순간은 비애국적인 시간낭비일 뿐이다. 그러나 나는 하루 중 몇 시간은 정원을 가꾸고 목공을 하면서 보낸다. 유명 정치인들이 골프를 치거나 나무를 베거나 벽돌을 쌓거나 그림을 그리는 것처럼, 나 역시 스스로를 건전하고 사리분별 있는 상태로 유지하기 위해 다른 일들을 한다. 나는 직접 글을 쓰는 것과 마찬가지로 그와 관련된 일들에도 관심을 쏟아야 한다. 내가 만약 완전히 전문화된다면, 내 희곡들은 점점 형편없어질 테고 나는 아마도 천수를 누리지 못하고 요절할 것이다. 슬레이트공과 리벳공들이 못이나 기타 부속물들을 가지고 특정 기술을 사용하는 작업만 해야 하고 그 밖의 다른 일은 일절 하지 않는다면, 그들은 결국 미쳐버리고 말 것이다. 공장에서는 기계사용과 (이따금 '합리화'라고도 부르는) "과학적 관리"를 통해 시간과 비용을 최대한으로 절감시킨 단순작업이 이뤄진다. 이런 공장에서 일하는 여성들은 얼마 못 가 다른 새로운 일을 하고 싶다는 생각에 사로잡히고, 결국 그러한 단순작업은 그만둘 수밖에 없다. 임금을 조금 더 받겠다고 한 가지 작업만 반복하는 로봇 생활은 더 이상 견딜 수 없는 때가 온다.

이러한 측면에서 국가는 개인과 마찬가지다. 인간이기를 포기하고 수명 짧은 로봇으로 살면서 책이라도 한 줄 읽을라치면 일분도 안돼 잠들어버리거나 정신병원에서 죽어갈 처지로 전락하지 않으려면, 전문적으로 숙련된 몇 가지 일을 하는 것과 마찬가지로 다소 서툴더라도 여러 가지 일을 해야만 한다. **정치인은 철저한 자유무역주의를 주장해서도 안 되고, 완강한 보호무역주의를 고수해서도 안 된다. 사실상 다른 어떤 종류의 '주의'도 고수하지 않아야 하고, 랜슬롯 호그벤[7] 선생이 이름 붙인 것처럼 '과학적 인본주의자'여야만 한다.** 무역을 얼마만큼 보호해야 하고 얼마만큼 자유롭게 풀어야 하는지 알아야 하는 것이다. 어머니들은 아기를 삶거나 얼리지 않으려면, 21도에서 38도 사이에서 아기

---

7   랜슬롯 호그벤Lancelot Hogben(1895~1975): 영국의 유전·동물·언어학자. 캠브리지 대학에서 의학 학위를 받았으며, 에딘버러 대학과 런던정경대에서 교수를 지냈고, 노동당원으로 활동했다.

의 목욕물로 적당한 온도를 알아내야만 한다. 극작가들은 희곡을 아주 잘 써야 할 뿐만 아니라, 나처럼 몹시 서툴더라도 피아노를 쳐야 한다.

4

학교교육이 처음 시행되기 시작했을 때, 자연스러운 교육과는 영 거리가 멀었다. 그때는 학자가 될 아이는 언제나 오로지 공부에만 열중해야 한다고 생각했다. 아이가 게으름을 피우거나 집중하지 않으면 그에 대한 벌로 무자비한 매질을 가하는 것도 당연시되었다. 또한 아이들의 취향이나 적성 또는 능력에 관계없이, 모든 아이가 일류 신학자, 철학자, 라틴어 시인이나 웅변가가 될 수 있다고 여겨졌다. 라틴어에다 그리스어가 추가되고 또 그러다가 몹시 꺼려하는 데도 불구하고 수학까지 추가되면, 아이에게 호메로스, 플라톤, 피타고라스, 아리스토텔레스, 키케로, 베르길리우스, 뉴턴, 라이프니츠, 아인슈타인 모두를 하나로 합쳐놓은 것과 같은 존재가 되라고 요구하는 것과 마찬가지다.

이 모든 것을 살아있는 아이들에게 철저하게 실시하려는 것은 어리석은 일이다. 일만 하고 놀지 않으면 바보가 될 뿐이며, 개 꼬리 삼 년 묵힌다고 소 꼬리가 되는 것은 아니다. 따라서 우리는 학교교육을 초등교육과 중등교육으로 나누고, 전문교육과 교양교육을 구분하며, 교과과정에 놀이와 운동을 포함시킨다. 그러나 부호계급과 그들을 따라 하는 중류층이 다니는 특급 사립명문학교에서는 여전히 모든 학생을 '대단한 크라이튼'처럼 다재다능한 존재로 취급한다.[8] 우리는 디킨스의 <돔비

---

8 제임스 크라이튼 James Crichton(1560-1582): 스코틀랜드의 박학다식한 학자이자 시인이며 스포츠맨으로 알려져 있다. 다재다능한 사람을 일컬어 흔히 '대단한 크라이튼 Admirable Crichton' 이라는 표현을 사용한다.

와 아들>을 읽으면서, 과로로 학교에서 쓰러진 어린 돔비의 딱한 죽음에 눈물을 흘린다. 같은 학교에서 투츠가 겪는 비극은 그저 우스웠을 따름인데, 투츠의 비극에 대해서도 조금 더 진지하게 생각해 볼 필요가 있다. 투츠는 부유했지만, 그를 고전학자이자 라틴어 시인으로 만들려는 몰지각한 시도 때문에 마음이 피폐해진, 불행한 소년이다. 투츠의 운명은 재능이나 적성과 거리가 멀었다. 아이들이 당장에 재미를 느끼지 못하는 과목들이나, 아이들의 소망과 바람을 실현시키는 데 꼭 필요하지 않은 과목들을 억지로 가르치는 것은 아이들을 불행하게 만들 뿐만 아니라 아이들의 심신에 상처를 내는 일이라는 것을 되풀이해서 강조하고 싶다. 주입식 공부를 한 어느 독일 학생이 내게 말하기를, 머릿속에 우겨 넣은 것들 중 5분의 3은 나중에 절대로 기억이 나지 않는다고 했다. 따라서 학생이 배우고자 하는 자연스러운 충동이 없는데, 그렇다고 무식하게 그냥 내버려 둘 수도 없다면, 우리는 간접적인 학습동기를 제공해야만 한다.

예를 들면, 곱셈연산과 펜스테이블(환산표)[9]을 몹시 싫어하는 아이가 있고 하자. 그럼에도 불구하고 그 아이는 어떤 대가를 치르더라도 곱셈과 화폐변환을 머릿속에 억지로 쑤셔넣어야 한다. 만약 아이에게 펜스테이블을 이해하기 전까지는 용돈을 주지 않을 것이며 그 대신 펜스테이블을 다 떼고 나면 1실링을 주겠다고 약속한다면, 아이는 산수 때문에 상처를 받는 일 없이 펜스테이블을 숙지하는 데 몰두할 것이다. 탐험이나 바다를 동경하는 모험심 넘치는 소년에게 수학적 재능이 없을

---

9 펜스테이블 Pence table: 파운드나 실링을 펜스로 변환하거나, 펜스를 파운드나 실링으로 변환하는 작업을 손쉽게 하기 위해 만들어진 숫자판.

수도 있다. 그러나 비행기 조종사들이 그 자체로서는 그다지 재미있다고 할 수 없는 모스 부호에 기꺼이 매달리는 것과 마찬가지로, 그 아이는 항해사의 자격을 갖추기 위해 수학과 얼마든지 씨름할 것이다.

5

그렇다면 미래의 시민으로 자라날 우리 아이들은 무엇을 얼마만큼 배워야 할까? 물론 어설프게 배우는 것이 위험한 일이기는 하지만, 그에 대한 해결책으로 "피에리아의 샘물을 맛볼 때까지 쭉 들이키라"[10]고 권하는 것도 많은 경우에 적절치 못하다. 모든 시민이 제왕이 되기 위한 수업을 받는 왕국, 모든 보병이 육군원수가 될 자격을 갖춰야 하는 군대, 짐을 나르는 인부와 청소부까지도 고급수학에 능통해야 하는 천문대 등등을 상상해 보면 금방 알게 될 것이다. 자기가 맡은 일에 비해 지나치게 똑똑한 사람들은 자기소임에 비해 터무니없이 멍청한 사람들과 마찬가지로 무능하고 성가신 존재들이다. 그렇다 하더라도, 어떠한 재능이나 능력도 훈련을 받지 못하거나 발휘될 기회를 찾지 못해 사장되는 일은 없어야 한다. 정치인이라면 폭넓은 배움의 기회를 만인에게 활짝 열어두는 일의 중요성을 알아야 한다. 누가 배우고 싶어 하고 누가 배울 능력이 되든지 간에, 그들에게 최대한의 교육기회를 열어둬야 할 것이다.

그런데, 정치인은 배움을 추구하는 사람들이 모든 지식에 접근할 수 있도록 만들어야 할 뿐만 아니라, 배우지 않으려고 갖은 수단을 동원하

---

10 피에리아의 샘 Pierian Spring: 피에리아는 올림푸스 산 북쪽 기슭에 있는 뮤즈들의 고향으로, 피에리아의 샘을 마시면 시적 영감을 얻는다고 한다.

는 사람들도 일정한 지식은 습득하도록 해야 한다. 맨 아래가 일자무식이고 맨 위가 걸어 다니는 백과사전이라고 할 때, 그 사이에 여러 단계를 설정하고, 의무교육이 어느 지점에서 멈춰야 하고 자발적인 교육과 자발적인 무지가 어느 지점부터 시작되어야 하는지를 정해야만 한다. 문명화된 사람이라면, 단지 인쇄된 벽보를 읽고 지시사항이나 전보나 수표 따위를 쓰는 것뿐이더라도, 읽고 쓸 수 있어야 한다. 계산법을 익히고 돈을 셀 수 있어야 한다. 측정법과 계산법에 대해서 웬만큼은 알아야 한다. 왜 문명화된 인간은 훈육되어야 하는지, 왜 법과 규범이 필요한지, 일상생활에서 무엇을 해도 좋고 무엇을 하면 안 되는지를 알아야 한다. 은행업무를 이해해야 하고, 금리조견표와 아날로그시계와 지도와 철도시간표와 참고서들을 사용할 수 있어야 한다. 특별한 지위에 부합하는 자격을 얻기 위해서는 로그와 이항정리와 미적분을 할 수 있어야 하겠지만, 일반적으로 로그나 이항정리나 미적분은 상류층을 위한 교양 내지는 없어도 사는 데 전혀 지장이 없는 것들일 뿐이다. 그러나 **문명사회에서 살아가기 위해 반드시 알아야 할 최소한의 지식은 분명히 존재한다. 따라서 최소한의 지식을 얻는 것이 아무것도 배우지 않겠다고 주장하는 개인의 자유나 별난 개성보다는 우선되어야 한다.** 우리 모두는 정부의 간섭으로부터 벗어나고 싶어 한다. 하지만 정부가 전혀 개입하지 않는다면, 우리는 야만적인 삶을 살게 되거나 악당의 노예로 전락하게 된다는 것을 잘 알고 있다. 우리가 자유로운 영국인으로서 한없는 무지와 게으름을 피울 권리를 요구하는 것은 헛된 일이다. 그러한 자유는 우리 대부분을 예속상태에 빠뜨릴 뿐이다.

   이 모든 것으로 미루어 볼 때, 중등교육은 자발적으로 이뤄져도 될 것 같다. 그러나 중등교육이 정부의 규제로부터 자유로워야 한다는 것을 의미하지는 않는다. 반드시 중고등학교에 다녀야 할 사람이 아무도 없다 하더라도 중고등학교는 존재해야 한다. 또한 중등교육이 민간기업에 맡겨져서는 안 된다. 아이들을 소매치기로 양성하는 파긴의 사설학교 따위는 용인될 수 없다. 모든 학교의 교육활동은 공동체적 관점에서 보았을 때 옳은 것이어야 한다. 내가 이 책에서 제안한 대로, 자격이 검증된 후보자들 중에서 우리의 통치자를 선출하게 된다면, 모종의 검증기관이 후보의 자격을 증명해야 할 것이다. 후보의 자격을 증명하는 데 공립학교 졸업장이 문제없이 받아들여진다면, 사립학교 졸업장도 정부의 면밀한 검증을 거쳐 같은 용도로 쓰일 수 있을 것이다.

여기서 파격적이고 새로운 것은 아무것도 없다. 오래된 교회의 의식을 몹시 적절하게 되살린 것뿐이다. 요즈음 민간영역에서 일자리를 찾는 개인들은 대학입학자격시험을 치른 것이 주요 회사의 사무직을 얻는 데 도움이 된다는 것을 안다. 대학학위가 실업계에서 필요한 지식이나 능력을 증명하는 데에는 아무 소용이 없지만(때로는 더 안 좋기까지 하지만), 특정 분야에서는 꼭 필요하다. 이제 아주 고위급 공무원을 제외하면(국가원수나 장관들은 완전 무식쟁이일 수도 있으니까), 일반적으로 공무원으로 일하기 위해서는 시험을 통과해야만 한다. 모든 정치활동에 대해 자격제도를 확장하는 것은 혁신이 아니다. 투표용지에 x 표만 그릴 수 있으면 누구든지 선거권을 갖게 함으로써 민주주의를 이루려고 하는 무모한 시도가 가져온 끔찍한 결과를 상쇄하기 위해 어쩔 수 없이 선택해야 할 방편인 것이다. 선덜랜드가 고안한 정당제도에 성인참정권이 접목되면 어떤 일이 벌어지는지에 대해서는, 1931년 혁명 이후 스페인 공화국의 역사로부터 배울 수 있고, 후기마르크스주의 역사철학자 살바도르 데 마다리아가의 저작을 통해서도 알 수 있다. 그 교훈은 모든 실제적인 역사로부터 얻어진 것이다. 서로 죽고 죽이기를 일삼다가 마침내 더 이상의 도륙을 감당할 수 없게 되었을 때, 개인들 간의 피비린내 나는 싸움을 중지시켜 줄 국가만 있다면, **그 어떤 전제정치라도 따르겠다고 나서는 이들은 대책 없이 무식하고 무능한 사람들이 아니다. 꼭 어중간하게 배운 사람들이 그런다.**

그들이 미처 받지 못한 나머지 절반의 교육은 정치교육이다.

21장 교육 문제 3: 잘못된 교육

1

오늘날 교육은 일찍이 신앙의 시대에는 한 번도 겪지 않았던 정치적 타락을 경험하고 있다. 신앙의 시대 즉, 중세 유럽에는 오직 하나의 신과 하나의 교리만이 있었고, 그에 대한 반대의견은 철저히 묵살당했다. 이의를 제기하는 자는 이단으로 몰려 산 채로 화형에 처해지기 마련이었다. 모든 사람이 기독교도나 이슬람교도로 교육받았던 것이다. 성경과 코란은 모든 도덕률의 기초가 되었고, 만고불변의 확고부동한 진리로 여겨졌다. 이러한 관점은 지금도 남아있다. 런던의 미드랜드 호텔에서 열렸던 모임이 생생하게 기억난다. 모든 종파의 주요 성직자들과 각 당의 정치인들이 대기업 사장단과 협의하기 위해 모였고, 도덕 및 종교적 원칙에 대해 논의하고 가능하면 합의를 도출하려고 했다. 일찍이 러스킨은 재계 거물들의 양심에 호소한 바 있다. 그들을 산업계의 수장이라고 치켜세우면서, 완전히 정직한 상인이라면 고객을 속이느니 차라리 목숨을 내놓을 것이라고 단정했다. 러스킨은 모든 직업에 대해 그와 같은 정직성 심사를 적용했다.

그 모임에 프로테스탄트 주교는 참석하지 않았다(당시만 해도 영국 국교회 주교들 중 일부는 사업가들과의 회합을 못마땅하게 생각하는 경향이 있었다). 그러나 가톨릭 추기경은 참석해서 발언했고, 시에서 대여하는 주말농장에 관심이 많은 한 세습귀족이 상원을 대표해서 참석했다. 나는 저명한 사회주의자로서 그날 모임에 연사로 참석했다. 나와 추기경과 상원의원이 발언했다. 모든 연사가 상거래의 고귀함에 대해 설파했고, 후에 로터리클럽 회원들의 연설이 이어졌다. 그러나 재계의 거물들은 잠자코 있었다. 결국 의장이 재계의 신념을 밝히라고 명시적으로 요청했다. 재계의 거물들은 마지못해 일어나더니 단 하나의 원칙을 언급했다. 자기들은 구세주 예수 그리스도의 가르침에 따라, 남에게 기대하는 만큼 남에게 해줄 뿐이라고 했다.

우리는 완전히 할 말을 잃었다. 도무지 빅토리아 시대에 벌어지는 토론이라고 볼 수가 없었다. 마치 중세로 돌아간 것 같았다. 나는 조용히 그 자리를 빠져 나왔다. 다른 사람들도 하나 둘 자리를 떴다. 경쟁업체가 파산을 하든 프롤레타리아가 굶어죽든 개의치 않고 최대이윤을 추구하는 것이 경쟁체제에 속한 민간기업을 지배하는 규칙이다. 사실상 고용주들은 그래야만 할 것이다. 제아무리 박애주의적인 고용주라 하더라도, 종교적 신념이나 인정머리 따위는 서랍 안에 꼭꼭 처박아 두고 생각도 하지 말아야 한다. 실제로 러스킨주의 지식인들을 제외하면, 그런 문제에 대해서 생각하는 사람은 아무도 없다. 산업계 거물들의 신심은 신앙의 시대로부터 내려오는 오래된 습관일 뿐이다. 이 케케묵은 습관은 주일에 설교를 들을 때 보이는 반사작용 같은 것이다. 실제 그들의 사업과 신심은 아무런 상관이 없다. 17세기 존 버니언은 <악인의

삶과 죽음>에서 근대 사업가의 신앙이란 싸게 사서 비싸게 파는 것임을 통찰했다. 버니언은 이렇게 논평한다. "이게 양심 없는 거래가 아니면 뭐란 말인가?"

그러나 근대 사업가, 다시 말해 (존 버니언의 표현을 빌자면) '악인'은 양심 없이 거래하는 것에서 멈추지 않았다. 악인은 자기 체면을 유지하기 위해서는 존경받을만한 원칙에 입각해서 거래해야 한다는 것을 깨달았다. 또한 이윤획득을 정당화하고 스스로 의인이라 자부하기 위해서, 새로운 양심을 고안해낼 필요가 있었다. 악인은 곧 자기가 원하는 것을 **프랑스 중농주의자**들의 가르침과 **애덤 스미스**의 **<국부론>**에서 발견해냈다. 프랑스 중농주의자와 애덤 스미스는 교회와 봉건제도의 지배를 받지 않는 자유무역의 중요성을 역설했다. 영국국교회는 **토머스 맬서스** 신부의 손을 빌어 악인을 도왔다. 맬서스는 프롤레타리아가 가난하게 된 원인을 인구과잉과 '양심 없이 거래하지 않는 것'에서 찾았다. 이리하여 양심 없는 거래는 양심의 자유로 둔갑했다. 결국 자유무역은 악인의 슬로건이 되었고, 대학교육과 의회의 정치활동을 통해 경제윤리의 근본으로 자리매김 했다.

이렇게 해서 '종교개혁'과 '르네상스'라는 위대한 프로테스탄트 혁명에 부합하는 경제윤리의 혁명이 일어났다. 그런데 19세기에 들어서자 다시금 악인의 윤리에 저항하는 반혁명이 절정에 달했다. 반혁명의 선지자인 입센과 니체, 반혁명의 재간둥이 라 로슈푸코와 오스카 와일드, 그리고 악인이 뒤집어 쓴 의인의 가면을 벗겨내고 부르주아라는 새 이름을 붙여준 칼 마르크스가 등장한 것이다. 나는 입센과 마르크스의 옹호자였고, 악인-의인-부르주아의 길이 파멸의 길이라 결론지었다. 거기서 탈출하는 방법은 지성적 측면에서는 자유사상이고, 경제적 측면에서는 사유재산을 국유화하는 것이다. 한마디로, 공산주의다.

2

생각의 변화가 대중의 동의와 진심 어린 승인을 얻어 확고해지려면, 그러한 생각의 변화를 학교에서 근본적으로 가르쳐야 한다. 나폴레옹이 실패한 이유는 유럽의 모든 아이들을 나폴레옹 지지자로 만들지 못했기 때문이다. 비스마르크-호엔촐레른 왕가가 독일의 학교와 대학에서 우상숭배 교육을 단호히 실시했음에도 불구하고 실패한 것은 그러한 숭배 교육을 다른 세계에까지 확대하지 못했기 때문이다. 히틀러는 독일의 어린이들을 히틀러 지지자로 만드는 데 있어 호엔촐레른 왕가보다 한 수 위였다. 그러나 히틀러는 사회주의를 반(反)볼셰비즘과 결합시키려고 했고, 라틴계 인종이 튜턴족(게르만인)보다 열등한 민족이라고 우기면서 유태인을 유태인이라는 이유로 전멸시키고 순수 독일 혈통이 세계에서 가장 우월하다는 부적절한 결론을 이끌어내려 했다. 순수 독일인이라니, 허무맹랑하기 짝이 없는 소리다.

그러나 나폴레옹, 비스마르크, 카이저 빌헬름, 무솔리니, 히틀러 등은 현실을 제대로 인식했다. 아이들을 장악해서 나무가 자랐으면 하는 방향대로 어린 묘목을 구부려 놓지 못한다면 어떤 정부체제도 오래 유지될 수 없다. 통치자는 선택된 꽃을 키워야 할 뿐만 아니라 온 힘을 다해서 동산에서 잡초를 솎아내고 무자비하게 해충을 박멸해야만 한다. 무엇이 꽃이고 잡초이며 해충인가 하는 것은 어디까지나 통치자 손에 달렸다. **정직한 학교가 없다면 정직한 정부는 존재할 수 없다. 부정직**

한 정부 아래에서 정직한 학교가 허용될 리 없기 때문이다. 정직한 교육은 전제정치와 특권을 위협한다. 그래서 대중이 무지한 덕분에 큰 인기를 끌고 있는 자본주의체제나 성직자의 권위를 지키고 있는 교회, 기득권을 고수하는 것이 문명이라고 생각하는 특권층, 대중에게 왕권옹호와 영웅숭배를 주입해야 하는 야심 찬 정복자와 독재자 등은 지배세력에 대한 일반대중의 믿음을 유지하기 위해 무지와 교육을 두루 사용한다. 오늘날 그러한 타락은 보편적인 현상이다. 자본주의 하에서 민주적인 교육은 용인될 수 없다. 민주적인 교육은 필연적으로 공산주의에 이르기 때문이다. 자본주의를 지키기 위해서는, 공산주의에 대항해서 자본주의 원칙을 체계적으로 선전하고 공산주의 선생들에 대한 험담을 늘어놓아야 한다. 결국 우리 모두는 맨체스터 학파로 전향하게 되고, 사적인 이윤추구나 국부와 관련된 사안에 국가가 개입하는 것에 대해 학습된 공포를 가지게 된다. 우리는 공산주의적 경향을 어떤 비용을 치르고라도 근절해야 할 사회적 위험으로 취급할 뿐만 아니라, 정부를 최소한으로 축소시키려 하고, 정부권력은 아예 망가뜨려야 할 악으로 여긴다. 혁명을 치르거나 국왕을 시해해서라도 실질적 권력을 민간자본과 금융으로 이전시키려 한다. 결국 무장해제된 왕족이 금권세력의 꼭두각시가 되거나 사유재산의 수호자로 앞장서게 될 것이다. 이 모든 선전은 교육의 탈을 쓸 수밖에 없다. 가난한 사람들을 계몽하고 학문을 장려하기 위해 세워진 학교는 수업료 장벽으로 프롤레타리아의 접근을 차단했고, 봉건적 분위기를 견지했다. 한 술 더 떠서 봉건제의 모든 의무는 벗어 던지고 특권만 고수하고 있다. 한마디로 금권정치적 상황에 머물러 있는 것이다. 마침내 교육 현실은 정신적이고 도덕적인 혼란에 빠져 버렸다.

이 모든 상황이 자본주의적 관점에서는 아무 문제가 없는 것처럼 보이겠지만, 전문교육이 제대로 이뤄지지 않으면 자본주의는 결코 발전할 수 없을 것이다. 자본주의의 회계사가 정치적으로는 멍청할 수도 있다. 그러나 회계사는 2 더하기 2는 5가 아니라 4라는 것을 알아야 하고, 목수는 12피트가 12인치보다 길다는 것을 알아야 한다. 배를 모는 선장은 지구가 편평하지 않다는 것을 알아야 한다. 예수께서 다시 오시는 날 하늘의 별들이 땅으로 떨어진다고 배웠더라도 말이다.

각 분야에서 명성이 자자한 전문가들인데도, 정치적·종교적 혼란에 빠진 나머지 공직을 맡기에 부적합한 사람들이 있다. 그들은 자기들이 용납할 수 없는 모든 대상에 공산주의나 공산주의자라는 단어를 사용함으로써, 유산계급이 누리는 사치보다 인류의 복지를 우선시하는 모든 제안을 나쁜 것으로 만든다. 그들의 아버지 세대가 헤겔과 틴들[1]과 콜렌소 주교[2]에게 종교의 파괴자라는 꼬리표를 붙인 것과 마찬가지로, 그들은 레닌과 스탈린을 피에 굶주린 악당이며 밑바닥 인생이라고 부른다. 명예니 특권이니 권위니 하는 것들은 머리도 나쁘고 양말 한 짝 꿰맬 줄 모르는, 부유하고 "연줄 많은" 사람들의 수중에 들어간다. 자본가들에게는 전혀 돈이 되지 않지만 사회적으로 필수불가결한 공익사업들이 산적해 있기 때문에 국가는 이미 절반쯤 공산주의를 구현하

---

[1] 존 틴들 John Tyndall(1820-1893): 아일랜드 출신의 물리학자. 하늘이 파란 이유를 빛의 산란 현상으로 설명하는 실험을 최초로 실시했다. 연구는 물론 활발한 강연활동 등을 통해 과학의 대중화에 힘썼다.

[2] 콜렌소 주교 Bishop Colenso(1814-1883): 수학자, 신학자, 성서학자이자 사회활동가. 일부다처제에 관한 우호적인 글을 써서 논란을 빚음.

고 있다. 그런데도 판단이 흐려진 사람들은 공산주의가 사악하고 불가능하다고 여기며 프롤레타리아, 볼셰비키 당원, 독재자, 자유, 민주주의, 법과 질서 같은 단어들을 현실과 무관하게 아무데서나 마구 내뱉는다. 한마디로, 그들은 자기들이 무슨 말을 하는지 도대체 알지 못한다.

이쯤에서 나는 그들이 전부 자기 목적을 위해 고의적으로 교활한 거짓말을 하는 위선자나 사기꾼이 아니라는 점을 다시 상기시켜야겠다. 그들 대부분은 상당히 제대로 된 사람들인데, 단지 일상생활 주변에서 듣거나 날마다 신문에서 본 잡소리들을 의미도 모르고 앵무새처럼 따라 하는 것뿐이다.

3
교육의 정치적 타락이 사실상 대부분의 사회악을 초래하는 것을 지켜보면서도, 인간 본성에 대해서는 절망하지 않을 수도 있다. 그렇다 하더라도 우리는 교육의 정치적 타락을 인식하고 막아야 한다. 십자가 위에서 예수는 "저들을 용서해 주십시오. 저들은 자기들이 무슨 일을 하는지 모릅니다"[3]라고 말했지만, 그 유명한 발언이 십자가형에 대한 대책은 아니었다. 유태인들은, 자기들이 무슨 일을 하고 있는지 알든 모르든, 어쨌거나 예수를 십자가에 못 박았다. 유태인들의 종교적 편협함에 동조하여 예수를 십자가에 못 박도록 내버려두는 대신, 그러한 행위를 하지 못하도록 막아야 하는 것이 로마 통치자의 임무다.

그러나 막고 금지하는 것이 정부의 유일무이한 임무는 아니다. 정부는 교육과 입법을 통해, 특히 교육을 통해 인간 사회를 확립하고 유지

3 루카복음 23:34

시켜야 한다. 결과적으로 우리는 다음과 같은 사실에 맞닥뜨리게 된다. **사람들이 금융과 지대와 보험을 제대로 이해하게 되면, 그 세 가지를 국유화하라고 할 것이다.** 그 다음에는 토지와 자본의 국유화를 요구할 것이며, 더 이상 지대나 웃돈을 지불하거나 민간독점업자에게 이자를 내려 하지 않을 것이다. 안전을 생각해서 정부가 보증하지 않는 민간은행에는 계좌를 개설하지도 않을 것이다. 실제로 오늘날 정부를 지배하고 움직이는 사사로운 "기득권" 세력이 그와 같은 사실을 깨닫는다면, 금융과 지대와 보험에 대해 설명하는 교사들을 해고할 것이다. 그리고 그 자리에는, 사유재산과 수의계약의 신성함을 주장하고, 금전 문제에 대해서 무엇이든 하고 싶은 대로 할 자유가 우리의 고귀한 생득권이라고 설파하면서 다른 모든 자본주의 유토피아, 허구적인 자본주의 낙원에 대한 신조와 슬로건을 주워섬기는 사람을 데려다 앉힐 것이다.

국가가 적극적으로 개입하는 것에 반대하여 예전 휘그당 식으로 극성스럽게 자유를 부르짖는 것은 시간 낭비다. 어떤 정부도 신조나 강령 체계 없이 작동할 수 없고, 아이들을 입맛에 맞게 개조하고 다른 이념을 박해하는 것을 멈추지 못한다. 오직 나치와 파시스트와 볼셰비키만 그렇게 하고 영국인들은 결코 그런 행동을 묵과하지 않을 것이라고 생각한다면, 어리석은 착각이다. 러시아와 이탈리아 혹은 독일의 법과 마찬가지로, 영국법도 정통성에 기반하고 있다. 법은 언제나 정통성에 기반해야 하며, 정통성에 입각하여 강제되어야 한다. 프롤레타리아 정통성이 자본주의자의 정통성과 다르다 할지라도, 학교에서 주입되고 법정에서 강제되어야 하는 것은 마찬가지다. 현재 우리의 자본주의 정통성이 이튼에서 주입되고 올드베일리(런던중앙형사법원)에서 강제되는 것처럼 말이다. 프롤레타리아의 법률은 정부의 개입을 줄이라는 휘그당의 기조를 취하지 않을 것이다. 민주주의체제가 수립되면, 우리네 금권주의자들처럼 의석과 작위와 귀족신분을 놓고 거래를 벌이는 시민들은 가차없이 처단될 것이다.

그러나, 인간 행동의 모든 분야에 정통성이 적용되는 것은 아니다. 도덕규범이 불확실하고 가변적인 '황무지'가 있기 마련이며, 앞으로도 그럴 것이다. 우리는 십계명을 신의 법으로 받아들인다. 신앙을 받아들이고 견진성사까지 마친 뒤에 일탈을 하는 사람은 성문법에 의해 큰 벌을 받게 되어 있다. 그러나 모든 회화와 조각, 인형과 테디베어 그리고 노아의 방주는 두 번째 계명을 사뿐히 무시한다. 우리는 전쟁 중의 살인행위를 애국적인 것으로 만들었고, 프루동이 부동산 소유가 절도나 다름없다는 것을 논리적으로 입증했음에도 불구하고 여전히 "부동산"의 중요성을 강조한다.

현실적인 결론을 내리자면, 우리는 도덕원칙을 가르치고 강제해야만 하고 모든 아이들이 곱셈이나 환산법처럼 도덕원칙을 배우게 해야 한다. 그러나 모든 도덕원칙에 대해서 언제나 논의의 여지를 남겨둬야 한다. '악마의 대변인'이 우리 법의 정신과 타당성에 대해 언제라도 선의의 비판을 가할 수 있도록 허용해야 하는 것이다. 그렇다 해도 해당 법률을 폐지하기 전까지는 법 집행에 대한 저항이 허용되지는 않는다.

이것이 올바른 학문적 태도다. 그러나 법을 논의할 기회가 많지 않고, 말도 안되는 이유로 법조문의 폐지나 개정을 바라는 경우도 왕왕 있다. 그러므로 법을 고칠 유일한 방법은 아주 많은 사람이 법을 어겨서 사법(死法)을 만드는 것뿐이다. 그럴 경우 법은 스스로 폐기될 것이고, 정부는 정식으로 폐지 절차를 밟을 것이다.

　이렇게 당혹스러운 상황에서 최선의 교육은 아이들에게 이해할 능력이 생기자마자 법과 도덕규범은 영원한 것이 아니며 우리의 지적·정신적 능력이 진화함에 따라 변화해야 한다고 알려주는 것이다. 그러나 그와 더불어, 법과 규범은 문명화를 위해 꼭 필요한 수단이며 문명사회의 암묵적 약속을 구성하는 필요불가결한 요소로서, 법과 규범이 없다면 사회생활 자체가 불가능하다는 점도 반드시 가르쳐야 한다.

　제도가 변화할 때 단지 과거에 대한 반발심에서 상황을 살피지도 않고 아기를 무턱대고 욕조에서 끄집어내지 않도록 주의해야 한다. 자본가가 지배했던 제정러시아의 폭정과 높은 문맹률은 과격한 반발을 야기했다. 러시아는 1917년 혁명으로 정권이 교체되면서 극단적인 정책을 폈다. 모든 이에게 공공비용으로 교육을 실시하기로 결정한 것이다. 하지만 학교의 권위와 규율은 반역적인 것으로 간주했다. 처음에는 중산층의 자유분방한 생활방식을 따라 하는 것이 마치 프롤레타리아 해방인 것처럼 받아들여져서 한참 유행했다. 지금도 마땅히 그런 것처럼, 아이에게 상해를 가하는 교수법은 엄격하게 금지되었다. 그러나 소비에트 정부도 공통된 교육방침을 절실하게 필요로 했으며, 아이들이 마르크스에 대해 종교적 믿음을 갖도록 해야 한다고 굳게 믿었다. 그래서 소비에트 정부는 러시아 꼬마들을 철저한 마르크스주의 철학자로 만들고자 했다. 이튼이 모든 영국소년을 완벽한 라틴어 시인, 신학자, 고등수학자로 만들려고 광적인 노력을 기울인 것과 마찬가지로 말이다. 이처럼 비인간적인 과정이 이튼에서는 그나마 비용 때문에 재벌과 전문직과 귀족층에만 국한되었으나, 러시아에서는 전 인구를 대상으로 실시되었다. 따라서 얼마 후에 다음과 같은 변화가 일어난 것은 놀랄 일도 아니다. 러시아의 학교는 수년에 걸쳐 교과과정을 재정비했고, 수학 능력을 입증한 사람들에게 국비로 소위 중등교육을 제공했지만 전문적인 학문연구에 대해서는 그 값어치를 인정하는 사람들이 비용을 대게 만들었다. 미술과 공예를 배워야 할 아이들에게 라틴어 작시법이나 마르크스주의 변증법을 가르치는 것은 쓸데없고 심지어 해로운 일이다. 수학과 역사와 언어는 열중해서 배울 수 있지만 연필 깎는 재주나 신발끈 묶는 솜씨가 형편없는 학생에게 무역이나 수공예를 가르치는 것과 같다. 모든 사람이 모든 것을 배워야 한다고 생각하는 교육이론가들도 형편없지만, 그와 정반대 입장에 서있는 "실리적인" 사람들의 견해도 해롭다. 실리적인 사람들은 보통사람들이 그저 생계를 유지하기 위해 직업과 상거래에 필요한 기술만 배워도 충분하다고 생각한다. 그러한 교육으로 효율적인 로봇을 생산할 수 있을 지는 모르나, 시민을 길러내지는 못한다.

그러나 어찌되었건, 모든 사람이 모든 것을 배워야 한다는 견해는 주목할 만하다. 우리는 능력과 함께 취향을 고려해야 한다. 우리가 잘할 수 있는 것 외에 다른 것은 아무것도 알지 못한다면, 우리는 야만인에 다름 아닐 것이다. 많은 사람이 강렬한 지적 취향을 가지고 있지만 창조적인 지적 능력은 전무하다. 그들은 손에 넣을 수 있는 모든 철학 논문을 닥치는 대로 읽어 치우지만 단 한 편의 독창적인 논의도 만들어내지 못한다. 한편, 읽고 쓸 줄은 모르지만 실질적으로 강력한 논리를 가지고 있는 사람들도 있다. 수많은 군중이 풋볼 시합이나 격투기를 관람하기 위해 입장권을 사지만, 그들은 공 한 번 차보거나 권투

글러브 한 번 껴본 일 없는 사람들이다. 또 어떤 사람들은 악기 하나 다룰 줄 모르고 화음을 맞춰 노래 부를 줄도 모르지만 음악을 들으며 기쁨을 느낀다. 그들은 자기가 좋아하는 예술과 스포츠에 대해 필요한 모든 것을 안다. 하지만 가장 유명한 연주자나 선수는 어떻게 연주하고 경기하는지를 제외하고는 아무것도 알지 못한다. 나는 언젠가 대중 모임에서 연설을 했다. 그때 나 말고도 위대한 영국 작곡가가 연사로 왔었다. 그가 "버나드 쇼는 나보다 음악에 대해 훨씬 더 많이 알고 있습니다" 하고 말하자 관중들이 놀랐다. 어떤 젊은 음악가가 화성학과 대위법에 대해 묻자 그는 그런 것들은 모른다고 대답했다. 나는 극적인 대사 한 줄 쓸 수 없는 사람들을 대상으로 희곡을 써서 생계를 유지하고 있다. 그러나 내 희곡을 보는 사람들 중 많은 수가 세계의 극문학에 대해 나보다 열 배는 더 잘 알고 있다. **우리는 취향을 가진 수백만의 관중, 청중, 감식가, 비평가, 애호가를 길러내야 한다. 한마디로, 타고난 재능을 가진 한 줌의 프로페셔널을 길러내는 한편 수많은 아마추어도 양성해야 한다.**

4

그렇다면, 최소한의 초등교육이 있는 것처럼 최소한의 미학적 교육이라는 게 존재하는가? 귀가 들리지 않는 아이에게 음악을 가르치는 것이나 눈이 보이지 않는 아이에게 미술을 가르치는 것은 시간낭비라고 치자. 그렇다 하더라도 과연 우리가 어느 정도까지, 들을 수 있는 모든 아이들을 잠재적인 헨델로 취급하고 볼 수 있는 모든 아이들을 잠재적인 라파엘로 대우하고 말하고 쓸 줄 아는 모든 아이들을 잠재적인 호메로스나 셰익스피어로 여겨야 할까? 그러한 천재들은 몇 세대에 한 번 나올까 말까 한데 말이다. "모든 아이에게서 천재의 가능성을 찾을 생각은 전혀 없다"고 대꾸하고 싶다. 그러나 천재가 나오기만 하면 그 가치는 엄청날 뿐만 아니라 수세기에 걸쳐 지속된다는 점을 고려하면, 누구에게나 창조적인 명성을 얻을 기회는 제공되어야 한다. 가난, 무지, 고된 일, 배고픔, 너절함은 재능을 짓밟고 천재성을 가로막는다. 인구의 90퍼센트가 프롤레타리아인 곳에서는 재능이 묻히는 일이 비일비재하게 일어난다. "오웬 메레디스"4는 "천재성은 인류의 주인이다. 천재성은 반드시 해야 할 일을 하고, 재능은 할 수 있는 일을 한다"고 선언했다. 물론, 노예와 농노, 무산계급의 처지에도 불구하고, 고대 그리스에서는 피디아스와 프락시텔레스, 아이스킬로스와 소포클레스, 아리스토파네스와 유리피데스가 나왔다. 이탈리아에서는 미켈란젤로와 라파엘로, 티치아노와 틴토레토가 나왔다. 영국에는 셰익스피어가, 독일에는 괴테가, 노르웨이에는 입센이 있고, 아일랜드에서는 바로 나라는 놀라운 사람이 나왔다. 음악을 천상의 경지로 끌어올린 위대한 작곡가들은 말할 것도 없다. 하지만 이들 중 어느 누구도 일자무식의 가난뱅이 출신은 아니었다. 가난의 저주를 없애면, 천재성이 번창할 가능성은 열 배로 늘어날 것이다.

그럼에도 불구하고, 모든 갑남을녀가 천재가 되도록 교육시키겠다는 생각은 논의할 가치조차 없을 정도로 어리석은 생각이다. 공평한 출발선이 주어지면 천재성은 스스로 드러날 것이며, 천재성이 발현되기 시작하면 학교당국은 쓸데없이 간섭할 필요가 없다.

4 오웬 메레디스 Owen Meredith(1831-1891): 정치인이자 시인이었던 리튼 백작 1세의 필명.

베토벤이나 미켈란젤로나 셰익스피어와 같은 천재들에게는 오히려 교육이 끼어들 여지가 없지만, 보통사람들은 반드시 음악·미술·문학에 대한 교육을 받아야 한다. 국민소득이 공평하게 분배된다 하더라도, 신체 건강한 모든 성인이 생활비를 벌기 위해 평생을 일만 해야 했던 시기도 있었다. 그러나 지금은 인간의 노동력을 대신할 기계가 있으며, 공기에서 질소를 추출하고 물에서 산소와 수소를 추출하며 바람과 파도와 조수간만의 차에서 에너지를 얻는 방법을 알고 있다. 이제 필요한 것은 우리 모두가 일주일에 닷새는 반일만 일하고 이틀은 온전히 쉬면서 보다 편안한 삶을 누릴 수 있도록 하는 지각 있는 정부 조직이다. 지금까지는 우리들 대부분이 먹고 자는 시간을 빼고는 늘 일만 해야 했다. 그러나 자원은 매우 다양한 방식으로 분배될 수 있다. 인구의 90퍼센트가 여가시간을 전혀 갖지 못한 채 100퍼센트의 노동을 전담하면, 나머지 10퍼센트의 인구가 가용 여가의 100퍼센트를 독식하게 될 것이다. 그러나 **미학적 교육을 받지 못한 사람들이 누리는 여가는 재앙이나 다름없다.** 무식하고 교양머리 없는 사람들이 엄청난 불로소득을 가지고 무엇을 하겠는가? 먹고, 마시고, 마약하고, 섹스하고, 싸움질하고, 사냥하고, 살인하고, 도박하고, 화려한 옷으로 몸을 치장하고, 권력을 휘두르고, 복종을 강요하고, 스스로를 추앙하는 것 외에는 다른 즐거움을 전혀 알지 못한다. 셸리를 추종하는 저명한 인도주의자이자 이튼 교사였던 고(故) 헨리 솔트는 자서전에 <야만인들 사이에서 보낸 70년>이라는 제목을 달았다.

물론 그가 붙인 제목은 과장되었다. 그러나 이목을 끌기 위해서는 어떤 말이든 다소 과장을 하지 않을 수 없다. 유한 계층이 벌집에 사는 게으름뱅이 수벌이라고는 해도, 그들 역시 살아있는 인간이다. 그러니까 그들에게도 주변환경을 장악하려는 욕구와 인간의 본성을 알고자 하는 불가결한 충동이 있다. 그러나 그들은 그저 재미로 그러는 것이지 다른 외부 동기가 없다. 결국 그들의 알려고 하는 충동은 차츰 지루하고 싫증나는 것으로 바뀌고 결국 용두사미로 끝나고 만다. 그러나 여기서 다시 정치인은 솔트의 평가에 따라 행동해야 한다. 여가를 독점하고 있는 사람들 중에 완전한 야만인은 없을지도 모른다. 그럼에도 불구하고 유한 계층의 참정권과 갖가지 제도는 야만적인 것이다. 하나하나 들여다 보면, 유한 계층은 음악공연장과 아마추어 연극무대와 문학전집을 가지고 있으며 스포츠 경기장과 정치 무대도 확보하고 있다. 그러나 전체적으로 보면, 그들은 지성을 혐오하고, 예술의 섬세한 가치를 보지 못한 채 단지 예술은 무기력하다고 경멸하며, 자기 아이들의 얼굴에 사슴피를 발라주면서 도무지 이해할 수 없는 사냥의 세계로 끌고 간다. 그들은 공화국이 아니라 제국의 편이며, 평화가 아니라 전쟁을 지지하고, 단조로운 행복보다 세상을 들끓게 하는 재난을 원하고, 평등이 아니라 특권에 찬성한다. 한마디로 문명을 배척하고 야만 상태를 원하는 것이다. 게다가 노동자들은 휴일이나 일과 후에 짬이 나면 더욱 야만스럽게 유한 계층을 따라 한다. 미학적 교육을 받지 못한 채 너절한 지역에서 추악한 삶을 살아가는 것이다. 이제는 '심미가'라는 단어가 조롱과 경멸이 섞인 말이 되었다. 심미가라는 말을 사용하는 사람도 거의 없을 뿐더러 그 단어를 아는 사람조차 거의 없을 정도다. 그러니 '사람들이 심미가가 아니라면, 여가가 나라가 망칠 것'이라는 생각이 터무니없고 논할 가치가 없다고 여길지도 모른다. 그럼에도 불구하고 이 생각은 논리적으로 타당하며 몹시 중요한 것이기에 나중에 과학이야기를 하면서 공중보건을 다룰 때 더욱 심도 있게 고찰하도록 하겠다.

5
풍부한 불로소득을 누리는 삶이 무조건 최선이라고 착각하는 통치자 아래서는, 통치자가 알려주려고 하지 않는 것이나 통치자 스스로 알지 못하는 것들을 절대로 배울 수가 없고 따라서 사람들은 무지한 상태로 남는다. 그런데 사람들의 무지가 재벌이든 프롤레타리아든 어느 누구에게도 득이 되지 않는, 진짜 바보 같은 경우가 있다. 우리 아이들은 다른 사람의 도움 없이 옷을 입고 단추를 채우는 법과 나이프와 포크를 사용하는 법을 배운다. 그러나 스스로 먹고사는 법은 결코 배우지 못한다. 다녀야 할 모든 학교를 마치고 학위까지 취득한 성인들도 고기를 먹지 않고 술을 마시지 않으면 살 수 없다고 생각한다. 그들은 어렸을 때 제과점에서 사탕을 사서 입에 넣었던 것처럼 아무런 의심 없이 약국에 가서 가장 위험한 알약을 사서 삼킨다. 그들에게 이 약을 처방한 것은 의사들이다. 의사들은 마치 생선, 소고기, 닭고기, 와인, 샴페인 젤리를 처방하듯 부주의하게 위험천만한 약을 처방한다. 예전에 나는 의사들의 모임에서 고기를 먹지 않으면 굶어죽을 것이라는 경고를 들었다. 그때로부터 거의 50년이 지났다. 그런데 마치 그 사이에 나를 포함하여 모든 채식주의자가 굶어죽기라고 한 것처럼 의사들은 여전히 같은 말을 되풀이하고 있다. 저명한 내과의사들의 심포지엄에서 증류주든 발효주든 간에 알코올이 인간의 식탁에서 필수불가결한 요소라고 엄숙하게 결론을 내렸던 것도 기억난다.

성에 대한 지식은 음식에 대해 아는 것만큼이나 중요하다. 그런데 우리 청소년들은 성에 관한 생리학적 측면을 배우지 않을 뿐만 아니라, 취향과 능력이 달라서 서로 양립할 수 없고 평생은커녕 단 일주일도 함께 지낼 수 없는 사람들이 성적으로 가장 강력하게 이끌릴 수도 있으니 조심해야 한다고 주의를 받지도 않는다. 그런 사람들끼리 결혼하면 안 된다. 설령 자연의 법칙에 따라 우생학적으로 대단히 훌륭한 자식이 태어날 것으로 예상되기 때문에 공공의 관점에서 그들의 결합이 몹시 바람직하다 하더라도, 결혼하지 말아야 한다. 또한 성병의 위험에 대해서도 경고하지 않는다. 청소년들은 병에 걸리고 나서야 "왜 나에게 알려주지 않았어요?"라고 해묵은 항의를 할 뿐이다.

처음에는 청소년들이 비도덕적인 결정을 내릴까 우려되어 성에 관한 사실들을 은폐한다. 그러나 은폐할 이유가 사라져도 성 지식은 계속해서 금기로 남을 것이다. 성 지식을 알려주지 않고 무조건 금기시하면, 결국 금기에 저항하는 반란이 일어나게 마련이다. 언어를 발명하기 전부터 존재했던 원시충동들은 어지간해서는 말로 다 표현되지 않으며 그저 말없이 충족되어야 한다는 것이 과학적 사실이다. 언어의 연금술사인 셸리는 <에피사이키디온>에서 그 형언할 수 없는 원시충동을 말로 표현하기 위해 엄청나게 공을 들였다. 그러나 그 결과 자연사와 전혀 상관없는 무의미한 광시곡이 탄생하고 말았다.

아이들은 허구가 아니라 사실을 배워야만 한다고 강력히 요구하는 벽창호들이 있는가 하면, 아이들이 상상 속에서 지내도록 하면서 현실은 조심스럽게 감춰야 한다는 사람들도 있다. 진실은 진실을 소화할 수 있는 사람들에게 주어져야 하고, 진실을 받아들이는 능력은 개인에 따라 다를 뿐 아니라 연령대에 따라서도 달라진다는 것을 정치인은 (그가 경험에서 배울 수 있는 사람이라면) 곧 알게 될 것이다. 또한 아이들의 눈 높이에 맞게 사실을 이야기할 수 있게 되면, 아기의 출생에 관해 다리 밑에서 주워왔다는 둥 황새가 물어다 줬다는 둥 하는 꾸며낸 이야기들은 바로 폐기될 것이다.

학교에 대해서는 다른 글에서도 여러 번, 특히 <어울리지 않는 결혼>과 <상심의 집> 서문에서 언급한 바 있으므로 여기서까지 되풀이할 필요는 없을 것 같다. 내가 다녔던 학교는, 지금도 마찬가지지만, 고문도구와 집행인을 완벽하게 갖춘 감옥이었다. 어른들이 누리는 보통의 일상이 감옥이나 고문과는 상관없는 것처럼 아이들의 평범한 일상도 감옥이나 고문과는 완전히 분리되어야 한다. 다만, 때가 되면 다음 연령 집단으로 넘어가야 한다는 사실을 아이들이 받아들이게 함으로써, 세상에는 모두가 배우고 알아야 할 것들이 있다는 강력한 집단견해를 심어줘야 한다. 아이들 세계에도 분명 존재하는 여론은 너무나 전제적인 성격을 갖고 있으므로 그냥 내버려두기 보다는 제지할 필요가 있다. 배움에는 상장이나 메달이 아니라 특권과 자유, 지위와 수입이 따라와야 한다. 오직 이러한 방식을 통해서만 아이들은 시민으로 교육될 수 있다. **경쟁시험은 폐지되어야만 한다. 그것은 경쟁자들이 서로의 무지와 실패에 대해 관심을 갖게 만들고, 성공의 개념을 다른 동료를 넘어뜨리는 것과 연관 짓게 만들기 때문이다. 경쟁은 팀과 팀 사이에서 벌어져야 한다. 이렇게 하면 팀 구성원들이 지식을 공유하고 서로 돕도록 만들 수 있다.**

나는 학습동기를 부여하는 것에 수입을 포함시켰다. 돈을 벌고, 자기가 벌어들인 돈으로 필요한 것을 사는 습관을 일찍부터 들여야 한다. 아이들은 일정한 용돈을 받아야 한다. 벌어들인 소득으로 자기 자신을 부양하는 연습을 해보지 않고 세상에 던져지게 해서는 안 된다. 아이들은 권리와 법령으로 조직된 사회에서 살아가야 한다. 애완동물이나 솔거노비처럼 키워지면 안 되는 것이다. 어른들과 마찬가지로 아이들도 경찰의 통제를 받아야 한다. 선천적인 멍청이나 구제불능인 범죄자들은 제거되어야 한다. 아이들은 모두 경찰을 존중해야 하고, 문명화된 사회가 요구하는 삶의 방식을 습득하지 못하면 아예 살 수가 없다는 것을 배워야 한다. 그러나 아이들이 부모와 선생을 경찰관이나 판사나 사형집행인처럼 생각하게 해서는 안 된다. 가정, 가족 그리고 학교는 빈민수용시설이나 감옥이 아니다. 아이들은 보다 풍요로운 삶을 위해 교육을 받는 것이지, 종신징역형을 위한 견습생으로 학교에 다니는 것이 아니다.

교육은 유년기에만 국한된 것이 아니다. 나는 올해로 미수(米壽, 88세)에 접어들었지만, 내가 가진 미약한 능력으로도 아직 배워야 할 것들이 많다.

<마이 페어 레이디> 브로드웨이 오리지널 캐스트 앨범 재킷, 1956.
버나드 쇼가 주인공 렉스 해리슨(히긴스 역)과 줄리 앤드루스(일라이자 역)를
인형처럼 조종하는 일러스트가 인상적이다.

22장 미학적 인간: 예술에 대한 욕구는 식욕만큼이나 강하다

1

암로스 라이트 경은 공중위생 미학론의 창시자다. 위대한 세균학자이자 물리학자이며 철학자이기도 한 그는 예전에 나의 강연이 끝나고 이어진 토론에서 지나가는 말처럼 이렇게 얘기했다. "공중위생은 미학적 효과가 있다고 생각합니다." 이 발언으로 그는 위생 분야의 신기원을 열었다. 그렇지만 자신이 대단한 발견을 했다고는 생각하지 못했다. 뉴턴이 미적분학을 고안했을 때 수학자들에게 얼마나 의미있는 발견인지를 핼리는 알았지만 뉴턴은 잘 몰랐던 것처럼, 나는 암로스 라이트 경이 중요한 발견을 했다고 확신했지만 정작 당사자는 그런 확신이 없었다. 그러니 나로서는 그 번득이는 아이디어를 훔치지 않을 수 없었다. 아무튼 '현자의 돌'을 발견하고도 금의 가치는 알지 못하는 사람들을 알아두면 유용한 법이다.

360년 전쯤 셰익스피어는 **음악적 감수성**이 없는 사람들을 경계하라고 했다. 음악적 감수성이 없는 사람들은 배신과 모략, 약탈에나 능하다면서 "그런 사람들을 믿지 말라"고 단호하게 말했다. 이 대담하면서도 과학적인 견해가 처음에는 다소 의아하게 들릴 수 있다. 내가 아는 어떤 대법관은 고매한 인격자였지만 재판에서 오페라 악보를 증거로 건네받자 자기한테는 무의미하다면서 간단히 무시해버렸다. 성바오로 성당 최고의 주임사제였던 잉 박사도 음악에 취미가 없었다. 영국 성당 음악에 대해 그가 남긴 말이라곤 "이 반복되는 세레나데를 주께서 좋아하실지 모르겠다"였다. 이렇게 가장 훌륭하다는 사람들도 음악적 감수성과 무관해 보이는 경우가 있었다. 하지만 알고 보면 그들은 특정 음악을 싫어한 것뿐이었다. 19세기를 통틀어 가장 위대하고 현명한 시인 윌리엄 모리스는 현대적인 그랜드 피아노 소리를 혐오해서 집에 들여놓으려고도 하지 않았다. 모차르트는 플루트를 싫어했다. 음악애호가들은 좋은 악기로 연주했음에도 불구하고 기계장치로 일부러 품격을 떨어뜨리는 불쾌한 재즈곡을 듣고 싶지 않아서 아예 라디오를 꺼버린다. 이런 사람들은 음악적 감수성이 없는 사람들에 해당되지 않는다. 사실 잉 박사는 영어로 개사하여 낭송하듯 노래한 성바오로 성당의 복음에 매료되었고, 윌리엄 모리스는 세상을 뜨기 전에 철골 그랜드 피아노가 아닌 원곡의 악기로 연주한 옛 음악을 들으며 감동의 눈물을 흘렸다. (그가 그 음악에 맞춰 완벽하게 노래했다는 것은 내가 증명할 수 있다.) 새뮤얼 버틀러는 베토벤을 싫어했지만(쇼팽도 베토벤을 싫어했다) 헨델에는 열광했다. 따라서 이런 사례들과 상관없이 음악적 감수성이 없는 사람들을 경계하라던 셰익스피어의 견해는 여전히 설득력을 갖는다. 더구나 예술에 대한 감수성은 따로 미학교육을 받지 않아도 얼마든지 생길 수 있다. 교육수준에 따라 사람을 차별할 정도로 예술이 천박하지는 않기 때문이다. 오히려 사립학교를 나와 대학교육까지 마치고도 무식하고 야만적인 인간들 투성이다. 전쟁이 터지자 대영박물관은 물론 모든 공공미술관을 닫아버리고 군사시설로 이용하자는 인간들이 얼마나 많았던가? 하지만 그런 교양머리 없는 인간들조차 때로는 한 편의 시를 연상케 하는 자연의 색채와 소리에 한없이 무너져 내리곤 한다. 그림도 악기도 허용하지 않고, 예술이라곤 접하기 힘든 감옥 같은 학교에서도 파란 하늘과 곡식이 익어가는 가을 들판, 빨갛고 노랗게 변하는 나뭇잎, 꽃향기, 새들의 노래, 바람의 화음은 접할 수 있다. 아이들을 9년이나 가둬놓으면서 나중에 모국어조차 제대로 못하게 만드는 빈민가의 학교들도 아이들이 밴드를 만들고, 손풍금을 연주하고, 하모니카를 불고, 노래하는 것을 막지 못한다. **그러므로 나는 어떠한 미적 감흥에도 무감각한 사람을 심각한 결함이 있는 위험한 인물로 분류할 작정이다. 셰익스피어가 그랬던 것처럼.**

2

음악적 감수성이 없는 사람들을 경계하라던 셰익스피어는 옳았을까? <국가론>에서 유려한 필치로 음악교육의 중요성을 설파하던 플라톤은 옳았을까? 옳은 정도가 아니다. 위대한 지식인 존 러스킨만 봐도 그렇다. 옥스퍼드 졸업생이었던 그는 옥스퍼드 대학이 생체해부를 연구방법으로 인정한 것에 반대해 자리를 박차고 나오기 전까지 미학 교수로 재임했다. 그가 당시의 전형적인 옥스퍼드 졸업생이나 교수들과 달랐던 이유는 무엇일까? 그의 필력은 또 어쩌면 그렇게 월등할 수 있었을까? 남들은 쉽게 속아 넘어간 과학 사기를 그는 어떻게 한 눈에 간파할 수 있었을까? 글래드스턴이 신봉한 경제이론이 헛소리라는 것은 또 어떻게 알아봤을까? 글래드스턴은 수상을 네 차례나 지냈지만 헛소리 같은 경제이론의 영향을 받아 지주, 소작농, 농업노동자의 3계급제도를 당연하고 흠잡을 데 없으며 지속적인 사회기반이라고 선언했다. 이에 러스킨은 독설을 퍼부으며 비난했는데, 그의 독설에 비하면 칼 마르크스의 비난은 주일학교 교사의 질책마냥 김빠지게 들릴 정도다. 그런 러스킨의 혜안은 대체 어디서 온 걸까? 답은 그의 부모에게 있다. 러스킨의 부모는 그가 사립초등학교를 거쳐 이튼, 해로, 럭비, 윈체스터 같은 명문사립학교에 진학하게 하는 대신 집에 머물면서 영어 산문의 금자탑이라 일컬어지는 킹제임스 성경을 한 구절 한 구절 익히게 했으며, 사립학교의 전통보다는 유럽의 아름다운 예술과 풍경을 만끽하게 했다.

교육 문제에 관해 내가 객관적이지 못한 것은 사실이다. 나는 내가 명문사립학교와 대학을 나온 사람들보다 교육을 잘 받았기 때문에 지금의 명성을 얻을 수 있었다고 생각한다. 그런데 명문사립학교 출신들은 내가 전혀 교육받지 못했다고 생각한다. 무슨 말인가 하면, 나는 16세기부터 19세기까지의 영국, 독일, 이탈리아 음악을 훤히 꿰고 있지만, 학교에서 배운 게 아니라는 말이다. 나의 방대한 음악적 지식은 직접 듣고 따라 부르면서 쌓인 것이다. 그래서 나는 베토벤 심포니 아홉 곡과 모차르트의 곡은 물론이고 '팡! 족제비가 사라졌네' 같은 구전 동요도 잘 안다. 또한, 판화와 그림을 수없이 들여다봐서 위대한 화가의 작품은 한 눈에 알아볼 수 있다. 하지만 유베날리스의 <풍자시집>을 라틴어 원본으로 읽지는 못한다. 수년 동안 학교에 갇혀 있으면서 그나마 배웠다고 할 수 있는 것은 라틴어와 그리스어밖에 없는데도, 졸업 후 흔해 빠진 라틴어 묘비명 하나도 제대로 읽지 못했고 키케로풍의 문장 한줄도 제대로 쓰지 못했다. 그러다 드라이든이 번역한 <풍자시집>을 봤는데, 어찌나 무식하고 상스럽고 쓰레기 같은지 두 페이지 이상은 읽기 힘들었다. 길버트 머레이 덕분에 그리스 고전을 알만큼 알게 되고 더비 경, 모리스, 드라이든, 솔트의 번역본을 통해 호메로스와 베르길리우스도 다 읽었다. 하지만 여전히 드는 생각은, 내 청소년기를 삼류 라틴어 시인이나 크리켓 선수가 아닌 미켈란젤로와 헨델, 베토벤과 모차르트, 셰익스피어와 디킨즈로 먼저 채워 다행이라는 것이다.

역사교육만 해도 그렇다. 역사는 온전한 시민을 양성하기 위해 필수적으로 가르쳐야 할 과목이다. 그런데 역사적 사건을 시간 순으로 쭉 나열해 놓고 역사를 배우라니, 가당키나 한 얘긴가? 전화번호부를 펼쳐 놓고 런던에 대해 배우라는 것과 뭐가 다른가? 나는 학교에서 프랑스 역사를 배우지 못했다. 하지만 뒤마의 역사소설을 읽으며 16-18세기 프랑스 역사의 생생한 장면들을 직접 경험한 것처럼 알게 되었다. 앙리3세의 어릿광대 쉬코부터 유명한 사기꾼 칼리오스트로까지, 왕권이 귀족 세력을 평정했던 리슐리외 재상 때부터 프랑스 혁명에 이르기까지 말이다. 12세기 존왕 때부터 봉건귀족이 몰락하기까지, 그리고 봉건귀족의 자리를 보스워스필드의 자본주의자들이 대체하기까지의 영국 역사는 말버러 공작처럼 나도 학교 가기 전에 이미 셰익스피어의 연대기적 희곡을 읽어서 알고 있었다. 뒤마나 셰익스피어 같은 대가들의 작품도 좋았지만, 역사에 더욱 관심을 갖게 만든 작품은 월터 스콧의 역사소설 <웨이벌리>였다. <웨이벌리>의 인물과 사건은 내가 성인이 되어 역사관을 형성하는 데 많은 영향을 미쳤다. 토머스 매콜리의 책도 그럭저럭 읽을 만해서 내가 역사가의 길에 들어서는 것을 막지 못했다. 헤겔이나 마르크스도 나를 지루하거나 혼란스럽게 만들지는 않았다. 마침내 나는 역사가가 되었고 <찰스왕의 전성시대>라는 희곡을 썼다. 이 이야기 속 사건들이 실제로 일어났다는 보장은 없다. 아마 전혀 일어나지 않았을 것이다. 하지만 대본을 읽거나 공연을 본 사람은 누구나 재미있어하는 것은 기본이고, 찰스왕 시대가 어땠는지 보다 입체적으로 이해하게 될 것이다. 내 작품에 등장하는 정치 세력과 인물에 관한 내용은 재미로 보나 깊이로 보나 대영박물관과 공문서보관소를 백날 들락거려도 나올 수 없는 얘기다. 대부분의 사람들은 학교를 졸업하면서 다시는 교과서를 거들떠보지도 않겠다고 다짐한다. 만일 내 책에도 그러한 반응을 보였다면, 다시 말해 내 책을 계속 사주지 않았다면, 나는 벌써 굶어죽었을 것이다.

내가 특별한 어려움 없이 지금처럼 글을 쓸 수 있게 된 것은 어렸을 때 성경과 <천로역정>, 카셀 일러스트레이티드 출판사에서 나온 셰익스피어에 깊이 몰두한 덕분이다. 어릴 적에는 성경을 매우 경건하게 대해야 한다고 배웠다. 그래서 더블린의 한 사탕가게 주인이 이미 너덜너덜해진 성경에서 한 장을 북 찢어서 사탕을 포장해줬을 때 나는 완전히 기겁했다. 그 주인이 번개를 맞지는 않을까 내심 기대도 했다. 물론 사탕은 받아 먹었다. 사탕을 워낙 좋아하기도 했지만, 신교도였던 내 생각에 그 주인은 가톨릭교도라서 성경을 찢든 안 찢든 어차피 지옥에 갈 운명이었기 때문이다. 나는 교과서는 잘 읽지 않았지만 성경은 곧잘 읽었고 암기도 잘했다. 그때는 너무 어려서 이유를 잘 몰랐는데 나중에 생각해 보니 성경이 영국문학의 위엄이 최고조에 달했을 때 번역됐기 때문이었다. 당시 성경 번역자들은 신한테 직접 들은 얘기를 영어로 옮긴 것이 아닌가 하는 착각을 불러일으킬 정도로 내공이 대단했다. 소설이나 시를 접할 수 없는 비참한 상황에 놓인 아이들조차 성경이나 <천로역정>은 읽을 수 있다. 그 책들을 읽는 것이 경건한 의무처럼 여겨지기 때문이다. 하지만 그런 이유조차 없다면 성경이나 <천로역정>은 오히려 없애버려야 할 책이 될 수도 있다.

그러므로 정치인은 교육을 종교교육과 세속교육으로 나누는 기존 분류법을 그대로 따르지 않도록 주의해야 한다. 사실 **졸업 후에도 남는 것은 미학교육이다.** 과학교육, 세속교육과 같은 용어는 생각 없이 만들어낸 헛소리에 불과하다. 과학교육이 따로 존재할 수 없으며 모든 분야가 과학이기 때문이다. 또한 세속교육이라는 것은 결국 설교 대신 회초리로 가르치겠다는 얘기다. 정치인은 교육을 미학교육과 기술교육으로 나누어 생각해야 한다. 동시에, 그러한 용어의 노예가 되지 않기 위해 베네데토 크로체라는 이탈리아 철학자의 책을 봐두면 좋을 것 같다. 그는 분류를 몹시 혐오한 사람이다.

3

미학교육은 반드시 자발적으로 이루어져야 하며 그러기 위해서는 강제적인 기술교육이 선행되어야 한다. 물론 아무런 기술적 지식 없이 배울 수 있는 분야들이 있기는 하다. 예컨대, 코발트색이나 치자색이 뭔지 몰라도 그림 공부를 할 수 있고, B플랫이 뭔지 몰라도 바그너를 감상할 수 있다. 하지만 문학작품을 읽으려면 글자를 알아야 한다. 문학만큼이나 매력적인 수학을 공부하려면 간단한 산수에서 시작해 계산표와 로그표 사용하는 방법까지는 배워야 한다. 다시 말해 방정식을 풀지 못해도 대수학이 뭔지는 알아야 한다. 나는 대수연산을 배웠으나 그 본질은 전혀 이해하지 못한 채 학교를 졸업했다. 어느 정도로 무지했는가 하면, a+b가 계란+베이컨을 줄인 것인 줄 알았다. 졸업하고 20-30년이 지나도록 방정식은 완전히 터무니없다는 생각을 갖고 있었다(버트런드 러셀과 칼 피어슨 같은 훌륭한 수학자들이 증인이다). 그러던 어느 날, J.L. 조인스가 나의 무식함에 깜짝 놀라며 a, b 같은 기호는 계란이나 베이컨, 브랜디나 바이블을 줄인 것이 아니라고 말해줬다. 하지만 이튼에서 교육받은 그조차도 그러한 기호들이 뭘 의미하는지는 설명하지 못했다. 그 기호들의 의미는 결국 나중에 작품을 쓰며 심각하게 고민하다 나 혼자 터득했다.

내가 학교에서 받은 교육은 그야말로 엉망이어서 학교 밖에서 받은 미학교육이 나에게는 구세주나 다름없었다. 이 문제를 거론하는 이유는 내가 받은 교육이 내가 속했던 사회계층의 특징을 단적으로 보여주기 때문이다. 나는 '귀족의 작은 아들들' 혹은 '지주 계층의 떨거지들' 계층에 속했다고 할 수 있다. 한마디로, '돈 없는 귀족'이랄까. 그들은 자식을 명문사립학교와 대학에 보내자니 형편이 안되고, 프롤레타리아 학교를 보내자니 사회적 지위를 잃을까 두려워서 학비가 싼 통학제사립학교에 보내게 된다. 통학제사립학교에 다니는 아이들은 별로 배우는 것 없이 학교에서 내준 과제를 하는 데만 익숙해진다(그게 "수업"이다). 또한 수업내용을 암기했는지 확인하는 시험을 치르고 낙제하면 벌을 받는다. 사디스트가 아닌 이상 때리는 것도 참 귀찮고 불쾌한 일이므로 체벌이 자주 이루어지지는 않지만, 스스로 뭔가 해보려는 아이들의 의욕을 꺾을 정도로 혹독하게 이루어진다. 교사들은 미숙하고 학식이 부족하다. 학생 수도 너무 많다. 학교 다닐 때 남학생 50여 명이 알파벳순으로 정렬해 앉아서 수업을 들었던 기억이 난다. 역사시간에 우리는 데이비드 흄의 <학생들을 위한 잉글랜드 역사>를 매일 한 장씩 배웠다. 선생님은 그날의 내용을 쭉 한 번 훑은 다음 거기 나온 사건과 시기에 대해 질문하기 시작했다. 보통 열 명을 지목했기 때문에 나는 내가 열 명 안에 들어갈 것인지와 어떤 질문을 받게 될 것인지를 예상해 보곤 했다. 아직도 기억나는데, 반도전쟁에 관한 질문을 하면 답은 항상 "부르고스에서의 후퇴"였다. 선생님의 질문이 시작되면 나는 내가 대답하게 될 부분을 서둘러 읽었고, 심지어는 자기 차례가 올 줄 모르고 있는 내 짝을 챙겨주기도 했다.

역사 선생님은 내가 반도전쟁의 역사를 꿰고 있고 부르고스에서의 후퇴도 잘 이해했다고 '믿는 척'했다. 물론 그 빌미는 내가 제공했지만, 역사시간에 정말로 내가 역사를 배웠다고 생각하면 오산이다. 나는 집에서 월터 스콧의 <켄틴 더워드>와 찰스 디킨스의 <두 도시 이야기>, 뒤마의 <삼총사> 같은 책을 읽으며 역사를 배웠다. 하지만 학교에 있는 반나절 동안은 그런 책을 읽을 수 없었기 때문에 학교가 제대로 가르치는 것도 없으면서 혼자 공부할 기회만 빼앗는다고 격분하곤 했다.

정치인들은 예술을 종교, 과학, 교육, 권력보다 우위에 놓지는 않더라도 적어도 동등하게 대접해야 한다. 하지만 영국 정부에는 아직까지도 예술 부처가 없다. 아무나 투표권을 갖는 민주주의 때문에 정치인들은 예술을 죄악시하도록 배운 유권자들의 표까지 의식해야 한다. 이런 상황을 구제할 수 있는 방법은 딱 하나다. '예술 없는 삶은 불가능하다'는 진실을 들이미는 것이다. 다행히, 그림 한 번 본 적이 없는 사람도 터너나 컨스터블처럼 노을이나 주변 경치에 시선을 빼앗겨 본 적은 있다. 돈 버는 즐거움 외에 다른 즐거움은 모조리 거부하는 칼뱅파의 열성분자들은 소수에 불과하고 그런 그들조차도 주일이 되면 교회에서 음악과 기도와 문학을 접한다. 대체로 사람들은 돈과 여유만 있으면 예술을 최대한 즐기려고 한다. 이제 거실에는 뚜껑 한 번 열어보지 않을 지라도 당연히 그랜드 피아노가 있어야 하는 분위기다. 어머니들은 노래를 하거나 수채화를 그린다. 집안 곳곳에는 소설책이 꽂혀 있다. 오락거리라고는 새나 들짐승, 물고기를 잡거나, 아이들이 첫 사냥에서 잡은 여우의 피를 얼굴에 묻히는 것밖에 없는 시골집에서도 아름다운 들판을 누비는 기쁨이 존재하며, 자연을 누리는 행위는 웬만한 춤보다 미학적이다. 사실 사냥의 재미도 짐승을 죽이는 데 있지 않고 총을 능숙하게 다루는 데 있다.

하지만 인생의 대부분을 사무실과 식탁, 침대에서 보내는 철저한 속물조차 예술은 제멋대로이고, 비생산적이며, 불필요하고, 여성적이고, 정치와 무관하고, 비과학적이고, 도덕적으로 매우 못미덥다고 여기는 경향이 있다. 완전히 잘못 알고 있는 것이다. 농민들도 예술은 그저 유흥의 일종이라고 알고 있다. 그래도 라디오가 보급된 덕분인지, 야한 이야기나 부정한 비밀만 노래로 만든다고 생각하는 노동자들이 이제는 거의 없는 듯하다. <나의 집시 쟈니여 부드럽게 해줘요>라든지 <사랑의 씨앗> 같은 노래를 불륜이라도 저지르듯 숨어서 부를 필요도 없어졌다. 하지만 이러한 변화가 생긴 이유는 사람들이 부도덕한 행위에 전보다 너그러워졌기 때문이다. 음악에 대한 인식이 달라져서 생긴 변화가 아니다.

<모트레이크 테라스>, 윌리엄 터너, 1827.

예술에 대해 그러한 오해가 생긴 이유는 간단하다. 특정 계급이 토지를 전용하면서 임금노동자(프롤레타리아) 계급이 생겨났고, 이 임금노동자들이 먹고살기 바쁜 나머지 문화와 여가와 용돈은 꿈도 못 꾸는 상황으로 내몰렸기 때문이다. 노동자들은 예술 관련 모임이나 미술관 갈 때 입을 변변한 옷 한 벌이 없다. 인간은 인생이 살 만하다고 느끼게 해주는 어떤 재미를 누려야 하는데, 지금의 노동자들은 독한 술과 담배에 절어 가난의 슬픔을 잊거나, 벼락부자의 꿈에 매달려 경마

미학적 인간 327

와 개 경주에 재산을 탕진하거나, 그도 아니면 숨기고 쉬쉬해야 한다고 배운 섹스에 몰두하는 것 말고는 딱히 다른 재미를 알지 못한다. 이렇게 '놀거리'라고 하면 음주, 도박, 간음이나 떠올리게 되다 보니, 노동자계급은 일종의 조건반사처럼 즐거움을 죄악·타락과 동일시하게 되었고 예술의 즐거움을 외설·부도덕과 연관짓는 습성이 생겼다. 그래서 가난한 노동자들은 개를 훈련시키듯 자녀를 매로 다스리면서 자녀가 아름다움을 추구하거나 즐기려고 하면 타락했다고 야단친다. 이러니 미학교육이 불가능한 것도 당연하다.

해결책은 물론 여가와 돈이다. 어떤 군인은 내가 술을 안 마신다고 하자, 호주머니에 돈이 있는데 술집을 그냥 지나칠 사람이 어디 있냐며 나더러 망할 거짓말쟁이라고 했다. 그 군인이 그렇게 된 것은 가난과 끝없는 노역 때문이다. 존 러스킨이 존 러스킨일 수 있었던 것은 돈과 여가 덕분이었듯 말이다. 빈민구제법은 의식주만 중요시하고 여가와 용돈은 전혀 고려하지 않는 반쪽짜리 사회정책일 뿐이다. 빈민구제법을 추진한 엘리자베스1세 때의 입법자들이나 1832년의 공리주의자들보다 "사치품만 있으면 생필품 없이도 살 수 있다"고 한 프랑스인이 더 현명했다.

4

자유교육[1]은 결국 미학교육이다. 이를 이해한 정치인은 예술이 선의 편에 서는 만큼 악의 편에도 설 수 있다는 사실을 명심해야 한다. 니체는 국가를 '같은 신문을 읽는 집단'으로 정의했다. 가톨릭교도에 대해서는

1   서양교육의 전통에서 말하는 이상적인 교육

'똑같은 그림과 조각상을 보는 집단'으로 정의했을지도 모른다. 니체가 영화의 탄생을 지켜봤으면 뭐라고 했을까? 영화의 등장으로 전세계는 똑같은 드라마를 보게 됐다. 할리우드는 명실상부한 국제도시가 되어 고유의 사상을 미학적으로 전파하는 과정에서 이제까지 그 어떤 교회도 거두지 못했던 성과를 내고 있다. 로마가톨릭, 성공회, 그리스정교, 이슬람교 등은 이 "같은 그림을 보는 진짜 종교"에 비하면 찌질한 패배자들일 뿐이다.

영화라는 거대한 선전엔진과 그에 따른 엄청난 이익을 미국의 투기꾼들이 좌지우지하도록 내버려 둔 것은 정치적으로 경솔한 처사였다. 이제 영화는 권총을 든 악당의 입에 양말을 물리고 얼굴이 부자연스러운 여자들과 잘 궁리에 바쁜 잘 생긴 청년들을 내세워서, 개인주의의 난장판이라 할만한 새롭고도 위험천만한 윤리를 대중에게 널리 퍼뜨리고 있다. 그런 말도 안되는 윤리의식을 가진 사람들도 투표권을 갖는 상황에서는, 부족, 민족, 종교, 왕조 간의 오랜 분쟁이 순식간에 세계전쟁으로 번진다 해도 별로 이상하지 않을 것이다. 입에 물리던 양말이 고성능 폭탄으로, 권총이 초대형 탱크로 대체되는 것뿐일 테니 말이다.

따라서 정치인들은 현실세계는 물론이고 예술가들이 만들어낸 허구세계에 대해서도 사리분별을 잘해야 한다. 허구세계는 시인과 소설가가 창조하고 다듬고, 장인과 디자이너가 고안하고 꾸미고, 화가와 음악가가 감정을 불어넣고, 연설가가 전달하고, 극장에서 화면으로 보여진다. 그러한 허구세계는 명예와 불명예, 사랑과 미움, 칭찬과 비난, 애국심과 반역, 여성성과 남성성을 암시하는 환상적인 코드와 일반적인 행동 코드를 통해 사람들의 관찰력과 이성을 마비시킨다. 또한 이상적인 세계에나 있을 법한 사람들을 등장시켜서 민주주의에 대한 환상을 심어준다. 허구세계는 그런 식으로 광적인 세계전쟁과 잔혹한 형벌을 가능하게 만든다. 신의 제국을 건설하겠다고 수백만 명을 굶주림·부상·죽음으로 몰아넣는 정치인과 군인을 구세주로 추앙하게 만드는 것도 허구세계다.

그런데 예술가는 대중의 사랑을 받으며 특권을 누릴 수는 있어도 정치인이나 군인처럼 추앙받는 위치에 오르지는 못한다. 허구세계를 창조하는 예술가가 허구세계의 주인공이 될 수는 없기 때문이다. 뭐든지 다 아는 척하는 과학자와 뭐든지 다 할 수 있다고 호언하는 군국주의자는 그 허세와 어리석음에도 불구하고 대중이 진지하게 받아들인다. 반

나치를 노골적으로 선전한 영화 <의지의 승리> 중 한 장면, 레니 리펜슈탈 감독, 1935.

면 예술가는 펜과 붓, 악보로 사람들의 환상을 자극해 불후의 명성을 얻을 수 있어도, 그 환상을 이용하는 정치인과 군인처럼 전 국민이 목숨 걸고 떠받드는 대상은 되지 못한다. 페이디아스와 페이시스트라토스, 리차드 바그너와 아돌프 히틀러의 생애를 비교해 보면 그 차이를 알 수 있을 것이다.[2] 정직한 예술가는 자신의 소설이 사실이라고 주장하지 않는다. 하지만 나처럼, 오직 소설을 통해서만 사실이 지식이 되고 교훈이 될 수 있다고 주장할 수도 있다. 이는 사실이 소설이 아니라고 주장하는 것과도 다르다. 소설에 기반한 여론조성에 공을 들이는 것은 정치적 수완으로, 정직한 정치인에게도 반드시 필요한 수법이다. **어리석은 자들을 다스리려면 그들의 어리석음에 기대야지, 그들이 갖고 있지도 않은 지혜에 기댈 수는 없기 때문이다.** 결국 정치인은 낭만적인 환상을 꿰뚫어보고 현실을 직시하는 능력이 일반인보다 훨씬 뛰어난 현실주의자가 되어야만 그와 같은 정치적 수완을 발휘할 수 있다. 그래서 나폴레옹 같은 정치인은 워싱턴이나 스탈린 유형만큼이나 드물다.

아나톨 프랑스[3]는 처음 만난 자리에서 나더러 누구냐고 물었다. 그래서 "나도 당신 같은 천재요"라고 대답했다. 프랑스인이 듣기에는 너무 뻔뻔한 대답이었나 보다. 그는 좀 놀라더니 이렇게 응수했다. "하긴 매춘부도 스스로를 쾌락 상인이라고 칭할 권리가 있지요." 나는 기분 나쁘지 않았다. 예술가는 누구나 쾌락을 팔아 먹고사는 쾌락 상인

---

[2] 페이디아스 Pheidias: 그리스 3대 조각가. 파르테논 신전의 장식을 조각했으나, 사람들에게 조각의 앞면만 보인다는 이유로 작품비 지급을 거부당함. 페이시스트라토스 Peisistratos: 계략과 외교적 수완에 능한 인물로 아테네 최초의 참주 자리에 오름. 서민들의 마음을 사로잡는 대중정치를 폄. 리차드 바그너 Richard Wagner(1813-1883): 독일의 작곡가. 혁명에 참여했다는 혐의로 추방당해 15년 동안 해외 망명.

[3] 아나톨 프랑스 Anatole France(1844-1924): 프랑스 소설가, 1921년 노벨문학상 수상.

이지 현자나 철학자가 아니니까. 더구나 <워렌부인의 직업>을 쓴 나로서는 매춘부를 예로 든 것이 전혀 낯설게 느껴지지 않았다. 그런데 그는 왜 하필 매춘부를 예로 들었을까? "제과점 주인도 자신이 쾌락 상인이라고 할 권리가 있지요"라고 할 수도 있었을 텐데. 그것도 맞는 말

<워렌 부인의 직업>, 『뉴욕 타임즈』, 1976.

이니까. 보석상을 예로 들어도 괜찮았을 것이다. 무역업자는 또 어떤가? 그들이 상점에서 파는 수백 가지 물건은 살아가는 데 없어도 그만이고 그저 미학적 가치만 있을 뿐이다. 이런 사람들이 더 쾌락 상인에 가깝지 않을까? 사실 이렇게 얘기할 정도로 머리가 좋은 매춘부라면 쾌락 상인이니 어쩌니 하는 말로 자신의 직업을 포장하지도 않을 것이다. 그리고 세간의 말 많은 아줌마들에게는 이렇게 항변할 것이다. "시집 안 간 당신 딸이 순결한 것도 다 나 같은 부류 덕분인 줄 알라고." 성적 만족은 사치가 아닌 필수라고 주장하면서 말이다. 다만 그 필수적인 행동이 세간의 말 많은 아줌마들이 목매는 규범과 조건에 반할 뿐이다.

나는 단순한 쾌락 상인이라고 하기는 좀 그렇다. 실은 극작가로서 얻는 예술적 쾌락을 이용해 사람들이 내 작품을 읽거나 감상하도록 유인해서 먹고 산다. 하지만 돈에 굶주린 얄팍한 극작가들은 순전히 돈을 벌기 위해 외설, 상스러움, 신성모독, 부조리, 거짓말과 같은 더러운 쾌락을 팔기도 한다. 불편하지만 사실이다. 최고의 연극조차 관객을 끌기 위해서는 어느 정도의 저속함을 감수해야 한다. 위대한 시인이자 극작가 셰익스피어도 은퇴 후 지방귀족으로 살기 위해 종종 "뜻대로 하세요"의 자세로 작품을 써야 했다. 하지만 배우가 천직인 사람은 막노동꾼보다 급료를 적게 받거나 사기꾼이나 방랑자라는 불명예를 뒤집어 쓰고 추방당할지라도 연기를 관두지는 못한다.

따라서 정치인은 이런 문제에 봉착한다. "이 쾌락 상인들을 어떻게 해야 하지?" 크롬웰은 극장을 지옥문으로 규정하고 연극이든 배우든 인정하지 않았다. 하지만 크롬웰과 그의 청교도 동지들도 음악은 좋아했고 찬송가도 곧잘 불렀기 때문에 새롭게 부상한 오페라와 오페라 음악에는 관대했다. 크롬웰은 훗날 "오페라 테너는 남자가 아니라 병적인 존재다"[4]라는 얘기가 나온다거나, 자기가 폭파한 성을 프리마돈나들이 재건하리라고는 전혀 예상하지 못했다. 크롬웰의 군대는 조각상을 때려부수고 교회 오르간을 태워버렸지만 결과적으로는 바그너풍 관현악의 탄생을 재촉한 셈이 됐다. 이슬람교도들은 '우상숭배 하지 말라'는 제2계명에 따라 성소피아 성당의 프레스코 벽화에 회칠을 해버렸지만, 얼마 지나지 않아 술탄 슐레이마니예 사원의 매혹적인 창문을 보고 감탄했다. 나폴레옹은 황제로서 좀 더 매력적인 인상을 풍기려면 어떻게 해야 할지 고민하다 직접 배우를 찾아가 노하우를 전수받았다. 과거 성바오로 성당의 주임사제는 '예루살렘으로 향하는 예수'의 기마상을 성당 안에 들여놓지 못하게 했다. 하지만 이제 성바오로 성당에 가면 예수보다 못한 인물[5]의 기마상이 떡하니 버티고 있다. 이렇듯 예술을 억압하거나 예술가를 탄압하고 근절하는 것은 사실상 불가능하다. 예술과 예술가를 억압하려는 시도는 곳곳에서 수없이 되풀이되어 왔지만, 단 한 번도 성공하지 못했다. 교양 있는 정치인이라면 예술욕은 식욕만큼이나 피할 수 없다는 것을 인정할 수밖에 없다. 예술을 금지하거나 제한하겠다는 것은, 사람이 굶으면 도둑질하고 살인하기 마련이므로 아예 먹는 행위 자체를 금지하거나 1832년의 빈민구제법처럼 가장 불쌍한 사람들만 먹게 하겠다는 것과 마찬가지다. 그러나 이제는 맨체스터 학파의 후예들조차 인간은 게으르거나 부지런하거나 정직하거나

---

4 한스 폰 뷜로프 Hans von Bülow(1830-1894): 베를린필하모니관현악단의 초대 상임지휘자.
5 랄프 애버크롬비 경 Sir Ralph Abercromby(1734-1801): 스코틀랜드 출신의 군인이자 정치가. 나폴레옹 전쟁에서 활약.

정직하지 못하거나 누구도 굶주려서는 안된다는 것을 인정한다. 마찬가지로, 이제는 천박한 속물들조차 인간이 예술을 박탈당하면 삶을 견디기 위해 술에 의존하는 수밖에 없다는 것을 깨닫고 있다.

5

오늘날 예술의 의미는 인류가 원시시대부터 품어온 욕구라는 차원을 넘어선다. 그렇게 오래된 욕구 중에는 단념해야 할 것도 있지만 예술은 아니다. 예술은 문화의 도구이고, 교육의 한 방법이며, 과학의 한 형태이자, 종교에 반드시 따라붙는 부산물이다. 예컨대, 극작가는 "조롱을 통해 도덕을 얘기하는 사람"이기도 하고 "연민과 공포를 이용해 영혼을 정화하는 사람"이기도 하지만 생물학자나 철학자, 예언자이기도 하다. 영감이 충만한 작가들은 언제나 철학자나 예언자 대우를 받아왔다. 성경의 저자들도 한동안 과학과 역사 분야에서 최고의 권위를 누렸다. 하지만 성직자와 베이컨주의 과학자들 사이에 생긴 갈등의 골이 점점 깊어지면서 마침내는 예술과 과학이 서로 으르렁대며 설전을 벌이는 지경에 이르렀다. 일종의 내전이었다. **예술과 과학, 종교는 토대가 같아서 서로 떼어놓고 생각할 수 없다.** 십대에 나는 성직자의 말은 무조건 불신하고 과학자의 말은 무조건 신뢰했다. 하지만 얼마 지나지 않아 과학이 물질주의와 합리주의의 막다른 골목에 갇혀 있으며, 적절한 지점으로 돌아가지 않으면 더 이상의 발전이 불가능하다는 것을 깨달았다. 1880년대에 예술가라고 할만한 작가들이 그랬듯이, 나 역시 소설가로 시작했고 무미건조한 소설을 다섯 편 정도 썼다. 처음 두 편은 당시 과학에 관한 내용이었다. 나는 철저한 합리주의자인 전기기술자를 두 번째 소설의 주인공으로 내세웠다. 하지만 그 방향으로는 더 이상 얘기를 진척시킬 수가 없어서 고심 끝에 과학 얘기는 완전히 접기로 했다. 그리고 다음 소설의 주인공은 베토벤처럼 변덕스러움의 끝을 보여주는 작곡가로 결정했다. 이 대목은 중요하다. 버나드 쇼 개인의 변화를 보여줘서가 아니라, 당시 이미 나타났거나 막 나타나기 시작한 세계적 추세를 보여주기 때문이다.

물론 과학을 버리려는 대신 확장하려는 추세도 있었다. 다윈이 말한 자연도태를 진화로 혼동한 사람들이 여기저기서 나타났다. 자연도태와 진화 중 어느 하나도 제대로 이해하지 못한 사람들은 여전히 헷갈려한다. 하지만 그러한 추세가 진화를 (다윈주의가 갈 때까지 간) 신다윈주의로부터 구해냈고, **살아있는 창조력**이라는 진화의 본래 의미도 되살려냈다.

1881년 노선을 변경하고 나는 한동안 혼란스러운 시기를 보냈다. 헨리 조지의 경제학에 흥미를 느끼다가 그후 10년 동안은 투쟁적인 마르크스주의에 완전히 사로잡혔다. 나의 관심은 그렇게 소설에서 마르크스주의로 다시 연극으로 옮겨갔지만, 오래된 생물학의 문제는 여전히 해결되지 않은 채로 남아 있었다. 나는 다윈에 관한 강의를 공들여 준비하면서 '악의 문제'를 종결지었다. 악의 문제는 성 아우구스티누스를 괴롭혔지만 다윈주의자들에게는 신을 비난할 좋은 빌미를 제공했다. 나는 다윈주의자들이 혼란스러워했던 선천적 습성과 후천적 습성에 관한 문제도 처리했다. 진화론자의 관점에서는 모든 습성이 후천적이므로 선천적 습성이냐 후천적 습성이냐의 논란은 무의미하다고 지적했던 것이다. 그 문제가 완전히 정리되려면 유전에 대해 좀더 깊이 있는 연구가 진행되어야 한다고도 했다. 이게 벌써 37년 전 얘기다. 그런데 전문과학자들은 예술가인 내가 1906년에 도달한 결론에도 아직 도달하지 못했다. 물론 내가 써먹은 과학적 재료는 전부 다른 과학자들이 발견한 것이지만 말이다.

정치인들의 유치함과 어리석음이 절정에 달하면서, 세계는 파괴와 학살, 죽음과 저주가 들끓는 전쟁터가 되었다. 처음에는 전쟁을 끝내기 위한 전쟁으로 시작했지만 이제는 또 다른 전쟁(2차세계대전)이 한창이다. 그 사이 나는 희곡을 여러 편 썼는데, 5부작으로 된 <메투셀라로 돌아가라>가 그 중 하나다. 파블로프의 조건반사에 관한 논문이 영어로 번역되기 6년도 더 전에 이미 나는 <메투셀라로 돌아가라>에서 반사라는 주제를 다뤘다. 그 작품에서 나는 인간이 고도로 진화하면 유년기에 낭만시와 아타나시우스 신경을 또박또박 읊어대는 인형을 만들고 놀 것이라고 예견했다. 그러한 인형은 "일련의 반사행위로 몸을 부르르 떨 줄밖에 모르는"[6] 정치인과 시인, 신학자가 살아있는 듯한 인상을 줄 것이기 때문이다. 이는 '반사'라는 주제에 미쳐 있던 바이스만[7]이나 파블로프[8]보다 진일보한 견해였다. 하지만 내가 일상적인 언어를 사용하고 적극적 활력론자(생기론자)의 창조적 진화론을 통해 설명해서 그런지, 과학자들의 관심을 끄는 데는 실패했다.

나는 예술가이자 철학자로서, 실험실을 불신한다. 실험실에서는 미리 계획되고 의도된 일만 일어나기 때문이다. 증거도 조작된다. 신문기자들

---

6 <메투셀라로 돌아가라> 7장의 한 대목.
7 아우구스트 바이스만 August Weismann(1834-1914): 독일의 진화생물학자. 창조론을 비판하고 생식질 연속설과 자연선택설을 주장.
8 이반 파블로프 Ivan Pavlov(1849-1936): 러시아 생리학자. 개를 이용한 조건반사 실험으로 유명.

이 말하는 범행조작과 다르지 않다. 실험실 과학자들은 예상과 다르거나 설명하기 힘든 증거가 나오면 자신들이 원하는 증거가 될 때까지 증거를 가공한다. 반면, 예술가의 작업실은 예술가가 이해하기에 따라 우주 전체가 될 수도 있다. 예술가는 작업실에서 벌어지는 일을 미리 계획하거나 의도할 수 없다. 자신의 통제 범위 밖에서 일어나는 일을 관찰하거나 이해할 수 있을 뿐이다. 어쩌면 실험실은 바보들의 천국이거나 비관주의자들의 지옥일 수 있다. 뭐가 됐든 주문제작이 행해지는 곳이다. 실험실은 의식, 목적, 정신, 진화, 창조, 선택(자유의지)과 같은 추상적인 개념에 대해 문을 닫아버릴 수 있다. 실험실은 살아있는 몸과 죽은 몸 사이에서 행동의 차이만 발견하고 화학적 차이를 발견하지 못하면 둘 사이에 아무런 차이가 없다는 결론을 내릴 수도 있다. '모든 사건에는 원인이 있다'는 물리학자의 결정론으로 설명할 수 없는 사실은 형이상학적 망상이라면서 배제하기도 한다. 한마디로, 실험실은 과학이라는 명분을 내세워 스스로를 우습게 만들 수 있다. 하지만 예술가에게는 그런 행동들이 허락되지 않는다.

그렇다고 예술가가 실험실 과학자만큼 위험하고 바보 같을 리 없다고 생각하면 오산이다. 예술가는 회화든 조각이든 교향곡이든 우화든 서술적 작품이든 극적 작품이든 관계없이 완벽하게 계획하고 선택하고 의도하고 통제할 수 있다. 실험실 과학자처럼 말이다. 예술작품 역시 예술가의 편견과 무지, 실수에 노출될 수밖에 없다. 또한 "남을 즐겁게 해주기 위해서 사는 사람들은 살기 위해서 남을 즐겁게 해줘야 한다".[9] 그

---

9 "The drama's laws, the drama's patrons give. For we that live to please, must please to live.", 새뮤얼 존슨.

래서 예술가는 대중의 취향에 영합하려는 타락한 속셈에서 자유로울 수 없다. 예술가를 맹신하는 것은 과학자를 맹신하는 것만큼이나 위험하다. 예술가의 학식은 보잘것없고, 가설은 변덕스러우며, 무지는 끝이 없고, 시야는 제한적이고, 정신은 매우 온전치 못하다. 셰익스피어는 햄릿의 입을 빌려 "우리가 아무리 대충 살아도 결국은 신의 계획대로 살게 된다"고 했다. 생물학의 문제를 제기한 것이다. 그 문제를 다윈이 풀지 못한 것은 분명하다. 그렇다고 셰익스피어가 풀었는가 하면 그것도 아니다. 괴테는 진화론적 해법을 찾아내는가 싶더니 추측하는 데서 그치고 말았다. 과학 발전은 대개 추측, 농담, 모순, 가설, 미신, 돌팔이 수법, 사고 등 온갖 엉뚱한 것에서 시작된다. 정치인은 그런 것들을 얼마든지 알아 볼 수 있고 비판할 수도 있다. 전문가에게 조언을 구해야 할 때가 많겠지만, 전문가가 틀릴 수 있다는 것도 항상 염두에 두어야 한다. 몰리에르는 프랑스 한림원이 아닌 자신의 요리사에게 작품에 대한 의견을 구했다. 요리사는 무식하고 한림원은 맞는 말만 한다고 구분지을 만큼 어리석지 않았기 때문이다. 크로체의 주장대로, 분류가 가진 한계를 제대로 고민해 보지 않은 사람은 분류 때문에 잘못된 판단을 할 수 있다. 이제 데카르트는 결정론자로서 신(新)다윈주의-바이스만-파블로프 학파의 아버지로 불리기도 하지만, "나는 생각한다. 고로 존재한다"라는 유명한 말 때문에 최고의 형이상학자로 분류되기도 한다.

6

누군가가 정한 분류 기준을 그대로 따를 만큼 단순한 정치인은 서류 정리는 잘 할지 몰라도 머릿속은 엉망이 되기 쉽다. 사상가를 과학자,

종교인, 예술가, 철학자, 사회학자, 정치가 등으로 분류하면 편하기는 하다. 사람을 화가, 조각가, 목수, 배관공, 석공, 의식주의자, 퀘이커교도, 크리스천사이언스교도, 보수당원, 자유당원, 출세제일주의자, 공론가, 이종요법 지지자, 동종요법 지지자, 협잡꾼으로 분류해도 마찬가지다. 그런 식으로 분류하면 데카르트와 에디 부인[10]이 완전히 동떨어진 사람처럼 보일 것이다. 하지만 에디 부인이 "나는 아프다고 생각한다. 고로 나는 아프다"고 한 말은 데카르트가 "나는 생각한다. 고로 존재한다"고 한 것과 별로 다르게 들리지 않는다. 지적으로 혹은 도덕적으로 사람들을 분류한다면 얼간이 혹은 거짓말쟁이가 있을 수 있다. 하지만 **얼간이는 항상 멍청한 짓만 하고 거짓말쟁이는 항상 거짓말만 한다고 단정짓는 사람들이야 말로 정치적 진상들이다.** 뉴턴은 어처구니없는 실수를 하곤 했다. 콜럼버스는 미국을 중국으로 착각했다. 티투스 오츠가 거짓말만 하고 다니진 않았을 것이다. 거짓말만 했다면 그렇게 살기 어렵다. 그러므로 **정치인의 서류함에는 분류 항목보다 상호참조 항목이 더 많아야 한다.** 또한 정치인은 갑작스레 판단이 서고 확신이 들 때가 있다. 그러한 판단과 확신을 단지 갑작스럽다는 이유만으로 무시해버려서는 안 될 것이다. 구원은 그렇게 찾아오는 것이라고, 자기 성찰에 그렇게도 엄격했던 우리의 스승 예수도 경고하지 않았던가?

좋은 사람도 약점이 있다는 말에는 다들 수긍한다. 하지만 불한당에게도 지키고 싶은 명예가 있다는 사실은 잘 모르는 것 같다. 돈이나 여자 문제에서는 뻔뻔한 불한당이라 하더라도 예술가로서의 양심을 지키기 위해 굶어죽는 길을 택하거나 종교적 신념을 지키기 위해 기꺼이 사

---

10 크리스천사이언스 창시자. "질병은 몸의 고장이 아닌 마음의 고장"이라는 말로 유명.

자밥이 되는 사람들이 있다. 지적으로 완벽해지는 것은 도덕적으로 완벽해지는 것만큼이나 불가능하다. 어떤 분야에서는 엄격하기 짝이 없는 합리주의자가 다른 분야에서는 선입견에 심하게 좌우되는 몽상가일 수 있다. 정확하기로 소문난 수학자도 자신의 돈 관리에는 영 젬병인 경우가 많다. 과학적인 식단을 처방해주는 의사가 술과 담배, 음식을 절제하지 못하기도 한다. 나는 침실 정돈은 잘 하는데 서재는 걸핏하면 어지럽힌다. 문서정리체계를 만드는 데 많은 공을 들였는데도 서류를 찾느라 몇 시간씩 허비한다. 나라는 사람은 나이, 신장, 모국어, 눈동자 색상, 머리 크기와 같은 기준에 따라 분류될 수 있다. 그러한 정보들은 확인가능하고 처리하기도 쉽다. 하지만 평론가와 전기 작가들이 나를 작가로 분류하면 나는 그저 웃을 뿐이다. 나는 그들이 정한 어떤 범주에도 꼭 들어맞지 않는다.

그렇지만 분류하지 않고 살기는 힘들다. 정치인은 법을 만들고, 나랏일을 계획하고, 법 집행에 필요한 사람들을 선별해야 하기 때문에 더욱더 분류를 피할 수 없다. 인간 개개인은 다 다르다. 하지만 법이 개인에 따라 달라질 수는 없다. 따라서 나에게 법을 맞추기보다 법에 나를 맞추려는 노력이 필요하다. 다만 국가조직을 효율적으로 운영하려면 아무나 지휘봉을 잡게 해서는 안 된다. 그리고 어떤 자리에 누가 적임자인지를 알려면 먼저 자리와 사람에 대한 분류가 이루어져야 한다. 개인적인 목적을 위해서라면 인간을 남자와 여자로 구분하는 것이 무의미하다. 배우자를 선택하려는 남녀는 인간을 성격별로 다양하게 분류할 필요가 있다. 이기적인지 아닌지, 까다로운지 온순한지, 집에서 괄괄해지는지 천사 같아지는지, 인색한지 헤픈지, 걱정이 많은지 느긋한지, 너그러운지 속이 좁은지, 과묵한지 수다스러운지, 같이 있으면 좋은지 지루한지 등 결혼생활을 완전히 뒤바꿀 수 있는 상대방의 명암을 잘 구분해야 하는 것이다. 하지만 정치인은 인간을 그런 식으로 구분할 수 없다. 정치인은 어떤 목적을 위해서 혹은 모든 목적을 어느 정도 달성하기 위해서, 개개인이 다 다르더라도 여자는 여자끼리 남자는 남자끼리 같다고 가정하고 정치를 해야 한다. 또한 사람들을 분류한 다음 어떤 부류는 처단하고 어떤 부류는 독려해야 한다. **예술가를 분류할 때는 예술가가 가장 효과적인 선전원이라는 사실을 염두에 두고 무엇을 금지하고 무엇을 허용할지 결정해야 한다.**

예컨대, 영국국교회를 지금처럼 안정적으로 유지하고 싶다면 기도서부터 개정해야 한다. 현재 기도서는 가장 유능한 성직자들조차 믿지 못하는 불합리한 교리들로 점철되어 있다. 피의 희생을 통한 그리스도의 속죄, 처녀수태, 예수의 신성, 예수와 여호와의 동일성을 비롯해 인간은 누구나 마호메트나 단테가 묘사한 천국 혹은 지옥에 갈 운명이라든지, 성경은 완전무결하고 시대를 초월한 백과사전으로서 받아들여야 한다든지 하는 교리들이 그렇다.

영리한 성직자는 그 때문에 애를 먹는다. 정치인도 마찬가지다. 성직자나 정치인은 과학적 진실을 밝혀야 하지만, 그와 동시에 과학에 대해 설명해줘도 잘 이해하지 못하는 수백만을 다스리고 지도해야 하는 입장이다. **갈릴레오** 사건만 봐도 그렇다. 흔히들 위대한 관찰자이자 용기 있는 과학자 갈릴레오가 속좁고 무식하며 미신에 사로잡힌 성직자 일당에게 박해를 당했다고 알고 있다. 하지만 그건 상스러운 개신교도들이 하는 얘기다. 코페르니쿠스는 지구가 우주의 중심이 아니라 태양의 위성일 뿐이라는 것을 알았고 교황과 바티칸을 설득하는 데 성공했다. 하지만 교황은 단순하고 무식한 대중을 통치해야 했고, 그러려면 코페르니쿠스나 갈릴레오처럼 난해하고 모순처럼 들리는 얘기를 할 것이 아니라 성경에 나오는 유치한 일화가 신이 직접 쓴 절대불변의 진리라는 확신을 심어줘야 했다. 여호수아가 전투에서 이길 때까지 태양을 멈춰 서게 했다는 그런 일화 말이다. 만일 갈릴레오가 여호수아의 일화는 말이 안 되며 천문학이라고는 쥐뿔도 모르는 누군가가 하느님과 상관없이 지어낸 게 분명하다고 얘기한다면, 사람들의 믿음이 산산조각나고 기독교계가 무법천지의 혼돈 속에서 붕괴될 판이었다. 그래서 바티칸 측은 갈릴레오에게 실제로 이렇게 말했다. "태양이 지구 주위를 도는 게 아니라 지구가 태양 주위를 돈다는 것을 우리도 당신만큼 잘 알고 있소. 하지만 우리는 그렇게 얘기할 수 없소. 따라서 당신도 그렇게 얘기할 수 없소." 갈릴레오는 현명한 사람이라 말귀를 잘 알아들었다. 그는 자기가 실수를 저질렀으며 언제나 교회가 옳다고 말해서 대중을 안심시켰다. 태양이 지구 주위를 돌고 지구가 평평하다고 믿고 있던 사람들은 만족했다. 그들이 보기에는 태양이 항상 동쪽에서 서쪽으로 움직이기 때문이다. 그리고 오렌지를 떨어뜨리면 솥뚜껑에 콩을 떨어뜨렸을 때처럼 굴러 떨어지지 않고 땅에 정지해 버리기 때문이다. 그들은 갈릴레오의 주장을 터무니없는 신성모독으로 받아들여서 갈릴레오가 조금만 더 고집을 부리면 화형이라도 시킬 태세였다.

그러다 진실이 득세하자 성직자들이 우려하던 바가 현실로 나타났다. 구원에 대한 열망은 상업적 이윤에 대한 열망으로 바뀌고, 맨체스터가 로마를 대신해 문명의 중심지가 되었다. 하지만 사람들은 여전히 애덤 스미스나 데이비드 리카도와 같은 사람들을 잘 모른다. 이탈리아 사람들이 토머스 아퀴나스나 아리스토텔레스와 같은 사람들을 잘 모르는 것과 마찬가지다. 그런 대중을 다스려야 하는 정치인은 지구가 평평하고 태양이 지구 주위를 돈다는 얘기 따위는 더 이상 믿는 척하지 않아도 된다. 하지만 시인과 극작가, 소설가, 역사가의 작품을 통해 대중화된 낭만적인 거짓말들은 여전히 해야 하는 상황이다. 헨리 포드는 이렇게 말했다. "역사는 거짓말이다." 대부분의 역사가 정말로 그렇다. 하지만 정치인들은 역사의 관점에서 얘기해야 한다. 특히 권력자의 자리에서, 진실을 말하려는 현실주의자(예컨대, 마르크스주의자)를 이단으로 몰아붙이려면 말이다. 코페르니쿠스 시대의 성직자와 교황이 그러하지 않았던가. 하지만 마르크스주의 예술가들 역시 공산주의 사회의 이상향과 노동의 영광, 혁명 의욕을 담은 작품들을 생산해내고 있다. 이제 그러한 작품들이 대중의 마음을 움직이면 정치 야욕가나 노련한 통치자들이 정권을 잡기 위해 그 상황을 이용하려 할 것이다. **오로지 민심에 기초해 정권을 잡으려는 진짜 지도자라도 사람들을 주목시키고 설득하기 위해서는 반드시 예술을 활용해야 한다.**

7

반사회적 행동을 저지하는 것은 정치인의 임무다. 그런데 예술가의 행동은 전염성이 매우 강해서 반사회적 위협이 될 수 있다. 정치인은 반사회적 행동을 어떻게 저지해야 할까? 유해한 예술은 가로막고 유익한 예술은 장려하려면 어떻게 해야 할까? 산업분야의 경우, 반사회적 고용주는 공장법으로 저지한다. 공장과 작업장에 감사관을 파견해서 고용주가 할 일과 하지 말아야 할 일을 지시하는 것이다. 그러한 조건을 따르지 않는 고용주는 무조건 다른 일자리를 알아봐야 한다. 고용주를 법으로 가르치는 셈이다. 예술가도 그런 식으로 교화할 수 있을까? 미숙하고 무지한 유권자들과 그들이 뽑은 대리인들은 이 어려운 문제를 굉장히 쉽게 생각하는 경향이 있다. 예술작품을 검열하다가 이상하다 싶으면 경찰을 부르면 된다는 식이다. 치안판사가 작품을 불태워버리기도 한다. 포르노 책과 영화는 그런 식으로 많이들 사라졌다. 몇몇 고전 작품도 비슷한 운명을 겪었다. 때로는 책뿐만 아니라 책을 쓴 작가까지도 화형에 처해졌다.

이 단순무식한 방법은 공장주와 예술가를 교화하는 데 일조했다. 막돼먹은 언행을 바로잡기에는 그만이었다. 하지만 수준 높은 예술작품에 적용되자 바로 한계를 드러냈다. 기존 제도와 여론에 과감히 맞서면서 '진화의 발판'이 되는 작품들에는 특히 역부족이었다. 나는 수년간 해로운 인물로 분류되어 명성과 경제력에 큰 타격을 입었다. 내가 작품을 통해서 매춘의 진짜 근원을 파헤치고, 도덕의 반대편에서 종교를 비웃던 매춘부와 도둑이 어떻게 양심에 의해(신학적으로 얘기하자면, 성령에 의해) 변화되고 "구원될 수 있었는지"를 보여준 탓이었다.

단순무식한 검열제도의 희생자는 나뿐만이 아니었다. 셸리, 입센, 톨스토이, 마테를링크, 브리외도 나와 같은 고초를 겪었다. 그런가 하면 작품 수준이 경찰서나 이혼법원의 보고서 정도밖에 안 되는 극작가들이 고작 2기니만 내고도 검열을 무사히 통과했다. 이렇게 어처구니 없는 일이 일어나는 이유는, 예술가를 교화해야 한다는 얘기가 나올 때마다 제일 먼저 제시되는 방법이(바보들 머릿속에 제일 먼저 떠오르는

미학적 인간 345

방법이라고 하고 싶은 것을 간신히 참고 있다) 검열관을 임명해서 그가 예술작품 전부를 조사하고 작품의 발표여부는 물론 존폐여부까지도 결정하게 하는 것이기 때문이다. 이러한 검열옹호론은 절대로 수그러들지 않는다. 능력있는 검열관만 찾으면, 그가 알아서 로마교황청, 영국상원 사법위원회, 성공회주교단에서 말하는 지혜와 지식, 인류복지에 대한 관심을 전지전능한 성삼위일체의 교리와 결합하여 예술을 통제할 것이라는 논리가 멍청이들에게는 먹히기 때문이다. 하지만 통치자는 그렇게 유능한 검열관을 찾기가 불가능하다는 것을 이내 알게 된다. 그는 예술가, 특히 극장예술가들이 자유분방하고 탐탁지 않은 족속이라고 배웠기 때문에 검열관이라는 직책을 고작 이삼백 기니의 연봉을 받는 하급관리에게 맡겨버린다. 그 하급관리는 자신의 지적능력이 주어진 임무를 못따라간다는 것을 깨닫고, 경솔한 사람들이 써서는 안 될 단어와 주제를 선정해 목록으로 만든다. 당연히 그의 눈에 예술가들은 죄다 경솔한 사람들이다. 금지되는 주제는 종교, 섹스, 정치처럼 뻔하디 뻔하다. 미국 가톨릭교회는 할리우드에서 몹시도 두려워하는 비공식 검열관이다. 그들은 <성녀 잔다르크>라는 내 작품에서 '후광'이라는 단어를 발견하고 종교적이라는 이유로 삭제하라고 지시했다. "군인들은 아기를 좋아한다"는 여주인공의 대사도 삭제해야 했다. 아기가 섹스를 암시한다는 이유였다. 그런 식으로 <성녀 잔다르크>는 완전히 이해불가능한 지경까지 갔다. 섹스에 관한 내용은 없어도 종교와 정치에 관한 내용이 대부분이었기 때문이다. 미국 가톨릭교회의 검열은 교회에서 금지하는 것은 무조건 하지 말라고 미국 내 가톨릭교도 2천만 명을 대상으로 훈계하는 것이나 다름없다. 그런데 미국 내 가톨릭교도는 전체 인구의 7

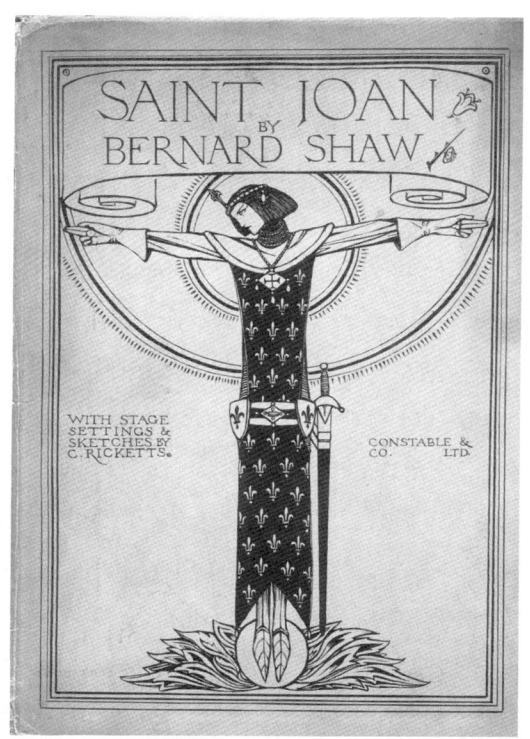

<성녀 잔다르크>의 표지, 1924.

분의 1 밖에 안 되고 교회에서 금한 죄를 개신교 신자만큼이나 잘 저지른다. 그래서 내가 그런 검열을 경멸하는 것이다. 영국에서는 궁내장관과 경찰서장이 각각 국가전체와 지역을 담당하면서 적당한 보수를 받고 "왕의 독자들(가신)"이 하는 조언을 바탕으로 연극을 검열하고 통제한다. 영국에서도 내 작품은 오랫동안 수난을 겪었다. 하지만 궁내장관이 좀 계몽된 사람으로 바뀌어 멍청한 가신들에게 휘둘리지 않게 되면

서 내 작품도 해금됐다. 전임 궁내장관은 나를 상당히 못살게 굴었다. 그가 어떤 사람인지는 그가 했던 단 두 마디의 말로 설명이 될 것이다. "나는 농업노동자가 아닙니다." "톨스토이가 누구요?"

나는 나를 곤란하게 만든 첫 번째 작품에서, 매춘이 알고 보면 경제 현상의 일부라는 것을 밝혔다. 사람들은 매춘의 원인을 성적으로 방탕한 여자와 그런 여자를 찾는 남자 고객 탓으로 돌리곤 하는데 실제로는 그렇지가 않다. 성실한 여성은 합당한 보수를 받지 못해 모멸감을 느끼고, 매춘부는 과분한 보수를 받으며 사치스럽게 사는 것이 현실이다. 따라서 가난하지만 약간의 매력이라도 있는 여성이 스웨터 공장에서 시간당 2펜스를 받으며 하루에 16시간씩 일하거나 인 중독의 위험을 무릅쓰고 주당 5실링을 받으며 성냥 공장에서 일하는 대신, 거리로 나가 몸을 파는 것은 순전히 자존심 때문이다. 바로 이와 같은 경제적 이유에서 매춘이 발생한다. 당시 그러한 사실을 폭로하는 것이 얼마나 필요했는지는 몇 년 뒤에 발생한 일련의 사건을 통해 입증됐다. 추잡한 자본가들이 만든 국제적인 매춘조직, 일명 화이트 슬레이버리[11]가 어찌나 기승을 부리는지 정부가 손 쓰지 않으면 안 될 지경에 이른 것이다. 하지만 정부의 대응책이라고는 남자 포주를 태형에 처한 것이 전부였다. 따라서 매춘사업의 독점권을 여자 뚜쟁이에게 넘겨준 결과만 됐다. 이를테면, 워렌부인 같은 사람한테 말이다. <워렌부인의 직업>이 금지되지만 않았어도, 사람들은 매춘에 대해 더 잘 이해했을 것이다. 또한 그렇게 말도 안 되는 대책을 내놓지도 않았을 것이다.

제대로 된 대안을 내놓지도 않으면서 잘못된 제도를 비난해 봐야 소

---

11 흑인노예매매와 구별하려는 의도에서 붙인 명칭으로 실제로는 인종과 상관없었다.

용없다. 중상모략을 극복할 유일한 해결책은 그냥 잊어버리는 것이다. 그래서 나는 검열로 인한 개인적인 고충을 하소연하지 않았다. 대신, 시시한 음담패설이 난무했던 런던의 뮤직홀이 말끔하게 정화되고 근사한 공연장으로 탈바꿈할 수 있었던 이유를 지적했다. 극장운영자가 해마다 런던주의회의 허가를 받고 영업하도록 정부가 강제한 덕분이었다. 극장운영자는 허가를 받고 열두 달 동안은 극장을 재량껏 운영할 수 있었다. 물론 극장의 평판이 좋지 않거나 공무원들에게 좋은 인상을 주지 못할 경우 퇴출까지도 각오해야 했다. 나는 그런 허가제를 긍정적으로 평가했으나 결과적으로는 아무 소용없었다. 사람들은 하급관리가 성인이나 예언자를 뛰어넘는 초월적 능력을 발휘할 것이라고 기대하면서 검열을 계속해달라고 아우성쳤다. 왕권에 휘둘리지 않으려고 혁명을 두 번씩이나 치른 사람들이 말이다. 한편 아일랜드에서는 공공심이 투철하고 진정성이 있어 보이는 한 신사가 검열 권력을 휘두르고 있다. 들리는 바에 의하면, 그는 아일랜드 영화관객의 80퍼센트가 아이들이므로 아이들에게 적합하지 않은 영화는 상영을 금지해야 한다는 의견이라고 한다. 이혼이 불법이 된 이래로 아일랜드 극작가들은 경멸하려는 의도가 아닌 이상 이혼을 언급조차 할 수 없게 되었다.[12] 결혼을 무효로 해야 하는 경우가 전보다 많아졌지만, 절대로 파기할 수 없는 것처럼 그려야 한다. 이러한 사례는 현재 아일랜드에서 실시되는 여러가지 공적인 제약과 규제의 일부일 뿐이다. 아일랜드 극작가들은 교묘한 속임수를 쓰지 않는 이상, 진지한 작품을 쓰기가 불가능해졌다. 검열 권력을 휘두르고 있는 그 신사는 아일랜드 고대사를 자기 입맛에 맞게 다룬

12 1937년 아일랜드의 헌법은 이혼을 불법으로 규정했고 피임기구의 판매 및 수입을 금지했다.

사극을 좋아한다고 한다(그는 1916년 부활절 봉기 영웅 중 한 명이다). 그러한 사극에서 보여주는 역사는 낭만적이고 매력적이며 아이들 정서에 좋은 영향을 미칠 만도 하지만, 내가 보기엔 99퍼센트 이상이 뻥이다. 사실성이 결여된 것은 물론이고 이렇다 할 희극적 요소도 없다. 어떤 진지한 이야기든 그 두 가지가 빠지면 환멸과 냉소를 유발하기 마련이다. <돈키호테>에 돈키호테만 나오고 산초가 안 나온다고 생각해 보라. 우리도 돈키호테처럼 미쳐버렸을 것이다.

우리는 예술에 대한 통제를 무조건 반대하는 무정부주의적 좌파와 선거로 뽑은 권력이 모든 것을 통제해야 한다는 우파가 공존하는 현실에 살고 있다. 우파는 지자체가 극장을 통제해야 한다는 데 동의한다. 그러나 그들이 말하는 통제는 무모하다 못해 불가능한 개념이다. 심지어 어떤 사람들은 지방의원들이 책과 연극을 사전검열하고 지방의회에서 투표를 통해 출간이나 상영 여부를 결정해야 한다고 주장하는데, 미치지 않고서야 그런 얘기를 할 수는 없는 것이다. 책과 연극을 전부 검열한다면 다른 일은 하나도 못할 것이라는 생각이 안 드는가? 다른 일을 못하는 정도가 아니라 검열할 작품이 산더미처럼 쌓여서 출판이나 상영 자체가 불가능해질 것이다. 그리고 지방의원들은 대부분이 쓰레기인 책과 대본을 너무 많이 읽어서 정신이 이상해질 것이다.

하지만 **검열을 전혀 하지 않는다고 해서 연극이 자유로워질 것이라는 보장도 없다.** 오히려 곧바로 경찰 관할로 넘어갈 가능성이 크다. 정부가 검열에 전혀 개입하지 않는 미국에서는 이따금씩 극단 전체가 경찰서로 끌려가곤 한다. 상영한 작품이 하필이면 신앙심 깊고 참견하길 좋아하며 앞뒤가 꽉 막힌 경찰서장의 심기를 언짢게 한다거나, 입센의

<유령>처럼 거센 비난 여론에 부딪히면 그런 일이 벌어진다. 그래서 영국의 극장운영자들이 궁내장관의 검열제도를 지지하게 된 것이다. 현행 제도 하에서는 단돈 2기니만 내면 궁내장관으로부터 영업면허를 받을 수 있는 데다 면허기간 동안은 경찰의 간섭을 받지 않아도 되기 때문이다(적어도 극장운영자들은 그렇게 생각한다). 극장운영자들은 음란죄, 신성모독죄, 선동죄, 풍기문란업소운영 등을 이유로 형사법상 고소를 당할 수도 있다. 하지만 그렇게 되면 면허취소보다 훨씬 심각한 타격을 입을 수 있기 때문에 보통은 공연히 위험을 무릅쓰기보다 현명한 선택을 하게 된다.

이제는 작가도 풍기문란업소운영을 제외한 다른 죄목에 대해 극장운영자들과 똑같이 고소를 당할 수 있다. 책을 검열당하지는 않는다. 하지만 이상한 책을 내면 즉결 재판에 회부되어 책을 몽땅 태워버리라는 명령을 받을 수 있다. 그런 책을 파는 사람 역시 교도소에 수감되거나 엄청난 벌금을 물을 수 있다. 단지 그런 책을 사거나, 소유하거나, 읽거나, 누가 읽는 것을 듣기만 해도 무기징역에 처해질 수 있다. 과거에는 페인의 <이성의 시대>나 셸리의 <맵 여왕>을 읽었다는 이유로 추방당한 사람들도 있었다.[13] 비교적 최근에 미국에서는 어떤 교사가 찰스 다윈의 <자연선택>에 동조했다고 기소된 사건이 있었다. <자연선택>이 성경에 반하고 불경스럽다는 이유에서였다. 언제고 영국에서도 그와 같은 사건이 일어나지 말라는 법은 없다. 1차세계대전 동안에는 주교가 적절하지 않은 시점에 신약성경을 인용하는 바람에, 신약성경의 내용

---

13   <이성의 시대>: 페인은 이신론적 입장에서 썼으나 추악한 무신론자라는 오명만 뒤집어쓰게 됨.
    <맵 여왕>: 무정부주의자이자 자유사상가 고드윈의 영향을 받아 정치적 이상을 노래한 작품.

이 선동죄에 해당하는 것 아니냐는 매우 논리적인 문제제기가 있었다. 이런 이유들로 기소하는 것이 법적으로 가능하다면, 검열제도가 없더라도 작가가 새로운 이야기를 마음놓고 하기는 어려울 것이다. 그래서 극장운영자들은 궁내장관의 검열제도를 강하게 지지한다. 작가들도 뭔가 새로운 이야기를 해야 할 때 경찰서장이나 검사, 밀고자보다는 검열관 쪽이 덜 무섭기 때문에 검열을 선호한다. 나 역시 대다수의 동료들과 마찬가지로 궁내장관의 검열제도를 지지하는 쪽이다. 면허가 있으면 아무래도 기소될 가능성이 낮아지기 때문이다.

요컨대, 예술을 순수하고 건전하게 유지하는 문제는 누군가가 적당한 보수를 받고 처리할 수 있는 그런 간단한 문제가 아니다. 인간의 능력을 넘어서는 일이기 때문이다. 그 일을 하겠다고 나선다는 것 자체가 (실제로 항상 수십 명의 지원자가 몰린다) 그 일을 전혀 이해하지 못하며 깜냥도 안 된다는 것을 보여주는 증거다. 예술이 외설적이고 저속해지는 문제에 대한 근본적인 해결책은 관객과 독자의 문화 그리고 비평가의 평론에서 찾아야 한다. 영국의 비평가 제레미 콜리어는 공권력을 휘두르지 않고도 왕정복고기 연극의 불경스러움과 부도덕성을 바로잡았다.[14] 당시 검열제도는 극장의 저속화를 막기보다는 헨리 필딩 같은 위대한 작가의 입을 막는 역할을 했고 극장을 영국에서 가장 정체된 공간으로 만들어버렸다.

그렇다면 극장운영자를 니체가 말한 "선과 악을 뛰어넘는" 특별한

14　크롬웰이 집권했던 시기에는 연극이 공식적으로 금지되었으나 1660년 왕정복고가 이루어지면서 이전 시대에 대한 반동으로 오락성 짙은 새로운 연극이 유행하게 되었다. 이른바 풍습희극으로 상류사회의 불륜과 성적 문란함을 주 소재로 했다. 제레미 콜리어는 당시 연극의 천박함과 저속함을 꼬집고 많은 극작가와 논쟁을 벌임으로써 윌리엄 콩그리브 같은 극작가를 감화시켰다.

자리에 앉혀 놓고 사회도덕을 해치든 말든 내버려둬야 하는 걸까? 과학자와 상인은 자신들이 그러한 특권을 누려야 한다고 대놓고 주장해 왔고(물론 자유라는 이름으로) 실제로 꽤 오랫동안 그러한 특권을 누려왔다. 하지만 영국 정부가 예술사업을 하는 사람들을 그 정도까지 신뢰하지는 않을 것이다. 그렇다고 예술에 대한 모든 권한을 하급관리 손에 맡기자고 할 수도 없다. 그러면 남은 방법은 하나다. 관객이나 작가가 자율적으로 검열하는 수준에 도달할 때까지는 미국과 프랑스처럼 경찰 손에 맡기는 것이다.

하지만 기존의 제도적 틀을 유지하면서 충분히 효과를 볼 수 있는 방안도 있다. 정부는 매년 극장의 위생, 소방, 비상시설 등을 점검하고 하자가 없으면 영업면허를 내준다. 물론 이런 요건을 충족시킨다고 해서 극장이 건전하게 운영되리라는 보장은 없다. 연극 자체는 흠잡을 데 없이 깔끔한데 중간 중간에 일부러 휴식시간을 길게 둬서 바에서 술 마시는 사람들과 야하게 차려 입은 매춘부들로 휴게실이 북적이게 만든다면 극장은 더 이상 예술의 전당이 아니라 매춘시장이나 술집, 혹은 전문용어로 풍기문란업소와 다름없게 된다. 이런 식의 꼼수는 위생당국이나 궁내장관도 막지 못한다. 잘못은 극장 건물이 아니라 운영자에게 있다. 그와 같은 극장운영자는 종합의료위원회의 표현에 따르면 "직업인으로서 수치스러운 행위"를 저지른 셈이다.

그러므로 아무 죄 없는 건물이 아니라 운영자를 대상으로 면허를 주는 방식이 훨씬 일리가 있어 보인다. 극장운영자에게 면허를 발급하면서 의사나 변호사 자격증처럼 시험까지 실시할 필요는 없겠다. 품행이 방정한 사람은 매년 소정의 수수료만 지불하면 총기나 무전기 소유, 개사육, 술집이나 노점상 운영에 대한 허가를 받을 수 있다. 극장면허라고 그런 식으로 발급하지 못할 이유가 없다. 다만, 극장을 건전하게 운영하지 않을 경우 면허가 취소될 수 있고, 무면허로 극장을 운영하면 처벌된다는 전제가 있어야 한다. 우리에게는 이미 친숙한 제도가 아닌가? 현재의 검열제도를 그런 방향으로 개선한다면, 궁내장관은 왕실에 누가 될 요소들을 솎아내는 지긋지긋한 업무에서 어느 정도 해방될 것이다. 또한 공연, 출판, 전시를 금지하거나 억압하기가 어려워질 것이다. 건물이 아닌 사람에게 면허를 부여한다는 것은 사업자가 자기 행동을 알아서 책임지도록 하겠다는 뜻이기 때문이다. 물론 예술작품과 관련해 음란죄, 불경죄, 선동죄로 기소당할 가능성은 여전히 남아 있다. 하지만 그런 기소는 오로지 검사만 할 수 있어야 한다. 직업적 밀고자나 경찰서장은 예술작품에 대해 불평이나 조언을 할 권리는 있어도 기소할 권리는 없어야 한다.

분명한 건, 우리가 예술을 검열관의 손에 맡길 것인지 아니면 아무 제약 없이 내버려 둘 것인지 딜레마에 빠진 게 아니라는 사실이다. **충분한 생각과 합의를 바탕으로 통제할 것인가, 아니면 본래의 목적을 잊게 만드는 단순한 방법에 의존할 것인가의 문제다.**

23장 과학자: 파블로프는 누구를 위하여 종을 울렸나?

1

정부가 가장 신경을 쓰는 과학 분야는 생명을 다루는 과학, 즉 생물학이다. 생물학은 생리학과 심리학을 아우르는 것으로 공중보건 입법과 임상진료의 기초가 되고 있다. 생물학은 기독교보다 개인의 자유와 존엄성을 더 많이 침해한다. 교회는 아이를 엄마 품에서 앗아가서 물 몇 방울 뿌리고 신의 하인이나 신의 병사로 바친다. 이러한 의식은 아이에게 전혀 해를 입히지 않는다. 대부와 대모들을 유익한 방향으로 교화시킬 뿐이다. 국가는 생물학자의 충고에 따라 아이를 엄마 품에서 앗아가서 면역력을 길러주겠다며 아이의 피에 독을 주입한다. 군인이나 간호사와 같이 감염에 노출되기 쉬운 어른들에게도 면역력을 길러준다면서 다양한 독을 반복적으로 접종시킨다. 내 친구 아라비아 로렌스는 군대에서 예방접종을 40회나 맞았는데 다행히 전보다 나빠지지는 않았다고 했다. 그의 피는 모든 독을 견딜 정도로 건강했었나 보다.

하지만 모든 사람이 그렇게 운이 좋은 것은 아니다. 접종은 다양한 결과를 초래할 수 있다. 몇 시간 동안 기절하거나 일주일 정도 거동이 불편한 데서 끝나기도 하지만, 디프테리아 예방접종으로 일시적인 마비 증세를 겪거나 시름시름 앓기도 한다. 천연두 예방접종을 했다가 평생 아프거나 흉칙한 병으로 죽을 수도 있다.

여기서 우리는 마그나 카르타, 인신보호법, 청원권, 미국 독립선언, 헌법의 저자들이 미처 고려하지 못한 전제정치의 위험을 발견한다. 그래서 나는 그러한 헌장과 법전에서 보장한 모든 권리를 정부에 상기시키려 한다. 수술로 금전적 이득을 얻는 의사협회의 권고나 자칭 과학자들의 어설픈 통계와 증거를 바탕으로 정부가 나의 인권을 침해하고 내 피에 강제로 독을 주입하도록 내버려두지는 않을 것이다. 예전에 이슬람 궁전의 내관이나 오페라 극장의 가수들은 기꺼이 거세를 감수했다. 청나라 때 부모들은 당시 전족이 유행했다는 이유로 딸의 발을 동여매서 불구로 만들기도 했다. 하지만 오늘 날에는 좋든싫든 모든 사람이 새로 발견된 바이러스에 대한 예방접종, 불임수술, 편도선제거수술, 제왕절개수술, 맹장수술, 장정제수술, 수은과 비소와 퀴닌을 통한 매독치료를 강요받고 있다. 그 중 일부는 심지어 법으로 강제되고 있다. 과학맹신주의가 만연할 조짐이 보이고 있다. 사상, 언론, 종교, 통상의 자유를 소리높여 외치던 사람들조차 그러한 상황에 대해 어떠한 언급이나 항의도 하지 않는다. 지금의 과학맹신주의는 로마, 멕시코, 영국 드루이드교의 전제주의를 능가한다. 종종 얘기했다시피, 줄의 에너지 보존 법칙처럼 인간에게는 믿음 보존 법칙이 있다. 인간의 타고난 믿음의 양은 결코 변하지 않아서, 하나의 망상을 없앤다 해도 그것을 대체하는 새로운 망상이 나타나기 마련이다. 그러나 과학자들의 잔혹행위와 어리석은 짓들, 그리고 그런 과학자들에게 정치인들이 지식추구라는 미명 하에 모든 도덕적 의무를 면제해주는 것을 목격하면, 줄의 법칙 따위는 던져 버리고 싶은 충동이 든다. 맹신과 우상숭배를 걷잡을 수 없는 전염병으로 간주하고, 순수과학의 영역에 끝이 없는 것처럼 망상 또한 끝이 없다고 결론 내리고 싶다. **전능함, 무오류성, 더럽혀질 수 없는 진실함이 예전에는 하느님, 알라, 브라만 등으로 불리는 신적인 존재에나 쓸 수 있는 말이었다.** 그런데 지금은 실험실에서 개나 기니 피그의 몸을 잘라내고 그 불쌍한 동물들이 어떻게 반응하는지를 기록하는 톰, 딕, 해리엇 같은 자들에게 붙여주는 말이 되었다.

2

과학에 대한 맹신을 적나라하게 보여주는 대표적인 예를 들어보겠다. 지금 생물학의 최고 권위자는 최근 고인이 된 이반 페트로비치 파블로프다. 좀전에 나는 방송에서 그를 기리는 추도 연설을 들었다. 설사 파블로프가 모든 신과 예언자, 모든 철학자와 발견자를 합친 것만큼 위대한 인물이라고 해도 과장됐다고 느낄만한 내용이었다. 사실 파블로프는 과학자인 척하는 얼간이들의 왕자였다. 그가 우리를 기만하기 위해 어떤 터무니없는 짓을 저질렀는지 보자.

그는 조건반사 연구에만 25년을 바쳤고, 그 결과 23강으로 된 책을 세상에 내놓았다. 그 책은 1927년 영국에 안렙 박사의 번역으로 <조건반사: 대뇌피질의 물리학적 행동>이라는 제목으로 출간되었다. 그 제목은 다른 말로 하면, <우리의 습관: 습관은 어떻게 형성되고, 뇌는 습관을 어떻게 작동시키는가> 정도가 될 것이다. 책이 너무 어렵다고 불평하는 사람들이 있는데, 부당한 지적이다. 그 책에 모호한 문장은 없다.

파블로프의 연구팀, 연도 미상.

내용이 말이 되든 안 되든 표현은 분명하다. 새뮤얼 존슨 박사의 책처럼 허세가 심하고 문장이 어색하긴 하지만 결코 모호하지는 않다. 번역가가 '도시와 항구 사이의 통신 경로는 동일 간격으로 세워진 일련의 석화물로 표시된다'는 문장을 굳이 '도버 가에는 이정표가 있다'로 옮길 필요는 없다. 앞문장도 단어의 의미만 제대로 알면 뒷문장과 마찬가지로 분명하게 이해된다. 게다가 앞문장이 훨씬 권위 있고 학식이 풍부하게 들린다.

그렇다면 조건반사란 대체 무엇인가? 내가 조건반사를 인식하게 된 것은 약 50년 전 첼시 식물원에서 열린 해군 전시회에서였다. 전시회 한 켠에는 넬슨 제독의 마지막 기함과 페닌슐라 오리엔탈 여객선의 일등실을 모형화해 놓은 구역이 있었다. 넬슨이 하디에게 키스하고 숨을 거두었다는 조타석을 구경할 때는 아무렇지도 않았다. 하지만 페닌슐라 오리엔탈 여객선의 선실 통로에서 나는 갑자기 멀미를 느꼈고 정원으로 황급히 뛰쳐나가야 했다.

이것이 조건반사의 완벽한 예다. 나는 배가 요동칠 때 멀미를 하곤 했다. 그런데 선실을 보면서 특유의 뱃밥 냄새를 맡으니 배가 요동치는 상황이 떠올랐다. 나는 아무래도 배멀미의 기억을 떨칠 수가 없었고 평평한 땅 위에 서있는데도 선실을 보고 냄새를 맡자 속이 울렁거렸다.

이러한 경험이 처음에는 그저 재미있었다. 하지만 생각해 보니 과학적으로 흥미로울 뿐만 아니라 무섭기까지 했다. 원래의 자극과 완전히 분리된 상황에서도 반사작용이 일어날 수 있다면, 그 반사가 유사한 다른 반사를 유발하는 식으로 새로운 반사작용을 끝도 없이 일으킬 수 있다. 인간의 모든 활동이 그렇게 원자극과의 합리적 연관성을 상실한 수많은 반사작용에 지나지 않는다면? 인류가 현재(1944년) 모든 에너지를 스스로를 파괴하는 데 쓰고 있는 이유를 그것으로 설명할 수 있지 않을까? 그렇다면 조건반사에 대한 과학 연구가 가장 시급하고 중요한 문제이지 않을까?

파블로프의 장점은 조건반사가 중요한 문제라는 것을 알고 있었다는 점이다. 그래서 그는 일생동안 조건반사 연구에 매진했다.

하지만 안타깝게도 파블로프는 그 자신이 두 개의 강력한 조건반사에 지배되고 있다는 것을 인식하지 못했다. 하나는 야훼에 대한 19세기식 사고다. 야훼는 성경의 노아에서 사무엘까지 피의 희생을 요구하는 보복적인 모습으로 나타난다. 그러다 전도서와 미카서에 이르러 보다 문명화된 신들로 대체되고, 결국에는 예수에 의해 "하늘에 계신 아버지"로서 자비로운 모습을 띠게 된다. 그러나 예수의 사도들은 예수가 십자가에 못박힌 것을 피의 희생으로 규정하여 미카서의 야훼를 다시 불러냈으며, 야훼는 모든 질문에 대한 궁극의 해답이 되었다. 야훼를 절대자로 숭배하지 않으면 살아 생전에 혹독한 벌을 받게 되고 사후에는 끝없는 고통에 처하는 것으로 여겨졌다. 이러한 격세유전적인 우상숭배에 반발하여 나타난 현대적 사고를 우상파괴주의, 회의주의, 무신론, 물질주의, 불가지론, 합리주의, 세속주의 등으로 부른다. 이제는 우상숭배에 대한 반발이 너무 강해진 나머지, 야훼의 권위와 존재 자체는 물론 목적, 직관, 영감 등 종교적이고 예술적인 충동을 포함한 삶의 형이상학적 요소들은 뭐든지 부인하고 있다. 과학으로 설명되지 않는다는 이유로 자유의지와 양심, 심지어 의식까지 부정한다. 즉 생명력과 정신을 우연적이고 의미없는 물리적 충돌이 뒤섞여 나타난 온갖 육체적이고 정신적인 운동과 작용의 개념으로 대체하려 한다. 그렇게 현실과 동떨어진 사고는 정치인들에게 쓸모없을 뿐만 아니라 극도로 위험한 것이다.

파블로프의 경우 합리적인 추론이 아니라 완전히 비합리적인 연상을 통해 과학을 어리석은 짓으로 격하시켰다. 파블로프의 비합리적 연상은 일련의 "조건반사"로서, 내 위장이 첼시 식물원의 단단한 땅바닥을 풍랑이 이는 비스케이만으로 착각한 것과 본질이 완전히 같다. 파블로프를 읽는 사람들은 파블로프가 "그러므로"라고 할 때나 "명백한 관련이 있다"고 주장할 때, 논리적 사고에 따른 것이 아니라 그저 연상작용일 뿐임을 명심해야 한다. 그의 표현대로라면 조건반사일 뿐이다. 그러나 완벽한 삼단논법으로도 엉터리 결말에 이를 수 있는 것처럼 연상으로도 괜찮은 추정을 할 수 있다는 점을 잊어서는 안 된다. 파블로프를 읽을 때는 신중해야 한다. 그가 반사이론을 생각해내는 부분은 읽을 만하다. 그러나 그가 그 이론을 실험에 끼워 맞추려고 용을 쓰는 부분은 너무 어이가 없어서 책을 방구석으로 던져버리고 차라리 추리소설이나 읽고 싶어질 것이다. 그는 책의 마지막 강에서 그 사실을 인정하면서도 자신의 실험을 필사적으로 옹호했다. 또한 후배들에게 그러한 실험만이 진정한 과학적 연구방법이라며 실험을 독려했다.

여기서 우리는 파블로프를 지배하는 두 번째 조건반사에 직면하게 된다. 우리가 과학자로서 그의 자질을 비난할 수밖에 없는 이유다. 잠시 그 반사의 역사를 공부해 보자.

스톤헨지의 거대한 돌기둥을 보면, 고대의 사제들은 하지와 동지, 별자리에 대한 예언적 지식을 통해 파종과 추수의 시기를 알려주고 신자들에게 영향력을 행사한 최초의 과학자들이었다. 그러나 사제들은 과학적 성과를 이해하지 못하는 사람들의 주목을 끌기 위해 무서운 신들을 달랜답시고 인간을 희생제물로 바쳤다(입타의 딸과 아르테미스에게 바쳐진 이피게니아가 그 예다). 나중에는 자신들의 이익을 위해 새나 동물을 죽이기도 했다. 그들은 제물을 살생하는 장소로 제단을 만들었으며, 제단의 위엄을 갖추기 위해 성소(聖所)를 둔 사원을 만들었다. 또한 자신들의 계율과 율법에 신적인 권위를 부여하기 위해서 신탁과 성서를 고안해 냈다. 사제들은 고대 로마의 주술사처럼 새의 배를 갈라 내장의 모습에서 미래를 읽는 주술을 행했다. 그들은 과학자이자 성직자이자 주술사이자 천문학자이자 정치적인 지배자였다. 결과적으로 과학과 종교, 성직자의 정략, 대중적 미신, 정치를 한 솥에 넣고 끓여버린 셈이다. 그러므로 거기서 과학만 따로 추출하는 것은 가장 정교한 분석력을 동원한다 해도 여전히 어렵다.

그 솥단지에서 비롯된 조건반사들은 셀 수 없이 많아 추적할 수조차 없다. 그 중에는 서로 상쇄되는 것들도 있다. 너무 잔인해서 문명화된 사람들이 감당할 수 없는 조건반사들은 파블로프 말대로 억제되어 왔기 때문이다. 그러나 최악이거나 가장 우스꽝스럽다고 할만한 조건반사들이 여전히 성행하고 있다. 그러한 조건반사들은 녹인 납을 찬물에 부어 앞날을 예측했던 농부의 오두막에서보다 파블로프의 실험실에서 훨씬 더 위세를 떨치고 있다. 오늘날의 성찬식은 이교도와 마찬가지로 피의 희생을 기념한다. 다만 사람의 살과 피로 희생제물을 바치는 대신, 사제와 신자가 빵과 포도주를 먹고 마심으로써 희생물들을 상징화하고 있다.

노아가 번제로 고기를 바쳤던 고대의 신은 식인종의 신과 뒤섞였다. 식인종은 상대의 자질이나 능력을 얻기 위해 상대를 신으로 추앙하고 잡아 먹었다. 전쟁에서 힘과 용맹함, 무기를 다루는 기술을 얻고자 적을 완파하고 먹어치우는 것과 마찬가지다. 제임스 프레이저는 일생 동안 그러한 교차 의례들과 그에 따른 조건반사를 추적하여 <황금가지>라고 하는 기념비적인 저서를 남겼다. 나는 1권이 출간된 40년 전쯤에 첫 장을 읽어봤으나 인간의 망상을 보여주는 예들이 하나같이 비슷하다는 사실에 이내 우울해졌다. 그리고 다시는 그 책을 펼치지 않았다. 따라서 내가 쓰고 있는 이 책이 읽을만한 가치가 있으려면, **과학과 살아있는 동물을 희생시키는 행위가 어떤 반사로 얽혀있는지 밝혀**

야 한다.

　최근 가장 눈에 띈 사례는 미국의 접골요법에 충격을 받은 영국 의료계의 반응이다. 스틸이라는 미국인 의사는 척추가 자리를 이탈하면 특정 질병이 생기며 척추의 위치를 바로잡음으로써 병을 고칠 수 있다는 것을 발견했다. 그는 자신을 접골사로 칭했으며, 접골기술체계를 만들었다. 그러한 접골기술은 켈그렌 마사지나 다른 손기술들과 마찬가지로 제대로 습득하려면 2년 정도의 수련 기간이 필요했다. 영국에서는 수련의라도 가장 높은 수준의 외과 시술을 할 수 있게끔 되어 있다. 그런 영국 의사들로서는 스틸의 새로운 시술법이 반가울 리 없었다. 의사가 알아야 하고 익혀야 할 것이 늘어나기 때문이다. 이미 5년의 시간과 돈을 들여서 의사 수련을 했는데 말이다. 의사협회뿐만 아니라 과학계도 반대를 했다. 새로운 기술이 필요하다는 증거가 임상에서 속속 나타났지만, 척추배열에 이상이 있는 개를 스틸의 방법으로 치료하는 실험에 성공하지 않는다면, 접골방식은 과학적으로 논증될 수도 증명될 수도 없다고 주장했다. 결국 접골사들은 엄숙하게 그러한 의례를 행했고, 접골의학이 과학적이라는 것을 어렵사리 인정받게 되었다.

3

실험실이라는 제단에서 개를 그렇게 무의미하게 희생시키는 것은 과학이라고 할 수 없다. 그러한 행위는 피라미드가 세워지기도 전에 습득되고 수세기에 걸쳐 (파블로프의 표현에 따르면) "강화되어" 이제는 완전히 몸에 밴 조건반사에 불과하다. 얼마든지 인도적이고 합리적으로 연구할 수 있었지만 욕 나올 정도로 미련하고 잔인한 연구방법을 택하고,

그것도 모자라 그러한 연구방법이 실패했다고 고백하면서도 같은 실험이 계속되어야 한다고 주장한 파블로프의 행위를 조건반사 말고 다른 말로 설명할 수 있을까?

실제로 파블로프는 자신의 이론을 뒷받침하기 위해 개 실험에 25년이란 세월을 바쳤다. 그는 개가 음식을 보거나 냄새를 맡거나 소리를 듣거나 어떤 촉감을 느끼거나 특정인이나 특정 사물을 보는 등의 자극을 받게 되면, 개의 입에 침이 고이는지, 또 얼마나 고이는지를 밝히고자 했다. 그러면서 개에게 메트로놈 소리를 들려주거나 버저를 울리거나 음악을 들려주거나 열을 가하거나 개의 신체 일부분을 간지럽히고 나서 먹이를 주었다. 그 결과 개들은 음식과 그러한 자극을 연관짓게 되어 음식 없이 메트로놈 소리만 듣거나 간지럽힘만 당해도 침을 흘리게 되었다. 파블로프에 따르면, 직접 음식을 보고 냄새를 맡을 때 자연스럽게 입에 침이 고이는 것은 '무조건반사'다. 반면 내가 첼시의 전시회에서 메스꺼움을 느꼈던 것처럼, 개가 특정 자극을 받으면 음식이 나왔던 경험을 떠올리며 침을 흘리는 것은 '조건반사'다.

모든 실험은 개의 볼에 구멍을 뚫어 침샘관에서 침을 받는 방식으로 진행되었다. 개가 흘리는 침의 양을 정확하게 측정하려고 했기 때문이다. 결국 실험한 개는 평생 얼굴에 구멍이 난 채로 살아야 했다.

파블로프는 그러한 관찰을 통해 이끌어낸 추론을 과학적으로 검증하고자 했다. 그는 실험결과가 과학적 증거로 채택되려면 개가 침을 흘리거나 흘리지 않는 과정에 **일관성, 필연성, 불변성**이 있어야 한다는 것을 인정했고, 그와 같은 조건을 충족시키기 위해 전념을 다했으나 결국 실패했다. 개가 침을 흘리거나 흘리지 않는 과정은 일관성이 없을 때가 많았다. 때로는 실제 순서와 이론상의 순서가 완전히 반대로 나타나기도 했다. 실험결과는 일관되고 필연적이고 한결같기는커녕 걸핏하면 달라지고 모순투성이였다. 파블로프는 책의 마지막 강에서 솔직하게 실패를 인정했다. 그럼에도 불구하고 그는 실패의 원인을 실험기구나 개의 기질 탓으로 돌렸다. 후임자에게 더 좋은 실험기구를 고안해내고 실험에 적합한 견종을 찾을 때까지 자신의 연구방법을 고수하라고 권유한 것만 봐도 알 수 있다.

똑똑한 과학자가 그렇게 어리석을 수 있다는 것이 놀랍다. 물론 머리 좋게 타고난 파블로프가 하루 아침에 멍청해진 것은 아니었다. 실험에 실패할 때마다 새로운 발견을 했다고 착각하면서 자기 이론에 갖다 붙이는 방식으로 차츰 스스로를 속여갔다. 그는 개가 자극을 받고도 침을 흘리지 않을 때 자신의 이론이나 실험방법이 틀렸다고 결론 내리지 않았다. 대신 반사에는 양성적 단계와 음성적 단계가 있어서 흥분성 반사와 억제성 반사로 나뉜다는 것을 본인이 최초로 발견했다고 생각했다. 그러한 사실은 그가 최초로 발견한 것도 아닐 뿐더러 뒷받침하는 사례 역시 일상생활에서 얼마든지 찾을 수 있었다. 예컨대, 아이에게 잼에 대해 얘기하면 아이의 입에 침이 고이고, 잼을 주면 아이가 처음에는 잼을 허겁지겁 먹을 것이다. 하지만 아이에게 잼 한 병과 숟가락을 주고 그걸 다 먹으라고 하면 아이는 얼마 안 가서 숟가락을 내려놓고 한 입도 더 먹으려 하지 않을 것이다. 잼에 대한 무조건적인 반사가 음성적이고 억제적으로 변한 것이다. 파블로프는 그러한 사실을 아기를 키우는 유모에게서 배울 수도 있었다. 굳이 개를 사서 볼에 구멍을 뚫는 비용과 수고를 들일 필요가 없었다. 그러나 그는 유모들의 증언을 거부하고 스스로 사제가 되어 개의 희생의식을 행함으로써 종교적 조건반사에 지배당했다.

실험결과가 예상한 것과 정반대의 순서로 나타났을 때는 "역설적 단계"라는 새로운 현상을 발견했다고 선언했다. 그는 자고 일어나 일하러 나가려는 사람은 익숙한 순서로 옷을 입고, 일에 지쳐서 잠자리에 들려는(음성적 단계) 사람은 정반대의 순서(역설적 단계)로 옷을 벗는다는 사실을 들어 자신의 믿음을 강화했다.

파블로프는 개를 자기 뜻대로 조정해서 그 역설적 단계라는 것을 증명하려 애썼으나 실패하고 말았다. 그러자 그는 그 실패를 "초역설적 단계"의 발견으로 규정했다.

실험결과를 양성적 아니면 음성적, 논리적 아니면 역설적, 역설적 아니면 초역설적이라고 해석한다면, 세상에 증명하지 못할 것이 없다. 그런 식이라면 나도 분광분석을 통해 달이 초록색 치즈로 만들어졌다는 것을 증명할 수 있겠다. 어쩌면 나도 파블로프처럼 BBC에서 역대 최고의 과학자로 선정될지 모른다.

파블로프는 연구를 반사에만 국한시키지 않았다. 그는 개를 자극하는 방법이나 위치를 달리할 때마다 반사를 주관하는 뇌의 영역도 달라진다는 것을 보여주려고 했다.

그걸 증명하는 가장 확실한 방법은 개의 뇌 일부를 잘라내고 그 부분이 없으면 개가 어떻게 행동하는지를 관찰하는 것이었다. 19세기 과학자들도 같은 목적으로 원숭이의 뇌 일부를 불로 지졌다. 그러나 파블로프는 침의 양을 재는 방법을 선호했다. 침의 양은 정확하게 잴 수 있었다. 다만 이번에도 결과에 일관성과 필연성, 불변성이 없었다. 충분히 낙담할만한 결과였지만 파블로프는 자신의 추론방식을 굽히지 않았다. 그는 반사가 뇌의 특정 영역뿐 아니라 주변 영역과도 관련이 있다는 것을 알게 되자 "방사irradiation" 현상을 발견했다고 발표했다. 종이에 잉크 한 방울을 떨어뜨리면 잉크가 사방으로 번진다는 사실을 그도 분명 잘 알고 있었을 터였다. 뇌에 가한 자극이라고 다를 리 없었다. 그리하여 실패가 분명한 그 실험이 "집중"과 "방사"라는 두 단어로 살아났다.

그런데 그는 개 뇌의 특정 부분과 앞발과의 연관성을 시험하며 해당 부분이 뒷발과도 관련이 있거나 반대로 앞발이 뇌의 전혀 다른 부분과 관련이 있다는 것을 발견했다. 그래서 또 다른 실패로 인정했을까? 전혀 아니었다. 그는 전류가 흐르는 전선은 인접한 전선에도 전류가 흐르도록 유도할 수 있다는 사실을 알고 있었다. 개의 피부에서 뇌로 전달되는 메시지 역시 비슷한 특징을 갖고 있는 것이 분명했다. 즉, 원래의 메시지에 유도된 메시지가 있을 수도 있었다. 그래서 그의 실험결과는 또 다른 실패가 아니라 또 다른 발견이 되었다.

파블로프의 결론은 이제 난공불락이 되었다. 실험이나 관찰을 통해 얻은 사실이 결론에 부합하지 않는 경우는 없었다. 어떠한 대조실험도 결론을 뒤집을 수 없었고, 모순이란 있을 수 없었다. 상상 속 이론도 그보다 더 완전할 수는 없다. 그러나 파블로프의 결론은 물리적이고 객관적인 진짜 과학처럼 들려서 파블로프보다 추론 능력이 떨어지거나 파블로프를 믿고 싶어하는 사람들은 그의 책에 나오는 개 실험 얘기가 처음부터 끝까지 헛소리에 불과하다는 것을 알아채지 못한다.

최고의 능력을 지닌 사람들조차 그의 얘기에 속아 넘어갔고 여전히 그러고 있다. 나의 친구이자 박식한 동료인 H.G. 웰스는 파블로프의 이론에 감명을 받은 나머지 파블로프와 내가 물에 빠졌는데 구명조끼가 하나뿐이라면 파블로프에게 조끼를 던지고 나는 내버려둘 것이라고 했다. 러시아에서 파블로프를 만나고 돌아온 웰스는 그에게 완전히 매료되었다. 파블로프는 따뜻한 휴머니스트로서 개를 사랑하고 개들도 그를 좋아하는데, 나는 파블로프를 만나 본 적도 없으면서 실험만을 근거로 그를 악당 취급한다고 했다. 내가 악당이라는 표현을 쓴 이유는 파블로프가 개인적이고 직업적인 이익을 위해 상식적인 윤리를 저버렸기 때문이다. 사실 전문 과학자가 아닌 사람이 파블로프가 한 짓을 자기 개한테 똑같이 한다면 동물학대로 고소당하는 것은 물론이고 법정에서 괴물 취급 받게 될 것이다. 파블로프는 19강에서 그 문제에 대해 직접 설명한다.

"현재 이런 연구를 위해 할 수 있는 유일한 방법은 대뇌피질의 일부를 완전히 제거하거나 부분적으로 파괴한 다음 그 결과를 관찰하는 것이다. 이 방법은 가장 정교한 구조와 기능을 가진 신체조직 일부를 조야하기 짝이 없는 기계로 다루고 거칠게 분해해야 한다는 근본적인 약점을 갖고 있다. 이를테면 인간의 손으로 만든 아주 단순한 기계가 있다고 치자. 그런데 우리는 그 기계가 어떤 식으로 작동하는지 알아보기 위해 그 기계를 조심스럽게 분해하는 대신 톱을 들고 그 기계의 일부를 잘라버리는 것이다! 뇌의 반구나 중추신경계 연구에서 일반적으로 통용되는 방법은 그만큼 원시적이다. 뇌를 보호하는 단단한 두개골을 열기 위해 해머와 끌, 톱과 드릴 같은 도구들을 사용한다. 우리는 수많은 혈관을 파열시키며 뇌를 감싸고 있는 여러 층의 얇은 막을 찢고, 진동, 압박, 절개와 같은 다양한 기계적 방식을 동원해 섬세하고 예민한 조직층을 손상시키거나 파괴한다. 그러나 생명체 특유의 저항력과 생명력은 놀라울 정도여서 그렇게 엄청난 뇌수술을 받은 동물이라도 면밀히 조사하지 않으면 하루 종일 어떠한 문제도 발견되지 않을 때가 많다. 그래서 그렇게 원시적인 방법으로도 대뇌피질의 기능에 대한 지식을 얻을 수 있다. 그러나 생리학자들은 무슨 일이 있어도 그렇게 원시적인 방법에 만족해서는 안 된다. 뇌 반구의 절묘한 구조를 연구하려는 생물학자들은 발전된 과학기술을 적용해야 하고, 보다 적절한 방법을 개발하기 위해 노력해야 한다. 대뇌피질 연구에 사용되는 기존 방법은 뇌의 다른 부분들까지도 파괴하기 때문에 병을 유발할 수밖에 없다. 또한 대뇌피질 구조에 관해 아무리 신중하게 추론한다고 해도 오류를 범할 가능성이 높다. 실제로 대뇌피질의 특수한 기능은 새로운 신경연결을 만들어서 생물체가 주변환경과 기능적으로 완벽한 상호연관성을 갖도록 하는 것이기 때문에 대뇌피질에 어떠한 장애라도 발생하면 전체 메커니즘에 영향을 줄 것이다. 수술을 통해 대뇌피질에 가해진 직접적 영향은 얼마 안 가서 사라지더라도 나중에 수술 후 합병증이라는 심각한 문제가 나타날 수 있다. 즉, 수술로 생긴 상처가 덧나면 대뇌피질에 자극을 가하게 되어 주변 부위까지 손상시킬 수 있다. 그러한 상처는 주변의 정상 부위를 기계적으로 자극하기 때문에 신경 흥분을 주기적으로 유발하는 한편, 상처가 눌리고 곪고 파열되면서 뇌의 반구가 점점 와해된다. 나는 수술 기술을 개선하고자 노력했으나 운이 따라주지 않았고 지금 생각해 보면 큰 실수를 한 것 같다. 개의 뇌수술을 하기 전에 출혈을 미연에 방지하려고 두개골을 덮고 있는 측두근을 제거하곤 했다. 그러면 두개골이 부분적으로 위축되어 종종 피 한 방울 내지 않고 두개골을 열 수 있었다. 하지만 이 경우 경막[1]에도 상당한 위

---

[1] 뇌와 척수를 싸고 있는 세겹의 뇌막에서 가장 바깥쪽의 두껍고 단단한 막.

축이 일어나서 마르고 부러지기 쉬운 상태가 되기 때문에 경막을 이용해 뇌의 상처 부위를 덮는 것이 거의 불가능해진다. 결국 수술 후 상처가 외부조직에 직접적으로 닿게 되고 점점 덧나서 마침내 뇌조직에 침투한다. 수술을 받은 동물들은 거의 모두 갑작스런 경련을 일으키고 고통스러워 했다. 수술 후 빠르면 5-6주 만에 경련이 나타났고 몇몇 동물은 첫 경련 후 사망했다. 그러나 대개의 경우 초기 경련은 그다지 심각하지 않았고 드문드문 일어났다. 하지만 여러 달이 지나면서 경련이 더 자주 재발했고 강도도 더 심해져서 치명적이 되거나 대뇌피질 활동에 매우 심각한 장애를 일으켰다. 마취를 반복적으로 하거나 흉터를 제거하는 식의 치료법들이 간혹 효과가 있었으나 결국 신뢰할 수 없는 것으로 드러났다."

353페이지를 보면, "개들은 수술 이후 한 달에서 여섯 달 가량 살았고 결국에는 모두 심각한 경련으로 죽었다"고 되어 있다. 다른 페이지에는 뇌가 절단된 상태로 3년에서 6년 동안 살았던 개들에 관한 얘기가 나온다. 284페이지에는 "동일한 상처가 어떤 개들에게는 심각하고 지속적인 장애를 일으키고, 어떤 개들에게는 일시적이고 경미한 장애를 일으키며, 어떤 개들에게는 전혀 영향을 미치지 않는다"고 되어 있다.

이 대목에서 우리는 파블로프 스스로 실험에 반대하는 근거를 굉장히 솔직하고 분명하게 밝히고 있다는 것을 인정해야 한다. 그는 그 실험들이 조잡하고 잔인할 뿐 아니라 쓸모없다는 것을 시인하고 있다. 하지만 과학을 피의 희생과 연관짓는 조건반사가 너무 강하게 일어난 탓에, 파블로프가 후배들에게 마지막으로 남긴 말은 본인의 연구는 물론 그 혐오스럽고 무익한 연구방법까지도 계승해달라는 것이었다.

4

파블로프가 한 번도 동정심을 드러내지 않았다는 점은 눈여겨볼 만하다. 동정심은 어디까지나 심리학적인 것이고 생리학적으로는 알려진 바가 없다면서 파블로프는 동정심을 배제한다. 동정심은 객관적이지 않고 주관적이며, 물질적이지 않고 형이상학적이라는 것이다. 그는 심리학이나 주관적이고 형이상학적인 생각들도 과학이라는 것을 인정하려 들지 않는다. 동정심, 자비, 연민, 친절과 같은 인간의 무조건적 반사(자연스러운 감정)는 감정적인 쓰레기이므로 입법 논의에서 배제되어야 한다고 보았다. 하지만 그런 감정을 외면하겠다는 것은 본능을 거스르고 인간의 능력 밖에 있는 일을 하겠다는 것과 마찬가지다. 파블로프는 감정의 배제를 생리학자의 주요 자질로 상정하자마자, 어떤 반사는 자기보존적이고 탐색적이고 자유지향적이라고 묘사했다. ("자유반사는 가장 중요한 반사 중 하나임에 틀림없다", 12페이지) 즉, 반사를 심리학적이고 주관적이며 형이상학적인 것으로 묘사한 것이다. 그는 이 점을 알아채지 못했다. 그의 관심은 완전히 다른 곳에 쏠려 있었다. 그는 그의 모든 실험과 관찰에서 기준이 되는 음식물 반사조차 순전히 기계적인 반사가 아니라 생존을 위한 반사라는 것을 눈치채지 못했다. 그가 스스로 감상적이 되는 것을 용납한 적이 딱 한 번 있었다. 그는 "돌아보면 지난 25년간 자진해서 이 작업에 참여해준 수많은 동료에게 진심 어린 애정을 느낀다"고 했다. '객관적인 생리학'에서 '주관적이고 통속적인 감정'으로 건너뛰는 그 놀라운 순간에 왜 그의 불쌍한 개들은 배제되었을까?

　정치행정가들은 거짓 상관관계를 통해 결론을 도출하고 서너 번의 관찰 결과만을 가지고 확률을 계산하는 파블로프의 잘못된 추론방식을 문제 삼을 수가 없다. 그렇게 위험하고도 비정상적인 행위를 처벌하거나, 실험실에서 이루어지는 과학이 과학의 전부라는 그의 주장을 반박할 법적 근거가 없기 때문이다. 파블로프가 자신의 실험방법은 조야하고, 분별없고, 무익하며, 실행불가능하다고 자백해 봐야 치안판사에게는 아무 의미가 없다. 그런다고 그의 실험방법이 법에 저촉되는 것은 아니다. 하지만 실험방법의 잔인함은 법에 위배된다. 현행법상 개를 학대하는 것은 명백한 불법이다. 파블로프는 개들을 끔찍하게 학대했을 뿐만 아니라 자신은 과학자이므로 그런 행위를 해도 괜찮다고 여겼다. 그래서 경찰은 해결하기 매우 곤란한 공적인 문제에 봉착하게 되었다. 관습법이나 상식 선에서는 범죄행위나 혐오행위로 분류되는 행위들에 대해 어느 정도까지 용인해야 하고 때로는 심지어 강제해야 하는지 고민하게 된 것이다. 파블로프 같은 사례는 결코 특수하다고 할 수 없었다. 지각이 있는 생물체를 식량을 얻기 위해 도살하고, 스포츠를 위해 사냥하고, 해충이란 이름으로 독살하고, 모피와 가죽, 기름, 비누, 수지를 얻기 위해 껍질을 벗기고 죽이는 행위는 엄청나게 잔인하지만, 그런 행위 때문에 기소될 것이라고 생각하는 사람은 아무도 없다. 전쟁과 형벌은 무시무시할 정도로 잔인하지만 정의를 구현하고 나라를 위하는 행위로 용인되고 있다. 파블로프 같은 생체해부 옹호론자들은 잔인하다는 비난을 받으면, 지식 추구를 위해 개를 죽이는 과학자와 오로지 쾌락을 위해 여우와 수사슴을 사냥해서 마취도 하지 않고 죽이는 자들은 다르다고 대응한다.

나는 스포츠맨이 아니다. 하지만 기회가 있으면 사슴사냥꾼에게 이렇게 얘기하겠다. "당신의 잔인한 행위는 반드시 필요한 것도, 불가피한 것도 아니오. 그러니 다른 오락거리를 찾아보시오." 다른 방법이 분명 존재하기 때문이다. 만일 생체해부실험을 한 파블로프에게 똑같은 얘기를 하면, 그는 다른 방법이 없다고 징징거릴 것이다. 그러면 나는 이렇게 대답할 것이다. "그래도 다른 방법을 찾아보시오." 그가 다른 방법을 어떻게 찾냐고 물으면, "머리를 쓰시오. 그리고 종교적 미신을 떨쳐 버리시오. 생각하는 인간이라면 적절하고 합법적인 방법을 50개는 더 찾아낼 것이오. 그걸 찾으려 하지 않는다면 당신은 생각하는 인간이 아니오. 다시 말해, 과거의 행위만을 반복하는 정신적 게으름뱅이자 멍텅구리요"라고 말하는 수밖에 없다. 그러면 그는 비과학적이고 감정적인 예술애호가와는 말이 통하지 않는다고 반박할 것이다. 물론 다른 모든 생체해부학자들도 그에게 동의할 것이다. 그렇지만 **정치인은 공적인 문제를 특정 집단이 해결하게 내버려두면 안 되고(유감스럽게도 정치인들은 종종 그런다), 다른 집단이나 정파를 대할 때와 마찬가지로 과학자 집단에 대해서도 비판적인 잣대를 들이대야 한다.**

과학자들은 내가 여기서 사냥을 잔인한 스포츠라고 일축하면서 형사 법정의 잔인함은 다루지 않는다고 지적할지도 모르겠다. 그러나 형사 법정에 대한 두려움은 문명의 필수 요소다. 정부는 반사회적 행위를 억제하기 위해 일정한 제재를 가해야 하며 그러한 제재는 충분히 공포스러워야 효과가 있을 것이다. 하지만 파블로프의 개는 전혀 반사회적 행위를 저지르지 않았다. 더구나 개를 그렇게 고문한다고 해서 다른 동물들이 반사회적 행위를 하지 못하도록 막을 수 있는 것도 아니다.

신을 두려워하는 것에서 지혜가 시작되듯이, 정부를 두려워하는 것에서 문명사회가 시작될 수 있다. 사실상 둘 다 결과에 대한 두려움이다. 나중에 다시 얘기하겠지만, 그 결과에 신체 상해나 고문이 포함돼서는 안 된다. 일단 지금은 과학자가 주제이므로 이쯤 해두겠다. 더구나 나는 아직 의사에 대해 다루지 않았다. 세상에는 과학자보다 훨씬 많은 의사가 있다. 의사는 과학자만큼 신뢰를 받고 엄청난 특권을 누린다. 생체해부학자는 유명하지도 않고 그렇게 될 일도 없을 것이다. 그러나 의사는 어디서나 인류의 친구이며 과학의 창시자로 대접받는다. 다음 장에서는 의사에 대해 얘기하려고 한다.

24장 의사: 재주는 하늘이 부리고 돈은 의사가 챙긴다

1

의사들은 위험할 정도로 예외적인 특권을 누리고 있다. 의사의 특권은 정치인들이 해결해야 하는 난제다. 특히 의료서비스가 의사협회라는 무책임한 민간집단에서 책임 있는 공무원들의 손으로 넘어가면서 의사의 특권은 골치아픈 문제거리가 되었다. 대체로 어느 직업에서나 무능한 사람은 실패하기 마련이고 그의 무능함은 만천하에 드러난다. 기술자가 일을 엉터리로 하면 그 일로 먹고살기 힘들어지고, 다른 일을 구하지 않으면 굶어죽기 마련이다. 그러나 의사는 **아무리 무능한 돌팔이라 할지라도 환자 20명 중 19명이 그의 치료와 상관없이 저절로 회복된다.** 회복한 19명의 환자들은 의사 덕분에 병이 나았다고 믿으며 친구들에게 훌륭한 의사라고 입소문을 낸다. 죽은 한 명에 대해서는 우리 모두 언젠가는 죽는다는 식으로 얘기할 뿐이다. 의사가 환자의 죽음까지 막을 수는 없다고 생각한다.

　의사가 환자에게 도움을 주기보다 해를 끼친다면 19명의 환자는 어떻게 차도를 보인 것일까? 생명력, 생기, 생의 약동, 삶의 숨결 등 여러

가지 이름으로 불리는 그 무언가가 우리의 생명을 유지시켜 주기 때문이다. 우리가 병에 걸리거나 상처를 입어도 그 어떤 생명력이 회복 기능을 발휘해 우리를 살려낸다. 가장 어리석은 의사와 가장 부도덕한 약장사들이 아무리 상황을 엉망으로 만들어도, 생명력은 부러진 뼈와 죽은 장기를 고치고, 가장 더러운 감염 부위도 깨끗하게 만든다. 의사들이 어리석지 않고 생명력을 저해하지 않을 정도의 쓸만한 임상 능력을 가지고 있다면, 결과는 훨씬 더 만족스럽고 성공적일 것이다. 어쨌든 결과에 대한 공로는 전부 의사와 간호사, 약사에게 돌아간다. 생명력은 아무 인정도 받지 못한다. 생명의 자연치유력은 인정을 받기는커녕 환자의 회복 여부와 상관없이 의사와 약사에게 좋은 일만 시킨다.

이 점에 의구심이 든다면 의학사를 공부해 보면 알 것이다. 셰익스피어는 돈벌이용 희곡을 하나 썼는데 현실을 있는 그대로 그린 작품이 아니라는 암시를 주기 위해서, 노골적으로 <뜻대로 하세요>라는 제목을 붙였다. <뜻대로 하세요>는 토머스 로지라는 의사의 소설에 착안하여 쓴 작품이다. 나는 작가지망생 시절 토머스 로지의 작품 목록을 정리하면서 그의 의학논문을 접했다. 로지는 방역과 위생에 대해 놀라울 정도로 합리적인 견해를 가지고 있었다. 그러나 그의 약물처방은 정상적이라고 할 수 없었다. 지지리도 운이 없는 그의 환자들은 그가 처방한 약을 삼킬 수밖에 없었다. 로지는 병이란 악마에 홀린 것이라고 보고, 악마를 몰아내기 위해서는 인간의 몸에 가장 해롭고 혐오스러운 물질을 주입해야 한다고 생각했다. 또한 악마는 더러움을 좋아하고 아름다운 것을 싫어하기 때문에 귀금속을 갈아서 그 가루를 환자가 복용하게 하면 악마를 몰아낼 수 있다고 믿었다. 셰익스피어가 로지의 소설 <로잘린드>와 함께 그의 의학논문들도 읽어봤는지는 알 수 없다. 만약 읽었다고 한다면, 셰익스피어가 <맥베스>에서 왜 그런 과학관을 드러냈는지 충분히 이해할 수 있다. 셰익스피어는 병의 원인이 마음에 있다고 봤기 때문에 맥베스로 하여금 "약은 개나 줘버려라"고 외치게 했다. 그러나 영국인들은 셰익스피어만큼 현명하지 않다. 그래서 당시 영국인들은 토머스 로지의 처방을 믿었고 요즘 영국인들은 할리가[1]를 믿는다.

이제 그로부터 100년 후 찰스2세의 임종 때로 가보자. 당시 근방의 저명한 의사들은 모두 그 자리에 있었다. 의사들이 찰스2세에게 무슨 약을 처방했는지 매콜리의 묘사를 읽어보라. 그들은 자기들이 찰스2세를 죽이는데 일조하고 있다고는 꿈에도 생각 못했다. 그로부터 100년 뒤 내 고조부의 병상에서는 어떤 일이 벌어졌을까? 의사들이 내 고조부의 입 안에 뭘 집어 넣었는지는 알 수 없다. 하지만 전해 들은 바에 의하면, 의사들은 내 고조부를 불로 지져 비명을 지르게 만들었고, 부황과 거머리를 동원해 피를 뽑았다고 한다. 고조부의 의사들은 더블린에서 가장 유명한 의사들이었고 그들의 권위는 절대적이었다. 그도 그럴 것이 의사가 환자에게 무슨 짓을 하든 어떤 처방을 내리든 관계없이 대부분의 환자는 자연적으로 치유되었기 때문이다. 그래도 그들은 신을 무서워할 줄 아는 사람들이었기 때문에 자연치유력이 있다는 것을 솔직하게 인정했다. 자연치유력은 과학으로 설명되지 않아서 의사나 환자 모두 '신의 뜻'이 표출된 것 정도로 이해했다. 이런 점에서 볼 때, 그 시절 의사들은 지금의 생물학자들보다 훨씬 앞서갔다. 오늘날 생물학

[1] 런던 중심부의 개인 병원 밀집지.

자들은 교회와 성경의 권위에 반발하여 자연치유력은 물론 그 비슷한 어떤 것도 인정하지 않으려 한다. 19세기 중반까지 의사들은 환자 가족이 "신의 뜻이 이루어졌다"라고 말해도 신경쓰지 않았다. 그러나 다윈이 (본의 아니게) 신의 존재를 없애버리자 의사들은 전지전능함이나 무오류성과 같은 신의 속성이 전부 자기들 것이라고 주장하고 나섰다.

2

풋내기 회의론, 미학적 결벽증, 로지의 혐오스러운 약물, 부항이나 사혈 같은 낡은 치료법은 과학의 발달과 더불어 자취를 감췄다. 하지만 새롭게 등장한 예방접종이나 신체고정기술이 시드넘[2]과 애버네티[3]의 낡은 의료기술이나 파레[4]의 수술보다 더 치명적일 수 있다. 예방접종은 거머리를 살찌우는 대신 사람의 피에 병원균을 주입한다. 신체고정기술은 사지가 부러진 사람을 다리가 부러진 의자나 탁자처럼 대함으로써 외과수술을 배관이나 목공 같은 기계적인 작업으로 격하시킨다. 그런데도 사람들은 여전히 아프면 의사를 찾고 의사의 지시를 따른다. 자연치유력이 제 역할을 다하면(저절로 병이 나으면), 더 이상 신을 믿지 않는 요즘 세대는 모든 공을 의사에게 돌린다. 여전히 무지몽매하다. 어쩌면 성찬식의 성체가 약국의 약보다 유익할지도 모른다. 성경의 기적

[2] 토머스 시드넘 Thomas Sydenham(1624-1689): 영국 의사. 철저한 임상 관찰과 경험, 자연 치유를 중시함. 말라리아 치료에 퀴닌 사용을, 빈혈 치료에 철분 사용을 대중화.
[3] 존 에버네티 John Abernethy(1764-1831): 영국 외과의사. 런던 성바르톨로뮤 의대 설립자. 식단의 중요성 강조.
[4] 암브르와즈 파레 Ambroise Pare(1510-1590): 프랑스 외과의사. 사지절단술을 개선하고 지혈법을 발전시킴. 앙리2세, 프랑수아2세 등의 주치의로 "나는 그에게 붕대를 감아주고 하느님이 그를 낫게 하셨다"라는 유명한 말을 남김.

을 맹신하던 사람들이 "과학의 기적"을 맹신하게 되는 것은 결과적으로 더 안 좋을 수 있다.

대표적인 정치적 사례가 19세기에 세례를 맹신하던 지배계층이 예방접종을 맹신하게 되면서 우두접종을 법으로 강제한 것이다. 사실 예방접종은 기대에 부응하지 못했다. 예방접종과 재접종을 강제적으로 실시했는데도 천연두가 두 번(1871년과 1881년)이나 대유행했다. 천연두만큼 공포스러웠던 티푸스와 콜레라가 위생개선을 통해 이미 오래 전에 사라지고 난 뒤였다. 예방접종 반대론자들은 예방접종법을 도입하는 근거가 됐던 어설픈 통계들을 강하게 비판했다. 하지만 통계에 현혹된 치안판사들이 예방접종을 무자비하게 강제했다. 결국 극심한 반발이 일어났고, 의회는 그러한 저항에 굴복하여 양심적인 반대를 허용하게 되었다. 의료계 종사자들과 주요 언론인들은 우두접종이 천연두를 없앴다는 주장을 여전히 앵무새처럼 되풀이하고 있다. 이제는 천연두보다 우두로 죽는 아이들이 더 많은데도 말이다.

요즘 신문은 새로운 성병규제책에 대한 찬반논쟁으로 뜨겁다. 성병은 전쟁중인 군대에 항상 따라붙는 병으로 최근에 급격히 확산되고 있다. 새로운 성병규제책이 실시되면, 성병에 감염된 사람들은 자신의 상태를 정부당국에 신고하고 처방에 따라야 한다. 입법자들이 정부에서 정한 치료법의 효과를 검증할 것이라고 생각하겠지만 전혀 그렇지 않다. 입법자들은 법으로 개인의 자유를 제한하는 것에만 관심이 있다. 정부가 제시한 성병치료법에 뭔가 문제가 있지 않을까 하는 의구심이 드는 것도 당연하다. 성병치료법은 연금술사에게서 비롯된 것이다. 연금술사들은 금속, 특히 수은에 마술적인 힘이 있다고 믿었다. 수은은

뼈를 썩게 해서 천천히 죽음에 이르게 하는 독이다. 하지만 수은은 매독의 초기 증상을 억제하여 매독을 치료하는 것처럼 보인다. 그래서 수은을 이용하는 것이 매독 치료의 정석으로 자리잡았다. 한동안은 수은이 유일한 매독치료법으로 간주되었다. 그런데 치료를 해도 낫질 않거나 몇 년 후 더 심각한 2차, 3차 매독에 시달리는 환자들이 생겨났다. 그러자 우두접종의 인기가 사그라진 것처럼 수은의 인기도 사라졌다. 요오드염에서 수은을 대체할만한 물질을 발견했다는 발표가 있었다. 그래서 다들 안심했지만 요오드염 추출물 역시 실망스럽기는 마찬가지였다. 어떤 환자들은 그러한 독성물질을 아예 견뎌내지도 못했다. 그러다 마침내 살바르산이라고 하는 새로운 특효약이 등장했다. 살바르산은 효과도 확실했고, 수은을 대체하는 무해한 물질로 알려졌다. 하지만 알고 보니 비소와 수은이 결합된 매우 강력한 독이었다. 그 후로도 성병을 억제하거나 완전히 치료할 수 있는 독성물질의 조합을 찾기 위해 수많은 실험이 행해졌다. 가장 최근에 발견한 혼합물이 바로 새로운 성병규제책을 통해 처방될 약이다. 새로운 약은 임질을 마법처럼 치료한다고 알려져 있지만 한편으로는 의사들을 혼란스럽게 만들고 있다. 겉으로는 완전히 치료된 것 같은 환자도 임균(임질을 일으키는 병원균) 보균자로서 병을 옮길 가능성이 있기 때문이다.

　이런 일은 전혀 낯설지 않다. 말라리아는 최악의 질병 중 하나다. 퀴닌은 그런 말라리아의 증상을 억제하기 때문에 수세기 동안 말라리아 치료제로 사용되었다. 그러나 말라리아가 매년 재발하는 것을 보면 퀴닌이 말라리아를 치료한다고 할 수도 없었다. 증상을 억제한답시고 자연치유력을 억누르면 치료에 도움이 되지 않을지도 모른다는 의혹이 생겨났다. 매독의 경우처럼, 처음에는 증상이 억제되다가 2차, 3차로 더 끔찍한 증상이 나타나는 이유는 해당 질병 때문이 아니라 증상억제제의 유해한 독 때문이라는 주장이 강력하게 제기되었다. 이러한 관점을 지닌 '자연요법자들'은 병원에서 환자의 전반적인 상태를 적절히 보살피기만 해도 매독은 "저절로 치유되고" 재발하지도 않으며 전염될 염려도 없다고 주장한다. 반면 매독은 결코 저절로 치유되지 않는다는 주장도 있다. 매독이 지독한 병인 만큼 독성이 강한 약으로 다루어야 한다는 것이다. 그러한 약은 이종요법[5]의 관점에서는 매독만큼 치명적이지만, 동종요법[6]의 관점에서는 저농도로 투여되기만 하면 생명력을 결집시켜서 병을 공격하고 몰아내는 역할을 한다. 이렇게 의사들끼리도 서로 타협이 불가능할 정도로 견해가 다른데 정치인들이 어떻게 의사들의 말을 따를 수 있겠는가?

약의 효과에 대해 회의적이기는 외과의사들도 마찬가지다. 외과의사들은 환자가 고통에 일시적으로 무감각해지도록 약물을 사용한다. 마취기술이 이제는 거의 완벽에 가까워져서 예전에는 수술을 몇 분 안에 후딱 해치워야 했지만 지금은 하루종일 해도 괜찮은 정도가 되었다. 외과의사들은 국부마취를 통해 자기 몸을 스스로 치료하기도 한다. 이전에는 불가능하거나 절망적일 정도로 어렵고 위험했던 수술이 이제는 쉽고 안전하게 이루어지고 있다. 수술이 반드시 필요하고 이롭기만 하다면, 마취가 쉬워진 것이 굉장한 축복이다. 하지만 마취로 인

---

5 환자의 증상 또는 원인을 억제하거나 증상과 반대되는 작용을 유발시켜 치료하는 방법.

6 유기체의 자연치유력에 근거하여 질병증상과 유사한 반응을 나타내는 자연물을 이용하여 질병을 치료하는 방법.

체 해부 또한 쉬워지면서, 장기 하나가 잘못되면 일단 절제부터 하고 다른 장기가 그 역할을 대신하도록 하는 외과치료가 당연시되고 있다. 우리가 왼손만 가지고도 잘 살 수 있다면 "네 오른손이 너를 죄 짓게 하거든 그것을 잘라 던져 버려라"⁷는 말도 당연하고 아무렇지 않게 들릴 것이다. 수술은 수익성이 좋다. 수술비용은 수십에서 수백 기니에 달하기 때문에 외과의사들은 '가죽만한 게 없다'는 구두장이들처럼 '칼만한 게 없다'고 하고 있다. 어느 젊은 외과의사는 몇 년 후에는 모든 아기가 조산술 대신 제왕절개술로 출산하게 될 것이라고 장담했다. 나는 그 말을 듣고 외과술이 어느 정도까지 왔는지 제대로 알게 되었다. 외과의사들에게 제왕절개술은 훨씬 빠르고 쉬운 길이다. 의사들은 아이를 겸자로 자궁에서 끄집어 내는 것이 아이에게도 덜 해롭고, 마취된 산모에게도 덜 고통스러운 방법이라고 주장한다. 하지만 외과의사들이 수술도구 사용법에 관해 특별히 훈련받는 것도 아니고 기껏해야 해부실에서 메스를 잡아보는 것이 다라는 꽤 씸한 사실을 언급하는 사람은 아무도 없다. 내 기억에 의대생들은 빈민가의 출산 현장에서 조산술을 익혔다. 유아사망률은 빈민층이 부유층보다 높아도, 산모사망률은 의사의 도움으로 출산하는 부유층이 무지한 산파의 도움으로 출산하는 빈민층보다 오히려 더 높을 때가 있다. 앤 여왕은 17명의 아이를 낳았지만, 그 중 하나도 장성하지 못했다. 그들에게는 진흙탕 범벅의 마굿간이 더 안전했을지도 모른다.

---

7   마태오복음 5:30

3

이 모든 증거를 마주한 정치인이 해야 할 일은 무엇인가? 의사들은 예방접종, 약 처방, 해부를 강제할 권한을 달라고 졸라대고, 자기들이 그러한 권한을 갖지 못한다면 인류는 미생물과 기생충으로 전멸할 것이라고 정치인들을 협박한다. 유태인들은 성경 말씀대로 기도하고 믿으라고 하며, 자연요법자들은 자연치유력을 믿으라고 한다. 이러한 양극단 사이에는 정치인의 관심을 끌거나 법제화되기를 바라는 수많은 치료법과 위생제도가 존재한다.

무엇을 어떻게 해야 할 지 모르는 정치인은 아무 일도 하지 말라고 말하기는 쉽다. 그러나 정치인은 아무 일도 안 하는 절망적인 선택조차 할 수 없는 입장이다. 정치인은 이러저러한 일을 해달라는 요구를 너무 많이 받는다. 정치인은 목소리 큰 대기업에 굴복했던 것처럼 전문가나 선동가, 종파의 의견에 굴복해 그들이 추천한 이러저러한 방법을 시행하거나 금지한다. 정치인은 근시안적이고 될대로 되라는 식의 태도를 견지할 뿐이다. 정치인은 알려고 하면 할수록 잘 알게 되기는커녕 여러가지 견해와 신념이 격렬하게 충돌하는 현장에 직면하게 되어, 전보다 더 혼란스러워지기만 한다. 따라서 강한 정신과 상식을 갖춘 사람만이 책임있는 자리에 앉아야 한다.

몇 가지는 분명하게 결론 내릴 수 있다. 일단 **의사의 수입이 환자의 병에 따라 결정되도록 내버려두는 것은 정신나간 짓이다.** 그렇게 할 이유가 전혀 없기 때문이다. 스웨덴의 가족 주치의는 담당 가족이 1년 내내 병원을 찾지 않아도 정해진 보수를 받는다. 따라서 가족 구성원 모두의 건강이 유지되는 것이 의사에게도 이익이다. 추운 날 코트를 걸치지 않고 외출했다가 거리에서 주치의와 마주치면 얼른 집으로 돌아가 코트를 입고 나오라는 충고를 듣게 될 것이다. 담당하는 환자가 아프지 않다면 의사는 얼마나 행복하겠는가! 지나치게 골치 아픈 환자나 만성 환자는 신의 자녀로 소중하게 대하기보다 죽게 놔두는 것이 의사에게 더 유리할지도 모른다. 하지만 아무리 그렇다 해도, 모르핀을 끝없이 투여해야 할 정도로 고통스러운 경우를 제외하고 환자들을 죽게 놔두는 것은 의사의 도리가 아니다. 런던에 거주하는 스웨덴인들은 스웨덴에서와 같은 조건으로 주치의를 고용하는 데 특별히 어려움을 겪지 않는다. 영국의사협회 소속 의사나 건강보험의사들이 이미 그와 같은 조건을 받아들이고 있기 때문이다. 단, 외과시술이나 전문의와의 상담이 필요한 경우 환자 개인이 직접 예약하는 것은 불가능하고 주치의가 대신 하도록 되어있다. 주치의가 전문의나 외과의사에게 몰래 커미션을 받지 않는 한 그렇게 개입한다고 별도의 수입이 생기는 것은 아니다. 하지만 미국에서는 주치의가 외과의사나 전문의에게 커미션을 받는 일이 급격하게 번져서 그러한 관행을 금지하는 법이 제정되기에 이르렀다. 영국에서는 비밀커미션을 법으로 금지하고 있으므로 별로 걱정할 필요는 없을 것 같다. 하지만 그 법만으로는 외과의사나 전문의가 수술이나 질병과 관련하여 금전적 이익을 보는 구조적 폐단을 막을 수 없다.

의사는 명예로운 직업이기 때문에 의료계가 부패할 리 없다고 장담한다면 오산이다. 천 명의 사람들이 개개인만 놓고 보면 하나같이 훌륭한 사람들이라고 해도, 공통의 이해관계가 맞아 떨어지면 다같이 부패할 수 있다는 사실을 상기해야 한다. 의사들은 순수하고 선한 의도에서 좋은 일을 많이 하기 때문에 의사에게 형사법을 적용하는 것이 영 불편할 수 있다. 하지만 정치인이 명심해야 할 것은 **선한 충동이나 직업 윤리가 아무리 강해도 금전적 욕구에 비하면 아무것도 아니라는 사실이다.** 선한 충동에서 하는 행동들은 간헐적이고 단발적이다. 반면 금전적인 욕구는 변하지도 않고 사라지지도 않는다. 범죄 덕에 경찰이 진급할 수 있고 소송 덕에 변호사가 돈을 벌 수 있다면, 전쟁이야말로 군인에게는 공을 세울 수 있는 유일한 기회이며 자본가치가 향상되는 확실한 방법이고 수많은 사업이 수익을 내고 프롤레타리아가 높은 임금으로 지속적으로 고용될 수 있는 길이라면, 낮이 지나고 밤이 오는 것처럼 범죄가 "일어날 수밖에 없는 구조"인 것이다. 도슨과 포그[8] 같은 변호사들이 공갈협박 소송을 벌이고, 국가는 다른 나라의 전쟁광들이 무서워서 철저히 무장할 것이며, 전문가 집단은 자신들이 누리는 독점적 이익을 보호하는 집단 규율을 강화할 것이다.

4

다시 말하지만, 자연치유력과 위생개선 덕분에 상황이 나아지는 것인데 공은 의사들에게 돌아가고 있다. 의사들의 방법이 완전히 틀렸을 때조차도 마찬가지다. 자연은 더러움, 추함, 전쟁, 영양실조, 결식, 과식과 같이 자연에 해를 끼치는 행위를 벌한다. 가해자인 인간 개인에게 즉각적으로 앙갚음을 하기보다 주기적인 전염병을 통해 혈액의 저항력이 상대적으로 약한 모든 이를 감염시키고 굴복시킨다. 흑사병은 도시의 악취와 더러움에 역겨워하며 인류를 전멸시키려 했던 자연의 시도다. 그와 같은 자연의 공격을 일반적으로 페스트라고 한다. 우리는 투키디데

[8] 찰스 디킨스 작품에 등장하는 부도덕한 변호사.

스와 데포가 페스트를 묘사한 글을 읽고 페스트를 '과거past의 질병'으로 치부한다. 하지만 스웨덴 출신 의사 악셀 문데 박사에 의하면 19세기 콜레라도 흑사병만큼 끔찍했다. 우리들 대부분은 1차세계대전 때보다 희생자가 많았던 스페인 독감을 기억하고 있다. 나의 아버지는 마지막으로 대유행했던 콜레라의 공격에서 살아남았다. 1871년과 1881년에 백신이 아무 소용없을 정도로 천연두가 대유행했을 때 나도 두번째 유행에 감염되었지만 아버지와 마찬가지로 살아남았다. 여전히 우리는 "역병, 페스트, 기근, 전쟁, 살인, 급사"의 위험에서 자유롭지 못할 뿐만 아니라 그러한 것들에서 구해달라는 우리의 기도 또한 가차없이 묵살당하고 있다.

그러나 언제나 다수의 건강한 사람들이 존재한다. 혈액이 건강한 덕분에 감염을 견뎌내고 식세포와 항체, 항원을 생성해내는 사람들이다. 건강한 사람들을 제외한 나머지 사람들이 전부 죽거나 회복할 때쯤 되면, 전염병은 여세를 몰아 우리를 전멸시키는 대신 나타났을 때와 마찬가지로 홀연히 사라진다. 도시를 깨끗이 하고, 습관을 개선하고, 양을 잘 먹이고, 자연이 또다시 분노하기 전에 조심하라고 우리에게 경고한 것에 만족한다.

전염병이 발생했다고 의사를 탓하는 사람은 아무도 없다. 사람들은 전염병을 신의 행위로 여긴다. 그렇지만 전염병의 기세가 약해지고 병세가 누그러지면 다 의사 덕분이라고 한다. 예방접종을 한 사람이 전염병에 걸리지 않으면, 타고난 혈액의 저항력 덕분이라고 생각하지 않고 예방접종 덕분이라고 생각한다. 더구나 전염병으로 죽는 사람들의 대부분이 가난하고 무지하고 예방접종을 받은 적이 없기 때문에 예방접종으로 면역력이 생긴다고 주장하는 통계학자까지 나타난다. 전에는 아픈 사람만 의사를 찾았는데 이제는 건강한 성인과 아동도 질병을 예방한답시고 의사를 찾는다. 보통 의사가 얼마나 버는지는 확실하지 않기 때문에 의사에게 주는 비용을 아까워하는 사람은 없다. 하지만 의사는 예방접종이나 예방약으로 쉽게 돈을 벌 수 있다는 생각 때문에 위생개선을 반대하는 데 온 힘을 쏟는다. 위생개선으로 티푸스와 콜레라, 흑사병이 사라진 반면 예방접종은 여전히 천연두와 디프테리아를 공포의 대상으로 남겨두었다.

가장 참기 힘든 독재정권은 우리와 아이들에게 폭력을 휘두르고 피에 독을 주입하고 목구멍에 독을 집어넣는 정권이다. 천연두 예방을 위한 강제적인 우두접종이 최악으로 치달았을 때 아이들은 우두에 걸려 끔찍한 몰골로 죽어갔다. 하지만 의사들은 아이들의 죽음이 우두접종과는 아무 상관 없고 부모에게서 매독이 옮았기 때문이라고 진단했다. 빈민층은 무방비 상태로 그런 혐의를 받아야 했다. 그러나 결국 어떤 부부가 의사들을 명예훼손으로 고발했다. 의사들은 우두가 심하면 매독과 구분하기 힘들기 때문에 우두와 매독을 혼동하는 실수는 불가피하고 용납될 만하다고 항변했다. 당시에는 매주 한 명의 아기가 우두로 숨졌다(천연두보다 우두로 죽는 아기들이 더 많아졌다). 그러니 진실을 아는 사람들이 의사들의 증언에 어떤 반응을 보였을지 짐작할 수 있을 것이다. 하지만 우두접종 반대론자들이 진실을 알리려면 신문을 새로 발행해야 할 판이었다. 기존 신문들이 우두로 천연두를 없앨 수 있다는 바보 같은 소리만 반복하고 그에 반하는 증거들은 무시해버렸기 때문이다. 우두접종 다음에는 디프테리아 예방접종이 나왔다. 이번에도 사람들은 쉽게 믿고, 디프테리아 예방접종으로 일시적인 소아마비가 나타날 수 있다는 사실을 무시한 채 아마추어 통계학자들에게 말려들고 있다. 아마추어 통계학자들은 예방접종을 받지 않은 아이들은 전부 디프테리아로 죽거나 다른 아이들을 감염시켜서 결국에는 인류가 간균[9]으로 전멸할 것이라고 위협한다. 간균은 건강한 사람의 목에서도 흔하게 발견되는데 말이다. 어떤 통계에서든 부모의 충분한 보살핌을 받는 아이들이 부주의한 부모를 둔 아이들보다 결과가 좋을 수밖에 없다는 사실은 아무도 지적하지 않는다. 가난 역시 인구동태통계에 놀라운 영향을 미칠 수 있으며 엉터리 약장수들은 그러한 통계를 이용한다. 심지어 금시계가 천연두를 예방한다고 주장하는 보석상도 예방접종 옹호론자들만큼이나 설득력 있는 통계를 얼마든지 제시할 수 있다.

엉터리 치료법이 공인되어온 역사를 알기 위해서는 반나절만 투자하면 된다. 정치인이 그러한 역사를 알게 되면 어떠한 치료법도 법으로 강제하지 않겠다고 결심할 것이다. 어쩌면 의사의 시술 자체를 범죄행위로 규정하고 싶어질지도 모른다. 실제로 그런 일이 일어났다. 천연두접종을 범죄로 규정한 것이다. 우두접종을 하기 전에는 천연두 예방을 위해 천연두를 직접 접종하는 방식이 성행했다. 제너는 당시 저명했던 존 헌터에게 훈련받은 똑똑하고 상상력이 풍부한 의사였는데 천연두접종을 열렬하게 신봉한 나머지, 예전에는 어디서나 볼 수 있었던 마마자국 난 얼굴들이 천연두접종으로 사라졌다는 내용의 소책자를 쓰기도 했다. 하지만 나의 조부모 중 한 분은 우두접종과 천연두접종을 모두 받았는데 결국 천연두에 걸렸다고 자랑처럼 얘기했다. 어느 날 제너는 목

---

[9] 디프테리아균은 간균의 일종임.

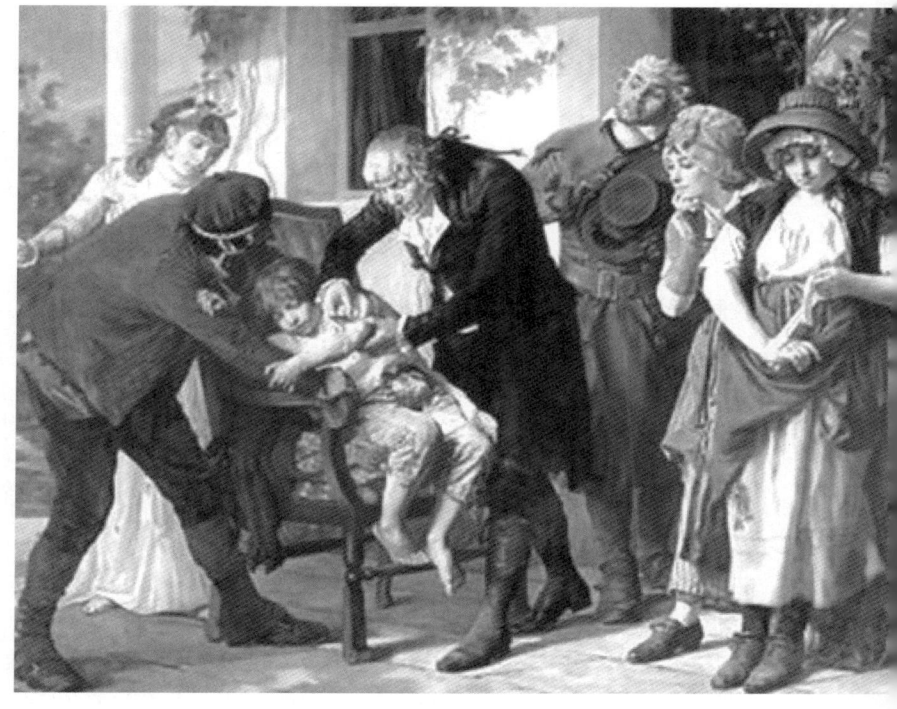

1796년 처음으로 예방접종을 실시하는 제너. <백신접종 1796>, 가스통 시오도르 멜랑그, 1879.

장 여인이 "나는 우두에 걸린 적이 있기 때문에 천연두에 걸리지 않아요"라고 얘기하는 것을 들었다. 여기서 힌트를 얻은 제너는 무해한 우두접종으로 전 세계가 천연두에서 해방되는 상상을 했다. 그의 생각은 삽시간에 퍼졌고 의회는 제너에게 30,000파운드를 지원해주기로 했다. 목장 여인은 아무것도 받지 못했다.

그런데 우두접종을 한 상류층 자녀가 천연두로 사망하는 일이 발생했다. 제너는 즉시 생각을 바꿔 우두를 말의 기름으로 대체했다. 하지만 대중과 의회가 말보다는 인간에게 젖을 주는 소를 선호하면서 우두접종을 고집했고 천연두접종을 범죄로 규정해버렸다. 의회는 우두접종을 강제하면서도 백신에 대한 정의를 내리지 못했다. 당시에는 세균검사가 없었을 뿐만 아니라 나중에 세균검사가 생겼을 때도 천연두에서나 우두에서나 특징적인 간균을 찾을 수 없었기 때문이다. 공식적으로 우두는 소에서 추출한 일종의 궤양을 가리키는 것으로, 접종을 통해 아이들의 팔에서 팔로 퍼져나갔다. 후에 세균학자들은 해당 질병의 병원균을 직접 접종하는 것이 보다 정확한 방법이라고 선언했다. 현대 의학에서 항독소[10]들은 모두 "해장술"[11]과 같은 동종요법들이다. 그러나 법은 여전히 목장 여인의 방식과 "송아지의 림프액"에 집착하고 있다. 불법인 천연두접종과 우두접종의 효과가 같을지도 모르는데 말이다. 제너가 마지막에 관심을 가졌던 말기름은 원래대로 디프테리아 예방접종에 이용되었다.

미신, 박해, 어설픈 생물학적 지식, 부패한 전문가가 아무리 기승을 부려도 과학의 진보는 막을 수 없는 법이다. 한쪽에서 의학의 잘못과 실패를 덮으려고 아무리 노력해도, 진정한 의사와 생물학자들은 뭐가 잘못됐는지를 알고 있으며 왜 그렇게 됐는지 알아낼 때까지 결코 안심하지 않는다. 독일의 세균학자 코흐가 발견하여 결핵치료에 사용한 튜베르쿨린은 때때로 궤양을 유발하는 바람에 환자의 사지를 절단해야

---

10 병원성을 가지는 세균의 균체외독소의 소량을 동물이나 사람에게 주사하면 약 2주 후에 혈청이나 림프액 속에 그 독소를 중화하여 무독화시키는 물질이 생기는데 이를 항독소라 한다.

11 해장술(a hair of the dog that bit you): 미친 개에게 물렸을 때 그 개의 털을 물린 부위에 바르면 낫는다는 속설에서 유래했으며, 과음한 다음날 술을 한두잔 더 마셔서 숙취를 푼다는 의미로 발전했다.

하는 경우가 생겼다. 예술가이자 철학자로서의 면모를 지닌 의사 암로스 라이트는 진료를 하다가 그런 사실을 알게 되었고 깜짝 놀라서 왜 그런 궤양이 생기는지를 조사했다. 그는 혈액이 감염에 저항할 때 이겼다 졌다를 반복하면서 흥미로운 주기를 생성한다는 사실을 발견했다. 수혈이 유행하기 시작했을 때 수혈로 사람이 치료되기도 하지만 죽을 수도 있다는 사실은 사람들에게 알려지지 않았다. 칼 란트슈타이너는 그러한 비밀을 알고 있다는 데 죄책감을 느껴 그 문제에 매달렸고, 인간의 혈액에는 적어도 네 종류가 있다는 사실을 발견했다. 맞지 않는 혈액을 수혈받으면 죽고, 맞는 혈액을 수혈받으면 산다. 순수한 호기심과 뛰어난 추론 능력을 가진 진정한 학자들은 그렇게 시행착오를 반복하며 오류를 조금씩 줄여나간다. 정치인은 항상 최신 정보에 근접해 있어야 한다. 그렇지 않으면 머릿속에서 엄청나게 잘못된 정보들이 거미줄처럼 얽히게 될 것이다. 지금 정부 각료들 대부분이 딱 그런 상태다. 그들은 제너와 리스터를 위대한 과학자로 알고 있고, 암로스 라이트나 조지프 니덤에 대해서는 전혀 모르고 있다. (여담이지만 그 유명한 니덤의 어머니는 나의 어머니처럼 니덤이 신다윈주의 대신 음악에 심취하게 했다.) 리스터와 바이스만에서 스콧 홀데인과 그의 아들 J.B.S.홀데인으로 넘어가는 것은 희망이 없는 과거에서 풍요롭고 살아있는 미래로 넘어가는 것과도 같다.

5

매년 결론을 뒤집는 어설픈 현대 과학과 고대 주술이나 다를 바 없는 가짜 과학이 뒤섞여 있는 과학계를 보게 된다. 또한 물리적인 사실을 알고 있어도 바보같이 추론하는 자연주의자들과 추론은 잘하지만 경험적인 사실에 취약한 철학자들의 얘기도 듣게 된다. 그러다 보니 위생법을 비판하지 않을 수 없다. 하지만 위생법은 있어야 한다. '자유방임'은 말도 안 되는 소리다. 술과 코카인을 자유롭게 거래하도록 내버려두면 프롤레타리아는 비참하게 자멸하고 마약 없이는 살 수 없게 될 것이다. 위생관리는 법으로 강제해야 한다. 그렇지 않으면 역병, 콜레라, 천연두가 다시 유행할 것이다. 더럽고 추한 슬럼가는 근사한 도로와 녹지가 있는 도시로 대체해야 한다. 빈민들이 새 주택으로 이주할 때 강제적으로라도 그들의 가재도구에서 이와 벼룩을 박멸해야 한다. 아무리 멋진 건물이라도 자리를 잘못 잡았다면, 예전에 미국에서 그랬고 지금 러시아에서 그러는 것처럼 주민들의 피해를 최소화하면서 다른 곳으로 옮겨야 한다.

심미적인 위생개혁은 정치인에게 언제나 안전한 선택이다. "당신이 법으로 정한 예방접종 때문에 내 첫 아이가 죽었다고요. 그러니 내 눈에 흙이 들어가도 둘째 아이를 예방접종할 일은 없을 겁니다"라고 펄펄 뛰며 외쳐대는 아이 엄마와 마주칠 위험도 없다. 도시의 주택소유자들이 싱크대와 변기를 중앙배수구에 연결하는 데 반대하더라도 위생당국이 그들의 집에 들어가 그것들을 연결하고 비용을 부과해야 한다. 그거야말로 '영국인에게 집은 성'이라는 전통을 단숨에 실현하는 길이다. 양심적인 반대자가 있어도 전혀 두려워할 필요가 없다. 양심적 병역거부자는 혹시 성인일지도 모른다는 생각에 관용하더라도, 우리의 강력한 미적 본능 때문에 더러운 이웃은 절대로 두고 보지 않을 것이다. 이제 지자체의원들은 비위생적인 가정에 보건위생국 직원들을 보내,

배관공을 부르지 않은 거주자는 물론이고 아픈 아이를 의사에게 보이지 않은 부모나 아이를 굶주리게 방치한 부모도 고발한다. 실제로 사람들은 양심적인 반대라든가 주체의 자유 때문이 아니라 이런 것들로 고발당한다. 정치인이 그러한 강제집행과 처벌을 정당화하는 이유는 그가 알고 있는 영양과 위생에 대한 진실 때문이다. 사실 아직 알려진 진실이 별로 없기 때문에 정치인은 영양과 위생에 대해 잘 모른다. 따라서 의사들이 어떤 병의 치사율을 크게 줄이거나 없앴다고 보고해도 인구동태통계에서 그 병이 여전히 치명적이고 발병률도 그대로라면, 정치인은 의료계의 발표에 콧방귀를 뀌어야 한다. 이러저러한 약이나 예방접종이 어떤 병의 치사율과 발병률을 현저하게 감소시켰다는 주장이 있더라도, 환자를 신고하고 격리하기 시작한 후에 그런 일이 일어났다면 정치인은 신고격리제도를 시행하는 것이 낫다. 정확하게 작성됐다고 주장하는 인구동태통계와 그 해석을 대할 때에도 항상 의심하는 자세를 가져야 한다. 정치인은 의사들이 의학적 지식을 독점하고 우리 위에 군림하려고 하는 것을 경계해야 한다. 정치인은 의뢰인이 몇 명이나 사형선고를 받았는지, 환자가 몇 명이나 사망했는지, 개를 몇 마리나 해부했는지를 가지고 변호사나 의사, 생물학자를 평가해서는 안 된다. 의료계는 의학연구가 도덕적 규제를 받지 않아야 한다고 주장하며 과거 성직자와 군주들이 누렸던 권력과 특권을 행사하려 한다. 정치인은 무엇보다도 그러한 의료계의 주장을 단호히 물리쳐야 한다. 실험실 과학자들이 자신들의 잔혹성은 새로운 발견을 하기 위한 것이라고 정당화하면 정치인은 이렇게 얘기해야 한다. "당신들이 알아내면 안 되는 것들이 있소. 예컨대, 당신 아내의 몸이 몇 도까지 뜨거운 물을 견디는지 알기 위해 욕조에 끓는 물을 붓는다면, 당신이 교수형에 처해질 때 어떤 느낌일지도 알게 될 것이오." 정치인은 과학자가 인간적인 방법으로 연구하도록 법으로 규제해야 한다. 입법자들이 공장법을 제정해 기업이 비교적 인간적인 방법으로 돈을 벌게 만들고 인간적인 방법으로 돈을 벌지 못하는 착취자는 도태시켰듯이 말이다. 만일 파블로프가 그의 개에게 한 짓을 그도 똑같이 당하는 수가 있다고 국가가 엄중하게 경고했더라면, 파블로프는 진짜 유용한 과학적 업적을 조금은 남겼을지도 모른다. 현재 의사는 환자에게 독을 주입하거나 사지를 절단해 놓고도 자연사했다고 선고할 수 있는 특권을 누리고 있다. 그러한 의사의 특권을 없애기는 쉽지 않을 것이다. 검시관이 모든 죽음을 조사할 수도 없거니와, 의사가 모든 의료행위에 대해 처벌받을 각오를 해야 한다면 의사가 되려는 사람이 별로 없을 것이기 때문이다. 하지만 **적어도 우리는 돈 때문에 외과의사들이 불필요한 수술을 하거나 내과의사들이 있지도 않은 병을 만들지 못하도록 막을 수 있다.** 인구동태통계를 개선하는 것이 다른 모든 직업적 목표에 우선하도록 의사들에게 강한 동기부여를 하는 것이다. 그렇게 되면 의사로서의 명예와 양심 그리고 히포크라테스 선서가 소명의식을 가장 높은 수준으로 끌어 올리고, 선의와 공공정신을 충분히 발휘하게 할 것이다.

    누구나 투표하고 아무나 정치를 할 수 있게 된 현대 국가는 여전히 강제 소독이나 강제 접종과 같은 농간을 부릴 수 있다. 그렇게 되면 국민들은 토르케마다 치하의 스페인 사람들이나 유태인들보다 훨씬 더 불편해질 것이다. 토르케마다는 다른 사람에게 해를 끼칠 정도로 무지한 사람이었다. 하지만 그에게 얕은 지식이라도 있었다면 더 해로운 사람이 됐을 것이다. 지금의 종합의료위원회처럼 말이다. 종합의료위원회가 위생에만 관여하는 비전문가 조직인 보건부가 행사해야 할 기능과 권력을 대신 행사하고, 전문가와 평가자의 자격을 오로지 의사에게만 부여하려고 하는 한 종합의료위원회는 해로운 조직일 수밖에 없다.

그러나 우리는 항상 더 많은 지식을 필요로 한다. 독단적인 교육 대신에 논쟁적인 교육이 이루어져야 한다는 뜻이다. 학교는 대상의 일면만을 가르치고 있다. 대상의 일면밖에 보지 못하는 사람들은 공직에서 가차없이 배제되어야 한다. 학생들이 졸업 후 양면이 있다는 것을 알게 될 때까지는 차라리 아무것도 모르는 편이 더 낫다. 나는 토론을 통해 지식을 습득했다. 그래서 나는 독단주의자들처럼 확신하는 법이 없다. 요가수련처럼 스스로를 실험대상으로 삼아 치유 기술을 습득한 운동선수나 명인, 자연요법 실천가, 그리고 공인된 전문가들로부터 무시당하거나 배척당하고 있는 모든 아마추어 치료사의 말에는 비교적 인내심을 가지고 거부감 없이 귀를 기울이는 편이지만, 독단주의자들의 주장은 결코 진지하게 받아들일 수 없다.

고딕건축의 대표작으로 꼽히는 보배성당의 내부.

25장 건축: 통치자의 가장 강력한 무기

건축은 정치인이 가진 강력한 미학적 무기다. 세계 7대 불가사의 중 여섯 개가 건축물이고 나머지 하나는 거상이다. 세계의 불가사의들은 설령 실용성이 있다 해도, 발명이나 발견은 아니다. 바퀴, 아치, 안전핀, 재봉틀, 내연기관, 전화, 무전기, 영화, 텔레비전 등이 놀라운 발명품이긴 해도, 불가사의처럼 경이롭지는 않다. 불가사의란 바라만 보아도 숨이 멎을 듯한 인류의 업적에 대해서 쓸 수 있는 말이다. 처음으로 보배Beauvais성당 유적의 거대한 성가대석에 들어섰을 때, 나는 말 그대로 숨이 멎는 것 같은 경험을 했다. 그로부터 이십 년이 흐르고 다시 그곳을 찾았을 때, 나는 이미 그 장소가 어떤 곳인지 익히 알고 있었음에도 또다시 압도되고 말았다. 그 장소는 불가사의라고 할 수밖에 없다. 바알베크에 있는 제우스 신전 유적을 본 것은 꽤 나이를 먹은 다음이었는데, 여기서는 신전 건축이라는 명백히 초인적인 위업에만 놀란 것이 아니었다. 신전을 건축하는 것보다도 훨씬 더 불가능해 보이는, 신전 파괴가 시도되었다는 사실이 나를 더욱 전율하게 만들었다. 아랍인들이 신전을 파괴하는 데 투입한 노동력이면 도시를 건설할 수도 있었다. 게다가 그들은 신전을 완전히 파괴하지도 못했다. 강력한 제우스 신전이 문명세계 만방에 위엄을 떨치면서 우뚝 서 있는 한, 제우스를 없애고 그 자리에 알라를 세우는 일은 불가능했을 것이다. 아랍인들은 그 점을 알고 있었기 때문에 신전을 파괴하려는 무모한 시도를 하게 되었다. 이와 유사하게, 영국에서는 청교도들이 성당의 조각상을 손에 닿는 대로 때려부수는 만용을 부린 적이 있다. 믿고 따르던 종교와 관습을 증오하게 되자, 극단적인 미학적 충동이 광포한 성상파괴를 유발했던 것이다. 모세와 마호메트는 하늘 아래로 땅에 있는 것이든 땅 아래로 물속에 있는 것이든 그 어떤 형상의 신상도 만들지 못하도록 명했다. 그러나 인간의 미학적 충동은 모세와 마호메트의 명을 거역했다. 기독교인들은 다른 계명들은 신의 말씀으로 순순히 받아들였지만, 오직 이 계명만은 조용히 그리고 자연스럽게 묵살했다. 무슬림은 콘스탄티노플을 점령하고 성소피아 성당의 모자이크 성화 위에 회반죽을 발라버렸다. 그러나 그들은 성소피아 성당보다 더 커다란 모스크를 지어 올려서 기독교도를 능가하고자 했다. 건물의 크기가 위대한 건축물의 척도가 아니라는 것을 깨닫고 나서야, 술탄 술라이만은 거대한 모스크를 짓다 실패한 자리에 다른 모스크를 지으라 명했다. 새로운 모스크는 우상을 금지하는 제2계명을 어기지 않으면서도 다양한 예술의 결정체로 완성되었다.

그러면, 이 먼 옛날이야기가 장차 정치인의 자질과 어떤 관련이 있을까? 내가 1933년 2월 4일 시암 만(타이 만) 해상에서 고(故) 엔서 월터스에게 썼던 편지에서 그 답을 찾아보고자 한다. 월터스는 예전에 세인트팽크라스 교구위원회에서 같이 일했던 동료로, 덕망 높은 감리교 목사였다. 다음은 내가 그에게 쓴 편지의 내용이다.

친애하는 엔서 월터스에게

이집트와 인도의 뛰어난 종교 유물들을 조사하고 돌아오는 길에, 시암만에서 이 편지를 쓴다네. 신을 여러 가지 형상으로 만들었다는 것이 처음에는 좀 당황스러울 수 있겠지만, 다양한 관점과 기능 심지어 성별을 나누어 표현했을 뿐이지 그 여러 개의 성상들이 결국은 동일한 신을 가리키고 있다는 것을 곧 알아챌 수 있을 걸세. 어떠한 의인화도 거부하는 최고의 신이 늘 존재하지. 이래서 힌두교가 세상에서 가장 관용적인 종교라는 거네. 하나의 초월적인 신이 코끼리의 신, 새의 신, 뱀의 신에서부터 위로는 브라흐마, 비슈누, 시바의 성삼위에 이르기까지 가능한 모든 신들을 아우르기 때문이야. 특히 남성이면서 동시에 여성이기도 한 시바는 동정녀 마리아와 근대 여성주의에 길을 터준 셈이지. 여기서 그리스도는 크리슈나이기도 하고 다른 한편으로는 디오니소스일 수도 있어. 사실상 힌두교는 몹시 유연하고 섬세한 종교라서, 독실한 감리교도나 야만스러운 이교도나 할 것 없이 누구나 힌두교를 편안하게 받아들일 수 있을 정도라네.

이슬람은 완전히 다르지. 이슬람은 극도로 배타적이야. 내가 보기에는 어디까지나 '일신교의 다면적 속성'인 것을, 무지한 이슬람 백성들은 말도 안 되는 다신교의 우상숭배라고 생각할 걸세. 유럽의 소작농들이 성인들과 동정 마리아를 신처럼 경배할 뿐만 아니라, 자기네가 동정녀로 숭배하는 보잘것없는 검은 인형을 위한답시고 이웃마을의 검은 인형을 미친 듯이 공격하는 것과 똑같지. 아랍인들이 인형조차 만들지 않고 이상하게 생긴 돌덩이를 경배하는 지경에 이르렀을 때, 마호메트가 분연히 들고 일어났지. 마호메트는 자신의 목숨을 내걸고 그 돌덩이들을 충격적으로 모욕하면서, 영광스럽고 위대한 오직 하나의 신 알라만이 존재한다고 선언했지 않은가. 어느 누구도 알라나 알라의 창조물을 본뜬 형상을 제작하지 말라는 제2계명을 분명히 한 것이지.

신앙의 자유는 허튼 짓으로 여겨 용납하지 않았다네. 알라를 믿지 않으면, 목을 쳐버렸지. 신앙을 거부한 자를 죽인 사람은 그 대가로 천국에 간다는 거야. 마호메트는 조지 폭스[1]나 웨슬리[2]처럼 대단한 개신교 세력이었어. 허나, 힌두교에 대한 이슬람의 적대감과 개신교와 가톨릭의 대립 사이에는 중요한 차이가 있어. 가톨릭과 개신교는 서로를 사납게 박해했지만, 힌두교는 이슬람을 박해할 수 없거든. 힌두교 신전에는 모든 신들이 존재하기 때문이야. 보다 깊이 들어가자면, 힌두교 신전에는 그 어떤 신도 존재하지 않기 때문이지. 사실상 위대한 힌두교 분파인 자이나교의 장엄하고 화려한 신전에서는 신상을 모시지 않아. 유물론적 무신론의 관점이 아닐세. 신이란 형언할 수도 없고, 알 수도 없는, 인간의 모든 지력을 넘어서는 존재라고 보기 때문이지.

지금까지 한 얘기는 종교적 감각을 가진 사람이라면 누구나 쉽게 알

---

1 조지 폭스 George Fox(1624-1691): 퀘이커교의 창시자. 형식적인 교회의식과 악습에 반대했으며, '내면의 빛'에 의한 구원을 주장했다. 모진 박해에도 굴하지 않고 전도를 계속하여 '진리의 벗 Friends of the Truth'이라는 단체를 조직했으며, 영국 전역과 네덜란드·독일·미국 등지에 큰 영향을 미쳤다.

2 웨슬리 John Wesley(1703-1791): 영국의 기독교 종교인. 감리교의 창시자. 대규모 복음주의운동을 전개했으며, 종교적 체험에 바탕을 둔 철저한 신앙생활과 기독교인의 사회적 책임을 역설했다.

아들을 수 있을 거야. 힌두교 신전이나 신도들을 마주하면, 마호메트나 자이나교의 창시자가 죽은 뒤 체온이 채 식기도 전에, 그들이 만든 관습과 제의가 다시 통속적인 형태로 돌아가기 시작했다는 것을 알 수 있어. 모든 신들이 대책 없이 뒤섞여 버린 것이지. 예수 죽음 직후 그를 따르던 사도들이 신앙을 저버렸던 것과 마찬가지야. 자이나교 신전에는 사당과 신상 그리고 물을 받아놓은 인공 못이 있어. 사당에 들어가서 신상을 경배하려면 그 전에 전신을 물에 담그고 씻어야 하거든. 자이나교 신학을 제대로 알고 있는 지적인 승려를 찾을 수만 있다면, "어떻게 이럴 수가 있습니까? 자이나교 신전에 신상이라니!" 하고 따져볼 수도 있겠지. 그러면 그 신상은 신이 아니라 위대한 성인들의 초상이라는 설명을 듣게 될 걸세. 그리고 물에서 나와 바닥에 몸을 엎드리고 있는 사람은 신을 경배하는 것이 아니라 고인이 된 저명한 아무개를 추모하며 경의를 표하는 것이라고 둘러대겠지. 그러나 이것은 잉 주임사제가 성바오로 성당에 대한 입장을 잘 해명하며 빠져나가려던 것과 다를 바 없어. 자이나교 신상은 몹시 정교하게 조각된 불상이라서, 자이나교와 불교가 대책 없이 뒤섞여버렸다는 것을 스스로 명확하게 보여주고 있다네. 자이나교에서는 말일세, 부처의 곁에 코끼리 조각이 함께 등장하거든. 코끼리 조각들이 상징하는 바가 무엇이냐고 물어보면, 그저 예술적인 장식일 뿐이라는 대답을 듣게 될 걸세. 그러면 자네는 자연스레 가네샤 신상에 눈길이 가게 될 게야. 가네샤는 코끼리 머리를 한 힌두교의 신이야. "대체 이게 뭐 하자는 것인가? 이 난장판 속에서 저 사람은 대체 무슨 짓을 하는 게지?"라고 소리치고 싶겠지만, 예의 바른 승려를 너무 궁지에 몰아서는 안 된다는 점을 기억하고 애써 입을 다물어야 할 걸세. 그러나 머릿속으로는 미친 듯이 생각하게 되겠지.

늘 그래왔다네. 지극히 소수의 사람들만이 어느 종교의 신전이든 똑같이 편안하거나 똑같이 불편하게 느낄 수 있는 종교심을 지니고 있고, 그들과 다른 수많은 평범한 사람들이 있지. 평범한 사람들은 자신이 믿는 신앙의 창시자에게 일단 기적을 바란단 말일세. 마호메트가 한 것처럼 평범한 신도들을 비난하면서 자신은 요술쟁이가 아니라고 강변하거나, 예수가 그랬듯이 평범한 사람들을 가리켜 "악하고 절개 없는 세대가 표징을 요구"[3]한다며 분노해봐야, 입만 아프다네. 누군가가 설교로 유명해지고 병자의 심신을 고쳐줘야만, 그제서야 보통사람들은 그를 신으로 섬기면서 파도바의 성 안토니오를 능가하는 기적을 날조해대지. 그건 사람들이 그에게 소원을 빌게 된다는 뜻이네. 그리고 그를 마땅히 두려워하게 되었을 때 비로소 그를 달래기 위해 희생을 하지. 그를 기쁘게 하기 위해 (이피게네이아와 입타의 딸[4]의 경우처럼) 자신의 딸을 죽일 정도로 말이네. 하지만 사람들은 곧 신으로 추어올렸던 대상을 속이고 (이사악의 경우처럼) 아들 대신 양을 제물로 바치거나, 그저 상징적이고 가시적인 희생을 치를 뿐이지. 그리고 만약 그가 보통사람들을 점잖은 인간으로 만들 수 있다고 해도, 보통사람에게 영향을 미치는 것은 신앙의 창시자가 세운 정통 교리는 아니라네. 어리석은 자들은 그들의 어리석음에 맞게 다스려야 하는 법이지. 자메이카와 로디지아의 선한 원주민들과 그들의 훌륭한 성직자들은 모두 근본주의자들이라네.

3 마태오복음 16:4

4 판관기 11:30-11:40

브래들로[5]나 잉거솔[6]의 주장은 그들에게 충격일 뿐만 아니라 풍기문란으로 여겨질 걸세. 영국의 탄광촌에서도 그와 같은 경우를 볼 수 있지. 감리교는 화려한 신전 없이도 사람들을 경건하게 만들어왔네. 감리교는 신을 몹시 소박하게 모시지 않나. 고위성직자들이 신을 모시는 방식은 지나치게 호사스러워서 가난한 이들은 편안하게 받아들일 수 없을 걸세. 그러나 나는 제우스와 아폴론 그리고 이집트 신들의 거대한 신전이 자리잡은 바알베크와 델포이, 엘레우시스, 카르나크에서 사람들의 마음을 사로잡는 거대 건축물의 가치에 깊은 인상을 받았네. 사람들은 이 유적들에서 차마 눈을 뗄 수가 없을 걸세. 그 건물을 지은 사람들의 비범한 능력은 오늘날 증기기중기의 성능을 무색하게 만들 정도더군. 몇 톤은 됨직한 거석을 수백 피트 높이의 거대한 기둥 위로 끌어올려 이룩한 업적에 사람들이 어찌 경외감을 느끼지 않을 수 있겠나. 그러나 그 건축물들을 짓는 데 쏟아 부은 엄청난 노동력과 비용보다 더 놀라운 점이 있다네. 건축에 투입된 것보다 훨씬 많은 노동력과 관심과 비용을 그 건축물을 부수기 위해 쏟아 부었다는 사실이지. 정말 경악을 금치 못할 일이지 않은가. 그야말로 사람들의 상상력을 지배하는 건축물의 영향력을 증명하는 것이라 확신하네. 아랍인들은 동방의 개신교도라 할 수 있는데, 그들은 화려한 모스크를 백 개도 더 지을 노동력을 바알베크의 거대한 제우스 신전을 모조리 부숴버리는 데 썼고, 델포이와 엘레우시스의 아폴론 신전을 없애버리려는 결심을 실행에 옮겼다네. 그에 비하면, 청교도들이 성당에 한 짓은 그저 남학생들의 짓

5 찰스 브래들로 Charles Bradlaugh(1833-1891): 19세기 영국의 대표적인 무신론자.
6 로버트 잉거솔 Robert G. Ingersoll(1833-1899): 19세기 웅변가로 불가지론을 주장했다.

굿은 장난 수준에 불과하다고 볼 수 있지. 경이로운 건축물들이 도적떼의 소굴로 전락하고 사람들이 신을 찾는 대신 말초적인 의식이나 벌이게 되었을 때, 경건한 마음에 쌓인 분노가 폭발하여 지축을 흔들고 델포이를 산산이 부숴버렸음에 틀림없네.

26장 과연 종교와 정치가 분리될 수 있을까?

1

자유로운 사고를 가진 사람이라면 극동의 사원에서도 영국이나 유럽의 성당에서와 마찬가지로 편안함을 느낄 것이다. 엔서 월터스에게 쓴 편지에서 이 점을 분명하게 이야기했다. 신을 수십 개의 형상으로 의인화한 것은 생명력의 다면적인 속성을 재현한 것이다. 성삼위일체라든가 성모 마리아나 여러 성인들의 존재와 다르지 않다. 그러면 기독교는 고대 그리스의 다신교에 어떻게 맞섰을까? 고대 그리스에서는 피디아스나 프락시텔레스와 같은 천재조각가들이 제우스와 아폴론, 헤라와 아프로디테와 아테네를 인간보다 훨씬 아름다운 형상으로 세상에 선보임으로써 우리의 마음을 완전히 사로잡았었다. 기독교에서도 지오토와 치마부에부터 (정말이지 이들이 그린 거대한 마리아는 '여신'이라고 볼 수 있다) 라파엘로와 미켈란젤로에 이르기까지 여러 세대에 걸쳐, 화가들은 거대한 신권정치를 신자들이 이해하기 쉽게 눈에 보이는 것으로 형상화해야만 했다. 신자들이 기도를 올리고 촛불을 켜고 향을 피울 수 있게 만들어준 것이다. 그러한 노력이 성공을 거두면서 여러 세대에 걸쳐 교황과 황제, 수상들은 루르드의 모든 기적을 묵인해야만 했다. 비스마르크는 "우리는 카노사로 가지 않을 것"이라고 말했지만, 결국 그렇게 할 수밖에 없었다. 무솔리니 또한 마찬가지였다.

이국의 신들은 모두 우상이고, 그 이교도들은 개종시켜야 할 우상숭배자라고 생각하는 편협한 성직자들은 위험한 잘못을 저지르고 있는 것이다. 그들에게는 가라지를 거두어내려다 밀까지 뽑을지도 모른다는 예수의 경고가 아무런 소용이 없다. 정치인은 종교 문제에 관여할 때 철저하게 불가지론자의 입장을 견지해야 한다. 정치인은 신성함을 미학적으로 각색한 모든 사례를 공정하게 다뤄야 하는 것이다.

그렇다고 해서 정치인이 무조건 관대해야만 할까? 결코 그렇지 않다. 정치인은 아동교육을 다루면서, 신에게 인성(人性)을 부여하는 현행의 관습이 신성(神性)을 훌륭하게 제시하는 방법이지만 그 안에 끔찍한 우상숭배의 요소를 포함하고 있다는 것을 알게 된다. 야훼, 다곤, 몰록, 바알, 크모스(케모시), 모레셋 사람이라 불리는 선지자 미카, 그리고 기독교의 성부와 성자와 성령에 이르기까지 성경에는 수많은 신들이 언급된다. 예수와 마리아, 마호메트는 인간으로서 신격화 되어왔다. 유태인은 야훼를 그들의 신으로 선택했다. 경솔하고 일관성 없는 우리 유럽인은 기독교의 성삼위일체를 채택하는 한편 야훼도 그대로 인정해왔다. 때문에 '귀에 걸면 귀걸이, 코에 걸면 코걸이'인 주먹구구식 조합이 형성되었다. 우리는 제멋대로 적을 용서하기도 하고 도륙하기도 한다. 따라서 어떤 정치인도 초등학교에서 몰록을 숭배하도록 주입교육을 실시하는 것을 두고 보지 않겠지만, 야훼숭배는 허용될 뿐만 아니라 "비종교적" 혹은 "비종파적인" 학교에서조차 당연한 일로 묵과되고 있다. 근대적 사고와 지식에 비추어 보면, 민수기의 야훼나 다곤이나 바알은 크게 다르지 않다. 다만, 미카서에서 야훼는 이스라엘뿐만 아니라 온 인류의 신으로서 완전히 변용된 모습으로 나타난다. 미카서의 야훼는 민수기의 신들이 요구했던 피의 제물을 혐오하며 우리에게 바라는 것은 오로지 자비와 정의 그리고 우리의 한없는 무지에 걸맞은 겸손일 뿐이다. 그러나 피의 제물을 요구하던 예전의 야훼가 신약성경에 다시 등장한다. 신약에서는 야훼의 아들이 인류를 보다 선하게 만들지 않은 아버지의 잘못을 속죄하기 위해 야훼가 예정한 대로 끔찍한 극형에 처해진다. 이리하여 사람들은 신에 대해 혼란스러워 하게 되었고, 결국 부끄러울 정도로 불신이 팽배하게 되었다. 과학계는 교권(敎權)의 개입에 맹렬하게 반대하게 되었고, 신에 대한 믿음을 회복하기보다는 바이스만이나 파블로프의 실험을 무턱대고 받아들이려고만 한다. 그러므로 오늘날 자연신론deism[1]의 가장 큰 적은 야훼다. 러시아와 독일에서는 야훼 숭배가 법적으로 금지되었다는 사실이 이 두 나라에게는 명예로운 일이고, 그렇게 하지 못한 우리로서는 망신스러울 따름이다.

2
그러나 야훼숭배가 사라진 자리에 무엇이 들어섰는가? 무턱대고 야훼 숭배를 금지하면 실용주의적인 무신론과 감상적인 기독교 신앙만이 남는다. 무신론은 진화를 설명하지 못한다. 기독교는 신이 보낸 사자(使者)를 인류의 희생양으로 삼아버렸을 뿐만 아니라, 정치인으로서는 결코 실천에 옮길 수 없는 신앙이다. 기독교 신앙이 아무리 악인을 처벌하

[1] 자연신론(이신론): 신이 세상을 창조하고, 그 밖의 세상일에는 더 이상 관여하지 않는다는 이론.

지 말라고 해도, 정치인이라면 악인들에게 격렬하게 저항해야 하며 그들을 억누르고 때로는 아예 뿌리를 뽑아야 한다. 결국 정치인은 실용주의를 따르는 수밖에 없다.

실용주의란 사람들의 현재 상태에서 최선을 이끌어내는 것을 의미하는데, 사람들의 현재 상태는 그들이 무엇을 믿느냐에 달려 있다. 불변의 신념이 사그라지면 사람들은 의심이 많아지고 불가지론적이며 불경스러울 정도로 실용주의적인 태도를 가지게 된다. 이들의 자식 세대는 케케묵은 모세의 계율을 따르지는 않지만, 그렇다고 새로운 신념이 있는 것도 아니다. 도덕적인 혼란이 만연하게 되는 것이다. 파렴치한 개인주의, 파렴치한 민족주의와 합리주의, 파렴치한 제국주의, 파렴치한 주색잡기가 마구 번져나간다. 급기야 사리에 맞게 해결될 수 있고 또한 반드시 사리에 맞게 풀어야 하는 문제들을 해결한답시고 극악무도한 세계대전과 폭력적인 혁명들이 일어나고 있다. 독일의 낭만적인 성향은 진공상태(야훼의 빈 자리)를 견디지 못하고 온정적인 파르시팔² 대신에 보탄³과 호전적인 지크프리트⁴를 불러들였다. 러시아 사람들은 마르크스주의로 빈 자리를 채우려 했지만, 마르크스주의는 철학자들의 나라에서나 가능하다는 것을 깨달았다. 러시아 사람들은 성당을 반(反)종교 박물관으로 개조해놓고는 승리를 기념하며 찬송가를 부른다. 지금 이 순간 오대양 육대주가 섬기는 신은 전쟁의 신 마르스다. 약탈과 조공이 자행되고 있다. 초국가적인 사법재판소의 존재가 점점 더 절실하게 요

2   파르시팔 Parisfal: 중세 아더 왕 전설에 등장하는 기사. 성배를 찾아 나섬.
3   보탄 Wotan: 게르만 신화에서 최고신으로, 그리스 로마 신화의 제우스에 해당함.
4   지크프리트 Siegfried: 게르만 민족의 전설에 등장하는 영웅. 용을 무찌름.

구되고 있지만, 그런 것이 생긴다 해도 아무것도 달라지지 않을 것이다. 이제 우리는 신의 정의를 천명하는, 그래서 우리가 믿고 따를 수 있는 최고법원을 상상할 수 없게 되었기 때문이다. 제아무리 최고법원이라고 한들, 교전자 전부를 몰살시킬 수 있는 군사력이나 적어도 법원의 권위에 도전하는 도시를 폭격으로 완전히 날려버릴 수 있는 힘이 없다면, 최고법원은 무용지물이라는 것을 우리 모두가 알고 있다.

기독교가 군대화되면서 교회의 영적인 힘이 깨지고 단순한 교황령만 존재하게 되었다는 것을 우리는 곧잘 망각한다. 나는 <제네바>라는 희곡에서 경찰도, 감옥도, 처벌도 없는 그리고 인간의 정신에 작용하는 정의의 힘 외에는 그 어떤 권력도 배제한 고결한 사법재판소를 제시했다. 그러한 사법재판소는 셰익스피어의 <한 여름 밤의 꿈>처럼 받아들여질 뿐이다.

3

장래의 정치인들이 문명의 몰락을 수수방관하지 않으려면 야훼를 대체할 제대로 된 존재를 찾아야만 한다. 그 존재를 뭐라 불러도 상관없다. 그렇지만 정치인은 반드시 몇 가지 야훼의 속성들, 그 중에서도 특히 무오류성을 제거해야 한다. 조물주, 성령, 말씀(사유라고 하는 편이 더 적절하다), 우주에너지, 약동하는 생명Élan Vital, 성스러운 불꽃, 생명력, 의로움을 지향하는 힘 등등 다양한 이름으로 불리는 이 초월적 존재는 오류로부터 완전히 자유롭지 않다. 이 초월적인 힘은 시행착오를 거치며 진행되고, 착오는 악의 문제를 드러낸다. 그 힘은 전능하지도 않다. 사실상 직접적으로 작용하는 힘이란 존재하지 않고, 다만 창조된 우주

만물을 통해 드러날 뿐이다. 신의 창조물은 전지하지 않다. 그들은 어림짐작으로 살아간다. 그리고 좋은 의도로 행한 것이라 하더라도 잘못 생각했을 때는 나쁜 결과가 발생한다. 신적인 힘은 몸통도 부분도 아니며, 다만 우리가 영혼 혹은 열정이라고 부르는 것일 게다. 그 힘은 우리로 하여금 주변환경에 대한 영향력을 확대하고 우리가 하는 일에 대해 보다 많은 지식과 이해를 추구하도록 만든다. 또한 신적인 힘은 진실(믿음과 사실의 일치), 아름다움, 정의, 자비를 추구하며 교회는 이것들을 뭉뚱그려 구원의 미덕으로 간주했다. 그 대척점에 일곱 가지 대죄가 있다. 그러나 **자만, 탐욕, 정욕, 노여움, 과식, 질투, 게으름은 단지 우리가 자기보존적 본능을 과도하게 혹은 잘못 사용한 것일 뿐이다.** 게다가 일곱 가지 대죄는 치명적인 죄의 목록으로서는 불완전하다. 예컨대, 물리적 고문 및 신체상해에서부터 비난과 조롱에 이르기까지 가학적인 잔혹행위가 대죄의 목록에서 누락되었다. 이러한 잔학행위야말로 소수의 의인들에 대해 다수의 죄인들이 가장 즐겨 사용하는 무기이므로 더욱 끔직하다.

야훼의 속성에서 제거해야 할 또 다른 특성은 전능함 즉, 인간사에 직접적으로 개입해서 인간의 사악함에도 불구하고 의로움의 승리를 보장하는 무제한적인 힘이다. 예전의 법정 소송은 신의 정의라는 미명 하에 원고와 피고가 검과 방패를 들고 끝장을 볼 때까지 싸우게 했다. 자신이 직접 싸울 수 없는 사람들은 그들을 대신해 싸울 전사를 고용했다. 이제 그들은 전사를 시켜 결투하는 대신에, 변호사를 고용하여 주장을 펼치고 반대심문하고 일장연설을 늘어놓는다. 유능한 변호사가 승소하기 마련이고, 따라서 언제나 부자들이 이길 수밖에 없다. 성령이

교전당사자들의 양심에 작용하여 마음의 동요를 일으키지 않는 한, 신의 정의와는 무관하게 가장 큰 대대를 이끄는 가장 유능한 사령관이 전쟁에서 승리를 거두는 것과 마찬가지다. 내가 어렸을 때, 어느 신앙심 깊은 아일랜드인 어머니와 장성한 아들이 나누는 대화를 들은 적이 있다. 아들이 기차를 놓칠 것 같다고 어머니를 재촉하니까, 그 어머니는 "신의 도우심으로" 기차에 타게 될 것이라고 말했다. 아들은 대답했다. "그래요. 하지만 어머니가 정신차리고 서둘러야만 할 거예요." 정치인은 신정주의자들에게 바로 그렇게 이야기해야 한다.

자, 이 모든 것이 의미하는 바가 무엇이겠는가? 정치인은 오직 자신의 지식과 능력과 양심 외에는 다른 도움 없이 신의 일을 해야 한다는 것이다. 그런데 양심이라는 것은 정도의 차이가 상당할 뿐만 아니라 지식이 뒷받침 되지 않는 양심은 오히려 해악이 될 수 있다. 따라서 최고 통치자를 선출하는 민주주의 선거에 참여할 자격은 우리가 만든 가장 까다롭고 엄중한 시험을 통과한 사람들에게만 부여해야 한다. 공직에 선출될 수 있는 자격을 누구에게나 주는 성인참정권제도는 실행불가능한 허구다. 아무나 피선거권을 가진다면, 멀리 내다보는 후보가 근시안적인 후보에게 패배할 것이며, 유능한 실천가가 말만 번지르르한 사람에게 밀릴 것이고, 막중한 책임감을 느끼며 망설이는 지원자가 권위를 추구하는 거만한 야심가에게 질 수 있다. 성인참정권제도를 통해서는 우리 중 가장 현명한 이에게 기회가 돌아오지 않는다. 그는 존경과 지지를 받기 보다는 오해와 미움을 받게 될 것이다. 정치적 수완이 뛰어난 선동정치가들은 민중을 기만하는 방법을 습득한다. 그리고는 민중기만책을 무력과 결합시키거나 경쟁자들에 대한 압도적 우세가 주는 외경심과 연결시킴으로써 자신의 권력을 유지한다. 그러한 환경에서는 현명한 사람들로 구성된 최고의 내각이 들어설 수 없다. 따라서 민주주의의 두뇌 노동에 적합한 인물을 따로 선발해야 한다. 정치인에게 자격제도를 실시하는 데 실패한다면, 우리는 악의 문제에 귀속될 것이다. 보다 뛰어난 정치역량을 지닌 새로운 종에 밀려 매머드나 마스토돈처럼 멸종하게 될 것이다. 우리가 조물주의 최종적인 피조물이라고 생각할만한 근거는 어디에도 없기 때문이다.

27장 생물학: 국가의 최우선 관심사

1

생물학은 국가의 최우선 관심사다. 아니, 모든 생명체의 최우선 관심사라 할 수 있다. 그러나 내가 이 장에서 다루려는 것은 한 개체로서 인간의 생존과 관련된 생물학이 아니다. 개개인은 일정기간 동안 알아서 생명을 유지할 수 있다. 하지만 백만 명이 제한된 공간에서 얼마나 오래 생명을 유지할 수 있는가 하는 문제는 개인의 생존력에만 맡길 수 없고 정부 차원의 대책을 필요로 한다. 그리고 그러한 대책이 시행착오로 끝나지 않으려면, 일련의 이론과 준거틀 그리고 지적작업이 뒷받침되어야 한다. 우리 사회에서 그 역할을 수행하고 있는 선도적인 입법자와 의사, 극작가들은 모두 말하자면 '인간' 연구에 정통한 생물학자들이다. 그들은 전문 통계학자나 생물수학자의 도움을 받아야 한다. 생물학에는 통계가 필수적인데, 주먹구구식 통계는 아무짝에도 소용없기 때문이다.

아직은 생물학을 과학으로 간주해도 되는지 의심스러울 수 있다. 생물학의 첫 번째 소임은 생체와 사체의 차이를 규명하는 것인데, 생리학자들과 생화학자들은 그러한 차이 규명에 완전히 실패했기 때문이다.

심지어 어떤 학자들은 둘 사이에 과학적으로 아무런 차이가 없다고 결론 내리기도 했다. 사실 그 어떤 해부나 분석도 살아있는 사람에게만 있고 죽은 사람에게는 없는 무언가를 발견하지는 못했다. 그렇지만 살아있는 사람과 죽은 사람은 극명하게 다르기 때문에 그 둘의 차이를 부정하는 사람들은 미치광이 취급을 당한다.

우리가 아는 최초의 과학자이자 생물학자는 창세기 작가들이다. 그들은 화학자처럼 분석적이지 않았다. 또한 기체, 염분, 세포, 호르몬, 염색체, 비타민, 항원, 유전자와 생식세포, 엽록소, 체세포, 종족과 같이 우리를 멍하게 만드는 요즘 과학자들의 용어도 전혀 몰랐다. 그러나 창세기 작가들은 그런 것들을 하나의 물질로서 총체적으로 인식했고 "흙의 먼지"[1]라고 불렀다. 조각가들은 흙의 먼지로 형상을 만들 수 있었지만 형상을 살아있는 몸으로 만들지는 못했다. 창세기 작가들은 흙의 먼지가 스스로 움직이고 느끼고 생각하는 몸이 되는 과정에서 무언가 신비로운 일이 일어난 것이라고 확신했다. 그들은 그 신비로운 일이 무엇인지는 몰라도 그러한 일이 일어났다는 것 자체를 부인할 정도로 바보는 아니었다. 그들은 창조가 기적과 같아서 신이 하는 일임에 틀림없다고 믿었다. 그들은 창조의 과정을 이렇게 묘사했다. "주께서 흙의 먼지로 사람을 빚으시고, 그 코에 생명의 숨을 불어넣으시니, 사람이 생명체가 되었다." 또한 성경 작가들은 인간의 몸이 일정기간이 지나면 살아있기를 멈추고 원래의 물질로 돌아가는 것을 보고, 인간이 신을 노하게 해서 신이 인간에게 "너는 먼지이니 먼지로 돌아가라"[2]고 명한 것

1 창세기 2:7
2 창세기 3:19

이라고 추정했다.

이처럼 과학으로서 생물학은 출발이 그리 나쁘지 않았다. 창세기 작가들은 그들의 후신이라 할 수 있는 현대 생물학자들보다 훨씬 더 과학적이었다. 창세기 작가들은 이신론적 우주관에 따라 사실을 극적으로 각색하긴 했어도 창조의 신비라는 근본적인 사실을 잊은 적이 없었다. 세상만물을 파악한답시고 개가 침을 흘리게 만들거나 흰쥐의 꼬리를 수없이 자르고 망연자실하지도 않았다. 창세기 작가들이 덧붙인 우화적이고 극적인 요소들을 제거해왔음에도 불구하고, 창조 과정에서 무언가 신비로운 일이 일어났다는 근본적인 사실은 여전히, 아니 전보다 훨씬 더 기적적으로 여겨진다. 루소는 우리에게 기적을 없애라고 훈계했지만, 우리가 옛날이야기들을 없애면 없앨수록 창조의 기적적인 측면은 더욱더 부각되고 있다.

2

그렇다면 정치인이 출발점으로 삼아야 할 기적적 사실들이란 무엇인가? 일단 정치인은 본래부터 존재하는 자연의 힘이 있다는 것을 진리로 받아들여야 한다. 자연의 힘이 행하는 엄청난 일들을 눈으로 보면서도 그 힘이 무엇이며 왜 이런저런 일들을 하는지는 전혀 알지 못하기 때문이다. 그러한 자연의 힘은 이른바 흙의 먼지라고 불리는 잡다한 물질을 취한다. 그리고 그 물질을 다양한 형상으로 빚어낸다. 그렇게 자연이 빚어낸 창조물은 우스꽝스러울 정도로 괴이한 것들까지도 하나같이 경이로우며, 몇 분 몇 년 몇백 년이 됐든 일정기간 동안만 작동한다. 어떤 창조물은 이동 없이 성장만 하며 다른 창조물은 성장 없이 이동만

한다! 창조물은 자신의 물질을 소진하는 동시에 그것을 대체할 더 많은 물질을 모아서 자신을 형성하고 그러다 지치면 자연의 힘에서 벗어나 흙으로 돌아간다. 창조물의 수명은 창조물이 처한 환경과 교육에 따라 달라진다. 환경이나 교육은 국가가 통제할 수 있는 부분이다. 그래서 정치가 엉망인 국가에서는 수많은 아이들이 태어난 해에 죽는다. 나는 태어난지 88년이 지났지만 여전히 살아있다.

사실 창조는 위에 요약한 것처럼 간단하지가 않다. 놀라운 창조의 힘은 한 가지 창조물만 만들어내지 않는다. 창조물은 너무나도 다양해서 최종 성과물이라기보다 오히려 도구에 가까운 것 같다. 창조는 목수의 작업과 비슷하다. 목공소에는 해머, 끌, 톱, 대패, 나사, 못, 바이스, 선반 등이 죽 나열되어 있다. 모두 목수가 재료를 보다 잘 다루기 위해 사용하는 도구들이다. 목수가 사용법을 이해 못하거나 사용하다 손가락을 다치기라도 하면 그러한 도구들은 무용지물이 된다. 물론 창조를 목수의 작업에 비유하는 것은 여러 가지 면에서 적절치 않다. 우주라는 목공소의 목수는 전능하지만 보거나 듣거나 만지거나 가늠할 수 없는 존재다. 우주의 목수는 잘릴 손가락도 없고 근육이나 뇌도 없다. 영국국교회의 표현을 빌자면, "육체도 부분도 감정도 없다." 따라서 우주의 목수는 스스로 알아서 움직이는 도구를 만들어야 한다. 도구 스스로 의식과 목표, 의지를 가지고 목수를 위해 효율적으로 기능했을 때는 자부심을, 제 기능을 다하지 못했을 때는 수치심을 느끼도록 해야 한다.

목수는 항상 더 나은 도구를 찾고 새로운 도구를 시험하려고 한다. 따라서 도구들은 보다 나아지려는 욕구를 가져야 한다. 나는 그것을 '진화 욕구'라고 부른다. 도구들은 마모되고 교체되기 마련이다. 따라서 도구들은 재생산하려는 욕구를 가져야 한다. '진화 욕구'나 '재생산 욕구'는 지식이 없으면 충족되기 어렵다. 따라서 도구는 지식에 대한 욕구, 간단히 말해 '호기심'을 가져야 한다. 그리고 도구는 스스로를 돌봐야 하므로 '자기 보존 욕구'도 가져야 한다. 이러한 욕구들은 원초적이고 기본적인 사실로서 여전히 설명이 불가능하고 이치를 따지기 어려우며 놀랍고 신비롭다. 따라서 정치인은 그와 같은 욕구들을 최대한 잘 활용해야 하고 적절한 이름으로 불러야 한다. 우리는 그러한 욕구들을 '본능'이라 일컫는다.

사람들의 본능과 관련해 가장 골치 아픈 부분은 본능이 항상 조화를 이루는 것은 아니며 때에 따라서는 여러 본능이 맹렬하게 부딪친다는 것이다. 어떤 본능은 용기를, 다른 본능은 비겁함을 유발한다. 호기심은 똑똑한 사람들이 위험과 고난을 무릅쓰고 극지방을 탐험하게 만든다. 체리 제라드는 <세계 최악의 여행>에서 그가 극지방을 탐험하기 위해 얼마나 큰 위험과 고난을 감수했는지 생생하게 묘사하고 있다. 우리들 대부분은 자기 보존 욕구 때문에 극지방 따위는 무시하고 집에 머무른다. 체리 제라드와 세계 최악의 여행을 함께 했던 에드워드 윌슨 박사는 극지방에는 관심이 없었지만 황제 펭귄의 알을 해부하고 싶어 했고 그러한 호기심 때문에 결국 얼어 죽었다. 어떤 이는 마치 햄릿처럼 이렇게 묻는다. 대체 그에게 펭귄은 무엇이었고 펭귄에게 그는 무엇이었기에 그가 펭귄 때문에 죽음까지 불사했는가? 콜럼버스는 바다 건너 아시아로 그와 함께 갈 사람들을 모집했으나 결국에는 죄수들을 고용해야 했다. 워낙 형량이 무거워서 사면 받기 위해서라면 기꺼이 위험을 감수할 죄수들이었다. 통치자들은 국가권력을 내세워 도처에서 발생하는 여러 본능의 다툼에 개입해야 한다. 이를테면, 어떤 본능은 보상을 통해 유도하거나 장려하고, 다른 어떤 본능은 처벌을 통해 가라앉히거나 저지해야 한다.

본능의 다툼에 개입하는 일은 매우 높은 수준의 판단과 결정을 요한다. 이미 화석화된 계율이나 틀에 박힌 관습에 따라 처리할 수 있는 일이 아니다. "살생하지 말라"고 하기는 쉽다. 그러나 정치인들은 이렇게 대꾸해야 한다. "아니, 침대에서 벼룩을 잡아 죽이는 것도 안 된다, 나라와 인류를 구하기 위해 메뚜기나 흰개미 떼를 죽이는 것도 안 된다, 독살범이나 폭파범이나 역적을 죽이는 것도 안 된다, 침략자와 정복자를 죽이는 것도 안 된다니! 내가 매일 같이 해야 하는 일들이 바로 그런 놈들을 없애는 일이란 말이오."

하지만 본능이 충돌한다는 것보다 암울한 사실이 있다. 신비로운 창조력은 다양한 수준으로 작용하므로 그 결과가 천차만별이라는 것이다. 인간을 창조함으로써 "이 얼마나 놀라운 작품인가!" 하는 찬탄을 자아내는가 하면, 치명적 바이러스를 만들어내기도 한다. 창조력은 그 양극단 사이에서 온갖 수위로 작용한다. 창조력이 이처럼 가변적이라는 사실은 끔찍하다. 마치 변덕을 부리거나 잔인한 장난을 치는 것처럼 불시에 창조력의 수위를 떨어뜨릴 수도 있기 때문이다. 살아있는 인간은 창조력이 빚어낸 최고의 걸작품이지만, 죽고 나면 한 무더기의 구더기가 되어 자신에게 무슨 일이 일어나는지 알지도 못하고 상관하지도 않는다. 살아있는 인간이라도 건강한 체세포가 아닌 암세포가 끔찍하게 증식하는 것을 보게 될 수도 있다. 창조력은 근육이 생겨야 할 자리에 뼈가 자라게 만들기도 한다. 더블린에는 근육이 골화하여 팔을 움직일 수 없게 된 여성의 해골이 있다. 정상인의 부드럽고 유동적인 조직과 체액이 돌로 바뀌는 경우도 있다.

3

창조력이 우리에게 왜 그런 사악한 장난을 치는지 어떻게든 알아내기 위해 우리는 암연구기금 같은 곳에 수십만 파운드를 기부한다. 왜 그런지는 모르더라도 어떻게 대처해야 할지 조금이라도 알 수 없을까 기대하면서 말이다. 하지만 그 기금을 생체해부학자들이 모조리 소진하고 있다. 그들은 실험이라는 미명 하에 무수한 생명을 제물로 삼아서 쥐에게 암을 유발하는 데 성공했다는 얘기나 하고 있다. 우리 돈만 낭비하고 있는 것이다. 창조력은 영국국교회에서 '성령'으로 통하지만, 어떨 때는 과연 성령이라 불러도 좋을까 싶을 정도로 성스럽지도 않고 양심도 없는 것처럼 보인다. 창조력이 잔인성을 드러내면 생체해부학자들은 그걸 빌미로 창조력이나 성령은 존재하지 않는다고 우리를 설득하려 든다. 우리가 목격하는 것은 일련의 우연한 사건일 뿐이며, 우리가 하는 행동은 반사라는 일종의 습관일 뿐이고, 우리가 하는 말은 의식이 존재하지 않는다고 해도 똑같이 지껄일 수 있는 잡소리라는 것이다. 즉, 아무 목적 없이 작동하는 자연선택의 원리 외에는 아무것도 작용하지 않지만, 시간이 무한히 흐르면서 수없이 많은 경우가 반복되기 때문에 "조건반사"가 생겨나고, 그러한 조건반사가 지적인 행위를 가장하여 비과학적인 일반인들을 현혹한다고 생체해부학자들은 주장한다.

제대로 된 정치인이라면 19세기가 만들어낸 그러한 쓰레기 같은 얘기에 현혹되지 않을 것이다. 정치인은 삶과 죽음, 건강과 질병, 양심과 의식, 의지와 목적, 창조와 진화를 사실로서 다뤄야 한다. 바이스만과 파블로프의 제자들이 그 사실들은 환상일 뿐이라고 설득하려 든다면, 정치인은 이렇게 대답해야 한다. "무슨 말인지 알겠소. 하지만 환상도 사실이오. 내가 다뤄야 할 사실들이란 말이오. 어찌됐든 건강한 조직과 암은 환상이 아닌 생생한 사실이오. 그러니 건강한 조직이 어떻게 암이 되는지, 그걸 막을 수는 있는지, 막을 수 있다면 어떻게 막아야 하는지 발견한다면 알려주시오. 보건위생부장관으로서 내가 알아야 할 것은 바로 그런 것들이오. 그리고 제발 사지가 절단된 개나 기니피그, 굶겨 죽인 쥐 얘기 따위는 나에게 하지 마시오. 내가 해야 할 일은 똑같이 먹고 마셨는데 누구는 괜찮고 누구는 질병으로 고통받는 이유를 밝히는 것이오. 사지가 절단된 시민에게 무슨 일이 일어나는지 알고 싶은 게 아니란 말이오. 나는 세상에서 자연적으로 일어나는 일에 관심이 있지 실험실에서 당신이 부자연스럽게 고안해 낸 일에는 관심 없소. 내가 한 질문에 답을 줄 수 없다면 남의 귀중한 시간 그만 뺏고 나가주시오."

심지어 의사와 화학자들이 치료법을 발견하더라도 정치인은 그 치료법이 경제적으로나 인도적으로 시행가능한 것인지 따져봐야 한다. 어떤 화학자가 탄소를 결정화하여 다이아몬드를 만드는 방법이나 바닷물에서 금을 추출하는 방법을 재무부에 알려줄 수도 있다. 하지만 그 방법을 실행에 옮기려면 그 결과물로 얻게 될 다이아몬드나 금의 가치보다 더 큰 비용을 지불해야 할 것이다. 혈청요법가들은 일련의 예방접종으로 보건당국에 보고된 대부분의 질병을 막을 수 있다고 주장할지도 모른다. 아라비아의 로렌스는 군복무 시절 무려 40여 가지의 예방접종을 했다고 나에게 얘기한 적이 있다. 그가 예방접종한 40가지 질병에 걸려 죽지 않았다는 사실은 분명 예방접종의 효율성을 입증하는 통계자료로 이용될 것이다. 하지만 정치인은 그와 같은 증거를 근거로 감히 모든 시민에게 40가지 예방접종을 강제할 수 없다. 사실 어떤 증거로도 예방접종을 섣불리 강요해서는 안 된다. 더구나 접종은 잘못된 것으로 판명날 수도 있다. 앞서 나는 우두접종과 결핵 진단용 주사액이 천연두와 폐결핵보다 치명적일 수 있다는 사실이 어떻게 밝혀졌는지, 또한 암로스 라이트 경이 접종을 보다 안전하게 만드는 기술을 어떻게 고안했는지 설명했다. 과학자는 수도원 같은 실험실에 틀어박혀 자기가 고안한 예방책의 효과만 생각하면 되지만, 정치인은 수백만 명을 대상으로 그 예방책을 시행할 때 드는 비용도 생각해야 한다. 주사 바늘 외에 다른 것은 필요없고 어떤 부작용도 일으키지 않는 예방접종이라면 그 장점을 잘 홍보하고 의무화할 수도 있을 것이다. 하지만 예방접종을 아무 탈 없이 실시하려면 장비 구입에 돈을 쓰고 환자의 식균지수를 확인하느라 몇 시간씩 현미경을 들여다 보며 혈액 속 미생물 수를 세야 하는 경우도 있다. 이런 경우 정치인은 경제적으로 불가능하다는 이유를 내세워 그 예방책을 철회해야 한다. 4,000만 명의 식균지수를 단 한 번이라도 확인하려면(아라비아의 로렌스처럼 40 차례나 예방접종을 한 경우는 말할 것도 없고), 의사들이 예방기술에 아무리 능하다 할지라도 너무 많은 비용과 시간이 들 것이다. 그러나 식균지수를 조사하는 것과 같은 예비작업을 하지 않으면 접종으로 인해 심각한 피해가 발생할 수 있다. 그렇게 되면 살아있는 인간의 혈액에 인위적으로 간섭하는 것을 두려워하며 모든 접종과 면역책에 반대하려는 움직임이 일어날 것이고, 그러한 행위가 하나의 조건반사로 굳어질 것이다. 사람들이 메피스토펠레스처럼 살아있는 인간의 "피야말로 특별한 액체"라고 주장할지도 모른다. 아직 아무도 이해하지 못한 문제에 대해서는 무슨 말이든 할 수 있다. 기독교인들은 "주 하나님 크신 능력 참으로 신기하도다"라고 노래하는데, 아무리 열성적인 무신론자라도 거기에 대해서는 할말이 없을 것이다.

지금 상황은 정치인들이 난감해 할 문제들로 넘쳐난다. 한편에서는 프롤레타리아 지식인들이 "우리의 몸과 피에 손대지 마라"고 외치는가 하면, 다른 한편에서는 무지한 사람들이 부적과 주술, 세례의식, 할례의식, 예방접종을 마치 경마 정보를 대하듯 열렬히 추종하고 있다. 대부분의 의사들은 가난한 사람들의 그리 심각하지 않은 질병 덕에 먹고 살며 금전적으로 그다지 여유롭지 못하다. 그래서 그들은 건강을 질병처럼 수익성 있는 것으로 만드는 데 찬성한다. 내가 공중보건위원회에 있을 때, 사람들은 반 크라운을 내고 우두 재접종을 했다. 부모가 출타 중이어서 혼자 집에 있던 아이들은 벨소리나 노크소리를 듣고 문을 열어줬다가 그 자리에서 붙잡혀 재접종을 당하기도 했다. 그러다 아이의 부모가 접종 반대론자이기라도 하면 소란스런 속편이 전개됐다. 물론 의사들은 접종이 무해하고 천연두를 예방한다고 진짜로 믿었다. 하지만 의사들의 그러한 확신은 객관적이고 과학적인 연구보다 반 크라운과 더 관계가 있었다. 의사들도 다른 사람들과 마찬가지로 희망적인 생각을 한다. 하지만 생각은 언제나 무언가를 바라며, 무언가를 바라기 전에는 생각도 일어나지 않는다는 사실은 의사들도 잘 모르고 있다. 대부분의 사람들은 알려진 모든 증거에 반하더라도 자기가 믿고 싶은 것을 믿는다. 그러므로 정치인은 특정 직업의 금전적 이익과 관계가 있는 모든 증거를 깊이 의심해봐야 하며 더 나아가서는 그런 증거에 잘 대응할 수 있도록 법령을 제정하거나 폐지해야 한다.

4

이제 질병은 처음 발생한 계층에만 국한되지 않는다. 1808년부터 1811년 사이 오켄이라는 독일인 수사는 우리 몸이 살아있는 세포들로 이루어져 있다는 것을 발견했다. 오켄은 그 살아있는 세포들에 '성령의 변형체'라는 이름을 붙일 정도로 똑똑했다. 기독교에서는 생명력을 성령이라고 부르기 때문이다. 세포들 중에서도 가장 작은 것들은 혈액 속에 떼지어 다니는데, 전자현미경으로도 볼 수가 없다. 생명력에 문제가 생기는 원인이나 과정은 아무도 모른다. 하지만 생명력에 문제가 생기면 세포들은 자신들의 외형을 바꾸고 각기 다른 제복을 입은 여러 무리의 군대로 나뉘어 서로 싸우고 잡아먹는다. 그러는 동안 세포의 주인은 통증이나 고통, 장애, 이상증세 등으로 고생한다. 폐나 장, 목근육 등 이상이 생긴 부위에 따라 세포들은 각기 다른 모습을 띤다. 이렇게 전문화된 세포들은 세균, 미생물, 스피로헤타, 백혈구, 식세포 등으로 불리며 호흡이나 침, 손수건, 배설물, 옷 등을 통해 공기 중으로 새어나갈 수 있고 다른 사람에게 병을 옮길 수도 있다. 특히 면역력이 떨어지는 사람이 그러한 세포들과 접촉한다면 세포들이 둘로 쪼개지는 과정을 반복하면서 수백만 개로 증식하는 것을 막을 수 없을 것이다.

생리학자들은 질병에 관해 이와 같은 흥미로운 사실들을 발견했다. 그리하여 그들이 내린 최초의 결론은 미생물이 질병을 일으키고 퍼뜨릴 뿐 아니라 실은 질병 그 자체이기 때문에 미생물을 죽일 수 있으면 질병도 없앨 수 있다는 것이었다.

최초의 어설픈 결론들이 다 그러하듯, 생리학자들의 첫 번째 결론 역시 무리없이 받아들여졌고 금세 유명해졌으며 지금까지도 영향력을 발휘하고 있다. 하지만 그러한 결론으로 질병의 확산과 전염병의 창궐에 대해서는 어느 정도 설명할 수 있을지 몰라도 병이 갑자기 사라져버리는 신기한 현상에 대해서는 도저히 설명할 수가 없었다. 예를 들어, 흑사병이 한창일 때는 그 이론이 잘 들어맞았다. 하지만 인류를 전멸시킬 것처럼 보이던 흑사병이 갑자기 퍼지다 만 이유는 어떻게 설명할 것인가? 더블린의 병원들은 예나 지금이나 미생물을 미세동물로 부른다. 하지만 미세동물의 형태적 특징에 대해서는 알려진 바가 없다. 미세동물이 질병과 관계가 있다는 의혹은 우리 아버지가 내게 해준 얘기의 수준을 벗어나지 않았다. 치통으로 고생했던 아버지는 사리풀을 태워 연기가 나게 한 뒤 그 앞에서 입을 벌리고 서 있었으며 그렇게 하면 미세동물이 질식해서 떨어져나가고 치통도 사라진다고 했다. 예전에 외과의사들은 수술시 낡은 겉옷을 입었고, 마취제가 발명되기 전에는 수술을 빨리 끝내야 했기 때문에 작은 도구는 입에 물고 수술하기도 했다. 그래도 대부분의 경우 결과가 나쁘지 않았다. 세균 감염을 철저하게 막는 지금의 수술만큼이나 당시의 수술 역시 대체로 성공적이었다. 물론 신장이나 난소 적출 수술과 같은 몇몇 수술은 지금과 달리 당시에는 매우 위험한 수술로 간주됐다. 그러나 그러한 수술의 발전을 이끈 것도 역시 구식 의사들이었다. 그들은 소독되지 않은 수돗물을 사용했으며, 그들에게 새로운 예방책이라고는 환자가 어느 정도 회복될 때까지 병실의 온도를 유지하는 것뿐이었다.

수술이 언제나 순조로웠던 것은 아니다. 이따금 수술은 치명적인 것으로 돌변했다. 어쩌다 핀에 손가락을 긁힌 간호사는 패혈증으로 죽었다. 외과 환자들은 전부 죽고, 수술이 곧 사형집행이나 다름없던 시절도 있었다. 이른바 '병원 괴저'³라고 불리는 현상 때문이었다. 하지만 그런 무시무시한 상황이 오래 지속되지는 않았다. '병원 괴저'는 차츰 수그러들었고, 얼마 후에는 도시에서 전염병이 사라진 것처럼 병원에서 병원 괴저가 완전히 자취를 감췄다. 지금은 이런 사실이 거의 알려져 있지 않다. 리스터라는 외과의사는 수술시 손재주는 평균 이하였지만 지적 능력은 생리학자들의 조야한 미생물설을 소화할 정도가 됐다. 그는 병원균 감염을 막기 위해 여러 가지 예방조치를 단행했고 부수적으로는 병원이 청결의 미학을 유지하도록 했다. 그러자 병원 괴저가 사라지고 리스터는 유명해졌다. 하지만 안타깝게도 그의 살균수술법 혹은 소독수술법은 공격(악성)세포는 물론 방어세포와 재생세포까지 죽여버렸기 때문에 결과적으로는 구식 의사들의 기존 수술법만 못했다. 1898년 나는 수술을 받아서 왼쪽 발에 작은 구멍이 생겼다. 재생세포들이 차오르면 메워질 구멍이었다. 하지만 당시에는 리스터가 대세였다. 병원에서는 미생물을 죽여야 한다며 내 발에 난 구멍에 매일 요오드포름 거즈를 채워넣었다. 그 결과 나는 18개월 동안 목발을 짚고 다녔다. 그러던 어느 날, 리스터 신봉자가 아닌 나이든 외과의사가 와서 그 거즈를 제거하더니 미생물이 득실대는 수돗물에 적신 린트⁴를 대고 아마

3   불결한 병원에서 발생하는 전염성 질환.
4   붕대로 쓰는 면직물의 일종.

인유를 바른 견사를 덮어 축축한 상태를 유지하라고 처방했다. 2주 뒤 나는 완전히 회복했다.

리스터는 요오드포름 거즈에 만족하지 않았다. 그는 '보조엔진'이라는 것을 발명해서 수술실에 석탄산수를 분무했으며 미생물은 물론 환자와 의사까지도 석탄산에 중독되게 만들었다. 그는 병을 없애고 인류가 영원히 건강해지기 위해서는 보조엔진으로 도시 구석구석에 석탄산수를 살포해야 한다고 생각했다. 19세기 말에는 그렇게 석탄산 냄새가 진동했다.

그러나 외과의사들은 석탄산에 질식되거나 중독되고 싶지 않았다. 더구나 국민건강보험을 적용받지 못하는 개인 부담 환자들이 50기니에서 수백 기니에 달하는 수술비를 내고도 오히려 상태가 더 악화되는 상황을 두고 볼 수 없었다. 리스터가 공개적으로 망신을 당하지는 않았다. 만일 그랬더라면 의사라는 직업에 대한 대중의 신뢰가 와르르 무너

리스터가 발명한 보조엔진.
리스터의 조카이자 외과의사인 릭맨 고드리가 집필한 <리스터 경> 중, 1917.

졌을 것이다. 리스터의 보조엔진은 조용히 폐기됐지만 리스터는 포틀랜드 플레이스에 세워진 그의 동상이 말해주듯 스스로를 의료계의 신전에 모셨다. 그의 방식은 사라졌다. 다만 청결의 미학을 유지하는 부분은 남아서 외과의사와 간호사들은 티끌 한 점 없는 하얀 가운을 입게 됐다. 암로스 라이트 경은 마지막 남은 리스터 신봉자를 논쟁으로 제압하고 소독이론에 최후의 일격을 가했다. 마치 고트홀트 에프라임 레싱[5]처럼 암로스 라이트는 리스터를 참수하고 그의 목을 내걸어 그 안에 뇌가 없다는 것을 보여줬다. 그리고 10퍼센트 농도의 소금물만 있으면 리스터가 석탄산수 스프레이로 하고자 했던 (그러나 실패했던) 모든 일을 다 할 수 있다는 것도 보여줬다.

나는 목발을 버리고 발등에 상처자국을 얻은 50년 전부터 그러한 내용을 알고 있었다. 하지만 나의 독자들 중 상당수는 이 얘기를 불경스럽게 여기고 못 믿겠다는 반응을 보일 것이다. 약국에서 파는 약과 치료제들은 여전히 살균 기능을 내세워 광고하고 있다. 제너와 리스터는 치료의 기적을 행한 사람들로 칭송받고 있다. 그들에 대한 진실은 기업 비밀로서 철저하게 보호되고 있다. 그러나 공중위생당국은 그와 같은 비밀을 사람들에게 알려야 한다. 그렇지 않으면 사람들에게 피해를 입힐 수 있다. 1900년대 초에는 실제로 그러기도 했다. 공중위생당국은 결핵 예방 캠페인을 벌이면서 사람들에게 침을 뱉지 말고 손수건을 사용하라는 권고문을 기차역과 번화가에 덕지덕지 붙여 놓았다. 그들은 여전히 그러고 있다. "기침과 재채기는 질병을 퍼뜨립니다. 언제나 손수건을 사용하세요"라는 포스터로 우리에게 손수건 사용을 강요하고 있다.

5 레싱 Gotthold Ephraim Lessing: 독일의 극작가이자 비평가.

극장에서도 우리는 수십억 개의 세균을 잡아서 주머니 속에 넣으라는 충고를 접하게 된다.

이보다 더 나쁜 충고도 찾기 힘들 것이다. 미생물이 병의 원인이 아닌 결과물일지라도 병을 옮길 수 있는 것만큼은 분명하다. 하지만 병을 옮긴다고 해서 죽지 않는다거나 물리칠 수 없는 것은 아니다. 대부분의 미생물은 아주 잠깐 동안 태양에 노출되기만 해도 죽는다. 미생물은 축축하고 어두운 곳에서 번식하고 증식한다. **런던과 파리 같은 대도시에서 하수를 강에 방출하고 확인한 결과 도시에서 2마일 떨어진 하류가 20마일 떨어진 상류보다 더 깨끗하다는 사실이 드러났다.** 오수와 쓰레기를 하천에 그냥 버리던 마을들은 하수시설을 갖추고 오수를 축축한 어둠 속으로 숨기자 곧바로 장티푸스에 시달렸다. 맥콜리에게 예방접종이 그랬던 것처럼 스위스의 하수도 완비 정책은 볼테르에게 희망을 불러일으켰음에도 불구하고 분명 문제가 있었다. 하수도나 손수건이나 문제가 있었다.

하수도가 문제인 이유는 습하고 어두운 데 있기 때문이다. 손수건이 문제인 이유도 똑같다. 우리가 코를 풀면 코에서 나온 병원균이 우리의 손가락을 거쳐 햇빛이 비추는 땅위로 떨어진다. 이때 병원균은 햇빛을 받자마자 죽어버리기 때문에 아무도 감염시키지 않는다. 하지만 우리가 축축한 손수건에 병원균을 가두고 어두운 주머니 속에 쑤셔넣으면 병원균은 빨래더미 속에서 편안하게 증식하면서 수십 벌의 옷을 감염시키게 된다. 지역의 유행병은 그 원인을 추적하다 보면 빨래 때문인 경우가 대부분이다. 19새기말 캠페인 포스터를 내가 작성했더라면 아마 이런 식이었을 것이다. "감기에 걸리면 시골에서는 절대로 손수건을 사용하지 마세요. 아무도 보지 않을 때 당신의 손가락을 사용하세요. 그리고 햇볕이 가장 잘 드는 장소로 가세요. 하지만 당신이 도시의 포장된 도로나 실내에 있다면 화장지를 사용하고 즉시 태워버리세요."

가장 확실하고 안전한 살균제는 '물'이 아니라 '불'이다. 위생당국은 해충에 감염된 사람이 옷가지를 소독하러 가져오면 그 옷을 석탄산수에 담구는 것이 아니라 단 한 마리의 이도 살아남을 수 없는 높은 온도의 오븐 속에 넣는다. 허버트 새뮤얼[6]은 <알려지지 않은 땅>(1942)이라는 유토피아를 암시하는 듯한 제목의 책에서 사람들이 변기 대신 전기 화로를 사용하게 한다. 물은 끓여서 소독한다. 우유는 "저온살균" 한다. 그러나 여기서 우리는 또다시 리스터의 오류에 빠진다. 저온살균한 우유는 건강한 사람들이 마시기에도 적절하지 않다. 끓이거나 증류된 물도 마찬가지다. 불은 창조적 세포든 병원성 세포든 무차별적으로 파괴하기 때문이다. 게다가 우리는 감염된 손수건은 태워도 감염된 사람은 태울 수 없다. 시신은 화장할 수 있다. 사실 모든 시신은 화장해야 한다. 시신을 매장하는 끔찍한 풍습은 언젠가는 법으로 금지될 것이다. 미학적으로 혐오스럽기도 하지만, 심판의 날에 부활할 목적으로 육신을 보존하다가는 죽은 사람들이 산 사람들을 지구에서 밀어낼 수도 있기 때문이다(사실 냉철하게 보면, 매일매일이 심판의 날이다). 이렇듯 시신은 태울 수 있어도, 빈대 잡으려고 초가삼간을 태우는 식의 방역책을 현실에 적용하기는 어렵다. 집과 돼지까지 태울 수는 없기 때문이다. 구제역이 발생하면 감염된 가축을 도살하지만, 그 방법을 홍역에

---

6 허버트 새뮤얼 Herbert Samuel(1870-1963): 영국의 정치인. <물리학 에세이> 등 과학과 인간의 미래에 관한 책을 여러 권 발표했다.

적용할 수는 없다. 내가 어릴 적에는 대수롭지 않게 여겼던 홍역이 지금은 치명적인 질병으로 간주되고 있다. 그러나 홍역에 걸렸다고 사람을 죽인다면 그 환자의 부모들이 들고 일어날 것이고 살육자들은 린치를 당할 것이다.

따라서 우리에게 필요한 것은 병원성 세포는 죽이고 창조적 세포는 살려두는 선택적 소독제다. **우리가 아는 유일한 선택적 소독제는 건강한 혈액이다.** 우리는 매일 수백만 개의 미생물을 흡입하고도 아무 이상 없이 산다. 우리의 피는 삼손이 블레셋인 1,000명을 죽인 것보다 더 철저하게 세균을 처치하고 있다. 돋보기를 사용했던 매치니코프나 암로스 라이트는 볼 수 없었겠지만, 새로운 전자현미경은 식세포 방어군(생체방어기구)을 발견해냈다. **정치인은 영양실조와 더러움과 무지만 몰아내도 우리의 혈액을 건강하게 만들 수 있다.** 그러니까 지난 한 세기 동안 위생학을 지배하고 타락시켰던 미생물에 대해서는 굳이 신경쓸 필요가 없다.

28장 어설픈 통계를 경계하라!

1

질병이 발생했을 때 보건위생당국이 가장 먼저 해야 할 일은 그 병이 얼마나 확산됐으며 얼마나 빨리 증감하고 있는지 파악하는 것이다. 그러한 정보는 의사들이 작성한 사망진단서를 통해 알 수 있다. 하지만 의사들은 종종 사망 원인을 잘못 진단하거나 같은 질병에 다른 이름을 붙이곤 한다. 나는 공중보건위원회에 있으면서 우리 자치구의 인구동태통계 보고서를 검토하게 되었다. 그 보고서는 엄청난 비용을 들여 작성됐지만 일반에 공개되지 않았고 위원회에서도 나 말고는 읽는 사람이 없었다. 우리는 심각한 인구과밀 지역을 놓고 고민해야 했다. 그 지역에 화물터미널과 대규모 기차역이 세 개나 들어서면서 수천 명의 주민들이 비위생적인 공동주택으로 쫓겨났고, 장티푸스가 창궐하고 있었다. 그런데 관련 통계자료를 조사해 보니 장티푸스로 인한 사망률이 예상보다 훨씬 낮은 게 아닌가. 통계보고서의 다른 페이지에서 '장질부사'라는 병명을 발견하지 못했다면 아마 잘못 안 채로 넘어갔을 것이다. 그러나 나는 장티푸스와 장질부사가 이름만 다르지 결국 같은 병이라는 사실을 알게 되었다. 의사들은 그 두 명칭을 아무 생각 없이 섞어 쓰고 있었다. 런던 보건위생국의 한 의사는 사람들이 그러한 허점을 이용하면 살인을 저지르고도 자연사라고 적힌 사망진단서를 받아낼 수도 있다고 보고했다. 그 문서가 일반에 공개되지는 않았지만, 여전히 있을 법한 얘기다. 이러한 상황에서 인구동태통계는 충분히 현실을 호도할 수 있다. 아무래도 그러한 통계는 입법 자료로 쓰기에 문제가 많다. 아무튼 나는 장티푸스의 모호한 명칭 문제를 해결하는 바람에 해박한 지식의 소유자로서 공중보건위원회를 이끌어 가는 입장이 됐다. 그리고 의사들에게 공식 지침을 내려, 사망진단서를 작성할 때 동일한 질병은 동일한 명칭으로 표기해야 하고 사인을 정확히 밝힐 수 없다고 해서 심정지나 호흡곤란으로 기재하는 일은 없어야 한다고 지시했다. 하지만 곧잘 새로운 병명을 보게 된다. 그러므로 질병에 대해 보다 과학적인 진단이 내려지기 전까지 사망통계를 매우 주의 깊게 살펴봐야 하는데, 그 일은 의사가 아니라 전문 통계학자가 해야 한다. 사망통계를 믿을만한 입법 자료로 사용하기 위해서는 그러한 과정이 반드시 선행되어야 한다.

보고서를 검토하다 보니 기쁘게도 천연두로 사망한 사람이 없다는 것을 알게 되었다. 분명 우리 자치구에서는 천연두가 소멸한 것처럼 보였다. 제너 신봉자들은 이를 두고 백신의 승리라고 했다. 하지만 그건 나만큼도 모르는 소리였다. 예전에 전염병이라고 무서워했던 티푸스와 콜레라의 사례를 찾아보니 그것들도 천연두와 마찬가지로 완전히 사라진 것이 아닌가. 그러니까 백신이 천연두는 물론 티푸스와 콜레라까지 사라지게 만든 것인지, 아니면 백신은 전혀 효과가 없고 세 가지 질병 모두에 효과적인 다른 어떤 원인이 공통적으로 작용한 것인지에 대해서는 논란의 여지가 있다. 하지만 천연두는 곧 재발했다. 예방접종을 강제로 시행했던 시절에 비하면 병의 심각성도 덜했고 사망률도 낮았지만, 자치구 전역에 재접종 열풍이 불면서 더 많은 통증과 장애를 유발했다. 결국 천연두도 장티푸스처럼 여러가지 이름을 갖게 됐다. 천연두를 가리키는 또 다른 이름은 '농포성 습진'이다. 농포성 습진이 오래 지속되면 '유사천연두'가 된다. 그러니까 어떤 의사가 최근에 자기한테 재접종을 받은 환자가 천연두 병원으로 잘못 보내졌다고 항의하면, 그 환자에게는 농포성 습진이나 유사천연두라는 진단이 새로 내려지고 서둘러 일반 병동으로 이송되는 것이다. 따라서 통계상으로는, 재접종한 사람은 아무도 천연두에 걸리지 않은 것으로 나타났다. 천연두는 얼마 안 가서 사라졌는데, 처음 발생했을 때와 마찬가지로 소멸할 때도 뚜렷한 이유가 없었다. 비로소 나는 독일군이 어떻게 재접종으로 천연두를 완전히 없앴다고 할 수 있었는지 이해하게 되었다. 독일의 어떤 군의관도 천연두를 천연두라고 감히 진단할 수 없었던 것이다. 그 후 1871년 독일에서는 천연두가 다시 대유행했다.

진단이 과학적이지 않고 고작해야 이름 붙이기일 뿐이며 그나마 일관성도 없다면, 인구동태통계는 아무런 쓸모가 없다. 그러한 통계는 전문 통계학자가 아닌 아마추어의 작품으로, 아마추어들은 단순한 산술작업만으로 자신들이 보건위생당국에 정책적 대안을 제시할 자격이 있다고 착각한다. 100년 전에는 굉장히 설득력이 있었을 법한 백신에 관한 오래된 통계를 보면, 예방접종을 하지 않은 천연두 환자는 100퍼센트 사망하고 예방접종을 한 사람은 100퍼센트 살아남는 것으로 나타난다. 사람들은 이 통계가 인구 십만쯤 되는 도시에 관한 것인 줄 알고 깊은 인상을 받는데, 사실은 천연두 환자가 두 명밖에 없었던 작은 마을에 관한 것이었다. 그러나 사례란 것은 천 개가 안 되면 비중을 따지는 것이 무의미하고 수천 개가 안 되면 사실 별 가치도 없다는 것을 알 정도로 수학적 재능이 있는 의사나 치안판사는 드문 것 같다.

2
칼 피어슨과의 친분을 통해 나는 생물학은 물론이고 사실상 과학의 모든 분야에 수학이 필요하다는 것을 일찍부터 알고 있었다. 피어슨은 항상 웃는 얼굴의 매력적인 사람이었지만 수학자가 아닌 사람이 과학적 타당성을 주장하면 결코 인정하지 않았다. 나는 그가 발행한 <생물측정학>이라는 잡지를 꾸준히 구독했으나, 거기 실린 방정식은 하나도 이해하지 못했다. 그러나 얼마 안 가서, 생물수학자들이 전문적인 지식은 대단한지 몰라도 자신들이 처음 내세운 가정과 측정 내용에 대해 너무 쉽게 믿고 편파적이며 생각이 얕다는 것을 알게 되었다. 뉴턴처럼 말이다. 그들이 하는 계산도 믿을만한 것이 못된다. 사실과 의견을 무분별하게 조합하고 개인적인 추측과 취향에 따라 수치를 측정하고 멋대로 계산하기 때문이다.

그러므로 공공사업을 시행하는 정부는 통계학자와 수학자로 구성된 부서를 따로 두어야 한다. 정치인은 그러한 부서에서 내놓는 전문적인 보고서를 전제로 해야 입법안과 기존 행정업무 간의 연관성을 파악할 수 있으며, 인구조사나 통계자료요약집과 같은 주기적인 정보수집을 위해 예산을 세울 수 있다. 공식적인 수치라고 해서 오류가 없는 것은 아니다. 통계도 결국 사람이 하는 작업이기 때문이다. 그러나 오류에도 정도의 차이가 있다. 우리는 양극단을 설정하고 그 사이에서 최적임자를 찾아낸다는 생각으로 공공영역에서 일할만한 통계학자들을 선택해야 한다. 통계학자가 되기에 가장 부적합한 사람들은 소득이 불안정한 사람들이다. 반대로 가장 적합한 사람들은 이론적으로나 가능할 진실성과 정확성을 추구하는 열정적인 사람들이다. 그들은 정보를 공정하게 수집하고, 수정하고, 상호연관성을 찾아내는 분야에서 제 역할을 다 할 것이다. 통계 부서가 그렇게 까다로운 사람들을 공무원으로 수용한다면, 실질적으로 최고 권위를 지닌 기관이 될 것이다. **정치인은 의사와 변호사, 성직자, 은행가, 예술가, 기술자, 노동자, 그 밖의 괴짜들이 내미는 수치들을 무작정 받아들여서는 안 된다. 통계 부서에서 그러한 수치들을 엄격하게 검증하고 상호연관성을 파악해 수정하고 승인할 때까지 기다려야 한다.** 19세기에 그런 식의 검증이 이루어졌더라면 백신 접종을 강제하는 잔인한 실수는 하지 않았을 것이다. 당시 장티푸스나 콜레라와 관련된 통계가 제대로 작성됐다면, 백신 때문에 오히려 천연두 박멸이 지연됐다는 사실이 드러났을 것이다. 천연두는 위생 개선만으로도 충분히 퇴치할 수 있었다. 공중위생을 개선하는 것만으로도 천연두를 없앨 수 있다는 주장은 1885년 천연두 환자 신고 및 격리제도가 시행될 때까지 제너신봉자들의 얄팍한 지식에 눌려 기를 못 폈다.

  암로스 라이트 경이 최초로 지적했듯이, 공중위생의 승리는 미학의 승리였다. 천연두와 티푸스, 콜레라, 결핵, 페스트는 확실히 더러움과 추잡함, 고약한 냄새와 불결함, 천함과 가난에서 비롯된 것이다. 아름다움과 청결함, 품위 있는 태도, 맑은 공기와 좋은 향기 앞에서는 사라진다. 감각적으로나 지적으로나 정신을 해치고 타락시키는 것은 몸도 타락시킨다. 마찬가지로 몸을 해치는 것은 정신도 해칠 수 있다. 하지만 신체의 일부가 잘못됐다고 그 사람의 품격이 떨어지는 것은 아니다. 다시 말해서, 사지나 신체기관의 일부를 잃고 불구가 되더라도 그 사람의 재능과 자질이 사라지는 것은 아니다. 신체 건강한 사람들이 증가해도 오히려 암적인 존재가 증가하는 것일 수도 있다. 베토벤은 청력을 상실했지만 최고의 교향곡을 작곡했고, 밀턴은 시력을 잃고 난 후에도 전과 다름없는 수준으로 시를 썼다. 보건위생부장관은 정신이 신체를 만들지 신체가 정신을 만드는 것이 아니라는 사실을 알아야 한다. 그리스어로 된 요한복음을 보면 "태초에 말씀이 있었다"고 나온다. 알기 쉬운 말로 옮기자면 "태초에 생각이 있었다"가 될 것이다. 원문에서 '말씀logos'이란 '생각'을 의미한다.

이런 관점에서 보면, 보건위생부는 교육부에 다름 아니다. 우리에게 필요한 것은 알약이나 물약, 예방접종, 체조 같은 것들이 아니다. 백악가루와 아편을 양껏 쏟아 부어도 콜레라는 완전히 사라지지 않을 것이다. 우리에게 정말 필요한 것은 쾌적한 환경을 갖추고 기본적인 욕구를 충족시키는 것이다. 기본적인 욕구를 충족시키는 일이 걱정거리가 되어서는 안 된다. 또한 시와 음악, 그림, 책을 즐기고 취향을 기를 수 있는 여가도 필요하다. 그러한 미적 취향이 없다면 폭음과 폭식, 성적 탐닉 외에는 어떠한 즐거움도 알지 못한다. 마음껏 즐겨도 건강을 해치지 않을 정도의 나이가 되기 전에는 성욕에 들볶이기 마련이다. 미적 취향이 없는 사람은 성욕을 다스리기 힘들다. 미적 취향이 있는 사람은 성적 에너지를 바람직한 방향으로 승화시킬 수 있을 것이다. 미적 취향의 부작용이래 봤자 거리에서 지나치게 깔끔 떠는 것 정도다. 좁은 곳에서 복작거리며 살아가야 하는 사람들은 예술을 알지 못할 뿐더러 예술에 대해 생각할 돈도 여유도 없다. 그렇다고 사냥이나 사격, 스케이트, 권투, 골프, 크리켓, 축구 같은 유희를 즐길 수 있는 것도 아니다. 인구과밀 지역은 매독은 물론 온갖 질병의 온상이다. 과밀함은 배고픔이나 추위보다 치명적이다. 그런데 오늘자 신문을 보니, 정부는 개인공간이 하나도 없는 공영주택을 3만호나 지을 예정이란다. 그런가 하면 수상은 아이를 더 많이 낳으라고 요구하고 있다! **대체 언제쯤 우리는 '1인 1실 갖기'가 '1인 1표 갖기'보다 시급하다는 것을 알게 될까?**

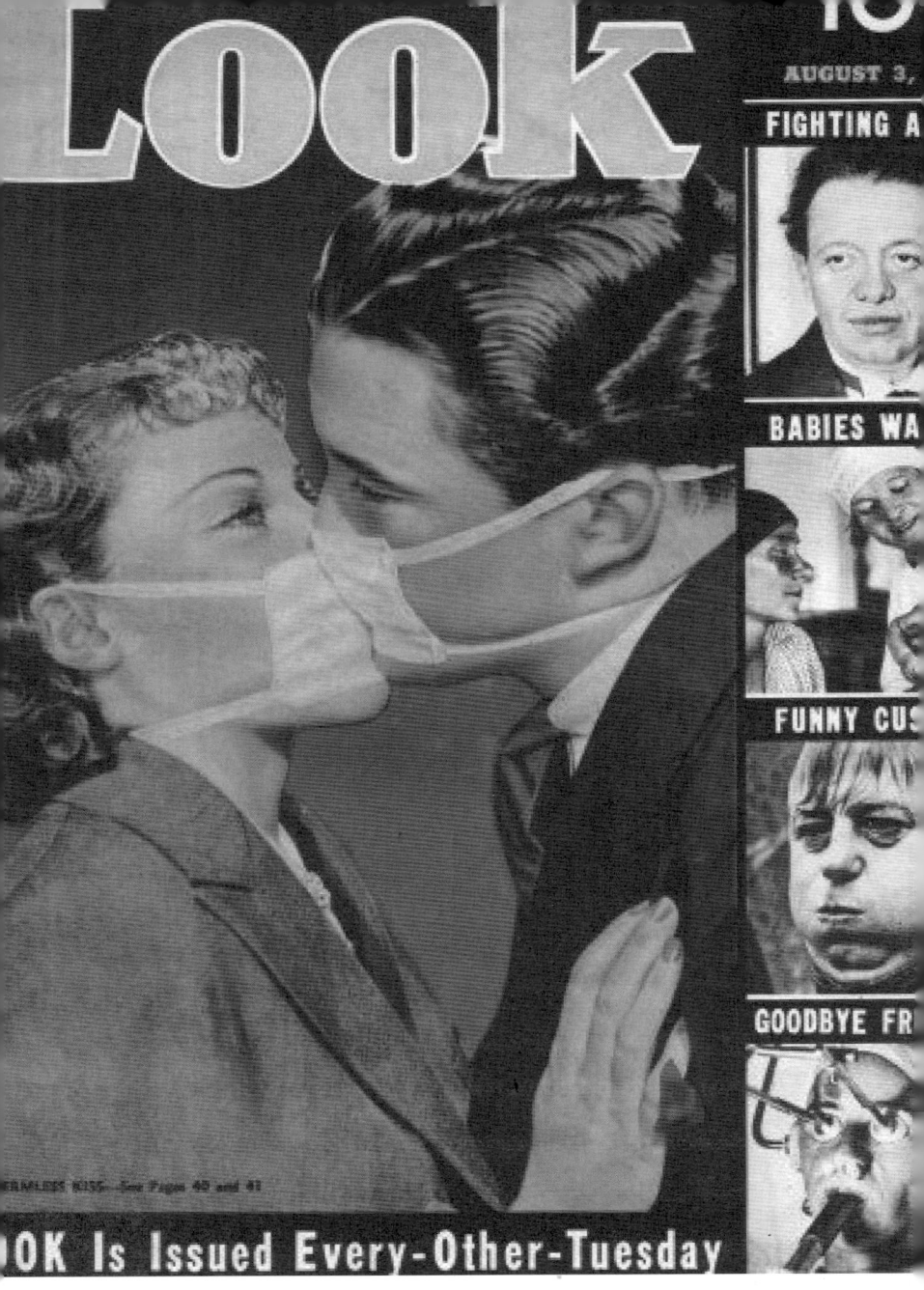

<무균 키스>, 『룩 매거진』, 1937.
감기를 예방하기 위해 마스크를 착용하고 리허설을 하는 헐리우드 배우들.

29장 국가와 유전학: 다양성이 답이다.

앞서 결론 내린 대로, 정치인이 미생물까지 신경쓸 필요는 없다. 하지만 유전학이나 우생학에는 관심을 가져야만 하는 상황이다. 식물을 선별 재배하고 적절하게 보살피면 속수무책이었던 질병에 대해서도 면역력이 생긴다고 한다. 목축업자들은 수많은 시행착오를 거쳐 말과 소, 돼지, 가금류를 거의 환골탈태 수준으로 개선했는데, 비법은 다름 아닌 혈통을 관리하는 것이었다. 목축업자는 아니지만 히틀러도 생각을 거듭한 끝에 혈통을 관리하면 인류를 개선할 수 있다는 결론에 도달했다. 문제는 게르만 민족주의자로서 인류의 운명이 노르만족[1]에 달려 있다고 본 것이다. 그래서 노르만족이 슬라브족과 라틴족을 정복하고 유태인, 폴란드인을 포함해 완강하게 저항하는 다른 민족들을 몰살해야 한다고 생각했다.

실제로 히틀러는 독일 민족을 부추겨 영웅적 세계전쟁을 벌이기에 이르렀다. 지금 이 순간에도 독일인은 세계를 정복하겠다며 전쟁에 엄

---

1 북유럽, 북게르만족.

청난 돈과 인력을 쏟아붓고 있다. 전쟁 초기에는 독일군이 무서운 돌풍을 일으켰고 히틀러의 실험도 성공하는 듯했다. 하지만 그러한 성공이 노르만족을 체계적으로 동종번식시켰기 때문이라고 보기에는 무리가 있었다. 히틀러가 노르만족 중에서도 너무 말을 안 듣는 스칸디나비아인과 영국계 미국인은 바람직한 혈통에서 제외시켰고 결국 중부 유럽의 게르만족만을 순수 혈통으로 치켜세웠기 때문이다. 아마 이 책이 나올 때쯤이면 중부 유럽의 게르만족 역시 유태인이나 폴란드인보다 나을 게 없고 훨씬 통고집이라는 사실을 알게 될 것이다. 어쨌든 히틀러는 희생자의 유족들이 달려들어 자기를 물어뜯기 시작하면 목숨을 부지하기 어렵다는 것을 알면서도 자신의 실험을 중단하지 않을 것 같다.

혹여나 히틀러가 용케도 잘 달아나서 아일랜드나 어느 중립국에서 편안한 은퇴 생활을 즐길 것이라고 가정해 보자. 나폴레옹 3세와 빌헬름 2세도 각각 치슬허스트와 도른으로 무사히 달아났으니 말이다. 말년에 자기가 했던 실험을 돌아볼 수 있다면, 히틀러는 우리에게 어떤 종족을 번식시키라고 조언할까? 모든 종족이 그를 실망시켰기 때문에 분명 인류 전체에 대해 회의적일 것이다. 하지만 워낙 자신만만한 인물이므로 뭔가 다른 대안이 있다는 것을 깨달을 것이다. 유전학자들은 정말로 사회를 개선하고자 한다면 동종번식이 아닌 이종번식을 해야 한다고 말한다. 이종번식을 해야 변종이 생긴다. **인류의 미래는 잘생기고 머리 나쁜 보르조이[2]가 아니라 잡종에게 달려 있다.** 따지고 보면 히틀러도 순수 프로이센 혈통이 아니다. 족보상으로 보면 전혀 승산 없던 혈통이 자연선택에 의해 승리한 사례. 중국 남자와 아일랜드 여자가

2 제정 러시아 귀족에게 사랑 받던 개

결합하면 우수한 자손이 나온다고들 한다. 영국인과 이탈리아인의 피가 섞이면 사업과 예술에 능하다고들 한다. 이제 러시아에서 귀족은 남자든 여자든 할 것 없이 "손에 흙 묻히며 일하는" 아버지를 둔 척 해야 한다. 러시아는 태생과 조건에 구애받지 않고 아무하고나 결혼할 수 있는 사회가 되면서 장족의 발전을 했고 다른 유럽 국가보다 저만큼 앞서 나가게 되었다. 그런가 하면 외부의 침입이 뜸한 외딴 마을에서는 동종번식을 피할 수 없기 때문에 마을사람 전체가 그리 멀지 않은 친척지간이 된다. 결국 모두가 비슷비슷한 결점을 갖게 되면서 종족이 쇠퇴해 간다. 요컨대, 훌륭한 혈통은 이족결혼과 이종번식에서 시작되지만 기생충 같은 인간들이 계층 형성을 위해 동족결혼과 동종번식을 자행하면서 수치스럽게 끝나고 만다.

따라서 정치인은 계급으로든, 민족으로든, 인종으로든 간에 끼리끼리 결혼하는 것을 방치하면 안 된다. 다시 말해, 남녀 간에는 자연선택의 가능성을 최대한 열어두어야 한다. 광범위한 지역에 걸쳐 있는 우리 영연방에서는 쉽지 않은 일이다. 영국 백인은 뉴질랜드 정착에 확실히 실패했다. 뉴질랜드에 거주하는 백인은 겨우 150만 명 정도다. 1935년 내가 남아프리카 공화국의 더반에 갔을 때, 그곳 교통부 장관은 남아프리카 내 영국인 수를 유지해야 한다며 이민자를 늘려달라고 호소했다. 우리는 호주에서도 몇몇 모퉁이 지역을 제외하고는 못살겠다고 포기한 상태다. 반면 부메랑이라는 굉장한 물건을 발명한 원주민들은 그곳에서 사는 데 전혀 문제가 없다. 아프리카의 원시부족이나 뉴질랜드 원주민인 마오리족도 종족번식에 문제 없이 잘 살고 있다. 결국 이족결혼(혼혈)이 답인 것 같다. 자메이카에서는 그동안 이족결혼이 자유롭게 행해졌다. 그 결과, 내가 1911년에 거기서 만난 가장 교양있는 백인들은 알고 보면 갈색 피부를 가진 아버지 밑에서 태어난 사람들이었다. 하와이에 갔을 때는 진짜 원주민 음악을 들어보고 싶었지만, 원주민이 연주하는 영미대중음악만 실컷 들었다. 순수 혈통을 가진 샌드위치 섬 원주민이 귀해진 탓이다. 그러고 보니 유독 일본인만 동족결혼을 고집하는 것 같다. 동양에서 히틀러식 유전학 실험을 하는 사람들도 일본인이다. 하지만 나라면, 특히 내가 스포츠맨이라면, 장기적인 관점에서 혼혈에 기대를 걸겠다.

공적인 업무의 특성상 정치인은 일반적이고 피상적인 과학이 아니라 살아있는 자연주의자, 생리학자, 생물학자, 철학자와 직접 대면하게 되며, 그들이 자연선택론자와 창조적 진화론자로 나뉘어 갈등하는 현장을 목격하게 된다(현재 신다윈주의는 줄리안 헉슬리가, 베르그송 학파는 조지프 니덤이 대변하고 있다). 또한, 정치인은 피상적인 예술이 아니라 음악, 회화, 조각, 문학, 건축 분야에서 매우 논쟁적인 학파들을 구체적으로 마주하게 된다. 대개의 경우 정치인은 통계 전문가의 도움이 없으면 바보가 되기 십상이다. 통계 전문가는 반사회적 인물이어서도 안 되고 상업적인 이익의 노예가 되어서도 안 된다. 또한 수학적 열정보다 다른 열정이 커서도 안 된다. 수학적 열정은 어떤 사람들에게는 가장 강력한 동기로 작용하며, 아직까지는 모든 열정 중에서 가장 오래 가는 것 같다. 타고난 수학자는 부당이득자의 천적이 되라고 자연이 만들어 놓은 식세포다.

30장 국가의 비리: 큰 정부는 어떻게 부패하는가?

1

사회주의가 이론의 영역에서 실천의 영역으로 넘어가면, 국가권력이 미치는 범위가 커지면서 비리와 횡령이 발생할 가능성도 덩달아 커진다. 사회주의자는 생산, 분배, 교환 수단을 국유화하자고 주장한다. 또한 그러한 목표를 전제로 교육하고, 여론을 조성하고, 사회를 조직해야 한다고 한다. 경제적으로 볼 때 상당히 옳은 얘기다. 하지만 **민간사업이 공공사업으로 바뀌면 오히려 자본주의와 제국주의가 득세할 수 있다.** 아니나 다를까, 요즘 국유화를 주도하는 세력은 공동체의 복지를 추구하는 공산주의자들이 아니라 파시스트 자본가와 제국주의자들이다. 자본가와 제국주의자들은 국가 지원을 등에 업고 자기네들 이익만 챙기려 하고 있다. 생산, 분배, 교환 수단을 국유화하면 지금보다 더 체계적이고 효율적으로 운용할 수 있다. 그렇지만 불로소득이 늘어나고 불로소득자의 세금은 줄어드는데 노동자의 생활비는 늘어나고 일자리는 줄어들 가능성도 얼마든지 있다. 낙관적인 사람들은 임금인상을 기대한다. 전시근로를 하는 여성이 1914년에는 시간당 2.5펜스를 받았지만 1941

년에는 6펜스를 받았다면서 말이다. 하지만 그 여성은 하루에 12시간을 꼬박 일해도 고작 6실링(72펜스)을 벌 수 있을 뿐이며, 그 중 적어도 8펜스 내지 2실링은 버는 즉시 지주에게 갖다줘야 한다. 나머지는 치솟는 물가를 감내하며 먹을 것과 입을 것을 사는 데 써야 한다. 숙련된 여성 노동자의 경우에는 임금이 주당 2파운드에서 4파운드로 올랐다. 하지만 최근 뉴스를 봤더니 이들 '노동귀족'은 일주일에 집세를 28실링이나 낸다고 한다. 어제(1943년 2월) 정부는 농업노동자를 위해 국영주택 6,000여 채를 건설하겠다고 밝혔다. 여기 살게 될 사람들은 주당 2파운드(40실링)를 벌어 13실링을 집세로 내야 한다. 집세가 이 정도인데 임금인상이 무슨 의미가 있겠는가.

   13장에서 설명한 대로, 국가가 지주에게서 모든 땅을 사버리면 지주가 사라지고 지주에게 세금 물릴 일도 없어진다. 하지만 국가로부터 보상을 받은 지주는 남아도는 돈으로 투자를 할 것이기 때문에 지주에서 자본가로 변신하여 지대 대신 불로소득에 대한 이자를 챙기게 된다. 따라서 노동자 입장에서는 별 차이가 없다. 국가는 지주에게서 토지를 사들이듯 자본가에게서 기업을 사들일 수도 있다. 그러면 부자들도 더 이상 지주나 자본가는 아닐 것이다. 지주와 자본가를 없애는 것은 그렇게 어렵지 않다. 하지만 지대와 이윤이 정부 소관으로 넘어가고, 지대, 이윤, 이자를 배분하는 일이 옛 지주나 자본가들의 손에 맡겨진다면 그들이 영원한 연금수령자가 되는 것을 무슨 수로 막겠는가? 생산과 시장을 통제하는 정부는 마음만 먹으면 얼마든지 폭리를 취할 수 있다. (사실 재무건전성을 유지하려면 어느 정도의 이익은 취할 수밖에 없다.) 또한 정부는 지대를 포함한 국가 수익을 재량에 따라 분배할 수 있다. 그러면 국회의원과 한직 귀족에게 엄청난 봉급과 연금을 지급함으로써 날 때부터 부자인 귀족이 있는가 하면 비숙련 노동자는 박봉에 허덕이는 계급사회를 만들 수도 있다. 한마디로, 국유화가 상황을 더욱 악화시킬 수 있다.

과거 자유당원들은 개인의 정치적·종교적 자유를 제한하지 않아도 저절로 천년의 번영으로 이끌어 줄 정치체제를 갈망했다. 기독교적 개인주의가 그러한 열망을 부추겼다. 신이 창조한 개인의 영혼은 불사영생하는 반면 인간이 세운 전체주의적 권력은 일시적이고 불완전하기 때문에, 개인의 자유의지가 국가권력보다 중요하다고 못박은 것이다. 그렇지만 세상에 천년만년 알아서 잘 돌아가는 정치체제 같은 것은 없다. 사회주의체제 역시 다른 모든 종류의 정치체제와 마찬가지로 사악해질 수 있다. 그러므로 자유주의를 대할 때와 마찬가지로 사회주의를 대할 때도 경계를 늦추지 말아야 한다. 다만 제대로 된 교육과 지식이 없는 상태에서 경계한다면, 최선의 의도를 가지고도 최악의 결과를 유발할 수 있다. **제도가 저절로 굴러가겠거니 하는 것은 정치적 게으름일 뿐이다. 모든 제도는 날마다 달라질 수 있다고 보는 편이 안전하다.** 알아서 잘 돌아가겠지, 라는 믿음이 자본주의를 망가뜨리고 자유무역주의를 좌초시켰다. 우리가 기계적으로 돌아가는 제도에 집착하기 시작하면 사회주의도 똑같이 망가질 것이다.

2

여기서 잠깐 헌법의 역사를 되짚어볼 필요가 있다. 정부의 토지·자본 독점은 전혀 낯설지 않다. 실제로 현행법에 그런 조항이 존재한다. 법적으로 토지는 사유재산이 될 수 없다. 모든 토지는 왕에게 귀속되어 있으며 개인은 왕이 하사한 경우에만 토지를 소유할 수 있고 그나마도 언제든 도로 반환해야 하는 수가 있다. 왕은 특별한 법적 제약을 받지 않고 신하들에게 세금을 거둬들일 권리가 있다. 현재 왕은 영토 수호를 위해 고용한 신하들 가운데 최고 부자들의 소득을 전부 징발하고 있다. 따라서 정부를 유일한 지주이자 자본가이자 고용주로 만들어버리면 기존 법의 테두리 안에서도 얼마든지 "징발자들의 재산을 징발"할 수 있다. 헨리8세는 혁명을 일으키지 않고도 교회 땅을 차지했다. 재무부장관이 자본주의제도를 망가뜨리지 않고도 우리 돈을 최대한 많이 뜯어가는 것과 비슷하다. 따라서 어떻게 보면 지금의 법은 극도로 사회주의적이다. 실제로 모든 헌법이 본질적으로는 그래야 한다. 그런데 현실에서 정부는 왜 그렇게 사회주의에 반대하는 것일까? 어찌나 반(反)사회주의적인지 러시아를 제외한 다른 곳에서는 불만이 극에 달해 혁명이 일어날 지경이다.

정부가 사회주의에 반대하는 까닭은 권력을 쥔 왕과 각료가 사회주의자가 아니기 때문이다. 그들을 뽑은 사람들도 마찬가지다. 왕과 각료는 개인들에게 땅을 하사하고 사적 이윤 추구에 이용하게 한다. 그리고 세금을 걷는데, 한때는 조세청부인들에게 세금 징수 권한을 팔아서 조세청부인이 납세자들을 무자비하게 강탈하고 다닌 적도 있었다. 재무부장관은 소득에 직접세를 부과한다. 다른 방법을 다 동원하고도 돈이 모자랄 때 쓰는 재원조달법이다. 정부는 민간기업이 하기에 적합하지 않은 사업(예컨대, 우편사업)을 맡아서 운영하긴 하지만, 서비스를 원가에 공급하지 않고 폭리를 취하며, 그렇게 해서 거둔 수익으로 불로소득자들의 세금을 줄여주거나 아예 면제해주기도 한다.

생산, 분배, 교환 수단이 국가에 귀속되고, 국가는 사회주의에 반대하는 각료들 손에 맡겨지고 나서 지금까지의 상황은 이렇다. 각료들은 개인 간의 이기적인 거래가 국가를 번영으로 이끈다고 배웠던 자들이다. 그 결과 빈곤과 노예제도, 매춘과 조기사망이 만연하게 되었고 사회주의라고 불리는 특수한 움직임이 생겨났다. 사회주의는 자유주의, 자작농제, 무정부주의, 노동조합주의(생디칼리슴), 혹은 어떤 이름으로 불리든 국가에 대한 불신을 바탕으로 한 모든 대중적 움직임의 지지를 받고 있다.

사회주의적 움직임을 등에 업고 영국과 미국에서 사유재산으로서의 노예 소유를 금지시킨 사례를 살펴보자. 만일 내가 노예나 농노를 한 명 소유하고 있다면, 노예가 일을 하든 안 하든 나는 그를 부양해야 하고 노예법 때문에 마음대로 학대할 수도 없다. 그런데 그 노예가 무작정 거리로 내던져지면, 다시 말해 '자유노동자'가 되어 다른 고용주를 찾아야 한다면, 그가 얻는 게 무엇인가? 그는 이제 자기가 주인을 선택할 수 있다고 믿는다. 하지만 막상 일자리를 구해야 하거나 거리에서 배를 곯아야 하는 상황이 되면 자기가 주인을 선택하는 것이 아니라 주인이 자기를 선택하는 것임을 깨닫는다. 주인이 사라지자 노예로서의 알량한 권리도 사라졌다. 고용가치가 없어지면 바로 퇴물 신세가 된다. 영국에서 봉건농노제를 폐지했을 때 굶어죽은 사람의 수는 빈민구제법을 실시해야 했던 엘리자베스 여왕 때만큼이나 심각한 수준이었다. 산업혁명 이후에는 중앙호적등기소가 재등장하면서 빈민 관리가 어느 정도 이루어졌지만, 1차세계대전이 휴전되고 수백만 군인들이 졸지에 실업자가 되어 거리로 내몰리자 상황은 또 달라졌다. 정부는 무기와 살상, 꼬박꼬박 나오는 소고기 통조림에 익숙해진 군인들이 반란을 일으키지 않도록 빈민구제법에 실업수당까지 신설해야 했다. 그 결과 지나치게 잘 먹고 잘 사는 부자들은 그대로 놔둔 채, 노예만 아닐 뿐 가난하기 짝이 없는 식객들만 양산하는 셈이 되었다.

국유철도는 걸핏하면 파손되고 비효율적이라는 논란에 휘말렸다. 이는 정부가 대중교통 요금을 징수해서 시설을 유지·보수하거나 효율성을 극대화하는 데 사용하지 않았기 때문이다. 또한, 이윤이 발생해도 요금을 내리거나 운영환경을 개선하는 대신 엉뚱한 세금이나 감면해줬기 때문이다. 국유철도는 사회주의자들의 철도국유화 제안을 폄하할 때마다 인용되며 영국과 미국의 민영철도와 비교당하는 굴욕을 겪는다. 영국의 민영철도회사들도 수준이 형편없는데 말이다. 어떨 때는 영국 내에서 소포를 보내는데 곧장 보내기보다 미국을 거쳐 보내는 편이 더 쌀 정도다. 이탈리아에서는 무솔리니가 등장해 국가가 철도사업에서 손을 떼게 만들기 전까지 기차가 제 시간에 도착하는 법이 없었다. 제르진스키스라는 러시아 교통부장관은 빈둥거리는 역장을 직접 총으로 쏴버렸다. 하지만 그런 역장은 한두 명이 아니어서 기강을 제대로 바로잡으려면 권총 찬 경찰 부대를 조직해야 할 판이었다. **사실 국유철도도 얼마든지 정확하고 효율적이고 수익성이 좋을 수 있다. 교통부장관이 그렇게 할 의지만 있다면 말이다.** 하지만 재무부에서 간섭하고 좌지우지하면 국유철도는 국영사업의 안 좋은 사례가 되고 그야말로 손쉽게 망가져버릴 수가 있다. 사람들은 이런 내막을 잘 모른다. 철도시스템이 엉망인 것만 보고 정부가 운영해서 그렇다고 결론지어 버린다. 그래서 철도

국유화를 지향하는 사회주의도 덩달아 안 좋게 본다. 사람들은 아무리 사회주의 국가라도 무식하고 타락한 정치인들 손아귀에 들어가면 단순하고 이기적인 금권정치가 판을 칠 때보다 훨씬 더 위험해질 수 있다는 점을 간과한다.

3

무식하고 사악한데 운이 좋아서 당선된 정치인이 (스스로 사회당이라고 생각하든 보수당이라고 생각하든) 통화관리를 잘못하면 국가적 재난을 초래한다. 우리는 알려고만 들면 철도시스템이 어떻게 돌아가는지는 충분히 파악할 수 있다. 하지만 돈에 대해서는 아무도 모른다. 만일 당신이 과일장수에게서 사과 2펜스어치를 사고 6펜스짜리 은화를 건네주면, 과일장수는 1페니짜리 동전 네 개를 거슬러 줄 것이다. 거스름돈을 맞게 건네줬으므로 당신은 과일장수가 돈을 잘 안다고 생각할 수 있다. 어쩌면 그 과일장수는 동전을 만드는 곳이 조폐국이라는 사실까지 알고 있을지도 모른다. 하지만 당신이 사과 2개에 왜 2펜스냐고 물으면 그는 당황할 것이다. 그는 무엇이, 언제, 어디서, 어떻게는 알아도, '왜' 그런지는 모른다. 영국은행 총재는 최근 금본위제에 관해 논의하는 자리에서 그런 근본적인 질문에 대해서는 자기도 잘 모른다고 고백했다. 만일 우리의 과일장수가 노동당 소속 하원의원이 된다고 상상해 보자. 요즘 같은 상황에서 그가 연설에 소질이 좀 있는 사람 같으면, 사회주의자 모임에 참석하고 사회주의 서적을 읽으면서 사회주의에 찬성하고 자본주의에 반대하는 추상적인 얘기들은 죄다 끌어 모았을 것이다. 한번은 언변에 능한 상인들과 내가 같은 연단에 선 적이 있었는데,

그들은 발음이 영 엉망이었지만 우레와 같은 박수를 이끌어냈다. 자, 이제 그 과일장수가 각료가 되고, 수상이 되고, 혹은 총통이나 인민위원이 된다고 상상해 보자. 요즘에는 진짜 그런 일들이 일어난다. 정치인이 된 과일장수는 자기가 마음만 먹으면 단순히 종이에 몇 실링, 몇 파운드라고 인쇄함으로써 끝없는 부를 창출할 수 있다고 믿을지도 모른다. 지폐 백만 장을 찍어 모두 합법적인 화폐로 만들어 버릴 수도 있다. 가난과 동전 한 푼의 가치에 대해서는 잘 알지만 큰 돈에 대해서는 쥐뿔도 모르는 아마추어들이 세운 혁명정부는 대개가 그런 생각 때문에 망한다. 지폐를 제 맘대로 찍어낼 수 있다고 생각한다면 정말로 어리석다. 아무리 정부라도 단순히 종이에 숫자를 새기는 것만으로는 빵 한 덩이, 계란 한 알, 부츠 한 켤레를 만들지 못하며 깨진 유리창 하나도 고칠 수 없다. 그 종이조각들은 빵과 버터, 신발, 노트와 책, 기타 물건들 혹은 인적 서비스를 보장하는 증표가 될 수 있다. 하지만 그 증표에 상응하는 재화와 서비스가 실제로도 반드시 존재하는 경우에 한해서다. 만일 그런 것들이 실제로 존재하지 않는다면, 그 종이조각은 있으나마나다. 상상 속 금광에 대한 지분이나 다름없는 것이다.

   돈의 대상이 처음부터 아예 없었던 것은 아니다. 그런데 계란 1개에 1페니를 주고 사는 데 익숙해진 정부는 어느 순간 돈만 있으면 언제든지 계란을 원하는 만큼 살 수 있다고 착각한다. 그리고 계란 12개를 살 수 있을 만큼의 지폐를 발행한다. 실제로 시장에는 계란이 6개밖에 없는데 말이다! 당연히 계란 가격은 개당 2펜스로 올라가고, 정부는 격노하며 암시장에서 폭리를 취하는 상인들을 비난한다. 또, 그러한 상황을 타개하겠다며 가격상한제를 도입하고, 계란을 1페니보다 비싼 가격에 팔면 100파운드의 벌금이나 몇 년짜리 금고형을 선고하겠다고 엄포를 놓는다. 하지만 경찰은 그런 법을 집행할 수가 없다. 모든 상점과 골목마다 경찰을 배치할 순 없는 노릇이기 때문이다. 하다못해 시장에만 배치하기도 벅찰 것이다. 경찰은 권리를 침해 당한 당사자가 고소를 해야 누가 그 법을 어겼는지 조사할 수 있다. 계란이 부족해 계란 가격이 오르는 것은 누구도 막을 수 없다. 특히나 정부가 실제 공급 가능한 계란의 양이 얼마나 되는지는 생각지도 않고 계란 거래를 일반 상인과 개인에게 맡긴 채 지폐를 마구 찍어내면 더더욱 그렇다. 1차세계대전이 끝났을 무렵 런던에서 베를린까지의 우편요금은 2.5펜스 정도였다. 하지만 베를린에서 런던으로 보낼 경우에는 독일 화폐로 12,500파운드나 들었다. 우편집배원은 우편요금이 인상된 만큼 급료도 올라서 문제가 없었지만, 고정수입에 의존해 생활하는 사람들, 이를테면 연금생활자, 양친을 잃고 보험금으로 생활하는 미혼 여성, 저당권자, 채권자 등은 파산하기 십상이었다. 1918년 휴전이 됐을 때, 내가 독일 출판업자와 극장운영자에게서 받아야 할 돈은 무려 수천 파운드에 달했다. 당시에는 여기저기서 "독일은 보상하라!"는 구호가 울려 퍼졌다. 나는 그때 독일인들에게서 받은 백만 마르크짜리 지폐를 여전히 갖고 있다. 그래 봤자 이제는 몇 푼 값어치도 안 될 것이다. 1917년 이후 러시아 루블화, 시민전쟁 이후 미국 달러화, 프랑스 혁명 때 발행된 아시냐 지폐의 운명도 그와 비슷했다. 물건을 사려면 지폐를 궤짝으로 갖다줘야 했다. 이와 같은 국가적 범죄를 우리는 인플레이션이라고 부른다. 일종의 신용사기라고도 할 수 있다.

인플레이션이 일어나면 채무자들은 휴지조각이나 다름없는 지폐로 빚을 갚을 수 있어 마음이 한결 가벼워지고, 회사는 부채 걱정에서 해방된다. 선견지명이 있는 투기꾼들은 지폐다발을 들고 가서 기존 물건들을 죄다 사들인 다음 외국 고객에게 외화를 받고 팔아버리거나, 정부가 더 이상 자기기만을 하지 않고 금본위제로 회귀할 날을 기다리며 집에 모셔둔다. 국가가 사기치면 항상 그로 인해 이득을 보는 사람들이 생긴다. 그것도 꽤 많이. 이들은 정부를 부채질해 통화팽창을 조장하고 통화수축을 위한 모든 시도에 반대한다. 이들에게 인플레이션은 곧 호황을 의미한다. 그리고 피터 돈을 뺏어서 폴에게 주는 정부는 언제나 폴의 지지에 의존한다.

하지만 인플레이션은 저절로 무너지게 되어 있다. 독일은 몇 백만 마르크를 가지고도 계란 하나 못 사고 전차 한 번 못 타는 상황이 되자, 외국인들로부터 미국 달러나 금으로 거래하자는 압력을 받게 되었다. 그래서 독일 정부는 결국 실제 이용 가능한 재화를 토대로 새로운 통화를 발행해야 했다. 물가가 정상화되면 연금생활자가 곤궁에서 벗어난다. 하지만 이번에는 채무자가 무너진다. 국가에게는 약이 이들에게는 독이다. 이제 폴이 빼앗긴 돈은 피터에게로 간다. 하지만 혁명 혹은 선거를 통해 권력을 쥐게 된 금융 바보들에게 지폐는 여전히 뿌리치기 힘든 유혹이다. 정치인이나 유권자가 받은 교육은 이럴 때 아무 도움이 안 된다. **독일과 러시아의 인플레이션은 갑자기 정계에 진출한 과일장수의 작품이 아니다. 대학도 나오고 책과 경험을 통해 배울 만큼 배운 사람들이 일을 그 지경으로 몰고갔다.** 헨리8세는 머리도 좋았고 당대 최고의 교육을 받았으나 지폐가 발명되기 전에 이미 주화에 불순물을 섞을 생각을 했다. 그는 그게 사기인 줄 알았지만, 그렇게 했을 때 장기적으로 국가재정에 손해가 된다는 것은 몰랐다. 아니, 어쩌면 알았는데 그냥 넘어갔는지도 모른다. 프랑스의 루이14세는 인플레이션에 대해 "내가 죽은 뒤에 무슨 일이 일어나건 내 알 바 아니다"라고 했다.

최근 영국 정부는 인플레이션을 막기 위해 생필품을 배급하고, 생필품의 가격상한을 정하고, 암거래를 엄벌해왔다. 그리고 거기에 덧붙여 보조금을 지급하기로 약속했는데, 이는 비교적 영리한 조치라고 본다. 하지만 보조금이란 것은 법정 최고가격과 실제 희소가치의 차이를 메우려는 수단으로, 그 부담은 상인을 비롯한 납세자들에게 고스란히 돌아가게 되어 있다. 따라서 인플레이션을 막은 것이라고는 할 수 없다. 그저 그 부담을 소비자 개개인만이 아니라 모두가 나눠지는 것뿐이다. 한마디로, **국유화된 인플레이션**이라고나 할까?

한편, 환상에 근거해 화폐를 찍어내지는 않더라도 정직하지 못한 정부가 있을 수 있다. 프랑스 정부는 1프랑이 10펜스일 때 돈을 빌려서 1차세계대전을 치렀다. 그리고 전쟁이 끝나자 프랑화를 평가절하하여 1프랑의 가치를 2펜스로 만들어버렸다. 따라서 프랑스에 10펜스를 빌려줬던 사람은 2펜스만 돌려받게 되었다. 이래 놓고 프랑스 쪽에선 아무런 사과가 없었다. 프랑스 정부는 파산신청인과 비슷하게 행동했지만, 적어도 파산신청인은 자기가 지불능력이 없다는 것을 인정하고 부채의 5분의 1을 갚기로 약속하는 반면 프랑스 정부는 지불능력이 없다는 것을 인정하지도 않았고 실제로 파산하지도 않았다. 부채의 5분의 4는 그냥 못 갚겠다는 식이었다. 프랑스에 돈을 빌려준 영국인 투자자들은 사기를 당한 것 같아 격분했다(실제로 사기였다). 하지만 나중에는 영국도 프랑스와 똑같이 행동했다. 미국에게서 엄청난 돈을 빌렸는데 다른 연합국들도 돈을 잘 갚지 않는다는 핑계를 대며 부채상환을 거부한 것이다. 미국에 진 빚을 전액 상환한 나라는 핀란드가 유일했다.

    그러므로 "정부 보증"이 얼마나 믿을만한가는 그 정부의 지불능력과 정직함뿐만 아니라 각료들이 자기가 하는 일을 얼마나 잘 이해하는가에 달려 있다.

4

지주가 공공사업 덕분에 지대를 올려받거나 민간기업의 고용주가 연금생활자를 고용하면서 기준임금보다 적은 금액을 임금으로 준다면, 공공서비스와 연금의 가치를 착복하는 것이다. 예컨대, 어떤 지역에 간선도로나 공원이 새로 들어서서 인근 개인사유지의 입지조건이 훨씬 좋아지면, 지주는 지대상승분을 거저먹는 것이다. 이 과정에서 지주나 고용주가 굳이 나설 필요도 없다. 건축업자나 연금생활자가 자기들끼리 경쟁하도록 내버려두다가 지대를 더 많이 주겠다는 건축업자, 급료를 더 적게 받고 일하겠다는 연금생활자와 계약하면 된다. 결국 연금생활자는 고용주에게 자기 연금을 갖다바치는 셈이고, 건축업자는 지주에게 "불로소득"을 선물하는 셈이다. 실제로 그러한 불로소득은 납세자의 호주머니에서 나온 것이지만, 토지·자본 사유화와 수의계약이 가능한 한 어쩔 수 없이 나타나는 현상이기 때문에 비리라고 단죄할 수 없다. 그러나 국가나 지자체가 도로를 새로 낸답시고 토지를 매입하면서 주변 토지를 함께 매입하지 않는다면 부지불식 간에 비리를 조장하는 셈이다. 국가가 연금을 부족하게 지급하든 충분히 지급하든 연금생활자가 기준임금보다 낮은 급료를 받고 일하려 하는 것을 막지 못한다면,

그 또한 의도적이든 아니든 비리를 조장하는 셈이다.

이런 식의 부조리가 발생할 가능성이 상당히 높다는 것을 알게 된 노동자들은 이렇게 외칠 것이다. "그러니까 이게 바로 당신네들이 말하는 국유화요? 이게 자유방임을 주장한 맨체스터 학파에게 본때를 보여주는 거요? 당신네 페이비언협회가 증명해 보이겠다던 국영기업과 국가 경영의 무한한 가능성이 바로 이런 거요? 생산, 분배, 교환 수단의 사회화가 이런 거요? 자본가는 자유방임주의 때보다 더 부자가 되고, 가뜩이나 비싼 지대는 더 오를 기세고, 우리는 아주 등골 빠지게 생겼소. 퍽도 고맙구려. 바닥인 줄 알았더니 그 밑에 지하가 있다는 것을 알려줘서! 그럴싸한 말을 늘어놓으며 희망까지 짓밟아버리는 사회주의는 꺼져버려라! 시민이여, 무기를 들어라! 라 마르세예즈를 노래하라!"

그러나 라 마르세예즈를 부른다고 해결될 일이 아니다. 정치권력남용에 대응하는 수단으로써 사보타주[1]나 살인은 부패한 정부를 겁먹게 만들 수 있고 극단적인 상황까지 가는 것을 막을 수는 있으나, 그 효과가 오래간 적이 없으며 오히려 상황을 악화시킨 경우가 많았다. 게다가 요즘 비리는 고의에 의해서가 아니라 부지불식간에 습관적으로 발생한다. 따라서 정부는 뭐가 문제인지 모르고 어떻게 해결해야 하는지는 더더욱 모른다. 폭력 시위가 일어나면 정부는 경찰을 풀고, 군대를 호출하고, 계엄령을 선포해 다른 모든 법의 효력을 중지시키고 시위대에 똑같이 보복한다. 프랑스 혁명 때처럼 시위대가 정부를 이길 수도 있다. 하지만 그 다음에 어떻게 할지에 대해서는 시위대도 정부만큼이나 아는 게 없다. 결국 그렇게 시작된 공포정치는 그 원인을 제공

---

[1] 고의적 사유재산 파괴, 태업.

한 이전 정부의 공포정치와 마찬가지로 무의미하다. 공포는 또 다른 공포를 부르며 순환소수처럼 끝없이 되풀이된다. 공포정치시대에 혁명재판소 검사였던 푸키에탕빌은 사람들을 단두대로 보내는 게 일이었으나 본인 역시 단두대에서 최후를 맞았다. 사형수 호송차를 타고 가던 푸키에탕빌은 자신에게 증오와 저주를 퍼붓는 대중을 보며 이렇게 소리쳤다. "이런다고 내일 당신들 빵 값이 좀 싸질 것 같아?" 맞는 얘기였다. 결국 웃음거리가 된 건 푸키에탕빌이 아닌 군중이었다. 내 고향 아일랜드에서 사보타주와 방화, 살인, 군가가 절정에 달한 건 신페인[2]과 블랙앤탠스[3]가 싸울 때였다. 아일랜드 독립운동의 영웅 마이클 콜린스[4]는 블랙앤탠스가 낙농가를 불태운 것을 보고 이렇게 말했다. "너희가 낙농가를 하나씩 불태울 때마다 나는 귀족들 별장을 두 채씩 불태워버릴 거다." 그는 진짜로 그렇게 했고 아일랜드를 명목상 독립국가로 만들었다. 하지만 얼마 지나지 않아 아일랜드 가톨릭 강경파가 콜린스를 암살했고 아일랜드가 경제적 노예신세로부터 벗어나는 건 무기력한 더블린성이나 옛 대배심만큼 가망 없는 일이 되었다. 시민으로 교육받지 못했고 역사철학이나 뚜렷한 목표도 없었으며 낭만적인 헛소리 외에는 딱히 내세울만한 정신적 지향점도 없었기 때문이다. 결국 얼마 안가 물가와 집값 폭탄을 맞았다. 인구도 심각하게 감소했다. 만일 유럽인들이 아일랜드에 대해 영국의 속국일 때만큼만 관심을 가지고 지켜봤다면 커

2 　아일랜드의 좌파 공화주의 정당으로 1919-1922년 독립혁명을 이끌었다.
3 　신페인의 독립혁명을 진압하기 위해 영국 정부가 보낸 군대. 무자비한 공격으로 악명이 높았다.
4 　마이클 콜린스 Michael Collins(1890-1922): 아일랜드 민족주의자. IRA를 창설하고 1921년 당시 영국 총리 로이드 조지와의 회담을 통해 자유 아일랜드 탄생을 이끌어냈다. 자유 아일랜드의 초대 총리가 되었으나 IRA 내 강경파에 의해 암살당했다.

다란 충격에 빠졌을 것이다.

이 책 전체의 교훈이 바로 여기 있다. 즉, **무엇이 문제인지, 어떻게 바로잡을 것인지 모르는 용사에게 영웅적 포부, 헌신적 봉사, 불굴의 용기, 목숨을 아끼지 않는 희생정신과 같은 자질은 아무 짝에도 쓸모가 없고 차라리 없는 편이 더 낫다.**

5

그런데 사회주의자들 가운데는 사회주의 정부가 부패하지 않을 것이라고 믿는 이들이 많다. 실제로는 비사회주의 정부보다 부패하기 쉬운데 말이다. 비사회주의 정부는 경제가 알아서 돌아가도록 내버려두고 경찰 역할만 담당하는 데 반해, 사회주의 정부는 국가의 부와 권력을 동원해 산업발달을 이끌고 수익성이 낮거나 민간자본으로는 한계가 있는 분야에서 공공서비스를 제공한다. 이렇게 국가 권력이 미치는 범위가 광대해지면 권력남용의 가능성도 커지기 마련이다.

아무리 부패한 정부라도 완전히 비사회주의적일 수는 없다. 도시에 모든 사람이 이용할 수 있는 무료 도로를 건설하는 것이 다름 아닌 공산주의다. 반면, 신발 제조업 같은 산업은 민간기업에 맡겨도 된다. 시골에서는 민간기업이 도로와 다리를 건설하고 통행요금소를 설치해 사용자에게 돈을 받는다. 이 두 방식은 곧 절충될 것이다. 가다 서다 하며 지체되는 것이 싫은 사람들은 통행요금소를 불편하게 느끼고, 주머니가 텅 빈 프롤레타리아는 통행료를 안 내려고 들판에 무단침입하거나 울타리를 부수기 일쑤다. 때문에 유료 도로는 결국 무료로 바뀐다. 무료화 비용은 지방세와 국세로 충당하니 사실상 공산화되는 것이다.

국가가 그러한 공공서비스를 맡을 여력이 충분할 때는 수익보다는 편의를 위해 국유화를 선택한다. 하지만 도로와 다리 건설에 선수였던 고대 로마인이 영국을 떠난 5세기 이후 19세기가 될 때까지 영국에 신설된 공공다리가 하나도 없었다는 사실만 봐도 정부가 공공서비스를 제공하는 것이 얼마나 어려운 일인지 알 수 있다. 덕분에 우리는 아직도 강에 다리를 놓고 있다. 내 아버지는 더블린시 한복판에서 "이 악마 같은 다리 때문에 파산하게 생겼네"라고 소리지르곤 했다. 아버지는 출퇴근할 때마다 반 페니를 내고 리피강의 유료 다리를 건넜다. 유료 다리나 유료 도로에서 보듯 민간기업이 하는 일은 불합리한 경우가 많았지만, 당시에는 정부가 민간기업의 영리추구 활동을 어떤 식으로든 방해하면 안 된다는 것이 금과옥조처럼 받아들여졌다. 그러나 나는 어느 정도 나이를 먹게 되자, 왜 내 아버지가 그 싸구려 철제 인도교를 건널 때는 반 페니를 내야 하고, 더 비싸고 근사해 보이고 마차도 다니는 돌다리를 건널 때는 한 푼도 안 내도 되는지 토론할 정도가 되었다. 돌이켜보면, 아버지는 그 근사한 공공다리를 무료로 이용한 것이 아니었다. 시당국이 '교각유지비'라는 명목으로 아버지에게 지방세를 걷어갔기 때문이다. 하지만 교각유지비 가운데 아버지가 부담하는 몫은 반 페니도 채 되지 않았고 시당국의 징수 과정이 그렇게 거슬렸던 것도 아니었다. 결과적으로 한 다리에는 자본주의가, 거기서 몇 백 야드 떨어진 다른 다리에는 공산주의가 적용된 셈이었고, 공산주의가 더 낮은 가격에 더 훌륭한 시설을 제공하고 있었다.

그러니 칼 마르크스를 비롯한 사회철학자들은 의아할 수밖에 없었다. 사람들은 공산주의의 혜택을 누리면서도 왜 공산주의라면 질색팔

색을 하고 자본주의가 모든 변영의 뿌리라도 되는 양 떠받드는 것일까? 이 문제와 관련해 나와 성향이 비슷한 몇몇 젊은이들이 런던에서 페이비언협회라는 것을 조직했고 나도 그 협회에 가담했다. 나의 교양은 전적으로 미학 분야에 쏠려있었던 터라 여기저기 구멍이 뚫린 상태였는데 거기서 만난 유능한 동료들이 나의 부족한 부분을 메워주었다. (그래도 나는 미학적 소양 덕분에 동료들의 인정을 받았고 능력있는 리더이자 문학의 대변인 행세를 할 수 있었다.) 그 중에서도 시드니 웹은 정치 지식이나 행정 경험이 나보다 월등히 뛰어났고, 놀랍게도 뭐든 금세 이해했으며, 뉴턴이나 나폴레옹을 방불케 하는 절대적인 기억력을 갖고 있었다. 그런 그에 비하면 내 능력은 그때나 지금이나 형편없이 부족하다. 아무튼 그는 정치권력과 재정자원만 뒷받침되면 공공사업이 굉장히 경제적이고 또 광범위하게 이루어질 수 있다는 증거를 닥치는 대로 모으기 시작했다. 그 결과 페이비언협회는 설립 10주년을 맞기도 전에 낡은 자유방임주의를 밀어냈고, 자유당의 전성기를 이끈 글래드스턴이 채 눈을 감기도 전에 사회당이 자유당을 압도하게 되었다.

페이비언 1세대는 그렇게 주목할만한 성공을 거두었으나 안타깝게도 목표 달성에는 실패했다. 그들은 자신들의 노력의 결실이 프롤레타리아에게 돌아가게 하려면 의회에서 프롤레타리아의 이익을 대변하는 새롭고 독립적인 정당, 즉 노동당이 필요하다고 봤다. 시드니 웹과 나는 <노동당을 위한 캠페인 전략>이라는 소책자를 발간했다. 하지만 그 내용을 실천하기 위해서는 페이비언 사회주의자들의 능력을 뛰어넘는 상당한 자금이 필요했고, 오직 노동조합만이 그만한 자금력을 갖추고 있었다. 시드니 웹은 노동조합을 진지하게 다룬 최초의 역사가로서, 조합의 리더들에게 "계급의식"을 심어주고 그들이 자신감을 갖고 존경받는 위치에 오르도록 이끌었다. 시드니 웹의 설득으로 그들은 노동당에 입당했고 일부는 사회주의자를 자처할 정도가 되었다. 하지만 노동당원이 된다고 생각이 바뀌는 것은 아니었다. 노동당은 1906년 의회에 발을 들여 놓는 데 성공했고 얼마 안 가 자유당을 내쫓았으며 마침내 수상과 국무위원 자리까지 꿰찼으나, 이미 무늬만 사회주의 정당이었다. 그어떤 보수주의자보다 노동당 소속 정부 각료들이 러시아 공산주의 혁명을 맹렬하게 비난한 것만 봐도 알 수 있다.

그리하여 보수당은 노동당이 집권해도 어떠한 혁명적인 일도 일어나지 않을 것이라고 100퍼센트 확신했다(실제로도 그랬다). 그리고 한때는 가장 비타협적인 사회주의자로 유명했던 노동당 대표를 자신들의 꼭두각시 수상으로 받아들였다. 예전에 자유당이 하원의원의 봉급을 매우 넉넉하게 정해놓았던 터라 하원은 차츰 은퇴한 노동조합 간부들을 위한 복지시설처럼 되어갔다. 그들은 누가 물어보면 자기들이 사회주의자라고 했다. 그게 무슨 뜻인지도 모르면서 말이다. 영국 사회는 페이비언협회에 의해 사회주의체제로 전환될 뻔했지만, 실제 나타난 변화는 콘스탄티누스 대제가 로마 제국에서 기독교를 공인했을 때보다 미미했다. 결국 승리한 쪽은 페이비언협회가 아니라 죽은 디즈레일리였다. 디즈레일리는 보수당 지도자였으나 노동자 계급의 선거권을 확대하는 견인차 역할을 했다. 젊은 시절 그가 하원의원들의 반대를 무릅쓰고 프롤레타리아 계급의 선거권을 확대하려 했던 이유는, 보수당의 가장 견고한 지지기반이 천박한 부촌 메이페어가 아니라 가난에 찌든 마일엔드라는 사실을 간파했기 때문이다. 선거권이 확대될수록 사회는 더 정체되었다. 마침내 여성도 투표권을 갖게 되었고 성인이라면 누구나 투표할 수 있는 시대가 되었지만, 사회는 더욱 경색되었다. 디즈레일리-글래드스턴의 과두체제였던 빅토리아 시대의 의회가 볼드윈-맥도널드의 의회에 비하면 혁명의 온상으로 여겨질 정도였다.

선거권 확대로 인한 부정적 효과는 17세기 말 선덜랜드의 활약으로 왕권을 누르고 최고권력기관이 된 의회가 "전반적으로 정체된 것"이라고들 한다. 물론 긍정적인 측면도 있었다. 사회주의 운동이 노동당의 의회 입성 운동처럼 곁길로 샌 곳은 영국만이 아니었던 것이다. 유럽에서 그러한 흐름을 주도한 것은 빌헬름 리프크네히트[5]와 아우구스트 베벨[6]이 이끄는 독일사회민주당[7]이었다. 유럽 최고의 웅변가인 베벨은 국제사회주의회의에 참석하여 사민당이 선거에서 승리했다고 자랑했으며, 베벨만큼 언변이 뛰어났던 프랑스 사회당 당수 조레스는 그 상황을 보다 간결하게 표현했다. "프랑스에서 우리가 의석을 휩쓸면 세상이 달라질 것이다." 하지만 독일에서든 다른 어디서든 의회에 바라던 것들이 하나도 이루어지지 않았고 프롤레타리아는 뭐가 문제인지 알지도 못한 채 의회 정치에 점점 실망하기에 이르렀다. 그러자 그 동안 페이비언협회에 눌려 기를 못 펴던 무정부주의자, 노동조합주의자, 길드 사회주의자가 다시 고개를 들기 시작했다. 그러면서 시민이 봉기해도 눈 하

---

5   빌헬름 리프크네히트 Wilhelm Liebknecht(1826-1900): 독일의 사회주의자, 13년간 망명생활을 하며 마르크스의 지도를 받고 독일로 돌아와 사회민주당 결성, 후에 라살레파와 합동하여 사회주의노동당 창설.

6   아우구스트 베벨 August Bebel(1840-1913): 독일의 사회주의자, 사회민주노동당 창설.

7   독일사회민주당: 1890년 합법화되면서 라이히스타그, 즉 구 독일의회에 처음으로 의석 확보. 1912년에는 전체 의석인 397석 중 110석을 차지함.

나 깜빡 안 하는 쪽은 독재자가 아니라 오히려 노동당이라는 것이 분명히 드러났다. 노동당은 소수 자본주의자들에 의해 지배당하고 있었다. 자유당-노동당 출신 수상들은 망신을 당했다. 무력한 영국 의회는 세번강에 다리 하나 놓지 못했고, 리프크네히트와 베벨은 비스마르크와 빌헬름1세에게 연달아 무릎을 꿇었다. 결국 독재정치가 다시 궤도에 올랐다. 표트르 대제는 네바강 하구에 새로운 수도를 건설하고, 나폴레옹은 부패를 일소하고 악습의 고리를 끊고 습지를 간척하고 세계적인 도로를 건설하고 혁명의 영광 속에 재능 있는 인재를 등용했으며, 나폴레옹3세는 오스만 남작을 시켜 파리를 완전히 개조하고, 무솔리니는 로마를 재건하고, 히틀러는 독일에 신작로를 건설했다. 반면 의회는 프롤레타리아가 가장 두려워하는 실업 문제를 해결하지도 못하고 실업자를 제대로 보살피지도 못했다. 그러다 마침내 러시아에서 일이 터졌다. 러시아사회민주당[8]은 황제(차르)보다 경찰에게 조금 더 많은 권한을 부여하고 진짜 권력을 거머쥐었다. 사회를 구제하려면 '작은 정부'와 '보다 많은 자유'가 아니라 그 반대가 답이라고 한 "옛 토리당원" 러스킨의 혜안이 입증된 셈이다. 예전에 크롬웰은 신모범군을 조직해 보수를 후하게 지급하고 지방 사령관들과의 긴밀한 연락망만 갖추면, 원하는 것은 무엇이든 할 수 있고 저항하는 국회의원들도 싹 쓸어버릴 수 있다는 것을 알았다. 히틀러와 무솔리니도 그러한 원리를 터득했다. 독일과 이탈리아 국민들 눈에 이 독재자들은 마음만 먹으면 약속한 것들을 다 지킬 것 같은 반면, 의회는 노력해도 안 될 것 같았다. 아니나 다를까 두

---

8   러시아사회민주당(1898-1912): 러시아 최초로 마르크스주의를 선택한 혁명당. 계급투쟁을 통한 사회혁명을 주장함. 마르토프의 멘셰비키와 레닌의 볼셰비키로 분열.

독재자는 국민투표에서 95퍼센트 이상의 지지를 받았다.

하지만 독재자들은 보기만큼 절대적이지 않았다. 부자들은 페이비언의 실패에서 교훈을 얻어 독재정치 상황을 용케 잘 넘겼을 뿐만 아니라 전보다 훨씬 더 강하고 부유해졌다. 사실 노동당이 사회주의에 대해 잘 몰랐던 것처럼 부자들도 자본주의체제에 대해 잘 몰랐다. 그러나 그들은 따로 경제 공부를 하거나 마음을 고쳐 먹을 필요가 없었다. 그저 돈 냄새를 본능적으로 쫓았더니 더 어마어마한 부자가 된 것이다. 그리고 자유방임주의에 집착하면서 기업을 운영해 돈을 버는 대신 국가권력이 되어 세금을 챙겼더니 더욱 더 막강한 권력도 갖게 되었다. 페이비언 사회주의자들은 국유화를 통한 수입을 프롤레타리아 계급에 돌려주기로 했었다. 그러나 분배 과정에서 그 뜻을 실현하는 정당이 없었다. 국가의 생산과 수입을 파라오가 되어버린 사회주의자들이 좌지우지하게 된 것이다. 사회주의자로 출발한 독재자들은 자신들의 신모범군을 일으킬 정도로 큰 돈을 만지게 되자 총에 맞거나 감옥에 갇혔다. 옛 페이비언들이 돈 때문에 노동조합의 도구로 전락하고, 노동조합원들을 의회에 보낸 다음에는 그들에게 숙청당했듯, 독재자들 역시 자금 확보를 위해 부자들의 도구 노릇을 할 수밖에 없었다. 그 돈이 없었다면 히틀러는 독재자가 되기는커녕 부자들이 쏜 총에 맞고 거리에 쓰러지는 신세가 되었을 것이다.

6

내가 정치를 시작할 무렵만 해도, 자본가들은 국가를 향해 "산업에서 손 떼라", "농업에서 손 떼라", "금융, 선박, 광업에서 손 떼라", "외교와 사유재산을 보호하는 일 외에는 아무것도 하지 마라"고 외쳤다. 1888년에 열린 영국학술협회에서 나는 토지국유화의 필요성을 역설했다. 그러자 화가 나도 절대 큰 소리를 내지 않기로 유명한 헨리 시지윅 정치경제윤리학 교수가 자리에서 벌떡 일어나더니 토지국유화를 주장하는 것은 범죄를 옹호하는 것과 마찬가지이며 자기 눈 앞에서 그런 얘기를 하는 것은 절대로 용납할 수 없다고 고래고래 소리쳤다. 그리고는 곧바로 자리를 떴는데 정말로 문을 쾅 닫고 나가버렸다. 그의 친구들은 그 얘기를 끝까지 못 믿겠다고 했지만 사실이었다. 아무튼 당시에는 '국유화'가 그 순하디 순한 사람까지도 폭발하게 만드는 단어였다.

요즘 자본가들은 "뭐든 국유화하려면 해라. 전부 시유화해라. 법원은 군법재판소로 바꾸고, 의회와 기업은 인기 웅변가들로 구성된 이사회로 전환해라. 지대와 이자, 이윤은 전처럼 우리에게 돌아오게 하고 프롤레타리아는 계속 아무것도 못 가져가게 하라"고 외친다.

이는 현재 우리를 위협하는 현실로, 사회주의가 부패하면 어떻게 되는지를 보여준다. **부패한 사회주의는 이탈리아에서는 파시즘으로, 독일에서는 나치로, 미국에서는 뉴딜로 불리며, 영국에서는 참 영리하게도 이름 없이 존재한다.** 하지만 내용을 들여다 보면 어디나 똑같으며, **"사회주의적인 생산과 사회주의적이지 않은 분배"**라는 한마디로 요약된다. 지금 상황은 완전 도둑 피하려다 강도 만난 격이다. 파시즘('국가자본주의'의 또 다른 이름이다)은 공공서비스를 강화하고 국가숭배(이른바 전체주의)를 설파하는 한편 프롤레타리아에게도 상당한 이익을 나눠주고 임시직이었던 공무원을 정규직으로 전환하기도 했지만, 영·미 파시즘과 독·이 파시즘이 싸우도록 세계전쟁에 불을 붙였다. 자본주의는 여전히 국내적이지만 파시즘은 국제적이기 때문이다. 독일과 이탈리아가 각각 히틀러와 무솔리니를 앞세워 전 세계를 장악하려 하면 영미 파시스트들은 그런 독일과 이탈리아를 가만 놔두지 않을 것이다. 영미 파시스트들이 자기들이 직접 만들지도 않은 다른 나라 총통의 파시즘을 받아들일 리가 없다. 그들은 과거 전 유럽을 지배하려 했던 나폴레옹을 상대로 싸웠듯, 독일·이탈리아와 싸운다. 더구나 파시스트들은 혁명으로 다져진 기존 의회정당제도에 파시즘을 끼워 맞추려는 부류와 완전히 새로운 제도로 갈아타려는 부류로 갈렸다. 후자는 파시즘이 발전하려면 정부가 민첩하고 효율적이어야 한다면서, 정당제도는 물론 무책임한 공무원조직과 시대에 뒤쳐져 무기력하게 사는 사람들을 위한 보호막까지도 싹 다 없애 버려야 한다고 주장한다.

이 서구의 파시스트들이 자신들의 입장을 제대로 이해했거나 정치의 기본만 알았어도, 소비에트연방의 진짜 민주사회주의에 대항하기 위해 힘을 합쳤을 것이다. 그리고 싸움에서 이겨 나중에 러시아를 나눠 가지게 되면 그때 비로소 자기들만의 차별성을 확립하려 했을 것이다. 그러나 지금 서구의 파시스트들은 러시아와 힘을 합쳐 유럽 중부 및 중남부 파시스트들과 싸우고, 중국 공산당과 손잡고 일본 자본주의와 싸우고 있다.

이러한 모순과 혼란은 결국 그들 각각의 정체를 드러낼 것이고, 교전국들은 금권주의 대 민주주의, 파시즘 대 공산주의 구도 속에서 각자 자기 편을 위해 싸울 것이다. 하지만 양쪽 진영 모두 사회주의적 생산방식을 채택할 것이다. 그렇다면 일반 시민은 실생활에서 파시스트적 사회주의와 공산주의적 사회주의를 어떻게 구분할 수 있을까? 수입의 상당 부분을 세금과 공공요금으로 납부하여 산업자본 조성에 기여하는 일반 시민은 자기가 낸 돈이 놀고 먹는 특권층한테 가지 않고 결국에는 재화와 서비스, 임금의 형태로 다시 본인에게 돌아온다고 어떻게 확신할 수 있을까? 그가 만일 특권층의 한 사람이라면, 혹은 그렇게 되기를 꿈꾸며 파시즘 정권 하에서 어떻게든 기회를 잡으려는 사람이라면, 특권층이 존재하지 않는 상황을 과연 좋아하기나 할까?

일반적인 용어나 법칙으로는 그런 질문에 만족스러운 설명을 하기가 어렵다. 그래서 예전의 자유방임주의적 자본주의나 파시스트적 자본주의, 민주적 공산주의의 장점이 상대적으로 부각되는 것이다. 파시스트 정당이나 공산주의 정당이나 똑같이 사유화와 국유화를 주장하고, 공공자본이 민간자본을 대체해야 한다고 한다면? 그래서 광산이나 항공기도 국가의 허락을 받아야 만들 수 있다면? 또한, 농부와 농업노동자들 사이에 집단농업이 유행하고, 자유방임주의가 1921년 레닌이 시작한 '신경제정책N.E.P'과 별 차이가 없다면 어떻게 하겠는가? **한마디로, 정당마다 목적은 흑과 백처럼 다른데 같은 수단을 사용한다면 어쩌겠는가?** 그렇게 되면 유권자들에게 사상이나 이론은 아무런 도움도 안 될 것이다. 그래서 유권자들은 실제로 국가가 어떤 식으로 부패하는지 잘 알고 있어야 한다. 그렇지 않으면 얼마 안 가 투표에서 제 눈을 찌르는 일이 생길 것이다.

31장 지방자치체의 비리

1

지자체의 비리는 이제 일상화되어 아무렇지 않게 받아들여지고 있다. 심지어 지자체가 부패할수록 더 많은 지지를 얻기도 한다. 비리가 만연하다니, 말도 안 된다고 생각할 수 있다. 뇌물수수나 부정축재는 모두가 나서서 비난하기 때문이다. 하지만 지자체의 진짜 비리에 비하면, 그런 것들은 빙산의 일각일 뿐이다. **지자체의 진짜 비리는 폭리를 취한다는 것이다.** 그런데 우리는 경제에 무지한 탓에 지자체의 부당한 이윤추구 행위를 민간영역의 합법적인 이윤추구 행위와 구별하지 못하고 있다. 지자체가 이윤을 많이 남길수록 일을 잘한다고 칭찬하는 것이 현실이다.

지자체는 이윤을 남겨서는 안 된다. 물론 이윤을 남기는 것 자체가 거의 불가능한 경우도 있다. 그 자리에서 사용료를 받지 않고 누구에게나 무료로 서비스를 제공하는 경우다. 가로등 설치, 도로포장, 경찰과 소방대 운영, 하수처리, 급수 등은 비용이 아주 많이 든다. 지자체는 그 비용을 지방세로 충당하는데, 지방세는 거주자라면 서비스 이용 여부에 관계없이 누구나 부담해야 한다. 그러다 보니 지자체는 지방세 인하 요구를 끊임없이 받게 되고 바가지를 씌울 엄두조차 내지 못한다. 그러나 지자체가 주택, 전기, 가스, 목욕탕, 세탁소 등을 제공하고 사용자들에게만 개별적으로 요금을 청구하는 경우에는 얘기가 달라진다. 그 경우에는 지자체가 민간기업처럼 실제 비용보다 더 많은 금액을 청구할 수도 있고, 거래를 통해 이윤을 남길 수도 있다. 그렇다면 그 이윤은 어떻게 해야 할까? 재정위원회에 넘겨 지방세를 낮추고 납세자들의 불만을 달래는 데 쓰는 것이 맞지 않을까?

하지만 거기서부터 비리가 발생할 수 있다. 예컨대, 내가 공영주택단지 거주자라서 지방정부에 집세와 전기요금을 납부한다고 치자. 그러면 실제 비용보다 더 많이 내는 경우도 생길 것이다. 그런데 그 초과분이 나한테 되돌아오지 않고 자가주택에서 등불과 촛불만 켜고 사는 이웃의 지방세를 감면해주는 데 쓰인다면? 나는 명백히 과다 청구를 당하는 것이고 어떻게 보면 이웃에게 이용당하고 강탈당하는 셈이 된다.

이 문제에 대한 해결책은 이론상으로는 간단하다. 과다 청구를 안 하면 된다. 서비스를 원가에 공급하라는 얘기다. 하지만 실제로는 그렇게 간단하지가 않다. 지자체 입장에서는 요금을 낮출 수 있는 데까지 낮춰보려고(실은 그 반대로 하려는 경향이 있지만) 계속해서 노력하는 데 언제나 다소간의 이윤이 생긴다. 요금을 계산하기도 복잡하다. 과다 징수를 당하는 소비자와 지방세 감면 혜택을 누리는 납부자가 상당 부분 겹치기 때문이다. 이렇게 돈을 내는 쪽과 혜택을 받는 쪽이 완전히 일치하지 않는다면, 부자 동네의 지체 높은 양반들에게 초과 징수하여 가난한 동네의 서민들 고통을 덜어주는 것이 공공복지 차원에서 바람직할 것이다. 지자체 입장에서 볼 때, 한쪽에서는 돈을 좀 남기고 다른 쪽에서는 손해를 좀 보는 것이다. **소득불균형이 심하면 균형을 맞추려고 노력하는 것이 당연하다.** 그런데 그러한 노력에 대해 사람들의 지지를 얻으려면 먼저 지자체 스스로 자신들이 하는 일을 이해해야 한다. 안타깝게도 대부분의 지자체는 그러지 못하고 있다. 지자체 공무원들은 공공사업에 대한 이해가 부족하고 정치적으로 제대로 교육받은 적도 없어서 민간사업이든 공공사업이든 이윤만 극대화하면 장땡이라고 생각한다. 지자체공무원이 '공공사업으로 상업적 이득을 취하는 것은 옳지 않다'고 주장하면 비현실적인 몽상가라는 이유로 해고당하기 십상이다.

지자체들은 그렇게 이윤만 밝힌다는 비난에 대해 우체국을 내세워 항변할지 모른다. 우체국은 우리를 대신해 편지와 엽서, 전보를 전달해준다. 예전에는 편지를 부치는 데 1페니, 엽서는 반 페니, 전보는 6펜스를 받았는데 지금은 각각 2.5펜스, 2펜스, 1실링을 받는다. 이렇게 요금을 인상해서 거둔 수익은 소득세를 감면하는 데 쓰인다. 그러나 내 입장에서 우편요금은 인상이 되도 그만 안 되도 그만이다. 내가 편지나 엽서, 전보에 돈을 많이 쓰긴 하지만 소득세도 많이 내기 때문이다. 그런가 하면 소득이 너무 적어서 세금을 안 내는 여성에게는 우편요금 인상이 부담스러울 수 있다. 그런 여성은 멀리 사는 친척에게 편지 한 통 보내는 데 드는 2.5펜스도 버거워 한다. 따라서 소득세를 내지 않는(실은 워낙 임금을 적게 받아 간접적으로 세금을 내는 것이나 마찬가지인) 저소득층이 편지 몇 통 정도는 무료로 부칠 수 있게 하고 그 비용은 부가세로 충당하는 것이 현 상황에서는 보다 바람직하다고 본다.

이렇게 골치 아픈 상황은 진정한 민주사회주의[1]를 통해 소득평등화가 실현되면 사라질 것이다. 소득평등화가 진행되면 공공기관이 부당이득을 취할 수 있는 명분은 점점 더 줄어든다. 따라서 결국에는 공공기관이 재화와 서비스를 원가에 공급하고 그 원가에 이윤을 포함시키지 않는 것이 당연해질 것이다.

2

상점주인은 **원가**를 쉽게 정할 수 있지만 제조업자는 그렇지 않다. 1차 세계대전 발발 직후 플랑드르에서는 민간기업을 통한 군수품 조달에 완전히 실패해 매일 수천 명의 사상자가 발생했다. 그러자 정부는 국영 공장에서 직접 군수품을 생산하지 않으면 전쟁을 포기해야 하는 기로에 서게 되었다. 그리고 그 과정에서 민간기업이 터무니없이 폭리를 취한다는 것을 알게 되었다. 민간기업은 주주와 자기들 이익 외에 다른 어떤 것도 고려하지 않고 이윤을 최대한 많이 남기려고 했으며, 실제 운영비가 얼마나 드는지 제대로 파악도 못하면서 주주들 배당금만 잘 나오면 그만이라고 여겼다. 그리하여 정부는 재료마다 최저가격이 얼마인지를 일일이 확인하고, 민간기업이 그 원가에 정해진 만큼의 이윤만 덧붙일 수 있도록 조치를 취했다. 그때부터 민간기업은 원가를 계산하고 기록하기 시작했으며, 덕분에 사업수완도 크게 늘어서 20년 휴전 협정(베르사유 조약)이 깨지고 다시 전쟁이 일어났을 때(2차세계대전)에는 그 위상이 몰라보게 달라져 있었다.

---

1 민주사회주의 Democratic Socialism: 페이비언이 추구한 이상주의적 사회주의. 마르크스주의적 계급투쟁이나 폭력혁명을 부인하며, 의회민주주의를 통해 사회주의를 실현하려는 사상.

생산원가에는 생산자가 생활하고 일하고 재화와 서비스를 재생산하는 데 드는 비용은 물론 기계와 도구의 감가상각비, 새로운 시도와 실험을 위한 비용까지 포함된다. 따라서 생산원가는 고정된 비용이 아니다. 노동자의 성별과 나이, 지역에 따라 얼마든지 달라질 수 있다. 게다가 노동시장은 수요와 공급이 일정하지 않다. 노동자의 임금이 최저생계비 이하로 떨어져 높은 유아사망률과 수명 단축을 야기할 수도 있고, 지금처럼 임금이 많이 올라서 비숙련 노동으로도 주당 12파운드를 버는 운 좋은 소년이라든가 별 것 아닌 신문기사를 쓰면서 단어마다 1달러씩 버는 기자, 수술 한 시간 하고 남들의 세 배를 버는 외과의사, 영화 시나리오 한 편 쓰고 20,000파운드를 버는 극작가가 나타날 수도 있다. 반면 그 운 좋은 소년의 부모는 자식이 버는 돈의 4분의 1도 안 되는 돈으로 살아가고, 시장에는 시간당 1페니를 받는 중국인이나 일본인 노동자들이 만든 옷감이 넘쳐날 수도 있다.

인건비라는 것은 이처럼 가변적이기 때문에, 지자체가 상업적 이윤을 남기면 납세자들 말고도 또 다른 청구인들이 나타나 분배를 요구한다. 내가 지방의회 의원으로 있을 때 지자체 환경미화원들은 주당 18실링을 받았는데 지금은 그 4배를 받는다. 노동조합원들은 자기들 분야에서 인력이 귀할 때는 임금을 더 세게 부르고, 인력이 남아돌 때는 수요공급의 원리에 지배당하기를 거부한다. "임금의 도덕적 하한선"을 내세우며 기존 생활수준을 유지하려고 한다.

따라서 생산원가를 논할 때 노동자의 생활수준을 고려하지 않을 수 없게 되었다. 그렇다면 실질적으로든 잠재적으로든 자원이 한정적인 상황에서 우리가 누릴 수 있는 최적의 생활수준이란 어떤 것일까? 나는

"신문 보도를 등에 업고 돈방석에 앉은 백만장자"라는 비난을 들을 때마다 나처럼 소박한 사람이 있으면 나와보라는 식으로 말하곤 했다. 도시에 편리한 아파트 한 채, 시골에 작은 정원이 딸린 별장 한 채, 장단거리 여행에 적합한 차 한두 대, 몇 천 파운드를 안 넘는 용돈, 나는 이 정도만 갖춰지면 세상 그 누구도 부러울 게 없는 사람이다.

내가 이런 얘기를 하면 사람들은 버나드 쇼 특유의 농담이려니 한다. 나 역시도 그런 얘기를 하며 재미있어 한다. 하지만 진짜 재미있는 사실은 내 말이 진심이라는 것이다. 나는 내 일에만 전념하기 위해 나머지 일은 다른 사람들에게 맡기고 아기처럼 나 몰라라 한다. 물론 내 뒤치다꺼리를 해주는 사람들도 먹고살아야 하기에, 나는 이른바 내 용돈의 일부를 떼어 그들에게 준다. 바라는 것이 있다면, 그들이 나와 그들 자신을 돌보기 위해 하는 그 일만큼 내가 내 값어치를 하는 것이다. H.G. 웰스는 한 해 수입이 최소한 4,000파운드[2]는 되어야 한다고 추정했다. 그러면 사람들은 모든 개인이 그 정도는 벌어야 한다는 의미로 받아들이고 어이없어 한다. 하지만 홀로 가족을 부양하는 시민이 밤낮으로 열심히 일해서 버는 돈이 그 정도라고 하면, 사람들의 비웃음은 "솥 밑에서 타는 가시나무 소리처럼"[3] 사그라질 것이다. 모든 가장은 자신을 위해 집안일을 대신할 누군가를 필요로 하고 그 비용을 지불해야 한다. 가장은 옷을 장만하거나, 머핀을 굽거나, 밥을 짓거나, 잔디를 손질하거나, 정원을 가꿀 시간이 없다. 심지어 자기 구두를 닦거나 침대

---

2 옛날 화폐의 현재 가치를 추정해볼 수 있는 사이트 www.measuringworth.com에 따르면, 1944년의 4,000파운드는 2010년 한화로 약 2억 5000만원에 해당한다.

3 코헬렛 7:6

를 정리할 시간조차 없는 경우가 많다. 자녀를 부양하고, 학교에 보내고, 단지 이 땅에서 살아도 된다는 허락을 받기 위해 수입의 상당 부분을 지주에게 바쳐야 하는 현실까지는 들먹이지 않겠다. 사회주의 국가에서는 그런 부분을 국가가 해결해주니까 말이다. 하지만 그러한 책임에서 해방된다 하더라도 6인 가족을 부양해야 하고 장사하는 사람들도 이문을 남겨 먹고살게끔 직간접적으로 보탬을 줘야 하는 상황이라면, 일 년에 4,000파운드는 그렇게 큰 돈이 아니다. 6인 가족의 한 해 수입이 4,000파운드라고 해봤자 한 사람에게는 기껏해야 600파운드씩 돌아간다. 물론 일 년에 겨우 104파운드를 벌어서 가족을 부양하는 노동자라면 4,000파운드가 어마어마한 액수라고 생각할 것이다. 하지만 국민 대부분이 그 노동자와 같은 처지라면, 그 나라의 문화수준이 높아지기는 글렀다고 봐야 한다. 어느 가족이든 주당 수입이 적어도 15파운드는 되어야 하며 국가는 무슨 수를 써서라도 그렇게 만들어야 한다. 현재로서는 주당 2파운드 수준도 만들지 못하고 있다.

이러한 수치는 물론 현재의 생활수준을 감안한 "제안"일 뿐이다. 지자체와 국가, 초국가조직이 자연자원을 국유화함으로써 최저생계에 필요한 것들을 원가에 공급한다면, 생필품과 공공재의 가격을 웬만한 사람들은 퍽 괜찮은 생활을 누릴 수 있는 수준으로 낮출 수 있다. 예컨대 교통수단을 국유화하면(우리는 그것을 "공짜"라고 부르는 잘못을 저지른다), 더 나아가 사람들의 요청에 따라 다같이 누리고 사용하는 것들을 대부분 국유화하면, 사람들은 지금처럼 늘 수중에 돈을 가지고 다녀야 하거나 수시로 은행에 들러야 하는 상황에 분개할 것이다. 우리는 그런 수고로부터만 해방되어도 모두 귀족처럼 살 수 있다. 참을 수 없이 지루해하거나 딱히 할 일이 없어 문란해질 필요도 없이 말이다.

3

그렇다면 지자체는 자기네 선거구민을 위해 무엇을 해야 할까? 대가는 얼마나 받아야 할까? 총수입 중에서 자기들 임금에는 얼마를 써야 하고, 서비스 요금을 낮추기 위해 어느 정도 희생해야 할까? 실질적으로 서비스를 이용하는 사람이 더 내게 하는 것이 맞을까 아니면 납세자 전체가 공동부담하게 해서 서비스 이용자는 덜 내게 하는 것이 맞을까? 지방의원들은 이런 질문에 어리둥절해 하며 대답도 잘 못한다. 전문적인 지식과 능력이 있어야 처리할 수 있는 문제들이기 때문이다. 내가 지방의회에 있을 때도 그런 문제들을 처리해야 했다. 지방의원 중에는 극작가인 나 말고도 지역상인, 술집주인, 건축업자, 경매인 등이 있었고, 의사 한두 명과 감리교 목사도 한 명 있었다. 우리 중 리더는 청과상인과 구두직공이었으며 그 둘 모두 다른 의원들보다 훨씬 유능했다. 원래 부유한 집안 출신은 어떤 일에 성공해 본 경험이 없어도 쉽게 의원이 될 수 있지만, 상인 특히 술집 주인으로 성공하려면 상당한 능력과 품성을 갖춰야 하는 법이다. 나는 훌륭한 동료였던 그들의 인품을 좋아하고 존경했다. 그들이 장차 리슐리외처럼 될 지자체장 밑에서만 일했어도 지자체가 주목할만한 업적을 쌓는 데 크게 기여했을 것이다. 하지만 인구 25만을 책임지는 지방정부에서 리슐리외 같은 인물 없이 우리가 최고의 성과를 이끌어내는 것은 역부족이었다. 우리는 학교나 사회에서 사적인 이윤추구 활동에 대해서나 배웠지 공공복지에 관해서는 배우지 못했다. 그래서 우리는 당면한 문제를 풀지 못한 건 둘째 치고, 그런 문제가 있는지도 몰랐으며 주어진 상황의 한쪽 면밖에 보지 못했다. 그래도 페이비언인 나는 그런 문제들을 인지하고 있었고 몇몇 문제들에 대해서는 이론적으로 대답할 준비가 되어 있었다. 나의 동료이자 감리교 목사인 엔서 월터스도 언제나 바르게 행동하는 성직자였다. 하지만 우리 둘 다 정치적으로는 완전히 속수무책이었다. 선거 때 우리를 뽑았던 사람들이나, 나의 정치적 목적을 조금이라도 이해했다면 나를 절대로 뽑지 않았을 유권자 무리와 마찬가지로 말이다.

이렇듯 공직자가 자신이 하는 일에 대해 잘 모르는 상황이다보니, 부정부패는 무의식적이고 자동적으로 일어났다. 진심과 선의에서 비롯된 적도 많았다. 영국인은 특유의 직관력을 발휘해 그러한 상황을 가까스로 모면하곤 했다. 나의 벗 카이절링[4]은 14년 전 유럽에 관해 쓴 책에서 영국인의 직관을 굉장히 정확하게 설명해 놓았다. 그의 말대로 우리는 "뭐가 뭔지도 모르고 그럭저럭 헤쳐나갔다." 혹시나 해서 하는 얘긴데, 카이절링은 발트 제국의 귀족 출신으로, 나같은 아일랜드 출신이 가질 수밖에 없는 영국인에 대한 편견에서 완전히 자유로운 사람이다. 그는 독일 다름슈타트에 지혜의 학교를 세우기도 했다. 정작 그런 학교가 필요한 곳은 나의 선거구인 세인트 팽크라스지만 말이다. 어쨌든 돌이켜보면, 나의 동료 의원들이 잘 하지도 못했고 그래서 그렇게 싫어하고 버거워했던 합리적 실천과 훈련이 오히려 중대한 실수를 부르기도 하는 것 같다. 차라리 직관이 올바른 결론으로 이끄는 때가 종종 있다. 지적 능력과 경험이 풍부한 나는 '이성은 절대 오류가 있을 수 없다'고 착각하는 자코뱅(과격한 개혁가)이 우습게만 보인다. **논리적 지성은 크**

---

[4] 카이절링 Keyserling(1880–1946): 독일의 철학자.

게 실수할 수 있다. **무지한 직관도 마찬가지다.** 지성이나 직관이나 확인된 사실을 바탕으로 하지 않으면 온전한 결론에 도달할 수 없다. 알려진 사실이 너무 적거나 과장됐거나 허위라면 제대로 된 추론과 짐작도 불가능하다. 더구나 사실이 언제나 합리적 추론으로 이어지리라는 보장도 없다. 사실은 악의에 찬 분개, 감상적 관용, 희망과 두려움, 편견과 탐욕을 부추겨서 엄격한 사법 훈련을 받지 않았거나 타고난 사법적 양심이 없는 사람의 이성적 사고를 압도하고 감정을 폭발시킬 수 있다. 따라서 유능한 지자체 정치인이 되려면 타고난 자질도 있어야 하지만 교육과 훈련도 잘 받아야 한다.

하지만 지자체의 부정부패가 선의에서 비롯되는 것만은 아니다. 다만 대부분의 경우 너무 유치해서 크게 문제삼기 어려울 뿐이다. 적어도 내 경험에 의하면, 부정부패가 부정부패처럼 보이는 경우는 거의 없다. 뇌물은 관례적인 부수입 정도로 인식되고 묵인된다. 만약 어떤 건설업자가 지자체의 목욕탕과 세탁소 공사를 수주하기 위해 지자체장을 만나 낙찰 대가로 50파운드를 약속했다고 하면, 사람들은 깜짝 놀라 귀를 의심하게 될 것이고 본인들 역시 그것을 부정거래로 인식할 것이다. 하지만 지자체 업무를 위한 건설업자들을 따로 선정하고, 그 건설업자들이 지자체장을 접대하는 것이 관례가 되어 버리면(그 접대비는 공사견적에 슬쩍 더해진다), 지자체장은 떳떳하게 부수입을 챙길 수 있다. 또한 건설업자는 그 비용을 자기들이 부담하는 것이 아니기 때문에 입찰이 진행되는 동안 지자체에 잘 보이기 위해 별짓을 다하게 된다.

혹은 크게 성장하고 있는 어떤 기업이 더 많은 부지를 확보하기 위해 도로 하나를 폐쇄하고 싶어한다 치자. 이 기업은 지방의원들에게 10

"낙찰 사례, 혹은 지자체의 장난", 『시드니 펀치』, 1868.

파운드씩 뿌리는 대신 자기네 경영자를 직접 의원 자리에 앉히려고 할지 모른다. 지방의원으로 당선된 경영자는 이런저런 명분을 내세워 술잔치를 벌이며 동료 의원들의 환심을 사고 신임을 얻는다. 그러면 얼마 안 가 문제의 도로는 쓸모없고 위험하고 폐쇄되어야 한다는 여론이 확산된다. 마침내 도로는 폐쇄되고 그 경영자는 공직 사회에서 자취를 감춘다. 지방의원복을 입은 그의 모습은 더 이상 볼 수 없다.

의원들 사이에서만 부패가 성행하는 것이 아니다. 지방정부의 공무원 역시 감시해야 할 대상이다. 정치에 관한 교육이나 훈련을 제대로 받지 못해 일반 시민과 다를 바 없이 행동하는 공무원이 도처에 널렸다. 그들은 공직을 책임 있는 자리로 여기지 않으며, 공정한 자세로 최선을 다해 공직에 임하는 것이 자신들의 임무이자 도리라는 것을 모른다. 하는 일 없이 대중 위에 군림할 수 있는 자리쯤으로 생각했는데 막상 공무원이 되고 보니 할 일이 별로 없을 것이라는 기대가 무너진다. 그러면 그들은 시민들에게 돈을 더 걷을 궁리를 하기 시작한다. 시민을 위해 추가적 희생을 감수해야 할 쪽은 바로 그들인데 말이다. 나는 지방의원을 지내면서 오만한 탐관오리부터 말단 관리에 이르기까지 그런 생각이 어떻게 스며드는지를 지켜볼 수 있었다.

일요일 아침, 어느 도시의 공원을 거닐다 시에서 축구 경기자들을 위해 마련한 탈의실을 보고 반가운 마음이 들었다. 내부를 좀 둘러보려고 탈의실 안으로 들어갔는데 마침 지자체에서 고용한 탈의실 관리인과 축구 경기자가 격렬하게 다투고 있었다. 축구 경기자가 관리인에게 팁을 주지 않은 것이 원인이었다. 관리인은 자신의 기대를 숨기지 않았다. 그는 다들 들으라는 듯 큰소리로 팁을 요구했고, 그 남자가 탈의실을 "무료로" 이용할 수 있다고 생각하든 말든 상관 안했다. 남자는 수중에 돈이 없기 때문에 팁을 못 주겠다고 했다. 딱하게도 남자가 내세운 근거는 그게 다였다. 그러자 관리인은 돈이 없으면 탈의실도 이용할 수 없다고 단호히 말했다. 주변 사람들은 다들 그 말에 동의하는 분위기였다. 졸지에 무임승차자가 된 그 남자도 마찬가지였다. 그는 관리인이 뇌물을 요구했으니 파면하라고 지자체에 신고만 하면 된다는 것을 모르고 있었다. 우리는 바로 이 부분에 주목해야 한다. **거기서 공동시설의 개념을 조금이라도 아는 사람은 나 말고 아무도 없는 듯했다. 축구 경기자들은 관리인에게 팁을 줘왔고 계속 그러려고 했다. 자기들도 충분히 가난하면서 자기보다 더 가난한 사람들의 탈의실 출입을 막겠다고 기꺼이 푼돈을 지불하려 들었다.** 하지만 축구 경기자들이나 관리인이나 그렇게 돈을 주고받는 행위가 부당하거나 반사회적일 수 있다는 생각은 눈곱만큼도 하지 않았다. 그들은 만일 경찰관이 주요 도로를 막고 통행료를 내야만 지나갈 수 있다고 하면 틀림없이 펄쩍 뛸 사람들이다. 그런 요구에 익숙하지도 않거니와, 가로등 설치나 도로 포장, 청소, 치안이 아무리 잘 되어 있어도 그런 것들은 햇빛이나 빗물과 마찬가지로 자연의 선물이라고 생각하기 때문이다. 하지만 탈의실을 이용할 때는 항상 돈을 냈고, 거기서 닳아빠진 관리인이 돈을 받아 챙기는 것은 당연하게 여겼다.

이러한 인식의 한계는 중등교육도 못 받은 군중에게만 나타나는 특징이 아니다. 램지 맥도널드 전(前) 수상의 임기 중에 일어난 어처구니 없는 사건만 봐도 그렇다. 맥도널드 전 수상은 타당한 이유를 들어서 자신의 친구를 준남작으로 천거했고 결국 작위수여가 성사됐다. 그런데 맥도널드가 예전에 그 친구로부터 자동차를 선물 받았다는 사실이 알려지면서 엄청난 논란이 일었다. 수상은 누군가로부터 대가성 금품을 받아서는 안되기 때문이다. 불쌍한 맥도널드는 비리를 저지르려는 의도가 전혀 없었고 그 선물이 그렇게 문제가 될 줄 전혀 예상치 못했지만 하는 수 없이 차를 처분해야 했다. 하지만 논란의 핵심은 그게 아니었다. 신문과 대중은 자칭 사회주의자가 자동차를 소유하는 것이 맞는가를 놓고 야단법석을 떨었다. 그들은 사회주의자가 무슨 프란치스코회 수사쯤 되는 줄 알아서 좋은 옷을 벗어 던지고 가진 재산을 모두 팔아 거리의 빈민들에게 나눠줘야 한다고 믿었다. 맥도널드는 스스로 사회주의자임을 천명하지만 않았어도 거물들이 선물한 자동차를 12대도 더 소유할 수 있었을 것이다. 물론 비난 한마디 듣지 않고 말이다.

19세기의 저명한 소설가 안소니 트롤럽은 성실한 공무원이기도 했다. 그는 <허영의 시장>의 작가 새커리를 문학적 롤모델이자 영웅으로 삼고 존경했으나, 새커리가 뻔뻔하게도 놀고 먹는 공직에 대한 미련을 끝까지 놓지 않았다는 사실을 알고 아연실색했다. 새커리 정도 되는 지성인도 공직자가 놀고 먹는 것을 정치판에서 일어나는 자연스러운 현상으로 받아들였는데, 그보다 덜 똑똑한 시민들이 어떻게 생각했을지는 안 봐도 뻔하다. 귀족들은 자기를 보필했던 늙은 집사에게 퇴직금 조로 공무원 자리를 알선해주었다. 웅변과 토론으로 의회에서 두각을 나타낸 출세지향적 의원도 손쉽게 공직을 차지했다. 그러한 공직 남발은 마침내 참을 수 없는 지경으로 치달았다. 그 결과 지금과 같은 공무원시험제도를 도입하게 되었다.

4

하지만 낡은 제도와 그에 대한 대중의 인식은 여전하다. 남유럽 국가에서는 공무원이 부하 직원의 봉급을 슬쩍 하고 그 부하 직원은 또 자기 부하 직원의 봉급을 슬쩍 해서 가장 말단 공무원이 피해를 보는 사회적 풍토가 당연시되고 있다. 그래서 말단 공무원은 팁을 받지 못하면 일을 안 하거나 게을리한다.

팁 문제는 말단 공무원에게만 국한된 문제가 아니다. 고위공무원들도 당연히 팁의 유혹에 노출되어 있다. 크림 전쟁 때의 일이다. 성공한 건축업자 겸 목재상이 잉글랜드 중부의 한 도시에서 아내와 함께 차를 타고 가고 있었다. 그들은 자신들 소유의 땅을 지나다 거대한 목재더미가 잔뜩 쌓인 채 그대로 방치된 것을 목격했다. 그리고 그 때문에 군인들이 엄청나게 힘들어하고 있으며 대중이 분노한다는 것도 알게 되었다. 목재상의 아내는 신문을 보고 말했다. "그 목재를 가지고 군인들 막사를 지어주면 어때요?" 목재상은 그 말에 힌트를 얻어 우리의 동맹 나폴레옹 3세에게 목재의 대부분을 팔아 넘겼다.

얼마 후 목재상은 목재 대금을 받으려 했으나 파리로 직접 가지 않으면 돈을 받아내기가 불가능하다는 것을 알게 되었다. 그래서 파리로 갔더니, 담당 장관이 그를 정중히 맞이하면서 돈은 이미 준비된 상태고 몇 가지 절차만 마무리되면 바로 돈을 주겠다고 했다. 하지만 그 남은 절차라는 것은 끝이 없어 보였고, 목재상은 매일 헛걸음만 했다. 그러던 어느 날 공무원들을 다루는 데 능한 동료 건축업자를 만났다. 동료 건축업자는 그가 어떤 어려움에 처해 있는지 가만히 듣더니 이렇게 물었다. "돈은 준비해 갔나?" 상인이 대답했다. "무슨 돈?" "장관 책상에

100파운드 지폐를 실수로 떨어뜨린 다음 줍지 말고 그냥 나오게." 다음 번 방문 때 목재상은 동료의 조언을 실행에 옮겼다. 그러자 그 동안 장관의 책상 서랍 속에 묵혀있던 수표를 바로 받을 수 있었다.

한번은 남부 유럽 출신 철학자에게, "어떤 광산 회사가 당신네 나라에서 사업 허가를 받으려고 수많은 말단 관리에게 뇌물을 줬다고 불평합디다"라고 했더니, 그는 그 회사가 뇌물 쓰는 방법을 몰라서 그런 것이라고 지적했다. 우두머리한테 제대로 찔러주면 잔챙이들은 신경쓸 필요도 없다는 것이었다. 내가 어렸을 때 우리 할아버지는 제아무리 높은 자리에 있는 사람이라도 5파운드 지폐를 바로 코앞에 디밀면 거절하지 못한다고 말씀하셨다. 이제는 뭐 5파운드 가지고는 안 되겠지만, 나는 우리 할아버지 말씀이 거래에 있어서는 여전히 통한다고 본다.

부정부패가 공무원 사회에 국한된 문제라고 생각해서는 안 된다. 우리 같은 금권정치 국가에서는 **팁제도** 때문에 모든 사회계층이 어쩔 수 없이 좀먹게 되어 있다. 킬로웬의 러셀 남작은 변호사와 판사로 활동하던 시절 부정부패가 만연한 것을 보고 분개하여 법안 발의를 통해 뒷돈 거래와 같은 관행을 금지하고자 했다. 하지만 거래 당사자들이 꿈쩍도 하지 않아서 그런 법이 아무 소용없었다. **소매치기와 피해자가 경찰을 부르지 않기로 합의하는 한, 소매치기 행위는 특별한 관례가 되고, 관례가 곧 도덕인 줄 아는 정직한 일반 대중은 그러한 관례를 따르기 마련이다.** 기계에 기름칠 하듯 사업에도 뇌물이라는 기름칠이 필요하다면, 뇌물에 대한 융통성이 사업하는 사람에게 반드시 필요한 자질이 되어 버린다.

나는 열여섯 살이라는 어린 나이에 어쩌다 보니 더블린의 잘 나가는 부동산 중개업소에서 출납책임자가 되었다. 지방에 사는 고객이 더블린에서 쇼핑을 하고 돌아가면 그 물건값을 대신 지불하는 일도 내 업무였다. 나는 은행에 다녀오는 길에 상점에 들러 물건값을 치렀다. 그런데 상점주인이 물건값의 1퍼센트를 나에게 도로 건네는 것이 아닌가! 당시 나는 말도 못하게 순진할 때라 그 팁을 거절했고 상점주인은 놀라는 기색이 역력했다. 양심상 수수료를 이중으로 챙길 수는 없다고 생각해서 그런 건 아니었다. 사실 그런 생각은 아예 안 했다. 내가 팁을 거절한 이유는 나의 계층적 속물근성이 상인에게 팁을 받는 굴욕을 견디지 못했기 때문이다. 그후로 나는 더 이상 상점에 찾아가서 돈을 내지 않았고 상인들이 직접 수금하러 오게 만들었다.

이는 내가 경제학을 공부하고 칼 마르크스를 알기 훨씬 전에 일어났던 일이다. 나는 마르크스에게서 "팁제도는 정당한 임금인상을 요구하기 어렵게 만든다. 따라서 팁을 받는 사람의 소득에는 아무 보탬이 안 된다"는 것을 배웠다. 팁의 액수가 임금이나 보수와 비슷해지면 팁을 받는 사람이 임금인상을 요구하는 일도 당연히 줄어들 것이고 어쩌면 팁만 받고 임금은 한 푼도 안 받는 상황까지 가게 될지도 모른다. 더구나 여기서는 팁을 받는 입장이지만 저기서는 팁을 줘야 하는 입장이 될 수 있다. 여객선의 승무원은 대체로 승객이 주는 팁에 의존해 생활한다. 하지만 그들도 일을 좀 더 빨리 하려면 주방에 팁을 줘야 한다. 이러한 경쟁체제에서 팁은 사실상 강제적이 된다. 법으로 강제하는 경우도 가끔 있다. 오스트리아에서는 호텔 웨이터가 팁을 받지 못하면 팁을 받을 때까지 고객의 짐을 담보로 잡을 수 있다. 그리고 이제는 팁이 10퍼센트라는 인식이 완전히 자리잡아 외투보관소 안내원에게 그보다 많은 팁을 줬다간 거스름돈을 건네받을 지경이다. 그래서 사람들은 팁을 줄 때 얼마를 줘야 할지 고민하거나 당황할 필요가 없어졌다. 하지만 그와 동시에 팁을 주고받으며 관대함이나 고마움을 느끼는 일도 사라졌다. 그래서 영국인들은 어차피 팁을 줘야 한다면 팁의 액수와 범위를 법으로 정하지 않고 재량에 맡기는 것을 선호한다. 영국인들은 자신이 관대하다고 느끼거나 고마운 사람으로 대접받길 좋아하기 때문이다. 하지만 여행 경험이 많지 않은 사람은 언제 누구에게 얼마나 팁을 줘야 할지 몰라서 몹시 괴로워한다. 팁을 받는 사람 역시 팁이 법적으로 보장되어 있지 않아 불안해 한다. 팁을 받는 사람이라고 해도 결과적으로는 고객과의 접촉이 없어 팁을 전혀 못 받는 그의 동료보다 나을 게 없다. 그래서 모든 현명한 지도자들은 웨이터, 승무원, 택시 기사를 비롯해 팁을 받는 모든 이들을 노동조합으로 규합하며, 소속 조합원들이 팁을 거부하고 대신 적절한 임금을 요구하도록 장려한다.

5

나는 부동산 사무실에서 나와 겁도 없이 런던의 문학시장에 뛰어들었지만 책을 내주겠다는 출판사가 하나도 없었다. 그래서 한동안은 문학, 회화, 음악, 연극 비평가로 활동하며 생계를 유지했다. 당시 나의 평론은 어느 정도 영향력이 있었다. 하지만 화가, 미술상인, 음악상인, 작곡가, 연기자, 매니저를 불문하고 누구 하나 나에게 잘 보이려 돈을 건넨 적은 없었다. 한번은 순진한 지방 청년이 편지와 함께 특허받은 담뱃대 하나를 보내왔다. 편지에서 그는 연극배우가 된 자기 형제를 잘 봐달라고 부탁했다. 내가 비흡연자라는 사실을 몰랐던 게 분명했다. 나는 형제를 위해 헌신하는 그의 노력에 감동 받았다. 그리고 그의 형제에게 신경을 좀 더 써주려고 했다. 어디서 연기하는 모습을 봤거나 이름을 기억했다면 분명 그랬을 것이다. 극장운영자들은 나에게 잘 보이기 위해 덜 노골적인 방법을 사용했다. 그들은 나를 전문가로 대우하고 외국 연극의 상연권을 사서 무대에 올려도 될지 묻곤 했다. 작품이 좋았다면 내가 직접 번역해서 6개월 안에 상연하는 조건으로 한 50파운드쯤 받았을 것이다. 이름 난 외국 연극(가급적이면 프랑스 작품으로)을 번역했으면 일 년에 두 작품만 팔아도 100파운드를 벌 수 있었다. 한 뛰어난 연기자이자 극장운영자는 내 창작극을 무대에 올리자고 제안하며 언제가 됐든 내가 선인세가 필요해지면 바로 계약하자는 식으로 말했다. 그는 매월 1일 밤 공연이 끝나면 무대를 치우고 축하연을 베풀었다. 그곳에 손님으로 초대되는 것은 일종의 특권이었고 극장의 홍보 담당은 비평가들을 신중하게 선택해서 초대했다. 나는 초대를 받으면 내 영향력을 존중한다는 표시로 생각해 항상 수락했지만 한 번도 간 적은 없다.

　미술시장에서도 나에게 잘 봐달라면서 직간접적으로 현금을 건넨 사람이 아무도 없었다. 당시 미술상인들은 전시 개막 전 언론 시사회에서 평론가들과 개인적으로 접촉했다. 그들은 노련했고 기자들을 구워삶는 데 전문가였다. 기자들은 그리스 작품인지 이탈리아 작품인지, 윌리엄 파웰 프리스인지 번 존스인지도 구분 못하는 위인들로, 저명한 화가들은 치켜세우고 신인들은 무시하다가 미술상인이 어떤 신인에 대해 귀띔해주면 마치 자기가 직접 새로운 천재를 찾아내기라도 한 것처럼 행세했다. 그런 언론 시사회에 처음으로 참석했을 때, 이제는 고인이 된 어떤 유명한 미술상인은 요리조리 내 비위를 맞추면서 잘 그리긴 했지만 매우 평범한 무명 화가의 수채화 대여섯 점을 무슨 굉장한 작품이라도 되는 것 마냥 침을 튀기며 설명했다. 나는 진지하게 듣고 있다 입을 열었다. "선생님, '저'한테 어떻게 그런 말도 안 되는 말씀을 하실 수 있습니까? 잘 아시잖아요." 그러자 그는 눈 하나 깜빡 안 하고 가까이 오라는 손짓을 하더니, "따라오시오"라고 했다. 그리고는 옛 거장들의 진짜 보물을 숨겨놓은 비밀스런 방으로 나를 데려갔다.

    미술시장에서 그와 동년배이자 라이벌이었고, 역시 오래 전에 고인이 된 또 다른 미술상인은 보다 교묘한 수법을 썼다. 그는 유명한 화가의 최신작을 보러 오라고 나를 초대했으나 그렇게 환대하지는 않았다. 대중 취향에 넌더리가 난다는 듯한 태도였다. "오!" 그가 말했다. "이 작품을 보러 오셨죠? 이쪽입니다. 뭐, 이런 작품 좋아들 하시잖아요. 그래서 이런 작품 위주로 소개한답니다. 사실 제 취향은 여기 이런 그림인데(그러면서 눈에 잘 안 띄게 걸려 있는 그림을 가리켰다), 아마 좀 생소하실 거에요. 화가가 누군지 말씀드려도 잘 모르실 걸요. 햐, 이 솜씨 좀 보세요! 하늘이 장난 아니에요. 하지만 보통 기자들은 이 작품에 눈길 한 번 안 주고 지나가지요." 그러면 그림의 '그'자도 모르는 기자들은 그 숨은 천재를 서둘러 대서특필하며 자기들의 감식안을 뽐내려고 한다. 물론 나한테는 안 통하는 수법이었다. 하지만 솔직히 말해 그 늙은 상인의 코미디를 망치고 싶지도 않았다. 나는 얼마 안 가 평론가로서의 자질을 인정받았고 미술계의 진정한 권위자들이라고 할 수 있는 전문 비평가와 미술상인의 모임에 합류할 수 있었다. 그 모임에는 상술 같은 것이 존재하지 않아서 거기 속한 최고의 전문가들은 일반 기자들이 결려 넘어지는 속임수와 비리를 전혀 알지 못했다. 신문사에서는 예술에 대해 쥐뿔도 모르면서 취재 욕심에만 사로잡힌 편집자들이 주로 그런 형편없는 기자를 고용한다. 그들은 말만 많은 최악의 기자를 갤러리, 극장, 오페라에 보내고, 최고의 기자는 정치 행사나 형사 재판에 보낸다.

하지만 평론가와 상인이 미술계의 부정부패를 전담한다고 할 수는 없다. 특히 나 같은 경우는 미술상인에게 뇌물을 받아본 적도 속아본 적도 없다. 그러나 유력 주간지의 미술 평론가 자리를 포기해야 한 적은 있었는데, 사주가 자기 친구들 그림에 대해 무턱대고 호평해주기를 바랐기 때문이다. 나중에도 그만큼 괜찮은 자리에 앉게 되었지만 역시나 포기해야 했다. 이번에는 사주가 내 이름을 이용해 자기 지인의 그저 그런 그림을 띄워주려 했기 때문이다.

음악계와 관련해서는 직접 뇌물을 전달받은 적도 없고 그런 일이 있다는 얘기를 들은 적도 없다. 내가 얘기할 수 있는 부분은 오페라 극장에서도 다른 대중예술 공연장에서와 마찬가지로 작품이나 사람들에 대해 솔직하게 비판하기보다는 칭찬만 늘어놓고 단점에 대해서는 입을 다무는 편이 훨씬 편하고 좋다는 것이다. 나의 동료들은 오페라 막간에 휴게실에 모여 새로 온 저명한 이탈리아인 테너가 이런저런 실수를 했다느니, 객석의 어떤 군인이 만리코나 로엔그린처럼 런던에서는 무시당할만한 매너를 보였다느니 하면서 목에 핏대를 세웠다. 뿐만 아니라, 지휘자는 제2비올라들 사이에 섰어야 했다, 곡을 편집한 것은 야만적 행위로 용서할 수 없다, 리허설을 게을리 했거나 아예 안 한 것 같다, 듀엣 부분에서 소프라노는 너무 날카로웠고 테너는 너무 밋밋했다, 라이트모티프(주도 동기)를 처음에는 현악기, 그 다음에는 금관악기, 마지막에는 목관악기로 연주해서 그게 동기인지 아무도 몰랐다, 합창단은 나이가 많아서 소리도 작고 음정도 딱 맞지는 않았지만 시작은 좋았다, 등등 그 오페라를 잘 아는 작곡가와 평론가에게는 지옥 같은 시간을 선사한 일련의 음악적 사기와 미봉책에 대해 비난을 늘어놓았다. 동료들은 "이런 건 꼭 알려야 해"라고 말하곤 했다. 하지만 정작 기사는 그렇게 안 썼다. 그들은 돈 잘 버는 남편의 재력을 과시하려고 한껏 치장한 귀빈석 숙녀들의 다이아몬드로 공연장이 환하게 빛났다고 썼다. 고분고분한 평론가는 극장에서 환영 받았다. 그래서 일등석이 매진되더라도 아무데나 자기가 원하는 곳에 앉거나 서서 공연을 볼 수 있었다. 인기 있는 프리마돈나의 매니저는 내가 원하기만 하면 공연 티켓은 물론이고 웨일스에 있는 멋진 성에 초대하겠다고 넌지시 알려줬다. 그녀가 높은 F음 소리를 내는 데 자신이 없어 E플랫으로 바꿔 부르고 싶어한다는 것을 언급하지 않는 조건이었다. 물론 나는 그 성에 가지 않았다. 다만 반주자한테 그녀가 'Ah, non giunge'[5]에서 무슨 키로 불렀냐고 물어봤을 뿐인데, 반주자는 내가 성에 초대받지 못하면 확 불어버리겠다는 협박으로 받아들였던 모양이다.

아무튼 그런 식이다. 청렴결백한 평론가들은 읽을만하고 논쟁의 소지가 있는 기사를 써서 예술에 대한 대중의 관심을 유도하고 그럼으로써 인정받는다. 잘 쓴 비판은 못 쓰거나 잔뜩 부풀려 쓴 칭찬보다 더 좋은 광고가 된다. 경외심이 작동하는 것이다. 유능하고 독립적인 평론가는 권위와 신망을 얻을 수 있었다. 고분고분한 평론가라고 해서 전부 부패한 것은 아니었다. 그들이 대중을 이용했던 이유는 그들 역시 누군

---

5   벨리니의 오페라 <몽유병의 여인> 피날레 부분.

가에게 이용당하고 있었기 때문이다. 그들은 문제가 있다는 것 자체를 몰랐고, 알았어도 당당하게 소신을 밝히려는 용기나 문제를 정확히 꿰뚫어 보는 능력이 부족했다.

이러한 나의 경험은 지자체의 부정부패와 분명 무관하다. 그런데도 이 얘기를 꺼낸 이유는 **우리 사회에서 개인이 아무리 높은 도덕성을 지녀도 그것이 공적인 도덕성으로 연결되리라는 보장이 전혀 없다**는 사실을 보여주기 위해서다. 일반적으로 우리 작가들은 지자체 윤리를 좌우하다시피 하는 상인들보다 사회적 위치와 학력, 재능 면에서 우수하다고 여겨진다. 하지만 그런 작가들조차 자기가 홍보할 수 있는 사람들의 호의를 바라거나 받는 것에 뻔뻔할 정도로 익숙해져 있다. 현찰이라는 노골적인 뇌물을 받지는 않아도 그만한 가치에 해당하는 것을 받아 챙기며 하나도 부끄러워하지 않는다. 이탈리아의 어느 도시에서는 이런 적도 있었다. 일류 호텔에 방을 구하러 들어갔는데 지배인이 가장 좋은 스위트룸을 내주면서 호텔에 나 같은 손님이 머무는 것은 영광이니 원하는 만큼 오랫동안 머물러 달라고 간청하는 것이다. 이런 일은 한두 번이 아니었고 그럴 때마다 나는 명목뿐인 요금에 항의하며 돈을 전부 내겠다고 우겨야 했다. 이와 같은 관행은 너무 만연해 있다. 가장 존경받는 저널리스트들조차 그런 기회를 당연하게 이용하고 호의적인 기사로 보답한다. 그들은 상점에서 할인받고 공연장에 무료 입장하는 것을 당연하게 여기며 그런 걸 보고 타락했다고 비난하면 깜짝 놀라 격분할 것이다. 요컨대, **그들은 의식적으로 비리를 저지르는 것이 아니다. 정치적 올바름에 관해 제대로 교육받지 못했을 뿐이다.**

정직한 사회의 기본 원칙은 정의와 진실은 사고팔 수 없으며, 거짓거래가 모든 나쁜 거래 중에서도 제일 나쁘다는 것이다. 그러나 상업화된 사회에서는 모든 것을 사고 판다. 가톨릭교회는 구원을 파는 바람에 유럽 절반에 대한 지배력을 상실하고 종교개혁에 불을 댕겼다. 이제 판사는 전과 달리 소송당사자의 선물은 받지 않는다. 하지만 법조계는 여전히 돈에 의해 좌우되며, 돈 많은 사람에게 유리하게 돌아간다. 이런 식인데, 공공서비스를 쥐고 흔드는 주체도, 그 공공서비스 비용을 지역주민이 웃돈을 내가며 이중삼중으로 부담하지 않도록 지속적으로 감시해야 하는 주체도 지자체공무원들이라니 놀랍지 않은가? 팁을 받아 부수입을 챙기는 것은 웬만한 공무원이라면 뿌리치기 힘든 유혹이다. 팁이 일반화되어 노골적으로 요구할 필요가 없어지면 더욱 그렇다. 언젠가 엄숙하기로는 파리에 있는 나폴레옹 무덤에도 뒤지지 않는 어느 사원에 간 적이 있었다. 그 사원의 현관은 '팁 절대 금지'라는 안내 문구로 도배가 되어 있었지만 안내원들은 큰 소리로 욕을 해가며 팁을 요구했다. 앞서 얘기한 공원 관리인처럼 말이다. 물론 그 안내원들이나 공원 관리인이나 어렵사리 일자리를 구해 박봉에 시달리는 사람들이었다.

32장   강제와 처벌

1

법학자와 의학자, 신학자는 자신들이 일하는 분야에서 만큼은 관습법에서 금하는 행위를 할 수 있어야 한다고 주장한다. 정부 입장에서 범죄자나 군사조직을 다루다 보면 잔학행위를 계획하고 실천할 수밖에 없다는 것이다. 그들은 이렇게 항변한다. 전쟁에서 잔학행위는 반드시 일어나기 마련이며, 문명사회를 유지하기 위해 불복종을 처벌하고 통제력을 강화하는 수단으로 우리는 늘 잔학행위를 해왔다고 말이다. 하지만 제대로 된 문명사회라면 처벌이나 잔학행위가 있어서는 안 될 것이다. 그렇다면 국가는 통제력을 유지하고 강화하기 위해 처벌이나 잔학행위 대신 과연 어떤 '제재'를 가할 수 있을까? 다시 말해, 지팡이, 회초리, 몽둥이, 꼬리 아홉 달린 채찍, 교도소, 교수대, 도끼, 단두대, 고문대, 수레, 화형, 말뚝 등의 고문살인 수단을 무엇으로 대체할 수 있을까?

먼저 신중하게 짚고 넘어가야 할 문제가 있다. **범죄를 억제하고 응징하기 위한 처벌 수단으로써 고문이나 사형을 없애자는 것과 사형제도 자체를 폐지하자는 것은 엄연히 다른 얘기다.** 다시 말해, 형벌은 폐지하더라도 목숨을 끊을 수 있는 제도 자체는 유지해야 한다는 의미다. 사회에서 살 권리는 무조건적으로 주어지는 것이 아니다. 문명사회에 적합하지 않은 사람들까지 사회에서 살 권리를 누려서는 안 된다. 그런 사람들은 통제를 요하기 때문에 그들을 통제하는 다른 사람들의 가치 있는 삶까지도 허비하게 만든다. 어떤 사람이 흉악무도하다고 해서 착한 이웃이 교도관이 되어 그를 감시하게 되는 것은 바람직하지 않다. 어떤 여자가 독극물 테러를 한다고 해서 선량한 다른 여자가 교도관으로 일생을 허비하는 일도 없어야 한다. 그런 괴물들은 증오하기보다는 불쌍히 여겨야 하며, 미친 개와 마찬가지로 최대한 고통 없이 죽을 수 있게 해야 한다. 자기 값어치를 못하면서 다른 사람들의 인생을 망치는 자들도 마찬가지다. 모든 시민은 사회적으로 존중받고 신사숙녀로 대접받으려면 자기 값어치 이상을 해야 한다.

그러므로 사형은 결코 폐지되어서는 안 될 최후의 제재다. 어설픈 사상가들은 "범죄자를 교화해야 한다"고 주장하면서 모든 논의를 엉망으로 만들고 있는데, 방해하지 말고 조용히 있거나 논점을 분명히 해야 할 것이다. 잘못을 저질렀지만 교화될 수 있는 사람이라면 타고난 범죄자가 아니므로 문제될 게 없다. 가르쳐서 착한 방향으로 이끌면 된다. 그가 정말 제대로 교화된다면 자신의 악행을 보상하기 위해 최선을 다할 것이다. 문제는 타고난 범죄자다. 타고난 범죄자는 교화될 수도, 용인될 수도 없다. 그와 같은 범죄자를 어떻게 교화할 것인지 교화론자에게 방법을 찾아보라고 하면, 교화론자는 범죄자에게 잔인하고도 악의적인 상처를 입히고, 범죄자를 사회에 풀어줘서 더 많은 범죄를 저지르게 만들며, 결과적으로는 자신도 상처입고 상대도 화나게 만들 것이다. 그리고 얼마 안 가 교화 방법을 찾겠다는 어리석은 고집도 그만 부리게 될 것이다.

입센의 극시에 나오는 페르귄트와 같은 사람들도 있다. 그런 사람들은 사형이라는 돌이킬 수 없는 결정을 내리는 것이 두려워 한 인간을 평생 감옥에 가두는 끔찍하고도 잔인한 실수를 저지른다. 그럴 바에야 당사자 모르게 마취하고 죽이는 편이 더 나을 것이다. 돌이킬 수 없는 결정을 내리는 것이 무서워 사형제도를 폐지하자고 주장하는 사람들은 감옥에 하루 가두는 것이 목을 베는 것만큼이나 돌이킬 수 없는 결정이 될 수 있다고 지적하면 잠잠해진다. 그래도 잠잠해지지 않는 사형폐지론자라면 어떤 말로도 설득이 안 될 것이다.

우리가 악을 악으로 갚을 수는 없고, 사탄을 교화하는 것은 불가능하며, 예수의 가르침이 비현실적이지만은 않다고 생각한다면, 그래서 처벌을 없애버리고 "하느님께 심판받지 않기 위해 남을 심판하지 않으려"[1] 한다면 어떻게 되겠는가? 개신교도들은 질겁하겠지만 이단재판소를 부활시키는 수밖에 없다. 처벌은 없애더라도 문명사회에 부적합하고 절대로 교화되지도 않는 사람들을 처단하는 제도는 반드시 있어야 하기 때문이다. 이단재판소는 타고난 범죄자들을 형벌에 처하는 우를 범하는 대신, 이단재판관에게 안락사 시행권한을 부여해야 한다. 이단재판의 주기능은 살기 부적합한 사람들을 처단하는 것으로, 이 문제에 대한 기존의 해결책들이 도저히 아니라고 판단되면 이단재판은 그 어느 때보다 빨리 부활할 것이다. 이단재판관들은 높은 자격을 갖춘 후보자군 가운데서 뽑아야 한다. 누군가를 죽일지 살릴지 판단하는 문제는, 살인

---

[1] 마테오복음 7:1

이나 극악무도한 사건의 경우에는 간단하겠지만 반역이나 이단의 경우에는 어렵고 모호해지기 마련이다. 만일 높은 자격을 갖춘 재판관 후보자를 찾을 수 없다면, 차선의 인물이라도 재판관 자리에 앉혀야 한다. 사건은 이상적인 법정이 꾸려질 때까지 기다려 주지 않는다. 재판관이 없다면 일반인 배심원단(보통 배심원단)이라도 있어야 한다. 베네치아 공화국의 10인위원회[2]나 인민재판소[3], 성실재판소[4], 공산당 중앙위원회와 비밀첩보기관 체카, 나치당과 게슈타포, 녹색 리본회 집회소[5], KKK[6], 이 모두가 말하자면 이단재판소다. 이런 곳들은 옛 종교재판소를 '검사성성(檢邪聖省)'이라 불렀던 것처럼 그럴싸한 말로 미화할 것이 아니라 '이단재판소'라고 부르는 편이 훨씬 더 정확할 것이다.

우리가 예상할 수 있는 재판 절차는 이렇다. 경찰은 사형죄 혐의가 있는 피고인을 배심 재판에 회부한다. 그러면 판사는 피고인에게 형을 선고하는 대신 사건의 내용과 배심원의 평결을 이단재판소로 넘긴다. 이단재판소는 피고인이 문명사회에서 마음껏 활보하게 내버려둬도 좋을지를 결정한다. 만일 피고인이 결혼을 여러 번 했고 배우자들의 시신이 그의 집 욕조나 스토브에서 발견됐다면, 얼마 후 그는 여느 때와 마찬가지로 별 생각 없이 잠자리에 들겠지만 이튿날 아침 침대에서 죽은 채로 발견될 것이다.

2   10인위원회: 1310-1797까지의 정부기관, 처음에는 반란자를 단속, 나중에는 치안 유지를 담당.
3   인민재판소: 중세 독일 왕국의 재판소.
4   성실재판소: 영국 웨스트민스터 궁전 '별의 방'에서 열리던 형사 재판소. 배심원을 두지 않고 전횡, 불공평하기로 유명, 1641년 폐지.
5   녹색 리본회 집회소: 19세기 아일랜드에서 신교도에 대항하기 위해 결성된 비밀 결사 집회소.
6   KKK: 흑인 차별을 주장하는 백인들이 결성한 비밀 단체.

처단 과정에서 얼마만큼의 고통을 가하는가에 관계없이, 이단재판소가 구제불능 악당이나 위험인물만 처단한다는 것을 시민들은 잘 알고 있다. 수감자는 자기 사건이 이단재판소로 넘어갔다는 것을 알면 다음 날 아침 죽을지도 모른다는 생각에 절대로 편히 잠들 수가 없다. 하지만 그런 불안은 수감자만 느끼는 것이 아니다. 실제로는 모두가 느끼게 된다. "살 자격이 있는지"의 문제는 기소될만한 범죄를 저질렀는지의 여부와 관계없이 누구에게나 제기될 수 있기 때문이다. 따라서 사람들은 일종의 사회적 책임감을 갖게 된다. 요즘에는 그런 사회적 책임감이 부족하다 못해 무시되거나 평가절하되고 있다. 우리가 자유에 대해서는 떠들썩하게 외치지만 의무에 대해서는 모기소리만큼도 내지 않으면서 그렇게 되었다. 오래 전 나는 우리 모두 5년마다 관청(사실상 이단재판소)에 가서 목숨을 걸고 자신의 존재 가치를 증명하자고 제안한 적이 있다. 최근에는 <예기치 못한 섬의 바보들>이라는 희곡을 썼는데 결말은 이렇다. 어느 화창한 여름 날 아침, 최후의 심판은 예고도 없이 찾아 오고 우리는 사회에 있을 때 각자 제 역할을 다했는지에 관한 지루한 조사를 받게 된다. 그리고 얼마 후 사회에서 제 역할을 다하지 못했던 사람들은 행방불명이 되어 사라진다. 런던의 극장주들은 그 주제로 흥행하기는 어렵다고 판단했다. 사람들은 인간의 죄과를 기록하는 천사가 천국의 참견쟁이처럼 그려진 것에 대해 불쾌해하고 화를 냈다. **그러나 심판하는 권력이 없고, 따라서 지속적인 책임을 느끼는 사람들도 별로 없으면 안정적인 문명을 기대하기 어렵다.** 우리 안에는 '노동은 저주고, 서비스업은 신분 하락이며, 고상함은 풍요롭고 비생산적인 여가에서 나온다'는 잘못된 믿음이 알게 모르게 자리하고 있다. 사람들이 지속적인 책임감을 갖는 안정적 문명이 없다면 그러한 믿음은 근절되지 않을 것이다.

2

그런데 현실에서는 사형재판만 있는 것이 아니다. 다시 말해, 모든 재판이 피고인의 살 권리만 다루는 것은 아니다. 미국독립선언문은 시민이라면 누구나 생존권, 자유권, 행복추구권을 갖는다고 말한다. 그러나 생존권은 교수대와 전기의자에서 허무하게 끝날 수 있고, 행복을 추구하다가는 좌절하고 자살하기 십상이다. 행복은 유익한 활동과 편안한 환경에서 비롯되기 때문이다. 유익한 일을 하면서 편안하게 사는 사람들은 자신의 행복에 대해 굳이 고민하지 않는다. 그렇다면 **자유권**은? 우리는 얼마만큼의 자유를 누릴 수 있는가? 생과 사의 중간 단계란 있을 수 없는 반면 법과 자유 사이에는 중간 단계가 얼마든지 있을 수 있다. 루소는 미국독립선언의 전조가 된 <사회계약론>을 통해 모든 인간은 자유로울 권리를 갖고 태어난다고 주장했다. 멀쩡한 사람 입에서 나온 최악의 거짓말이다. 사실 모든 인간은 자기 부모나 보호자에게 의존할 수밖에 없는 무기력한 존재로 태어나며 커서는 노동을 해야만 먹고 살 수 있다. 노동을 안 하려면 이웃을 노예로 만드는 수밖에 없다. 모든 정부는 대다수의 시민에게 "일하지 않는 자 먹지도 말라"면서 그것이 "자연의 섭리"라고 말한다. 하지만 요즘에는 복잡하고 규모가 큰 산업 조직에 취직하는 것 말고 다른 일자리를 찾기가 쉽지 않다. 정부가 시민에게 일자리를 찾아줘야 하는 상황이다. **그러므로 사회주의가 없는 곳에서 자유는 노예나 빈민이 되는 것을 의미할 뿐이다.** 이 사실이 드러나면 누구에게나 날 때부터 주어진다는 자유권의 개념은 공격 받을 수밖에 없다. 또한 자본주의의 가장 큰 매력이라고 할 수 있는 남의 노동에 기대 놀고 먹을 자유 역시 같은 이유로 지탄 받을 수밖에 없다.

이단재판소는 어떤 시민이 문명 사회에서 살 자격이 충분하다면 과연 얼마만큼의 자유를 누릴 수 있는가의 문제에 대해 최종 판단을 내려야 한다. 그런데 루소의 <사회계약론>과 미국의 <독립선언문>은 내용이 너무 허술해서 이단재판소가 판단의 근거로 삼기에는 확실히 무리가 있다. 더구나 이단재판소는 지금 수감되어 있는 사람들만큼이나 많은 사람을 상대해야 한다. 교도소 수감자들은 책임감을 견디지도 못하고 자유에 따르는 일반적인 유혹을 극복하지도 못한 사람들이지만 특별한 통제와 지도를 받으면 잔인한 형벌 없이도 얼마든지 무해하고 유익한 삶을 살 수 있다. 그러나 우리 형법은 그들에게 잔인하고도 끔찍한 처벌을 가하도록 하고 있다. 자본가들이 잔인한 형벌을 옹호하기 때문이다. 형벌이 가혹하면 노동자는 범죄자가 되기보다 비참한 임금과 절망적인 노예 상태를 묵묵히 받아들인다. 내가 예전에 러시아에 갔을 때는 인도적으로 조성된 유배지 하나가 한창 산업 중심지로 떠오르고 있었다. 죄수들이 유배 기간이 끝난 후에도 계속 거기에 머무르고 싶어 한 탓이었다. 그건 마치 군대에서 자유를 거의 모르고 지내던 군인들이 복무 기간이 끝나면 세상이 끝난 것처럼 아쉬워하다 재입대하는 것과 비슷했다. 사회에서는 최악이었던 시민이 교도소에서는 최고의 모범수로 거듭나는 경우가 왕왕 있다. 그런 모범수들은 석방하면 안 된다. 대신 석방을 원하지도 않고 심지어는 석방되는 것을 두려워할 만큼 인간적으로 잘 대해줘야 한다. 우리 사회도 지금처럼 가다가는 "자유로운"

빈민들이 전부 자진해서 인간적인 교도소에 들어가려 할지도 모른다. 그렇다 하더라도 정직한 다른 시민들이 아무런 불편을 못 느낀다면 별로 위험한 일도 아닐 것이다.

개인의 힘이 집단의 힘으로 확대되지 않는 한, 공권력이 개인의 자유를 제한하는 것을 막을 수 없다. 만일 누구나 정부가 자신에게 가하는 압력을 손쉽게 무력화시킬 수 있다면, 셰익스피어 표현대로 법관이 "잠시 완장을 찬 화난 원숭이"[7] 일 뿐 하나 두렵지 않을 것이다. 아무 권위가 없는 사람들도 "완장 차고 호통이나 치는 찌질한 말단 관리"인 법관에 대항해 똑같이 화난 원숭이가 될 수 있으니 말이다.

3

그렇다면 정치적 선지자들은 유토피아를 어떻게 묘사했을까? 그들은 국가나 개인들이 생살여탈권을 쥐고 사회를 통제하지 않아도 완벽한 사회를 이루는 것이 가능하다고 봤을까?

불워 리튼[8]은 오랜 정치 경험과 뛰어난 문학적 재능을 바탕으로 <미래 인종>이란 저서에서 유토피아를 그렸다. 그곳에서는 누구나 '브릴'이라는 능력을 갖고 태어나며, 그것만 잘 활용하면 용과 독재자는 물론 군대도 물리칠 수 있다. 따라서 이 심하게 환상적인 세계에는 용도, 독재자도 없고 살인은 상상조차 할 수 없다. H.G. 웰스의 소설에서는 우주 전체를 박살낼 수도 있는 핵폭탄이 발명되면서 전쟁 자체가 불가

---

7   셰익스피어의 희곡 <자에는 자로> 중 대사.
8   불워 리튼 Bulwer Lytton(1803-1873): 영국의 정치가 겸 소설가, 대표작 <폼페이 최후의 날>.

능해진다.[9] 어느 야심 찬 정복자가 자신의 군대를 핵무기로 무장하려고 하면, 다른 국가들이 즉시 연맹을 결성하고 일치단결하여 그 정복자가 핵무기를 포기하도록 압력을 가한다. 셰익스피어는 <템페스트>에서, 현자 프로스페로가 경쟁자라고는 원시 야만인 캘리번밖에 없는 외딴 섬에서 살아남게 하려고 프로스페로를 쩨쩨한 마법사로 만들었다. 프로스페로는 캘리번이 말을 안 들을 때마다 캘리번의 몸에 경련과 오한을 일으켜 제압했다. 불쌍한 괴물 캘리번은 그럴 때마다 엄마 생각이 났을 것이다. 캘리번의 엄마 시코랙스도 마녀였다. 스위프트는 <걸리버 여행기>에서 하늘을 나는 섬 라퓨타의 정치인들이 그 아래 육지에서 누가 반란을 일으키거나 하면 머리 위로 섬을 떨어뜨려 제압할 수 있게 했다.

이러한 소설들이 역사를 설명해주지는 않는다. 브릴이나 프로스페로의 마법이나 하늘을 나는 섬 라퓨타는 실제로 존재한 적이 없고 핵폭탄은 아직 발명되지도 않았다. 그러나 우리는 그 책들을 보며 실질적인 교훈을 얻을 수 있는데, 그것은 바로 **위대한 시인이나 가장 기발한 소설가조차 누군가가 다른 누군가를 죽일 수 있는 능력, 즉 인간의 살상 능력이 통제되지 않는 사회는 상상도 못했다**는 사실이다. <메투셀라로 돌아가라>라는 작품에서 나는 유토피아를 프로스페로가 캘리번을 지배했듯 정신이 육체를 지배하는 곳으로 그렸는데, 그래도 인간의 살상능력은 어떻게 통제할 것인지를 놓고 고민해야 했다. 실현불가능한 수단을 얘기하고 싶지는 않았다. 예전의 이상주의자에서 한 걸음도 못 나가는 꼴이 될 테니까. 유토피아가 너무 현실성이 없으면 희망을 가질

---

[9] 웰스는 1914년작 <해방된 세계 The world set free>에서 핵폭탄의 등장을 예견했다.

수 없다. 따라서 현실에, 일상에 존재하면서 점진적인 보강도 가능하다고 인식될만한 어떤 통제력(통제 수단)을 찾아야 했다.

우리는 그러한 능력을 **"위엄"**이라고 부른다. 학교 교장도 위엄이 있어야 혈기왕성한 남학생 무리를 통제할 수 있다. 위엄에 주눅들지 않은 남학생들은 1672년 네덜란드 재상 요한 드 위트를 갈가리 찢어 놓은 네덜란드 군중처럼 교장을 습격해 얼마든지 린치를 가할 수 있다. 정치인은 정치인으로서 권위를 세우기 위해 그러한 위엄을 잘 활용해야 한다. 뛰어난 사람들은 절로 위엄을 풍기지만, 보통의 야후들은 범상치 않은 옷차림, 수행원과 경호원, 화려한 제복과 유니폼 등으로 우월한 분위기를 연출해야 한다. 유니폼, 제복, 예복, 철퇴, 왕관, 수행원, 꽃수레, 행렬, 예포, 예법, 이런 것들은 모두 '인위적인 위엄 발산 장치'로, '타고난 위엄'을 지니지 못한 사람들의 권위를 세워준다.

원두당[10]과 영국 퀘이커교도, 미 외교관은 인위적 위엄에 대한 반작용으로 등장했다. 특히 미 외교관은 당시 예복이었던 반바지 대신 코트와 긴바지를 입고 왕족과 동료들 앞에 나타났다. 하지만 이러한 인습타파주의자들도 순수한 자연적 위엄을 발산하는 사람 앞에서는 꼼짝 못한다. 나는 그 어떤 분별있는 사상가보다 무심하고 냉소적이지만, 예전에 어떤 유태인 랍비에게 완전히 압도되어 말도 제대로 못 붙였던 기억이 있다(스무 살이 넘었을 때였다). 주눅들만한 이유는 전혀 없었다. 전에 본 사이도 아니었고, 대화도 5분 이상 하지 않았으며, 대화 주제도 평범해서 난처해질 일도 없었다. 하지만 나는 그의 위엄에 눌려버렸다.

---

10 영국 내전(1642-1651) 당시 의회파에 속함. 당시 격식에 맞는 머리 모양은 곱슬머리를 길게 늘어뜨리는 것이었는데 이들은 머리를 짧게 잘라서 원두당(Roundheads)이라는 별명을 얻었다.

매료됐다고 해야 할지, 홀렸다고 해야 할지, 최면에 걸렸다고 해야 할지 모르겠지만 아무튼 나는 그 랍비 앞에서 작아지는 것을 느꼈고, 그런 일은 그 전에도 그 후에도 없었다. 그냥 '절망'했다고나 할까.[11] 그때 이후로 나는 주변을 더 많이 관찰하고, 문명세계의 침입자들로 인해 사라져가는 원시부족에 관한 이야기들을 읽었다. 그러면서 **살아있는 사람은 누구나 정도의 차이는 있지만 일종의 자기장을 갖고 있고, 자기장이 강한 사람은 상대적으로 자기장이 약한 사람이나 자기장에 대한 감수성이 예민한 사람, 다시 말해 수줍음이 심한 사람을 지배하기 쉽다고** 믿게 됐다. <메투셀라로 돌아가라> 4부에서는 그러한 내용이 과학적 사실처럼 나온다. 물론 생물학자들은 실험실에서 개가 기니피그의 위엄에 눌리는 것이 증명되기 전까지는 그러한 사실을 인정하지 않을 것이다. 언젠가는 총명한 생체물리학자가 나타나 지금 우리가 전기를 측정하듯 인간의 자기장을 측정하는 데 성공할지도 모른다. 아무튼 그런 자기장이 존재한다는 것은 부인할 수 없는 사실이며 현실적인 정치인이라면 누구나 그것을 인정하고 더 나아가 활용할 줄 알아야 한다.

나의 유토피아에서는 미래 인종이 자연적·인위적 위엄을 바탕으로 야후를 다스리도록 했다. 그리고 애들이 부모 말을 잘 따를 수 있도록 나이 들면서 자연스럽게 위엄이 생기고 자연사하지 않는 것으로 설정했다. 이 부분은 독일의 진화생물학자 바이스만의 견해를 참조했다. 바이스만에 의하면, 죽음은 자연이 인구과밀을 해소하는 과정에서 어쩔 수 없이 사용하는 방법일 뿐이며 지구에 공간이 충분하면 인간도 아메바처럼 죽지 않고 살지도 모른다.

---

11 실존철학에서는 자기의 유한성과 허무성을 깨달았을 때의 정신상태를 '절망'이라고 한다.

그 결과 군이 마법 같은 장치를 도입하지 않아도 저절로 질서가 유지되는 사회를 그릴 수 있었다. 그 사회는 순전히 자연법칙에 의해 진화·발전할 뿐이지만, 미래 인종의 지혜와 위엄은 쌓이고 쌓여 다른 사람의 생명을 위협할 수도 있는 수준에 도달하게 된다. 위엄은 상대를 '절망'에 빠지게 하고 절망이 극에 달하면 죽음에 이를 수 있기 때문이다.

4

확실히 정치인들은 자연적·인위적 위엄에 대해 한번쯤 생각해 볼 필요가 있다. 사회 기강을 유지하는 위치에 있으면서 타고난 위엄이 좀 부족하다 싶으면 인위적 위엄에 의지해야 한다. 위엄에 상응하는 사회적 힘은 '경멸'로서, 이 또한 인위적으로 만들어낼 수 있다. 사람들은 대체로 옷을 보고 다른 사람을 판단한다. 나체주의자들은 자꾸 잊어버리는 것 같은데, 왕과 인부 모두 나체로 생활하면 사회적 편의를 위해서라도 인부는 안전모를 왕은 왕관을 써야 한다. 그건 인부가 왕보다 훨씬 더 존경받게 되더라도 마찬가지다. 서커스의 광대는 게으르고 겁 많고 도둑질 잘하고 욕심 많고 술에 취해 있고 장난 잘 치고 있는 대로 바보 같이 보여야 하는 데다, 넘어지고 채이고 맞는 것이 일이라서 우스꽝스러운 옷을 입고 바보 같은 분장을 한다. 주임사제가 신는 목 긴 구두나 판사가 입는 법복의 털 장식은 세월이 가면서 알록달록한 광대복만큼이나 튀는 복장이 됐지만, 그렇다고 사제나 판사가 광대짓을 하는 일은 위에서 허락한다 해도 절대로 없을 것이다. 무대에서 장군 연기를 해야 하는 배우는 장군복을 입어야 한다. 하지만 그 장군복은 실제 장군복과 반드시 약간의 차이가 있어야 한다. 복장의 차이는 법으로 정해져 있으며, 지위나 성별을 나타내는 휘장은 그 자격을 부여받은 자를 제외하고 아무나 착용할 수 없다. 장군복은 그 법이 연극 예술에 적용된 사례일 뿐이다.

정부는 위엄과 경멸을 활용하기 유리한 위치에 있기 때문에 그만큼 남용할 가능성도 크다. 봉건제도는 귀족세습제라서 저절로 위엄이 우러나지 않는 귀족들이 어딜 가나 꼭 있었다. 그들은 귀족 티를 내기 위해 좋은 옷과 돈으로 치장해야 했다. 흑사병이 돌던 시절에는 노동자가 귀해진 탓에 인건비가 많이 올랐고 웬만한 여자들이 은 장신구를 척척 살 수 있게 됐다. 그러자 바로 사치규제법이 생겨서 일반인들의 은 장신구 착용을 금지했다. 귀족만 반바지를 입을 수 있었을 때, 사람들은 프랑스 혁명 세력을 "반바지 안 입는 것들"[12]이라고 불렀다. 미국에서는 독립혁명으로 누구나 무기를 소지할 수 있게 되자, 한니발 찰럽[13] 같은 부류의 미국인들이 그러한 권리를 남용하기 시작했다. 결국 미국 정부도 아무나 권총을 소지하게 놔두지는 않을 것이다. 오래 전 이탈리아 정부가 아무나 단검 소지를 하지 못하게 했듯이 말이다. 영국에서는 면허가 없으면 어떤 종류의 총기도 소지할 수 없다. 그런데 요즘에는 무기를 소지하다 적발되어 총에 맞는 사람들이 유럽 곳곳에서 나타나고 있다. 이와 같이 자연적 위엄이 부족해 인위적 위엄을 연출하려다 생기는 작용과 반작용은 끝도 없이 이어지기 마련이다.

자연적 위엄을 가진 인물이 부족한 것은 당연하다고 볼 수 없다. 자연은 언제나 아낌없이 베푸는 속성이 있어서 타고난 정치가와 행정가

---

12 프랑스어로 "상퀼로트(Sans-culottes)", 영어로 "브리치스리스(Breechesless)".
13 디킨스의 소설 <마틴 처즐윗>에 나오는 인물.

를 필요한 자리에 채우고도 남을 정도로 배출하기 때문이다. 하지만 그들이 인구 전체에서 차지하는 비율은 기껏해야 1퍼센트 정도밖에 안 된다. 그나마도 그러한 잠재력을 가진 사람들이 문화와 교육의 혜택을 마음껏 누리고 자란다는 전제 하에서나 가능하다. 인구의 90퍼센트가 가난 때문에 문화와 교육의 혜택에서 소외되는 상황에서는 타고난 정치가와 행정가가 될 재목도 90퍼센트는 떨어져 나간다고 봐야 한다. 그래서 얼간이를 데려다 잘 꾸미고 타고난 위엄을 지닌 귀족처럼 보이게 만들어야 하는 일이 생긴다. 그 얼간이의 공적인 일은 전임자의 일을 되풀이하는 것이고, 사적인 일은 집사와 행정관, 변호사가 알아서 대신한다.

거대 제국은 그러한 가짜들 때문에 망한다. 모두에게 문화와 교육의 기회를 보장하지 않는 한, 다시 말해 소득평등화를 실현하지 않는 한, 민주공화국은 가짜 위엄으로 치장한 사람들 때문에 부패할 것이다. 이제 사후세계를 담보로 사람들을 쥐락펴락하는 교회 권력이 사실상 예전만큼 신뢰받지 못하는 상황에서, **국가의 통제력을 유지하고 소득평등화를 실현할 수 있는 최종적 힘은 민주 정부가 가진 생살여탈권에 있다.** 사사로운 투쟁자에게는 그가 어떤 구실을 내세우든 생살여탈권을 위임해선 안 된다. 군주는 사형집행영장에 서명하는 일에 금세 익숙해지기 때문이다. 인구 많은 나라를 다스릴수록 더 그렇다. 사람 목숨을 신성시하는 태도는 아일랜드가 영국보다 못하면 못했지 결코 더 낫다고 할 수 없다. 하지만 내가 어렸을 때 아일랜드에서는 6개월마다 사형이 집행되면 그 얘기가 며칠 동안이나 헤드라인으로 떴던 반면, 아일랜드보다 인구가 10배나 많은 영국에서는 빅토리아 여왕이 사형집행영장에 매주 서명하는 바람에 사람들은 여왕이 영장에 서명하는지 수표에 서명하는지 관심도 없었다. 그래서 길버트 체스터턴은 배심원으로 있을 때 다음과 같이 지적했다. 엄격한 처벌을 내려야 하는 상황이라면, 타성에 젖어 그러한 처벌의 가혹함에 무뎌진 사람이 아닌 누군가가 반드시 제 목소리를 내야 한다.

5

문명국가가 스스로를 유지하는 데 필요한 생살여탈권을 가장 광범위하게 휘두르는 때는 바로 전쟁이 났을 때다. 전시에 국가 혹은 동맹국 전체는 하나의 국제적인 이단재판소가 되어 적국이나 적국의 동맹국은 살기에 부적합하다고 결정하고 처단에 나선다. 그런 결정에는 물론 반작용이 따른다. 상대방은 자신이 처단 대상이라는 데 당연히 동의하지 않으며 처단을 피하려면 처단자들을 처단하는 수밖에 없다고 여긴다. 사실 전시에는 생살여탈권을 각자의 홈그라운드에서부터 휘두르기 시작한다. 아무리 군인들이라도 제정신인 상태에서는 목숨을 내놓고 싸우기보다는 도망치거나 서로 친하게 지내려 할 것이기 때문이다. 그래서 군인이 싸우지 않고 살인하지 않고 불지르지 않고 파괴하지 않으면, 다시 말해 살인광처럼 굴지 않으면, 새벽에 아군에게 먼저 총을 맞는다.

상대를 완벽하게 처단한다는 것은 논리적으로 말이 될 지 몰라도 결과적으로는 불가능하다. 정말로 끝장을 보려고 하면 비용도 비용이지만 행위 주체인 군인과 시민이 견뎌내지 못하기 때문이다. 한마디로 1918년의 독일처럼 무너진다. 더구나 한 나라를 처단하려면 남자들을 때려잡느라 시간낭비 할 필요가 없다. 남자들은 여자들이 재생산하면 그만이기 때문에 정말로 끝장을 보려면 여자들부터 처단해야 한다. 하지만 어떤 처단자도 감히 그러한 목표를 내세워 전쟁을 일으킨 적이 없었다. 히틀러의 반(反)유태인병은 여호수아의 반가나안병이나 십자군과 사라센 간의 증오를 능가하지만, 유태인 여자를 몰살하라고 명령을 내리는 정도는 아니다. 물론 유태인 남자에 대해서는 가차없다.

극단적인 사건들은 아무런 결론을 제시하지 못한다. 단지 우리가 선택할 수 있는 범위를 정해줄 뿐이다. 우리는 적국을 완벽하게 처단할 수도, 그들이 우리를 정복하게 놔둘 수도 없지만, 그들 중 몇몇은 처단할 수 있고 또 처단해야만 한다. 얼마나 처단해야 하냐면, 우리가 적을 무찌르고 우리의 요구조건을 적에게 관철시킬 수 있다는 희망이 생길 정도는 되어야 한다. 통치자가 생살 여부를 결정하는 데 황금률 따위는 존재하지 않는다. 오로지 자신의 판단에 의지할 수 있을 뿐이다.

국가가 개인을 상대로 생살여탈권을 행사하는 경우에는 또 다른 제약이 따른다. 형을 결정하고 선고하고 집행해야 하는데, 집행할만한 사람을 찾을 수 없는 경우다. 하지만 그 때문에 국가가 잔인하게 처벌하지 못한 경우는 지금까지 한 번도 없었다. 살아있는 여자들을 화형에 처한 것이나, 윌리엄 월레스[14]와 같은 애국 반란 세력을 겁주기 위해 말할 수 없이 끔찍한 처형 방법을 고안한 것이나, 로마에서 죄인들을 예수처럼 십자가에 못 박았던 것이나, 프랑스에서 다미엥과 라바이악 같은 반역자를 능지처참했던 것이나, 얀 반 레이던을 고문하려고 유별나게 공포 분위기를 조성했던 것이나(뮌스터의 성 람베르트 교회탑에 갔

---

14 윌리엄 월레스 Willam Wallace: 스코틀랜드 독립전쟁의 영웅, 반역죄를 선고받고 벌거벗겨진 채 사지가 찢기고 목이 잘려 런던 다리에 효수됨. 영화 <브레이브 하트>의 실존 모델.

더니 그를 가두었던 철장이 아직까지 걸려 있었다. 고문기술자는 그가 그 안에서 굶어죽도록 내버려 두었다), 이런 일들을 보면 인간이 이보다 더 잔인할 수 있을까 싶을 정도다. 하지만 사형집행할 사람을 찾지 못해서 곤란했다는 기록은 어디서도 찾을 수 없다. 심지어 사형집행인은 보수도 별로 안 좋았는데 말이다. 사형장에는 구경꾼들이 몰려들었고 사형장 주위의 집주인들은 사형장이 잘 보이는 창가 자리를 비싸게 팔았다. 실제로 사형집행은 대중의 오락거리였다. 살인자를 교수형에 처한다고 하면 그 광경을 직접 볼 수 없는데도 교도소 밖에 사람들이 몰려들었다. 성 프란치스코 드 살을 배출하고 그와 동시대를 살았던 파리 시민들도 죄인들을 수레에 매달아 찢어 죽이는 광경을 보고 즐거워했다. 그 형벌은 19세기까지도 지속되어 내가 스무 살이 넘었을 때도 주변에 그 광경을 직접 봤다는 사람이 여럿 있었다. 이제 나는 어릴 적 승마술이라고 부르던 것을 즐기게 됐지만 서커스는 여전히 보지 않는다. 동물들이 조련사의 명령에 따라 억지로 재주부리는 것을 차마 두고 볼 수가 없기 때문이다. 정당살인이라는 판결만 받을 수 있다면, 나는 아마 그 조련사들을 보자마자 쏴 버릴 것이다.

정부는 국민을 자기들 뜻대로 움직이게 만들려고 생각없이 감정을 자극하거나 원시적인 만행을 저지를 수 있으며 실제로 그렇게 하고 있기도 하다. 그래서 통치자를 잘 뽑아야 한다는 거다. **현대 국가에도 고압적인 군대를 갖추고 정부를 깡패로 만들려는 불량배들이 예외 없이 존재한다. 조직화되지 않은 시민은 그런 정부에 저항조차 할 수가 없다.** 아직까지는 우리의 양심이 형사법이나 군법에 비해 훨씬 더 인간적이다. 우리가 최고의 양심으로 상황을 지배한다면 양심과 법의 간극을

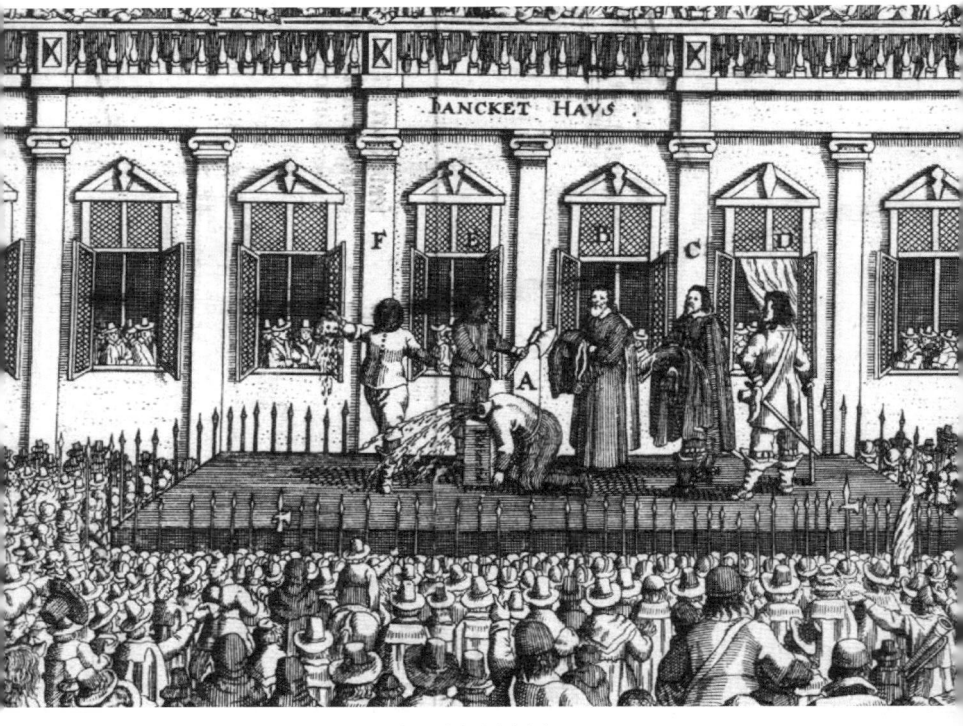

<찰스 1세의 사형집행식>, C.R.V.N., 1649.

메울 수 있을 것이다. 그렇지 않으면 중국 짝 나기 쉽다. 중국의 교양있는 계층은 더 없이 훌륭한 문화를 꽃피운 반면 죄인을 갈기갈기 찢는 처형제도는 군중의 오락거리가 되었다.

33장   법과 전제정치

1

지금까지 역사는 왕·찬탈자·정복자의 전제정치와 혁명기의 공포정치로 점철되어 왔다. 전제정치나 공포정치는 이미 수없이 얘기되어 온 터라 더 이상 새로울 게 없다. 하지만 지금 이 시점에서 우리가 반드시 알아야 할 것이 있다. **요즘 통치자들은 사이비 과학이나 제너, 리스터, 파블로프와 같은 얼간이 과학자들에게 놀아나는 바람에 선한 동기에서 전제정치를 강행한다는 사실이다.** 어릴 때 내가 나 스스로에게 그랬다. 베드로와 바오로의 편지가 절대적이고 확실하다고 배웠지만 얼마 안 가 헬름홀츠[1]와 틴들의 강의를 신봉하게 됐다. 창세기 1장이 꾸며낸 이야기라고 비웃었고 <종의 기원>에서 다윈이 진실을 폭로했다고 생각했다. 모두들 정도의 차이는 있어도 나와 비슷한 경험을 하고 있다. 성 토머스 아퀴나스와 세례자 요한은 성수(聖水), 특히 요르단강의 성수에는 신비한 힘이 있다고 믿었다. 그렇지만 감히 말하건대, 그들이 성수에 열광한 정도는 과학자들이 라듐을 처음 발견하고 열광한 것에 비하면 아

---

1   헬름홀츠 Helmholtz(1821-1894): 독일의 생리학자이자 물리학자.

무것도 아니었다. 할례를 세례로 대체한 요한과 예수도, 세례를 백신으로 대체한 제스티[2]와 제너에 비하면, 새로운 정보에 대해 훨씬 의심 많고 완고한 편이었다. 우리는 아프리카 주술사가 마녀를 찾아내 죽인다는 얘기를 들으면 충격을 받고 부두교를 없애버려야 한다고 생각한다. 그런데 요새 사람들이 전염병 보균자에 대해 요란법석을 떨며 거부감을 드러내는 것을 보면, '장티푸스 메리'는 어느새 사무엘기에 등장하는 '엔돌의 무녀'보다 더 끔찍한 존재가 된 것 같다.

사람들이 종교를 버리고 과학을 믿기로 한 것이 무조건 나쁘다는 얘기는 아니다. 일례로 이제 장티푸스 메리를 화형에 처하지는 않는다. 전염병 보균자를 격리하거나 없애자고 가장 격하게 주장하는 사람들도 고통 없이 죽이는 것 이상은 바라지 않는다. 요즘 사람들이 과학적 발견이라면 덮어놓고 믿으려 하는 것은 사실이지만 그렇다고 모든 과학적 발견이 별 볼 일 없는 엉터리인 것도 아니다. 다만 과학적 발견은 신뢰할만한 것일 수도 있고 아닐 수도 있으므로, 정치인들은 과학적 견해를 무턱대고 받아들이지 않도록 주의해야 한다. 리스터는 무균수술법으로 의학계의 전설이 되었지만, 그 수술법은 큰 문제를 야기했다. 반면, 전자현미경이 발명되면서 10억분의 1인치도 안 되는 식세포의 존재는 엄연한 사실이 되었다.[3]

과학적 발견에 오류가 있다고 무조건 나쁘다고 볼 수도 없다. 리스터의 잘못된 무균수술법은 환자뿐 아니라 외과의사에게도 해로웠지만,

---

2　벤자민 제스티 Benjamin Jesty(1736-1816): 제너보다 20년 전에 이미 우두를 이용해 천연두 예방접종에 성공한 농부.

3　1882년 메치니코프가 식세포 발견. 전자현미경은 1928년 이후에 발명됨.

장티푸스 메리: 19–20세기에 걸쳐 약 20년 동안 메리 멀론이라는 조리사가 장티푸스 보균자인 상태로 각지를 전전하며 30명이 넘는 사람들에게 장티푸스를 전파했다. 이후 '전염병 보균자'나 '유행병 퍼뜨리는 사람'을 뜻하는 단어가 됐다.

세심한 청결을 강조함으로써 병원이 깨끗해지는 계기가 되었고 병원 괴저를 줄이는 부수적인 효과를 가져왔다. 하지만 수술 시간이 너무 길어졌다. 전시에는 즉각적이고 신속한 조치가 생명인데, 리스터의 영향을 받은 간호사들이 뭐든지 소독부터 하겠다고 물을 끓이는 동안 부상당한 군인들이 죽어나가는 불상사가 발생했다. 결국 리스터 추종자들도 사라질 수밖에 없었다.

2

전에 간과했던 사안을 법제화하는 문제는 최대한 신중하게 다뤄야 한다. 나는 공중보건위원회에서 활동하면서 모든 가정에 위생설비를 의무화하는 정책에 관여했다. 집집마다 실내에 냄비 형태의 변기를 두도록 한 것인데, 나중에는 그 실내 변기가 옥외 변소보다 건강상 더 나쁘다는 것이 밝혀졌다. 하지만 사람들이 예전에는 전혀 신경도 쓰지 않던 부분에 대해 돌연 수치심을 느끼고 점잔을 빼는 바람에, 그 위험천만한 냄비형 변기가 건강에 지장을 준다는 사실이 통계상으로는 전혀 나타나지 않았다. 한때는 그 변기를 설치하지 않는다고 처벌했는데, 문제점이 발견되고 나서는 그 변기를 철거하지 않는다고 처벌해야 했다.

최근 정무차관은 모든 어린이들이 디프테리아 예방접종을 해야 한다고 주장하면서, 본인도 믿기 힘들었다는 수치를 근거로 제시했다. 예방접종을 한 어린이 중 사망자는 한 명이고 예방접종을 하지 않은 어린이 중 사망자는 418명이라는 통계였다. 이러한 통계는 사실을 입증하지도 않거니와 "예방접종이 예방하려는 병보다 더 치명적이지는 않을까" 하는 의혹을 해소하지도 못한다. 예방접종을 한 아이들은 자녀 건강에 세심하게 신경쓰는 고학력 부모와 깨끗하고 쾌적한 집에서 생활하는 반면, 예방접종을 하지 않은 아이들은 무심한 저학력 부모와 비위생적이고 북적거리는 집에서 살아가기 때문이다. 비위생적이고 북적거리는 환경에서는 충격적일 정도로 높은 유아사망률을 설명할 이유가 예방접종을 받지 않았다는 것 말고도 얼마든지 있다. 쾌적한 환경에서 잘 먹고 잘 자란 아이들과 불결한 환경에서 영양 부족에 시달리며 자란 아이들을 놓고 면역력을 조사하면 언제나 잘 사는 아이들이 압도적인 우위에 있다. 접종 옹호론자들은 잘 사는 아이들의 면역력이 높은 것이 예방접종 덕분이라고 한다. 하지만 그렇게 따지자면 런던의 상업지구 웨스트엔드의 보석상이나 의류상이 잘 사는 아이들의 면역력이 높은 이유를 금시계나 실크 모자 덕분이라고 주장해도 할 말이 없다. 유능하고 객관적인 통계학자들은 대조실험이라는 것을 실시함으로써 불합리한 추론 따위는 하지 않는다. 예컨대, 이튼 학교 남학생 전부에게는 특정 질병에 대한 예방접종을 실시하고, 해로 학교 남학생 전부에게는 아무런 예방접종을 실시하지 않았다고 치자. 만일 두 집단 간 발병률에 현격한 차이가 난다면 적어도 한 집단의 면역력이 다른 집단보다 낮다는 사실은 입증되는 셈이다. 하지만 이튼이나 해로 학교를 빈곤층 학교와 비교한다면 가난과 불결은 건강에 해롭다는 결론밖에 얻을 수 없을 것이다.

게다가 통계는 조작할 수 있다. 내가 교구위원으로 활동하는 동안 런던에는 천연두가 유행했다. 런던에서 천연두가 심각한 유행병 취급을 받은 것은 그때가 마지막이었던 것으로 기억한다. 사람들은 재접종을 하려고 난리가 났고 반 크라운만 내면 의사들이 곧바로 재접종을 해줬다. 그런데 얼마 지나지 않아 천연두 환자인 줄 알고 천연두 병원으로 보냈던 사람들이 이미 재접종을 한 상태였다는 것을 알게 됐다. 그러자 의사들은 곧바로 '농포성 습진' 혹은 '유사 천연두'라는 진단을 내리고 환자들을 일반 병원으로 옮겼다. 그렇게 천연두는 새로운 이름을 몇 개 더 갖게 됐다. 나는 재접종을 안 했다. 보건소장도 강단에서는 열렬한 제너 추종자였는데 어떻게 된 일인지 재접종은 하지 않고 있었다. 결국 우리 둘은 재접종을 안 해도 천연두에 면역이 된다는 것을 입증한 셈이었다. 그러나 당시의 공식적인 통계자료로는 그와 같은 사실을 전혀 파악할 수 없었다.

일반적으로 '진단'이라고 하면 질병 및 사망의 원인을 과학적으로 정확하게 분류하는 것이라고 알고 있다. 하지만 실제로는 '이름 붙이기'에 지나지 않아서 질병 하나를 새로 만들거나 없애 버리는 것은 일도 아니다. 예컨대 통계상에서 장티푸스 1,000건을 절반으로 줄이기는 식은 죽 먹기다. 장티푸스 500건을 '장질부사'로 기재하면 된다.

사이비 과학은 그렇게 단순한 '이름 붙이기'를 중대한 발견으로 위장하면서 생겨났다. 어찌나 기만적인지 사이비 과학의 속임수를 꿰뚫어본 사람이라면 법적 승인 없이 새로운 단어를 사용하지 못하도록 규제하고 싶을 정도다. 사이비 과학은 질병보다 해롭다. 새로운 용어들이 난무하는 최신 과학 교과서가 상당 부분 해독불가능하다는 것은 차라리 다행이다. 자, A가 자기 실험실에서 이러이러한 결과가 나왔다고 발표한다. 그런데 B가 자기 실험실에서는 A와 다른 결과가 나왔다고 한다. 그렇다면 분명 어딘가에 오류가 있는 것이다. 하지만 A와 B 둘 다 중요한 발견을 한 것으로 발표하고, 각자의 실험결과에 서로 다른 이름을 붙이면(가급적이면 그리스어 비슷한 다음절 단어로), 어딘가 오류가 있다는 사실을 간단하게 덮어버릴 수 있다. 그래서 교과서는 논리를 벗어나고, 발견한 것이라곤 자기 실수밖에 없는 사람들을 뛰어난 과학자로 칭송하고 있는 것이다. 이런 속임수에 잘 넘어가는 정치인들은 공직에서 쫓아내야 한다.

3

정치인들은 공중위생 문제를 외교 문제로 다뤄야 하며, 페르디난트 라살레의 말대로 "거짓말이 유럽을 지배한다"는 사실을 결코 잊어서는 안 된다. 위생 문제에 관한 한 거짓말은 세계를 지배하고 있다. 특히 상업광고는 예전의 군주들과 마찬가지로 거짓말을 특권처럼 이용한다. 상업 분야에 돈과 권력이 모이기 때문이다. 백신 시장은 백신 예방접종으로 인해 엄청나게 커졌고, 급기야는 우두와 전혀 관계없는 예방약에도 백신이라는 단어를 쓰기에 이르렀다. 이제는 백신, 유사백신, 치료혈청, 호르몬이라 불리는 내분비물, 항원, 항독소는 물론 기존의 알약, 청결제, 강장제, 전기벨트까지 온갖 종류의 산업이 판치고 있다. 이 모든 제품은 기존에 알려진 모든 병을 예방 혹은 치료한다는 주장을 내걸고, 그 중 일부는 젊음을 되찾아 주거나 수명을 50년 이상 늘려주겠다고 약속한다. 메소포타미아라는 단어가 보통사람들에게는 종교적 느낌을 불러일으키는 것과 마찬가지로, 'ose'나 'in', 'on', 'ax'를 붙여 그리스어나 라틴어 나부랭이처럼 만든 제품 이름은 사람들을 현혹시킨다. 우리는 그런 제품들을 광고에서 보고 구매하고 사용하며, 결국에는 자연치유력으로 나으면서도 그게 다 약 덕분이라고 생각해 제조업자에게 열렬한 찬사의 글을 보낸다. 제조업자는 그와 같은 사용후기를 정식으로 공개하기도 하고 돈을 주고 사기도 한다. 내가 아는 한 여인은 자기의 좋은 피부가 (완전 화장발이면서) 광고에 나오는 크림 덕분이라는 내용의 사용후기를 써주고 800파운드를 챙겼다. 나 역시 통신교육업체로부터 거액의 광고 제의를 받은 적이 있다. 나의 뛰어난 지력이 그 통신강좌 덕분이라고 말하는 조건이었다. 물론 광고 내용이 사실이고 효과가 진짜일 때도 있다. 사용후기가 객관적이고, 광고주가 직접 자기 제품을 애용하는 믿을만한 경우도 있다. 하지만 대다수 광고는 돈으로 매수한 뻔뻔스런 거짓말로 도배되어 있다.

이제 거짓말은 기적에 대한 온갖 환상과 더불어 인기를 누리고 있다.

거짓말은 일단 시작되면 걷잡을 수가 없다. 아무리 공격하고 권위 있는 근거를 들어 반박해도, 무식한 사람들은 그 거짓말을 계속 입에 올리고 저널리스트들은 자기들끼리 계속 베껴 쓴다. 그러다 사람들이 그 거짓말을 더 이상 믿고 싶지 않아하면, 그제야 거짓말은 사그라진다. 하지만 그 여운은 오래 남는다. 내가 어렸을 때 이미 거짓말로 밝혀진 것들이 길고 긴 내 인생의 막바지인 지금에 와서도 여전히 유행하는 것을 보면, 거짓말의 수명이 한 150년은 너끈히 가는 것 같다. 정치인은 그런 거짓말을 조심해야 한다. 체사레 보르자처럼 정치적 목적을 위해 거짓말을 이용할 수는 있겠으나 진짜로 믿어버리면 그 거짓말에 비참하게 걸려 넘어지는 수가 있다. 빅토리아 여왕의 정치적 조언자였던 멜버른 자작은 내각 회의에서 문을 가로막고 서서 이렇게 말했다고 한다. "여기서 어떤 거짓말을 지어내든 상관하지 않겠소. 하지만 모두 똑같이 말을 맞추기 전에는 누구도 이 방을 나갈 수 없소." 이 일화가 사실이든 아니든, 정치인은 사람들이 믿어서 유익할 얘기를 해야 한다. 그 얘기의 진위여부는 관계없다. 설사 다음 주면 거짓으로 판명되는 얘기라도 영국에서는 별로 문제될 게 없다. 영국 사람들은 조간에서 읽은 정치 연설을 석간이 나올 때쯤 되면 잊어버리기 때문이다. 언젠가 나는 대중 앞에서 연설하면서(당시 나는 아인슈타인의 건강에 대해 얘기하고 있었다), "종교는 언제나 맞고 과학은 언제나 틀리다"고 했다. 멜버른 자작 같았으면 아마 "성직자는 언제나 똑같은 거짓말을 고수하고, 과학자는 몇 년마다 새로운 이야기를 내놓으며 남이 저지른 실수와 모순을 찾아내는 데 대부분의 시간을 보낸다"고 했을 것이다. 천제물리학적인 내용만 봐도 그렇다. 창세기는 수천 년간 그대로다. 반면, 내가 사는 동안 우주에 대한 사람들의 생각은 비관적이었다 낙관적이었다 계속 엎치락뒤치락 했다. 직선운동을 하는 빛이 휘어지는 것을 중력의 영향으로 설명하는 뉴턴의 "법칙"은 시공간 자체가 휘어 있어서 그렇다는 아인슈타인의 일반상대성이론으로 대체되었다. 그 이론을 근거로 우리는 망원경으로 볼 수 있는 가장 먼 별이 어쩌면 우주 어디서나 볼 수 있는 태양이 아닐까 하는 의문을 갖게 되었다. 우리의 우주는 모든 별들이 놀라운 속도로 우리에게서 멀어지는 팽창우주이며, 이는 별의 스펙트럼에서 나타나는 적색편이[4]를 통해 입증된다. 같은 이유로 어떤 별들은 다른 별들과 마찬가지의 속도로 우리를 향해 다가오고 있다고 판단할 수 있다. 그래서 언젠가는 크리켓 공이 위킷을 때리듯 시리우스가 지구에 와서 부딪힐 수 있으며, 우주가 화산이 폭발하듯 팽창할 수도 있다. 대기는 세 가지 기체로 구성되어 있다고 단순하게 생각했었는데 아르곤을 비롯한 새로운 기체들이 발견되면서 그러한 개념은 뒤집히고 보다 복잡해졌다. 틴들은 물질에서 온갖 생명의 미래와 가능성을 봤다고 말해 세계를 놀라게 만들었지만, 물질 같은 건 없고 오직 움직임만 있다는 걸 보여준 드브로이[5]의 등장과 함께 바로 잊혀졌다.

이런 얘기들은 굉장한 지적 즐거움을 선사한다. 과학의 매력은 항상 새롭다는 것이며 이러한 매력이 없다면 과학에 지속적인 관심을 갖기도 어려울 것이다. 하지만 정치인은 그 내용이 참이든 거짓이든 확고하게 믿는 무언가가 없으면 나라를 다스릴 수가 없다. 따라서 실제로 확

---

4 별이 멀어질 때 도플러 효과에 의해 스펙트럼의 선이 적색 쪽으로 편향되는 현상.
5 드브로이 De Broglie(1892-1987): 프랑스 물리학자. 전자나 양성자와 같은 작은 입자들이 입자의 성질뿐만 아니라 파동의 성질도 가진다는 물질파 이론을 주장. 1929년 노벨물리학상 수상.

실한 것만 신뢰하고 이러저러한 추론에 대해서는 철저하게 경계하는 자세가 필요하다. 확실한 것들이 있긴 있다. 예를 들면, 내일 태양이 뜨고 질 것이라든지, 먹을 것과 마실 것을 12시간 동안 박탈당한 사람은 위험할 정도로 배가 고프고 비논리적인 상태가 되고 박탈 상태가 좀 더 지속되면 힘 없이 굶어죽거나 반항하며 도둑질을 하게 된다든지 하는 것이다. 정치인이 식량 문제에는 어느 정도 확신을 갖고 접근해야 하는 이유도 바로 그 때문이다. 그런데 앞으로는 농화학이 없으면 가장 비옥한 토지가 사하라가 될지도 모를 일이다. 미국의 대목장을 사들인 지 얼마 안 된 내 친구들은 이제 막 그러한 사실을 깨닫고 있다. 러시아에서는 집단농업과 기계화를 통해 농업 분야에서 놀라운 발전을 거두었다. 하지만 땅을 다시 비옥하게 만드는 작업을 체계적으로 실시하지 않으면 러시아는 농업 발전을 이끈 바로 그 요인들 때문에 고비 사막으로 변하게 될 것이다. 이러한 재(再)비옥화 문제와 관련해 정치인들은 비타민 A, B, C 혹은 X, Y, Z가 들어간 비료만 있으면 재비옥화 작업이 필요없다고 주장하는 과학자들과 충돌할 수도 있다. 그런데 막상 그런 일이 벌어지면, "당신들은 그게 과학이라고 하는데 버나드 쇼 선생이 과학은 항상 틀리다고 합디다"라면서 과학자들의 의견을 무시하고 지나가기는 힘들 것이다.

    정치인들은 항상 이와 같은 딜레마에 직면한다. 변화를 거부하고 안정을 추구하는 보수성 없이는 사회를 다스릴 수 없지만, H.G. 웰스도 경고했다시피, 법과 제도가 변화를 따라잡지 못하면 사회가 불행한 결말을 맞는다. 발명과 발견, 통신의 발달, 노동의 기계화, 집집마다 전기가 공급되어 연구실이 공장을 도태시키고 공장이 가내 수공업을 도태시키는 것, 조수간만의 차를 활용하게 되는 것, 다들 먹지 못할 것들을 생산하느라 열을 올리는 한편 시대에 뒤떨어진 농부는 식량생산에 옛날 방식만 고수하는 것, 그래서 빵을 달라는 사람들에게는 강철이 제공되고, 앞서 말한 대로 사하라와 고비가 예전의 빙하보다 더 빨리 인류를 멸망시킬 수 있는 요인으로 부각되는 것 등이 모두 변화다. 정부가 그렇게 스스로 통제할 수 없는 변화에 적응하려면 적당히 보수적이면서도 정체되어서는 안 되는데, 그런 정부는 아무나 만들 수 있는 게 아니다. 충분하고 세심한 검증을 거쳐 적임자로 판명된 사람들 중에서도 최고의 인물들만이 그런 일을 해낼 수 있다.

보수적인 정치인들에게 혁명적 변화를 강요하는 요인은 생산과 통신의 발달 말고도 많다. 사하라와 고비 사막은 생산을 위태롭게 하고, 암과 당뇨와 말라리아는 인간의 생명을 위태롭게 하고 있다. 독한 술부터 코카인까지 사람의 혼을 쏙 빼는 독약들은 별다른 제재 없이 매매될 경우 문명사회 전체를 혼란에 빠뜨릴 수 있고 부족이나 집단 하나를 절멸시킬 수도 있다. 정치인은 이와 같은 위험에 대처해야 하며, 그 과정에서 **과학 상인들이 기회를 포착한다. 그들은 국회의원들에게 각종 치료제와 예방약을 들이대며 압박하는데, 그 모습은 마치 예전의 종교재판소가 미사와 사면, 세례, 각종 교회활동, 성사, 기도를 강요했던 것과 마찬가지로 광신적이다.** 또, 과학 실험실은 종교재판소처럼 자기들 나름의 고문실을 갖추고, 사람들을 쥐락펴락할 수 있는 특권과 권력을 누리겠다고 주장한다. 당연히 성직자와 과학자는 서로 라이벌이 되어 우리의 정신세계를 형성하고 지배하기 위한 필사적인 전쟁에 돌입하게 되었다.

통치자는 다트무어[6]나 그 밖의 지역에 자기 나름의 고문실을 둔다. 이 글을 쓰고 있는 현재만 해도, 두 명의 강도가 징역선고를 받은 것도 모자라 채찍 108대까지 맞고 있다(꼬리 아홉 달린 채찍으로 한 번에 9대씩 12차례). 영국 군대에서는 어떤 허약한 군인이 꾀병을 부린다는 의심을 받고 가혹행위를 당해 사망하는 일이 발생했다. 가혹행위를 저지른 살인자는 군법재판에 회부되었고 민간인이라면 형사 법정에서 사형선고를 받고도 남을 일인데 훨씬 더 가벼운 형을 선고 받았다. 독일은 지금 이런 식의 공포정치를 하고 있고 그런 독일을 우리는 매우 고자세로 비난한다. 하지만 19세기 이후 유럽은 대체로 전보다 더 비인도적으로 변했고 그것은 우리에게 심각한 영향을 미쳤다. 잔혹행위는 이유 여하를 막론하고 악화가 양화를 구축하는 결과를 가져올 뿐이다. 우리는 그러한 사실을 하루 빨리 알아차려야 한다.

---

6   잉글랜드 남부 고원지방. 장기복역수를 수용하는 감옥이 있음.

34장 배심제와 사면권:
배심원과 각료는 은혜의 대리인이 되어 우리를 변호하라!

1

법은 사람이나 상황을 차별하지 않는다. 차별한다면 법이라 할 수 없다. 하지만 사람과 상황이 제각각이다 보니 융통성 없이 냉혹하게 적용되면 법이 참을 수 없이 부당하고 잔인하게 여겨질 수 있다. 법 자체는 확고부동해야 한다. 다만 법과 시민 사이에는 자비와 연민과 인간 존중의 가치를 바탕으로 상황을 고려해 정치적으로 유연하게 움직이는 어떤 기관이 존재해야 한다. 사형집행영장에 서명하는 손이 있으면 사면장에 서명하는 손도 있어야 한다. '행위의 언약'이 있으면 '은혜의 언약'도 있어야 한다.[1]

영국 헌법에서 정한 "은혜의 대리인"으로는 **배심원**과 **특별사면권을 행사할 수 있는 국왕**이 있다. 국왕은 특별사면을 내리는 것 말고도 할 일이 많다. 반면 배심원은 법과 시민 사이에서 그야말로 완충장치 역할을 한다. 하지만 배심제도는 사람들이 잘못 알고 있는 바람에 현실에서

---

[1] 행위의 언약과 은혜의 언약: 개신교에서 말하는 '하나님이 구원을 대가로 인간과 맺는 계약'. 행위의 언약은 하나님이 인간에게 일종의 행동 규율을 요구한 것(율법). 은혜의 언약은 행위의 언약을 지키지 못한 인간도 구원하겠다는 하나님의 약속.

<변호인>, 오노레 도미에, 1865.

제 역할을 못하는 경우가 많다. 장담컨대, 배심원 후보자 명부에 오른 영국 시민 중 99.9퍼센트는 일단 경찰이 사실을 입증하고 판사가 배심원단에게 관련 법을 설명(설시)하고 나면, 유죄냐 무죄냐 하는 평결은 자동으로 나온다고 믿고 있다. 그게 사실이라면 배심원은 굳이 존재할 이유가 없다. 임의로 차출된 배심원 12명의 간섭 없이도 경찰과 판사가 얼마든지 사건을 해결할 수 있으니까 말이다. 하지만 사실은 그렇지 않다. **배심원의 역할은 경찰이나 판사의 역할과 완전히 다르며, 경찰과 판사의 역할이 끝나는 바로 그 지점에서 비로소 시작된다.**

살인사건 공판을 예로 들어보자. 살인사건이라면 다들 관심을 갖고 읽을 테니 말이다. 갑은 을을 살해한 혐의로 경찰에 기소되어 피고인석에 앉아 있다. 그러면 경찰은 을이 살해당했다는 것과 갑이 을을 고의로 살해했다는 것을 배심원단에게 차례로 납득시켜야 한다. 경찰이 배심원단을 납득시키지 못하면 사건은 성립되지 않는다. 배심원단, 판사, 경찰, 피고인 모두 가방 싸서 집에 가면 된다. 반면 경찰이 혐의사실을 배심원단에게 납득시키는 데 성공하면 다음에는 판사가 나설 차례다. 판사는 배심원단을 상대로 해당 사건에 적용될만한 법률을 알기 쉽게 설명한다. 그 과정이 끝나면 배심원단은 해당 사건의 '사실'과 관련 '법'이 무엇인지 알게 된다. 배심원단은 법정에서 나와 판사와 경찰이 없는 곳에서 자기들에게 주어진 고유의 업무를 수행한다. 즉, 갑이 을을 고의로 살해한 행위가 나쁜 행위인지 아니면 칭찬받을 행위인지, 정당방위인지, 정상참작할만한 행위인지를 판단하는 것이다. 그리고 갑이 사형당해야 하는지, 아니면 오히려 의회로부터 20,000파운드의 사례금을 받아야 하는지, 유죄인지 무죄인지까지도 판단한다.

따라서 배심원단은 평결을 내릴 때 단순한 '사실'만을 근거로 하지 않는다. 배심원으로 뽑힌 12명의 납세자가 사건의 사실관계와 관련 법을 숙지하고 있더라도 갑의 살인행위가 정당화될 수 있느냐에 대해서는 의견이 갈릴 수 있다. 갑이 나라를 위해 전쟁터로 나간 사이 을이 갑의 아내를 유혹해서 벌어진 일이라면, 갑은 무죄선고를 받을 것이다. 갑이 광적인 선동가로 을이라는 인기 정치인을 살해했다면, 갑은 유죄선고를 받을 것이다. 심지어 경찰이 갑의 살해 사실을 입증하지 못한다 해도 갑을 사형에 처하거나 가두는 편이 더 안전하다는 것을 배심원단에게 납득시킬 수 있다면, 갑은 유죄선고를 받을 것이다. 그러나 그 평결에 미심쩍은 부분이 너무 많으면 내무부장관은 왕을 대신해 사형선고를 취소하고 종신금고형을 선고할 수도 있다. 아무튼 배심원단이 스스로 사고할 수 있고 판사의 지시나 변호사의 설득에 휘둘리지 않을 수 있다면, 배심원단의 평결에는 교육과 도덕적 원칙, 편견, 배심원들의 감정, 사실과 사실이 아닌 것, 법과 법 아닌 것 등등이 작용하게 될 것이다. 그리고 평결은 은혜의 언약에 바탕을 둔 양심적 행위가 될 것이다.

배심제도가 그와 같이 작동하게 하려면 배심원 후보의 자격을 엄격히 제한해야 한다. 즉, 배심원이 되고자 하는 사람은 배심원의 역할을 잘 이해해야 하고, 배심원단이 판사와 왕으로부터 독립하기 위해 오랫동안 투쟁한 역사에 대해 잘 알아야 한다. 또한 배심원에게는 보수를 후하게 지급해서 사람들이 배심원 후보가 되는 것을 꺼리지 않고 일종의 특권으로 여기게끔 만들어야 한다. 젊은 시절 나는 배심원이 되는 것을 어떻게든 피하려고 이런저런 잔꾀를 부렸는데, 그때를 생각하면 지금도 부끄러울 지경이다. 당시 나는 이런 핑계를 대곤 했다. "나는 죄를 응징하거나 범죄를 억제하려고 범죄자를 처벌하는 제도 자체가 매우 잘못됐다고 생각하는 사람입니다. 그러므로 배심원을 할 수 없습니다."

판사가 배심원단에게 배심원의 역할에 대해 설명할 때는 법에 대해 설명하듯 너무 세세하게 일러주려 해서는 안 된다. 왜 그럴까? 웬만한 판사들은 무작위로 선정된 배심원들이 대체로 무식할 뿐만 아니라 변호사의 유창한 언변에 굉장히 취약하다는 것을 금세 알아차린다. 그래서 어떤 사건이든 배심원단에 맡기기보다 판사 본인이 판결하는 것이 무조건 더 낫다고 확신한다. 이런 확신을 가진 판사는 어떻게 해서든 재판을 자기 뜻대로 이끌어가려고 한다. 그러기 위해 가장 잘 쓰는 수법이 배심원에게 "평결은 반드시 법과 사실만을 근거로 해야 한다"는 잘못된 확신을 심어주는 것이다. 영국 판사들은 그런 면에서 도가 지나쳤다. 그래서 의회는 배심원단이 **일반평결**을 내릴 수 있는 권리를 무조건적으로 보장하는 법안, 일명 '폭스법'을 통과시키기에 이르렀다. 전에는 배심원단이 판사의 질문에만 대답하고 판사가 알아서 해석하도록 놔두거나 판사의 지시에 무조건 순종했다. 그러나 일반평결을 내릴 수 있게 되면서 배심원단은 피고인이 유죄인지 무죄인지, 원고인이 승소했는지 패소했는지와 같은 재판의 최종 결과를 도출할 수 있게 됐다. 폭스법이 통과된 지도 벌써 150년이 지났다. 하지만 그와 같은 배심원의 권리는 자주 잊혀지고 억압되어 제대로 발휘될 기회조차 없었다. 그래서 생소하기 짝이 없는 전시재정법 따위를 어겼다고 유죄선고를 내리고 벌금을 과하게 물리는 경우가 생기는 것이다. 전시재정법이 뭔지 알지도 못하고 상식적으로 그런 법이 있을 것이라 생각조차 못한 사람들에게 말이다. 그 법으로 유죄선고를 받은 당사자들은 법정 공방으로 시간을 낭비하느니 차라리 위반 사실을 인정하는 편이 낫다고 믿는 것 같았다. 물론 그들보다 재판을 더 잘 아는 변호사들이 뒤에서 조언한 결과였다.

경찰 입장에서 배심원을 지도하거나 피고인을 교화하는 것은 남의 일이다. 경찰의 임무는 가능한 수단을 총동원해 피고인의 유죄판결을 받아내는 것이다. 경찰이 생각하는 형사법의 목적은 처벌에 대한 공포를 조장해 범죄를 예방하는 것이기 때문이다. 따라서 경찰의 관점에서 보면, 처벌받는 대상이 진짜 범인이든 아니든 모든 범죄는 반드시 처벌해야 한다. 대중이 처형당하는 사람을 죄인으로 인식하기만 하면, 실제로 그가 죄가 있든 없든 범죄 억제를 위한 처벌의 본보기라는 측면에서 효과는 같기 때문이다. 따라서 경찰서장은 살인사건이 일어났을 때 아무도 처형하지 않는 것보다는 애먼 사람이라도 하나 잡아서 처형하는 편이 더 낫다고 생각할 수 있다. 어떤 철학자는 배심원의 임무가 경찰과 판사, 여자에게 불리한 평결을 내리는 것이라고 했다. 이 얼토당토않은 의견에 동조하고 싶은 마음은 없지만, 그 철학자의 말은 우리에게 적어도 한 가지 중요한 사실을 환기시킨다. 경찰측 주장과 법조문만 적용하면 유죄선고를 받을 게 뻔한 사람을 배심원단은 구해줄 수가 있고, 이것이 바로 배심제도의 유일한 존재 이유다.

2

배심원단 위로는 배심원단이 유죄를 선고해도 이를 뒤집고 사면권을 행사할 수 있는 왕이 있다. 사면권은 내무부장관이 집행한다. 1876년 처음 런던에 왔을 때, 나는 스릴러물을 읽고 싶어서가 아니라 타고난 법 의식 때문에 살인사건 기록을 찾아 읽곤 했다. 당시 어떤 남녀가 남자의 아내를 살해한 혐의로 기소됐던 사건은 아직도 기억에 남는다. 그 남자와 여자는 똑같이 유죄평결과 사형선고를 받았는데, 내무부장관이 그 평결과 선고를 뒤집어 남자는 무기징역에 처하고 여자는 사면했다. 얼마 후, 그 여자는 일시적인 유명세를 등에 업고 술집 종업원으로 취직했다.

때로는 은혜 차원이 아니라 정치적 편의 차원에서 어쩔 수 없이 범법자를 보호하기도 한다. 벨파스트에서는 고인이 연옥에서 보내는 속죄 기간을 단축해준다는 명목으로 가톨릭신부가 고인의 가족에게 돈을 받고 위령미사를 지내기도 한다. 이는 위법행위이므로 경찰소장은 얼마든지 기소할 수 있다. 하지만 경찰서장이 그 상황에서 기소권을 휘둘렀다가는 독일의 30년 전쟁 못지않은 내란이 일어날 것이다. 실제로 어떤 법들은 집행될 것이라고 아무도 기대하지 않는다. 그렇더라도 구닥다리 법을 법전에 그냥 놔두는 것은 현명하지 못하다. 일례로 배교자와 동성애자 차별법은 여전히 유효하지만 그 처벌 수위가 너무나 가혹해서 정상적인 국민 정서 하에서라면 배심원단이 그 법을 위반한 자에 대해 유죄평결을 내릴 리가 없다. 은혜 차원에서가 아니다. 처벌 방식이 참을 수 없이 잔인한 탓이다. 대역죄의 경우에는 선고와 동시에 반역자의 재산을 몰수하기 때문에 결과적으로는 그 식솔들까지 처벌하는 셈이 된다. 그래서 배심원단은 피고인이 영지를 소유하고 있더라도 언제나 몰수할 재산이 "없다"고 판정한다. 절도죄로 어린이를 처형하거나 여자를 화형에 처하는, 우리 형법 사상 최악이라 할 수 있는 형벌들도 그러한 정서적 이유 때문에 폐지되었다. 하지만 법이 이런 식으로 엉성하게 운영되면 배심원들이 곤란해질 수밖에 없다. 피고인에게 잔인한 형을 선고하거나 무죄를 선고하거나 둘 중 하나만을 선택해야 하고, 그 중간에 해당하는 결정을 내릴 수가 없기 때문이다(웰링턴 장군의 말처럼 "처벌하지 않는 것이 제일 나쁜" 경우일 때조차 무죄를 선고해야 할 수도 있다). 살인과 과실치사, 무단침입과 빈집털이를 구분함으로써 상황은 좀 나아졌다. 하지만 배심원 입장에서는 피고를 무죄라고 하기도 그렇고 법 규정대로 처벌하기도 뭐할 때가 종종 있다. 그럴 때는 유죄평결을 내리되 감형을 권고하고, 석방은 아니더라도 적당히 사면권을 행사해 달라고 왕에게 호소함으로써 곤란함을 회피한다.

　이러한 미봉책들은 법을 주기적으로 개정할 필요가 있다는 사실을 시사한다. 보다 근본적으로는 형사법상 잔인한 학대와 처벌을 완전히 제거할 필요가 있다는 것을 보여준다. 판사든 배심원이든 왕이든 죄인을 고문하라는 결정을 내려서는 안 된다. 교도소가 인간이 만든 지옥이라는 데는 이론의 여지가 없다. 28개월 동안 수감되었던 페너 브록웨이와 13년 동안 징역살이를 한 짐 펠런 등이 묘사한 교도소의 일상은 너무 참혹해서, 그에 비하면 정치범 수용소나 고문실에서의 폭력은 사소하고 일시적인 것으로 여겨질 정도다. 브록웨이나 펠런이나 감옥살이를 하기보다 군중 앞에서 잔인하게 채찍질당하는 편이 훨씬 더 나았을지도 모른다.

　인간에게 끔찍할 정도로 잔인하게 구는 것은 영국인답지 않다. 아니, 인간답지 않다. 우리는 문명생활에 적합하지 않고 남에게 끔찍한 해만 끼치는 사람들을 대상으로 적당한 조치를 취해야 한다. 즉, 그런 사람들은 고통없이 죽어야 한다. 한편으로는, 통제나 감독을 받지 않으면 착실하게 살 수 없지만 지도나 훈련을 받으면 스스로를 책임지고 남에게 전혀 해를 안 끼치는 사람들도 있다. 이런 사람들은 국가에서 유형지를 조성해 일자리를 주고 지도하고 통제하여 가능한 한 행복한 삶을 누릴 수 있게 해야 한다. 그러면 고용주는 직원들에게 적어도 그러한 통제를 받는 죄수들보다는 나은 수준의 임금과 자유를 보장해야 할 것이다. 그렇지 않으면 쥐꼬리만한 임금을 받는 노동자들과 실직 상태가 된 예비군인들이 "자유"를 누리며 굶어죽느니 유형지로 들어가는 편이 낫다고 생각하고 기꺼이 범죄를 저지를지도 모른다. 죄수들이 생산한 제품은 시장에서 일반 기업의 제품과 경쟁하며 저가에 팔릴 것이다. 그러한 교도소 산업은 자본가에게서 걷은 세금으로 운영된다. 따라서 자본가는 자기 자신뿐 아니라 경쟁자들에게도 자금을 대야 하는 셈이다. 전체주의적 자본주의 하에서는 그런 일이 벌어질 리가 없다. 그래서 노동자의 처지가 아무리 비참하다고 해도 교도소 수감자의 처지보다는 나은 것이다. 영국에서 자본주의가 절정에 달해 눈부신 호황을 누릴 무렵, 칼 마르크스는 "세상에서 가장 잔인한 곳은 영국 교도소이며 이윤을 추구하는 자본은 무자비함 그 자체다"라고 했다. 하지만 영국인은 그렇게 잔인한 민족이 아니다. 영국인들이 이 상황을 조금이라도 제대로 이해한다면 아마도 이렇게 말할 것이다. "친절한 사회주의와 무자비한 자본주의 중에 반드시 하나만 선택해야 한다면 자본주의를 버리겠다."

우리는 배심원이든 헌법이든 특별사면권이든 예기치 못한 공포까지 막지는 못한다는 사실을 잊으면 안 된다. 반란이나 전쟁이 터져 정치적

비상사태가 되면, 그때까지 법을 인간적으로 유지해온 모든 조치가 주저없이 폐기된다. 아일랜드가 영국 통치 하에 있을 때, 재판하지 않으면 구금할 수 없도록 하는 인신보호법[2]이라는 것이 있었다. 그러나 그 법은 아일랜드 민족주의 운동이 일어날 때마다 효력이 중지되어 그런 법이 애당초 존재하는지조차 모를 정도가 되었다. 아일랜드가 영국으로부터 독립한 후에는 군 장교로 구성된 5인협의회가 정치적 견해로 자기들을 불쾌하게 만드는 사람은 누구나 처형할 수 있었다. 영국 정부는 인도에서 배심원의 평결을 간단히 무시해버린다. 그래서 배심원단에게 무죄평결을 받은 피고인이 혐의만으로 처벌되기도 한다. 이런 무법천지 같은 일들이 일어나고 그때마다 정당과 신문이 들고 일어나 정부를 비판하지만 선거에는 아무런 영향을 미치지 않는 것을 보면, 무차별적인 민주주의가 얼마나 쓸모없는지를 알 수 있다. **정치적 올바름에 대해 제대로 교육받지 못하고 권력에 조직적으로 농락당해 온 유권자들은 국가권력이 뻔뻔스럽게 남용되거나 대중의 권리가 유린되는 상황에 처해도 아무런 방어를 하지 못한다.**

---

2 부당한 체포와 구금에 따른 인권침해를 방지하기 위해 1679년 제정된 영국법.

35장 양심적 병역거부 vs. 총파업

1

민주주의라는 이름으로 누구나 투표권을 갖게 되고 아무나 정치할 수 있게 되었다. 그러자 선거를 통해 등장한 통치자들은 자기가 무슨 일을 하는지, 그 일이 어떤 결과를 불러올지 이해하려는 노력도 없이 눈 앞의 난관만 피하고 보자는 식으로 입법을 남발해왔다. 군 복무 문제만 해도 그렇다. 19세기 영국의 강제징병제는 나폴레옹식 독재정치를 연상시켰기 때문에 노예로 태어나지 않은 이상 아무도 그런 제도에 순응하려 하지 않았다. 그러자 정부는 반대 여론을 진정시키려고 양심적인 병역거부를 할 경우에는 병역을 면제해준다는 내용의 법령을 공포했다. 이렇게 생각 없이 만든 변칙조항은 아마 어디서도 찾아보기 힘들 것이다. '법'과 '헌법적 권리'의 차이를 전혀 모르는 사람의 머리에서나 나올 법한 미봉책이다. 모세가 시나이산에서 십계명을 들고 내려왔을 때도 "무엇을 하지 말라"는 규율 뒤에 "그러나 적당한 선에서는 해도 괜찮다"는 식의 단서를 붙이지는 않았다. 법은 법이고 권리는 권리이기 때문이다. 법과 권리가 같은 주제를 아우르면 하나가 다른 하나를 무효로 만들어 버린다. 하지만 우리 입법자들은 그와 같은 변칙조항을 만드는 데 전혀 개의치 않는 것 같다. 과거 엘리자베스 여왕도 성공회의 28번째 신앙신조와 관련해, 처음에는 빵과 포도주의 실체 변화를 인정했다가 나중에는 부정함으로써 성공회교도와 청교도를 모두 만족시키려 한 적이 있었다. 국가권력과 개인 간의 의견 대립을 절충하려는 시도였다. 사실 이러한 시도는 늘 있었다. 국가와 개인 간의 의견 충돌은 종교개혁이 일어나기 훨씬 전부터 비일비재했으며, 앞으로도 사회주의의 영향으로 국가권력이 확장되면 더욱 심해질 것이다. 러스킨은 그러한 갈등이 결코 끝나지 않을 것이라 예견했고, 그와 동시대를 살았던 모든 정치인들은 1917년의 러시아 공산당원들과 마찬가지로 "문명은 항상 개인의 자유를 향해 움직인다"고 생각했다. 법은 사람이 만든다. 그런데 법을 만드는 사람들의 생각이 짧고, 그 짧은 생각에 의해 세상이 돌아가는 것을 보면 분별 있는 사람은 놀라고 당황해서 양심적인 반대를 하지 않을 수 없다. 그러면 정부는 권위을 유지하기 위해 양심적인 반대자들을 박해해야 하는 입장이 된다. 따라서 **법에 반대하는 사람들도 법적으로 설 자리가 있어야 하고, 경우에 따라서는 준법의무에서 면제되어야 한다.** 나는 너무 늙어서 병력에 보탬이 안된다는 이유로 병역에서 면제되었다. 하지만 전쟁세는 내야했다. 몰상식하고 악질적인 전쟁에 정치적 양심을 걸고 반대한다고 해서 전쟁세가 면제되는 것은 아니기 때문이다. 내가 전쟁세를 낸 이유는 안 내고 배길 재간도 없거니와, 물이 새는 배에 타고 있다면 그게 전적으로 선장이나 항해사 탓이라고 해도 함께 물을 퍼내는 것이 맞다고 생각해서다. 아무튼 군 면제자는 나뿐만이 아니다. 이런저런 분야에서 일하는 신체 건강한 사람들도 병역 면제 직업이라는 이유로 전쟁에 나가 직접 살인을 할 의무에서 면제된다. 이와 같은 면제·보류 결정을 내리는 법원에서 양심적 병역거부자는 심사할 수 없다는 이유가 무엇인가? 현재 사람들은 전투원과 비전투원(전시의 민간인) 중 어느 쪽에 해당되는지에 따라 각각 다른 법원에서 병역심사를 받도록 되어 있다. 하지만 두 법원 모두 급조된 데다 뚜렷한 이유 없이 분리되어 있다. 솔직히 "나는 연병장에서 4열 횡대로 서거나, 지방 의용병으로 싸우거나, 장차 괴테나 베토벤이 될지도 모르는 젊은 청년들을 찌르거나 쏘는 것보다 책 쓰는 일을 더 잘한다"고 개인적 견해를 피력하는 것이 어떤 여자가 "나는 탄약을 재는 일보단 집안일을 더 잘한다"고 변론하거나 어떤 남자가 "너무 가난하니 공제된 소득세를 돌려달라"고 주장하는 것과 무슨 큰 차이가 있는가?

요컨대, 어떤 법을 통과시키면서 "양심적으로 반대하는 사람까지 그 법을 지킬 필요는 없다"는 애매모호한 단서를 붙이는 것은 반대자 문제를 해결하는 최악의 방법이다. 정부 입장에서는 군 복무가 가능한 사람을 직접적으로든 간접적으로든 국방의 의무에서 해방시켜 주고 싶은 생각이 눈곱만큼도 없기 때문에 "양심적"이라는 단어를 마음대로 해석한다. 어떤 사람이 군 면제 재판을 신청해도 조국을 나 몰라라하는 겁쟁이나 거짓말쟁이가 아니라 진짜 양심적 병역거부자라는 것을 입증할 방도가 없다. 따라서 재판 결과 또한 예측할 수가 없다. 내 친구는 입대에 대한 거부감이 전혀 없었고 자진해서 장교 훈련까지 받았지만 법원에 군 면제 재판을 신청했다. 자신이 찬성하는 전쟁이면 얼마든지 나가서 싸우겠지만 1차세계대전처럼 이해할 수 없는 전쟁에는 나갈 수가 없다는 이유였다. 그는 바로 징집 면제 판결을 받았다. 반면, 독실한 평화주의 기독교인들은 예수의 산상수훈을 근거로 군 면제를 요구했다가 강제 징집되거나 교도소로 무자비하게 연행됐다. 법적으로 범죄자는 일단 석방되면 같은 사건으로 두 번 다시 재판받지 않으며, 징역형은 2년을 초과해서 살지 않도록 되어 있다. 하지만 양심적 병역거부자들은 불행하게도 같은 사건으로 두 번 세 번 재판을 받고 2년 징역형도 연거푸 받아서 건강에 치명상을 입는다. 그러니까 양심적 병역거부자들은 자신들을 위해 마련된 법 때문에 다른 범죄자들보다 훨씬 더 가혹한 처벌을 받게 된 셈이다.

내 친구나 평화주의 기독교인들이나 같은 양심을 내세워 호소했는데 이렇게까지 기분 나쁘게 차별하는 이유가 뭘까? 정부 입장에서는 문명의 파괴자를 처단할 수 있다는 국가의 사회적 권리와 의무를 부인하느니 특정 견해에 제재를 가하는 편이 보다 안전하기 때문이다. 하지만 서구 열강이 소비에트 연방에 전쟁을 선포한다면 양심적 병역거부자는 수백만 명으로 늘어날 것이다. 현재로서 전쟁을 막을 수 있는 유일한 방법은 그와 같은 양심적 병역거부의 움직임을 사회조직화하는 것뿐이다. 지금까지 그런 식의 예방책 중에 그나마 권장되어 온 것은 노동조합의 총파업이다. **총파업은 한두 번 시도된 게 아니었지만 언제나 실패했다. 실패하는 것이 당연하다. 총파업이란 것은 압제자의 대문 앞에서 굶음으로써 압제자에게 인간의 도리와 정의를 일깨우려는 오랜 노력의 최신 버전에 지나지 않기 때문이다.** 라자로도 부자한테 먹을 것을 나눠 받기 전에 죽었으므로 실패한 것이나 다름없다.[1] 그렇게 바보 같이 굴었으니 실패하는 것이 당연하다. 파업이 성공하기 위해서는

1   루카복음 16:19~31

한 분야에 국한시켜야 하고 다른 모든 분야는 그 파업을 지원하기 위해 정상 근무를 해야 하며 필요하다면 야근도 감수해야 한다. 그리고 양심적 병역거부자는 일부러 굶지 말아야 한다. 실리적인 방법을 동원하여 전쟁에 나가 싸우기 싫다고 딱 잘라 거절해야 한다. 그런 사람들이 많아지면 전쟁은 사라질 것이다.

"영국 노동자", 『펀치』, 1926.
총파업에 참여하지 않고 자진해서 일하려는 노동자에게 경영자가, "감사합니다."
1926년 영국의 총파업은 파업 노동자들의 빈자리를
자진해서 채우려는 사람들 때문에 9일 만에 실패로 끝났다.

2

강제적인 국영사업이 전쟁은 물론 주택과 의료 분야까지 확대되면 국가와 개인 간에 심각한 갈등이 생길 수 있다. 지금 우리는 각자의 전쟁관과 관계없이 무조건 싸우라는 국가의 명령에 떠밀린 나머지, 일단 그 명령에 굴복하면 우리가 좋아하든 좋아하지 않든 다른 이들과 섞여 자고, 정해진 음식을 먹고, 정해진 옷을 입어야 하며, 약의 효능을 믿든 안 믿든 아플 때는 먹으라는 약을 먹고, 건강할 때도 맞으라는 주사를 맞아야 한다는 사실을 놓치고 있다. 이런 것들을 문제삼는 사람은 극히 소수에 지나지 않는다. 다들 관례에 너무 익숙해진 나머지 그런 문제를 제대로 고민하지 않으며 그냥 남이 하는 대로 따라하기 바쁘다. 심지어 그런 문제에 대해서는 이견이 있을 수 없다고 생각하기도 한다.

하지만 우리 중 몇몇은 그런 문제들에 대해 고민하고 연구하며, 양심적 병역거부자도 그래서 나온다. 양심적 병역거부자는 술이나 차도 안 마시고, 육류와 어류 심지어 가금류도 전혀 안 먹는 나 같은 사람과 별로 다를 게 없다. 아픈 사람들 중에는 동종요법 약만 먹는 사람도 있고 대증요법 약만 먹는 사람도 있고 아예 약을 안 먹으려는 사람도 있다. 예방접종 반대론자도 이제 온갖 반대론자들 중 하나일 뿐이다. 반대론자들은 자기들의 믿음을 실행에 옮길 뿐만 아니라 널리 전파하려 하며 순교자와 같은 열의로 희생을 두려워하지 않는다.

국가는 그렇게 다양한 의견을 수렴하기 위해 정책에 어느 정도 변화를 줄 수 있다. 육식을 선호하는 사람이 있으면 채식주의자도 있을 수 있고, 맥주나 럼이 있으니 보리 음료도 있을 수 있다. 흡연자와 비흡연자를 격리하는 것도 가능하다. 하지만 반대자와의 입장 차이를 좁힐 수 없는 문제들은 여전히 남게 된다.

17세기 작가 존 버니언은 영국국교회 신자가 되는 것을 양심적으로 거부하다 12년 동안 수감생활을 했다. 하지만 오늘날에는 그런 사람이 너무 많아서 전부 다 감옥에 가둘 수 없는 지경이다. 그래서 이제는 종교가 없어도 처벌받지 않는다. **지금의 양심적 병역거부자는 예전의 비국교도와 같은 처지며, 예전의 비국교도는 그 옛날 이교도와 같은 처지였다.** 하지만 지금 군인이 되라고 강요하는 것은 일요일마다 교회 대신 성당에 나가라고 강요하는 것보다 수만 배는 더 나쁘다. 버니언이 살던 시대에도 도시를 포위·습격·약탈하는 것은 매우 나쁜 행위였다. 그런데 최근 스탈린그라드(지금은 볼고그라드)와 하리코프, 함부르크, 쾰른, 나폴리, 베를린, 버몬지, 코벤트리, 플리머스, 런던 구시가지에 무슨 일이 벌어졌던가? 도시는 총격과 고성능 폭약으로 초토화되고, 도시 거주자는 민간인이더라도 나이나 성별에 관계없이 무차별적으로 학살당했다. 이런 공포에 비하면 틸리[2]가 마그데부르크를 점령하고 신교도들을 약탈한 것이나 수바로프[3]가 터키인들을 잔인하게 학살한 것은 약과다. 1943년 영국의 잔학성은 1915년 독일이 저지른 짓을 능가했다.[4] 폭격에 사용되는 무기도 독가스에서 훨씬 더 파괴적이고 치명적인 고성능 폭약과 소이탄으로 바뀌었다. 이러한 잔학성에 대해 모두의 경계심을 이끌어내려면, 학살과 파괴로 인한 피해는 적에게 국한될 수 있어도 그로 인한 공포는 양쪽 모두 피할 수 없다는 사실을 널리 알려야 한다. 어제 런던

2 틸리 Tilly(1559-1632): 신성로마제국의 장군. 30년 전쟁에서 황제군 지휘.
3 수바로프 Suvaroff(1729-1800): 러시아의 장군.
4 1915년 1차세계대전 중 독일이 영국에 최초의 전략 폭격을 실시함. 1943년에는 영국이 독일 함부르크에 전략 폭격을 실시, 작전명 고모라였던 이 폭격으로 약 5만명의 사상자가 발생함.

이 베를린에 한 짓을 내일은 베를린이 런던에 할 수 있다는 얘기다. 폭탄의 무게가 예전에는 파운드 단위였는데, 이제는 톤 단위다. 게다가 폭발력은 훨씬 더 강해져서 예전에는 겨우 집 한 채를 폭파할 정도였는데 이제는 거리 몇 개를 날릴 수 있을 정도다. 전쟁이 잔인해지면서 양심적 병역거부의 움직임이 거세졌고 산업계의 반대가 더해지면서 더욱 힘을 얻고 있다. 틸리나 수바로프 때만 해도, 며칠 간의 학살과 약탈이 끝나면 도시를 온전히 차지해서 그 동안 고생하며 싸운 것에 대한 보상을 누릴 수 있었다. 하지만 스탈린그라드와 하리코프를 탈환했을 때 승리자들에게 남은 것이라곤 잿더미와 매장해야 할 시체들, 먹여 살려야 할 포로들뿐이었다. 고성능 폭약은 아무것도 남기지 않는다. 심지어 건설노동자와 유리직공도 완전히 초토화된 구도시 재건 현장보다는 신도시 건설 현장에서 일을 구하는 편이 더 쉬울 것이다.

폐허가 된 집을 복구하는 데는 몇 달 혹은 몇 주면 되지만, 성인 노동자 한 명을 대체하는 데는 20년이 걸린다. 따라서 민간인까지 무차별적으로 학살하는 현대 전쟁은 사상자 대부분이 군인이었던 과거의 전쟁보다 훨씬 더 심각한 노동력 감소를 초래한다. 예전에는 전쟁을 질질 끌면서 인구 과잉 문제를 해소했고, 지금은 폭격을 퍼부어 빈민가 철거라는 부수적인 효과를 거두고 있다. 틸리와 수바로프, 발렌슈타인과 구스타프 아돌프, 말버러 공작과 삭스 백작, 웰링턴 공작은 몇 대대씩 전사자를 내면서도 조국이 더욱 가난해지면 어쩌나, 끓어오르는 종족 번식의 본능으로도 전사자들의 빈자리가 채워지지 않으면 어쩌나, 여자와 아이들까지 전쟁터에 나서게 되면 어쩌나 걱정하지 않아도 됐다. 하지만 요즘에는 군인과 민간인, 아이와 어른, 여자와 남자 할 것 없이 무차별적으로 학살되고 있다. 살아남은 엄마들은 겨우 총알받이를 만들려고 애를 낳을 수는 없다며 피임 방법을 배운다. 앞서 나는 중요한 사실을 지적했다. 전쟁은 안전투자에 대한 금리가 2.5퍼센트까지 떨어졌을 때 발발하곤 했으며 금리가 5퍼센트로 오르면 멈췄다는 사실이다. 하지만 현대 전쟁은 그렇게 쉽게 멈추지 않는다. 발발한 지 일주일 만에 금리가 5퍼센트를 넘어가면서 시장에 피로감과 인플레이션과 파산을 몰고 올 수 있다. 전쟁 중에는 돈도 벌고 실업률도 떨어지는 것이 사실이다. 그러나 상업은 정체될 것이고, 가격통제와 이익제한, 소득이나 초과이익에 대한 몰수 조치가 시행될 것이다. 이러한 상업적, 재정적 이해관계는 양심적 병역거부의 움직임을 더욱 강화시킬 것이다. **반대자가 꼭 다수일 필요는 없다. 소수라도 정예화되면 전쟁을 막을 수 있다.** 미국에서 정예화된 소수가 금주법 폐지를 이루어냈듯이 말이다.

    양심적 병역거부제도는 존속시키기에는 너무나도 불합리한 변칙조항이다. 법은 사문화되거나 잊혀지지 않은 이상 지키거나 폐지해야 한다. 정부가 사회주의의 영향을 점점 더 많이 받게 되면 시민들은 현재 군 복무 의무를 지듯 다른 공공업무들도 수행하게 될 것이다. 현재 징병 연령에 해당하는 남성이라면 돈 한 푼 없는 부랑자든 백만장자든 누구나 훈련을 받고 싸워야 하듯 신체 건강한 성인은 누구나 일을 하게 될 것이다. 그렇다면 혹시 맨체스터 학파의 개인주의자들까지 사회주의에 양심적으로 반대한다면서 병역을 거부해도 양심적 병역거부로 인정받게 될까? 사회주의가 전쟁만큼 해롭고 혐오스럽다면야 누구든 사회주의에 양심적으로 반대할 수도 있을 것이다. 하지만 지금껏 전쟁의 파괴적인 면이 밝혀진 만큼 사회주의의 생산적인 면이 밝혀졌기 때문에 그런 일은 일어나지 않을 것이다. 설사 사회주의가 해롭고 혐오스럽다 쳐도, 자본주의로 돌아가는 것이 해결책이 될 수는 없다. 군국주의와의 전쟁에 반대한다고 해서 군국주의로 돌아가자는 얘기가 아닌 것처럼 말이다.

결국 양심적 병역거부제도는 나쁜 법을 폐지하기 전까지 참고 견딜 수 있도록 만들어낸 임시방편에 불과하다. 그러한 법은 의무 태만의 결과이며 늘 문제를 일으킨다. 양심적 병역거부제도가 원래 목적을 제대로 달성하려면 종교적 이유로 인한 병역거부자들을 그 외의 병역거부자들과 동등하게 대해야 한다.

언젠가는 전쟁을 양심적으로 거부하지 않는 사람들이 지금의 양심적 병역거부자만도 못한 대접을 받게 될 날이 올 것이다. 양심적 병역거부자는 타당한 이유라도 있지만 그 사람들은 그렇지 못하기 때문이다. 칸트의 말마따나 모두가 각자 의지의 준칙이 보편적 입법 원리로 타당할 수 있도록 행위 한다면, 세상은 지금보다 훨씬 더 편안하고 풍요로워질 것이다.

36장 개인의 능력과 가치를 평가하는 문제

1

지적 역량을 측정하기 위해 이제까지 법으로 정한 시험 중에서 가장 잘 만들었다는 게 대학시험과 공무원시험이다. 대학시험과 공무원시험은 내용에는 차이가 있을지 몰라도 성격은 비슷하다. 일단 아예 없는 것보다 낫다. 적어도 읽고, 쓰고, 셈할 줄 아는 공무원을 보장해주기 때문이다. 하지만 필기시험으로 낼 수 있는 문제의 범위는 한정되어 있다. 그래서 시험에 나올 법한 문제들 위주로 응시자들을 지도하는 일이 하나의 전문 직업으로 자리잡기에 이르렀다. 이러한 입시·고시 전문교육 덕분에 이제는 얼간이들도 지루한 학교 생활을 견뎌내고 기억력이 나쁘지 않아 예상 문제와 답안을 머리에 쑤셔 넣는 재주만 있으면, 원래 그 시험에 적합하도록 타고난 사람들을 충분히 상대할 수 있게 되었다. 대학졸업생과 공무원은 대개 그런 식으로 학위를 따고 자리를 꿰찼다. 반면 "생각 있는 사람들"은 현행 시험제도에서 소외되고 있다. 그들은 쓸데없는 것들까지 무턱대고 암기하지 않으며, 교과서는 싫어해도 예술적으로 가치있는 책이나 비판적 사고에 도움이 되는 책은 싫증내는 법이 없다. 그러니까 지금의 시험제도는 정말 뽑아야 할 사람들을 오히려 가로막고 있다.

그렇다고 시험을 저주하지는 말자. 어떤 시험제도든 시행방식이 잘못됐다든지 문제와 정답이 시대착오적이거나 거짓이라면, 불합리하고 불명예스러울 수 있다. 즉, **문제가 되는 것은 시험의 방식이나 내용이지 시험제도 자체가 아니다. 따라서 시험제도를 폐지하고 운에 맡기자는 것은 해결책이 될 수 없다.** 이제 운은 수학의 영역에 속한다. 수학적으로 볼 때, 공직은 평균 정도의 능력을 지닌 인물들로 채워질 확률이 높지 바보들로 채워지기는 쉽지 않다. 하지만 같은 이치로 '초인들'(올더스 헉슬리와 셸던 박사에 따르면 '두뇌형 인간'[1])로 채워지기도 쉽지 않다. 문제는 그런 두뇌형 인간들이 없으면 현대 민주국가와 같이 복잡한 정치기구를 제대로 작동시킬 수가 없다는 것이다.

그러므로 정치적 초인들이 일을 하지 않도록 내버려두는 것은 몹시 위험하다. 그들은 잘못된 부분이 어딘지 알고, 어느 정도 힘만 있으면 잘못된 부분을 바로잡을 수도 있다. 그들 중 행동력이 강한 사람들은 고통당하고 불만 있는 사람들에게 지지를 호소하여 정부를 뒤엎고 정권을 잡으려 할 것이다. 행동력은 약하지만 문자에는 강한 나 같은 사람들은 혁명적이고 선동적인 선전에 관여하기 쉽다. 하지만 그러한 혁명이나 선전이 국가의 정치 건강을 해칠 수도 있다. 볼테르와 디드로, 루소는 로베스피에르나 나폴레옹 같은 인물이 나올 수 있는 분위기를 조성했다. 라살레와 마르크스와 엥겔스와 바그너는 레닌, 스탈린, 아타

---

1 윌리엄 셸던 William Sheldon은 인간을 근골형, 내장형, 두뇌형(세장형)으로 구분했는데, 근골형은 공격적·정력적이고, 내장형은 사교적이고 느긋하며, 두뇌형은 내향적이고 지적이며 감정을 절제한다는 특징이 있다.

튀르크는 물론 히틀러와 무솔리니 같은 인물이 등장하게 만들었다. 칼라일과 러스킨, H.G. 웰스와 나, 올더스 헉슬리와 C.E.M. 조드도 영국에 어떤 인물이 나오게 할지 모를 일이다. 누가 됐든 우리 현자들은 격렬하게 반대할 인물일 가능성이 높다. 그러니까 민주주의는 반항적인 문필가보다 더 나은 감시자를 찾아야 한다. 그렇지 않으면 분노한 문필가들이 사회적 분열을 야기할 것이다.

2

그간 대학시험과 공무원시험 말고도 심리학자들이 관여한 지능검사가 많이 생겼다. 지능검사는 단순 암기력이 아니라 전반적인 지적 능력을 평가하는 시험이다. (단순 암기력 평가 때문에 정신적 결함이 있다고 판명됐어야 할 수많은 교사와 학자가 오히려 전문가로 인정받았다.) 나는 내가 통과할 수 있을만한 지능검사를 본 적이 없다. 문제를 다 풀 수 있을 것 같은 시험도 본 적이 없다. 몇 문제는 답을 적을 수 있을 것도 같았는데, 그렇게 했더라도 내가 성질 나쁜 부적격자라는 점만 부각됐을 것이다. 이 얘기가 그러한 시험에 칭찬이 될지 욕이 될지는 모르겠다. 어쨌든 나는 지능검사와 같은 시험에 대해 뭐라고 평가할만한 입장이 못 된다.

나중에는 혈액검사, 내분비계검사, 세균검사, 전자검사 같은 것들도 생겼다. 실험실 과학자들은 과학적 권위에 도취되어 언젠가 인간의 잠재된 정치 역량까지도 평가할 날이 올 것이라고 믿고 있다. 심지어 아기에게 적절한 주사만 놓으면 미래의 수상도 만들 수 있다고 생각한다. 그러나 과학자들은 아직 경험이 부족하고 정치적으로 무책임한 데다가 새로운 발견이 거짓으로 판명된 경우도 많아서 확신과 신뢰를 얻지 못하고 있다. 다만, 정치 역량 평가와 관련해서는 발전할 수 있는 여지가 많아 보인다. 새뮤얼 경은 지적 능력 향상을 위한 외과수술의 가능성까지 제기했다. 그가 묘사한 유토피아에서는 사람들이 더 큰 뇌를 갖기 위해 두개골 봉합선을 조정하고 모두가 두뇌형 인간으로 거듭난다. 그런 식이라면 언젠가는 모자 사이즈가 10(약30인치)인 사람들이 내각을 장악할지도 모를 일이다. 참고로 내 모자 사이즈는 겨우 7⅛(약23인치)밖에 되지 않는다.

직업적성시험에 대해 연구하는 생물학자들은 생체해부학자들보다 훨씬 재미있고 지적이다. 하지만 아직까지 그들의 연구는 아이들을 미래의 군인, 기술자, 회계사로 분류하는 수준에 머무르고 있다. 그들은 나조차도 가끔 이해가 안 갈 정도로 어려운 말을 쓰는데, 장차 '국무장관이 될 재목'이라든지 '두뇌형 초인'이라 할 수 있는 인재를 알아보는 단계에는 도달하지 못했다. 그들이 말하는 회귀·상관계수니, 다변량 분석이니, 가중치니 하는 것들에 대해 좀 더 자세히 알고 싶다면 칼 피어슨의 <생물측정학>을 계승한 <영국 심리학 저널>을 구독해야 한다. 이들 생물학자의 연구는 실험실에서 피의 희생을 보여주는 데 연연해하는 종교적 조건반사에 지배되지 않고 있다. 무신경한 바보들까지도 좋아라하는 생리학 실험과도 다르다. 정치인은 이 분야가 어떻게 발전하는지 지켜봐야 한다. 앞으로 많은 발전이 기대되는 분야다.

수도회와 최근의 정당들은 **수련 기간이나 수습 기간, 규율을 통해 종교 혹은 정치 지도자로서의 자격을 시험한다.** 영국에는 자선수녀회라는 단체가 있다. 그들은 16세기에 점잖은 프랑스 여자들이 입었던 것 같은, 좀 구식이지만 매력적인 옷을 입는다. 그 옷은 성 프란치스코 드 살의 지시에 따라 튀지 않고 평범해 보이도록 고안되었으나 이제는 세계에서 가장 튀는 유니폼이 되었다. 자선수녀회는 수녀원에 1년 이상 머무르라고 강요하지 않는다. 자선수녀회 지원자들은 열두 달에 한 번씩 평범한 시민으로 돌아갈 수 있으며 그렇기 때문에 수녀원에 들어가는 것을 전혀 "겁내지" 않는다. 러시아 공산당도 규칙과 규율을 적용해 이탈할만한 사람들을 걸러낸다. 러시아무신론자연맹은 트라피스트 수도회가 예수를 숭배하는 것만큼 열렬히 마르크스를 숭배하지만, 자기중심적이거나 반사회적인 성격은 트라피스트 수도회보다 훨씬 덜하다. 하지만 종교 문제는 그렇게 간단하지 않다. 정치인과 종교의 관계는 정치인과 과학의 관계만큼이나 중요하고 복잡하다. 종교와 과학 모두 사회를 움직이는 힘으로서 뿌리가 깊은 만큼 위험하기도 하고 대단히 희망적이기도 하다. 머지않아 나는 그 점에 관해 얘기하려고 한다.

앞에서도 지적했지만, 현행 필기시험제도는 입시·고시 전문교육으로 인해 본래의 기능을 다하지 못하고 있다. 교과서만 달달 외우는 사람들 대신 스스로 사고하는 사람들을 배제하고 있는 것이다. 하지만 시험을 아예 없애버리는 것은 해결책이 될 수 없다. 더 나은 필기시험을 고안하고 대화를 나눠서 응시자의 사고능력을 파악할 수 있어야 한다. 노련한 대학교수라면 그가 지도하는 학생이 공부를 계속해야 할 인물인지, 아니면 학교 사환보다 높은 학력을 요하는 직업을 얻기 위해 대학졸업장이라는 간판이나 따려는 인물인지를 바로 알아볼 것이다. 전문적인 공무원시험 지도교사라면 자기 학생이 외무부를 목표로 해야 할지 아니면 세무국을 목표로 해야 할지 조언해줄 수 있을 것이다.

시험응시자의 자질에 대한 그와 같은 개인적 견해는 대학 교수 혹은 공무원 채용시험에서나 의미가 있다. 어쨌든 견해는 인간의 판단이다. 인간의 판단은 오류에 빠질 수 있지만, 시험제도라는 틀에 갇히지 않고 쓸만한 사실들을 취합해 우리 의지대로 사용할 수 있는 유일한 도구다. 아무짝에도 쓸모없다는 이유로 기존 시험을 완전히 없애 봤자 더 나은 시험을 고안할 때까지 아무것도 할 수 없을 것이다. 따라서 결정적인 시험 하나만을 바라보며 시험에 나올 문제만 공부하게 만드는 제도는 없애 버리고, (군인이나 승무원의 경우처럼) 견습 기간 동안 엄밀한 관찰 하에 일련의 시험을 거치는 제도로 대체해야 한다.

한편, 대학은 청소년이 아닌 어른을 위한 공간이 되어야 한다. 따라서 대학 지원자는 고등학교 졸업 후 먼저 넓은 세상에 나가 밥벌이를 하면서 어른이 되는 기간을 가져야 한다. 학위는 기술로 얻을 수 있는 것이 아니고, 기술 역시 학위로 판단할 수 있는 것이 아니어야 한다. 전공을 명시하지 않은 사람에게 석사학위를 수여해서는 안 된다. 뭐든 다 알지만 아무것도 못하는 대학 교수와 아무것도 모르지만 뭐든 다 할 수 있는 잡역부가 같이 묶여서도 안 된다. 유식하게 말해서, 정신적 유형은 행동적 유형과 구분되어야 한다. 다만, 그와 같은 극단적 유형은 실제로 존재하지 않으며, 현실의 인간은 그 두 유형 사이의 어딘가에 위치한다는 사실이 전제되어야 한다.

3

이제는 정말 수많은 방향으로 새로운 시대가 열릴 수 있기 때문에 "확신이 서지 않으면 선례를 따르라"는 격언은 맞지 않는다. 선례가 없다고 아무것도 하지 않을 수는 없잖은가. 출발선에 있는 사람들은 그저 최선을 다하는 수밖에 없다. 개인의 능력과 가치를 평가하는 문제는 분명 내 능력 밖의 일이다. 하지만 그 문제의 출발선이 되는 기본적인 사안 몇 가지는 짚고 넘어가려 한다.

국회의원이나 지방의원을 막론하고 정치인은 반드시 수학 전문가여야 할까? 그렇기도 하고 아니기도 하다. 엄밀히 말하면 아니라고 할 수 있다. 기술자나 전문가는 참모나 평가자로서 없어서는 안 될 사람들이지만 의사결정자는 아니다. 수상(국무총리)이 자신의 세탁비는 제대로 계산하지 못할 수도 있다. 하지만 공공보험이 양파절임에 부과하는 세금보다는 훨씬 중요하다는 것을 알 정도의 수학적 이해력은 있어야 한다. "프랑스 공화국에는 화학자가 필요없다"고 말하며 라부아지에[2] 같은 훌륭한 과학자의 목을 베는 정치인은 필요없다. 또한, 아인슈타인에 대해 아는 것이라곤 그가 유태인이라는 사실뿐이라서 그런 과학자를 강제로 추방하는 정치인도 원하지 않는다. 현재 우리의 정치인들은 전쟁이 날 기미가 조금만 보여도 영국박물관과 그리니치 천문대를 싹 비우고 군사기지와 창고로 만드는 것은 물론 그곳 직원들에게 군 복무까지 시키려는 사람들이다. **그러한 정치인을 걸러내려면 정치인의 기술적 능력이 아닌 이해력을 검증해야 한다.** 우리가 공직자의 업무 수행 능력이 아닌 이해력을 검증하려 한다면 15분 정도의 대화만으로도 충분할 것이다. 하지만 추상적인 말 혹은 그럴듯한 말만 늘어놓는 대화는 아무 소용없다. 어느 정치인이나 다 맞는 말만 하기 때문이다. 실제 정치

---

2   라부아지에Lavoisier(1743-1794): 프랑스 화학자, 프랑스 혁명 일어나자 구체제의 국세청장이었다는 이유로 단두대의 이슬로 사라짐.

인이 사용하는 그럴듯한 말들은 대수기호 같은 것들이라 형태든 수량이든 기간이든 구체적인 무언가에 적용하기 전까지는 아무런 의미가 없다. 정치인들은 1파인트가 20온스와 같다는 데 모두 동의할 것이다. 하지만 그렇다고 우유 1파인트가 술 20온스와 마찬가지라고 하면 매우 위험한 상황이 벌어질 수도 있다. 경제지대의 원리를 드 퀸시나 리카도만큼 잘 아는 정치인도 국가의 토지와 자본이 농업과 공업에 각각 얼마씩 배분되어야 하는지와 같은 근본적인 문제는 잘 모를 수가 있다. 그 문제를 해결하는 데 경제지대이론은 아무 소용이 없다. 정치인들이 지대이론을 잘못 적용하면 경작할 땅은 많은데 쟁기나 트랙터가 모자라는 상황이 되거나, 경작 도구는 넘쳐나는데 식량이 부족한 상황이 벌어질 수 있다. 우리는 항상 그와 같은 양극단 사이의 어딘가에 위치해 있다. 러시아는 그러한 극단 사이에서 제자리를 찾으려고 시행착오를 반복하다가 소비에트체제를 아주 말아먹을 뻔했다. 소비에트 정부가 무너지면 옛 지주들이 다시 올지도 모른다는 공포가 농민들 사이에 팽배하지만 않았어도, 소비에트는 진작에 무너졌을 것이다. 음식은 즉시 소비하지 않으면 상하지만 공산품은 평생을 갈 수 있다. 나는 70년 전 더블린의 도슨 가에서 4펜스를 주고 산 열쇠고리를 아직도 갖고 다닌다. 빵이나 고기는 7일만 지나도 먹을 수 없지만 이 열쇠고리 같은 것들은 아주 오랫동안 쓸 수 있다.

   그래서 지대이론만큼 중요한 것이 바로 가치이론이다. 다만 지대이론이든 가치이론이든, **문제는 정치인이 어떤 이론도 따르지 않는 경우가 아니라 잘못된 이론에 사로잡히는 경우다.** 마르크스 사회주의에 사로잡힌 경우는 특히나 위험하다. 왜냐하면 마르크스는 본인이 그렇게 중요하다고 생각한 가치이론을 윌리엄 페티에서 애덤 스미스와 리카도로 이어지는 고전 경제학자들에게서 전수받았기 때문이다. 고전 경제학자들은 재화의 가치를 생산에 투입된 노동력으로 계산할 수 있으며 사실상 노동이 가치를 창출한다고 봤다. 하지만 영국의 위대한 예술가이자 철학자인 존 러스킨은 그러한 주장을 뒤집었다. 러스킨에 따르면, 노동으로 창출된 재화의 교환가치(가격)는 사회가치(사회적으로 인정되는 중요성)와 같지 않으며 종종 사회가치와 반대로 나타나기도 한다. 이후 경제학을 점령한 수학자들은 고전 경제학자들과 마르크스의 노동가치론에 최후의 일격을 가했다. 상식적으로 생각해도, 재화의 가치는 사람들이 그것을 얼마나 원하는가에 달려있다. 노동가치론자들은 이른바 효용가치나 유용성이라는 것이 분명 존재하지만 가변적이라서 계산과 측정이 불가능한 반면, 노동가치는 노동시간으로 계산과 측정이 가능하다고 주장했다. 수학자들은 가변적이므로 계산하거나 측정할 수 없다는 얘기에 코웃음을 쳤다. 수학자들이 만날 하는 일이 그런 것들을 계산하고 측정하는 것이기 때문이다. 그들은 사막에서 갈증과 허기로 죽어가는 한 남자를 예로 들었다. 그 남자는 물 한 잔과 대추야자 한 송이를 얻을 수 있다면 기꺼이 가진 것을 다 내놓을 것이다. 하지만 스무 잔째 물과 스무 송이째 대추야자를 위해서는 아무것도 내놓지 않을 것이다. 마찬가지로, 런던의 한 빵집이 빵 공급을 늘리려고 빵 하나를 더 구울 때마다 새로 구워진 빵은 그 전 빵의 가치만 못하게 된다. 노동가치론자들은 바로 그 부분을 별 게 아니라고 보고 측정하기도 어렵다고 생각했지만, 수학자들은 말도 안 된다며 비웃었다. 그러면서 우리가 콩을 셀 수 있듯 수학자들은 자기들이 별 것 아닌 부분까지도 측정할 수 있다고 했다. 그들은 말했다. "그게 우리 전공이요. 그래서 우리를 고등수학자라고 부르는 거요."

노동가치론은 완전히 한물갔다. 열쇠고리가 됐든 빵이 됐든, 생산에 투입된 노동력이 같으면 상품가치도 같다고 믿는 정부는 나라 전체에 열쇠고리가 넘쳐나게 만들고 식량은 전혀 생산하지 않을지도 모른다. 이제는 정부가 가격을 조정해야 하는 시대다. 그런데 열쇠고리든 빵이든 하나하나의 가치는 다를 수 있음에도 불구하고 가격은 달라질 수 없다. 동일한 시장에서 동일한 물건에 대해 가격을 이중으로 매길 수는 없다는 얘기다. 1페니에 살 수 있는 물건을 2페니에 사려는 주부는 아무도 없다. 따라서 **가격은 가치를 반영할 수 없다.** 햇빛 같은 것들은 반드시 필요한데도 불구하고 가격이라는 게 없다. 우리는 그와 같은 자연의 혜택을 공짜로 누린다. 반면, 다이아몬드 반지는 어느 정도 먹고살만 해지기 전까지는 전혀 필요없는 것인데도 가격이 수천 파운드나 한다.

실제 상거래에서 가격은 인건비와 관계가 있다. 비용은 어디서 생산하는가에 따라 크게 달라진다. 석탄 한 덩어리를 얻기 위해 어떤 곳에서는 도처에 널린 석탄을 그냥 주워서 벽난로까지 가져오면 되지만, 다른 곳에서는 석탄층까지 해저 몇 마일에 이르는 터널을 뚫어야 한다. 어떤 농장에서는 밀 한 말을 생산하는 데 하루 종일 노동해야 하지만 다른 농장에서는 한두 시간만 일하면 된다. 그러나 상대적으로 거리가 먼 석탄층이나 척박한 땅은, 그런 곳에서까지 생산이 일어나야 할 정도로 석탄과 밀의 수요가 높아지지 않는 이상, 다시 말해 석탄과 밀의 가격이 그곳의 **생산비용**을 감당할 수 있는 수준까지 오르지 않는 이상, 채굴되거나 경작되지 않을 것이다. 따라서 광산과 농장이 여기저기 흩어져 있고 소유주도 제각각인데 소비자를 놓고 경쟁을 벌이고 있다면, 조건이 최악인 곳의 생산비가 가격을 결정하는 셈이다. 하지만 정부가 모든 광산과 농장을 소유해버리면 **평균생산비용**을 기준으로 가격을 책정할 수 있게 된다. 다시 말해, 마르크스주의자들이 말하는 "가치"를 기준으로 소비자에게 더 싼 제품을 공급할 수 있고 보다 생산적인 광산과 농장에서 나오는 초과이윤을 소비자에게 분배할 수 있다. 현재 그러한 초과이윤은 전적으로 운이 좋은 광산 농장의 소유주들에게 돌아간다. 이들은 자기들을 제외한 나머지 사람들의 소득평등화는 반드시 실현되어야 한다고 굳게 믿고 있다. 농부들의 소득평등은 어떤 곳은 지대가 높고 어떤 곳은 지대가 낮음으로써 실현된다. 노동자들은 자신들이 일하는 광산이나 농장의 생산성이 높든 낮든 똑같은 급료를 받는다. 반면 우리 소비자들은 석탄과 밀을 비롯한 모든 제품을 구매할 때, 한 시간의 노동력이 들어간 제품이든 일주일의 노동력이 들어간 제품이든 똑같은 값을 지불한다. 따라서 생산성이 최고인 광산과 농장의 제품을 사는 경우에는 엄청나게 바가지를 쓰는 셈이고, 생산성이 최악인 광산과 농장의 제품을 살 때도 그곳의 생산비용보다는 높은 값을 지불하는 셈이다.

임금인상으로 인건비(노동생산비용)가 증가하면 생산성이 안 좋은 광산과 농장은 문을 닫는다. 그곳의 광부들과 농부들이 더 열심히 일하고 더 적게 놀면서 생산수준을 전과 같이 유지하지 않는 이상 문을 닫는 것은 불가피하다. 노동자가 더 열심히 일하는 차원을 넘어서, 예컨대 생산 방법이나 운송 속도를 개선함으로써 생산성이 높아지면, 생산성이 최악이었던 광산과 농장은 계속해서 노동자를 착취한다. 가격을 낮추지도 급료를 올리지도 않고, 지주 외에는 이득을 보는 사람이 아무도 없게 하면서 말이다.

오늘날 정치인들은 이 모든 사정에 대해 철저하게 숙지하고 이해해야 한다. 현대 국가에서 정부는 지주와 자본가의 사유재산과 자유를 지키는 경찰 노릇만 하는 것이 아니라 사회 전체의 복지를 책임지기 때문이다. 이제는 우리 정치인들도 러스킨처럼 **판매가격과 이윤은 사회가치를 나타내는 지표가 될 수 없고 때로는 서로 반비례한다는 사실을 알아야 한다. 또한 노동은 사회가치의 실현을 위해 반드시 필요하지만, 노동이 가치를 창출하는 것이 아니라 가치가 노동을 창출한다는 사실도 알아야 한다.** 마르크스가 잉여가치로 규정한 '지대'는 지금 대학에서 가르치는 것과 달리 가격과 무관하지 않다. 사실 우리는 동전 한 푼을 쓰더라도 일부는 지대로 내는 셈이며, 어떨 때는 상당 부분을 지대로 내기도 한다. 그러한 지대(잉여가치)를 제대로 분배하려면 마르크스주의자들이 말하는 가치(노동가치)를 기준으로 가격을 정하는 수밖에 없으며, 결국 토지를 "국유화"해야 한다는 결론에 이르게 된다. 노동가치를 기준으로 가격을 정하는 것은 토지가 사유재가 아닌 공공재일 때만 가능하기 때문이다. 정치인들이 알아두어야 할 것이 또 있다. 이자는 '자본의 지대'이므로 토지 지대와 마찬가지로 다뤄져야 한다는 것이다. 요컨대 정치경제학적 지식을 참을 수 없이 지루해하고 싫어하는 대부분의 유권자들과 달리, 정치인들은 깊이있게 들여다봐야만 알 수 있는 정치경제학적 지식에 대해 빠삭하게 꿰고 있어야 한다. 한편, 평균생산비용에 따라 가격을 책정한다고 해서 현재 우리의 도로, 다리, 가로등, 상수도, 경찰, 소방대, 학교급식, 위생검사, 병역제도 등에 적용된 공산주의가 사라지지는 않을 것이다. 또한 그러한 원리를 술과 위험한 약물에까지 적용하는 일도 없을 것이다.

4

민주주의를 실현하기 위해서는 국가가 개인의 적성에 맞는 생산적인 일자리와 최대한의 임금을 제공하고, 이를 모든 시민과 가족의 기본권으로 보장해야 한다. 그러한 조건이 전제가 되어야, 정식으로 설립 허가를 받은 민간기업이나 개인기업이 이윤을 추구하면서도 사회에 아무런 해를 끼치지 않고 더 나아가서는 새로운 길을 개척할 수 있다. 그러면 국가는 그런 기업들을 용인할 뿐만 아니라 장려하고 때로는 보조금까지 지원할 수 있다. 그러므로 주주들이야 대차대조표에 기록된 손익으로 기업의 재정상태를 점검한다고 해도, 정치인들은 중앙호적등기소에서 발표하는 인구동태통계를 보며 국가의 재정상태를 점검해야 한다.

경제지대이론은 토지보다 개인의 능력을 설명하는 데 훨씬 적합하다. 이를테면 솔즈베리 평원 2에이커와 롬바르드 가 2에이커의 지대 차이는 철강왕 카네기와 스코틀랜드의 어느 상점 주인의 수입 차이만큼 크지 않다. 또한 같은 땅이라도 밀밭이나 학교 부지로 사용하기보다 도박장으로 만들면 훨씬 수익성이 좋기 때문에 인간의 악습을 이용하는 유능한 상인이 필요와 미덕에 부응하는 발명가나 자선가보다 돈을 많이 번다. 영국에서 외과의사는 큰 수술 한 건으로 수백 파운드를 벌기도 하고 그저 수술이 불필요하다고 얘기함으로써 3기니를 벌기도 한다. 의사 입장에서는 환자를 치료하면 고객을 잃는 셈이 된다. 주점 주인에게 '좋은 손님'이란 결코 모범시민이라고 할 수 없는 술고래들이다. 주도면밀한 배관공은 수리한 상태가 너무 오래 가지 않도록 적당히 고친다. **그러므로 질병이나 해악과 관련해 금전적인 동기를 제공하는 것은 공공의 관점에서 볼 때 매우 위험한 일이다.** 사람들에게 이기적 욕심뿐 아니라 양심도 있다는 사실은 알고 있다. 그러나 **양심은 믿음에 의존하며 대부분의 사람들은 믿어서 이익이 되는 것을 믿으려 한다. 이보다 더 확실한 사실은 없다.** 계약의 자유와 자유방임주의 하에서 영국은 황폐해지고 망가졌으며 기아, 살인, 매춘이 무섭게 퍼져나갔다. 하지만 제조업자나 광산소유주가 큰 돈을 벌고 거물로 대접받게 되면서 자유방임주의는 영국 부르주아 계급의 정치적 종교처럼 되어 버렸다. 부르주아는 그나마 매우 양심적인 계급이었는데 말이다. 우리가 '희망적 사고'를 한다는 것은 최근에 알게 된 사실이 아니다. 생각은 언제나 무언가를 바라며, 무언가를 바라기 전에는 생각도 일어나지 않는다. 다행히 인간이 바라는 것들 가운데는 선한 일을 하고 진실을 확인하고자 하는 바람도 포함되어 있다. 그와 같은 욕구에 민감하지 않은 정치인은 위험하다. 자유무역주의자들이 말하는 자유방임은 악덕업자들(폭리를 취하는 자들)이 바라는 끔찍한 것들 중 하나다. 마침 노동조합과 공장법이 생겨 자유방임체제가 최악으로 치닫는 것은 막을 수 있었다. 하지만 노동조합과 협상하기를 거부하거나, 생산위원회나 직장위원제도를 인정하지 않거나, 노조에 가입한 근로자를 고용하려 하지 않는 기업들은 여전히 존재한다. 이제 그런 낡은 양심을 가진 잡상인들은 면허를 박탈당해야 마땅하다.

    정치인은 '재능에 대한 지대'를 그냥 내버려둘 수도 있고 경우에 따라 억압할 수도 있다. 3옥타브의 음역을 자랑하는 프리마돈나가 공연을 하면, 오페라하우스나 콘서트홀의 객석이 1기니에서 1실링을 내고 들어온 사람들로 꽉 찬다. 그 공연으로 프리마돈나는 수십만 파운드를 벌지만 그녀의 의상담당자는 수천 파운드도 못 번다. 분별력 있는 정치인이라면 이 문제에 대해 조금도 고민하지 않을 것이다. 여가수에게 1실링을 주든 1기니를 주든 그것 때문에 가난해지는 사람은 없기 때문이다. 음계를 노래하고, 오페라에서 자신의 파트를 익히고, 끊임없이 연습해야 하는 그녀는 웬만한 도시 남자보다 훨씬 힘들게 일한다고 할 만하다. 사람들은 흔쾌히 공연 입장료를 지불하고 그녀는 그만큼의 값어치를 하기 위해 최선을 다한다. 자신감을 유지하고 오페라 속 여왕을 연기하는 데 도움이 되기만 한다면 반지나 모피나 진주 한 꿰미를 살 수도 있다. 그녀가 그런다고 해서 프리마돈나 계급이 생기는 것도 아니고 국가 균형이 깨지는 것도 아니다. 그림 같은 성을 몇 채씩 소유한다고 이웃보다 훨씬 편하게 살 수 있는 것도 아니다. 결혼 상대도 기껏해야 평범한 남자이거나 그녀 자신처럼 사회적으로 해를 끼치지 않는 인기 테너 정도가 될 것이다. 사실 돌성이든 공중누각이든 여기저기 정부가 관리할 수 없는 건물에 투자하는 사람들이 있다는 것은 바람직하다. 그런 사람들이 사회에 해를 끼치려고 할 때는 세금이나 벌금, 형벌을 내려 다스리면 된다. 그들이 프리마돈나인지 권투챔피언인지는 중요치 않다. 그런 사람들은 소수이기만 하면 가끔씩 본인 스스로를 괴롭힐 뿐 사회에는 별다른 해를 끼치지 않는다. 그레이시 필즈[3]와 존 맥코

---

3 그레이시 필즈 Gracie Fields(1898-1979): 영국의 가수이자 코미디언.

맥⁴, 진 터니⁵와 조 루이스, 찰리 채플린과 그레타 가르보는 다른 사람들이 고작 몇 센트 벌 때 몇 백 달러씩 버는 사람들이지만 아무도 해치지 않으며 팬들을 즐겁게 해준다. 심지어 펜 하나로 미래가 불확실한 보통사람들보다 훨씬 많이 버는 극소수의 작가와 극작가 역시 다른 많은 이들을 작가의 길로 들어서도록 유인함으로써 문학계의 존속과 발전에 기여한다.

이러한 예술노동자들이 번 돈은 본인들 스스로 노력한 결과지 다른 사람들을 착취한 결과가 아니다. 그들은 산업노동자들의 여가를 즐겁고 유쾌하고 풍요롭게 만들어주는 대가로 돈을 벌며, 항상 자기 자신과 거래를 해야 하는 상황에 처해 있다. 다시 말해, 평범한 직장을 갖든 자유롭게 일하든 선택권은 항상 본인에게 있으며, 그 과정에서 예술가로서의 평판을 얻거나 잃을 수 있다. 그들의 사회가치는 매우 크다. 하지만 그것을 측정하는 일은 너무 어렵고 복잡해서 정부는 예술가들을 그냥 놔두고 지켜보는 것밖에 달리 할 수 있는 일이 없다. 물론 일반적인 규제는 할 수 있지만 너무 까다롭고 엄격하게 할 필요는 없다. 정치적 관점에서, 예술적 재능의 지대는 무시해도 좋을 정도다. 다만 정치인은 그 문제에 대해 잘 이해하고 있어야 한다.

또한 정치인은 모든 계층 간 결혼이 가능해질 정도로 전반적인 소득 수준이 높아지면, 그러한 수준을 훨씬 상회하는 사람들이 일부 있다고 해도 정치적으로는 별로 문제될 게 없다는 점을 명심해야 한다. 그 일부에 속하는 사람들은 자신의 상황을 기뻐하기보다는 부담스럽게 여

4   존 맥코맥 John McCormack(1884-1945): 아일랜드 출신 성악가.
5   진 터니 Gene Tunny(1897-1978): 권투선수.

길 것이다. 더구나 그런 상황에서는 돈으로 남을 좌지우지하기도 어렵다. 일 년에 수천 파운드를 버는 A는 일주일에 고작 몇 파운드 버는 B에 대해 거의 전제군주 같은 영향력을 행사하겠지만, B도 수천 파운드를 벌게 되고 A는 한 십만 파운드쯤 번다면 B가 A에게 손가락질을 할 수도 있는 상황이 된다. 현명한 백만장자들은 카네기 재단, 록펠러 재단, 필그림 재단, 너필드 재단, 피바디 재단, 기네스 재단, 노벨상 등을 통해, 혹은 성당을 짓거나 성을 학교로 전환하는 일을 통해 마음의 짐을 던다. 반면 얼간이들은 여기저기 돈을 뿌리고 다니다가 얼마 안 가 자식들과 함께 재산을 거덜낸다. 누구든 사회계층에 관계없이 아무하고나 결혼할 수 있는 날이 오면 우리 모두가 정치적으로 평등해질 것이다. 물론 우리 중 일부는 일 년에 5,000파운드가 아닌 50,000파운드를 벌어서 조금 불행하겠지만.

5

한편 상업적 부는 재능의 지대와 달리 정치적으로 무시할 수 있는 성질의 것이 아니다. 예를 들어, 인구의 5퍼센트가 사업을 할 예정이라고 치자. 인구 4천만의 5퍼센트면 하나의 계급을 형성하기에 충분한 숫자로, 기본적으로 이들 **사업가 계급**은 노동자의 임금을 깎을수록 자기들의 이익은 커진다는 반사회적인 믿음을 갖게 된다. 지주와 금융업자에게 나가는 돈이 적을수록 자기들에게 이득이라고 믿는 것은 물론이다. 그래서 그들은 자기 자신과 자손이 지주와 자본가가 되는 것을 궁극적 목표로 삼는다. 다시 말해, 귀족이 되어 토지와 자본을 사유화하는 데 자신들의 정치적 역량을 집중시킨다. 그렇게 해서 사업 능력을 가진 자와 토지·자본을 가진 자가 결합하게 되면, 노동자에게 엄청난 세금을 물리고 사회에 여러모로 해를 끼치며 그 정도가 심해지면 국가 공동체를 위협한다. 영국은 19세기에 이미 그런 단계에 도달했다. 이런 사실을 모르는 정치인은 공직에 올라서는 안 되고, 공직 부적격자로 분류되어야 한다.

이쯤에서 시민의 노동권을 돌아보지 않을 수 없다. 시민은 누구나 생존을 위해 근로 기회를 요구할 수 있는 권리를 가지며 그것은 그의 노동으로 아무런 상업적 이윤이 발생하지 않는 경우에도 마찬가지다. 그러나 사기업은 오로지 상업적 이윤을 위해 존재하기 때문에 실업 문제는 다른 국방 업무와 마찬가지로 국가가 체계적으로 관리해야 한다. 오늘날에는 사업가가 지주가 되고, 지주가 사업가가 되어 엄청난 부를 축적하면서, 수익성이 없는 노동자들을 고용하는 대신 자포자기의 심정과 굴욕적인 가난 속에서 간신히 버틸 수 있을 정도의 비용(실업수당)만을 제공함으로써 노동자 계급을 매수할 수 있게 됐다. 그러는 동안, 다리 건설에서부터 도로포장, 도시계획, 빈민가 철거, 발전소 건설과 같은 공공사업은 방치되고 있다. 이런 상황이 얼마나 낭비이고 잘못된 것인지 모르는 사람들은 개인적으로는 그저 멍청할 뿐 무해할지 모르겠으나, 정치적으로는 공공의 적이나 다름없다. 따라서 그런 사람들은 정치를 못하게 해야 한다.

사업 능력이 상대적으로 떨어지는 사람은 상업적 재능이 부족해서 일 수도 있지만 상업 자체에 강한 거부감을 느끼기 때문일 수도 있다. 우리는 이같은 사실에 유념해야 한다. 상업에 대한 거부감은 다른 재미 있는 일에 대한 호감이 압도적으로 강할 때 나타난다. 셰익스피어를 예로 들어보자. 셰익스피어는 스트랫포드에서 상당히 명망 높은 상인이었던 아버지를 돕기 위해 학교를 일찍 그만뒀다. 이후 그의 행적을 보면 그가 사업가로서 충분히 성공하고도 남았으리라 짐작이 된다. 하지만 문학과 연극에 대한 거부할 수 없는 소명에 이끌려 그는 도망치다시피 런던으로 갔다. (나도 그랬다.) 거기서 그는 말을 타고 연극을 보러 오는 사람들의 말을 맡아주는 회사를 차리면서 자유롭게 극장을 드나들 수 있게 됐다. 그 당시 최고의 극작가는 힘 있는 대사가 주특기였던 크리스토퍼 말로였다. 하지만 그가 죽은 후, 셰익스피어는 자신이 마음만 먹으면 힘 있는 대사는 물론 분별력 있고 유쾌한 대사까지도 쓸 수 있다는 것을 입증해 보였다. 그는 예전 희곡들을 다시 쓰고 옛날이야기들을 각색하기 시작했다. 새로 고쳐 쓰는 일에 어찌나 열중했던지 짧은 생애 동안(52년) 손수 이야기를 창작한 적은 단 한 번뿐이었다. 그는 작가가 된 이후에도 원래 하던 사업을 부업으로 계속하며 큰 성공을 거두었다. 40대가 되자 도망친 장사꾼 섁스퍼(셰익스피어의 본명)가 아니라 대로변 새 저택에 사는 지주 윌리엄 셰익스피어가 되어 스트랫포드로 금의환향했다. 그의 동료 극작가들은 대부분 대학을 나온 사람들로 사업 감각이 전혀 없었고 지문을 라틴어로 쓰는 등 사업에 방해되는 습관만 있었다. 그래서 다들 무척이나 가난했으며, 그의 라이벌 작가였던 챕먼만 해도 죽을 때까지 곤궁을 면치 못했다. 만일 셰익스피어가 아버지의 도움으로 대학교육을 받을 수 있었다면, 대학에서 꽤나 힘들어했을 것이다.

상업의 매력은 돈을 번다는 것인데, 예술이나 공예, 과학, 자연의 놀라움과 아름다움을 매일 접하는 야외 활동의 매력에 비하면 보잘것없는 것이 사실이다. 돈 버는 능력을 지닌 사람은 드물지 않다. 돈에 대한 흥미와 이기심을 가진 사람이 드물 뿐이다. 아라비아의 로렌스가 상인이나 고리대금업자는 될 수 없었을 것이라 생각하면 오산이다. 그는 생계를 위해 최고지휘관이나 외교관, 작가가 될 수도 있었지만 일부러 공군 사병이 되는 길을 선택했다. 셰익스피어는 돈을 다루는 데 유능했다. 하지만 돈을 벌기 위해 그는 별볼일 없는 작품들을 훌륭한 작품으로 바꾸면서 관객에 비해 수준이 너무 높지는 않을지 걱정해야 했다. 디킨스는 마지막 작품에서 속 좁고, 비열하고, 탐욕스럽고, 겁 많은 인물을 그렸다. 오로지 자신을 위한 돈벌이만 궁리하는 작자로, 먹고살기 위해 하는 수 없이 돈을 버는 괜찮은 시민들보다 훨씬 더 부자가 된다. 현실에서 상업적 능력이란 단지 고기를 잡으려고 그물을 치는 능력인 경우가 많다. 지주와 자본가가 남는 돈으로 투자하지 않는다면, 또한 못 배우고 가난한 노동자가 착취당하지 않는다면, 상업적 능력에 대해 지불하는 임금은 숙련된 기계공이나 육체 노동자에게 지불하는 임금보다 낮아질 것이다. 러시아에서는 이미 그런 일이 벌어졌다. 심지어 자본주의 국가에서도 영세소상인들은 이미 그렇게 된 지 오래다.

첨언

정치에 참여하려는 시민이 반드시 알아야 하고 이해해야 하는 것들을 전부 다 설명하려면 아직 멀었다. 사실 그러한 것들을 일일이 설명하고, 앞으로 뭐는 보태고 뭐는 버려야 한다고 예견하는 것은 나의 지식과 능력 밖이다. 나는 그저 나의 한정된 지식과 경험을 바탕으로 모든 국가 건설의 기초가 되는 변하지 않는 경제적 토대와 그 위에 세워진 봉건주의, 자본주의, 공산주의체제의 필연적 결과에 대해서 예를 들어 설명할 수 있을 뿐이다. 그 동안 다른 작가들이 많이 다뤘던 내용은 일부러 얘기하지 않았다. 이미 알려진 얘기를 반복하기보다 그 동안 간과된 내용, 전혀 새로운 시각, 홀대받던 견해를 끄집어내고자 했다. 나는 과거에 관해서든 현재에 관해서든 사실만을 다루려고 최대한 노력했다. 책에서 든 예들은 선택과 인용에 있어서는 편파적일지 몰라도, 사실 여부에 대해서는 의심의 여지가 없다.

내가 이 책을 통해 말하려는 바는 모래처럼 움직이는 견해와 학설을 밑에서 단단하게 받치는 지반에 비유할 수 있다. 그러기 위해 나는 물리학과 형이상학, 자연사와 철학을 넘나들었다. 사실과 연속성(사건이 예측가능할 만큼 주기적으로 일어나는 것)에서 사고방식과 (우리가 사실을 이해하기도 전에 판단하고 정리하게 만드는) 준거틀에 이르기까지 그리고 뒤죽박죽된 실제 사건들에서 타고난 이야기꾼들이 알기 쉽게 풀어낸 전설과 드라마까지를 두루 짚었다. 그렇게 해서 얻은 결론은 이렇다. 모든 결과에는 원인이 있다는 합리적 추론(결정론)에서 벗어나 때로는 결과를 향한 욕망 그 자체가 모든 다른 원인을 뛰어넘는 원인이 될 수 있다는 진화론적 추측으로 나아갈 때, 우리는 결정론자의 거대하고 절망적인 지하감옥을 탈출해 천국으로 향할 수 있다.

37장 정치인의 신념과 행동을 판단하는 문제

1

정치인으로서 반드시 알아야 할 것들은 앞에서 충분히 설명했으므로 더 이상 거론하지 않겠다. 그러한 내용을 정치인이 얼마나 잘 이해하고 있는지는 필기시험과 대화, 글을 통해 확인해야 한다. 정치인의 자질을 검증하기 위해 치러야 할 필수불가결한 시험들이다. 이러한 시험을 통해 현재 우리 사회를 지배하는 금권정치가나 출세제일주의자들은 걸러지게 될 것이다. 이 시험들을 통과하려면 금권정치가나 출세제일주의자들의 허세가 아닌 타고난 정치적 역량이 필요하다. 다만 정치인에게는 자신이 최선이라고 생각하는 정책을 얼마든지 옹호할 자유가 주어진다. 정치인을 검증하기 위한 시험에 어떠한 독단주의도 허용될 수 없다는 얘기다. 이를테면, 대화나 글로 치르는 논술시험에서 질문에 대한 답을 미리 정해 놓거나 소위 정설로 여겨지는 생각을 강요해서는 안 된다.

그럼에도 불구하고, 어떠한 원리원칙은 있어야 한다. 시험관과 응시자 모두 '2+2=4'라는 사실에 동의해야 하며 시험에 사용되는 언어는 일반적인 관습과 문법을 따르는 것이어야 한다. 이에 대한 합의가 없으면 상호 소통이 불가능하다. 시험관이 "2 더하기 2는 4라는 데 동의합니까?"라고 물었는데, "아니오. 동의하지 않습니다"라고 대답하는 응시자는 아예 시험에서 배제되어야 한다. 하지만 시험관이 "2 곱하기 12는 24라는 데 동의합니까?"라고 물었는데 응시자가 "아니오. 2 곱하기 12는 20입니다. 12진법으로는 그렇습니다. 앞으로는 12진법이 공식기수법이 될 것이라고 보기 때문에 저는 12진법을 사용합니다"라고 대답한다면, 만족할만한 답으로 간주해야 한다. 그의 대답으로 미루어 볼 때, 그는 구구단을 알고 있을 뿐만 아니라 기수법은 철자법처럼 하나의 관습이므로 얼마든지 바뀌거나 개선될 수 있다는 사실을 이해하고 있기 때문이다. 하지만 시험관은 "그래서 당신은 변화를 지지합니까?" 따위의 질문으로 넘어가면 안 된다. 응시자가 그 질문에 대해 "예"라고 하든 "아니오"라고 하든 불이익을 줘서도 안 된다. 토지나 산업에 관한 논의에도 마찬가지의 원칙을 적용할 수 있다. 응시자가 경제지대, 프롤레타리아, 계급투쟁, 봉건제도, 자본주의제도와 같은 것들이 있다는 사실을 부인한다면 무지하다는 이유로 실격되어 마땅하다. 그러나 경제지대에 대해 토머스 드퀸시나 헨리 조지만큼 잘 알고 산업혁명에 대해 칼 마르크스만큼 잘 안다는 사실만 입증된다면, 시험관은 더 이상 응시자에게 드퀸시와 같은 보수당의 입장인지 조지의 단일토지세를 지지하는 입장인지 마르크스처럼 혁명적인 입장인지 물어서는 안 된다. 응시자가 문제와 관련된 사실을 잘 알고 있다면, 다시 말해 자기가 무슨 말을 하는지 알고 있다면, 결론은 자유롭게 내릴 수 있게끔 해야 한다.

하지만 아무리 민주주의라도, 정치 관련 이론을 이해하고 역사와 정치체계가 어떻게 돌아가는지 안다는 것만으로 권력을 잡게 할 수는 없다. 모든 시험을 우수한 성적으로 통과한 후보라 할지라도 시민들은 그가 성인인지 악인인지 바보인지 현자인지 알 수 없다. 굉장히 똑똑하고 박식하지만 그런 장점을 살려 지역사회에 기여하려는 생각은 전혀 없고 오로지 사리사욕에만 관심이 있는 후보도 있을 수 있다. 인간 본성에 관한 한 최고권위자라 할 수 있는 존 버니언은 <천로역정>에서 '무지'라는 인물을 가차없이 지옥에 보냈고, '세속현자'와 '악인'도 '무지'와 마찬가지로 지옥에 갈 것이라고 했다. '세속현자'나 '악인'이 '기독교도', '희망', '믿음'보다 능력있는 사람들이더라도 말이다. 그런가 하면 착한 사람이 파괴적인 통치자가 된 적도 있고, 악마처럼 잔인한 사람이 위대한 통치자가 된 적도 있다. 표트르 대제는 러시아 문명을 위해 수많은 업적을 남겼기 때문에 표트르 크로포트킨 같은 인도주의자까지도 그를 칭송했다. 러시아의 또 다른 성인 톨스토이는 사생활이 영 꽝이었다. 그의 자녀들은 그가 "세상을 더 좋게 만들려는 열망"에 사로잡혀 가족은 전혀 돌보지 않았다고 말한다. 기원전 14세기의 아크나톤[1]과 바로 얼마 전의 아마놀라 칸[2]은 우리의 독실한 바보왕 제임스 2세처럼 무기력하게 실패한 군주로 남았다. 제임스 2세 못지않게 독실했지만 유능하기도 했던 프랑스의 루이 11세는 후대의 왕들이 멍청해도 쉽게 흔들리지 않을 부유한 나라를 남기고 떠났다. 그러나 결국 프랑스는 붕괴 직전까지 갔고, 이번에는 독실함과는 거리가 멀고 개종을 밥 먹듯 한 앙리 4세가 나타나서 나라를 바로 세웠다. 하지만 앙리 4세는 그의 현명함을 물

1 아크나톤: 이집트 제18대 왕조 파라오. 다신교를 금지하고 일신교 도입.
2 아마놀라 칸: 아프가니스탄 바라크자이 왕조 제6대 왕. 개혁에 착수했다 보수파의 반발로 실패.

려받은 손자 찰스 2세만큼이나 화려한 애정행각으로 유명했다. 사생활에 비교적 흠이 없는 왕들은 추방당하거나 참수형을 당하거나 총에 맞았다. 한편 나폴레옹이 마침내 패했을 때, 영국 최고의 지성 바이런은 "지독한 유감"을 표했고 독일 최고의 예술가 베토벤은 당황했다. 나폴레옹은 천박한 야심가이긴 해도, 고매한 인격자인 아베 시예보다 프랑스와 유럽을 위해 더 많은 일을 했기 때문이다. 워털루 전쟁에서 나폴레옹을 무찌른 웰링턴 장군은 나폴레옹보다 훨씬 군인다웠고 성격도 고상했다. 하지만 정치인으로서 웰링턴에게는 환경을 개선하면 인간성도 달라질 수 있다는 선견지명이 부족했다. 로버트 오웬[3]은 그러한 선견지명이 있었다. 하지만 자기가 소유한 공장 밖에서는 힘을 쓰지 못했다. 예전에 나는 어떤 모임에서 사회주의를 옹호하다 누군가의 반대에 부딪혔다. 그는 내 의견이나 오웬주의자(공상적 사회주의자)의 주장에 공감을 못해서가 아니라 사회주의자들을 보면 말과 행동이 일치하지 않아서 사회주의를 반대한다고 했다.

요컨대, 후보자가 무지하거나 정치적으로 어리석다면 실격되어 마땅하지만, 시험을 통과해 자격을 획득했다고 무조건 당선되거나 공직에 임명되어서는 안 된다. 시험이 부여하는 자격은 정치적 업무수행능력이 있는 시민 대표로서 선거에 나갈 수 있다는 것까지다. 유권자나 기관장들이 선거후보나 공직후보에게 가장 궁금해 할 질문들은 시험에서 빠져 있기 마련이다. 히틀러는 조지 워싱턴이 정치인으로서 자격이 없다고 생각했을 수 있다(히틀러가 <나의 투쟁>에서 내세운 원칙들은 상당 부분 타당하다). 하지만 정작 본인은 독일의 세계제패와 비(非)아

---

3 로버트 오웬Robert Owen(1771-1858): 영국의 공상적 사회주의자. 노동 조건 개선을 위해 노력.

리아인 정복을 내세워 유태인을 학살하고 무력 테러를 자행했다. 사람들은 히틀러가 정치권력을 장악하는 것이 과연 타당하냐는 데 의문을 품기 시작했고 히틀러에게 반대하자 세계대전이 일어났다. 히틀러는 정의를 행하지도, 자비를 사랑하지도 않았으며, 신을 따르는 겸손한 길을 택하지도 않았다. 이는 영국이나 다른 동맹국들도 마찬가지였다. 하지만 우리가 히틀러와 마찬가지로 정의, 자비, 겸손과 거리가 멀다고 해서 히틀러에게 관대해도 된다는 것은 아니다. 히틀러를 몰아내고 우리 자신을 개혁해야 할 뿐이다.

2

정치인은 능력있고 박식할 뿐 아니라 인품도 훌륭해야 한다. 그런 의미에서 정치인이 되려는 사람들은 사생활에서도 모범적일 필요가 있다. 그렇다면 **정치인의 됨됨이는 어떻게 판단할 것인가?** 어떤 정치인이 지대, 금융, 보험, 봉건주의, 춘분점 세차 등을 제대로 이해하고 있는지는 쉽게 확인할 수 있다. 사실 여부를 따질 수 있는 주제들이기 때문이다. 하지만 행위에 대해서는 매우 다양한 견해가 제기될 수 있다. 오늘의 악인이 내일의 성인이 되기도 한다. 19세기에 셸리, 톰 페인, 메리 울스턴크래프트는 "하느님의 적"으로 배척당했다. 그러나 지금은 사회를 위해 좋은 일을 한 사람들로 알려져 있다. 그들은 사생활도 구설수에 올랐는데 어떻게 용서받고 심지어 존경까지 받게 된 것일까?

　그것은 **모범적인 개인 행동에 대한 우리의 기준이 윤리적 허울로 작용하기도 하지만 시간이 지나면 달라지기도 하기 때문이다.** 로마가톨릭 교회는 사촌간 결혼을 금하며, 성직자의 결혼을 절대로 허용하지 않는다. 모세 율법 하에서는 형제가 죽으면 남은 형제가 사망한 형제의 미망인과 결혼해야 하며 이를 어길 시에는 공개적으로 망신을 당한다. 연극 <햄릿>의 왕은 사망한 형제의 미망인과 결혼했다가 근친상간이라고 비난받는다. 그런 혼인은 최근에야 합법화되었으며, 이제는 어느 정도 자연스러운 일로 받아들여지고 있다. 하지만 <햄릿>은 왕이 살인자였기에 망정이지 당시 사회 분위기에서는 하마터면 말도 안 되는 연극으로 몰릴 뻔했다. 영국은 나폴레옹과 싸우며 웰링턴과 넬슨 두 장군에게 의지했는데, 웰링턴 장군은 시인 테니슨의 말처럼 "아무리 털어도 먼지가 안 날 사람"이었지만, 넬슨은 자기 아내를 놔두고 윌리엄 해밀턴의 아내와 대놓고 관계를 가진 사람이었다. 그러나 웰링턴과 넬슨 중 더 인기있는 쪽은 넬슨이다. 대니얼 오코넬은 아일랜드 애국자이자 독실한 가톨릭교도로 알려져 있다. 하지만 그의 고향에서는 "아무데나 돌을 던져도 그의 사생아가 맞을 정도"로 호색가였다. 그런데도 젊은 여성들에게는 오코넬보다 오히려 셸리나 바이런의 책이 금지되었다.

3

나와 이름이 같은 성 베르나르St. Bernard는 한결같은 평가를 받는 보기 드문 사례다. 이를 어떻게 설명해야 할까? 성 베르나르는 침착한 기질과 다정다감한 성격, 예리한 지성, 고결한 인품의 소유자로서, 격동의 12세기에 한갓 탁발승에서 대수도원장의 자리에 올라 전쟁을 벌이는 황제들과 날강도 같은 귀족들로 하여금 도리를 깨닫고 평화를 추구하도록 이끌었다. 나는 그의 삶을 알고 이렇게 썼다. "우리는 악당들의 일생을 얘기하며 역사를 가르친다. 성인들의 일생을 얘기하며 역사를 배

성 베르나르 St. Bernard(1090-1153): 프랑스의 수도사, 신비 사상가, 클레르보에 시토수도원 창설. 봉토에서 나오는 수입을 거부하고, 단식·침묵·노동을 엄격히 지키며 토지를 경작하는 것을 원칙으로 했다.

우게 될 날은 언제쯤일까?" 성 베르나르는 역사상 가장 위대한 정치인 중 한 명이었다. 그가 잘못한 일이 있다면 2차 십자군 원정을 호소했다는 것뿐이다. 교회에 헌신한 나머지 종교적으로 잘못된 판단을 내린 경우였다. 그리 본 받을만한 것이 못되는 사생활도 흠이라면 흠이었다. 모두가 성 베르나르처럼 살면 인간은 얼마 안 가서 멸종할 것이다. 그의 독신주의는 사회적으로는 범죄였고, 그의 **자발적 고행**은 자살행위에 가까웠다.

여기서 우리는 자발적 고행에 관해 매우 중요한 의문을 제기하게 된다. 성 베르나르는 무모한 마조키스트였을까, 아니면 쾌락주의자로서 팔스타프[4]나 아나크레온[5]보다 건전한 가치관을 가진 것뿐이었을까? "덕은 자신을 부인하는 데서 나온다"는 생각은 윌리엄 로[6]의 표현대로라면 신의 "진지한 부름"을 받는다는 것이다. 이는 악덕 자본가들이 주입한 해롭고 나쁜 생각일까? 즉, 가난한 이들이 상상 속 내세에서의 영원한 행복에 대해서만 생각하고 노동조합이나 사회주의에 대해서는 관심을 끄게 만들려는 악덕 자본가들의 수작일까? 자발적 고행은 과연 기독교도다운 행동일까? 성 베르나르는 자진해서 굶었고, 포도주 대신 물을, 사치 대신 가난을 택했다. 하지만 예수는 물을 포도주로 바꿨고, 단식을 거부했으며, 로마 정부의 관리들과 잔치를 즐겼다. 세례 요한의 금욕 생

---

4 팔스타프 Falstaff: 베르디의 오페라 주인공. 유부녀를 유혹하려다 도리어 우롱당하고 결국에는 사람들 앞에서 사죄한다.

5 아나크레온 Anacreon: 고대 그리스의 서정 시인. 술과 사랑을 주로 노래함.

6 윌리엄 로 William Law(1686-1761): 영국의 성직자이자 신학자, <경건하고 거룩한 삶으로의 진지한 부름(A serious call to a devout and holy life, 1729)>이라는 저서를 통해 세속적인 이익과 기쁨을 거부하고 또 다른 세계를 바라보는 거룩한 열망을 갖고 순례자처럼 살 것을 강조함.

활을 따르지 않아 "먹보에 술꾼"[7]이란 소리를 듣는다고 불평하기까지 했다. 예수가 자신이 누릴 수 있고 자신의 소명에도 부합하는 즐거움을 스스로를 억제해가면서까지 포기했다는 얘기는 복음서의 어디에서도 찾아볼 수 없다. 그렇다면 성 베르나르는 왜 불편한 생활을 자초하고, 클레르보에 시토 수도회를 세워서 만나는 사람마다 수도승 고깔을 씌우고 고생과 금욕을 강요하려 했을까? 그리고 그런 그가 어떻게 성공했을까? 시토 수도회가 전세계 기독교 국가에 버섯처럼 퍼지고 전성기를 맞이할 정도로 말이다.

내 생각에, 자기 자신을 부인하는 삶이 훌륭한 삶이라고 생각하는 사람들은 타고난 쾌락주의자로 분류해야 한다. 그런 사람들은 타고난 마조키스트로서, 자신을 학대하는 성향을 유쾌한 성향을 타고난 사람들에게까지 강요하려 한다. **진짜 착한 사람은 본인이 착하고 싶어 착한 사람이다. 그의 착한 삶은 자기 부정이 아닌 자기 만족에서 우러나온다. 다시 말해 그는 그렇게 살도록 타고났다.** 그가 그렇게 된 원인은 그 자신이 아닌 (신이라고 부르든 창조적 진화라고 부르든) 조물주에게서 찾아야 한다.

나는 고기와 생선, 가금류를 일절 먹지 않고, 담배 등을 피우지 않으며, 기운을 내기 위해 술이나 약물에 의존하지 않는다는 점에서 우연찮게도 나와 이름이 같은 그 성인을 빼닮았다. 내가 수사복에 허리끈을 두르고 다니는 건 아니지만, 나보다 돈을 훨씬 못 버는 사람들보다도 옷에 돈을 쓰지 않는다는 것은 분명하다. 지난 50년 동안 나에게는 전혀 일하지 않아도 충분히 먹고살 수 있을 정도의 돈이 굴러들어

---

[7] 루카복음 7:33

왔다. 하지만 나는 여느 프롤레타리아처럼 날마다 일했다. 성인다움이 그러한 절제와 노력을 말하는 것이라면, 나는 성 베르나르 옆이나 다른 성인들 가운데 한 자리를 달라고 요구해도 될 정도다.

혹자는 엄격한 청교도 집안에서 자란 내가 어릴 때부터 "진지한 부름"을 받아서 그렇다고 주장하는데, 그것처럼 말 안 되는 얘기도 없을 것이다. 아일랜드 개신교도였던 어린 시절 내 머릿속에 주입된 유일한 믿음은 모든 가톨릭교도는 죽어서 지옥에 가고 개신교도는 착하게 살면 천국에 간다는 얘기였다. 하지만 어린이용 치마를 벗고 반바지를 입을 무렵부터 그런 믿음이 사라졌다. 나는 굉장히 회의적이고 자유분방하고 무정부주의적인 집안 분위기와 미학적인 교육 환경에서 자랐다. 10대 때 무신론자임을 선언하면서 삼위일체는 더 이상 믿지 않았지만 미켈란젤로와 라파엘로, 헨델과 베토벤에 대해서는 마음 속 깊이 존경하게 되었다. 문학에 대한 열정이나 야망 같은 것도 없었다. 나에게 문학은 그냥 내 몸을 타고 흐르는 생명줄 같은 것이었다. 아무튼 이론으로나 실제로나 나는 이 세상의 마지막 고행자로 일컬어질만하다. 생각 없는 술꾼들 눈에는 마라스키노술[8] 대신 사과주스를 마시는 내가 대주교 자리를 거절한 성 베르나르나 성 토머스 아퀴나스 같은 성인군자로 비춰질지도 모르겠다. 하지만 사실 나는 그냥 사과주스가 좋을 뿐이고 마라스키노술을 마시는 것은 휘발유를 들이키는 것처럼 싫을 뿐이다. 성 베르나르나 성 토머스 아퀴나스가 주교직이나 재물보다 고독하고 간소한 생활 혹은 수도승과 학자의 희열을 더 중요하게 여긴 것

---

8 야생 버찌로 만든 술.

은 베켓[9]이나 울시[10], 리슐리외와 다름 아닌 "취향"이 달라서였다. 이제는 고인이 된 아라비아의 로렌스는 문맹 흉내까지 내면서 일부러 말단 사병으로 입대했던 인물이다. 그가 그렇게 한 이유는 겸손하거나 자기 희생 정신이 투철해서가 아니라, 장교들 틈바구니에 있느니 공군 이등병으로 지내는 편이 훨씬 자유롭고 할 수 있는 일도 많다고 느꼈기 때문이다. 마음만 먹으면 얼마든지 장교가 될 수 있었는데도 말이다. 스탈린은 이름을 바꾸거나 장관직을 거치지 않고 아무것도 아닌 위치에서 바로 권력의 정점에 올라섰다는 점에서 로렌스를 능가했다. 그런 그도 권력을 잡고 몇 년이 지난 뒤에야 즉, 서구 동맹국들과 조약을 맺고 군사협력을 할 때가 되어서야 비로소 수상과 총사령관이라는 직함을 받아들였다.

우리는 이런 사례들을 편견 없이 바라봐야 한다. 다시 말해, **추상적 언어로 개인적 행위의 옳고 그름을 논하는 것은 시간 낭비일 뿐이다.**

4

자, 이제 성 베르나르와 성 토머스 아퀴나스도 나처럼 가족에게 무관심하고 주변의 희생에 아랑곳하지 않으면서 제 갈 길만을 고집한 이기주의자였다고 치자. 그렇다면 그들은 왜 과로와 궁핍을 자초하여 내 나이의 절반도 안 되었을 때 스스로를 죽음으로 몰고 갔을까? 자신을 하느님의 종이자 도구라고 믿었기 때문일까? 내 생각에 그건 아닌 것 같다.

---

9 베켓 Thomas Becket(1118-1170): 캔터베리 대주교, 헨리 2세와 성직자의 법적 지위에 대해 논쟁을 벌이다 추방당함.

10 울시 Thomas Wosey(1475-1530): 헨리 8세 때의 추기경이자 대법관, 헨리 8세의 이혼에 반대하면서 몰락.

나도 내가 창조적 진화의 종이자 도구라고 생각하지만 나 자신을 죽음으로 몰고 가지는 않는다. 그들의 하느님이 나에게는 창조적 진화다. 따라서 그들이 종교적 인간이라면 나도 종교적 인간이라고 할 수 있다. 그들에게나 나에게나 먹고 마시고 번식하는 행위는 보다 많이 알려 하고 보다 깊이 이해하려 하며 나와 주변 상황을 더 잘 통제하려는 열망에 비하면 귀찮지만 어쩔 수 없이 하는 일에 불과하다. 그러므로 그 부분만 보면 내가 언젠가 성자의 반열에 오르지 못할 이유가 없는 것 같다. 어쩌면 오르게 될지도 모르겠다.

하지만 그들과 나 사이에는 차이점이 있다. 성 베르나르는 인간이 죽으면 영생을 누릴 것이라고 믿었다. 우리는 죄 많은 피조물로서 원칙적으로는 사후 행복을 누릴 자격이 없지만, 하느님이 보낸 예수가 우리 죄를 대신 짊어지고 핍박받아 죽음으로써 우리의 모든 죄가 사해졌으므로 사후 행복을 누릴 수 있다고 믿은 것이다. 나는 그런 얘기를 믿지도 않거니와, 내 죄로 인해 다른 사람이 고통 받게 놔두는 것은 굉장히 야비한 짓이라고 생각한다. 더구나 하자투성이인 나 버나드 쇼가 결국에는 흙으로 돌아가 더 나은 누군가에 의해 대체되는 것이 아니라 영원히 살게 될 것이라는 얘기는 믿을 수도 없고 상상하기도 싫으며, 무엇보다 나를 아는 사람들을 기겁하게 만들 것이다. 나와 클레르보의 대수도원장은 바로 이 부분에서 첨예하게 대립한다. 즉, 사실로 인정하는 것과 그러한 사실에서 도출한 교훈이 서로 완전히 다르다.

한편 성 베르나르의 용기와 겸손은 자신이 하느님의 종이라는 믿음에서 나왔는데 나 역시 내가 창조적 진화의 종이라는 믿음에서 용기있고 겸손한 태도를 지니게 되었다. 하지만 이 부분에서도 그와 나는 입장이 엄청나게 다르다. 그에게 하느님은 전지전능하고 절대적이며 오류가 있을 수 없지만, 나에게 창조적 진화는 시행착오, 다시 말해 도전과 실패를 통해 진행되는 것처럼 보인다. 세상은 실패작들로 가득하며 우리는 그 실패작들이 우리를 없애지 못하도록 그들을 없애는 데 많은 시간을 쏟아야 한다. 따라서 나는 악의 문제(악이 왜 존재하는지)를 설명할 필요가 없다. 하지만 베르나르 성인에게 악의 문제는 도무지 풀 수 없는 수수께끼였다. 그래서 악마는 세상의 법칙을 놓고 하느님과 다투고, 하느님은 우리의 덕을 시험하기 위해 악마를 묵인한다는 소설 같은 이야기를 믿고 넘어가는 수밖에 없었다.

정치적 관점에서 볼 때, 나의 설명은 성 베르나르의 설명보다 덜 위험하고 그래서 더 유리한 측면이 있다. 나는 내가 창조적 진화의 도구라고 생각하기 때문에 창조적 진화를 실천해야 한다. 또한, 창조적 진화는 시행착오를 통해 이루어지므로 내가 창조적 진화를 실천하는 방식은 옳다고 할 수 있다. 이 책을 통해 하는 조언은 지금 이 나이에 내가 할 수 있는 최고의 조언이다. 물론 지금 실수하는 것일 수도 있다. 나라는 사람은 차라리 희곡 한 편을 쓰는 게 나을 수도 있다는 얘기다. 반면 하느님의 종은 스스로를 불쌍한 죄인이라고 하면서도, "오로지 주님을 위해 욕망을 절제하며 산다"고 할 때는 자신이 하느님의 뜻에 따라 움직이고 하느님의 권력을 행사한다고 믿는다. 그래서 덩달아 자기가 하는 일도 옳다고 믿기 쉽다. 성 베르나르는 너무 다행스럽게도 하느님은 자비의 신이고, 예수는 평화의 왕이라고 믿었다. 그런 믿음이 그를 성인으로 만들었다. 반면 똑같이 하느님의 종을 자처한 샤를마뉴는 기독교를 거부한 전쟁 포로들을 모조리 즉살했다. 수만 명을 이단으로 몰아 처형한 토르케마다는 역사상 최악의 폭군으로 남게 되었다. 굉장히 성실하고 독실한 기독교도였던 카를5세와 그의 아들 펠리페2세는 네덜란드에서 벌인 무자비한 폭정 때문에 여전히 미움을 받고 있다. 빅토리아 시대의 작가 새뮤얼 버틀러가 종교적으로나 정치적으로 미온적인 태도를 뜻하는 '라오디케아니즘Laodiceanism'을 전파하고 우리의 신념을 과신해서는 안 된다고 경고했을 때, 그는 이미 샤를마뉴부터 로베스피에르와 히틀러까지 전도활동을 벌이는 수많은 통치자를 염두에 둔 것이었다. 그러한 통치자들이 가한 "제재"는 사실상 잔학행위였다. 그래서 새뮤얼 버틀러는 그와 동시대를 살았던 노르웨이의 위대한 작가 헨리크 입센처럼 "문명이란 모든 악당이 독실한 이상주의자로 나오는 멜로드라마"라고 했다.

영국인들이 하느님의 종을 불신하고, 역대 수상들처럼 의심 많고 용의주도한 기회주의자들을 선호하게 된 것도 바로 그러한 쓰디 쓴 경험에서 유래한다. 하지만 단순한 기회주의자는 스스로 기회를 창출하지 못하며, 단지 다른 사람들이 만들어낸 기회를 잡을 수 있을 뿐이다. 심지어 기회가 오더라도 기회인 줄 모르거나 공공연한 위기로 착각하기도 한다. 지적으로는 최고의 자리에 오를만한 사람도 기회를 잡을 수 없다면, 혹은 스스로 기회를 만들더라도 자기 자신을 여호와나 예수로 착각하지 않을 자신이 없다면 공직에 나서지 않는 것이 좋다.

세상을 살아보니까, 정치인은 종교적이어야 한다. 그러나 자신의 종교에서 보편적이지 않은 요소가 있으면 모두 버려야 한다. 예컨대, 정치인은 인류를 세계적으로 보편화된 교회의 입장에서 바라볼 수는 있어도, 영국국교회나 로마가톨릭의 입장에서 바라봐서는 안 된다. 또한 생물학에서 말하는 창조적 인자를 하느님으로 의인화할 수는 있어도 야훼나 알라, 부처나 브라마와 같이 국가 색이 드러나는 신으로 의인화해서는 안 된다. 무엇보다도 정치인은 신이 자기를 대신해 자기 일을 해 줄 것이라고 기대해서는 안 된다. 자신은 "실수할 수도 있는 신"의 "실수할 수도 있는 종"임을 자각하고 신을 대신해 사고하고 행동해야 한다. 아무리 신이라도 손과 머리가 되어줄 인간 없이는 자신의 목적을 달성할 수 없으므로 우리는 우리의 손과 머리를 끊임없이 진화시키며 신을 대신해 사고하고 행동해야 한다. 한마디로 **우리가 신의 손에 달려 있는 것이 아니라 신이 우리 손에 달려 있다.** 통치자는 "주님의 뜻이 땅에서도 이루어지게 하소서"라고 하면서 무력하게 굴 것이 아니라, 신의 뜻이 무엇인지 꿰뚫어보고, 어떻게 실현할 것인지 파악해야 하며, 반드시 실행에 옮겨야 한다. 정치인의 신은 현존하는 전지전능하고 완전무결한 절대자가 아니라, 하나의 이상으로서 창조적 진화의 최종 목적지가 되어야 한다. 인류는 단지 지금까지의 창조적 진화가 만든 최선의 결과물일 뿐이며 그나마 몹시 불완전해서, 창조적 진화가 인류를 가망없다고 포기하는 순간 얼마든지 대체될 수 있다. 정치인은 신의 미덕을 부조리로 바꿔버리려는 세상의 악과 대면해야 한다. 신은 악이 살아남게 놔둔 것만 빼고 다른 것은 다 선하게 만들었다. 정치인은 삶이 영원히 지속된다고 믿을지라도, 함께 동시대를 사는 사람들은 언젠가 죽어야 할 덧없는 존재로 인식해야 하며, 그들이 지금 여기서 겪는 부당함을 내세에서 보상받을 것이라고 생각해서는 안 된다.

5

앞서 했던 모든 논의를 종합하고 정리해서 문답서를 만들고 수상직의 조건으로 내걸기는 쉬울 것이다. 그렇게 되면 수상 후보자는 그 문답서를 기계적으로 암기한 다음 손을 얹고 선서하기만 하면 된다. 변절하면 범죄자로 만드는 법도 추가될 수 있다. 그건 기독교의 영구 존속을 위해 현재 우리가 쓰고 있는 방법이다. 영국국교회도 같은 맥락에서 39개 신앙신조를 만드는 데 공을 들였다. 제정신인 사람이라면 그러한 신앙신조를 전적으로 믿는 것이 불가능하다. 하지만 성직자는 안수를 받고 종교인의 길로 들어설 때, 신앙신조를 믿느냐는 주교의 질문을 전 신도들 앞에서 받기 때문에 하는 수 없이 거짓말을 해야 한다. 그가 거짓말을 한다는 건 주교도 알고(과거 자기도 거짓말로 대답했으니까), 신앙신조를 읽어 본 일부 신도들도 안다. 그런 거짓말은 불필요하긴 해도 성직록을 받는 성직자가 자신의 소명을 따르기 위해 어쩔 수 없이 지불해야만 하는 대가다. 이렇게 때에 따라 대담한 거짓말도 할 줄 아는 것을 보면 우리 성직자들은 신앙에 목을 맨 사람들이 아니다. 그러니 퀘이커교도나 다른 집요한 광신자들이 따돌림을 당하는 것도 당연하다. 하지만 그런 거짓말이 자행된다는 것은 대단히 수치스러운 일이다. 시대에 뒤떨어져 쓸모없는 의식을 과감히 도려내고, 신도들을 앞장서서 이끌 수 있을 정도로 충분한 영적 에너지를 갖추지 못한 교회는 진짜 교회가 아니기 때문이다. 결국 **정치인이나 학자로부터 그런 선서를 받아내는 것이 전혀 어렵지 않다는 사실은 누군가의 행동과 인격을 시험하는 수단으로서 신념과 교리, 맹세가 얼마나 쓸모없는지를 보여주는 증거나 다름없다.**

이러한 사실은 교회뿐 아니라 정당을 통해서도 여실히 드러난다. 정치인들은 정당의 강령과 원칙을 신앙신조와 마찬가지로 잘도 삼켰다 뱉었다 한다. 일례로, 비타협적인 사회주의자임을 자처하다 정권을 잡은 사람들이 변화를 막는 데 온 힘을 쏟는가 하면, 앵초단[11] 소속 보수당원들이 지지층을 의식해 선거 전에는 반대했던 법안들을 당선 후 적극 추진하기도 했다. 이런 사람들을 비난하려는 것이 아니다. 변화 없는 진보란 불가능하다. 따라서 생각을 바꾸지 않는 사람들은 아무것도 바꿀 수 없다. 신념과 신조, 신앙규범은 우리의 뇌를 경직시키고 변화를 불가능하게 만든다. 따라서 그런 것들은 민폐나 다름없으며 현실에서는 대체로 무시되어야 마땅하다.

그럼에도 불구하고 이런 문제가 제기될 수 있다. 정책은 바뀔 수 있고 바뀌어야 하지만, 절대로 바뀌지 않는 불변의 진리라는 것이 전혀 없을까? 변하지 않는 것은 없는데도 정치인과 유권자는 제도나 규범을 반드시 따라야 할까? 일시적으로나마 그것들이 불변의 진리라 가정하고? 일찍이 볼테르는 신이 없으면 하나 만들 필요가 있다고 하지 않았던가? 로베스피에르도 볼테르는 한 번도 잡아보지 못한 권력을 휘둘렀지만 시행착오를 거쳐 동일한 결론에 도달하지 않았던가? 정의를 싫어하고, 잔인함을 사랑하며 자기가 믿는 신의 얼굴에 당당히 먹칠을 하는 통치자가 기꺼이 용인되는 세상이 아닌가? 불의와 잔인함과 불성실함이 어떤 때는 쓸모있고 불가피하며 타당하다는 이유로 말이다. 하지만 어디까지 타당하고 어디부터 타당하지 않은지 선을 그어야만 하는 것은 아닐까?

11 디즈레일리를 추모해 결성된 보수당 단체.

선을 그어야 하든 그렇지 않든, 우리는 이미 그렇게 하고 있고 앞으로도 계속 그럴 것이라는 게 내 대답이다. 따라서 **우리는 통치자를 뽑거나 지명하기 전에 그가 타당함과 타당하지 않음의 경계를 어디쯤에 두고 있는지 파악해야 한다.** 그걸 파악하려면 어떻게 해야 하는지는 나도 잘 모르기 때문에 사실 이 부분에서는 도움을 줄 수가 없다. 100년 전에는 자유사상이나 공화주의 심지어 협업만 주장해도 타락한 인간 취급을 받았다. 하지만 나중에는 유황지옥의 존재나 그리스도의 부활에 대해 의심을 품어도 차츰 용인되기에 이르렀다. 이제 남자들은 죽은 부인의 여동생과 떳떳하게 결혼할 수 있으며 그런 일로 타락한 괴물 취급을 받거나 추방당하지 않는다. 배교, 선동, 외설 금지법은 완전히 폐지되진 않았어도 완화되거나, 암묵적으로 무효화되거나, 새로운 법으로 대체되었다. 회의론자와 이교도, 반역자가 알고 보면 선하고 진실한 사람일 수 있고, 엄격한 순응주의자(대체로 귀족인 경우가 많다)가 오로지 저밖에 모르는 사람일 수 있다는 사실이 점점 더 분명해지고 있다. 모든 유권자는 합리적이든 비합리적이든 숨을 쉬듯 본능적으로 그리고 필연적으로 좋은 후보와 나쁜 후보를 구분하게 되는데, 이때 그들이 내세우는 기준은 절망적일 정도로 신뢰성이 떨어진다. 영국 유권자들 가운데는 오로지 유태인에 반대하려고, 혹은 예수회나 아일랜드 가톨릭교도, 무신론자, 사회주의자, 공화당, 금주론자에 반대할 목적으로 투표하는 사람들이 존재하며, 그 반대를 위해 투표하는 사람들도 물론 존재한다. 그 사람들에게 타당함의 기준, 후보 판단의 기준이란 고작 그런 것들이다. 하지만 어느 정도 자격 검증을 거친 후보군을 대상으로 투표가 이루어진다면, 그런 사람들이 그렇게 크게 문제되지는 않을 것이다.

안타깝게도 현재 영국인들은 본능적으로 자신에게 유리한 투표를 하기가 어려운 상황에 처해 있다. 지금의 정치인들은 사람들이 생전 만나 본 적도 없고 잘 알지도 못하면서, 크고 작은 선전과 선거운동의 영향을 받아 정당과 종교, 사회적 편견을 근거로 뽑은 사람들이다.

선거유세의 뒤편에는 교회와 동업조합, 이런저런 단체들이 지속적인 선전을 펼치면서 민감한 주제에 대해 자기들이 불변의 진실을 알고 있는 유일한 권위자라고 주장하며 대중을 설득한다. 그들 중 몇몇은 모든 주제에 대해 모든 진실을 알고 있는 유일한 권위자인 양 주장하기도 한다. 그리고 우리는 어쩔 수 없이 그런 주장을 받아들인다. 어쨌든 누군가는 결정을 내려야 하고 우리는 잠시나마 그 결정권자들을 절대적으로 신뢰해야 하기 때문이다. 무오류성을 선언한 교황은 절대적으로 옳다. 대법원이 그렇고, 영국왕립미술원이 그렇고, 종합의료위원회가 그렇고, 성경이 그렇고, 내각이 그렇고, 과학자들이 그렇고, 임시군법회의가 그렇고, 왕이 그렇다. 이 모든 권력들이 계속해서 오류를 범해왔다는 것은 수천 번도 더 드러난 사실이지만, 우리는 그들의 주장이 옳다고 받아들여야 하는 입장이다.

<체사레 보르자의 초상>, 알토벨로 멜로네, 1500–1524년 사이로 추정.

38장 집단의 이름으로 드러나는 악당 근성

1

타인의 감정이나 이해관계는 아랑곳하지 않고 자기 이익만 추구하는 사람은 악인이다. 악인 한 사람은 사회에서 그와 같은 부류를 솎아내야 한다는 경각심을 불러일으킬 뿐, 악당 근성이 무엇인지를 제대로 보여주지는 못한다. 카르투슈[1]나 티투스 오츠, 혹은 생명보험금을 노리고 배우자를 살해한 사람들조차 때로는 괜찮은 사람처럼 보였을 것이 분명하다. 그래도 타고난 정치가라면 그런 사람들에게 주저없이 사형선고를 내릴 것이다. 그들의 악한 본성은 도저히 변화시킬 방법이 없기 때문이다. 악성 종양은 외과의사에게 맡겨야 하듯 악인은 사형집행인에게 맡겨 더 이상 나쁜 기질을 발휘하지 못하게 막아야 한다.

그런데 개인이 아닌 집단이라면 얘기가 달라진다. 국가, 교회, 동업조합, 기업 등은 잔학행위를 저지르고도 자기들이 그럴 권리가 있다고 주장하며 심지어 국가적 승리라고 미화하기도 한다. 기독교 국가들은 악당에게 잠식당했다. 악당이 지배하는 곳에서 정치인은 국가를 위한답시고 악행을 꾸미거나 눈 감아 준다. 혼자라면 겁에 질려 뒷걸음질 칠

---

[1] 카르투슈 Cartouche(1693-1721): 프랑스의 유명한 노상강도. 역사로망소설의 단골 주인공.

만한 나쁜 짓들을 하게 되는 것이다. 비공식적인 단체도 사람들이 웬만큼만 모이면 국가와 비슷하게 행동하려는 경향이 있다. 즉, 전체를 위한다면서 나쁜 짓을 한다. 제국주의자의 만행, 스미스필드[2]에서 벌어진 화형과 종교재판, 형사법, 끔찍한 생체실험, 노동착취로 인한 하층민의 수명 단축 및 비참한 생활, 이 모든 사례가 집단의 도덕은 개인의 도덕과 다르다는 것을 보여준다.

마키아벨리는 바로 그 부분에 관여했다. 그는 당시 전제군주였던 체사레 보르자에게 정의를 행하고, 자비를 사랑하며, 신 앞에서 겸손해야 한다는 뻔한 조언을 해줄 수도 있었다. 그렇게 하는 것이 가장 손쉬운 일이었을 것이다. 하지만 야망에 찬 보르자에게 그런 경건한 조언은 어울리지 않았다. 보르자는 그의 표현대로 "이탈리아를 야금야금 집어삼켜서" 하나의 가톨릭 국가로 통일하려는 목표를 가지고 있었다. 이 점에서 그는 이탈리아의 통일 영웅 가리발디나 카보우르보다 사악하다고 할 수도 없었다. 미 북부를 통일한 에이브러햄 링컨, 브리튼과 아일랜드의 통일을 주장한 조지프 체임벌린과 랜돌프 처칠, 독일을 통일한 비스마르크, 독일과 오스트리아를 통일하고 결국에는 나폴레옹처럼 유라시아 대륙 전체를 통일하고자 했던 아돌프 히틀러에 비하면 오히려 양반이었다. 체사레 보르자는 '미카서의 하느님'이 시키는 대로 했다가는 이탈리아를 통일할 수 없다고 생각했다. 적대적인 군주들을 무찔러야 했고, 무식하고 미신에 사로잡힌 대중을 열광시켜야 했다. 그래서 보르자의 관심사는 어떻게 하면 다른 군주들을 이기고 대중을 속일까

---

[2] 스미스필드: 메리1세는 열렬한 가톨릭교도로 아버지 헨리8세의 종교개혁을 부정하고 개신교와 성공회를 탄압했다. 특히 스미스필드는 수많은 신교도를 화형에 처한 곳으로 유명하다. 이러한 가혹함 때문에 메리1세는 후에 블러디 메리(피의 메리)라고 불리게 되었다.

하는 것이었다. 그러면 굳이 자신과 다른 사람들의 생각을 바꾸지 않아도 됐다. 그러다 보니 속임수가 필요했고 유혈 사태도 필요했다. 배반은 당연했고 위선은 말할 것도 없었다. 승리를 통해 신의 뜻을 완성하는 것만이 자신의 유일한 목표라고 대중을 현혹시켜야 했다. 마키아벨리는 보르자의 현명함과 실행력에 박수를 보냈다. 마키아벨리를 왜 비난하는가? 그는 위선을 떠는 대신 정치의 내막을 공개했을 뿐이다. 그가 그렇게 한 것은 체사레 보르자보다 생각이 깊은 인물이었기 때문이다. 나 역시 예전부터 공사(公事)에 관여해왔고 지금 이 순간에도 이렇게 정치에 관한 책을 쓰며 마키아벨리처럼 훈수를 두고 있다. 이 와중에도 강대국들은 도시를 폭격하고, 배를 폭파하고, 수해 지원금을 끊고, 바다 전역에서 해저자원을 채굴하느라 정신 없는 상태다. 다들 하는 짓이 비열하다 못해 극악무도하다. 그런 국가들을 초국가적인 법으로 꼼짝 못하게 할 수만 있다면 할 수 있는 일은 뭐든 다 하겠다. 하지만 나치가 망하고 그 총통이라는 작자를 몰아내기 전까지는 다른 강대국들의 존속을 응원할 수밖에 없을 것 같다. 결국 우리는 서로가 적이자 동지인 것이다.

　이렇게 도덕 기준이 달라지는 것을 볼 때 만큼 당혹스러울 때도 없다. <걸리버 여행기>에서 거인국 브로브딩낵의 왕은 처음에는 걸리버를 귀여운 애완동물처럼 여겼지만, 걸리버가 영국 역사를 자랑스럽게 떠벌리는 것을 보고는 세상에서 제일 못 돼먹은 악당일 수도 있다는 생각이 들어 식겁한다. H.G. 웰스는 파블로프가 매력적이고 인정 많고 똑똑하다는 점에서 나와 굉장히 닮았다고 했지만, 나는 파블로프를 잔인한 괴물이라고 비난했다. 파블로프는 이중 인격자며 어쩌면 우리가 알지 못하는 성격이 더 있을지도 모른다. **인간 본성은 가지가지다. 이 말은 인간 개개인이 다 다르고 "온갖 종류의 인간이 모여 하나의 세계를 구성한다"는 뜻이기도 하지만, 우리들 각자가 제 안에 하나가 아닌 여러 개의 인격을 갖고 있다는 뜻이기도 하다.** 그러나 우리는 공공의 목적을 위해 어떤 사람은 겁쟁이로 낙인 찍고, 어떤 사람은 명예로운 전사자 명부에 이름을 올려준다. 빅토리아 십자훈장은 귀신이나 개, 치과의사를 무서워하는 찌질한 인간들에게 돌아갔다. 천하의 아라비아의 로렌스도 원피스로 된 아랍전통의상을 걸치고 격전지에 나섰다가 20분이나 공황상태에 빠져 괴로워했다. 1815년에는 그런 일을 솔직하게 말하는 것이 수치스런 일이었다. 하지만 1915년에는 적의 포화가 빗발치는데 태연한 척하는 것이 오히려 더 창피한 일이 됐다.

2

법을 만들고 정치를 하는 것이 굉장히 어렵고 힘든 까닭은 법이 개인의 다양성을 따라가지 못하기 때문이다. 세상에 똑같은 사람은 아무도 없는데 법은 모든 사람이 똑같다고 가정해야 한다. 누구나 알고 보면 모순투성이일진데 일관되게 말하고 행동한다고 가정해야 한다. 사람마다 지문이 다 다르듯 같은 것은 아무것도 없는데, 모든 결혼이, 모든 연애가, 모든 아이들이, 모든 부모가, 모두의 양심이, 모두의 능력이 같다고 가정해야 한다. 그래서 소심한 입법자와 정치인은 같은 딜레마에 빠진다. 클리포드 올벗이라는 유명한 외과의사는 회진을 돌다가 학생들에게 이렇게 말했다. "이 환자의 병은 성홍열이라는 겁니다. 하지만 성홍열은 환자마다 다 다릅니다." 또 한 명의 저명한 의사 블랜드 서튼은 내 친구가 약 먹는 것을 괴로워하자 약을 전혀 쓰지 않고 장티푸스를 치료했다. 그렇지만 아직은 법적으로나 의학적으로나 성홍열은 성홍열이고, 장티푸스의 적절한 치료법은 딱 하나라고 가정해야 한다. 요컨대, **우리는 어느 방향으로 향하든 반드시 "선을 그어야 할" 지점이 있다는 것을 알게 된다.** 예를 들어, 어떤 병원의 의사들은 살 가망이 별로 없는 아픈 아이들을 상대로 신약 실험을 하려고 한다. 하지만 입법자들이 과학활동을 아무리 높이 평가해도 실험과정에서 아이들이 사망하도록 내버려두는 법을 통과시킨 적은 한 번도 없었다.

실험실에서는 개와 기니피그, 쥐, 생쥐, 초파리가 실험재료로 이용된다. 우리는 초파리를 불쌍하게 여기지 않는다. 사실 위생법은 초파리, 벌레, 이, 바퀴벌레와 같은 해충 박멸을 목표로 하고 있다. 또한 시골에서 농사짓고 살다 보면 잉꼬, 여우, 토끼, 다람쥐를 무자비하게 죽여야 할 때도 있다는 것을 알게 된다. 다람쥐는 상당히 귀여운 동물이기도 하고, 흰토끼는 애완동물로도 키우지만 말이다. 프랑스의 어느 펜싱 사범은 내가 고기를 전혀 먹지 않는다고 하자 이렇게 말했다. "선생님, 우리가 동물을 잡아먹지 않으면 동물이 우리를 잡아먹을 겁니다." 하지만 잡아먹는다고 해서 잡아먹히지 않으리란 보장은 없다. 우리 영국인은 중국인이나 프랑스인과 달리 고양이나 개구리를 잡아먹지 않고, 독일인은 우리와 달리 토끼를 잡아먹지 않으며, 유럽인은 아프리카인과 달리 딱정벌레를 잡아먹지 않기 때문이다. 로마가톨릭교회와 인도의 몇몇 종교는 어떤 경우에도 살인을 하지 말라고 한다. 그래서 극악무도한 살인자를 사형에 처하는 것에 반대하는 사람들이 있다. 사형 대신 종신형에 처하라는 사람들이다. 이런 사람들은 정치인이 될 수 없다. 살생은 불가피하다. 아무리 인도주의적 국가라도 살생을 법제화하지 않을 수 없다. 자식들이 놀고 있는 정원에 코브라가 나타났는데 그걸 죽이길 망설이는 부모는 자식 키우기에 적합하지 않다. 사람을 잡아먹는 늑대와 호랑이는 반드시 처치해야 한다. 사람들 중에도 위험한 사람이 있다. 그런 사람들은 남자든 여자든 사형에 처해야 한다. 벌을 주거나 속죄하게 하기 위해서가 아니다. 단지 문명사회에 맞지 않는 사람들이기 때문이다. 그런 사람들을 구속하는 데 문명인의 삶을 낭비할 수 없기 때문이다. 그렇게 도저히 견딜 수 없는 사람들은 사회로부터 솎아내는 데서 그치지 않고 완전히 제거해야 한다. 사형폐지론자도 어느 지점에서는 선을 그어야 한다.

3

새, 들짐승, 물고기는 물론 곤충까지, 서로 먹고 먹히는 관계를 떠올리면 끔찍하기 그지 없다. 지금 이 글을 써내려 가는 중에도 인간은 동족을 해치느라 정신이 없으며 세계 인구의 절반이 나머지 절반을 죽이기 위해 안간힘을 쓰고 있다. 그래 봤자 상대방을 모조리 죽인다는 것은 불가능하겠지만 사상자는 몇 백만 명씩 나오고 있다. 수많은 멍청이들은 신이 왜 이 상황을 멈추지 않는지 궁금해 한다. 어떻게 멈추겠는가?

내가 만약 전지전능한 창조주라면 교전국의 방방곡곡에 메뚜기와 흰개미 떼를 풀어 전쟁이 일주일 안에 멈추게 할 것이다. 교전국들은 내가 메뚜기 떼를 푼 다음 날부터 상대방과 싸우는 게 아니라 파도처럼 밀려드는 곤충 군단과 싸우느라 정신이 없을 것이다. 메뚜기와 흰개미 떼는 파죽지세로 죽은 동료의 시체를 넘어 끊임없이 날아들 것이며, 인간의 식량과 가구를 순식간에 작살낼 것이다. 그러면 스피로헤타균이나 학질모기 따위는 무서운 축에도 못 들게 된다. 유태인과 반유태인, 영국인과 독일인, 미국인과 일본인, 노동자와 자본가, 민주주의자와 금권주의자, 이슬람교도와 힌두교도, 흑인과 백인, 황인과 적인(아메리카 원주민), 아일랜드인과 비아일랜드인의 구분도 무의미해지고 남녀 할 것 없이 갑작스런 곤충의 침략에 맞서 생존을 위해 미친 듯이 싸울 것이다.

하지만 그렇게 곤충을 풀면 세상이 너무 정신 없고 지저분해질 것 같다. 고로 다른 방법을 생각해 보는 게 좋을 듯하다. 내일 신문에 전쟁에 관한 기사는 하나도 없고 극지방의 만년설이 녹기 시작했다는 기사만 크게 실린다고 상상해 보자! 사실 그런 일은 전에도 있었고 앞으로도 얼마든지 일어날 수 있다. 그렇게 되면 '대영제국'이니 '위대한 영국 민족의 운명'이니 '영광의 역사'니 '국경지역의 철벽방어'니 하는 소리들은 공룡이나 익룡 얘기만큼도 관심을 끌지 못할 것이다.

나는 이 나라를 위한답시고 근거도 없는 두려움을 조장하고 전쟁을 부추기는 이들이 나댈 때마다 그런 상상을 해보곤 한다. 하지만 지금은 정치인이 왜 살생을 필수불가결한 행위로 인정할 수밖에 없는지, 왜 "살인하지 마라"는 모세의 십계명뿐 아니라 "죽이지 않으면 죽는다"는 자연의 얘기도 경청해야 하는지를 밝히고 있다. 그러므로 흰개미 떼나 빙하에 대한 상상은 잠시 접어두고 악당 근성이 횡행할 가능성에 집중해야겠다. **악당 근성은 언제든지 가시화될 수 있다. 우리의 고질적인 우상숭배 근성이 끊임없이 영웅을 갈구하여 권력이 개인에게 집중된다면 더욱 그럴 것이다.**

<엘바섬으로 – 영웅의 여정>, 작자 미상, 1814.

39장 이른바 '영웅'에 의한 정치

1

정치연설이나 토론을 보다 보면 우리가 선택할 수 있는 정치체제는 딱 두 종류밖에 없는 것 같다. 하나는 링컨이 말한 '국민의 국민을 위한 국민에 의한 정부', 다시 말해 민주주의고, 다른 하나는 한 사람의 영웅이 이끄는 정부, 다시 말해 독재다. 링컨이 말한 민주주의 개념은 낭만적인 난센스에 불과하다. 이에 관해서는 앞에서 충분히 설명했으니 잘 이해했기를 바란다. "국민"은 정부에 한두 번 맞서 본 것이 아니다. 그러나 봉기할 줄만 알았지 실제로 지배한 적은 없었다. 이 장에서는 영웅정치를 보다 면밀히 다룰 것이다. 나 자신이 "섀비언"[1]들 사이에서는 영웅이기 때문에 내 얘기가 어느 정도 설득력이 있을 것이다.

　민주주의나 독재는 실현불가능한 극단적인 정치체제로, 우리에게 그 두 가지 대안만 있는 것은 아니다. 하지만 선거에서는 그 두 가지 대안뿐이라고 단순화하는 것이 양쪽 진영 모두에게 유리하다. 민주주의자들은 "여러분, 지금 여러분이 누리는 자유, 우리 아버지들이 쟁취한 자

1　섀비언 Shavian: 버나드쇼를 연구하고 추종하는 사람들.

유를 몽땅 내던지고 독재자 무리의 노예로 사시겠습니까?"라고 외친다. 반면, 영웅숭배자들은 "무능한 의회, 무질서한 사회가 지겹지도 않습니까? 효율적인 정부, 책임 있는 정부를 이끌어갈 우리의 위대한 지도자에게 한 표를 던집시다!" 라고 소리친다.

다른 모든 인간활동과 마찬가지로 정치에도 목적이 있으면 당연히 방법도 존재한다. 우리는 너도나도 아우성치며 자기 주장만 하는 대신 **정치인을 최대한 잘 활용해야 한다.** 국민은 어떻게 지배하는지도 모르면서 지배당하지는 않으려 하고 그러면서 또 한편으로는 최대한 화려하게 지배당하고 싶어한다. 그러니 국민에 의한 정치는 불가능하다. 영웅 정치로 말할 것 같으면, 일단 제왕 자리를 노리는 유능한 인물이 있어야 한다. 그런 인물은 종종 오랜 세월을 잠룡으로 지내다 나중에 두각을 나타내며, 그 이유도 가지가지다. 이그나치 얀 파데레프스키가 위대한 인물로 부각되고 폴란드 수상까지 지낼 수 있었던 이유는 그가 범상치 않은 피아니스트였기 때문이다. 나폴레옹은 전투 천재로 명성을 쌓았다. 나는 천재 극작가로 알려져 있다. 하지만 영국이나 내 고향 아일랜드에서 정치권의 러브콜을 받은 적은 한 번도 없다. 셰익스피어도 마찬가지였다. 그는 "한 시대의 영웅 정도가 아니라 시대를 초월한 영웅"이었지만 세계의 제왕이 되지는 못했다. 그런가 하면 무솔리니와 히틀러는 자칭 영웅으로, 다른 나라를 호령하기 전에 이미 자국민의 열렬한 호응에 힘입어 스스로 제왕 자리에 올랐다. 티투스 오츠는 당시 영국왕(찰스2세)이 따로 있었음에도 불구하고 막강한 권력을 행사하며 수많은 사람을 사형에 처했다. 러시아에서는 라스푸틴이 정통 군주보다 더 큰 권력을 휘둘렀다. 크롬웰, 리슐리외, 프로이센의 프리드리히 빌헬름1세와 그의 아들 프리드리히 대왕은 각자의 취향에 따라 완전히 강압적인 방식으로 국가를 재정비했다. 표트르 대제도 마찬가지다. 줄리어스 시저, 징기스칸, 아틸라는 예수 그리스도가 등장할 때까지 오랫동안 영웅 칭호를 누렸다. 예수는 무덤에서 부활해 이 세상에 천국을 건설하겠다고 약속했다. 그 약속은 아직까지 지켜지지 않았지만 여전히 수많은 신봉자를 거느리고 있다.

뭐 다른 예들도 많지만, 좀 전에 나열한 사례들만 봐도 **영웅은 신의 뜻과 무관하다는 것을 알 수 있다.** 비열한 놈, 얼빠진 놈, 속물, 악당, 불량배 등 온갖 악질들도 다른 영웅들에 섞여 영웅 대접을 받아왔다. 그러다 보니 영웅에 대한 거부감이 고조되고 민주주의와 무정부주의에 대한 환상이 생겨났다. 민주주의나 무정부주의에 대한 환상이 과하다 싶으면, 다시 봉건제도나 과두정치, 절대왕정, 전체주의와 같이 개인이 국가에 완전히 예속되는 체제로 돌아가려고 하는 것과 같은 이치다. 하지만 민주주의자나 무정부주의자도 군국주의자나 영국국교회 신자 못지않게 그들 나름의 지도자와 영웅을 갖는다. 그리고 그러한 지도자나 영웅이 없으면 길 잃은 양떼나 다름없는 처지가 된다.

2
지도자 없는 정당이나 통치자 없는 국가는 선장 없는 배와 같다. 그래서 정치철학자는 지도자와 통치자를 어떻게 하면 도덕으로 무장시킬 수 있을지 고민한다. 프랑스 질서 회복에 가장 적합한 인물로 나폴레옹을 선택한 프랑스인들이 옳았는지도 모른다. 나폴레옹은 정말로 질서를 복구했고, 그에 앞서 그 자리에 앉아 있었던 500인회보다 유능했다. 하지만 그는 얼마 안 가 스스로 황제 자리에 올랐고, 신성로마제국 황제로 인정받기 위해 교황을 압박했으며, 자기 가족이 프랑스 통치권을 세습하도록 했다. 최고의 현실주의자로 통했던 나폴레옹이었지만 세인트 헬레나 섬에 유배되어서는 그곳 총독 허드슨 로와 대립했다. 허드슨 로가 황제 대신 장군이라는 칭호를 쓰며 나폴레옹을 "지극히 현실적으로" 대했기 때문이다. 실제로 나폴레옹이 개뿔도 없는 신세가 됐을 때, 그에게 끝까지 헌신했던 측근은 몇 되지 않는다. 그러나 '(전쟁의) 영광을 파는 상인'으로서의 밑천도 바닥나고 프랑스를 떠나야 했을 때조차 그는 황제가 되겠다는 헛된 꿈을 버리지 못하고 회고록을 집필하기 시작했다. 그 자기 미화로 가득 찬 회고록은 몹시 부지런한 역사가를 제외하곤 읽은 사람이 거의 없다. 전성기 때 나폴레옹은 또 다른 현실주의자이자 부르봉 왕조의 부활을 주장한 볼네를 내쫓은 적도 있었다. 그리고 홧김에 부르봉 왕조 혈통인 앙기엥 공작을 납치해 죽여버렸다. 이 일로 그는 말 그대로 살인자가 되었고, 죽은 앙기엥 공작을 살아있을 때보다 천 배는 더 중요한 인물로 만들어서 적에게 공격의 구실을 제공했다.

따라서 나폴레옹은 속물, 양아치, 암살자, 악당이라 불릴 만 하다. 그 못지않게 유명하면서도 훨씬 장군다웠던 말버러 공작이나 삭스 백작, 웰링턴 공작에 비하면 신사도 아니었다. 그의 휘하에 있었던 베르나도트[2]와 비교해도 실패자라 할 수 있다. 그를 비난하는 사람들에 의하면, 위대한 장군의 중요한 특징은 어떤 경우에도 굴하지 않는 용기인데

---

2   베르나도트 Bernadott(1764-1844): 나폴레옹 치하 프랑스의 원수였으며 후에 스웨덴과 노르웨이의 왕이 됐다.

나폴레옹은 두 차례의 위기 상황을 맞았을 때 굉장히 겁에 질린 모습을 보였다고 한다. 첫 번째 위기 때 그는 그의 형제 덕분에 간신히 살아났고, 두 번째 위기 때는 스스로도 비겁했다고 인정할 정도였다. 나폴레옹은 그의 동창이자 비서였으나 나중에는 그에게 욕하고 자진사퇴한 부리엔과 달리, "거지가 말을 타면 지쳐 죽는다"는 속담의 거지처럼 끝을 모르고 달려나갔다. 전쟁에 패하고 정치적으로 만신창이가 되어 세인트 헬레나 섬에 유배된 것도 스스로 자초한 일이었다. 항간에는 나폴레옹이 무수히 많은 청년을 사지로 내모는 바람에 프랑스인의 평균 신장을 몇 인치 깎아먹었다는 말도 나돌았다. 여기까지는 누구나 다 알고 있는 사실이다. 내가 지금 생각나는 대로 적기만 해도 이 정도인데 누가 작정하고 조사하면 얼마나 더 심각하겠는가?

하지만 여기서 "나폴레옹이 우리가 생각하는 영웅은 아니었군"하고 결론 내리는 것은 옳지 않다. 위의 내용이 시사하는 바는 나폴레옹이 결코 "신의 현신(現身)"은 아니라는 사실이다. 그런데 그의 추종자들은 그를 거의 신적인 존재로 떠받든다. 그러니 영웅이나 의인화된 신이나 믿을 수 없기는 매한가지라고 결론을 내리는 편이 안전하다.

액튼 경의 말대로, 절대 권력은 절대 부패한다. 네로 황제나 토르케마다의 예에서 보듯이, 절대 권력은 때때로 끔찍하리만큼 잔인하고 편협하다. 물론 줄리어스 시저, 마호메트, 크롬웰, 워싱턴처럼 권력을 십분 활용하거나 적어도 최악으로 남용하지는 않은 경우도 있다. 돌이켜 보면, 도저히 참기 힘들 정도로 권력을 남용했던 통치자는 그렇게 많지 않았다. 대다수의 통치자들은 성문화되지는 않았어도 헌법처럼 작용하는 기존의 도덕적, 법적, 종교적 관습에 따라 다스렸다. 특별한 원칙 없이 상황에 따라 자의적 판결을 내린다는 '야자나무 밑 카디'도 명백한 전제군주지만 혁명을 유발하지는 않는다. 혁명은 전제군주가 문제를 일으켰을 때 일어난다. 난세에 영웅이라고, 영웅이 기회를 포착하는 것도 그때다. 지방귀족이자 양조업자였던 크롬웰은 호국경이 됐고, 그냥 황제였던 표트르는 표트르 대제가 됐다. 중위였던 보나파르트는 포병 사령관을 거쳐 나폴레옹 황제가 됐고, 또 다른 중위 출신인 케말[3]은 슈퍼 술탄이 됐다. 무솔리니는 하층민 출신 기자였지만 대공(大公)으로 군림한다. 히틀러와 스탈린은 보잘것없는 출신이지만 순전히 권력욕으로 신성로마제국의 황제도 누려보지 못한 지위에 올랐다. 이들 중 그나마 법의 테두리 안에서 통치하려 한 인물은 성경과 은혜의 언약으로 무장한 크롬웰과 마르크스주의로 무장한 스탈린뿐이었다. 다시 말해, 크롬웰과 스탈린에게는 뭐가 됐든 원칙 비슷한 것이라도 있었다. 그래서 나름 성공적인 통치자로 평가받기도 한다. 반면 나폴레옹은 프랑스 혁명 때 자코뱅 당원으로서 과격공화주의자였고 시에예스라는 헌법 전문가를 친구로 두기도 했으나 곧 시에예스를 저버리고 자기 마음대로 하기 시작했다. 셰익스피어의 연극에 나오는 리차드3세처럼 말이다. 리차드3세가 마지막으로 천명한 신념은 "강한 군대가 우리의 양심이요, 칼이 우리의 법"이였다.

    케말 아타튀르크에 대해서는 아는 게 별로 없다. 하지만 그가 지속적이고 단단한 성과를 거두고 일관된 개혁을 추진한 것으로 보아, 머릿속에 분명한 원칙이 있는 사람이었고 그러한 원칙이 헌법과 같은 역할을 했을 것이라는 생각이 든다. 대단한 배경을 타고난 표트르 대제

---

3   케말 아타튀르크 혹은 케말 파샤. 터키공화국 초대 대통령.

는 인도 정부처럼 서구화를 표방했다. 서구화는 설사 맹목적이라 할지라도 지도자에게는 이기심을 극복하는 신념이 될 수 있다. 신념이란 것은 그만큼 다양하다. 통치자가 무신론자냐 플리머스형제단이냐, 자이나교도냐 불교도냐, 공자를 따르느냐 노자를 따르느냐, 가톨릭이냐 개신교냐, 의식주의자냐 퀘이커교도냐는 중요치 않다. 만일 통치자가 군인이고 양처럼 순하기만 한 인물은 아니라면 어느 정도는 개인적 차원을 넘어선 예측 가능한 정치를 할 것이다. 그러한 통치자는 유능하고 인정받을만하고 인기가 있으면 아무리 비민주적이라 할지라도 계속 그 자리를 지킬 것이다. 사람들은 언제 그러한 통치자들이 필요한지 알고 있다. 다시 말해, 사람들은 그러한 통치자들이 무슨 일을 할지는 잘 몰라도 그들이 하지 않을 일에 대해서는 확신한다는 얘기다. 이 점에 있어 히틀러와 무솔리니는 실패작이었다. 그 둘은 대중이 바라던 것들을 해내며 두각을 나타내고 신망을 얻었지만, 보편적으로 이해될만한 확고한 신념 따위 갖고 있지 않았다. 그래서 사람들은 그들이 언제 멈출지 장담할 수 없게 되었다. 그들이 권력을 유지하기 위해서는 숭배자들에게 군사적 승리를, 자본가들에게 상업적 성공을 끊임없이 안겨줘야 한다. 불가능한 일이다. 나폴레옹이 '영광 상인'으로 버틸 수 있었던 기간은 15년이다. 그의 조카는 20년, 무솔리니는 21년을 버텼다. 히틀러는 눈부신 활약에도 불구하고 집권 10년 만에 위기를 맞았다. 어쩌면 나폴레옹은 세인트 헬레나 섬에서 자신의 화려했던 시절을 떠올리며, 자기가 이전 통치자들보다 잘했고 그 시절이 그렇게 헛되지 않았다고 자부했을지도 모른다. 다른 통치자들 역시 그런 식으로 생각할 수 있다. 하지만 그렇다고 그들의 무익한 언동과 부패 행위가 덮어지는 것은 아니다.

'영광 상인' 나폴레옹이 "예수 그리스도의 영광" 대신 대규모 유혈사태와 파괴, 혼란을 초래한 것도 결코 용인될 수 없다. **영웅이 잘했다고 하는 일들을 보면 정부가 조금만 유능하거나 합리적이었어도 영웅 없이 얼마든지 할 수 있었던 일들이다.**

영웅 정치에는 두 가지 약점이 더 있다. 그 중 하나는 공을 세워야 한다는 부담감이 영웅을 지치게 만든다는 점이다. 공을 세운 효과는 오래 못 간다. 나폴레옹은 장군으로서 6년 정도를 지내자 장군 약발이 다 떨어졌다고 봤다. 라이프치히나 워털루 전투에서 그는 분명 아우스테를리츠[4] 때와 달랐다. 전쟁에서 공을 세우는 것은 공화정에서 공을 세우는 것보다 여전히 더 쉬워 보인다. 전시에는 모든 관심의 초점이 승리에 맞춰져 있고, 법적·도덕적 안전조치라든지 반대 세력의 요구는 관심 밖으로 밀려나기 때문이다. 평화 시에는 그런 것들을 폭력적으로 손쉽게 제압할 수 없다. 임기가 4년뿐인 미국 대통령의 경우, 첫 번째 임기에 대한 평이 안 좋은데도 불구하고 연임되는 경우는 전쟁의 압박이 있거나 다른 후보가 변변치 않아 국민이 어쩔 수 없이 악마의 선택을 해야 할 때다. 하지만 그래도 4년은 너무 짧기 때문에 대통령이 잘만 하면 연임은 관례가 될 것이다.

영웅 정치의 또 다른 약점은 너무 전체주의적이라서 현실적으로 실현불가능하다는 것이다. 아무리 유능한 통치자라도 모든 정사에 관여하려 들면 몇 달 안에 과로사할 것이다. 그래서 지방 행정은 가장 충직한 신하들에게 맡기기 마련이다. 아무리 뛰어난 인재가 있어도 우리 편이 아니면 절대로 권력을 나눠주지 않는다. 언젠가 미국 대통령과 러시

---

[4] 아우스테를리츠 전투에서는 승리하고 라이프치히와 워털루 전투에서는 패함.

아 황제가 '책임 있는 정부'와 '독재체제'라는 극과 극의 정치체제를 대변하던 시절이 있었다. 그때 눈에 띈 사실은, 내연녀의 말 한마디에 공장도 때려부수는 지방군주와 그런 군주를 거느린 황제보다 대통령과 장관들이 정치적으로든 경제적으로든 훨씬 더 신뢰받는다는 것이다.

영웅 정치에는 희망이 없다. 우상화된 개인이 통치하는 나라에서는 성숙한 시민사회를 기대하기 어렵다. 따라서 현재로서 가장 안전한 정치체제는 자격이 검증된 시민들로 의회를 구성하고 그들이 엄격한 감시와 교체, 해임에 주기적으로 노출되게 하는 것이다. 내가 이 책을 쓰게 된 이유도 정치는 그렇게 자격 있는 사람들이 해야 한다는 얘기를 하기 위해서고, 정치인의 자격을 검증할 때 살펴야 할 항목들을 제안하기 위해서다.

그렇다고 절대적인 권위 같은 것은 필요없다고 생각하면 오산이다. 어느 분야든 반드시 최종 결정권자가 있어야 한다. 주방에서는 주부가, 바티칸에서는 교황이 최종 결정권자다. 교황의 말은 절대적인 힘을 갖지만 교좌에서 "권위를 갖고" 한 말이어야 한다. 예컨대, 주교 회의에서나 교황 관할 바티칸 도서관에서는 교황의 말이 곧 법이다. 알렉산더 보르자[5]가 놀면서 했던 추잡한 말들은 교황으로서 한 얘기가 아니었다. 영국에서는 상원의 사법위원회가 곧 교황이다. 의회에서는 사법위원회의 말이 절대적인 힘을 지니지만 사석에서 법관들이 하는 잡담은 나나 당신이 하는 얘기만큼이나 아무런 영향력이 없다. 교황이든 사법위원회든, 바티칸이든 상원이든 현실적으로 무조건 옳을 수는 없다. 인간의 권위에 오류가 전혀 없을 수는 없기 때문이다. 하지만 개인이 아

---

5 교황 알렉산더6세: 문란한 사생활로 악명 높은 르네상스 시대 교황. 체사레 보르자의 아버지.

닌 집단에서는 누군가가 반드시 결정을 내려야 한다. 그리고 그것은 개인이 아닌 집단의 결정으로서 절대적인 권위를 가져야 한다. 집단의 대표는 지도자로서 영향력을 갖는다. 하지만 대표가 모든 것을 다 알 수는 없다. 따라서 어떤 문제에 대해 최종 결정을 내려야 한다면 전문가들과 상의하고, 다양한 입장에 서 보고, 세세한 정보를 가능한 많이 알기 위해 노력해야 한다. 전문가는 지도자의 역할을 대신할 수 없다. 사건이 일어나고 관련 사실이 전부 다 밝혀지려면 통상적으로 몇 년씩 걸리기 때문이다. 그러므로 직접 겪지 않은 일에 대해서도 미루어 짐작할 수 있는 정치인이 가장 잘 아는 정치인이라고 할 수 있다. 웰링턴의 말마따나 언덕 저편에서 무슨 일이 벌어지는지는 전혀 알 수 없다.

3

우리는 지독하게 나쁜 정부에 어떻게 대항할 것인지에만 너무 생각을 집중해서는 안 된다. 지독하게 올곧은 정부도 있을 수 있다. 고대 이집트의 아멘호테프4세부터 근대 아프가니스탄의 아마놀라 칸에 이르기까지 지적이고 내성적인 계몽군주들은 백성에게 갑자기 너무 높은 수준의 개혁과 제도를 강요한 나머지 결국에는 실패했고, 네로 황제나 파벨 황제보다 더 많은 미움을 샀다. 미국에서는 금주운동이 고조되어 주류판매를 전면금지하자 곧바로 굉장한 효과를 거두었다. 영국에서는 지방 여기저기서 여전히 금주운동이 진행 중이며, 스웨덴을 비롯한 몇몇 국가에서는 전국적으로 확산되고 있다. 하지만 조직폭력배가 술과 마약을 불법 거래하기 시작했고 놀라울 정도로 세력을 키우면서 금주법은 결국 폐지되기에 이르렀다. 만일 내가 절대 권력을 가진 전제군주라면 자연적으로 타고나는 생명력에 대해 설파하면서 백성들이 진통제나 흥분제, 술, 담배, 생선, 고기, 새고기를 삼가고 자신들의 삶을 있는 그대로 받아들이게 할 것이다. 아니 그런 것들을 아예 거래할 수도 없게 만들 참이다. 사람들이 먹을 자유를 외치거나, "멀쩡한 정신의 노예로 사느니 술 취한 자유인으로 살고 싶다"고 떠들어 봤자, 조금도 흔들리지 않을 것이다. 하지만 나는 영국의 차르가 되고 싶지도 않고, 린치를 당하고 싶지도 않다. 나라를 다스리기에 나는 너무 올곧은 사람이고, 올곧으면 가난해도 된다고 생각할 만큼 성격이 좋은 사람도 아니다. 서글서글한 인상에 성격도 좋은 사람이 지적이지는 않더라도 위스키와 시가, 말타기를 즐기고 에너지도 넘친다면 나 같은 사람은 꿈도 못 꿀 인기를 누릴 것이다. 그런 사람은 나라면 하고도 남을 역성혁명 같은 것은 일으키지 않을 것이다. 나 같은 통치자는 암살당하지 않고 자연사해도 아마 크롬웰이 죽었을 때 저리 가라 할만한 반응을 얻을지도 모른다.[6] 사실이 그렇다. 복고왕정은 방탕하긴 했어도 나라 전체에는 별 영향을 미치지 않았다. 영국은 여전히 뉴 잉글랜드만큼이나 청교도적이다. 그런가 하면 칼뱅과 녹스[7]는, 물론 크롬웰 못지않게 엄격한 양반들이긴 했지만, 선교 활동에 웬만큼 성공했는데도 상대편에게 얄짤없이 굴어서 상당한 반발을 불러일으켰다. 그들이 상대편에 대해 인정할 건 인정했더라면 신성한 예술가를 사탄으로 모는 일은 없었을 것이다. 그래도 이 청교도 속물들은 영어 성경의 음악적 언어를 보고 자란 터

---

6   크롬웰은 병사한 후 웨스트민스터 대수도원에 묻혔으나 왕정복고 후 사람들이 그의 시신을 파헤치고 토막냈다.
7   스코틀랜드 종교개혁가이자 정치가.

라 한 가닥 희망을 걸어볼 수가 있었다. 크롬웰은 연극을 부도덕하다고 생각했지만 오페라는 인정했다. 한 내각장관은 내가 연극예술학교에 장학금을 지원해달라고 요구하자 "서면으로 제출할 수는 없소?"라고 반문했다. 나는 그렇게 했고, 그는 내 글을 보고 장학금을 승인했다. 현재 그 장관은 기도서 개정을 반대하는 데 앞장서고 있다. 기도서는 시대에 뒤떨어진 내용이 문제지, 문장만 놓고 보면 예술작품이나 다름없다.

성경이 영국 문학의 결정판을 보여주는 데 그치지 않았다는 것은 참으로 다행스러운 일이다. 성경은 위험하고 야만적인 내용투성이지만, 영적인 세계에 음악적 영감을 끊임없이 불어넣음으로써 가장 매혹적인 예술작품으로 거듭났고 '모방 예술'의 의혹에서도 벗어날 수 있었다. 성경은 하늘과 땅과 물속에 있는 것들을 본떠 우상을 만들고 심지어는 폼만 잡는 방랑자를 성인으로 포장하는 모방 예술을 금하고 있다.

여기서의 교훈은 지도자나 정치인들이 미학적 소양을 갖춰야 한다는 것이다. 그러지 않으면 생산적인 예술을 저질 음란물로 혼동하기 쉽다. **착하지만 무식한 사람들이 권력을 잡으면, 못되지만 교양있는 사람들이 권력을 잡을 때보다 더 나쁠 수도 있다.** 크롬웰은 '죄인들'이 군림하는 것을 봐줄 수가 없어서 찰스1세의 목을 베어버렸다. 하지만 '성인(聖人)들'이 권력을 잡으면 사실상 통치가 불가능해진다는 것을 깨달았다. 25년 전 러시아는 신을 파괴하고, 성경을 금지했으며, 텔레마 사원[8]에서 "네 뜻대로 해라"는 규율을 베껴왔다. 그런데도 러시아는 세계에서 가장 청교도적인(금욕적인) 나라가 되었다. 아직까지 이렇다 할 반작

---

8   이탈리아 시칠리아 섬에 위치. 알리스터 크로울리라는 신비주의자가 흑마법을 펼친 곳. 세계에서 가장 무서운 장소로 꼽힘.

용도 일어나지 않고 있다.

  광신도가 이끄는 정부와 냉담자가 이끄는 정부 중 하나를 고르라면 나는 냉담자 정부에 투표할 것이다. 물론 그보다 더 좋은 건 현명하고 다재다능한 사람들이 이끄는 정부다.

40장 비평가에게

결코 끝나지 않을 것 같던 이 책을 마무리 지을 때가 된 것 같다. 책에 실린 내용의 대부분은 나와 다른 사람들이 자주 했던 얘기다. 이런 얘기는 사람들 귀에 못이 박히도록 자꾸 해야 한다. 웬만한 사람들의 의식 속에 자연스럽게 자리잡을 수 있도록 말이다.

앞서 했던 얘기를 여기서 다시 하는 이유가 또 있다. 비평가들도 생각해줘야 하기 때문이다. 나도 처음에는 비평가로 시작해서 잘 아는데, 비평가가 비평할 책을 읽고 안 읽고는 순전히 보수를 얼마나 받느냐에 달려있다. 때로 비평가는 책 표지에 실릴 몇 마디만 해주면 되는데, 그 경우는 칭찬 일색이라 비평가가 그 정도만 하고 빠지는 것이 작가에게는 득이 된다. 나도 짧은 추천사를 받아야겠다. 그런데 보수를 잘 받으면 너무 양심적으로 일하려는 비평가들이 있다. 그들은 시간이 걸리더라도 책의 전체적인 내용을 파악하고 싶어한다. 그래서 내가 대신 요약해주려는 것이다.

요약을 하는 또 다른 이유는 일반 독자를 위해서다. 책 읽는 것을 업으로 하는 사람들이 아니라 책 읽는 특권을 누리기 위해 기꺼이 돈을 지불하는 사람들 말이다. 이런 독자들은 한 30장까지 읽다 보면 집중력이 떨어지기 십상이라 처음에 무슨 얘기를 했는지 다시 한 번 정리해 줄 필요가 있다. 그래서 지금까지 살펴본 내용을 분야별로 간단하게 요약하려고 한다.

인류문명은 크게 다섯 분야로 나누어 생각해 볼 수 있다. 우리가 시대에 뒤떨어진 잡초 같은 생각들을 솎아내지 않으면 미신이 무성해져서 우리 문명이 잘못된 방향으로 가게 될 가능성이 크다. 인류문명의 다섯 가지 분야는 경제, 정치, 과학, 교육, 종교다. 내 생각에, **우리는 그 모든 분야에서 위험할 정도로 시대에 뒤처져 있다. 우리가 제도를 시시때때로 깊이있게 들여다보지 않으면 우리 문명도 이전 문명들처럼 결딴날 것이다.**

이렇게 말하면 바로 질문이 들어온다. 과연 누구의 관점에서 우리가 뒤처졌다는 것인가? 일반 대중의 눈에는 우리가 뒤처지기는커녕 상당히 앞서 나가는 것처럼 보일 것이다. 하지만 그건 대중이 너무 무지하거나 정치, 경제, 과학, 종교적으로 잘못된 교육을 받았기 때문이다. 그들은 자율적이지도 않고 정치인을 보는 눈도 없다. 대중이 통치자를 잘못 선택하면 통치자는 독재자의 길을 택해서 대중을 궁지로 몰아넣는다. 아무리 청렴결백한 인물이라 할지라도 한 사람이 너무 큰 권력을 손에 쥐면 부패하기 마련이다. 독재자들도 언젠가는 늙어서 죽음을 맞이한다. 하지만 누군가를 떠받드는 데 익숙한 사람들은 새로운 숭배 대상이 나타나길 기다리며 전과 마찬가지로 무기력한 상태가 된다.

이 문제를 해결할 유일한 방법은 모든 사람이 완전히 현대적인 교육을 받는 것이다. 다시 말해, 일정 기간 동안은 누구나 기술적이고 강제적인 교육을 받아야 하고 그 후에는 자발적, 합리적, 미학적 교육을 통해 개인의 역량을 최대한 발휘할 수 있어야 한다. 개인마다 능력의 한계치가 다르다. 따라서 누구에게나 무차별적으로 최고등교육을 실시하는 것은 시간 낭비다. 어린아이더러 대학 조정 경기에서 노를 저으라고 하는 것과 같은 잔인한 처사가 될 수도 있다. 하지만 아인슈타인이나 길버트 머레이 같은 재목이 최고등교육을 받지 못한다면 인류에게 그보다 큰 손실도 없을 것이다. 따라서 최고등교육은 누구나 받을 수 있게 하되, 아무에게나 강요해서는 안 된다. 능력에 따라 적절하게 교육받은 사람들은 사회에서 자신의 역할을 기꺼이 받아들인다. 그들은 학교만 졸업하면 누구나 최고가 될 수 있다는 얘기가 말도 안되는 헛소리라는 것을 잘 알고 있다. 그럼에도 불구하고 교육부는 학교에서 누구든 최고의 수학자나 서사시인, 희대의 철학자나 교황, 유능한 수상이나 각료, 개선장군이나 육군대장, 성공한 자영업자나 공장주로 길러낼 수 있다고 전제하고 있다. 통치자는 반드시 그 자리에 걸맞은 소질과 능력을 타고나야 하며 목수나 요리사와 마찬가지로 필요한 기술을 습득해야 한다. 통치자에게도 등급이 있다. 따라서 통치자를 선택할 때는 능력이 제대로 검증된 인물들 가운데서 뽑아야 한다. 전화번호부를 펼쳐놓고 아무나 찍듯이 인물을 뽑아서는 안 된다.

놀랍게도 자연은 타고난 능력을 지닌 사람들을 언제나 충분히 배출한다. 그래서 유권자들에게 선택의 여지가 생기고, 민주주의도 가능해진다(인구의 90퍼센트가 필요한 교육을 받지 못하는 지금 같은 상황만 아니면 말이다). 이 특별한 자연현상이 말하자면 신의 섭리다. 과학자들은 그러한 신의 섭리를 근 백 년 가까이 부정하거나 무시해왔다. 그런가 하면 교조적인 민주주의자들은 세상에는 일정 비율의 머저리들이 반드시 존재하기 마련이라는 악의 섭리를 부정하고 무시한다. 영국 정치인들과 북미인들은 대부분의 사람들이 사유 수준이나 현명한 정도가 비슷비슷하여 유권자가 되기에 부족함이 없다고 맹신하고 정치 분야의 전문화란 있을 수 없다고 주장한다. 물론 말도 안 되는 얘기다. 다수결의 원칙은 정당 간 권력 다툼이 벌어지는 경우, 머리 좋은 쪽이 머릿수 많은 쪽에 눌릴 수도 있다는 사실을 평화롭게 받아들이자는 것에 불과하다. **어중이떠중이를 잔뜩 모아놓기보다는 소수정예, 소수의 유능한 각료로 정부와 내각을 구성하는 것이 자연의 섭리 혹은 (뭐라고 부르든) 신의 섭리에 더 가깝다.** 모두가 천직인 분야 따위는 없다. 정부만큼 고도로 전문화된 인재를 필요로 하는 곳도 없다. 이런 사실을 모르는 과학자와 민주주의자야말로 이 책에서 말하는 공공의 적이자 가장 시답잖은 인간들이다. 그 두 부류는 물론 강하게 반발하며 나를 과학의 적이자 구태의연한 토리당원으로 깎아내린다. 하지만 우리가 치고받고 싸우든 말든, 사실은 사실이다. 독자는 세상을 보고 알아서 판단할 것이며 우리끼리 퍼붓는 비난에는 관심도 없을 것이다.

41장 경제편 요약

1

18세기 루소나 제퍼슨 등 마르크스 이전의 사회학자들은 모든 인간이 자유롭게 태어난다고 주장했다. 20세기 사회학자들은 이 기만적인 주장을 단호하게 거부하고 논의를 시작해야 한다. 소가 풀을 뜯지 않으면 살 수 없는 것처럼, 인간은 자연에 대한 예속 상태로 태어난다. 하루에 몇 시간씩 일하지 않으면 허기나 갈증, 추위, 위험에 노출되어 죽을 수밖에 없다. 다른 사람에게 두 배의 짐을 지게 하지 않는 이상, 어느 누구도 노동이라는 무거운 짐을 내려놓을 수 없다. 자기 짐을 다른 열 명의 사람들에게 나눠지게 할 수도 있다. 그러나 이처럼 자기 몫의 노동을 남에게 전가하는 상황은 노동기피자가 노동자의 정치적 주인이 되고 노동자가 노동기피자의 정치적 노예가 될 때만 발생한다.

노동자든 노동기피자든 사람이라면 누구나 하루에 8시간은 자야 하고 적어도 2시간 이상은 먹고 입고 씻고 이동하는 데 사용해야 한다. 말을 타든 자동차를 타든 신밧드의 등에 올라타든지 간에 말이다. 그런데 먹고 마시고 수면을 취하고 적당한 운동을 하는 것은 기분 좋은 일이라서 어느 누구도 그 시간을 양보하려 하지 않는다. 이것은 법으로 바꿀 수 있는 성질의 것도 아니기 때문에, 재화를 생산하고 용역을 제공하는 데 사용할 수 있는 시간은 나머지 14시간뿐이다. 정치가들은 바로 이 14시간을 놓고 고민한다.

인간은 자연에 예속된 상태로 노동을 해야만 한다. 그러나 인간은 강제적인 노동을 싫어하기 때문에 어떻게든 노동을 덜 하려고 끊임없이 노력해왔다. 노동을 하기보다는 좋아하는 일을 하거나 마냥 놀면서 무위도식하고 싶은 것이다. 이러한 자유를 **여가**라고 한다. 노동과 마찬가지로 여가도 타인에게 양도할 수 있다. 도구, 노동분업과 대량생산, 기계, 전동공구, 공작기계와 마력을 내는 기계의 사용, 증기력, 전력, 폭발력 등이 노동생산성을 향상시켰다. 그리하여 노동자 한 사람이 14시간을 일해서 자기 가족 말고도 서너 가정을 더 부양할 수 있게 됐다고 하자. 그럴 경우 우두머리 한 사람의 가족이 초호화생활을 영위하는 반면에 노동자들의 가족은 근근이 살아가게 될 수도 있다. 아니면 이와 같은 양극단 사이에서 어떤 식으로든 분배가 이뤄질 수 있을 것이다. 만약 1,400만 명의 노동자가 예전과 다름없이 전력을 다해 열심히 일하면서 최저생계유지비만으로 살아간다면, 다른 쪽에서는 100만 가구가 출산을 제외하고는 공동체를 위한 그 어떤 노동도 하지 않으면서 날마다 14시간의 여가와 어마어마한 사치를 누리게 될 수도 있다.

제 정신이 박힌 사람이라면 처음부터 그런 상황을 제안하거나 바라지 않을 것이다. 도적소굴이 아닌 다음에야, "일하지 않는 자 먹지도 말라"는 것이 모든 인간사회의 기본윤리다. 그런데 농경에 의한 문명이 시작되면서 그러한 기본윤리를 확실히 하기 위해 아주 손쉬운 조처가 취해졌다. 모두에게 각자가 경작할 토지를 나눠주고, 다른 사람이 무단 침입하지 못하도록 토지를 사유재산으로 법제화한 것이다. 모두가 똑같이 나눠가질 만큼 비옥한 땅이 풍부했을 때는 이 방식이 꽤 잘 돌아갔다. 그러나 확보할 수 있는 좋은 땅이 모두 경작되고 인구가 수백에서 수백만으로 증가하자 변칙적인 상황이 발생했다. 변칙적 상황에 대비하려고 토지소유권을 법제화한 것인데, 바로 그 토지소유권 때문에 정말 이상한 일이 벌어졌다. 토지소유자가 모든 여가를 독식하고, 나머지 사람들은 오로지 노동만 하게 된 것이다.

이러한 상황에서 땅이 없는 사람들은 간신히 생계를 이어가는 농노로 전락한 반면 지주들은 필요 이상을 갖게 되었다. 땅을 독차지하는 것은 여윳돈을 독점하는 것이다. 여윳돈으로 공장을 지을 수 있게 되었고, 공장을 짓는 데 사용된 돈을 자본이라고 불렀다. 토지소유자는 자본가라 불리게 되었고, 자본이 없는 농노들은 관행적으로 프롤레타리아, 집합적으로 프롤레타리아트라 불리게 되었다. 이처럼 **특정 계급이 자본을 독식하면서, 교육과 심미적 문화까지 독점하게 되었다.** 이러한 독점은 마치 유산이 상속되는 것처럼 여러 세대에 걸쳐 전해내려 왔다. 국가가 공익을 위해 토지와 산업을 소유, 운영, 관리할 준비가 되기 전까지는 이러한 독점을 타파할 아무런 방도가 없기 때문이다.

단순히 유산을 상속한다면, 토지는 분할되고 자본은 보다 작은 단위로 쪼개져서 결국에는 소유할 가치도 없어질 것이다. 이러한 상황을 미연에 방지하기 위해 토지소유자들은 장자상속권을 제정했다. 장자상속권에 의해 재산은 고스란히 맏아들에게 돌아갔다. 그리고 그 밖의 자식들은 새로운 계층을 형성하게 되었다. 맏아들이 아닌 자식들은 자본가 계급의 교육과 문화와 값비싼 취향을 누리면서 성장했지만, 빵과 치즈를 물려받지 못했다. 그래서 이들은 문맹인 프롤레타리아가 발을 들여놓을 수 없었던 사업이나 전문직에 종사하면서 소득을 얻게 되었다.

이렇게 해서 아무도 무슨 일이 벌어지고 있는지 알아채지 못하는 가운데, 상류층과 중류층 그리고 문맹인 하류층으로 3계급이 성립됐다. 하류층에 속하는 인구는 다른 두 계층을 합한 것보다 훨씬 많았다. 그러나 하류층은 너무 가난하고 무지하며 정치활동을 할만한 여가를 가질 수 없었다. 막대기와 돌멩이가 하류층의 유일한 무기였고, 파업과 폭동 말고는 아무런 전술도 가지지 못했다. 그러니 하류층은 끔찍한 영아사망률과 수명단축에도 불구하고 계층의 명맥이 겨우 끊어지지 않을 정도의 푼돈을 받으며 정치적 주인들이 계획하고 지시한 일을 하는 수밖에 없었다.

상황이 이렇다 보니 만성적인 계급전쟁이 벌어지게 되었다. 이러한 계급전쟁에서 중류층과 상류층은 동맹을 맺고 하류층과 대립한다. (중류층의) 사업가들은 프롤레타리아를 착취해서 약탈한 이득을 유한 계급(상류층)과 나눠먹었으며, 입법과 외교 분야가 마치 유한 계급의 전매특허라도 되는 양 맡겨놓았다. 한편 다른 중류층들은 임대료에 의존해서 비생산적으로 살아간다. 프랑스에서는 이들을 노골적으로 임대업자 계층이라 부른다.

3계급이 하나의 제도로서 인식되기 한참 전부터 3계급제도와 그 부당함에 대한 항의와 저항이 있어왔다. 모든 계급에서 배출한 현자, 선지자, 예언자, 선동정치가, 민중정치가들이 3계급제도를 비판했다. 이들 중 많은 수가 순교했고, 가장 유명한 사례가 예수일 것이다. 예수는 부자가 천국에 들어가는 것보다는 낙타가 바늘귀로 빠져나가는 것이 더 쉬울 것이라고 선언했다. 그보다는 차라리, 부자가 미덕을 갖추는 것은 쉬운 일이지만 가난한 사람들이 미덕을 갖춘다는 것은 거의 불가능하다고 설파했어야 한다. 그러나 자본주의제도를 알지 못했던 예수는 가난한 이들을 동정하고 그들이 받는 부당한 처우에 대해 분개한 나머지 모든 미덕을 가난한 이들에게 돌리고 갖은 악행은 부자들에게 갖다 붙였다. 하지만 사실상 대체로 부자들이 선한 편이고 "대체로 가난한 이들이 악하다." **빈곤, 그러니까 부유하지 못한 상황이야말로 물리쳐 없애야 할 악이다.**

2

18세기에 이르러 자본주의제도는 상당히 복잡해졌고, 근대자본주의를 이해하려면 진지하게 공부해야만 했다. 프랑스에서는 중농주의자(특히 튀르고)가 이 문제에 깊이 파고들었고, 스코틀랜드에서는 애덤 스미스의 <국부론>이 출간되었다. 마침내 맬서스, 리카도, 드퀸시 등이 자본주의제도를 제대로 설명했다. 존 오스틴[1]과 매콜리, 해리엇 마티노[2], 코브던, 존 스튜어트 밀[3](이 사람은 결국 사회주의자가 되었다)처럼 지적이고 박애적인 사람들조차, 그들이 익히 알고 있는 자본주의의 해악에도 불구하고, 자본주의가 인간 본성이 구현할 수 있는 최선이라고 인

1   존 오스틴John Austine(1790-1859): 영국의 법철학자.
2   해리엇 마티노Harriet Martineau(1802-1876): 영국의 사회이론가. 최초의 여성 사회학자.
3   존 스튜어트 밀John Stuart Mill(1806-1873): 영국의 철학자이자 정치경제학자. 논리학, 정치철학, 경제학 등 다양한 분야를 연구하고 저술을 남겼다. 자유주의적 정치경제사상을 바탕으로 현실 정치에도 참여했으며, 저서 <자유론>에서 무제한적인 표현의 자유를 강조했다.

정했다. 자본주의는 **19세기 전반 정치경제의 표준이** 되었다. 그러나 곧 도처에서 공산주의적 수단을 도입해 자본주의를 손질하기 시작했다. 영국에서는 이론으로서의 자본주의에 대한 불신이 팽배해서, 무모하게 선거에 나섰던 자유무역주의 이론가들이 완패하고 공탁금을 몰수당하는 지경에 이르렀다. 그렇지만 공산주의적 입법을 통해 가난과 예속상태가 사라지고 모든 사람이 남는 여가와 여윳돈을 공평하게 나눠 가지는 나라가 건설된다면, 자유무역주의는 손상된 위신을 회복할 수 있을지도 모른다. 그러면 코브던이 주창한 자유무역주의가 되살아나서 밀의 <자유론>이 다시 출간되고 베네데토 크로체가 칼 마르크스와 대등하게 인정받을 수도 있다. 코브던과 브라이트가 잘나가던 시절처럼, 자유무역주의가 우리의 마음을 사로잡게 될지도 모를 일이다.

자기가 속한 계급에 매몰되지 않고 세상을 제대로 이해했던 사회학자들은 자유무역주의에 설득당하지 않았다. 현실은 너무나 끔찍했다. 러스킨과 칼라일, 디킨스에게서는 매콜리의 쾌활한 사회개량론이나 진보에 대한 찬양을 찾아볼 수 없다. 그들은 자본주의가 파멸에 이르는 강도짓이라고 보았기에 자본주의를 연구하려 하지 않았다. 따라서 그들은 자본주의를 이해하지 못했고, 정치적인 구제책도 찾을 수 없었다. 그때 공장 조사관의 보고서를 읽은 예언자 칼 마르크스가 등장한다. 그는 러스킨, 칼라일, 디킨스 이들 중 어느 누구보다도 노동자들의 상황에 대해 잘 알고 있었다. 유태인인 마르크스는 예레미아처럼 그 상황을 인식하고 열정적으로 증오했다. 헤겔주의로 훈련된 마르크스는 리카도를 공격하기 위한 수단으로 다름 아닌 리카도의 사상을 택했다. 독일에서는 또 다른 유태계 지식인 페르디난트 라살레가 같은 작업을 했다. 이 두 사람은 예레미야나 예수 또는 러스킨이 하지 못했던 것을 해냈다. 리카도와 코브던의 (자유주의)경제이론에 대한 대안이 될 수 있는 정치경제체제를 제시한 것이다. 사회주의라는 경제이론은 대량생산과 여가창출이라는 문제를 1) 국가가 토지를 소유하고, 2) 국가가 산업을 통제하고 운영하며, 3) 국가가 소비와 자본, 투자의 사이에서 상품의 분배를 담당하게 함으로써 해결했다. 이는 국가의 활동을 경찰업무, 외교, 관리감독과 사적 계약을 강제하는 일로 제한한 자유무역주의를 극단적으로 부정한 것이다.

자유무역주의와 사회주의, 이 두 체제 사이의 다툼은 결국 그 둘을 혼합하려는 시도로 이어졌다. 맨체스터와 미드랜드의 자유무역주의자들은 페이비언 사회주의를 통해 국가재정과 정치권력을 등에 업은 영리기업의 막대한 가능성에 눈을 떴다. 국가가 토지를 직접 소유하거나 지대나 이자를 몰수하지 않더라도 국가의 자금력과 정치력을 지원받는 영리기업이 존재하게 된다면, 자본가들은 굉장히 부유해질 수 있고 유권자들의 결정적 다수인 프롤레타리아에게 충분히 관대해질 수 있다. 이러한 체제를 이탈리아에서는 파시즘이라 부르고, 독일에서는 국가사회주의 또는 나치주의라 한다. 영국과 소위 서구민주주의 국가들에서도 그러한 체제가 수립되어 활발하게 실행되고 있으나, 딱히 정해진 이름은 갖고 있지 않다. **국가자본주의**라 부르면 적절할 것이다. 그러나 이 국가자본주의가 여전히 오래된 민간자본주의로 통하고 있기 때문에, 국가자본주의의 옹호자들이 이탈리아와 독일의 파시즘은 가장 극악무도한 짓이며 그 지도자들을 무찔러야 할 최후의 적이라고 비난하는 일이 생긴다. 이는 현재 일반적으로 벌어지고 있는 용어 혼동의 사례다. 극소수의 전문가들 말고는 자본주의와 파시즘, 사회주의 이론을 제대로 이해하고 있는 사람이 없다. 따라서 자기가 지금 무슨 얘기를 하는지도 모르는 정치가와 저널리스트들은 계속해서 용어를 잘못 사용하고 있다. **자기가 무슨 말을 하는지 제대로 알고 있는 소수의 사람들은 19세기 사회주의가 가난을 해소하는 데 지나치게 집착한 반면 여가와 문화를 향유하는 데에는 지나치게 소홀했다고 생각한다.** 그들에게 사회주의라는 단어는 귀에 거슬리는 진부하고 형편없는 표현이다. 그들은 사회주의라는 말 대신 **과학적 휴머니즘**이라는 단어를 사용하는데, 이것이 훨씬 종합적이고 더 나은 표현이다. 또한 과학이 지난 수백 년 동안 자신의 이름을 끔찍하게 더럽힌 반(反)휴머니즘에서 벗어나는 길이기도 하다.

3

인간은 자연에 예속된 존재라는 것은 초당파적인 대전제다. 따라서 노동이라는 짐을 분담하고 여가라는 이득을 나눠가짐으로써 모든 사람이 최대한도의 복지를 누리도록 인간사회를 조직하는 것은 근본적인 문제다. 모든 사람이 실질적으로 최대한의 복지를 누리지 못하는 한, 모세의 율법과 산상수훈에서부터 대서양헌장과 테헤란선언에 이르기까지 모든 헌법과 정강, 정치프로그램들은 한낱 미사여구 내지는 달뜬 열기에 지나지 않는다. 자유는 역사를 여는 열쇠라고 한 베네데토 크로체의 가르침은 옳다. 그러나 베니토 무솔리니가 자유를 술에 절은 군대에 빗댄 것도 마찬가지로 옳다. 세계대전에서 우리는 민주주의를 위해 싸우고 있다고 주장한다. 그러나 아돌프 히틀러는 영국에서의 민주주의란 셈족의 금권정치에 다름 아니라며 정곡을 찌른다. **여가가 없는 시민들에게 자유와 민주주의는 아무런 의미를 갖지 못한다. 90퍼센트의 사람들은 항상 일만 하고 여가를 갖지 못하는 반면 10퍼센트의 사람들은 늘 여가를 즐기고 전혀 또는 거의 일을 하지 않는다면, 자유란 허깨비에 불과하다.** 마그나카르타, 권리청원, 미국헌법, 자유와 평등이라는 프랑스의 모토 등은 그저 종이조각에 불과하다. 그 어떤 새로운 권리선언도 실행될 수 없다. 그러한 환경에서는 계급전쟁이 만연할 수밖에 없다. 스페인과 러시아에서처럼 유혈이 낭자하고 파괴적인 계급전쟁이 벌어질 것이다. 민주당과 공화당, 노동당과 국민당, 좌파와 우파, 휘그당과 토리당, 자유당과 보수당이라는 오래된 구분은 이제 더 이상 적절하지 않다. 우리는 후보들에게 마르크스 이전의 사상을 가지고 있는지 아니면 마르크스 이후의 사상을 가지고 있는지를 물어봐야만 한다. 노동과 여가의 분배가 엉망으로 남아있는 한, 중앙정부든 지방정부든 모든 정부는 그 구성원들이 얼마나 민주적인 원칙과 프로그램을 가지고 있는지에 관계없이 노동과 여가의 분배를 망치는 도구로 기능할 수밖에 없다.

경제 상황에 대한 위의 관점이 현대 정치의 근간이다.

42장 정치편 요약

1

국민은 통치자를 선택할 수 있어야 하고, 일정 기간이 지나면 결과에 따라 자신들의 선택을 철회할 수도 있어야 한다. 국민이 그러한 권리를 갖지 못한다면 특정 계층이나 계급, 조직, 파벌의 이해에 따라 움직이는 독재정부가 등장할 것이다. 그러한 국민의 권리는 헌법으로 보장되어야 하며 국민이 최선의 선택을 할 수 있는 방향으로 규정되어야 한다. 그렇지 않으면 대중의 정치적 무지와 우상숭배 근성으로 말미암아 히틀러식 독재체제가 등장하거나 티투스 오츠와 로드 조지 고든 같은 미치광이들이 소동을 일으킬 수 있다. 따라서 우리는 통치자로서의 지혜와 이해력, 지식, 에너지를 검증할 수 있는 시험을 고안해야 하고, 시험을 통과한 후보들 중에서 통치자를 선택해야 한다. 입법이 목적이라면, 누구에게나 입법자가 될 자격을 부여하는 성인참정권은 도움이 되지 않는다. 입법에 필요한 능력이나 지식을 갖춘 사람은 전체 국민 중 극히 일부에 지나지 않기 때문이다. 그러나 불만을 토로하고, 각료들에게 질의하고, 내각을 비판하고, 새로운 정책을 제시하고, 신임 혹은 불신임 투표를 하기 위해서라면, 다시 말해 정부가 국민과 지속적으로 소통하게 만드는 것이 목적이라면, 남녀를 동등한 비율로 구성한 '대중적 의회'가 필요하다.

대중적 의회는 하원the House of Commons이라고 해야 한다. 일반인들로 구성된 하원에 입법권을 부여해서는 안 된다. 법을 제정하는 능력은 결코 "일반적common"이지 않기 때문이다. 법률을 고안하고 개정하고 추가하고 집행할만한 능력을 타고나는 사람들은 극히 일부다. 다만, 그러한 적임자들을 선택하거나 자리에서 내쫓을 수 있는 권한은 일반 국민에게 있어야 한다. 일반 국민은 자신들의 동의 없이 통치가 이루어진다고 생각하면 반정부적이고 선동적으로 돌변한다. 다행히 자연은 언제나 필요한 것들을 때로는 과하다 싶을 정도로 충분히 제공한다. 물고기 알이 바다에서 1,000분의 1의 확률로 살아남는다면, 자연은 균형을 맞추기 위해 100만 개의 알을 공급한다. 한 나라를 다스리는 데 수상이든 대통령이든 최고통치자 한 명과 장관 열두 명이 필요하다면, 자연은 가난과 무지가 가로막지 않는 이상 100명의 적임자를 공급한다. 국민이 굶거나 제대로 교육받지 못하는 상황이 아니라면 입법가나 행정가의 자질을 갖춘 사람들은 언제나 충분히 나타난다. 따라서 유권자들은 충분한 선택의 기회를 갖게 되며, 그러한 선택권만으로도 정부를 자신들에게 유리하게 통제할 수 있다. 하지만 이를 현실화하려면 **우선 정치를 다른 분야들과 마찬가지로 하나의 전문 분야로 간주해야 한다. 또한 적임자를 찾아내고 검증을 거쳐 능력에 따라 분류해야 한다.** 입법 혹은 행정 전문가로서 자격을 인정받는 것은 성직자가 서품을 받고, 변호사나 의사가 공인자격증을 따고, 대학생이 졸업생을 따는 것과 마찬가지다. 전문가로 인정받지 못한 시민운동가라면 하원에서 자신의 정치적 능력을 펼칠 수 있다. 그런가 하면 시험을 보지 않고 전문가가 되는 방법도 있을 수 있다. 실생활에서 능력을 입증해 온 "진정한 전문가"에게 명예학위나 자격증을 수여하는 경우다. 하지만 그렇게 변칙적이고 예외적인 경우를 허용할 권한은 시험을 통해 자격을 검증받은 통치자들에게만 부여해야 한다. 시험은 시대에 뒤처지지 않도록 주기적으로 개정해야 하며, 불변하는 절대적인 것이 아니라 일시적이고 가변적인 것으로 인식되어야 한다.

영국식 정당제도는 가차없이 폐기해야 한다. 영국의 정당제도는 250년 전 하원을 무력하게 만들려는 의도로 고안되었다. 왕은 하원의 다수당에서 내각의 각료를 선택해야 하고, 내각은 다수당이 찬반 표결에서 패할 경우 의회를 해산시켜서 의원들에게 선거를 다시 치르는 부담을 지게 만든 것이다. 때문에 하원의원들은 각 사안에 대해서가 아니라, 다수당이 내각을 계속 장악하게 할 것인가를 놓고 투표하게 되었다. 내각을 불신임하면 여야 모두 의석을 잃을지도 모르는 위험을 감수해야 하고 엄청난 선거 비용을 또 부담해야 한다.

따라서 의회는 지방의회처럼 운영되어야 한다. 투표를 통해 선출된 지방의원들은 정해진 임기 동안 상임위원회에서 활동하면서 소속 분과와 관련된 문제들을 검토하고 의결하여 본회의에 보고한다. 상임위원회의 보고서는 본회의를 거쳐 통과되거나 수정되거나 재심의를 위해 반려된다. 보고서의 운명은 전적으로 보고서의 가치에 달려있다. 보고서에 찬성표를 던진다고 해서 의원 개인이 이익을 얻거나 불이익을 당할 일은 없기 때문이다. 반대표를 던진다고 해도 의회를 즉시 해산하거나 선거를 치르거나 상임위원회의 의장을 교체할 필요가 없다. 현재 지방의원들은 순진한 초선의원들을 조직화하고 선거 때 무소속 후보들을 배척하는 등 정당정치 놀음을 하고 있다. 이 문제를 해결하려면 정당에 휘둘리는 거수기들을 지방의원 후보에서 제외해야 한다. 그러면 지방의원들이 정당과 상관없이 투표하게 될 것이다.

2
하지만 의회와 지방의회가 모든 정치적 사안을 다룰 수는 없다. 이는 의회가 한 개가 아니라 여러 개가 되더라도 마찬가지일 것이다. 새뮤얼 존슨 박사가 올리버 골드스미스의 시에 삽입한 구절은 오늘날에도 여전히 유효하다.

> 인간의 심장이 견디는 모든 일들 중에서
> 왕이나 법이 해결할 수 있는 부분은 얼마나 미미한가!

수많은 사람의 일자리가 고용주나 금융업자들의 연합, 노동조합, 전문가협회, 법학원, 종합의료위원회, 주교회, 증권거래소와 같은 단체들에 의해 좌우되고 있기 때문이다. 설사 정부의 직접적인 통제가 완전히 사라진다고 해도, 먹고사는 문제는 여전히 우리가 통제하지 못하는 단체들 손에 맡겨질 것이다. 그러한 단체들은 오로지 '동업자 의식esprit de corps'에만 지배된다. 성직자가 죄에 대해, 변호사가 소송에 대해, 경찰이 범죄와 기소에 대해, 의사가 질병에 대해, 증권거래소가 도박에 대해, 왕실이 가난과 노예제도에 대해, 노동자가 일을 가능한 한 적게 하려는 것에 대해 기득권을 유지하려는 태도는 동업자 의식에서 비롯된다. 그래서 동업자 의식은 공공복지와 충돌할 수 있다. 반사회적인 행동에서 이익을 얻는 단체들은 대중을 상대로 음모를 꾸미기 쉽다. 그러한 단체들은 쓸데없이 긴 견습기간을 두고, (낡은 기술이나 언어, 직무와 무관한 과목들에 대해) 불필요한 시험을 실시함으로써 진입장벽을 높게 쌓고 전문인력을 부족하게 만들어서 자신들의 몸값을 유지하려고 한다. 그들은 자기들에게 새로운 숙제를 안겨준다는 이유로 기존 기술을 대체하는 모든 신기술에 저항한다. 그리고 조직의 외부인들을 턱없이 못살게 군다. 그들이 보장한다는 기술과 지식에 대해 말할 것 같으면, 기술은 검증되지 않은 허상인 경우가 많고(예컨대, 수술 한 번 제대로 안 해보고 외과의사 자격증을 따는 것도 가능하다), 지식은 비실용적이고 시대에 뒤쳐진 경우가 허다하다.

이처럼 공공에 피해를 주거나 그럴 위험이 있는 단체들이 마음껏 활개치는 것도 모자라 감히 어떤 계급도 요구하지 못한 권력과 특권까지 누리려 하고 있다. 국가가 그런 상황을 그냥 내버려두는 것은 정치적으로 미친 짓이다. 하지만 우리는 그런 단체들을 그냥 놔두는 것을 당연하게 여긴다. 그리고 그런 단체들을 국가기관으로 흡수한 대륙의 파시스트 정권을 최악의 전제정치라고 비난한다. 진짜 민주정치를 원한다면, 정치적으로 비적임자들이 적임자들을 통치해야 한다고 믿는 정부를 거부해야 마땅하다. 의료계가 환자들의 목소리를 도외시하고, 성직자가 신자들의 정신세계를 쥐락펴락하고, 변호사들이 의뢰인들을 개의치 않고, 산업계가 소비자를 무시하고 생산자만을 대변한다면, 직업집단의 전제정치가 나타날 것이며 다른 모든 종류의 전제정치와 마찬가지로 위험을 초래할 것이다. 그러나 성직자는 성직자가, 의사는 의사가, 변호사는 변호사가, 지주는 지주가, 증권브로커는 증권브로커가, 광부는 광부가, 엔지니어는 엔지니어가 통제하는 것이 당연시되고 있다. 절도와 살인을 단속할 단체를 만들려면 절도범과 살인범들로 구성해야 할 판이다. 추밀원이나 종합의료위원회와 같은 단체들은 특히나 배타적이다. 그들이 일반인 대표를 자신들의 일원으로 받아들이도록 하기 위해 나는 비전문가들(환자들)을 대변하여 수년 동안 끈질긴 투쟁을 벌여야 했다. 그들은 외부인에 대한 차별적 방침을 노골적으로 드러내왔다.

그러한 방침은 경솔하긴 해도 의도적인 것은 아니다. 소비자보다 생산자가 먼저 조직적으로 움직인 결과일 뿐이다. 생산자는 상대적으로 수가 적고 먹고살기 위해서는 조직화하는 것이 유리하기 때문에 쉽게 뭉친다. 반면 소비자들은, 특히 전국민이 소비자에 해당하는 경우에는, 범국민적 차원에서 조직화해야 한다. 따라서 사회조직이 국가적인 조직으로 발전하지 않는 이상 소비자들은 조직화될 수 없으며 생산자들에게 지배당할 수밖에 없다. **인구가 보통 수백만이 넘는 현대사회에서 조직화되지 않은 사람들은 의식하든 의식하지 않든, 의도하든 의도하지 않든 언제나 조직화된 사람들에게 지배당하기 마련이다.** 마르크스주의를 축으로 하는 사회주의국가는 조직화된 생산자들에 맞서 소비자들이 스스로를 방어하기 위해 세운 조직이다.

조직화된 생산자들을 지배할 수 있을 정도로 소비자들이 조직화되기 전에는 타고난 재능의 차이 때문에 민주주의가 실현되기 어렵다. 어떤 재능은 굉장히 가치있는데도 돈이 되지 않는 반면 어떤 재능은 너무 천박해서 재능이라기보다 악덕에 가까움에도 불구하고 수익성이 좋다. 윌리엄 모리스나 새뮤얼 리처드슨은 현명하게도 따로 사업을 해서 돈을 벌었다. 그렇지 않은 위대한 시인과 철학자, 수학자들은 배를 곯지 않기 위해 대학 강단에 서서 그들이 가르치는 것을 소화할 능력도 안 되고 시험 답안지를 채우는 것에만 관심이 있는 학생들을 앞혀 놓고 재능을 전하는 척해야 했다. 그런가 하면 일을 꾸미는 데 재주가 있고 욕심이 남다른 사람들은 금융과 상업 분야에 종사하면서 큰 돈을 번다. **자본주의 사회에서는 출세의 문이 모든 재능에 열려있지 않다. 어떤 재능에는 활짝 열려있고, 어떤 재능에는 굳게 닫혀있다.** 19세기의 위대한 시인 윌리엄 모리스가 시인으로서 전성기일 때도 시를 써서 번 돈은 일 년에 고작 100파운드였다. 그는 공장과 상점을 운영하며 예술 작품에 가까운 최고급 가구와 장식품들을 판 덕분에 편안하게 살 수 있었다. 하지만 그가 번 돈은 그의 경쟁자들이 유행 타는 흔해 빠진 쓰레기들을 팔아서 벌어들인 돈에 비하면 새발의 피였다. 로버트 브라우닝은 시를 써서 일 년에 100파운드 남짓 벌었는데 소득세를 내라는 압박까지 받는 통에 몇 년이나 영국을 떠나 있었다. 그는 상속받은 재산으로 생활했다. 뉴턴이나 아인슈타인이 미적분이나 상대성이론으로 돈을 벌었을까? 전혀 아니다. 내가 돈 걱정 안하고 살 수 있었던 것도 내가 참여하지도 않은 한 편의 연극 덕분이었다. 그러니까 **토지나 자본의 소유 여부와 관계없이 재능이 출중한 사람들 사이에도 소득불평등은 존재한다.**

3

소득평등화는 모든 시민이 서로 결혼가능한 수준이 될 때까지 진행되어야 한다. 그러한 소득평등화야말로 문명사회의 안정을 위한 기본 조건이다. 천재나 성인이나 영웅이나 정복자나 두뇌형 인간이나 평범한 인간이나 살아가는 데 드는 비용은 비슷비슷하다. 이런 간단한 역사적 사실만 봐도 소득평등화는 충분히 타당하고 실현가능하다. 사람들은 자기보다 능력 없고 가난한 사람들이 임금을 올려받으면, 자기들도 임금을 올려받아서 소득불평등을 유지해야 하고 그런 식으로 재능의 차이가 드러나야 한다고 주장한다. (호머나 피타고라스 같은 사람들이 아니라 톰이나 딕, 해리엇 같은 평범한 사람들이 주로 그렇게 주장한다.) 그러나 세상에는 돈이 되는 재능과 그렇지 않은 재능이 있으며, 최고의 재능을 지닌 사람이나 평범한 사람이나 살아가는 데 드는 비용은 비슷하다는 사실 앞에서 그러한 주장은 설득력을 잃는다. 요즘 사람들에게 주입된 그 이기적이고 얕은 정치적 견해는 앞으로 교육을 통해 근절해야 한다. 모두의 소득을 현재 연소득이 수천 파운드에 달하는 사람들의 생활수준으로 끌어올려야 한다. 그러기 위해 가장 먼저 해야 할 일은 최하위 계층의 소득을 그 바로 윗단계로 끌어올리는 것이다. 그렇게 최하위 두 계층의 소득이 평등해지면 다시 그 윗단계로 끌어올리고, 마침내 모든 시민이 서로 결혼가능한 수준에 도달할 때까지 그러한 과정을 반복해야 한다. 유능한 기술자는 특별한 기술이 없는 노동자가 임금인상을 통해 자신과 임금이 비슷해지는 것을 용인해야 하며, 더 나아가서는 서로 힘을 합해 그 윗단계로 올라서야 한다. 유능한 기술자라면 자신의 우월한 능력에 대해 자부심을 가지는 것이 당연하다. 그러나 벽돌공만큼이나 벽돌을 나르는 인부도 필요하다는 사실을 잊어서는 안 된다. 언젠가 기계의 발명으로 두 사람 모두 쓸모없어지거나 벽돌 나르는 인부만 필요한 날이 오게 될지도 모르는 일이다. 또한 그는 이웃의 복지가 자신의 복지와 결코 무관하지 않다는 사실을 명심해야 한다. 으리으리한 궁전도 사망률이 높은 빈민가로 둘러싸이면 덩달아 위험하고 살기 싫은 곳이 되는 법이다. **무엇보다 그는 최하위의 비숙련 노동자에서 최상위 기술자에 이르는 사람들의 가치가 임금, 보수, 수수료와 같은 금전적 액수로 평가될 수 있다는 생각을 버려야 한다.** 못 믿겠는가? 그렇다면 대주교와 마권판매업자의 사회가치를 파운드나 실링, 펜스로 나타낼 수 있는가? 아니면 계관시인과 소시지 생산업자의 임금 격차를 공정하게 조정할 수 있는가?

하지만 어떤 사람의 두 시간이 그 사람의 한 시간보다 두 배로 가치 있다고 평가하는 것은 가능하다. 또한 생산직과 사무직, 군인을 제외한 직종의 경우에는 노동시간과 여가시간, 은퇴연령을 다양하게 조정하는 것도 가능하다. 이를테면 극작가의 경우가 그렇다.

43장 종교편 요약

1

근본주의자들에게 당신들이야말로 오늘날 종교의 **최대** 적이라고 단도직입적으로 말해 줄 때가 되었다. 야훼는 신이 아니라 야만스러운 이민족의 우상일 뿐이다. 영문학의 걸작이라고 일컬어지는 영어 성경은 재능있는 작가들과 번역가들이 작업한 덕분에 유명한 시구와 속담, 격언이 풍부하고 재미있는 이야기들로 가득하지만, 결국 야만적인 미신과 낡은 우주론, 신정론의 범벅일 뿐이다. 창세기는 우상숭배와 피의 희생으로 시작되고, 전도서는 미몽에서 깨어나 회의주의적이고 무신론적인 염세사상으로 되돌아간다. 미카서와 예언서는 신의 자비와 정의를 내세워 모든 희생을 거부하는 혁명적 열정에 도취되어 있다. 신약에 이르러 신을 애정이 넘치는 아버지로 생각하는 감상주의에 빠지는 퇴보를 하고, 사도행전에서는 피의 희생으로 되돌아가 반세속주의와 그리스도 재림설의 정치학에서 안도하려 한다. 마지막 요한계시록에 이르면 불가능한 계시에 중독되어 신비주의적인 꿈이 폭발한다. 성경의 모든 장들이 균형 잡혀 있지 않고 편향되어 있기 때문에 초기 가톨릭 교회에서는 평신도들이 특별한 허가 없이 성경을 읽는 것을 금지했다. 종교개혁으로 모든 사람이 성경을 읽을 수 있게 되자, 일련의 종교전쟁들이 일어났다. 오늘날 히틀러가 일으킨 세계대전은 그 절정을 보여준다. 여호수아가 땅을 차지하기 위해 벌였던 군사작전이 다시 일어난 것이다. 히틀러가 일으킨 전쟁이 여호수아의 군사작전과 차이가 있다면, 땅을 정복하고 물려받을 선택받은 민족(선민)이 유태인이 아니라 독일인이라는 점이며, 공격과 살육을 감행하는 젖과 꿀이 풍부한 땅은 가나안 지역으로 불렸던 북아프리카의 작은 지역들에서 오대륙 전체로 확대되었다는 것이다. 히틀러는 굉장히 가난하게 태어나 영세상인들의 이 전투구를 일찍부터 경험해야 했다. 그 치열한 경쟁에서 유태인들은 무시무시할 정도로 성공을 거두고 있었다. 상업에 영 소질이 없었던 히틀러는 유태인을 증오하게 되었다. 하지만 어린 시절 교육으로 유태교는 히틀러에게 이미 충분히 스며들어 있었다. **히틀러는 최초의 여호수아가 가나안족을 박해했던 것처럼 유태인들을 박해했고, 반유태주의가 아니라 오히려 유태주의에 단단히 영향을 받은 선민의식으로 나라를 이끌었다.**

그러나 내가 이런 얘기들을 벽에 써 붙이고 큰 소리로 읽어대면, 성경은 읽은 적도 없고 그저 주기적으로 어딘가 들러야 하는 습관 때문에 일요일마다 교회에 나가 무비판적으로 설교를 듣는 보통사람들은 내가 빌어먹을 비종교인이라서 죽고 나면 틀림없이 지옥에 갈 것이라고 한다. 사실 그 사람들도 지옥의 존재에 대해서 의심하기 시작했다. 지옥이라는 곳이 진짜 있다면, 내가 지옥에 가는 것이 확실한 것만큼 그들도 지옥에 갈 수 있다는 불편한 가능성이 있기 때문이다.

우리가 몇 편의 글들을 경전으로 삼아야 한다면, 근대 문학을 선택하는 편이 낫다. 우리가 이제껏 성경으로 인정해온 것은 '책 중의 책'이라는 고대 히브리 문학이다. 하지만 지금의 문학이 오히려 진화론적으로 탁월할 뿐만 아니라 사회적으로 보나 과학적으로 보나 훨씬 시대에 적합하다. 정치경제적 측면에서 성경은 우리에게 전혀 도움이 되지 않으며 오히려 우리를 방해하고, 우리를 위험한 무신론자로 만들고 있다. 18세기 루소는 "기적을 없애라. 그러면 모든 세상이 그리스도의 발 아래 놓일 것"이라고 했다. 당시에는 적절한 말이었다. 하지만 루소가 틀렸다. **전 세계는 성경의 기적에 무관심하게 되었고 그리스도의 발 아래에 놓이는 대신 파스퇴르와 파블로프의 발 아래로 떨어졌다. 그리고 과학의 기적을 새로운 기적으로 신봉하게 되었다.**

2

그러나 사람들은 오래된 근본주의적 미신과 금기 그리고 정신적인 습관들을 버리지 않았다. 19세기 말경 스튜어트 해들럼이라는 목사는 그의 교구 원로들에게 교회가 성경을 한 백 년쯤 파묻어 놓았다가 그 후에 성경의 진짜 모습을 찾아야 한다고 말했다가 곤란을 겪었다. 나는 성경만 묻어야 한다는 주장에 동의할 수 없다. 기도서도 파묻어야 한다. 기도서는 그렇게 여러 번의 개정을 거치고도 여전히 피의 희생으로 넘쳐난다. 기도서에서 끝없이 반복되는 "우리 주 예수 그리스도로 말미암아"라는 말에는 근본적인 오류가 있다. 점점 더 많은 사람이 기도서에서 진실인 것은 예수가 존재하지 않았더라도 진실이었을 것이고, 예수가 흘린 피가 우리 죄에 대해 우리가 져야 하는 책임을 조금도 경감시켜 주지 않는다는 것을 깨닫고 있다. 예를 들어, 도둑이 정직하게 살게 된다면 그는 스스로 속죄하는 것이다. 그렇게 하기 전까지는 여전히 도둑일 뿐이고, 예수가 그를 위해 수천 번을 죽는다 해도 그가 지옥에 떨어질 도둑인 것은 마찬가지다. 예수는 결코 "너 하고 싶은 대로 죄를 지어도, 나의 피로 죄를 씻어줄 것이다"라고 말하지 않았다. 예수는 "더 이상 죄를 짓지 말라"고 했다. 기도서가 예수를 속죄양이라고 주장하는 것은 예수의 가르침에 위배되며 사람들을 교화하는 교회의 역할을 방해한다. 이런 식으로 기도서는 계속해서 사람들을 교회 밖으로 몰아낸다. 사실 사람들은 교회에 나가지 않을 때도 교회에 가야 하지 않을까 하고 생각하는데 말이다. 교회가 시대에 맞게 현대화된다면 사람들이 보다 나은 방식으로 일요일을 보낼 수도 있을 것이다. 요즈음 사람들은 일요일에 교회에 가는 것보다 훨씬 지루하고 돈도 더 많이 드는 일들을 하며 지내고 있다.

가톨릭교회는 영국국교회보다 세속적인 측면이 훨씬 더 발달했고, 특이한 옷깃을 달고 있는 뜨내기 영국신사가 아니라 훈련된 전문 사제들로 구성되어 있다. 하지만 가톨릭교회는 예전에 저질렀던 실수를 절대로 인정하지 않고, 근대 과학으로 전지전능한 신을 믿는 것이 불가능해졌음에도 불구하고 그 어떤 시행착오도 인정하지 않기 때문에 훨씬 불리한 입장에 있다. 세상은 실수로 가득하고 그것을 바로잡거나 제거하는 것이 우리의 임무이다. 친숙한 예를 들어보자. 로마가톨릭이 "주의 거룩한 자가 썩게" 놔두며 매장을 고수하는 이유는 매장된 육신만 부활할 수 있으며 화장하면 부활할 수 없다는 유치한 생각에 따른 것이다. 나의 삼촌이 생각나는데, 그는 엘리야처럼 천상의 불마차를 타고 승천할 것이라 믿었기에 그 과정을 쉽게 하려고 신발을 벗고 있었다. 로마가톨릭이 나의 삼촌보다 더 나은 교육을 받은 사람들을 신자로 만들려 한다면, 삼촌의 수준보다 올라서기 위해 변화를 꾀해야 한다.

또 다른 예로, 로마가톨릭교회는 이혼을 인정하지 않기 때문에 아예 결혼을 무효화하는 방법밖에 없다. 때문에 다코타 이혼 법정에서도 인정하지 않는 근거들을 들어 결혼을 무효화하기도 한다.

퀘이커교도나 성자들은 종교 의식 없이도 종교적일 수 있고 기도문도 스스로 만들지만, 교회에 가지 않으면 종교를 잊고 악마에 빠져 전쟁을 일으키는 사람들도 있다. 그런데 교회에 가서 듣게 되는 것들이 도무지 믿을 수 없고 비합리적이라면 그들은 교회에 가지 않을 것이다. 교조주의와 실용주의의 끔찍한 충돌을 피하기 위해서는 교조주의적인 징벌과 제재들을 시대의 흐름에 맞게 바꿔야 한다. 하지만 내가 이런 얘기를 하면 사람들이 기껏 보이는 반응은 나 같은 사람들을 저지하겠다고 모이는 것이었다. **낡은 종교 신조들을 씻어버리는 데 인생을 바칠 수 있을 정도로 내가 종교적이라는 것을 알게 되면 그들은 나를 더욱 싫어할 것이다.** 그리고 내가 종교 없이도 사회가 단결할 수 있다고 믿는 것처럼 그들은 종교 없는 사회가 단결할 수 없다고 믿기 때문에 신앙심을 더욱 돈독히 할 것이다. 믿을만한 종교도 불편하긴 마찬가지다. 때문에 보통사람뿐만 아니라 종교적인 사람들도 종교를 싫어한다. 십대 초반 나는 사람들이 선해지는 것은 성경과 십계명 때문이 아니라 그들의 도의심 때문이라고 주장했다. 내가 유치한 거짓말을 하거나 도둑질하는 버릇을 고칠 수 있었던 것도 그 시기에 생긴 도의심 때문이라고 했다. 나의 삼촌들은 내가 그러한 주장을 하는 것을 보고 무신론자라고 여겨 어떤 조치를 취해야 한다고 봤다. 그러나 아무런 조치도 취해지지 않았고 나는 지적인 통일성에 걸맞은 별칭을 얻게 되었다. 이단자 조르다노 브루노와 과학계의 고귀한 순교자 반열에 오르게 된 것이다. 나와 셸리처럼 이단적인 것을 자랑스러워하는 바람직한 젊은이들의 무리가 대학에서 형성되는 것을 보며 보통사람들은 어딘가 매우 잘못됐다고 지적한다. 맞는 말이다. 이단자들 중에는 분명 서기Thuggee나 부두 같은 문명의 파괴자들도 있기 때문이다. 그런 사람들은 (더 이상 그렇게 부르지는 않지만) 언제나 존재하는 이단재판을 통해 없애야 한다. 이단재판은 구식이고 이단은 신식이라고 여길 때 악마를 신봉하는 무리가 생긴다.

하지만 요즘은 종교적 관습이나 매주 교회에 나가야 한다는 주장이 보통사람들에게도 설득력을 잃고 있어서 내가 종교를 비판하는 것에 대해 셸리 때처럼 크게 분개하는 이들이 없다. 셸리가 종교를 비판했을 때는 어떤 성난 영국인이 우체국에서 셸리를 보자마자 때려 눕혔다. 예전에 나는 맨체스터 클럽의 초대를 받아 방문한 적이 있는데 클럽 회원 중 한 명이 매우 공격적으로 나를 모욕했다. 나는 그에게 클럽 규정을 위반하고 있다고 일장 연설을 하고 나를 초대해준 회원이 위원회에 그를 고소할 것이라고 경고했다. 그가 화를 내고 불편해 했던 이유는 내가 야훼를 신으로 받아들이기를 거부했다든가 하는 것 때문이 아니었다. 그는 내가 셰익스피어의 무오류성과 전능함을 부인한 것 때문에 화가 났다. 또 한번은 지구가 둥글다는 이단설에 맞서 지구는 평평하다고 주장하는 데 평생을 바친 어떤 신사가 연설하는 모임에 참석한 적이 있었다. 나는 그렇게 웃기는 논쟁은 본 적이 없었다. 연설자는 무신론자들의 온갖 공격을 받았지만 그러한 논쟁에는 이골이 난 터라 어떤 질문에도 쉽게 대답했고 모임 참석자들은 식식거릴 정도로 화가 나 있었다. 그는 마치 볼링을 하듯 그들을 가지고 놀았다. 배가 지평선 아래로 가라앉는 것을 망원경으로 본 적이 있지 않느냐는 질문을 받자 그는 질문자에게 실제로 그렇게 망원경을 사용한 적이 있느냐고 침착하게 되물었다. 나와 연설자를 제외하고는 참석한 사람들 중 아무도 실제로 해본 적이 없는 것이 분명했다. 연설자는 계속해서 말했다. "나는 이 흥미로운 환상을 직접 목격한 적이 있습니다. 질문자는 배에 대해 들은 풍문만 갖고 말씀하시는군요. 아무튼 그렇다면, 질문자는 철교 위에 서서 평행한 두 선로를 보면서 그 선로가 저 멀리에서 언젠가 만나게 될 거라고 확신하십니까? 두 선로가 한 점에서 만날 것처럼 보이기 때문에 실제로 한 점에서 합쳐진다고 믿습니까?" 분노한 또 다른 질문자가 일어나 "리버풀에서 출발해 동쪽이든 서쪽이든 계속해서 한 방향으로 나아간다면 리버풀에 다시 돌아올 수 있다는 것을 부인할 수 있습니까?"라고 외쳤다. 연설자는 "물론 돌아올 수도 있겠지요"라고 하면서 손가락으로 평평한 테이블 위의 원을 따라 그렸다. 다음 질문자는 이번에는 연설자를 궁지에 빠뜨릴 것이라고 확신하며 질문했다. "일식 때 생기는 그림자의 모양은 둥급니다. 그것을 어떻게 설명하겠습니까?" 그는 대답했다. "프라이팬의 그림자도 둥글지만 프라이팬처럼 평평한 것도 없지 않습니까?"

나는 논쟁에 끼어들어 연설자가 적들의 질문에 모두 답했고, 그들을 침묵시켰다고 선언했다. 질문자들은 스스로 생각해 본 적도 없고 증명해 보지도 않은 일련의 진술들을 앵무새처럼 따라 읽기만 한 것이다.

그렇지만 나는 연설자의 의견을 정확하게 따른다면 지구는 실린더 모양이 될 것이라고 덧붙였다.

그러자 그 주에 나에게는 비난의 편지가 빗발쳤다. 나와의 절교를 선언하고 내가 진보적인 사상가이기는커녕 제정신인지 의심스럽다고 했다. 그들은 내가 지구가 평평하다고 믿는 것으로 간주했고, 과학적으로 무지할 뿐만 아니라 혐오스러운 도덕적 실수를 저질렀다고 봤다. 나를 화형까지는 아니더라도 최소 일 년은 투옥시켜야 만족할 태세였다. 사실 나는 비난 엽서 한 장 받지 않고 20년 동안 잡지 <자유사상>에 유명한 글을 쓸 수도 있었다. 사람들은 그의 조부모들이 복음주의를 편협하게 신봉했던 것처럼 근대 과학적 회의주의를 신봉하고 있다.

3

보통사람들은 자신들이 강하게 찬성하고 있는 어떤 문제에 대해 누군가 동의하지 않으면 그 반대자를 마음껏 공격할 권리가 있다고 생각한다. 그리고 그러한 권리를 범법자를 잔혹하게 고문할 권리, 유별난 아이들을 체벌할 권리, 교사가 아이들을 체벌할 권리와 마찬가지로 당연시한다. 만약 그들이 화를 심하게 분출하고 문명을 망칠 것처럼 행동한다면 그들과 싸워볼 수 있을 것이다. 하지만 그들은 악은 악으로 갚아야 한다고 주장하면서도 공익을 위해 판단력과 평정심을 유지하고 있는 것처럼 행동한다. 어느 누구도 (자신이 아닌) 다른 사람을 징벌할 권리는 없다고 한 예수의 충고는 건전하고 실질적이며 지금 우리의 범죄자들에 대한 징벌은 도가 지나치다고 하면, 그들은 나를 몽상적인 감상주의자라고 하며 내칠 것이다. 그러나 "나는 사형제도를 폐지하고 죽음보다 끔찍한 징역으로 대체하자는 주장에 동의하지 않기 때문에 구제불능인 사람들은 가능한 한 친절한 방법으로 없애야 한다"고 덧붙여 말하면, 그들은 나의 말에 놀라고 당황할 것이다. '민주주의자'를 자처하는 내가 "정치적인 멍청이들에게는 불만을 토로할 권리와 능력이 입증된 후보들 가운데 통치자를 선택할 권리만 허락해야 하고 그 밖의 정치적 권리들은 박탈해야 한다"고 강력히 요구할 때도 그들은 놀라고 당황한다.

예전에 나는 영국국교회 교구 목사의 안수식에 참석한 적이 있다. 나는 주교가 예비성직자에게 의례적인 질문을 하면 예비성직자는 거짓으로 대답한다는 것을 이미 알고 있었다. 주교도 예비성직자도 정해진 질문과 답을 서로 주고받을 준비가 되어 있었다. 정해진 답을 하지 않으면 성직자가 될 수 없기 때문이다. 미리 예상하고는 있었지만 실제로 그 광경을 목격하니 충격적이었다. 예비성직자가 자신의 손을 얹고 맹세하는 39개 신앙신조를 곧이곧대로 믿는다면 교회가 바보나 편협한 자, 거짓말쟁이들로 채워질 것이라고 영국국교회에서 가장 명석한 고위 성직자도 얘기한 바 있다. 우리가 신앙신조를 폐기하고, 기도서를 다시 쓰고, 성경의 위상을 제대로 평가할 정도로 충분히 강하고 올바른 교회와 정부를 가지게 될 때까지는 우리의 문명이 지금처럼 끔찍한 혼란에서 벗어날 수 없을 것이다. 과학과 종교의 충돌은 현재 자기파괴적인 세계대전으로 나타나고 있다. 하나가 완전히 옳다면 다른 하나는 완전히 틀린 것이라는 흑백이론이 있는데, 그것은 이론이라고 할 수도 없으며, 경솔한 논리적 비약에 불과하다. 지금의 과학과 종교는 모두 엄청나게 잘못되어 있다. 하지만 전부 잘못되었다고는 할 수 없다. **우리에게**

시급한 일은 잘못된 점을 제거하고 최대한 바로잡는 것이다. 우리가 그렇게 할 수만 있다면 과학과 종교 사이의 반목은 사라지고 우리는 하나로 통합된 종교적인 과학과 과학적인 종교를 가지게 될 것이다. 지금 우리는 겁에 질려 종교와 과학의 충돌로부터 도망치고 있다. 하지만 우리는 할 수 있는 최선을 다해서 이 상황을 극복해야만 한다.

인격적인 자연신관은 아이들뿐만 아니라 많은 어른들에게도 작동하는 종교 원리로 오랫동안 유지될 것이다. 기도는 우리의 영혼을 위로하고, 치유하고, 단단하게 한다. 세속주의자들이 힘을 가지게 되면 기도 금지법을 제정할 수도 있겠지만 기도를 금지하는 것은 잔인할 뿐만 아니라 무익한 일이다. 그러나 거지들의 단순한 간청이나 마법의 주문에서부터 영적 깨달음에 이르는 기도까지 기도에도 여러 종류가 있고, 기도를 바치는 대상도 다양하다. 나의 연극 <성녀 잔다르크>을 본 한 남학생은 그의 급우에게 자신은 예수를 싫어해서 예수에게 기도할 수는 없지만 잔다르크에게는 기도할 수 있다고 말했다. 만약 북아일랜드의 교장이라면 그 소년을 올바른 청교도인으로 만들기 위해서 본보기로 채찍질을 했을 것이다. 그러나 이 학교 교장은 훨씬 현명했다. 그는 소년에게 잔다르크에게 마음껏 기도하라고 했다. 중요한 것은 기도의 대상이 아니라 기도의 내용이다. 프란치스코회에게 구원자는 예수가 아니라 프란치스코다. 영국인에게는 해당되지 않지만 수많은 가톨릭교도에게 성모마리아는 신과의 중재자다. 자이나교도는 신에 대해 모르지만 봄베이에 있는 그들의 사원은 행복하고 평화로워 보이는 이름 없는 형상들부터 거대한 코끼리 머리를 한 우상들까지 온갖 종류의 성상들로 가득하다. 청교도 후손인 나는 로마가톨릭교도들은 성모 마리아를 찬양하기 때문에 모두 지옥에 갈 것이라고 배웠다. 나와 동시대인인 아서 코난 도일은 스토니허스트 대학에서 가톨릭교도가 지옥에 갈 것이라고 말하지 않는 나 같은 사람들까지도 지옥에 떨어진다고 배웠단다. 나는 이제 독일이 성모 마리아 숭배를 버리고 히틀러를 찬양하는 것을 보고 있다. 그리고 내 목숨을 걸고 장담컨대, 그러한 변화를 진보라고 할 수는 없다. 매의 머리를 한 고대 이집트의 라 신에 대한 숭배가 되살아난 것처럼 보인다. 예수만을 강요하는 영국국교회도 잘못되었다고 생각한다. 성녀 잔다르크를 좋아했던 그 소년처럼 많은 사람이 예수를 싫어하는데도 영국국교회는 기도를 받을 수 있는 유일한 신성을 예수에게만 부여하고 있다. **모든 교회는 모든 성인들의 교회가 되어야 하고, 모든 성당은 모든 인류, 모든 신조, 모든 인종의 가장 위대한 정신들이 순수하게 명상을 할 수 있는 장소가 되어야만 한다.**

44장   글을 마치며

<애뉴얼 레지스터>[1]가 계속해서 간행되는 것처럼 이 책도 결코 끝날 수 없는 이야기다. 그러나 나를 이어 이 책을 계속 집필할 미래의 필자들도 어느 지점에 가서는 펜을 놓아야만 할 것이다. 더 이상 할 말이 없어서가 아니다. 말해야 하는 것들이 사라지기 때문은 더더욱 아니다. 다만 필자들은 이야기를 하는 데 지치고 독자들은 그 이야기를 읽는 데 지쳐서 그만둬야 하는 지점이 생기기 때문이다. 시공간적인 한계는 접어두고라도 말이다. 아직 이야기하지 못한 것들이 많지만, 이제 글을 맺어야겠다.

나는 어린 시절 가정교사의 손에 이끌려 <어린이를 위한 지식 안내서>를 읽었다. 그리고 한창 왕성한 지력을 자랑하던 시절에는 <생각이 닿을 수 있는 데까지>라는 희곡을 썼다. 이제 제2의 아동기에 접어든 내가 이 책을 쓰면서 염두에 둔 독자들은 자신의 정치적 사고력이 어디까지 닿을 수 있는지 알고자 하는 사람들이 아니다. 말하자면, 이 책

---

[1] 애뉴얼 레지스터 Annual Register: 영국에서 1759년에 시작하여 오늘날까지 간행되고 있는 세계에서 역사가 가장 오래된 연감.

은 '어린이를 위한 정치 안내서'쯤 된다. **나의 정치적 경험으로 미루어 보건대, 요즘에는 누구나 정치에 관한 한 모든 것을 속속들이 알고 있는 것처럼 굴지만 사실 대부분은 아주 기초적인 것조차 알지 못하고 있음이 분명하다.** 민주주의는 모든 남녀가 전지전능하다는 끔찍한 가정에 명운을 걸고 있는데, 그들 중 아무도 허버트 스펜서의 '사회정학'을 제대로 이해하지 못하고 있는 현실이다. 다만 그들은 살아가면서 종종 맞닥뜨리는 쓰디 쓴 경험을 통해 사회정학, 그러니까 적자생존의 법칙을 깨닫게 될지도 모른다. 그들은 정치를 삶의 바깥에 존재하는 것으로 여긴다. 그러나 정치가 사회생활의 과학이 되지 못한다면 무용지물일 뿐이다. 돈키호테가 기사도를 현실과 연결 짓지 않는 것처럼 우리도 사회주의, 파시즘, 공산주의, 자본주의, 민족주의 기타 모든 종류의 낭만적 이상주의에 대해 그저 신문에서 주워들은 대로 떠들어대고 때로는 논쟁까지 벌이지만 그 단어들을 현실세계와는 조금도 연관시키지 않는다. 우리는 그저 이웃과 마찬가지로 집을 보유하고 사무실이나 점포를 낼 수 있을 뿐이다. 국가 전체의 차원에서 경제나 재정 문제에 대해서는 아무것도 알지 못한다. 선거에 몰입할 수도 있을 것이다. 선거는 경쟁이기 때문이다. 사람들이 개 경주에 열광하는 것과 조금도 다르지 않다. 그러나 우리가 우리 편을 택한 이유는 단지 우리 조상들이 그 편을 택했고 우리를 그에 맞게 키웠기 때문이다. 아니면, 어쩌다 반체제적인 움직임이 일어났을 때 우리 조상들이 그 움직임에 동조했기 때문일 수도 있다. 새로운 질서가 지배하는 보다 나은 세상을 꿈꾸고 전망하면서 기존 제도는 그대로 유지하려 한다면, 아무것도 실현시킬 수 없을 것이다. 우리가 기존 제도의 방식이나 이론에 대해 아무것도 아는 게 없을 뿐더러, 우리가 품은 꿈이 아주 오래된 것이며 인류 역사의 많은 부분이 그 꿈을 실현하기 위한 시도로 점철되었다는 것과 때로 잘못된 방법을 사용하는 바람에 끔찍한 파멸을 초래하기도 했다는 것을 전혀 깨닫지 못하고 있기 때문이다.

화학자는 화학의 미래에 대해 가장 설레는 꿈과 비전을 가지고 있을지 모른다. 화학은 최근의 발전을 거치면서 공공영역에 가장 부합하는 산업이 되었다. 그러나 화학자가 안티몬과 망간에 대해 둘 다 검다는 것 말고 아는 게 없다면, 그는 새로운 질서에 기여하기는커녕 자기 자신과 이웃까지도 폭발 사고로 날려버리고 말 것이다. 재무부장관은 아더 에딩턴 경과 제임스 진스 경이 내놓는 가장 난해한 수학적 보고서를 꼼꼼히 검토해야 할 수도 있다. 그러나 재무부장관이 2 더하기 2는 80이 아니고 4라는 것을 파악하지 못한다면, 그는 잉글랜드의 아름다운 목초지에 예루살렘을 건설하려고 하다가 국가 재정을 파탄으로 몰고 갈 것이다.

그렇다고 해서 정치인들이 모든 것을 다 알아야 하며, 완전히 과학적인 기반에 입각하여 철저하게 과학적인 정책을 수립해야 한다고 성급하게 결론을 내리지는 말자. 우리가 살아가고 있는 현실세계에서는 어느 누구라 하더라도 언제나 개인적인 경험이나 풍문을 통해 파편적인 사실을 접할 뿐 그 이상을 안다는 것은 불가능하다. 심지어 우리는 그 하찮은 파편이나마 역사적인 관점에서 조망하지 못하고 한 부분만을 부풀려 진상을 왜곡한다. 19세기 독일의 소위 역사학파는 고전적이며 극적이고 선험주의적인 역사를 거부하고, 다량의 기록된 사실을 요구하며 수년을 문서보관소에서 보내야 하는 무미건조한 조사가 반드시 필요하다고 주장했다. 그러나 그들은 자기들이 주장한 방법이 물리적으로 불가능하다는 기본적인 사실을 간과했다. 대부분의 사실들은 감춰져 있거나 접근할 수 없는 곳에 있으며, 따라서 기록으로 남아 있거나 문서보관소에 존재하는 사실들이란 대개 거짓말이고, 기껏해야 과거에 대한 희망사항일 뿐이다. 그러므로 현재의 상황에 직면하여 어떠한 행동을 취해야 하는 정치인은 별수 없이 '전지전능해야' 하는 것이다. 정치인은 인간 본성이 외부압력에 어떻게 반응하는지에 대해 알아야 하고, 그 지식에 따라 행동해야 한다. **정치인에게 주어진 불변의 진실이 있다면, 정치인이란 일을 처리할 때 몹시 불완전한 정보만을 가지고 미루어 생각하는 심리학자이자 물리학자여야 한다는 것뿐이다.** 정치인은 수천 권의 장서나 기록보관소의 모든 서류를 다 읽을 때까지 기다릴 시간이 없다. 반대당이 늘 문 앞에 진을 치고 있으며, 때로는 그의 목에 총검을 겨누고 있으니 말이다. 정치인은 지체 없이 행동해야 한다.

그러나 상황이 그렇다고 해서 시대에 뒤떨어진 우리 의원님들의 천박한 편의주의가 정당화되지는 않는다. 사회가 발전하면서 나타나는 충격이나 뜻밖의 상황에 대해 그들이 대처하는 방식은 정말이지 우둔하기 짝이 없다. 우리가 '조금밖에 알지 못한다'고 하는 것은 '**아무것도 모른다**'고 하는 것과 다르다. 그 '**조금**'의 차이가 **평화롭고 합헌적인 변화를 가져오기도 하고 국토의 절반을 폐허로 만드는 내전을 야기하기도 한다.** 경제학에는 지대이론도 있고 가치이론도 있는데, 둘 다 수학자와 천문학자들이 공리로 삼을 정도로 확고부동한 원칙들이다. 그러나 600명이 넘는 우리 의원님들 중에서 지대이론을 들어보기라도 한 것 같은 사람은 내가 알기로 딱 한 명이다. 그런데 그 의원이 내각에서 빠졌다. 거짓말 또는 단지 그랬으면 하는 희망사항들로 얼룩진 역사라 하더라도, 역사는 불순물들을 걸러내고 종당에는 거대한 진실을 보여준다. 혁명에 대한 현재의 기록들이 잘 해봐야 일방적인 진술이고 최악의 경우에는 엄청난 거짓말과 독설뿐일지도 모른다. 그렇지만 우리 영국인들은 정복왕 윌리엄의 노르만 정복, 크롬웰의 잉글랜드 공화국 수립, 그 후 금권 계급이 왕권과 평민 모두를 정복한 것, 자코뱅과 나폴레옹이 이끌어낸 프랑스 혁명, 하등 쓸데없는 부르봉 왕정복고, 레닌이 이끈 1917년의 러시아 혁명, 아돌프 히틀러가 이끈 1933년의 쿠데타 등등의 역사에 대해서는 충분한 사실을 확인할 수 있다. 매콜리의 영국사와 마르크스와 엥겔스의 <공산주의 선언>은 오류가 없는 원고가 아니다. 그러나 그것들을 아예 읽어보지 않았거나 읽었다 하더라도 하나의 역사관에서 다른 역사관으로의 변화를 이해하지 못한 사람들이 외무부에서 일하고자 한다면, 솔직히 말해 외무부는 물론이고 다우닝가의 그 어떤 사무실에서도 그들에게 짐꾼이나 청소부 외의 다른 역할을 맡겨서는 안 된다. 그러나 우리는 국무총리에게 매콜리나 마르크스에 대해 들어본 적이 있는지, 아니 대체 글자는 읽을 수 있는지 물어볼 엄두조차 내지 못하고 있다.

 내가 이 책을 쓴 것은, 무지한 노인네가 그 동안 공부하고 일평생(오래 살았지만, 이 특별한 임무를 완수하기에는 그 세월도 너무 짧다) 세상사람들과 부딪히고 냉엄한 현실을 겪으면서 가까스로 알게 된 기초적인 사회정학을 그것조차 모르는 더 무지한 사람들과 나누려고 하는 시도일 뿐이다. 이 노인네는 오류를 발견하고 그것을 선례나 환경이 인도하는 대로 고치는 데 일생을 바쳤다. 그러니 당연히 잘못을 모두 바로잡지는 못했다. 그럼에도 나는 특별한 지적 성향을 가진 덕분에 주어진 상황에 마냥 순응할 수만은 없었다. 나는 내가 할 수 있는 데까지 가보았다. 나머지는 나보다 더 훌륭한 사람들에게 맡기도록 하겠다.

앞으로의 일에 대해 이야기를 이어나갈 미래의 필자들은 1944년부터 이야기를 시작하면 되리라.

(이 이야기는 역량이 되는 필자들에 의해 계속될 것이다.)

조지 버나드 쇼 (1856-1950)
George Bernard Shaw

아일랜드 태생 극작가이자 비평가, 사상가. 셰익스피어 이래 최고의 극작가로 일컬어진다. 런던정치경제대학교(LSE)의 공동설립자이며, H.G. 웰스, 버트런드 러셀 등과 함께 온건한 사회주의자들의 모임인 페이비언협회에서 활동했다. (페이비언협회는 영국 노동당에 사상적 토대를 제공했고, 인도 초대 총리인 자와할랄 네루와 싱가포르 총리 리콴유 등 제3세계 지도자들에게도 많은 영향을 미쳤다.)

버나드 쇼는 〈피그말리온〉, 〈성녀 잔다르크〉 등 60여 편의 희곡을 발표했다. 1925년에는 노벨문학상을 받았으며 1938년에는 영화 〈피그말리온〉의 원작자로서 오스카상까지 수상했다. 노벨문학상과 오스카상을 둘 다 거머쥔 사람은 아직까지도 버나드 쇼뿐이다.

그는 음악과 미술에 대한 조예도 깊어서 수준급의 피아노 실력을 자랑했고 당대 최고의 미술 비평가로 활약했다. 런던정경대의 '쇼 도서관'에 가면 그가 디자인한 스테인드글래스(페이비언의 창)를 볼 수 있다. 또한 젊은 시절에는 아마추어 권투선수권대회에 출전하고 70대 중반이 되어서도 바닷가에서 서핑을 즐길 정도로 건강한 삶을 살았다.

섀비언Shavian은 버나드 쇼를 추종하는 사람들을 지칭한다. 쇼는 살아 생전에는 물론 지금까지도 수많은 섀비언들을 거느리며 여전히 인기를 누리고 있다. 런던의 웨스트엔드와 뉴욕 브로드웨이, 시카고, 케이프타운 등 세계 곳곳에서 연중 상연되는 그의 작품을 볼 수 있으며, 캐나다에서는 매년 쇼 페스티발이 열린다.

| 버나드 쇼 연보 |

1856	7월 26일 아일랜드 더블린 출생.
1871	학교를 나와 부동산 사무실에 취직.
1876	누이인 엘리노어가 결핵으로 사망. 생활 근거지를 런던으로 옮김.
1879 - 1883	첫번째 소설 < 미성숙Immaturity> 을 필두로 총 5권의 소설 집필. 헨리 조지의 연설을 접하고 마르크스의 책을 읽고 아마추어 권투선수권대회에 출전함.
1884	페이비언협회 가입.
1885 -1890	저널리스트 겸 페이비언협회의 대변인으로 활동. <폴 몰 가제트>, <더 월드>, <더 스타>, <새터데이 리뷰>에 평론 연재. 여러 여인들과 교제.
1891	<입센주의의 정수The Quintessence of Ibsenism> 집필.
1893-1895	<워렌부인의 직업Mrs. Warren's Profession>, <무기와 인간Ams and the Man>, <칸디다Candida> 집필. 웹 부부와 런던정치경제대학교(LSE) 설립.
1897	세인트팽크라스 교구위원으로 선출됨. 약 6년간 런던 시의원으로 활동.
1898	페이비언협회에서 만난 샬롯 페인 타운센드와 결혼. <바그너의 니벨룽 반지The Perfect Wagnerite>와 <시저와 클레오파트라Caesar and Cleopatra> 집필.
1903-1912	<인간과 초인Man and Superman>, <바바라 소령Major Barbara> 출간
1912	<피그말리온Pygmalion> 집필, 캠벨 부인과 교제.
1913	모친 사망.
1914-1923	<메투셀라로 돌아가라Back to Methuselah>, <성녀 잔다르크St. Joan> 집필. 아라비아 로렌스와 가깝게 지냄.
1925	노벨문학상 수상.
1931	러시아를 방문해 스탈린, 고리키, 스타니슬랍스키와 만남. 간디를 만남.
1939	영화 <피그말리온>으로 아카데미 각본상 수상. <찰스 왕의 전성시대> 탈고.
1943	부인 샬롯 쇼 사망.
1944	<모르면 당하는 정치적인 모든 것Everybody's Political What's What?> 출간.
1950	94세 생일을 자축하기 위해 <그녀는 왜?Why She Would Not?> 집필. 정원 손질을 하다 나무에서 떨어져 신부전증이 악화됨. 11월, 94세를 일기로 사망.

| 옮긴이의 말 |

"쇼"타임!

장난기와 날카로움이 뒤섞인 눈빛, 큰 키에 마른 몸, 남다른 패션감각이 인상적인 아일랜드 출신의 영국 극작가이자 비평가 조지 버나드 쇼.

버나드 쇼의 명성은 여전히 사람들 입에 오르내린다. 그의 생애나 업적, 작품에 대해 전혀 모르는 사람이라 할지라도 우연찮게 들은 그의 묘비명을 분명 기억할 것이다. "우물쭈물하다 내 이럴 줄 알았지(I knew if I stayed long enough, something like this would happen)." 생의 마지막 순간에 어깨 힘 빼고 툭 던진 듯한 이 한마디 말이, 어쩌면, 삶을 삶답게 살았던 쇼의 뜨거운 열정을 반증할지도 모른다. 죽음의 문턱에서 다른 누구보다 '쿨'할 수 있었던 아흔 넷의 현자 버나드 쇼는 살아생전에 과연 어떤 생각과 말과 행동의 주인공이었을까?

버나드 쇼는 박학다식으로 둘째가라면 서러운 사람이었다. 하지만 그의 학교교육은 열 다섯 살에 끝이 났다. 감옥처럼 여겼던 학교에서 뛰쳐나온 이후에는 아일랜드 국립박물관과 런던 대영박물관의 도서실에 살다시피 하면서 독학으로 지식을 습득했다. 음악을 했던 어머니의 영향으로 미학적 소양도 기를 수 있었다. 어린 시절의 미학교육은 훗날 버나드 쇼가 비평가로 활동하는 데 밑거름이 되었다. 그는 저널리스트로 활동하며 음악, 미술, 연극 등 다방면에 걸쳐 탁월한 평론을 남겼다. 20대에는 다섯 편의 소설을 썼는데, 번번이 출판사에서 거절당했다. 그러다가 <홀아비의 집>을 쓰면서 극작가로서 재능을 인정받기 시작했다. 여성의 시각에서 매춘부를 조명한 <워렌 부인의 직

업>으로 입지를 다졌으며, 이후로 <칸디다>, <시저와 클레오파트라>, <바바라 소령>, <피그말리온>, <인간과 초인>, <메투셀라로 돌아가라>, <성녀 잔다르크> 등 60여 편의 희곡을 발표하면서 세계적인 극작가의 반열에 올랐다. 특히 <인간과 초인>은 그의 '생명력' 사상이 잘 녹아 있는 걸작으로 평가된다. 1925년에는 그간의 공로를 인정받아 노벨문학상을 받았으며, 1938년에는 영화 <피그말리온>의 원작자로서 오스카상까지 수상했다. 노벨 문학상과 오스카상을 둘 다 거머쥔 사람은 아직까지도 버나드 쇼뿐이다.

열렬한 사회주의자였던 버나드 쇼는 H.G. 웰스, 버트런드 러셀 등과 함께 온건좌파단체인 페이비언협회에서 활동했고, 수많은 저작과 연설 등을 통해 사회를 개혁하고자 했다. 런던정치경제대학교(LSE)의 공동창립자이며, 잠시나마 런던 시의회에서 직접 정치활동을 한 적도 있다. 버나드 쇼는 사회문제를 어느 것 하나 허투루 넘기지 않았다. 교육, 시험, 결혼, 경제, 종교, 과학, 예술, 정부, 의료, 사회보장 등 다방면에서 기존의 악습을 신랄하게 비판하고 개혁을 주장했다. 한마디로, 생명력을 존중하는 과학적 휴머니즘 즉, 진정한 민주주의 사회를 꿈꿨던 것이다. 그는 당대의 사상적 토대를 구축하는 데 일조했을 뿐만 아니라 후대에까지 지속적으로 영향을 미치고 있다. 역사 속의 위인들이 대개 그러하듯 그 또한 한 사람이 일생 동안 이뤘다고는 믿기 어려울 만큼 많은 업적을 남겼다. 그런데 더욱 흥미로운 부분은 그의 개인적인 삶이다. 버나드 쇼는 정신적으로나 육체적으로나 건강한 생활 양식을 선보이며 스스로 하나의 롤모델이 되었다.

버나드 쇼의 삶에는 이야기가 가득하다. 그는 서핑을 즐기고, 피아노를 치고, 그림을 그리고, 동물을 사랑하고, 정원을 손질하는 사람이었다. 또한 발명가(?)였다. 여름은 시원하게 겨울은 따뜻하게 보낼 수 있도록 회전하는 통나무집을 손수 설계하기도 했다. 당대의 패셔니스타였고, 채식주의자였으며, 거침없이 기독교를 비판하는 무신론자였다. 그러나 무신론자로서 받아야 했던 무수한 손가락질이 무색하게도, 버나드 쇼만큼 종교적인 사람도 없을 것이다. 인간을 비롯한 모든 생명체를 소중히 여기는 마음, 시행착오를 거듭하면서도 발전해나가는 세상에 대한 믿음, 예술의 아름다움과 훌륭한 취미에 대한 존경까지, 그러니까 버나드 쇼는 말 그대로 삶 자체를 사랑한 사람이었다. 쇼는 자신이 살아가는 방법에 대한 자부심과 애착이 강했다. 일례로, 노벨 문학상 수상자로 지명되었을 때 명예를 바라지 않는다며 처음에는 수상을 거부했다. 그러다 아내의 설득에 못 이겨 메달을 수락하게 되자, 상금은 스웨덴 도서를 영어로 번역하는 사업에 전액 쾌척하는 기발함을 보여줬다. 이만큼 산뜻한 방식으로 상금을 쓰는 사람이 세상에 얼마나 될까? 버나드 쇼는 타고난 유머감각으로 아무리 난해하거나 다소 거북한 이야기도 재미있고 유쾌하게 전달하는 사람이었다. 셰익스피어를 천 년에 한 번 나올까 말까 한 천재라고 상찬하면서 동시에 자신은 셰익스피어의 재능을 타고나서 일찍부터 많은 돈을 벌 수 있었다고 거리낌없이 말하곤 했다.

버나드 쇼가 자신의 부모를 "다정한 분들이었지만 부모로서 결코 바람직한 사람들은 아니"라고 할 때나 "학교는 감옥"이라고 할 때, 많은 사람들이 적잖이 당황스러울지도 모른다. 어쩐지 동의하고 싶지 않거나 심지어 괘씸한 마음이 드는 사람도 있을 것이다. 그런데 한 번 '생각'해보자. 모든 사람들에게 수학천재가 되라고 요구할 수 없는 것처럼, 누구에게나 부모의 자질을 요구하는 것은 무리수지 않을까? 학교에 대한 기억도 마찬가지다. 우리는 학교 다닐 때가 제일 좋았다고 이야기하면서 학교에 대한 기억을 성역화하는데, 정말 그럴까? 학교란, 정도의 차이가 있을지언정, 타의에 의한 규율과 통제가 행해지고 운신의 자유에 상당한 제약을 받는 공간이다. 과도한 시험과 경쟁에 노출되어 수많은 청춘이 부질없이 소진되는 곳이기도 하다. 그러니 향수의 대상이 학교일 리 없다. 아마도 학교에 대한 그리움의 실체는 창살 없는 감옥에서도 걷잡을 수 없이 분출됐던 싱그러운 젊음을 동경하는 것이리라. 그러고 보면 버나드 쇼는 그저 진실을 직시하고 담백하게 고백했을 뿐이다. 그는 시스템의 문제를 지적하면서도 대상 자체를 매도하는 오류는 범하지 않았다. 성경 이야기를 들려주던 소박한 아버지를 추억할 때나 달키힐을 산책하고 학교에서 읽으라고 하지 않은 책을 읽느라 바빴던 자신의 유년기를 이야기 할 때에는 행간에 빛나는 자부심마저 가득하다.

이 책은 1944년 버나드 쇼가 여든 여덟의 나이로 그 동안 쌓아온 지식과 경륜을 한번에 토해내듯 쓴 '모두를 위한 정치안내서'다. **수십 년 전 영국의 어느 파파할아버지가 그려낸 세상의 지도 위에 어찌된 일인지 한국의 현주소가 보인다. 독자들은 숨은 그림 찾기 하듯, 아니 오히려 데칼코마니를 바라보듯 확연하게, 현실과 맞닿아 있는 퍼즐 조각들을 발견할 수 있을 것이다. 그리고 그 안에 들어있는 메시지를 해독하면서 통쾌한 카타르시스 또는 한 줌의 책임감을 느낄지도 모르겠다.** 지난 수십 년간 우리는 앞만 보고 달려왔다. 그 결과 밥을 굶는 사람이나 글 모르는 까막눈이 사라졌고 기대수명은 점점 늘어난다고들 한다. 돈만 있으면 상품은 물론 친절과 감동까지도 살 수 있는 시대다. 그래서 우리네 삶은 반짝반짝 윤이 나기 시작했을까? 우리는 학교에 가고, 직장을 얻고, 집을 구하는 일을 입시지옥, 취업난, 전세대란 등 극한 상황에 빗대어 표현한다. 급기야 요즘에는 삼포세대(연애, 결혼, 출산을 포기한 세대), 에듀푸어, 하우스푸어, 실버푸어 등 자조적이고 절망적인 신조어들까지 생겨났다. 세상살이가 그만큼 팍팍하다는 증거다. 공공요금은 나날이 뛰고 사회안전보장도 흔들린다. 못 살던 시절에는 그야말로 없어서 그랬다지만, 지금은 무엇이 문제인가? 대체 어디에서부터 잘못된 것일까? 갖은 핍박과 부조리한 현실에 짓밟히면서도 제대로 꿈틀하지 못한다면, 우리는 대체 무얼 바라 살고 있는 것일까? 지금 우리에게는 불가능을 꿈꾸고, 꿈을 비전으로 만들기 위해 의견을 나누고, 중지를 모아 이론적 토대를 마련하고, 새로운 사회를 건설하기 위해 실천에 나서는 용기와 지식, 역량이 필요하다. 아마도 이 책에서 우리는 그 실마리를 찾을 수 있을 지도 모른다.

옮기는 입장에서 만만치도 달갑지도 않았던 만연체와 대구, 넘쳐나는 사례들 때문에 결코 끝나지 않을 것 같던 여정이 어느새 마무리되었다. 버나드 쇼는 때로는 역사가였다가, 때로는 철학자였다가, 불시에 어린아이의 세계로 첨벙 뛰어들기 일쑤였다. 숲에는 토끼와 노루만 사는 것이 아니다. 무서운 곰도 있고 사나운 늑대를 만날 수도 있다. 익숙한 들꽃을 볼 수 있는가 하면 독을 품은 듯한 기화요초도 눈에 띌 것이다. 천변만화하며 온갖 동식물이 거침없이 생명력을 뿜어내는 곳. 과히 안전하다고는 할 수 없지만 예기치 못한 기쁨이 숨어있고, 모험이 곧 깨달음으로 이어지는 환상적인 숲이 펼쳐질 것이다. 그 멋진 숲으로 작은 길을 내기 위해 여러 날 버나드 쇼와 마주 앉았다. 이 작은 길이 가지 않은 길이 되지 않기를 바랄 뿐이다. "It's SHAW time!"

2012년 겨울 같은 가을날
김일기, 김지연

| 찾아보기 |

C.E.M. 조드 Joad, Dr. C.E.M. 545
H.G. 웰스 H.G. Wells
7, 8, 72, 227, 367-368, 474, 500- 501, 520, 545, 587
H.M. 스탠리 H.M. Stanley 77-78

갈릴레오 Galileo 342-343
걸리버 여행기 Gulliver's Travels! 1, 587
공산당 선언 Communist Manifesto 107
공자 8, 74, 599
괴테 Goethe 113, 213, 224, 309, 339, 535
국가론 319
국부론 299, 617
글래드스턴 William Ewart Gladstone
32,52, 168-169, 319-320, 463
길버트 머레이 Gilbert Murray 321, 611
길버트 체스터턴 Gilbert Chesterton 137, 234, 507

나의 투쟁 Mein Kampf 55, 568
나폴레옹 Napoleon
51, 53, 57, 78, 79, 213-215, 225, 226, 229-235, 240-241, 261, 300, 331, 334, 461, 492, 568, 570, 586, 594-600
나폴레옹3세 440
네로 황제 Nero 58, 119, 215, 597, 602
넬슨 제독 Nelson 89, 358-359, 570
노동당을 위한 캠페인 전략 461
노자 74, 599
니벨룽의 반지 Der Ring Des Nibelungen 170
니체 Friedrich Nietzsche 74, 108, 256, 299, 328-329, 352
니콜라스 니클비 Nicholas Nickleby 113

단테 Dante 129, 274, 342
대니얼 오코넬 Daniel O'Connell 570

대단한 크라이튼 The Admirable Chrichton 291
더비 경 Lord Derby 284, 321
데이비드 리카도 David Ricardo 35, 36, 344, 550, 551, 617-619
데이비드 흄 David Hume 325
데카르트 René Descartes 339-340
도슨과 포그 Dodson and Fogg 385
돈키호테 Don Quixote 234, 350, 643
돔비와 아들 Dombey and son 292
두 도시 이야기 A Tale of Two Cities 325
뒤마 Alexandre Dumas 321, 325
드브로이 De Broglie 519
드퀸시 Thomas De Quincy 26, 566, 617
디드로 Denis Diderot 544
디즈레일리 Benjamin Disraeli 462-463, 581
뜻대로 하세요 As you like it 333, 376

라 로슈푸코 La Rochefoucauld 299
라부아지에 Antoine Laurent Lavoisier 549
라이프니츠 Gottfried Wilhelm Leibniz 81, 291
라스푸틴 Rasputin 594
랜돌프 처칠 Lord Randolph Churchill 586
랜슬롯 호그벤 Lancelot Hogben 290
램지 맥도널드 Ramsay MacDonald 48, 463, 481-482
러셀 Bertrand Russell 324
레닌 Vladimir Ilyich Ulyanov Lenin
10, 33, 74, 150, 175, 261, 302, 468, 544, 646
레스터 데드록 경 Sir Lester Deadlock 282-283
로드 조지 고든 Lord George Gordon 622
로버트 브라우닝 Robert Browning 628
로버트 스펜서 37-48
로버트 오웬 Robert Owen 6, 74, 568
로버트 월폴 Sir Robert Walpole 43

로버트 잉거솔Colonel Ingersoll 403
로베스피에르Maximilien Robespierre 544, 578, 581
로빈슨 크루소Robinson Crusoe 95, 189
로이드 조지David Loyd George 149
루소Jean Jacque Rousseau
261, 281, 415, 498-499, 544, 613, 633
루이11세Louis XI 567
루이14세Louis XIV 40, 57, 455
루이16세Louis XVI 261
루이18세Louis XVIII 261
루터Martin Luther 74
리바이어던Leviathan 273
리슐리외Richelieu 321, 476, 575, 594
리스터Lord Joseph Lister 391, 425-427, 511-513
리차드 코브던Richard Cobden 3, 618-619
리틀 도릿Little Dorrit 48
링컨Abraham Lincoln 52, 586, 593

마이클 콜린스Michael Collins 458
마크 트웨인Mark Twain 230
마키아벨리Machiavelli 212, 586-587
마테를링크Maurice Maeterlinck 345
마호메트Mahomet
8-9, 74, 226, 273-274, 342, 398-402, 406, 597
맵 여왕Queen Mab 351
메리 울스턴크래프트Mary Wollstonecraft 569
메투셀라로 돌아가라Back to Methuselah 337, 501, 503
멘델스존Abraham Mendelssohn 102
멜버른 자작Viscount Melbourne 518
모세Moses 8, 168-169, 398, 408, 533, 570, 591, 620
모차르트Mozart 102, 213, 318, 320
몬테소리Montessori 113
몰리에르Molière 339
미라보Mirabeau 24
미래 인종The Coming Race 500

네이Marshal Ney 229
미켈란젤로Michael Angelo 78, 309-310, 321, 405, 574

바그너Wagner 74, 102, 224, 233, 323, 331, 334, 544
바덴 파웰General Baden Powell 118
바이런Lord Byron 57, 568, 570
베네데토 크로체Benedetto Croce 268, 323, 339, 618, 620
베니토 무솔리니Benito Mussolini
19, 48, 52, 75, 79, 216, 255, 300, 406, 450, 464, 467, 545, 594, 598, 599, 620
베르그송Henri Bergson 101, 113, 442
베르나도트Jean Baptiste Jules Bernadott 596
베버리지 보고서Beveridge scheme of insurance 198-200
베아트리스 웹Beatrice Webb 68, 70
베토벤Beethoven
213, 224, 241, 310, 318, 320-321, 336, 436, 535, 568, 574
보탄Wotan 129, 170, 408
볼드윈Stanley Baldwin 463
볼테르Voltaire 24-25, 76, 261, 272, 428, 544, 581
브리외Eugène Brieux 345
비스마르크Bismarck 225, 300, 464, 586
빅토리아 여왕Queen Victoria 52, 506, 518
빌헬름1세Wilhelm I 464, 595
빌헬름 리프크네히트Wilhelm Liebknecht 463-464
빌헬름 마이스터Wilhelm Meister 113

사도 바오로Paul, the Apostle 275, 511
사무엘 스마일스Samuel Smiles 84
사회주의 경제학의 기초Economic Basis of Socialism 35
삼총사The Three Musketeers 325
상류층의 예절과 말씨 132
상심의 집Heartbreak House 314
새뮤얼 리차드슨Samuel Richardson 628
새뮤얼 버틀러Samuel Butler 131, 318, 578
새뮤얼 존슨Samuel Johnson 338, 358, 546, 625
새커리William Makepeace Thackeray 482

생각이 닿을 수 있는 데까지As far as thought can reach 642
생물측정학Biometrika 546
샤를마뉴Charlemagne 577-578
셰비언Shavian 593
선덜랜드 백작Sunderland, Charles Spencer, 3rd Earl,
　　　　　　Sunderland, Robert Spencer, 2nd Earl
　　　　　　37-48, 295, 463
성 베르나르St. Bernard of Clairvaux 570-577
성 아우구스티누스St. Augustine 336
성 클레어St. Clare 121
성녀 잔다르크St. Joan 346-347, 640-641
세계 최악의 여행 The worst journey in the world 417
셰익스피어Shakespear
2, 35, 78, 132, 168, 233, 281-282, 285, 309-310, 317-319, 321, 333, 339, 377, 409, 500-501, 560-562, 594, 598, 636
셸던Dr. Sheldon 544
셸리Percy Bysshe Shelly
120, 218, 269, 310, 313, 345, 351, 569-570, 636
소크라테스Socrates 74, 226
쇼팽Chopin 318
수바로프Suvarov 539-540
술탄 술라이만Sultan Sulaiman 398
스콧 홀데인Scott Haldane 391
스탈린Josef Stalin
48, 49. 74, 92, 150, 241, 302, 331, 544, 575, 598
스탠리 제번스Stanley Jevons 36
스틸Dr. Still 363
스피노자Benedict de Spinoza 281
시드니 웹Sidney Webb 33, 48, 68, 70, 461, 462

아나톨 프랑스Anatole France 331
아담Adam 24, 107, 201, 233
아돌프 히틀러Adolph Hitler
19, 48-49, 51, 55-57, 69, 75, 213, 220, 230, 240, 255, 331, 439-440, 464-467, 508, 545, 568-569, 578, 586, 594, 598-599, 620, 632, 641, 646

아라비아의 로렌스/T.E. 로렌스Lawrence of Arabia
355, 420, 421, 560, 562, 575, 588
아베 시예/시에예스Abbé Sieyès 568, 598
아브라함Abraham 102, 108
아서 코난 도일Arthur Conan Doyle 641
아우구스트 바이스만August Weismann
337, 339, 391, 407, 420, 503
아우구스트 베벨August Bebel 463
아이작 뉴턴Sir Isaac Newton
46, 81, 108, 119, 121, 291, 317, 340, 434, 461, 519, 628
아인슈타인Albert Einstein
90, 152, 214, 291, 518, 549, 611, 628
아타튀르크Kemal Ataturk 51-52, 598
안렙박사Dr. Anrep 357
안소니 트롤롭Anthony Trollope 482
알렉산더 대왕Alexander the Great 57, 214-215, 230
알렉산더 보르자Alexander Borgia 601
알려지지 않은 땅An Unknown Land 429
암로스 라이트Sir Almroth Wright 317, 391, 427, 435
암브르와즈 파레Ambroise Paré 378
앙리4세Henri VI 235, 567
애뉴얼 레지스터Annual Register 642
애니 베전트Annie Besant 269
애덤 스미스Adam Smith 3, 6, 36, 299, 344, 551, 617
액튼 경Lord Acton 597
야훼Jehovah
105, 108, 270, 274, 359-360, 406-410, 579, 631, 636
어울리지 않는 결혼Misalliance 314
에드워드 윌슨Edward Wilson 417
에드워드7세Edward VII 253
에드워드8세Edward VIII 59
에디부인Mrs. Eddy 340
에레혼Erehwon 131
에피사이키디온Epipsychidion 313
엔돌의 무녀the Witch of Endor 512

엔서 월터스Ensor Walters 399, 405, 477
엘리자베스 여왕(엘리자베스 1세) Queen Elizabeth 121, 122, 328, 449, 534
엥겔스Friedrich Engels 74, 544, 646
여호수아Joshua 343, 508, 632
역사, 자유의 이야기History as the story of liberty 268
예기치 못한 섬의 바보들 497
예레미야Jeremiah 618-619
예수Jesus Christ
6, 8, 74, 100, 214, 226, 235, 261, 298, 302-303, 334, 340, 342, 360, 401-406, 495, 512, 536, 547, 572-578, 582, 595, 600, 616-619, 633-634, 638-641
오스만 남작Baron Haussmann 464
오스카 와일드Oscar Wilde 299
오웬 메러디스Owen Meredith 309
옥스포드Oxford College 132, 282
온들 학교Oundle School 130
올더스 헉슬리Aldous Huxley 544, 545
올리버 골드스미스Oliver Goldsmith 2, 209, 625
울시Cardinal Wolsey 577
워렌부인의 직업Mrs. Warren's Profession 332, 348
월터 스콧Walter Scott 321, 325
웨이벌리Waverley 321
웰링턴 장군Duke of Wellington
54, 225, 236, 238, 530, 540, 568, 570, 596, 602
윈스턴 처칠Winston Churchill 7, 105, 151
윌리엄 로William Law 572
윌리엄 모리스William Morris
82, 112, 218, 262, 318, 321, 628
윌리엄 베버리지William Beveridge 198-199
윌리엄 블레이크William Blake 270, 281
윌리엄 월레스William Wallace 508
윌리엄 페티Sir William Petty 551
윌리엄 해밀턴William Hamilton 570
윌리엄 호가스William Hogarth 47, 281
윌리엄3세William III 28, 37, 43, 45-46, 53

유령Gengangere 351
유베날리스Juvenalis 145, 284, 320
윤리학 원리Principles of Ethics 273, 466
이그나치 얀 파데레프스키Ignaci yan Paderewski 225, 594
이반 페트로비치 파블로프Ivan Petrovich Pavlov
337, 355-374, 394, 407, 587, 633
이브Eve 24, 201, 233
이성의 시대The Age of Reason 351
이솝우화Aesop's Fable 113
잉Dr. Inge 260, 318, 401

자
자본론Das Kapital 35
자연선택Natural Selection 52, 105, 351, 419, 440-442
자유론On Liberty 268, 617-618
자조론Self-Help 84
장티푸스 메리Typhoid Mary 512-513
정복왕 윌리엄William the Conqueror
4, 6, 15-16, 20, 161, 274, 284, 646
정치경제학이론Theory of Political Economy 36
제너Edward Jenner 388-391, 427, 432, 435, 511-512
제네바Geneva 409
제르진스키M. Djerdjinski 450
제스티Jesty 512
제임스2세James II 567
조건반사: 대뇌피질의 물리학적 행동 357
조나단 스위프트Jonathan Swift 1-2, 501
조레스Jaurès 463
조셉 루이스Joseph Louis 90, 558
조지 워싱턴George Washington 261, 331, 568, 597
조지 폭스George Fox 400
조지3세George III 57
조지프 니덤Joseph Needham 391, 442
조지프 체임벌린Joseph Chamberlain 586
존 길핀John Gilpin 282, 283
존 드라이든John Dryden 284, 321

존 러스킨John Ruskin
4, 26, 35, 48, 74, 161, 196, 277, 297-298, 319-320, 328, 464, 534, 545, 551, 554, 618-619

존 맥코맥John McCormack 558

존 버니언John Bunyan 238, 281, 298-299, 539, 567

존 브라이트John Bright 3, 618

존 스튜어트 밀John Stuart Mill 48, 74, 617

존 에버네티Dr. John Abernethy 378

존 오스틴John Austin 617

존 틴들John Tyndall 302, 511, 519

종의 기원Origins of Species 511

종합의료위원회General Medical Council 353, 395, 583, 625

줄리언 헉슬리Julian Huxley 442

줄리어스 시저Julius Caesar 57, 77, 241, 595, 597

진보와 가난Progress and Poverty 24

진지한 부름Serious Call 574

진 터니Gene Tunny 558

찰스 다윈Charles Darwin 6, 268, 336, 351, 511

다윈주의Darwinism 101, 105, 269, 277, 336, 339, 391, 442

찰스 디킨스Charles Dickens
9, 48-49, 102, 167, 281, 285, 291, 325, 562, 618

찰스 브래들로Charles Bradlaugh 48, 278, 403

찰스1세Charles I 510

찰스2세Charles II 568

찰스왕의 전성시대In Good King Charles's Golden Days 322

천로역정The Pilgrim's Progress 107, 113, 322-323, 567

체리 제라드Cherry-Garrard 417

체사레 보르자Caesar Borgia 518, 584, 586-587, 601

카네기Andrew Carnegie 556, 559

카르투슈Cartouche 585

카이절링Count Keyserling 477

칸트Immanuel Kant 121, 213, 542

칼 마르크스Karl Marx
2, 7, 18, 35-36, 49, 74, 107, 202, 247, 261, 299, 320, 322, 460, 485, 531, 544, 547, 550-554, 566, 613, 618, 621, 646

마르크스주의Marxism
101, 175, 277, 306, 344, 408, 553, 598, 627

칼 피어슨Karl Pearson 324, 434

케인스John Maynard Keynes 26

켄틴 더워드Quentin Durward 325

코페르니쿠스Copernicus 342, 344

콜럼버스Christopher Columbus 340, 417

콜렌소 주교Bishop Colenso 302

크롬웰Oliver Cromwell
6, 43, 48-49, 53, 57, 108, 221, 226, 237, 333, 334, 464, 594, 597, 598, 604, 646

키어 하디Keir Hardie 48, 244

키케로Cicero 291, 320

터너J.M.W. Turner 281, 325, 327

템페스트Tempest 501

토르케마다Torquemada 221, 394, 580

토머스 로지Thomas Lodge 376, 377

토머스 매콜리Lord Macaulay
61, 208-209, 235, 268, 321, 377, 617-618, 646

토머스 베켓Thomas Becket 575

토머스 시드넘Thomas Sydenham 378

토머스 아퀴나스Thomas Aquinas 344, 511, 574-575

톨스토이Count Leo Tolstoy 163, 239, 348, 567

톰 페인Tom Paine 6, 261, 569

튀르고Robert Jacques Turgot 3, 671

티투스 오츠Titus Oates 340, 585, 594, 622

틸리Count Tilly 539-540

파르시팔Parsifal 233, 408

파리코뮌Paris Commine 18

파머스턴Viscount Palmerston 52, 79

파벨 황제Tsar Paul 58, 215

파스퇴르Pasteur 633
페르귄트Peer Gynt 495
페르디난트 라살레Ferdinand Lassalle
35, 52, 74, 244, 463, 544, 618
폭군 이반Ivan the Terrible 122-123
표트르 대제Peter the Great 464, 567, 595, 598
표트르 크로포트킨Peter Kropotkin 567
푸키에탕빌Fouquier-Tinville 458
프루동Pierre Joseph Proudhon 25-26, 196, 277, 305
플라톤Plato 74, 291, 319
피그말리온Pygmalion 166, 170, 649, 653
피디아스Phidias 309, 405
필수드스키Joseph Pulsudski 48

학생들을 위한 잉글랜드 역사The Students' Hume 325
한 여름 밤의 꿈Midsummer Night's Dream 409
해리엇 마티노Harriet Matineau 617
햄릿Hamlet 417, 570
허드슨 로Sir Hudson Lowe 597
허버트 새뮤얼Herbert Samuel 429
허버트 스펜서Herbert Spencer 273, 643
허영의 시장Vanity Fair 482
헤겔George Hegel 302, 618
헨델Hendel 308, 318, 321, 574
헨리 솔트Henry Salt 310
헨리 조지Henry George 24-25, 566
헨리 포드Henry Ford 93, 344
헨리7세Henry VII 4, 6
헨리8세Henry VIII 577
헨리크 입센Henrik Ibsen 288, 299, 309, 345, 350, 495, 578
헬름홀츠Hermann von Helmholtz 511
호메로스/호머Homeros/Homer 224, 284-285, 291, 321
호엔촐레른Hohenzollern empire 126, 300
황폐한 마을Deserted Village 2

| Picture Acknowledgements |

p.15 Musée de la Tapisserie de Bayeux ; p.25 henrygeorge.org; p.30 from *Garden Cities of Tomorrow* by Ebenezer Howard; p.38 wikipedia.org; p.47 gutenberg.org; p.124 National Museum of Wildlife Art, USA; p.136 The London School of Economics and Political Science, Image©LSE; p.137 gutenberg.org; p.138 wikipedig.org; p.173 labourarchive.com Image©The Labour Party ; p.176 wilipedia.org; p.185 from *Fractured French* by Richard Taylor and Fred Pearson 2nd; p.186 The Mutual Life Insurance Co.; p.198 British Library; p.222 British Library; p.257 BBC magazine archive; p.327 National Gallery of Art at Washington D.C.; p.332 New York Times; p.347 The Sidney P. Albert Collection; p.358 The University of Leicester; p.389 wikigallery.org; p.396 wikipedia.org; p.426 from *Lord Lister* by Rickman Godlee; p.438 Look magazine Image©Lelalondon; p.443 wikimedia.org; p.479 Punch magazine; p.510 wikipedia.org; p.513 Science Museum, UK; p.524 Musée d'Orsay, France; p.537 Punch magazine; p.571 Metropolitan Museum of Art; p.584 wikipedia.org; p.592 wikipedia.org; p.607 Image©gwanoo

| 옮긴이 | **김일기**
서울대학교 독어독문학과와 동대학원 고고미술사학과를 졸업했다. 건축전문지 『공간』의 영문 에디터로 활동했으며, 서울대와 성신여대, 덕성여대에 출강했다. 옮긴 책으로 『1900년 이후의 미술사』(공역), 『공중그네를 탄 중년 남자』, 『찰스 디킨스, 런던의 열정』이 있다.

| 옮긴이 | **김지연**
서울대학교에서 종교학을 공부하고 동대학원에서 박사과정을 수료했다. 경인교대와 부산교대에서 학생들을 가르쳤다. 옮긴 책으로 『파워오피니언 50』(공역), 『월터 미티의 은밀한 생활』, 『버나드 쇼-지성의 연대기』가 있다.

쇼에게 세상을 묻다
모르면 당하는 정치적인 모든 것

2012년 12월 1일 초판 1쇄 발행
2022년 1월 15일 개정판 5쇄 발행

지은이 ·················· G. 버나드 쇼
옮긴이 ·················· 김일기, 김지연

펴낸이 ·················· 유수현
펴낸곳 ·················· 도서출판 뗀데데로 TENDEDERO
　　　　　　　　　서울시 서초구 방배로 28길 89 화신빌딩 F4
　　　　　　　　　등록 제 321-251002009000002호

　　　　　　　　　전화 070-8182-6300
　　　　　　　　　팩스 02-6008-2089
　　　　　　　　　이메일 info@tendedero.co.kr

ISBN 978-89-962823-3-4

- 잘못 만들어진 책은 바꾸어 드립니다.
- 책값은 뒤표지에 있습니다.